आर. गुप्ता® कृत

सैनिक स्कूल पिछले प्रश्न-पत्र

(हल एवं व्याख्यात्मक उत्तर सहित)

For **Class VI**

2027
EDITION

रमेश पब्लिशिंग हाउस, नई दिल्ली

प्रकाशक

ओ॰पी॰ गुप्ता, **रमेश पब्लिशिंग हाउस**

प्रशासनिक कार्यालय

12-H, न्यू दरियागंज रोड, आफिसर्स मेस के सामने,

नई दिल्ली-110002 ✆ 23275224, 23245124

E-mail: info@rameshpublishinghouse.com

For Online Shopping: www.rameshpublishinghouse.com

विक्रय केन्द्र

• बालाजी मार्किट, नई सड़क, दिल्ली-110006 ✆ 23282525 📱 9354373464

• 4457, नई सड़क, दिल्ली-110006

Book Code: R-1659

ISBN: 978-93-5012-444-4

मूल्य: ₹ 295

मुद्रक : दीपक आफसेट, दिल्ली

अनुक्रमणिका

सैनिक स्कूल प्रवेश परीक्षा, 2026 1-20
सैनिक स्कूल प्रवेश परीक्षा, 2025 1-20
सैनिक स्कूल प्रवेश परीक्षा, 2024 1-20
सैनिक स्कूल प्रवेश परीक्षा, 2023 1-16
सैनिक स्कूल प्रवेश परीक्षा, 2022 1-16
सैनिक स्कूल प्रवेश परीक्षा, 2021 1-16
सैनिक स्कूल प्रवेश परीक्षा, 2020 1-16
सैनिक स्कूल प्रवेश परीक्षा, 2019 1-16
सैनिक स्कूल प्रवेश परीक्षा, 2018 1-12
सैनिक स्कूल प्रवेश परीक्षा, 2017 1-12
सैनिक स्कूल प्रवेश परीक्षा, 2016 13-24
सैनिक स्कूल प्रवेश परीक्षा, 2015 25-36
सैनिक स्कूल प्रवेश परीक्षा, 2014 37-48
सैनिक स्कूल प्रवेश परीक्षा, 2013 49-60
सैनिक स्कूल प्रवेश परीक्षा, 2012 61-72
सैनिक स्कूल प्रवेश परीक्षा, 2011 73-84
सैनिक स्कूल प्रवेश परीक्षा, 2010 85-96
सैनिक स्कूल प्रवेश परीक्षा, 2009 97-111
सैनिक स्कूल प्रवेश परीक्षा, 2008 112-120
सैनिक स्कूल प्रवेश परीक्षा, 2007 121-135
सैनिक स्कूल प्रवेश परीक्षा, 2006 136-145
सैनिक स्कूल प्रवेश परीक्षा, 2005 146-156
सैनिक स्कूल प्रवेश परीक्षा, 2004 157-165
सैनिक स्कूल प्रवेश परीक्षा, 2003 166-176

पिछले प्रश्न-पत्र

ऑल इंडिया सैनिक स्कूल प्रवेश परीक्षा (AISSEE), 2026

Class 6th

(Exam held on 18-01-2026)

भाग-A : हिन्दी भाषा

1. मुहावरों का उनके अर्थ के साथ मिलान करें।

खंड 'क'	खंड 'ख'
(क) आँखें बिछाना	I. होश आना
(ख) अंधे की लाठी	II. रोना
(ग) आँखें खुलना	III. बहुत आदर सम्मान करना
(घ) आँसू खुलना	IV. एकमात्र सहारा

1. (क)-II, (ख)-III, (ग)-I, (घ)-IV
2. (क)-III, (ख)-IV, (ग)-I, (घ)-II
3. (क)-IV, (ख)-III, (ग)-I, (घ)-II
4. (क)-IV, (ख)-I, (ग)-II, (घ)-III

2. निम्नलिखित में कौन-सा शब्द 'सागर' का पर्यायवाची नहीं हैं?

1. सिंधु   2. रवि
3. समुद्र   4. वारिधि

3. 'जिसे करना आवश्यक हो' वाक्यांश के लिए एक शब्द क्या है?

1. उपर्युक्त   2. अनिवार्य
3. उपयुक्त   4. निम्नलिखित

4. निम्नांकित विकल्पों में से सही विकल्प चुनकर वाक्य पूरा करें :

कल .... सब देर तक .... करते रहे, फिर सबने .... गाया और .... खाकर सो गए।

1. बात, रात, गाना, खाना
2. रात, बात, खाना, गाना
3. रात, गाना, बात, खाना
4. रात, बात, गाना, खाना

5. शब्द और उसके अर्थ का मिलान करें।

खंड 'क'	खंड 'ख'
(*i*) आखेट	(अ) चतुर
(*ii*) बटोही	(ब) शिकार
(*iii*) निपुण	(स) समीप
(*iv*) निकट	(द) राहगीर

1. (*i*)-(ब), (*ii*)-(द), (*iii*)-(अ), (*iv*) (स)
2. (*i*)-(अ), (*ii*)-(स), (*iii*)-(ब), (*iv*)-(द)
3. (*i*)-(द), (*ii*)-(ब), (*iii*)-(स), (*iv*)-(अ)
4. (*i*)-(स), (*ii*)-(ब), (*iii*)-(द), (*iv*)-(अ)

6. 'राधा की जूतियाँ बहुत सुंदर है।'

रेखांकित शब्द में कौन-सा प्रत्यय है?

1. याँ   2. इयाँ
3. ईयाँ   4. जूता

7. निम्नोक्त वाक्य में रेखांकित शब्द के समान अर्थ वाला विकल्प चुनें।

रीमा की सफलता देखकर लोगों को जलन होने लगी।

1. प्रसन्नता   2. ईर्ष्या
3. प्रशंसा   4. अपमान

1. 2   **2.** 2   **3.** 2   **4.** 4   **5.** 1   **6.** 2   **7.** 2

8. शब्द और उसके अर्थ का मिलान करें।

खंड 'क'	खंड 'ख'
(*i*) अनिल	(क) हवा
(*ii*) अनल	(ख) सुबह
(*iii*) भोर	(ग) अँधेरा
(*iv*) तिमिर	(घ) आग

1. (*i*)-(क), (*ii*)-(घ), (*iii*)-(ग), (*iv*)-(ख)
2. (*i*)-(घ), (*ii*)-(क), (*iii*)-(ख), (*iv*)-(ग)
3. (*i*)-(ग), (*ii*)-(घ), (*iii*)-(क), (*iv*)-(ख)
4. (*i*)-(क), (*ii*)-(घ), (*iii*)-(ख), (*iv*)-(ग)

9. केवल स्त्रीलिंग शब्द समूह का विकल्प कौन-सा है?

1. आगरा, हॉकी, बैल, कुरसी
2. डिबिया, रानी, चाची, हिमालय
3. दिल्ली, दरजी, मालिन, बकरी
4. हिंदी, वीरांगना, छात्रा, महारानी

10. जिस वाक्य में कुछ पूछा जाता है, उस वाक्य के अंत में .... चिह्न का प्रयोग किया जाता है। रिक्त स्थान के लिए उपयुक्त शब्द का चुनाव करें।

1. योजक चिह्न 2. प्रश्नसूचक
3. पूर्णविराम 4. निर्देशक

11. निम्नलिखित वाक्य के रिक्त स्थानों के लिए सही विकल्प का चयन कीजिए।

संज्ञा के स्थान पर प्रयोग होने वाले शब्द .... कहलाते हैं तथा संज्ञा की विशेषता बताने वाले शब्द .... कहलाते हैं।

1. विशेषण, सर्वनाम 2. सर्वनाम, विशेषण
3. संज्ञा, विशेषण 4. विशेषण, क्रिया

12. 'रोटी मत खाओ, क्योंकि <u>वह</u> जली है।' वाक्य के रेखांकित शब्द में किस सर्वनाम का प्रयोग हुआ है?

1. निजवाचक सर्वनाम
2. निश्चयवाचक सर्वनाम
3. अनिश्चयवाचक सर्वनाम
4. संबंधवाचक सर्वनाम

13. 'गीता को अपना .... बहुत याद आता है।' वाक्य के रिक्त स्थान के लिए सर्वाधिक भाववाचक संज्ञा चुनिए।

1. गाँव 2. बचपन
3. मिठास 4. सफलता

14. "भारत, ईरान से कच्चा तेल <u>आयात</u> करता है।" उपरोक्त वाक्य में रेखांकित शब्द के लिए उपयुक्त विलोम शब्द कौन-सा है?

1. आयोजन 2. अनुसरण
3. व्यापार 4. निर्यात

15. '<u>नीति</u>' शब्द का सही बहुवचन रूप चुनिए।

1. नीतिआँ 2. नीतियाँ
3. नितीयाँ 4. नितियाँ

निर्देश (प्र.सं. 16 से 20 तक) : *गद्यांश को ध्यानपूर्वक पढ़ें और नीचे दिए गए प्रश्नों के उत्तर दीजिए।*

डॉ. ए.पी.जे. अब्दुल कलाम भारत के ग्यारहवें (11वें) राष्ट्रपति थे। वे उच्च स्तर की बुद्धिमत्ता वाले महान व्यक्ति थे। उनका जन्म और पालन-पोषण रामेश्वरम, तमिलनाडु में हुआ था। उन्होंने भौतिकी का अध्ययन सेंट जोसेफ्स कॉलेज, तिरूचिरापल्ली से और अंतरिक्ष अभियांत्रिकी का अध्ययन मद्रास प्रौद्योगिकी संस्थान (एम.आई.टी.) से किया। वे अपनी स्कूली शिक्षा में एक अच्छे विद्यार्थी थे।

भारत के मिसाइल मैन के रूप में लोकप्रिय डॉ. कलाम अंतरिक्ष प्रौद्योगिकी में भारत को एक उपलब्धि से दूसरी की ओर ले गए। भारत के मौलिक (प्रारंभिक) परमाणु परीक्षण के बाद 1998 में पोखरन II परमाणु परीक्षणों में उन्होंने बहुत महत्वपूर्ण भूमिका निभाई।

उन्हें 1981 में पद्म भूषण और 1990 में पद्म विभूषण से पुरस्कृत किया गया। संयुक्त राष्ट्र ने डॉ. कलाम के 79वें जन्मदिवस को विश्व छात्र दिवस के रूप में मान्यता प्रदान की।

16. रिक्त स्थान की पूर्ति के लिए सही विकल्प का चयन करें।

डॉ. ए.पी.जे. अब्दुल कलाम का जन्म .... में हुआ था।

1. तिरूचिरापल्ली 2. रामेश्वरम
3. चेन्नई 4. पोखरन

8. 4 **9.** 4 **10.** 2 **11.** 2 **12.** 2 **13.** 2 **14.** 4 **15.** 2 **16.** 2

17. गद्यांश के आधार पर गलत कथन का चयन कीजिए।
1. डॉ. ए.पी.जे. अब्दुल कलाम भारत के 11वें राष्ट्रपति थे।
2. डॉ. कलाम ने 1991 में भारत रत्न प्राप्त किया।
3. डॉ. कलाम को भारत के मिसाइल मैन के रूप में जाना जाता है।
4. डॉ. कलाम ने 1998 में भारत के परमाणु परीक्षणों में बहुत महत्वपूर्ण भूमिका निभाई।

18. सही विकल्प चुनें।
संयुक्त राष्ट्र ने डॉ. कलाम के 79वें जन्मदिवस को .... के रूप में मान्यता प्रदान की।
1. विश्व विज्ञान दिवस 2. राष्ट्रीय विज्ञान दिवस
3. राष्ट्रीय छात्र दिवस 4. विश्व छात्र दिवस

19. "डॉ. कलाम अंतरिक्ष प्रौद्योगिकी में भारत को एक उपलब्धि से दूसरी की ओर ले गए।"
दिए गए वाक्य से 'प्रौद्योगिकी' के लिए शब्द-भेद की पहचान करें।
1. विशेषण 2. सर्वनाम
3. संज्ञा 4. क्रिया

20. दिए गए विकल्पों में से 'मान्यता देना' के लिए समानार्थक शब्द का चयन करें।
1. पहचान देना 2. जानना
3. परिचय देना 4. परिचित होना

21. शुद्ध वर्तनी में लिखा विकल्प बताइए।
1. अतिथी 2. परिक्षा
3. रोशनी 4. क्रपा

22. निम्नलिखित में कौन-सा वाक्य भविष्यत् काल का उपयुक्त उदाहरण है?
1. माली बगीचे की देखभाल करता है।
2. मम्मी बाजार से आ गई है।
3. आप वहाँ कितने बजे पहुँचेंगे?
4. जन्मदिन का केक कट गया होगा।

23. निम्नलिखित में से किस शब्द में अनुनासिक का सही प्रयोग किया गया है?
1. धुँआ 2. ऊँगली
3. बाधनाँ 4. आकड़ाँ

24. "बढ़ते बच्चों को पर्याप्त दूध पीना चाहिए।" वाक्य में कौन-सा शब्द विशेषण है?
1. दूध 2. पर्याप्त
3. पीना 4. बच्चों

25. कर्म कारक का उपयुक्त उदाहरण पहचानें।
1. मेहमानों ने खाना खाया।
2. साँप बिल से बाहर आया।
3. रिया कार से दिल्ली गई।
4. पापा ने ड्राइवर को रुपये दिए।

भाग-B : गणित

26. 6 cm भुजा के घन के आकार की एक बड़ी चॉकलेट है। कविता ने इसे 2 cm भुजा के छोटे घनों में काटा। चॉकलेट के इस प्रकार प्राप्त छोटे घनों की संख्या है :
1. 9 2. 216
3. 8 4. 27

27. संख्या 1 है :
1. एक भाज्य संख्या
2. न तो भाज्य न ही अभाज्य संख्या
3. एक अभाज्य संख्या
4. भाज्य और अभाज्य संख्या दोनों

28. 30 और 60 के बीच में कितनी अभाज्य संख्याएँ हैं?
1. 9 2. 10
3. 8 4. 7

29. नीचे दी गई आकृति में त्रिभुजों की संख्या है :

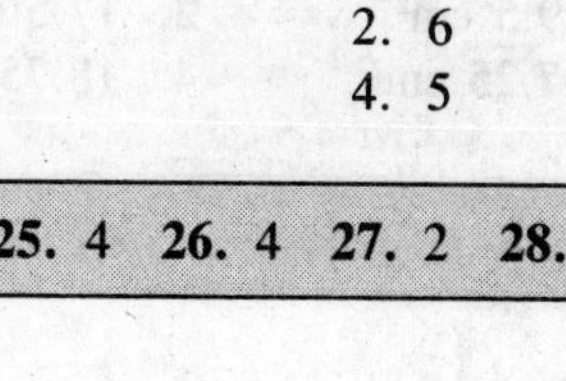

1. 4 2. 6
3. 7 4. 5

17. 2 **18.** 4 **19.** 3 **20.** 1 **21.** 3 **22.** 3 **23.** 2 **24.** 2 **25.** 4 **26.** 4 **27.** 2 **28.** 4 **29.** 2

30. सूची-I का सूची-II से मिलान करें।

सूची-I (त्रिभुज के कोण)	**सूची-II** (त्रिभुज का प्रकार)
A. तीनों बराबर कोण	I. समद्विबाहु त्रिभुज
B. 2 बराबर कोण	II. समबाहु त्रिभुज
C. सभी तीनों कोण अलग-अलग माप के	III. समकोण त्रिभुज
D. एक कोण 90° का	IV. विषमबाहु त्रिभुज

नीचे दिए गए विकल्पों में से सही उत्तर का चयन कीजिए।

1. A-III, B-II, C-IV, D-I
2. A-IV, B-I, C-II, D-III
3. A-II, B-III, C-IV, D-I
4. A-II, B-I, C-IV, D-III

31. यदि 5, 13, 18, 20, 22, K और (K + 6) का औसत 16 है, तो K का मान ज्ञात करें।

1. 10 2. 15 3. 8 4. 14

32. किसी संस्था में 1240 कर्मचारी हैं, जिनमें से 25% को पदोन्नति दी गई। कितने कर्मचारी पदोन्नत हुए?

1. 345 2. 372
3. 398 4. 310

33. एक व्यक्ति प्रतिदिन ₹ 3,200 कमाता है और प्रतिदिन ₹ 2,800 खर्च कर देता है। उसका प्रतिदिन का बचत प्रतिशत है?

1. 12.5% 2. 16.5%
3. 30% 4. 25%

34.

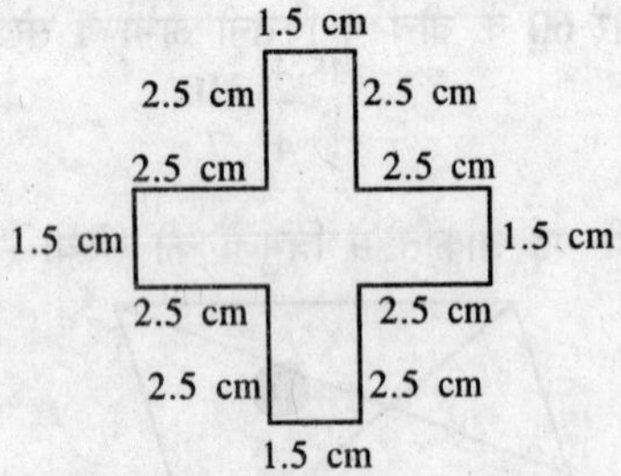

ऊपर दी गई आकृति का क्षेत्रफल है :

1. 19.5 cm^2 2. 17.5 cm^2
3. 17.25 cm^2 4. 18.75 cm^2

35. एक वर्गाकार बगीचे को रस्सी के दो चक्करों से बाड़ लगाने की आवश्यकता है। यदि बगीचे की भुजा 35 m है और रस्सी का मूल्य ₹ 2 प्रति मीटर है, तो बाड़ लगाने के लिए प्रयुक्त रस्सी का कुल मूल्य होगा :

1. ₹ 560 2. ₹ 280
3. ₹ 4,900 4. ₹ 2,450

36. संख्या 86954 और संख्या जो इसके दहाई और हजार के अंकों को परस्पर बदलने पर प्राप्त होती है, का योग है :

1. 172918 2. 86559
3. 172908 4. 172898

37. तापमान जिस पर सेल्सियस और फॉरेनहाइट में पाठ्यांक बराबर होते हैं :

1. –37° 2. –40°
3. –32° 4. 0°

38. एक स्वस्थ मनुष्य के शरीर का सामान्य तापमान 37°C होता है। यह फॉरेनहाइट में है :

1. 98.6°F
2. 96.5°F
3. 96.8°F
4. 95.8°F

39. $\frac{11}{5}, \frac{11}{9}, \frac{11}{7}$ तथा $\frac{11}{6}$ में से सबसे छोटा भिन्न है :

1. $\frac{11}{9}$ 2. $\frac{11}{6}$
3. $\frac{11}{5}$ 4. $\frac{11}{7}$

40. निम्न को उनके मान के अवरोही क्रम में व्यवस्थित करें।

$\frac{5}{6}, \frac{11}{18}, \frac{7}{9}, \frac{1}{3}$

1. $\frac{11}{18}, \frac{5}{6}, \frac{7}{9}, \frac{1}{3}$ 2. $\frac{5}{6}, \frac{7}{9}, \frac{1}{3}, \frac{11}{18}$
3. $\frac{11}{18}, \frac{7}{9}, \frac{5}{6}, \frac{1}{3}$ 4. $\frac{5}{6}, \frac{7}{9}, \frac{11}{18}, \frac{1}{3}$

30. 4 **31.** 4 **32.** 4 **33.** 1 **34.** 3 **35.** 1 **36.** 1 **37.** 2 **38.** 1 **39.** 1 **40.** 4

41. हरप्रीत के परिवार ने सप्ताहान्त पर एक पिकनिक की योजना बनाई। उसकी माता ने 3 किग्रा. 70 ग्राम तरबूज और 2 किग्रा. 75 ग्राम आम पैक किए। उसके पिता ने 950 ग्राम अनानास और 1 किग्रा. 600 ग्राम सेब पैक किए। उनके द्वारा अपने साथ ले जाए गए फलों का कुल वजन है?

1. 7.695 किग्रा. 2. 6.950 किग्रा.
3. 6.550 किग्रा. 4. 7.245 किग्रा.

42. निम्न में से कौन-सा 2.9 लीटर + 4 लीटर 9 मिलीलीटर के बराबर है?

1. 6.99 लीटर 2. 6.999 लीटर
3. 7.8 लीटर 4. 6.909 लीटर

43. निम्न में से कौन-सा रोमन अंकन सही नहीं है?

1. LXIII 2. XCIX
3. XXVI 4. XVV

44. 20° के कोण के तीन गुना के पूरक कोण का सम्पूरक कोण है :

1. 140° 2. 150°
3. 70° 4. 120°

45. रोमन संख्याओं XLVIII और XXVII के योग के बराबर रोमन संख्या है :

1. LXXV 2. LXV
3. LXXI 4. LXXII

46. यदि 18 कॉपियों का मूल्य ₹ 1,296 है, तो 11 कॉपियों का मूल्य है :

1. ₹ 792 2. ₹ 784
3. ₹ 892 4. ₹ 882

47. एक स्तम्भ 3 रंगों से पेंट किया गया है। इसका $\frac{1}{4}$ भाग काले रंग से, $\frac{2}{5}$ भाग लाल रंग से और शेष हरे रंग से पेंट किया गया है। हरे रंग से पेंट किया गया भाग ज्ञात करें।

1. $\frac{2}{3}$ 2. $\frac{7}{20}$
3. $\frac{7}{9}$ 4. $\frac{9}{10}$

48. बक्से को भरें।

$$\square - 3\frac{5}{6} = 2\frac{4}{5}$$

1. $6\frac{19}{30}$ 2. $4\frac{19}{30}$
3. $6\frac{17}{30}$ 4. $5\frac{19}{30}$

49. ₹ 2,320 की राशि सीता और गीता में 3 : 5 के अनुपात में बांटी गई। सीता और गीता के भाग क्रमशः क्या हैं?

1. ₹ 870, ₹ 1,450 2. ₹ 920, ₹ 1,400
3. ₹ 840, ₹ 1,480 4. ₹ 850, ₹ 1,470

50. 680 पेनों के एक पैकेट में लाल पेनों की संख्या 140 और हरे पेनों की संख्या 160 है। यदि शेष पेन नीले हैं, तो हरे पेनों और नीले पेनों के बीच अनुपात है :

1. 7 : 8 2. 7 : 34
3. 8 : 19 4. 8 : 7

51. राहुल के पास ₹ 120 थे। उसने अपनी माताजी के लिए एक उगहार खरीदा जिसका मूल्य ₹ 109.75 है। उसके पास कितना धन शेष बचा?

1. ₹ 11.75 2. ₹ 10.25
3. ₹ 11.25 4. ₹ 10.75

52. निम्न में से कौन-सी संख्या $859 + 48 + \frac{231}{100} + \frac{29}{1000}$ के बराबर है?

1. 909.339 2. 907.521
3. 909.60 4. 907.36

53. रेखा ने 15 km की दूरी 3 km/h की गति से चलकर तय की। यदि वह 7 km/h की गति से चलती है, तो वह उतने ही समय में कितनी दूरी तय कर लेगी?

1. 35 km 2. 50 km
3. 30 km 4. 45 km

41. 1	**42.** 4	**43.** 4	**44.** 2	**45.** 1	**46.** 1	**47.** 2
48. 1	**49.** 1	**50.** 3	**51.** 2	**52.** 1	**53.** 1	

54. एक बस की गति 36 km/h है। 10 सेकंड में बस द्वारा तय की गई दूरी है :

1. 75 m 2. 110 m
3. 50 m 4. 100 m

55. एक बगीचे में पौधों की 48 पंक्तियाँ हैं। प्रत्येक पंक्ति में 12 पौधे हैं। यदि प्रत्येक पौधे के लिए 3 बाल्टी पानी की आवश्यकता है, तो सभी पौधों के लिए हमें कितनी बाल्टी पानी की आवश्यकता होगी?

1. 1728 2. 441
3. 576 4. 1448

56. शशि ने साधारण ब्याज पर 8% वार्षिक दर से 3 वर्ष के लिए ₹ 25,000 उधार लिए। तीन वर्ष के अंत में उसने ₹ 30,000 चुकाए। अभी भी उसको कितना धन चुकाना है?

1. ₹ 980 2. ₹ 1,180
3. ₹ 900 4. ₹ 1,000

57. राजीव, राजा से साधारण ब्याज पर 6.5% वार्षिक दर से ₹ 6,840 उधार लेता है। 3 वर्ष 9 महीने के बाद कितनी धनराशि लौटाई जाएगी?

1. ₹ 8,507.25
2. ₹ 8,504.25
3. ₹ 8,505.25
4. ₹ 8,506.25

58. नीचे दी गई आकृति में $(x - y)$ का मान ज्ञात करें।

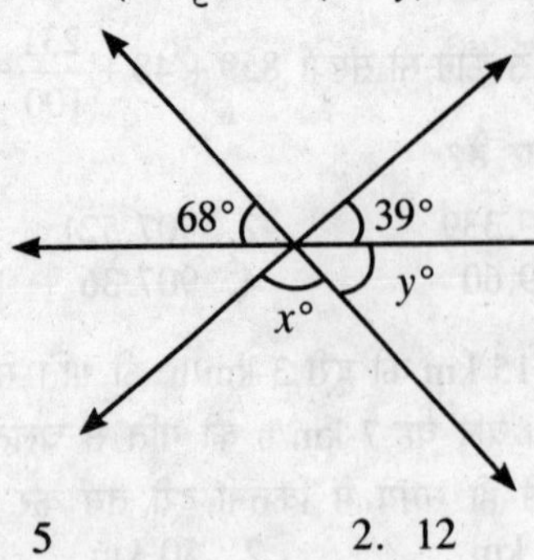

1. 5 2. 12
3. 8 4. 4

59. दी गई आकृति में x का मान है :

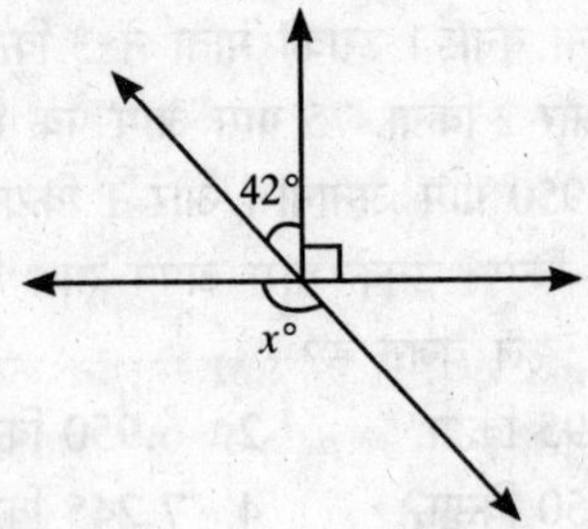

1. 138 2. 142
3. 48 4. 132

60. ∠A का सम्पूरक कोण, समकोण का एक-तिहाई है। ∠A का माप ज्ञात करें।

1. 60° 2. 45°
3. 30° 4. 150°

61. मैं 2 और 5, दोनों का गुणज हूँ। यदि मैं 14 से छोटा हूँ, तो मैं कौन हूँ?

1. 8 2. 12
3. 5 4. 10

62. यदि K पैटर्न 3, 9, 27, K, 243, ..., का अनुसरण करता है, तो K का मान है :

1. 80 2. 87
3. 78 4. 81

63. दो संख्याओं के LCM और HCF क्रमशः 96 और 8 हैं। यदि एक संख्या 24 है, तो दूसरी संख्या है :

1. 16 2. 24
3. 8 4. 32

64. लोहे की दो छड़ों की लम्बाइयाँ 144 मीटर और 64 मीटर हैं। उस छड़ की अधिकतम लम्बाई निम्न में से क्या है जो प्रत्येक को पूरा-पूरा माप सके?

1. 8 मीटर 2. 32 मीटर
3. 4 मीटर 4. 16 मीटर

65. यदि 32 सेबों का मूल्य ₹ 512 है, तो 52 सेबों का मूल्य है :

1. ₹ 832 2. ₹ 870
3. ₹ 800 4. ₹ 864

54. 4	**55.** 1	**56.** 4	**57.** 1	**58.** 1	**59.** 4
60. 4	**61.** 4	**62.** 4	**63.** 4	**64.** 4	**65.** 1

66. $\angle P$, समकोण तथा उसके आधे के अंतर के $\frac{5}{9}$ गुना से $15°$ बड़ा है। $\angle P$ का प्रकार है :

1. समकोण 2. बृहत् कोण
3. अधिक कोण 4. न्यून कोण

67. सूची-I का सूची-II के साथ मिलान करें।

सूची-I (कोण का माप)	सूची-II (कोण का प्रकार)
A. 80°	(*i*) बृहत् कोण
B. 90°	(*ii*) अधिक कोण
C. 120°	(*iii*) न्यून कोण
D. 200°	(*iv*) समकोण

नीचे दिए गए विकल्पों में से सही उत्तर का चयन कीजिए।

1. A-(*iv*), B-(*iii*), C-(*i*), D-(*ii*)
2. A-(*i*), B-(*iv*), C-(*ii*), D-(*iii*)
3. A-(*iii*), B-(*iv*), C-(*i*), D-(*ii*)
4. A-(*iii*), B-(*iv*), C-(*ii*), D-(*i*)

68.

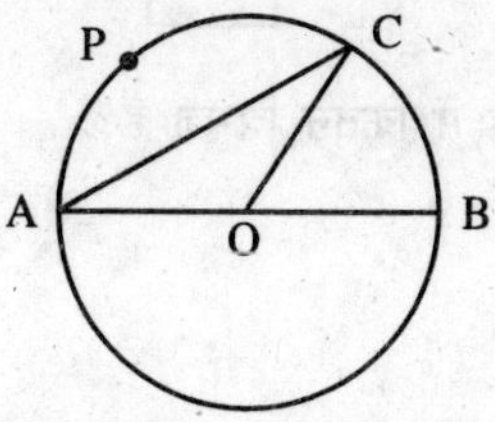

ऊपर दी गई आकृति के आधार पर सूची-I का सूची-II से मिलान कीजिए, जहाँ O वृत्त का केन्द्र है।

सूची-I	सूची-II
A. AC	(*i*) त्रिज्या
B. AB	(*ii*) चाप
C. APC	(*iii*) व्यास
D. OC	(*iv*) जीवा

नीचे दिए गए विकल्पों में से सही उत्तर का चयन कीजिए।

1. A-(*iv*), B-(*iii*), C-(*ii*), D-(*i*)
2. A-(*iii*), B-(*ii*), C-(*i*), D-(*iv*)
3. A-(*i*), B-(*ii*), C-(*iii*), D-(*iv*)
4. A-(*iv*), B-(*iii*), C-(*i*), D-(*ii*)

69. नीचे दो कथन दिए गए हैं :

कथन-I: वृत्त का केंद्र उसके अंतःभाग में स्थित होता है।

कथन-II: वृत्त की त्रिज्या उसके व्यास की दोगुनी होती है।

नीचे दिए गए विकल्पों में से सही उत्तर चुनें।

1. कथन I और II दोनों असत्य हैं
2. कथन I असत्य है और कथन II सत्य है
3. कथन I और II दोनों सत्य हैं
4. कथन I सत्य है और कथन II असत्य है

70. एक घनाभाकार बर्तन की लंबाई 19 सेमी. और ऊँचाई 10 सेमी. है। इसकी चौड़ाई क्या होनी चाहिए कि इसमें 19000 सेमी.^{3} द्रव आ जाए?

1. 19 मीटर 2. 190 सेमी.
3. 1 मीटर 4. 1000 सेमी.

71. एक दुकानदार ने कोई वस्तु ₹ 558 में बेची, जिसमें उसे क्रय मूल्य का पाँचवां भाग लाभ हुआ। वस्तु का क्रय मूल्य है :

1. ₹ 560 2. ₹ 510
3. ₹ 465 4. ₹ 490

72. एक दुकानदार ने एक खिलौना कार ₹ 300 में खरीद कर ₹ 330 में बेची। उसका लाभ प्रतिशत क्या है?

1. 20% 2. 40%
3. 10% 4. 30%

73. सरल करें : $198 \div 9 \times 2 + 18 - 12$

1. 17 2. 38
3. 50 4. 30

74. एक महिला ने 15 व्यक्तियों के लिए एक पकवान बनाने के लिए ₹ 230.50 दूध पर, ₹ 125 केलों पर, ₹ 212 सेब पर तथा ₹ 197.50 आम पर खर्च किए। प्रति व्यक्ति कितना व्यय हुआ?

1. ₹ 52 2. ₹ 51
3. ₹ 50 4. ₹ 55

75. प्रथम 10 प्राकृत संख्याओं का औसत है :

1. 4.5 2. 5.25
3. 5.5 4. 5

66. 4 **67.** 4 **68.** 1 **69.** 4 **70.** 3 **71.** 3 **72.** 3 **73.** 3 **74.** 2 **75.** 3

भाग-C : बुद्धिमत्ता

76. प्रदत्त शब्द 'INTEREST' के वर्णों से बनाया जा सकने वाला शब्द निम्नलिखित में से कौन-सा है?

1. SINK 2. TERM
3. TORN 4. NEST

77. निम्नलिखित वर्णानुक्रम का अध्ययन कीजिए तथा नीचे दिए गए प्रश्न का उत्तर दीजिए :

(बायाँ) M R T V S P B Y N G Q J (दायाँ)

दाहिने छोर से सातवें वर्ण के दाहिने ओर दूसरा वर्ण कौन-सा है?

1. Y 2. N
3. B 4. P

78. यदि दिए गए शब्द के वर्णों को वर्णानुक्रम में व्यवस्थित कर दिया जाए तो 'O' वर्ण के पहले कितने वर्ण आएंगे?

'INTERNATIONAL'

1. 10 2. 13
3. 3 4. 9

79. आकृति (X) के सही दर्पण-प्रतिबिम्ब का चयन कीजिए, जब दर्पण को रेखा AB पर स्थापित किया गया है जैसा कि नीचे दिखाया गया है :

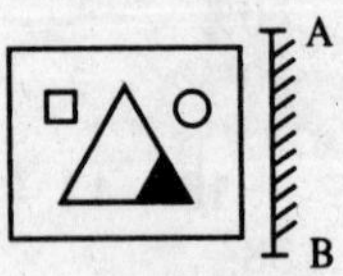

(X)

1. 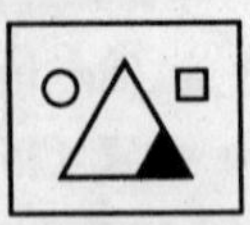 2. 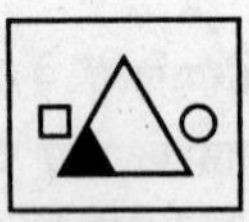

3. 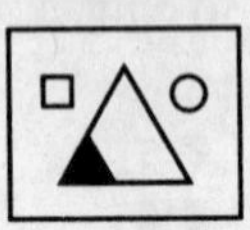 4. 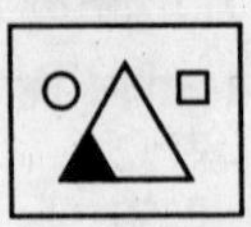

80. दी गई शृंखला में कुछ वर्ण लुप्त हैं। शृंखला को पूर्ण करने के लिए दिए गए विकल्पों में से सही लुप्त वर्ण-अनुक्रम का चयन कीजिए।

xy_x_zxy_xy_xy_

1. yzyzz 2. xyzxy
3. zyxyz 4. zyzzz

81. निम्नलिखित शृंखला में लुप्त संख्या ज्ञात कीजिए :

0, 2, 6, 12, __?__, 30, ...

1. 20 2. 24
3. 18 4. 22

82. निम्नलिखित विकल्पों में से उस आकृति को चुनिए जो आकृतिक शृंखला को जारी रखेगी।

1.  2. 

3.  4. 

83. नीचे दिए गए चित्र में कितने त्रिभुज हैं?

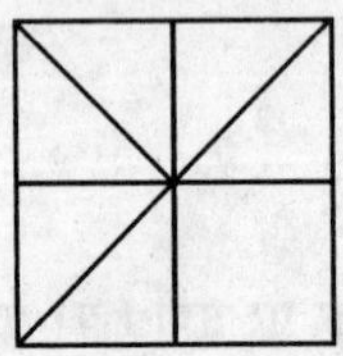

1. 8 2. 12
3. 10 4. 11

84. निम्नलिखित सादृश्यता को पूर्ण कीजिए :

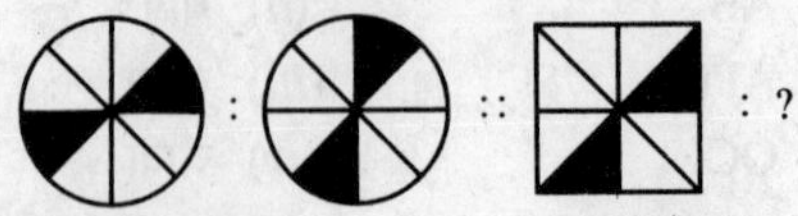

1.  2. 

3.  4. 

76. 4 **77.** 1 **78.** 4 **79.** 4 **80.** 4 **81.** 1 **82.** 2 **83.** 3 **84.** 2

85. निम्नलिखित में से बेमेल का चयन कीजिए।
1. हॉकी 2. फुटबॉल
3. क्रिकेट 4. शतरंज

86. निम्नलिखित प्रतिरूप में लुप्त संख्या ज्ञात कीजिए।

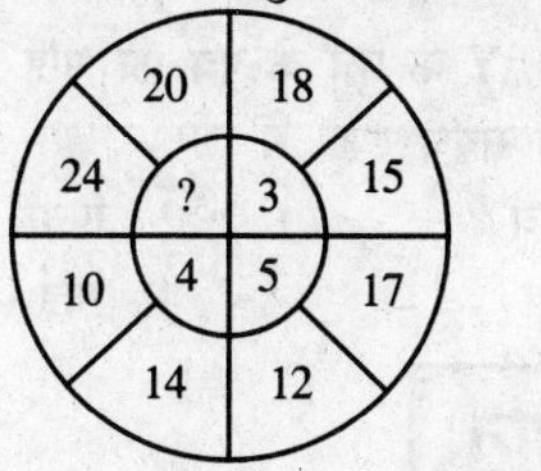

1. 4 2. 8 3. 6 4. 7

87. निम्नलिखित सादृश्यता को पूर्ण कीजिए :
PLAY : ALYP :: GAME : .....?.....
1. MAGE 2. MAEG
3. AMGE 4. AMEG

88. पहले दो पद किसी तरह से संबंधित हैं। तीसरे पद के साथ समान संबंध स्थापित करने के लिए सही विकल्प का चयन कीजिए।
BA3 : DB6 :: FC9 : .....?.....
1. HD12 2. IE12
3. GD10 4. VE10

89. सभी आकृतियों में समान प्रतिरूप स्थापित करने के लिए लुप्त संख्या ज्ञात कीजिए।

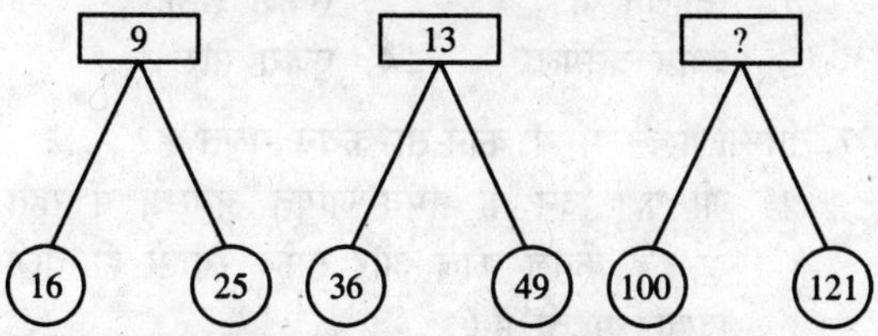

1. 21 2. 19
3. 10 4. 17

90. निम्नलिखित सादृश्यता को पूर्ण कीजिए।
इराक : दीनार :: यूएई : .....?.....
1. बहत (बात) 2. दिरहम
3. पेसेटा 4. युआन

91. निम्नलिखित सादृश्यता को पूर्ण कीजिए :
BDF : GIK :: LNP : .....?.....
1. QSR 2. PRQ
3. QSU 4. PRU

92. निम्नलिखित शब्दों का उनके अंग्रेजी शब्दकोश में आने का क्रम ज्ञात कीजिए।
A. CLOCK B. COUNT
C. CHEST D. CAMERA
E. CYCLE

निम्नलिखित में से सही विकल्प का चयन कीजिए :
1. E, D, C, B, A 2. D, C, A, B, E
3. E, B, A, C, D 4. C, D, E, B, A

93. यदि '+' का आशय '–', '–' का आशय '×', '÷' का आशय '+' तथा '×' का आशय '÷', है, तो 25 – 5 + 10 × 5 ÷ 5 का मान ज्ञात कीजिए।
1. 75 2. 150
3. 30 4. 128

94. एक व्यक्ति ने एक महिला से कहा, "आपकी माँ के पति की बहन मेरी बुआ (आंट) है।" उस महिला का व्यक्ति से क्या संबंध है?
1. माँ 2. दादी
3. पुत्री 4. बहन

95. पहले दो पद किसी रूप में संबंधित हैं। तीसरे पद के साथ समान संबंध स्थापित करने के लिए सही विकल्प चुनिए :
C6X : E10V :: G14T : .....?.....
1. I18Q 2. I18R
3. J16R 4. H16R

96. निम्नलिखित में से कौन-सा पद दी गई श्रृंखला में से प्रश्नवाचक चिह्न (?) को प्रतिस्थापित करेगा?
AB, DG, HM, MT, ...?.....
1. RC 2. TB
3. SB 4. TC

97. निम्नलिखित में से बेमेल को चुनिए :
1. शुक्र 2. बुध
3. सूर्य 4. पृथ्वी

85. 4	**86.** 1	**87.** 2	**88.** 1	**89.** 1	**90.** 2	**91.** 3
92. 2	**93.** 4	**94.** 4	**95.** 2	**96.** 3	**97.** 3	

98. निम्नलिखित शृंखला को पूर्ण करने के लिए सही विकल्प का चयन कीजिए :
1, 3, 7, 15, 31, ...?.....
1. 62 2. 64 3. 46 4. 63

99. निम्नलिखित को उनकी अवधि के अनुसार आरोही क्रम में व्यवस्थित करें।
A. घंटा B. सप्ताह
C. सेकेंड D. दिन
E. मिनट

निम्नलिखित में से सही विकल्प का चयन कीजिए :
1. C, E, D, A, B
2. C, E, A, D, B
3. E, C, A, D, B
4. C, E, D, B, A

100. यदि X, Y के पुत्र के पुत्र का भाई है, तो X का Y से क्या संबंध है?
1. पौत्र 2. पिता
3. पुत्र 4. भाई

भाग-D : सामान्य ज्ञान

101. निम्नलिखित में से किसने यह खोज की कि मच्छरों से मलेरिया रोग फैलता है?
1. थॉमस एडिसन 2. मैरी क्यूरी
3. जेम्स वाट 4. रोनाल्ड रॉस

102. निम्नलिखित में से भारत के किस पूर्व राष्ट्रपति ने 'ब्लो हॉट, ब्लो कोल्ड' शीर्षक से कहानी की रचना की?
1. डॉ. शंकर दयाल शर्मा
2. श्रीमती प्रतिभा देवी सिंह पाटिल
3. डॉ. जाकिर हुसैन
4. डॉ. राजेन्द्र प्रसाद

103. पेट्रोलियम से निम्नलिखित में से क्या प्राप्त नहीं होता है?
A. केरोसिन तेल/मिट्टी का तेल
B. ग्रीस
C. सौर ऊर्जा
D. जलविद्युत ऊर्जा/पनबिजली

नीचे दिए गए विकल्पों में से सही उत्तर चुनिए।
1. केवल B और C 2. केवल C और D
3. केवल A और B 4. केवल A और D

104. 'हाउ वी फाउंड दि अर्थ इज राउंड' पुस्तक के रचयिता कौन हैं?
1. आइजक एसिमोव 2. नील आर्मस्ट्रांग
3. कल्पना चावला 4. सुनीता विलियम्स

105. अंतरिक्ष (स्पेस) में रहने के संबंध में निम्नलिखित में से कौन-सा/से कथन सही है/हैं?
कथन-I: अंतरिक्ष यान (स्पेसशिप) में चीजें एक छोर से दूसरे छोर तक तैरती रहती हैं।
कथन-II: पृथ्वी में गुरुत्वाकर्षण बल होता है।
नीचे दिए गए विकल्पों में से सही उत्तर चुनिए।
1. कथन I और II दोनों गलत हैं।
2. कथन I गलत है किन्तु कथन II सही है।
3. कथन I और II दोनों सही हैं।
4. कथन I सही है किन्तु कथन II गलत है।

106. 'इंडिया अनटच्ड' वृत्तचित्र निम्नलिखित में से किसकी निर्मिति है?
1. स्टालिन के. 2. राकेश शर्मा
3. श्याम बेनेगल 4. एजरा मीर

107. निम्नलिखित में से कौन-सा कथन गलत है?
1. जो पशु दिन के समय जागृत अवस्था में रहते हैं उन्हें केवल काले और सफेद रंग में ही चीजें दिखाई पड़ती हैं।
2. कुछ पक्षी दुश्मन के आकाश से आने अथवा भूमि पर होने की दशा में अलग प्रकार की चेतावनी का संकेत देते हैं।
3. साँपों में बाह्य कान नहीं होते हैं, वे केवल भूमि पर होने वाले स्पंदन को महसूस करते हैं।
4. मछलियाँ वैद्युत संकेतों के माध्यम से खतरे का संकेत देती हैं।

98. 4 **99.** 2 **100.** 1 **101.** 4 **102.** 3 **103.** 2 **104.** 1 **105.** 3 **106.** 1 **107.** 1

108. सूची-I का सूची-II के साथ मिलान करें।

सूची-I (खाद्य सामग्री)	सूची-II (परिरक्षण विधि)
A. पका हुआ चावल	(*i*) उबालना
B. प्याज और लहसुन	(*ii*) गीले कपड़े में लपेट कर रखना
C. दूध	(*iii*) खुले शुष्क स्थान में रखना
D. हरा धनिया	(*iv*) एक कटोरे में रखकर उस कटोरे को कुछ पानी डालकर किसी बर्तन में रखना

नीचे दिए गए विकल्पों में से सही उत्तर चुनिए।
1. A-(*iii*), B-(*ii*), C-(*i*), D-(*iv*)
2. A-(*iv*), B-(*iii*), C-(*i*), D-(*ii*)
3. A-(*i*), B-(*ii*), C-(*iii*), D-(*iv*)
4. A-(*i*), B-(*iii*), C-(*iv*), D-(*ii*)

109. गांधीजी ने लोगों को स्वयं नमक बनाने की अनुमति न देने पर ब्रिटिश कानून के विरोध में गुजरात के अहमदाबाद से डांडी के समुद्रतट तक की यात्रा (लम्बी पदयात्रा) किस वर्ष की थी?
1. 1930
2. 1935
3. 1929
4. 1933

110. सूची-I का सूची-II के साथ मिलान करें।

सूची-I (स्थान का नाम)	सूची-II (विशेष वस्तुओं के लिए प्रसिद्ध)
A. कश्मीर	(*i*) रेशम
B. तेलंगाना	(*ii*) मधुबनी चित्रकला
C. बिहार	(*iii*) कशीदाकारी
D. असम	(*iv*) पोचमपल्ली

नीचे दिए गए विकल्पों में से सही उत्तर चुनिए।
1. A-(*iii*), B-(*iv*), C-(*i*), D-(*ii*)
2. A-(*iv*), B-(*iii*), C-(*ii*), D-(*i*)
3. A-(*iii*), B-(*iv*), C-(*ii*), D-(*i*)
4. A-(*iv*), B-(*iii*), C-(*i*), D-(*ii*)

111. वन अधिकार अधिनियम 2006, के अनुसार जो लोग कम से कम .... वर्षों से वन में रह रहे हैं उनका वन्य भूमि और वहाँ की वन्य उपज पर अधिकार है।
1. 50 2. 10
3. 30 4. 25

112. निम्नलिखित में से किस ग्रह के चारों ओर वलय (रिंग) नहीं है?
1. बृहस्पति 2. यूरेनस
3. शुक्र 4. शनि

113. भारतीय सशस्त्र बलों की सम्पूर्ण पासिंग आउट परेड में कितने निर्देश (कमांड) दिए जाते हैं?
1. बत्तीस 2. बयालीस
3. छब्बीस 4. छत्तीस

114. H_2O को आमतौर पर किस नाम से जाना जाता है?
1. ऑक्सीजन 2. लवण (नमक)
3. कार्बन डाईऑक्साइड 4. जल

115. भारत में अवस्थित सबसे लंबी प्रतिमा निम्नलिखित में से कौन-सी है?
1. स्टैच्यू ऑफ यूनिटी
2. विवेकानंद रॉक (शैल)
3. स्टैच्यू ऑफ लिबर्टी
4. बौद्ध प्रतिमा

116. मृत सागर के बारे में निम्नलिखित कथनों पर विचार कीजिए।

कथन-I: यदि किसी व्यक्ति को तैराकी नहीं आती है, तो वह मृत सागर में डूब जाएगी।

कथन-II: यह सभी महासागरों और समुद्रों में सबसे कम लवणयुक्त (खारा) है।

नीचे दिए गए विकल्पों में से सही उत्तर चुनिए।
1. कथन I सही है और कथन II गलत है।
2. कथन I और II दोनों गलत हैं।
3. कथन I और II दोनों सही हैं।
4. कथन I गलत है और कथन II सही है।

108. 2 **109.** 1 **110.** 3 **111.** 4 **112.** 3 **113.** 4 **114.** 4 **115.** 1 **116.** 2

117. सूची-I का सूची-II के साथ मिलान करें।

सूची-I (**स्थान के नाम**)	**सूची-II** (**भारत के राज्य**)
A. जोधपुर	(*i*) हिमाचल प्रदेश
B. वलसाड़	(*ii*) राजस्थान
C. कोझिकोड	(*iii*) गुजरात
D. कुल्लू-मनाली	(*iv*) केरल

नीचे दिए गए विकल्पों में से सही उत्तर चुनिए।
1. A-(*ii*), B-(*iii*), C-(*iv*), D-(*i*)
2. A-(*iii*), B-(*ii*), C-(*i*), D-(*iv*)
3. A-(*iii*), B-(*ii*), C-(*iv*), D-(*i*)
4. A-(*ii*), B-(*iii*), C-(*i*), D-(*iv*)

118. भारत में बाल विवाह संबंधी कानून में विवाह के लिए न्यूनतम आयु सख्ती से नियत की गई है। लड़कियों और लड़कों के लिए विवाह की न्यूनतम आयु क्या निर्धारित की गई है?
1. लड़कियों के लिए 18 वर्ष और लड़कों के लिए 19 वर्ष
2. लड़कियों के लिए 18 वर्ष और लड़कों के लिए 21 वर्ष
3. लड़कियों के लिए 16 वर्ष और लड़कों के लिए 18 वर्ष
4. लड़कियों के लिए 16 वर्ष और लड़कों के लिए 20 वर्ष

119. संयुक्त अरब अमीरात की राजधानी कौन-सी है?
1. शारजाह 2. अबू धाबी
3. दुबई 4. अल आइन

120. बरगद के वृक्ष के बारे में निम्नलिखित कथनों पर विचार कीजिए।

कथन-I: बरगद के वृक्ष में अन्य वृक्षों की भांति जमीन के नीचे जड़ें नहीं होती हैं।

कथन-II: बरगद के वृक्ष की जड़ें शाखाओं से नीचे की ओर तब तक बढ़ती रहती हैं, जब तक वे भूमि तक न पहुँच जाएँ।

नीचे दिए गए विकल्पों में से सही उत्तर चुनिए।
1. कथन I सही है और कथन II गलत है।
2. कथन I और II और दोनों गलत हैं।
3. कथन I और II दोनों सही हैं।
4. कथन I गलत है और कथन II सही है।

121. समुद्री जल से लवण बनाने की विधि को क्रम में व्यवस्थित कीजिए।

A. जल के सूखने के बाद तल में लवण शेष रह जाता है।

B. समुद्री जल को बालू में खोदे गए छिछले क्षेत्र में इकट्ठा किया जाता है।

C. जल को धूप में सूखने दिया जाता है।

नीचे दिए गए विकल्पों में से सही उत्तर चुनिए।
1. C, B, A 2. A, C, B
3. A, B, C 4. B, C, A

122. निम्नलिखित में से किसे मृदा का सर्वोत्तम चित्र कहा जाता है?
1. केंचुआ 2. दीमक
3. टिड्डा (ग्रासहॉपर्स) 4. चीटियाँ

123. कर्णम मल्लेश्वरी एक पुरस्कार विजेता :
1. भारोत्थापक (वेट लिफ्टर) है।
2. तैराक है।
3. मुक्केबाज (बॉक्सर) है।
4. पर्वतारोही है।

124. बछेन्द्री पाल कौन हैं?
1. अंतरिक्ष में जानेवाली पहली भारतीय महिला
2. माउंट एवरेस्ट की चोटी पर पहुँचनेवाली पहली भारतीय महिला
3. चन्द्रमा पर जानेवाली पहली भारतीय महिला
4. के-2 की चोटी पर पहुँचनेवाली पहली भारतीय महिला

125. हैदराबाद निम्नलिखित में से किसके लिए प्रसिद्ध है?
1. गोलकुण्डा किला
2. जिम कार्बेट राष्ट्रीय उद्यान
3. घड़सीसर
4. साबरमती आश्रम

117. 1 **118.** 2 **119.** 2 **120.** 4 **121.** 4 **122.** 1 **123.** 1 **124.** 2 **125.** 1

व्याख्यात्मक उत्तर

1. मुहावरों का मिलान : (क)-III, (ख)-IV, (ग)-I, (घ)-II
व्याख्या : 'आँखें बिछाना' का अर्थ है आदर-सत्कार करना, 'अंधे की लाठी' यानी एकमात्र सहारा, 'आँखें खुलना' मतलब होश आना और 'आँसू खुलना (बहना)' का अर्थ रोना है।

2. सिंधु, समुद्र और वारिधि तीनों ही सागर के पर्यायवाची हैं। 'रवि' का अर्थ 'सूर्य' होता है, इसलिए यह सही विकल्प है।

3. जो काम करना बहुत जरूरी हो उसे 'अनिवार्य' (Compulsory) कहा जाता है। 'उपयुक्त' का अर्थ ठीक होता है और 'उपर्युक्त' का अर्थ ऊपर कहा गया होता है।

4. वाक्य के संदर्भ के अनुसार, 'कल रात सब देर तक बात करते रहे, फिर सबने गाना गाया और खाना खाकर सो गए' सबसे सटीक और अर्थपूर्ण क्रम है।

5. शब्द और अर्थ का मिलान : (*i*)-(ब), (*ii*)-(द), (*iii*)-(अ), (*iv*)-(स)

आखेट का अर्थ शिकार है, बटोही का अर्थ राहगीर, निपुण का अर्थ चतुर/कुशल और निकट का अर्थ समीप होता है।

6. 'जूता' मूल शब्द है। जब इसमें 'इयाँ' प्रत्यय जुड़ता है, तो 'आ' का लोप होकर 'जूतियाँ' शब्द बनता है।

7. किसी की सफलता देखकर मन में होने वाले डाह या जलन को हिंदी में 'ईर्ष्या' (Jealousy) कहा जाता है।

8. शब्द और अर्थ का मिलान :
(*i*)-(क), (*ii*)-(घ), (*iii*)-(ख), (*iv*)-(ग)
'अनिल' का अर्थ हवा है और 'अनल' का अर्थ आग। 'भोर' सुबह को कहते हैं और 'तिमिर' का अर्थ अंधेरा होता है।

9. भाषाएँ (हिंदी) और स्त्री-सूचक शब्द (वीरांगना, छात्रा, महारानी) सभी स्त्रीलिंग हैं। अन्य विकल्पों में बैल, हिमालय और दरजी पुल्लिंग शब्द हैं।

10. जिस वाक्य में कोई प्रश्न किया जाता है, उसके अंत में 'प्रश्नवाचक चिह्न' (?) का प्रयोग किया जाता है।

11. संज्ञा की जगह आने वाले शब्द 'सर्वनाम' कहलाते हैं और संज्ञा/सर्वनाम की विशेषता बताने वाले शब्द 'विशेषण' होते हैं।

12. यहाँ 'वह' शब्द निश्चित रूप से 'जली हुई रोटी' की ओर संकेत कर रहा है, इसलिए यह निश्चयवाचक सर्वनाम है।

13. 'बचपन' एक अवस्था या भाव का नाम है, इसलिए यह भाववाचक संज्ञा है। गाँव जातिवाचक संज्ञा है और मिठास भी भाव है पर यहाँ संदर्भ में 'बचपन' फिट बैठता है।

14. विदेश से सामान मंगाने को 'आयात' (Import) और विदेश सामान भेजने को 'निर्यात' (Export) कहा जाता है।

15. इकारांत शब्दों का बहुवचन बनाते समय 'याँ' जोड़ दिया जाता है और अंतिम 'इ' स्वर छोटी रहती है।

16. गद्यांश की तीसरी पंक्ति में स्पष्ट रूप से लिखा है कि उनका जन्म रामेश्वरम, तमिलनाडु में हुआ था।

17. गद्यांश में केवल पद्म भूषण (1981) और पद्म विभूषण (1990) का उल्लेख है, 1991 में भारत रत्न की जानकारी गद्यांश में नहीं है।

18. गद्यांश की अंतिम पंक्ति के अनुसार, संयुक्त राष्ट्र ने उनके जन्मदिन को 'विश्व छात्र दिवस' के रूप में मान्यता दी।

19. 'प्रौद्योगिकी' (Technology) एक विषय या संकल्पना का नाम है, इसलिए यह व्याकरण की दृष्टि से 'संज्ञा' है।

20. किसी चीज को आधिकारिक रूप से स्वीकार करना या 'मान्यता देना' उसे एक विशिष्ट 'पहचान देना' कहलाता है।

21. अतिथि (थ पर छोटी इ), परीक्षा (र पर बड़ी ई) और कृपा (ऋ की मात्रा) शुद्ध रूप हैं। 'रोशनी' बिल्कुल सही लिखा है।

22. 'पहुँचेंगे' क्रिया से पता चलता है कि कार्य आने वाले समय में होगा, जो भविष्यत् काल की पहचान है।

23. 'उँगली' शब्द में अनुनासिक (ँ) का प्रयोग मानक वर्तनी के अनुसार सही है। धुआँ में 'आ' पर चंद्रबिंदु आता है।

24. यहाँ 'पर्याप्त' शब्द 'दूध' (संज्ञा) की मात्रा बता रहा है, इसलिए यह परिमाणवाचक विशेषण है।

25. कर्म कारक का उदाहरण : पापा ने ड्राइवर को रुपये दिए। यहाँ 'देने' की क्रिया का फल 'ड्राइवर' पर पड़ रहा है (को विभक्ति), जो कर्म कारक को दर्शाता है।

26. बड़े घन की भुजा = 6 सेमी.
छोटे घन की भुजा = 2 सेमी.
एक किनारे पर छोटे घनों की संख्या $= 6 \div 2 = 3$
छोटे घनों की कुल संख्या $= 3 \times 3 \times 3 = 3^3 = 27$
अतः, 27 छोटे घन प्राप्त होते हैं।

27. एक अभाज्य संख्या के ठीक दो अलग-अलग धनात्मक गुणनखंड होते हैं (1 और स्वयं)। एक भाज्य संख्या में दो से अधिक गुणनखंड होते हैं। संख्या 1 का केवल एक ही गुणनखंड है, जो कि 1 है। इसलिए यह अभाज्य या भाज्य संख्याओं की परिभाषा को पूरा नहीं करता है।
इसलिए, 1 न तो अभाज्य है और न ही भाज्य।

28. 30 और 60 के बीच की अभाज्य संख्याएँ वे संख्याएँ हैं जो 30 से बड़ी और 60 से छोटी हैं जिनके केवल दो गुणनखंड हैं (1 और स्वयं)।
प्रत्येक संख्या की जाँच करने पर,
अभाज्य संख्याएँ 31, 37, 41, 43, 47, 53, 59 हैं।
कुल संख्या = 7, अतः सही विकल्प 4 है।

29. आकृति एक चतुर्भुज ABCD है जिसका विकर्ण AC है और AD पर बिंदु E से B तक खींचा गया एक खंड EB है, जो AC को P पर प्रतिच्छेद करता है।

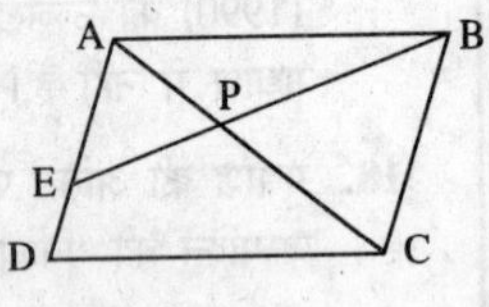

बनने वाले त्रिकोण हैं :
ΔABC (AB, BC, AC का उपयोग करके),
ΔADC (AD, DC, AC का उपयोग करके),
ΔABE (AB, AE, EB का उपयोग करके),
ΔABP (AB, AP, BP का उपयोग करके),
ΔBPC (BC, PC, PB का उपयोग करके),
और ΔAEP (AE, AP, EP का उपयोग करके)।
इन अलग-अलग त्रिभुजों को गिनने पर कुल 6 मिलते हैं।

30. (*a*) 3 बराबर कोण → सभी भुजाएँ बराबर → समबाहु त्रिभुज → II
(*b*) 2 बराबर कोण → दो भुजाएँ बराबर → समद्विबाहु त्रिभुज → I
(*c*) सभी 3 कोण भिन्न → सभी भुजाएँ भिन्न → विषमबाहु त्रिभुज → IV
(*d*) 90° का एक कोण → समकोण त्रिभुज → III
अतः, सही मिलान A-II, B-I, C-IV, D-III है।

31. 7 संख्याओं का औसत 16 है,
तो, कुल योग = 16 × 7 = 112
ज्ञात संख्याओं का योग
5 + 13 + 18 + 20 + 22 = 78
शेष योग = 112 − 78 = 34
साथ ही, K + (K + 6) = 2K + 6
तो, 2K + 6 = 34
⇒ 2K = 28 ⇒ K = 14.

32. कुल कर्मचारी = 1240
प्रोन्नत प्रतिशत = 25%

$$\text{प्रोन्नत संख्या} = \frac{25}{100} \times 1240 = \frac{1}{4} \times 1240 = 310$$

अतः 310 कर्मचारियों को पदोन्नति मिली।

33. प्रतिदिन की कमाई = 3200,
दैनिक खर्च = 2800,
तो, बचत = 3200 − 2800 = 400

$$\text{प्रतिशत बचत} = \frac{400}{3200} \times 100 = \frac{1}{8} \times 100 = 12.5\%.$$

34. यह आकृति प्लस आकार का क्रॉस है। इसे दो आयतों (ऊर्ध्वाधर और क्षैतिज) में विभाजित किया जा सकता है, जिसमें केंद्रीय वर्ग को दो बार गिना जाता है।
लंबवत आयत :
ऊँचाई = 2.5 + 1.5 + 2.5 = 6.5 सेमी.
चौड़ाई = 1.5 सेमी.
क्षेत्रफल = 6.5 × 1.5 = 9.75 सेमी.^{2}

क्षैतिज आयत :
लंबाई = 2.5 + 1.5 + 2.5 = 6.5 सेमी.
ऊँचाई = 1.5 cm
क्षेत्रफल = 6.5 × 1.5 = 9.75 सेमी.^{2}
केंद्रीय वर्ग (दो बार गिना गया) :
क्षेत्रफल = 1.5 × 1.5 = 2.25 सेमी.^{2}
कुल क्षेत्रफल = 9.75 + 9.75 − 2.25 = 17.25 सेमी.^{2}.

35. वर्ग की भुजा = 35 मी.
वर्ग का परिमाप = 4 × 35 = 140 मी.
बाड़ लगाने के दो चक्कर = 2 × 140 = 280 मी.
लागत प्रति मीटर = ₹ 2
कुल लागत = 280 × 2 = ₹ 560.

36. दी गई संख्या = 86954
अंक : दहाई का अंक = 5
हजार का अंक = 6
अदला-बदली के बाद :
नया नंबर = 85964
अब योग = 86954 + 85964 = 172918.

37. सेल्सियस और फॉरेनहाइट के बीच संबंध :

$$F = \frac{9}{5}C + 32$$

समान मानों के लिए: C = F

तो, $C = \frac{9}{5}C + 32 \Rightarrow C - \frac{9}{5}C = 32$

$\frac{5C - 9C}{5} = 32 \Rightarrow \frac{-4C}{5} = 32$

$-4C = 160 \Rightarrow C = -40$

इस प्रकार, तापमान –40° है जहां दोनों पैमाने बराबर हैं।

38. रूपांतरण सूत्र : $F = \frac{9}{5}C + 32$

स्थानापन्न, C = 37

$F = \frac{9}{5} \times 37 + 32 = \frac{333}{5} + 32$

= 66.6 + 32 = 98.6°F.

39. सभी भिन्नों का अंश समान (11) है। ऐसे भिन्नों के लिए, सबसे बड़े हर वाला सबसे छोटा होता है।

हर : 5, 9, 7, 6

सबसे बड़ा हर = 9

अतः सबसे छोटा भिन्न = $\frac{11}{9}$.

40. तुलनीय रूप में परिवर्तित करने पर :

$\frac{5}{6} \approx 0.833;$ $\frac{7}{9} \approx 0.777$

$\frac{11}{18} \approx 0.611;$ $\frac{1}{3} \approx 0.333$

अवरोही क्रम (सबसे बड़ा से सबसे छोटा) :

$\frac{5}{6} > \frac{7}{9} > \frac{11}{18} > \frac{1}{3}$

अतः, सही व्यवस्था विकल्प 4 है।

41. सभी को ग्राम में बदलें :

3 किग्रा. 70 ग्राम = 3070 ग्राम

2 किग्रा. 75 ग्राम = 2075 ग्राम

950 ग्राम = 950 ग्राम

1 किग्रा. 600 ग्राम = 1600 ग्राम

कुल = 3070 + 2075 + 950 + 1600 = 7695 ग्राम

किग्रा. में परिवर्तित करने पर :

$= \frac{7695}{1000} = 7.695$ किग्रा.।

42. 2.9 लीटर = 2 लीटर 900 मिली.

जोड़ने पर : 2 लीटर 900 मिली. + 4 लीटर 9 मिली.

= 6 लीटर 909 मिली. = 6.909 लीटर।

43. रोमन अंक नियम V की पुनरावृत्ति की अनुमति नहीं देते हैं। 15 का सही रूप XV है, XVV नहीं। अन्य विकल्प (LXIII, XCIX, XXVI) उचित नियमों का पालन करते हैं।

44. 20° का तीन गुना = 3 × 20 = 60°

पूरक कोण = 90 – 60 = 30°

संपूरक कोण = 180 – 30 = 150°.

45. XLVIII = 48; XXVII = 27

योग = 48 + 27 = 75

75 का रोमन अंक = LXXV.

46. 18 नोटबुक की कीमत = 1296

1 नोटबुक की कीमत = 1296 ÷ 18 = 72

11 नोटबुक की कीमत = 72 × 11 = 792.

47. काला भाग = $\frac{1}{4}$; लाल भाग = $\frac{2}{5}$

उभयनिष्ठ हर (20) में बदलने पर :

$\frac{1}{4} = \frac{5}{20}; \frac{2}{5} = \frac{8}{20}$

कुल चित्रित = $\frac{5}{20} + \frac{8}{20} = \frac{13}{20}$

शेष (हरा भाग) = $1 - \frac{13}{20} = \frac{7}{20}$.

48. माना अभीष्ट संख्या x है

दिया गया : $x - 3\frac{5}{6} = 2\frac{4}{5}$

विषम भिन्नों में बदलने पर :

$3\frac{5}{6} = \frac{23}{6}, 2\frac{4}{5} = \frac{14}{5}$

तो, $x = \frac{23}{6} + \frac{14}{5}$

6 और 5 का LCM = 30

$\frac{23}{6} = \frac{115}{30}, \frac{14}{5} = \frac{84}{30}$

$x = \frac{115 + 84}{30} = \frac{199}{30} = 6\frac{19}{30}$.

49. अनुपात = 3 : 5

कुल भाग = 3 + 5 = 8

1 भाग का मान = 2320 ÷ 8 = 290

सीता का हिस्सा = 3 × 290 = 870

गीता का हिस्सा = 5 × 290 = 1450.

50. कुल पेन = 680

लाल = 140, हरा = 160

नीले पेन = 680 – (140 + 160)

= 680 – 300 = 380

अनुपात (हरा : नीला) = 160 : 380

20 से भाग देने पर = 8 : 19.

51. राहुल के पास पैसा = 120.00;

उपहार की कीमत = 109.75

बचा हुआ पैसा = 120.00 – 109.75 = 10.25.

52. दिया गया, अभिव्यक्ति = $859 + 48 + \frac{231}{100} + \frac{29}{1000}$

भिन्नों को दशमलव में बदलने पर :

$$\frac{231}{100} = 2.31; \quad \frac{29}{1000} = 0.029$$

अब जोड़ें : 859 + 48 = 907

907 + 2.31 = 909.31

909.31 + 0.029 = 909.339.

53. दूरी = गति × समय

दी गई दूरी = 15 किमी.; गति = 3 किमी./घंटा

लिया गया समय = 15 ÷ 3 = 5 घंटे

नई गति = 7 किमी./घंटा

तय की गई दूरी = 7 × 5 = 35 किमी.।

54. गति = 36 किमी./घंटा

$$= 36 \times \frac{1000}{3600} = 36 \times \frac{5}{18} = 10 \text{ मी./से.}$$

10 सेकंड में दूरी = 10 × 10 = 100 मीटर।

55. पौधों की संख्या = 48 × 12 = 576

आवश्यक बाल्टियाँ = 576 × 3 = 1728.

56. मूलधन, P = 25000, दर, R = 8%, समय, T = 3 वर्ष

$$\text{साधारण ब्याज} = \frac{P \times R \times T}{100} = \frac{25000 \times 8 \times 3}{100}$$

= 6000

कुल रकम = 25000 + 6000 = 31000

भुगतान की गई राशि = 30000

शेष = 31000 – 30000 = 1000.

57. मूलधन, P = 6840, दर, R = 6.5%,

समय, T = $3\frac{9}{12}$ = 3.75 वर्ष

$$\text{साधारण ब्याज} = \frac{6840 \times 6.5 \times 3.75}{100}$$

$$= \frac{44460 \times 3.75}{100} = \frac{166725}{100}$$

= 1667.25

कुल राशि = 6840 + 1667.25 = 8507.25.

58. सीधी क्षैतिज रेखा पर आसन्न कोण एक रैखिक युग्म बनाते हैं :

$68° + 39° + x° = 180°$

$x = 180° - (68° + 39°)$

$x = 180° - 107° = 73°$

कोण y, 68° के लंबवत् विपरीत है, इसलिए

$y = 68°$

$x - y = 73° - 68° = 5°$.

59. ऊर्ध्वाधर और क्षैतिज रेखाएँ लंबवत होती हैं, इसलिए वे 90° का समकोण बनाती हैं। ऊर्ध्वाधर रेखा और तिरछी रेखा के बीच का कोण 42° दिया गया है। इसलिए, एक ही तरफ झुकी हुई रेखा और क्षैतिज रेखा के बीच का कोण है :

90° + 42° = 132°

$x°$ अंकित कोण इस कोण के लंबवत् विपरीत है।

शीर्षाभिमुख कोण बराबर होते हैं।

तो, $x = 132°$.

60. समकोण का एक तिहाई = $\frac{1}{3} \times 90° = 30°$

यह ∠A का संपूरक कोण है.

संपूरक कोणों का योग = 180°

तो, ∠A = 180° – 30° = 150°.

61. एक संख्या जो 2 और 5 दोनों का गुणज है, वह LCM (2, 5) = 10 का गुणज होनी चाहिए।

14 से कम 10 का गुणज = 10, तो, संख्या 10 है।

62. दिया गया पैटर्न : 3, 9, 27, K, 243

प्रत्येक पद को 3 से गुणा किया जाता है :

3 × 3 = 9

9 × 3 = 27

27 × 3 = 81

81 × 3 = 243

तो, K = 81.

63. संबंध : HCF × LCM = संख्याओं का गुणनफल

$8 \times 96 = 24 \times x$

$768 = 24x$

$$x = \frac{768}{24} = 32.$$

64. अभीष्ट लंबाई = 144 और 64 का HCF

$$144 = 2^4 \times 3^2$$
$$64 = 2^6$$

2 का उभयनिष्ठ उच्चतम घात = $2^4 = 16$

अतः अधिकतम लंबाई = 16 मीटर।

65. 32 सेबों की कीमत = 512

1 सेब की कीमत = 512 ÷ 32 = 16

52 सेबों की कीमत = 52 × 16 = 832.

66. समकोण = 90°

समकोण का आधा = 45°

अंतर = 90° − 45° = 45°

45° का $\frac{5}{9} = 45 \times \frac{5}{9} = 25°$

15° जोड़ने पर = 25° + 15° = 40°

चूँकि 40° < 90°, यह एक न्यून कोण है।

67. 80° → 90° से कम → न्यून कोण → (*iii*)

90° → समकोण → (*iv*)

120° → 90° और 180° के बीच → अधिककोण → (*ii*)

200° → 180° से अधिक → बृहत कोण → (*i*)

68. AC वृत्त पर दो बिंदुओं को जोड़ता है, इसलिए यह एक जीवा है → (*iv*)

AB केंद्र O से गुजरता है, इसलिए यह एक व्यास है → (*iii*)

APC वृत्त के घुमावदार भाग को दर्शाता है, इसलिए यह एक चाप है → (*ii*)

OC वृत्त के केंद्र को परिधि के एक बिंदु से जोड़ता है, इसलिए यह एक त्रिज्या है → (*i*)

69. **कथन I:** वृत्त का केंद्र हमेशा वृत्त के अंदर होता है, इसलिए यह सत्य है।

कथन II: त्रिज्या व्यास की आधी है, दोगुनी नहीं।

व्यास = 2 × त्रिज्या। इसलिए, कथन II गलत है।

70. घनाभ का आयतन = $l \times b \times h$

दिया गया है, l = 19 सेमी., h = 10 सेमी.

आयतन = 19000 सेमी.^{3}

$$19000 = 19 \times b \times 10 = 190b$$

$$\Rightarrow \quad b = \frac{19000}{190} = 100 \text{ सेमी.}$$।

71. माना लागत मूल्य = CP

$$\text{विक्रय मूल्य} = CP + \frac{1}{5}CP = \frac{6}{5}CP$$

$$558 = \frac{6}{5}CP$$

$$\Rightarrow \quad CP = 558 \times \frac{5}{6} = ₹\,465.$$

72. लागत मूल्य = ₹ 300, विक्रय मूल्य = ₹ 330

लाभ = 330 − 300 = ₹ 30

$$\text{लाभ \%} = \frac{30}{300} \times 100 = 10\%.$$

73. दिया गया व्यंजक : 198 ÷ 9 × 2 + 18 − 12

198 ÷ 9 = 22

22 × 2 = 44

44 + 18 = 62

62 − 12 = 50.

74. कुल लागत = 230.50 + 125 + 212 + 197.50 = ₹ 765

प्रति व्यक्ति लागत = 765 ÷ 15 = ₹ 51.

75. प्रथम 10 प्राकृत संख्याओं का योग = $\frac{10 \times 11}{2} = 55$

औसत = $\frac{55}{10} = 5.5.$

76. दिया गया शब्द : INTEREST

उपलब्ध अक्षर : I, N, T, E, R, E, S, T

विकल्प जांचने पर :

SINK को K की आवश्यकता है (मौजूद नहीं) → नहीं बनाया जा सकता।

TERM को M की आवश्यकता है (मौजूद नहीं) → नहीं बनाया जा सकता।

TORN को O की आवश्यकता है (मौजूद नहीं) → नहीं बनाया जा सकता।

NEST को N, E, S, T (सभी मौजूद) की आवश्यकता है → बनाया जा सकता है।

तो, सही शब्द NEST है।

77. अनुक्रम (बाएं से दाएं) : M R T V S P B Y N G Q J

दाएं छोर से : J(1), Q(2), G(3), N(4), Y(5), B(6), P(7), S(8), V(9), T(10), R(11), M(12)

दाएँ छोर से सातवाँ = P

P के दाएँ से दूसरा : पहले दाएँ B है, दूसरा दाएँ Y है अतः, आवश्यक अक्षर Y है।

78. INTERNATIONAL शब्द में 13 अक्षर हैं :
I, N, T, E, R, N, A, T, I, O, N, A, L
उन्हें वर्णानुक्रम में व्यवस्थित करने पर :
A, A, E, I, I, L, N, N, N, O, R, T, T
O का स्थान 10वाँ है, अतः O से पहले अक्षरों की संख्या
$= 10 - 1 = 9.$

79. दर्पण को दाहिनी ओर (रेखा AB के अनुदिश) रखा जाता है, इसलिए बाएँ-दाएँ प्रतिबिंब बनता है।
मूल चित्र में : छोटा वर्ग बायीं ओर है।
वृत्त दाहिनी ओर है।
छायांकित त्रिभुजाकार भाग त्रिभुज के दाईं ओर है।
परावर्तन के बाद : वर्ग दाहिनी ओर स्थानांतरित हो जाता है।
वृत्त बायीं ओर स्थानांतरित हो जाता है।
छायांकित त्रिभुजाकार भाग त्रिभुज के बाईं ओर स्थानांतरित हो जाता है।
केवल विकल्प 4 ही इन सभी बाएँ-दाएँ उत्क्रमणों को सही ढंग से दिखाता है।

80. शृंखला : *xy_x_zxy_xy_xy_*
रिक्त स्थान को विकल्प 4 (*z, y, z, z, z*) के अक्षरों से भरने पर :
$x\ y\ \underline{z}\ x\ \underline{y}\ z\ x\ y\ \underline{z}\ x\ y\ \underline{z}\ x\ y\ \underline{z}$
यह देता है : *xyzxyzxyzxyz*, जो *xyz* का एक निरंतर दोहराव वाला पैटर्न बनाता है।
अतः लुप्त अक्षरों का सही क्रम *zyzzz* है।

81. शृंखला : 0, 2, 6, 12, __, 30
अंतर खोजने पर :
$2 - 0 = 2$
$6 - 2 = 4$
$12 - 6 = 6$
हर बार अंतर 2 बढ़ जाता है : 2, 4, 6, 8, 10
अगला पद $= 12 + 8 = 20$
जांचने पर : $20 + 10 = 30$.

82. तीर की दिशा एक पैटर्न का अनुसरण करती है : यह पहले 90° दक्षिणावर्त घूमता है, फिर 45° वामावर्त दिशा में पीछे चला जाता है। ऊपर की दिशा से शुरू करते हुए, क्रम इस प्रकार है : ऊपर → दाएँ (90° दक्षिणावर्त) → ऊपर-दाएँ (45° पीछे) → नीचे-दाएँ (90° दक्षिणावर्त) → अगला फिर दाएँ होना चाहिए (45° पीछे)। वह चित्र जो सही बिंदु स्थिति के साथ दाईं ओर इंगित करने वाला तीर दिखाता है, विकल्प 2 है।

83. वर्ग में, ऊर्ध्वाधर और क्षैतिज रेखाएं इसे 4 भागों में विभाजित करती हैं, और तीन विकर्ण केंद्र O पर मिलते हैं (ऊपर-बाएं, ऊपर-दाएं और नीचे-बाएं से)।

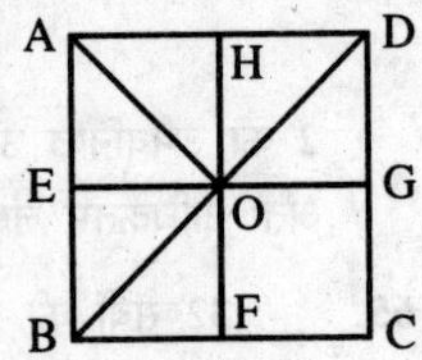

छोटे त्रिभुज : ऊपर बाईं ओर 2 हैं (ΔAEO, ΔAHO),
नीचे बाईं ओर 2 (ΔEBO, ΔBFO) हैं,
शीर्ष दाईं ओर 2 (ΔDHO, ΔDGO) → 6 है।
क्षेत्रों को मिलाकर बने बड़े त्रिभुज : ΔAOB (आधार AB), ΔAOD (आधार AD), ΔABD (AB, AD, BD का उपयोग करके), ΔBDC (BC, CD, BD का उपयोग करके) → 4।
कुल $= 6 + 4 = 10$.

84. पहले जोड़े में परिवर्तन से पता चलता है कि दाईं ओर के क्षेत्र में छायांकित भाग उसी दिशा में अगली स्थिति में स्थानांतरित हो जाता है, और उसी बदलाव को वर्ग में लागू करने से छायांकित क्षेत्र स्थानांतरित हो जाते हैं ताकि नए काले हिस्से शीर्ष-दाएं और नीचे-दाएं स्थिति में दिखाई दें जैसा कि विकल्प 3 में दिखाया गया है।

85. हॉकी, फुटबॉल और क्रिकेट आउटडोर टीम खेल हैं जो मैदान पर गेंद (या गेंद जैसी वस्तु) के साथ खेले जाते हैं और टीमों को प्रतिद्वंद्वी के खिलाफ गोल/रन बनाने की आवश्यकता होती है। शतरंज एक इनडोर बोर्ड गेम है जो दो व्यक्तियों के बीच खेला जाता है, जिसमें कोई मैदानी खेल नहीं होता, कोई गेंद नहीं होती और सामान्य अर्थों में कोई टीम की भागीदारी नहीं होती। अतः, शतरंज बेमेल है।

86. प्रत्येक चतुर्थांश में, उस चतुर्थांश की दूसरी बाहरी संख्या प्राप्त करने के लिए आंतरिक वृत्त की संख्या को एक बाहरी संख्या में जोड़ा जाता है।
शीर्ष-दाएँ : $15 + 3 = 18$
नीचे-दाएँ : $12 + 5 = 17$
नीचे-बाएँ : $10 + 4 = 14$
ऊपर-बाएँ : $20 + ? = 24 \Rightarrow ? = 4$.

87. PLAY → ALYP में, अक्षर क्रम तीसरा, दूसरा, चौथा, पहला हो जाता है।
PLAY = P(1) L(2) A(3) Y(4)
→ A(3) L(2) Y(4) P(1) = ALYP.
GAME पर भी यही क्रम लागू करने पर
= G(1) A(2) M(3) E(4)
→ M(3) A(2) E(4) G(1) = MAEG.

88. In BA3 → DB6 में, पहला अक्षर 2 (B → D) चलता है, दूसरा अक्षर 1 (A → B) चलता है, और संख्या 3 (3 → 6) बढ़ जाती है।

इसे FC9 पर लागू करने पर :

F → H (+2), C → D (+1), 9 → 12 (+3), HD12 प्राप्त होता है।

89. प्रत्येक आकृति में नीचे की दो संख्याएँ पूर्ण वर्ग हैं, और शीर्ष संख्या उनके वर्गमूलों के योग के बराबर है।

पहली आकृति : $16 = 4^2, 25 = 5^2 \rightarrow 4 + 5 = 9.$

दूसरी आकृति : $36 = 6^2, 49 = 7^2 \rightarrow 6 + 7 = 13.$

तीसरी आकृति : $100 = 10^2,$
$121 = 11^2 \rightarrow 10 + 11 = 21.$

90. इराक दीनार का उपयोग करता है। इसी प्रकार, संयुक्त अरब अमीरात में उपयोग की जाने वाली मुद्रा दिरहम है, इसलिए सादृश्य संयुक्त अरब अमीरात : दिरहम के रूप में पूरा होता है।

91. BDF → GIK में, प्रत्येक अक्षर को वर्णमाला में 5 स्थान आगे स्थानांतरित किया गया है : B → G, D → I, F → K.

LNP पर भी इसे लागू करने पर :

L → Q, N → S, P → U, इसलिए परिणाम QSU है।

92. अक्षरों को बाएं से दाएं तुलना करके शब्दकोश क्रम में व्यवस्थित करने पर :

CAMERA (CA...) पहले आता है, फिर CHEST (CH...), फिर CLOCK (CL...), फिर COUNT (CO...), और अंत में CYCLE (CY...).

अतः सही क्रम D, C, A, B, E है।

93. दिया गया है : '+' का अर्थ है '–', '–' का अर्थ है '×', '÷' का अर्थ है '+', और '×' का अर्थ है '÷'.

अभिव्यक्ति : $25 - 5 + 10 \times 5 \div 5$

चिह्नों को बदलने के बाद : $25 \times 5 - 10 \div 5 + 5$

अब गणना करने पर : $25 \times 5 = 125, 10 \div 5 = 2$

तो, $125 - 2 + 5 = 128.$

94. 'आपकी माँ का पति' = आपका पिता।

तो 'तुम्हारी माँ के पति की बहन' = आपके पिता की बहन (आपकी मौसी)।

आदमी का कहना है कि यह व्यक्ति 'मेरी चाची' भी है, जिसका अर्थ है कि आदमी की चाची महिला की मौसी है। ऐसा तब होता है जब पुरुष के माता-पिता महिला के पिता के भाई-बहन हों, इसलिए पुरुष और महिला भाई-बहन (चचेरे भाई) की संतान हैं।

चूँकि 'चचेरी बहन' एक विकल्प नहीं है, इसलिए दिए गए विकल्पों में से निकटतम सही संबंध बहन के रूप में लिया गया है।

95. C6X → E10V में :

C → E (+2), 6 → 10 (+4), X → V (-2)

G14T पर समान लागू करने पर :

G → I (+2), 14 → 18 (+4), T → R (-2)

तो परिणाम I18R है।

96. अक्षर उछाल पर गौर करें :

प्रथम अक्षर : A, D, H, M ... अंतर :

+ 3, + 4, + 5, इसलिए अगला + 6 → M → S है।

दूसरे अक्षर : B, G, M, T ... अंतर :

+ 5, + 6, + 7, तो अगला + 8 → T → B

तो अगला पद = SB.

97. शुक्र, बुध और पृथ्वी ग्रह हैं। सूर्य एक तारा है. अतः सूर्य भिन्न है।

98. पैटर्न का अगला पद = (पिछला पद × 2) + 1 है।

$1 \times 2 + 1 = 3$

$3 \times 2 + 1 = 7$

$7 \times 2 + 1 = 15$

$15 \times 2 + 1 = 31$

तो अगला पद = $31 \times 2 + 1 = 63.$

99. आरोही क्रम का अर्थ है सबसे छोटी अवधि से सबसे बड़ी अवधि तक।

सेकंड सबसे छोटी इकाई है, फिर मिनट, फिर घंटा, फिर दिन, फिर सप्ताह।

तो सही क्रम है : सेकंड (C), मिनट (E), घंटा (A), दिन (D), सप्ताह (B)।

100. 'Y का बेटा' = Y का बच्चा। 'Y के बेटे का बेटा' = Y का पोता। यदि X उस पोते का भाई है, तो X भी Y के बेटे का बेटा है, इसलिए X भी Y का पोता है।

101. सर रोनाल्ड रॉस ने 1897 में पता लगाया कि मलेरिया मच्छरों द्वारा फैलता है। उन्होंने इस बीमारी को फैलाने में मादा एनोफिलिस मच्छर की भूमिका की पहचान की, जिसके लिए उन्हें बाद में नोबेल पुरस्कार मिला।

102. भारत के पूर्व राष्ट्रपति डॉ. जाकिर हुसैन एक प्रसिद्ध शिक्षाविद् और लेखक भी थे। उन्हें 'ब्लो हॉट, ब्लो कोल्ड' शीर्षक कहानी लिखने का श्रेय दिया जाता है, जिसे आमतौर पर स्कूली साहित्य में शामिल किया जाता है।

103. मिट्टी का तेल और ग्रीस पेट्रोलियम उत्पाद हैं जो शोधन के दौरान प्राप्त होते हैं। सौर ऊर्जा और जल ऊर्जा क्रमशः सूर्य और पानी से प्राप्त नवीकरणीय स्रोत हैं, पेट्रोलियम से नहीं। अतः, C और D सही हैं।

104. पुस्तक 'हाउ वी फाउंड द अर्थ इज राउंड' आइजक एसिमोव द्वारा लिखी गई थी, जो एक प्रसिद्ध विज्ञान लेखक थे जो वैज्ञानिक अवधारणाओं को सरल भाषा में समझाने के लिए जाने जाते हैं।

105. अंतरिक्ष में, सूक्ष्म गुरुत्वाकर्षण के कारण वस्तुएं अंतरिक्ष यान के अंदर स्वतंत्र रूप से तैरती हैं। इसके अलावा, पृथ्वी में गुरुत्वाकर्षण खिंचाव है, जो उपग्रहों और चंद्रमा को कक्षा में रखता है। इसलिए, दोनों कथन सही हैं।

106. डॉक्यूमेंट्री फिल्म 'इंडिया अनटच्ड' के. स्टालिन के द्वारा बनाई गई थी। यह भारत में जातिगत भेदभाव के मुद्दे से संबंधित है और अपने सामाजिक संदेश के लिए व्यापक रूप से जानी जाती है।

107. यह कथन गलत है क्योंकि कई जानवर जो दिन के दौरान सक्रिय रहते हैं (दैनिक जानवर) रंग देख सकते हैं। अन्य कथन ज्ञात पशु व्यवहार के आधार पर सही हैं।

108. पके हुए चावल को एक कटोरे में रखकर और कटोरे को कुछ पानी के साथ एक कंटेनर में रखकर रखा जा सकता है *(iv)*। खुली सूखी जगह पर रखने पर प्याज और लहसुन अच्छे रहते हैं *(iii)*। *(i)* दूध को उबालकर संरक्षित किया जाता है। हरे धनिये को गीले कपड़े में लपेटने से ताजगी बनी रहती है *(ii)*।

109. ब्रिटिश नमक कानून के विरोध में गांधी जी ने 1930 में अहमदाबाद से दांडी तक दांडी मार्च (नमक सत्याग्रह) चलाया।

110. कश्मीर कढ़ाई के लिए, तेलंगाना पोचमपल्ली (इकत) के लिए, बिहार मधुबनी पेंटिंग के लिए और असम रेशम के लिए प्रसिद्ध है।

111. वन अधिकार अधिनियम, 2006 के अनुसार, वन-निवासी समुदाय जो कम से कम 25 वर्षों से जंगलों में निवास कर रहे हैं, उन्हें वन भूमि और उसके संसाधनों पर अधिकार दिया जाता है।

112. बृहस्पति, शनि और यूरेनस सभी में वलय प्रणाली है। शुक्र के पास कोई वलय नहीं है, इसलिए यह सही उत्तर है।

113. भारतीय सशस्त्र बलों की पासिंग आउट परेड के दौरान सख्त औपचारिक अनुक्रम का पालन करते हुए कुल छत्तीस कमांड दिए जाते हैं।

114. H_2O पानी का रासायनिक सूत्र है, जिसमें दो हाइड्रोजन परमाणु और एक ऑक्सीजन परमाणु होता है।

115. भारत के गुजरात में स्थित स्टैच्यू ऑफ यूनिटी दुनिया की सबसे ऊंची प्रतिमा है, जो सरदार वल्लभभाई पटेल को समर्पित है।

116. मृत सागर में अत्यधिक लवणता है, जिससे लोग आसानी से तैर सकते हैं, इसलिए गैर-तैराक लोग भी आमतौर पर नहीं डूबते। यह सबसे अधिक खारे जल निकायों में से एक है, सबसे कम खारा नहीं। इसलिए, दोनों कथन गलत हैं।

117. जोधपुर राजस्थान में है, वलसाड गुजरात में है, कोझिकोड केरल में है और कुल्लू-मनाली हिमाचल प्रदेश में है। तो सही मिलान A-*(ii)*, B-*(iii)*, C-*(iv)*, D-*(i)* है।

118. भारतीय कानून के अनुसार, विवाह के लिए न्यूनतम कानूनी उम्र लड़कियों के लिए 18 वर्ष और लड़कों के लिए 21 वर्ष है।

119. अबू धाबी संयुक्त अरब अमीरात की राजधानी है, जबकि दुबई सबसे बड़ा शहर है।

120. बरगद के पेड़ों की जड़ें अन्य पेड़ों की तरह सामान्य भूमिगत होती हैं। इसके अतिरिक्त, वे शाखाओं से हवाई जड़ें विकसित करते हैं जो नीचे की ओर बढ़ती हैं और जमीन तक पहुंचती हैं, जिससे नई शाखाएं बनती हैं। इसलिए, कथन I गलत है और कथन II सही है।

121. सबसे पहले, समुद्र के पानी को उथले क्षेत्रों (B) में एकत्र किया जाता है। फिर पानी को धूप में सूखने दिया जाता है (C)। वाष्पीकरण के बाद नमक जमीन पर रह जाता है (A)।

122. केंचुओं को मिट्टी का सबसे अच्छा मित्र कहा जाता है क्योंकि वे अपनी गतिविधियों के माध्यम से मिट्टी को ढीला करके और पोषक तत्वों को एकत्रित कर मिट्टी की उर्वरता में सुधार करते हैं।

123. कर्णम मल्लेश्वरी एक प्रसिद्ध भारतीय भारोत्तोलक हैं जिन्होंने भारोत्तोलन में भारत को पहचान दिलाते हुए ओलंपिक कांस्य पदक जीता।

124. बछेंद्री पाल 1984 में माउंट एवरेस्ट पर चढ़ने वाली पहली भारतीय महिला बनीं।

125. हैदराबाद ऐतिहासिक गोलकुंडा किले के लिए प्रसिद्ध है, जो कभी कुतुब शाही वंश का गढ़ था।

ऑल इंडिया सैनिक स्कूल प्रवेश परीक्षा (AISSEE) 2025*

कक्षा-VI

भाग-A : हिन्दी भाषा

1. (*a*) शीत का भयंकर (*b*) आगमन से ही
(*c*) ऋतुराज बसंत के (*d*) प्रकोप भाग गया
निम्नलिखित किस विकल्प में वाक्यांशों का क्रम उपयुक्त है:
1. (*c*), (*b*), (*d*), (*a*) 2. (*c*), (*b*), (*a*), (*d*)
3. (*a*), (*d*), (*b*), (*c*) 4. (*c*), (*a*), (*d*), (*b*)

2. 'पशुओं का झुंड पानी की ______ में चारों ओर घूम रहा था।'
वाक्य के रिक्त स्थान के लिए सर्वाधिक उपयुक्त शब्द चुनिए:
1. दौड़ 2. प्यास
3. चाहत 4. खोज

3. दंगल, मंगल और ______ तीनों ध्वनि और तुक का साम्य रखने वाले शब्द हैं। रिक्त स्थान के लिए सर्वाधिक उपयुक्त विकल्प का चयन करें:
1. कमंडल 2. संबल
3. कंबल 4. जंगल

4. 'वे दोनों बहुत ______ दोस्त हैं।' रिक्त स्थान के लिए सर्वाधिक उपयुक्त शब्द का चयन करें:
1. समीप 2. नजदीक
3. गहरी 4. करीबी

5. 'चिड़िया' शब्द का सर्वाधिक उपयुक्त बहुवचन रूप है:
1. चिडीं 2. चिड़ियाँ
3. चिड़ियाएँ 4. चिड़िए

6. 'सुमित सेब खरीदता है।' वाक्य क्रिया की दृष्टि से भेद है:
1. द्विकर्मक क्रिया का 2. अकर्मक क्रिया का
3. सकर्मक क्रिया का 4. प्रेरणार्थक क्रिया का

7. 'कवयित्री' शब्द का पुल्लिंग शब्द रूप पहचानें:
1. कविता 2. कवित्री
3. कवि 4. कवी

8. 'अंकुर शानदार बोलता है।' वाक्य में प्रयुक्त 'शानदार' शब्द किसकी विशेषता बतला रहा है?
1. क्रिया-विशेषण की 2. संज्ञा की
3. सर्वनाम की 4. क्रिया की

9. 'भाववाचक संज्ञा' की पहचान करें:
1. रामायण 2. हिमालय
3. प्रार्थना 4. किताब

10. 'मनुष्य की ______ करती है।' रिक्त स्थान के लिए उपयुक्त शब्द-क्रम का चयन करें:
(*a*) संसार की (*b*) रचना
(*c*) आंतरिक सुंदरता (*d*) ही सुंदर
1. (*c*), (*d*), (*a*), (*b*)
2. (*a*), (*b*), (*c*), (*d*)
3. (*b*), (*c*), (*a*), (*d*)
4. (*b*), (*a*), (*c*), (*d*)

1. 2	**2.** 4	**3.** 4	**4.** 4	**5.** 2	**6.** 3	**7.** 3	**8.** 4	**9.** 3	**10.** 1

Exam held on 5 April 2025

11. 'विकर्षण' के सर्वाधिक उपयुक्त विलोमार्थी शब्द की पहचान करें:

1. अपकर्षण 2. अनाकर्षण
3. आकर्षण 4. आसक्ति

12. 'राहुल पढ़ रहा है।' वाक्य में काल के भेद की पहचान करें :

1. अपूर्ण वर्तमानकाल 2. सामान्य वर्तमानकाल
3. सामान्य भूतकाल 4. अपूर्ण भूतकाल

13. 'नेताजी मंच से भाषण दे रहे होंगे।' वाक्य अर्थ की दृष्टि से भेद है:

1. इच्छार्थक वाक्य 2. विधानार्थक वाक्य
3. संकेतवाचक वाक्य 4. संदेहार्थक वाक्य

14. वर्तनी की दृष्टि से शुद्ध शब्द रूप है:

1. संम्मान 2. सम्मान
3. सन्मान 4. संन्मान

15. निम्नोक्त में कौन-सा वाक्य करण कारक का उदाहरण है:

1. किशोर ने खा लिया।
2. वह कुल्हाड़ी से पेड़ काटता है।
3. हिमालय से गंगा निकलती है।
4. उसने चोर को पकड़ा।

16. 'उल्टी गंगा बहाना' मुहावरे का उपर्युक्त अर्थ है:

1. प्रतिकूल कार्य करना
2. विनाश लाना
3. गुप्त बात प्रकट करना
4. संकट खड़ा करना

17. _____ खेलों में तुमने बहुत अच्छा प्रदर्शन किया है। रिक्त स्थान के लिए उपयुक्त शब्द चुनिए:

1. अहो! 2. अरे!
3. शाबाश! 4. ओह!

18. 'इस _____ को मैंने पहले भी यहाँ देखा है।' 'स्त्री' का उपयुक्त समानार्थी शब्द चुनकर वाक्य के रिक्त स्थान की पूर्ति कीजिए:

1. गृहिणी 2. सविता
3. दामिनी 4. रमणी

19. 'वह ईमानदार है।' वाक्य में प्रयुक्त शब्द 'ईमानदा विशेषण की दृष्टि से है:

1. संख्यावाचक विशेषण
2. गुणवाचक विशेषण
3. संकेतवाचक विशेषण
4. परिमाणवाचक विशेषण

20. 'मैं अपने-आप चला जाऊँगा।' वाक्य में प्रयुक्त सर्वना 'अपने-आप' प्रकार की दृष्टि से है:

1. प्रश्नवाचक सर्वनाम
2. संबंधवाचक सर्वनाम
3. निजवाचक सर्वनाम
4. अनिश्चयवाचक सर्वनाम

निर्देशः (प्र.सं. 21 से 25 तक): निम्नलिखित गद्यांश क ध्यानपूर्वक पढ़िए और नीचे दिए गए प्रश्नों के उत्तर दीजिए

वन प्रकृति का अनुपम उपहार है। इस अमूल्य संप के कोष को बनाए रखने की महती आवश्यकता है। पेड़-पौ तथा मनुष्य एक-दूसरे के पोषक तथा संरक्षक हैं। जहाँ ए ओर पेड़-पौधे मनुष्य के संरक्षण में उगते हैं, वहीं दूसरी ओ मानव को भी आजीवन पेड़-पौधों पर आश्रित रहना पड़ता है इन वृक्षों, पेड़-पौधों अथवा वनों से प्राकृतिक तथा पर्यावर संतुलन बना रहता है। संतुलित वर्षा तथा प्रदूषण से बचा के लिए भी वनों के संरक्षण की नितांत आवश्यकता है इतना ही नहीं, शस्य-श्यामला भूमि को बंजर होने से बचा भू-क्षरण, पर्वत-स्खलन आदि को रोकने में भी वन-संरक्ष अनिवार्य होता है। वन प्राकृतिक सुषमा के घर हैं। इन्हीं व में अनेक वन्य प्राणियों को आश्रय मिलता है।

हमारे देश में तो वृक्षों को पूजने की परंपरा है। हमा संस्कृति में वृक्षारोपण पुण्य का कार्य माना जाता है त किसी फलदार अथवा हरे-भरे वृक्ष को काटना पाप। पुराणों अनुसार एक वृक्ष लगाने से उतना ही पुण्य मिलता है जित दस गुणवान पुत्रों का यश। खेद का विषय है कि आज ह वन-संरक्षण के प्रति न केवल उदासीन हो गए हैं वरन् उन

11. 3 **12.** 1 **13.** 4 **14.** 2 **15.** 2 **16.** 1 **17.** 3 **18.** 4 **19.** 2 **20.** 3

ाधुंध कटाई करके स्वयं अपने पैरों पर कुल्हाड़ी मार रहे जेससे प्रकृति का संतुलन बिगड़ गया है।

. गद्यांश में प्रयुक्त 'वन-संरक्षण' से अभिप्राय है:

1. नये-नये व्यावसायिक वृक्ष लगाना
2. वनों को धीमे-धीमे काटना
3. वनों को धीमे-धीमे काटने से बचाना
4. वनों की रक्षा करना

2. गद्यांश में लेखक ने पुण्य का कार्य किसे बताया है?

1. प्रकृति के अनुपम उपहार को
2. वन संरक्षण को
3. वृक्षारोपण को
4. वनों के भू-क्षरण को

3. गद्यांश के आधार पर निम्नोक्त में से कौन-सा कथन असत्य है?

1. वन प्राकृतिक सुषमा के घर हैं
2. वन प्रकृति का अनुपम उपहार है
3. एक वृक्ष लगाने से उतना ही यश प्राप्त होता है जितना दस गुणवान पुत्रों का पुण्य
4. वनों से प्राकृतिक तथा पर्यावरण संतुलन बना रहता है

24. गद्यांश में 'शस्य-श्यामला' विशेषण का प्रयोग किसके लिए हुआ है?

1. वन संरक्षित भूमि के लिए
2. बंजर भूमि के लिए
3. पर्वतीय भूमि के लिए
4. भूमि के लिए

25. गद्यांश में प्रयुक्त मुहावरे 'अपने पैर पर कुल्हाड़ी मारना' का उपयुक्त अर्थ है:

1. खुद से अपने लिए अवसर पैदा करना
2. स्वयं अपने पैर को क्षतिग्रस्त कर लेना
3. स्वयं अपने को अंधेरे में रखना
4. खुद से अपने लिए संकट पैदा करना

भाग-B : गणित

6. नीचे दी गयी आकृति का परिमाप है:

1. 30 सेमी.
2. 36 सेमी.
3. 54 सेमी.
4. 45 सेमी.

7. निम्न में से कौन-से कथन सत्य नहीं हैं?

A. दो न्यूनकोण सदैव संपूरक होते हैं।
B. दो अधिककोण सदैव संपूरक होते हैं।
C. दो बराबर कोण जो समकोण के आधे के दो गुने के बराबर हैं, संपूरक होंगे।
D. एक न्यूनकोण तथा एक अधिककोण सदैव संपूरक होते हैं।

नीचे दिये गये विकल्पों में से सही उत्तर का चयन कीजिए:

1. केवल C और D
2. केवल A, B और D
3. केवल A और C
4. केवल B, C और D

28. निम्न में * का मान है:

3958 – * 7 * = 3 * 8 *

1. 4
2. 3
3. 6
4. 5

21. 4	**22.** 3	**23.** 3	**24.** 4	**25.** 4	**26.** 2	**27.** 2	**28.** 1

29. A ने ₹ 3500 का 3 वर्ष के लिए 4% वार्षिक दर से, B ने ₹ 4200 का 2 वर्ष के लिए 5% वार्षिक दर से तथा C ने ₹ 2800 का 3 वर्ष के लिए 5% वार्षिक दर से साधारण ब्याज पर ऋण लिया। नीचे दिए कथनों में से कौन-सा कथन सत्य है?

1. केवल B तथा C, प्रत्येक को ₹ 840 साधारण ब्याज देना होगा
2. केवल A तथा C, प्रत्येक को ₹ 420 साधारण ब्याज देना होगा
3. केवल A तथा B, प्रत्येक को ₹ 420 साधारण ब्याज देना होगा
4. A, B तथा C, सभी को ₹ 420 साधारण ब्याज देना होगा

30. 4 सेमी. भुजा वाले तीन ठोस घनों को जोड़कर एक ठोस घनाभ बनाया गया है। इस प्रकार बने घनाभ का आयतन है:

1. 128 सेमी.^{3} 2. 256 सेमी.^{3}
3. 192 सेमी.^{3} 4. 64 सेमी.^{3}

31. दिए हुए प्रश्न में दो कथन, अभिकथन (A) तथा तर्क (R) दिए हैं। ध्यानपूर्वक इनका अध्ययन करें तथा दिए गये विकल्पों में से सही विकल्प चुनें।

अभिकथन (A): 41 एक अभाज्य संख्या है।

तर्क (R): इसके केवल दो गुणनखंड है, संख्या 1 तथा वह संख्या स्वयं।

1. (A) सही है, लेकिन (R) सही नहीं है
2. (A) सही नहीं है, लेकिन (R) सही है
3. (A) तथा (R) दोनों सही हैं तथा (R), (A) की सही व्याख्या है
4. (A) तथा (R) दोनों सही हैं, लेकिन (R), (A) की सही व्याख्या नहीं है

32. एक वर्ग तथा एक आयत के क्षेत्रफल बराबर हैं। यदि वर्ग की भुजा 30 सेमी. है तथा आयत की चौड़ाई 25 सेमी. है, तो उस आयत की लम्बाई है:

1. 36 सेमी.   2. 42 सेमी.
3. 38 सेमी.   4. 40 सेमी.

33. एक दुकानदार ने दो मोबाइल फोन क्रमशः ₹ 15,
तथा ₹ 14,400 में खरीदे और उन्हें कुल ₹ 31,
में बेच दिया। उसका हानि अथवा लाभ प्रतिशत

1. 4% हानि   2. 8% हानि
3. 6% लाभ   4. 4% लाभ

34. एक फैक्टरी में बिजली के बल्ब बनते हैं तथा प्र
15 बल्बों में 2 खराब होते हैं। यदि फैक्टरी में प्रति
630 बल्ब बनते हैं, तो प्रतिदिन बनने वाले ख
बल्बों की संख्या है।

1. 84   2. 45
3. 90   4. 42

35. नीचे दी गई आकृति में $(x + y)$ का मान है:

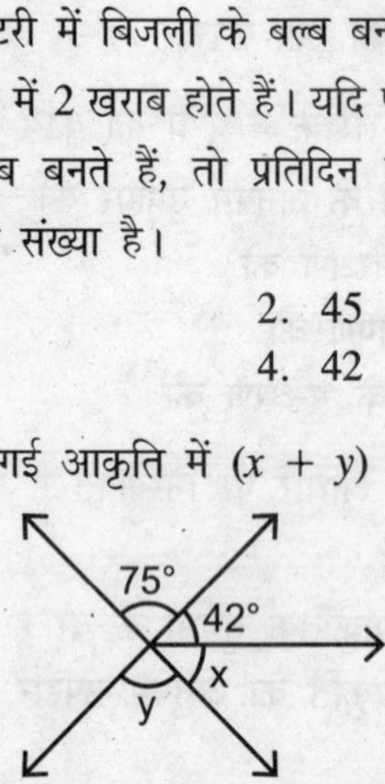

1. 138°   2. 117°
3. 163°   4. 105°

36. दिए हुए कथन पढ़ें तथा सही विकल्प का चयन

कथन I: वर्ग के विकर्ण लम्बाई में समान होते हैं
परस्पर लम्ब होते हैं।

कथन II: समचतुर्भुज के विकर्ण लम्बाई में समान
हैं तथा परस्पर लम्ब होते हैं।

1. दोनों कथन सत्य हैं
2. दोनों कथन असत्य हैं
3. केवल कथन I सत्य है
4. केवल कथन II सत्य है

37. यदि $a = 5$ तथा $b = 15$ है, तो $\left(\frac{a}{b}+1\right)\frac{b}{a}+(b-$
का मान है:

1. 18   2. 14
3. 24   4. 12

29. 4 **30.** 3 **31.** 3 **32.** 1 **33.** 4 **34.** 1 **35.** 1 **36.** 3 **37.** 2

38. एक महिला ने 5 किग्रा. 640 ग्रा. आलू, 3 किग्रा. 37 ग्रा. प्याज तथा 6 किग्रा. 8 ग्रा. टमाटर खरीदे। उसने देखा कि 2 किग्रा. 45 ग्रा. टमाटर खराब है, जिन्हें उसने सब्जी विक्रेता को लौटा दिया। जो सब्जियाँ वह घर लेकर गई उनका भार हैं:

1. 13.360 किग्रा. 2. 12.640 किग्रा.
3. 13.460 किग्रा. 4. 12.973 किग्रा.

39. 35 लिफाफों का मूल्य ₹ 87.50 है। हम ₹ 730 में इसी प्रकार के कितने लिफाफे खरीद सकते हैं?

1. 312 2. 292
3. 126 4. 252

40. नीचे दिये गये भिन्नों को आरोही क्रम में व्यवस्थित करें:

$\frac{2}{3}, \frac{1}{6}, \frac{5}{9}$ और $\frac{7}{12}$

1. $\frac{1}{6}, \frac{5}{9}, \frac{2}{3}, \frac{7}{12}$ 2. $\frac{1}{6}, \frac{5}{9}, \frac{7}{12}, \frac{2}{3}$
3. $\frac{5}{9}, \frac{1}{6}, \frac{7}{12}, \frac{2}{3}$ 4. $\frac{5}{9}, \frac{2}{3}, \frac{1}{6}, \frac{7}{12}$

41. किसी कमरे की लम्बाई, चौड़ाई तथा ऊँचाई क्रमशः 1050 सेमी., 750 सेमी. तथा 425 सेमी. है। सबसे लम्बे मापक की लम्बाई जिससे कमरे की तीनों विमाओं को मापा जा सके, होगी:

1. 25 सेमी. 2. 50 सेमी.
3. 125 सेमी. 4. 150 सेमी.

42. निम्न में से कौन-से कथन सत्य हैं?

A. यदि कोई संख्या 4 से विभाज्य है, तो यह अवश्य ही 8 से विभाज्य होगी।
B. यदि कोई संख्या 3 तथा 5 से विभाज्य है, तो यह 15 से भी विभाज्य होगी।
C. 2 और 8 से विभाज्य कोई संख्या 16 से भी विभाज्य होगी।
D. दो क्रमागत विषम संख्याओं का योग सदैव 4 से विभाज्य होता है।

1. केवल B और D
2. केवल B, C और D
3. केवल A, B और D
4. केवल B और C

43. 512 प्राप्त करने के लिए 179.08 और 20.17 के योग में क्या जोड़ना होगा?

1. 312.75 2. 321.75
3. 711.25 4. 313.25

44. यदि किसी संख्या का 48%, 120 है तो उसी संख्या का 170% क्या है?

1. 385 2. 475
3. 400 4. 425

45. एक आयताकार भूखण्ड की विमाएँ 700 मी. और 500 मी. हैं। तार के चार चक्करों से इसकी बाड़ लगानी है। आवश्यक तार की लम्बाई है:

1. 9600 मी. 2. 8600 मी.
3. 7200 मी. 4. 4800 मी.

46. 15, 12, 17, $(x + 5)$, $(x - 1)$ तथा 22 का औसत 15 है। x का मान है:

1. 8 2. 10
3. 20 4. 12

47. किसी वृत्त में तीन व्यासों से समान क्षेत्रफल वाले 6 त्रिज्यखंड बनाए गए। प्रत्येक त्रिज्याखंड में दो आसन्न त्रिज्याओं के बीच कोण है:

1. 60° 2. 30°
3. 90° 4. 45°

48. मेरी माता जी का कहना है कि उनके बचपन में पेट्रोल का मूल्य ₹ 15 प्रति लीटर था। आज यह ₹ 72 प्रति लीटर है। पेट्रोल के मूल्य में कितने प्रतिशत की वृद्धि हुई है?

1. 360% 2. 250%
3. 400% 4. 380%

38. 2	**39.** 2	**40.** 2	**41.** 1	**42.** 1	**43.** 1
44. 4	**45.** 1	**46.** 2	**47.** 1	**48.** 4	

49. कोई वस्तु 20% हानि के साथ ₹ 5840 में बेची गई। वस्तु का क्रय मूल्य था:

1. ₹ 7500
2. ₹ 7300
3. ₹ 4672
4. ₹ 4582

50. उस कोण का प्रकार बताये जिसका माप संपूर्ण कोण तथा समकोण के आधे के पाँच गुना कोण के अंतर के बराबर है:

1. सरल कोण
2. वृहत कोण
3. न्यून कोण
4. अधिक कोण

51. 15 मी. 8 सेमी. लम्बी छड़ को चार बराबर भागों में बाँटा गया है। छड़ के प्रत्येक भाग की लम्बाई है:

1. 3.88 मी.
2. 3.65 मी.
3. 3.77 मी.
4. 3.95 मी.

52. $0.009 + 9.09 + 0.9009 - 0.09 = ?$

1. 9.9099
2. 9.9009
3. 9.9089
4. 9.8909

53. किसी रेलगाड़ी ने कुछ दूरी 120 किमी./घंटा की गति से 40 मिनट में तय की। यदि उसकी गति बढ़ाकर 150 किमी./घंटा कर दी जाये तो उतनी ही दूरी को तय करने में उसे कितना कम समय लगेगा?

1. 16 मिनट
2. 8 मिनट
3. 5 मिनट
4. 10 मिनट

54. कोई द्रव 50°F (फारेनहाइट) तापमान तक गर्म किया गया तथा किसी अन्य द्रव का तापमान 25°C (सेल्सियस) तक बढ़ाया गया। दोनों द्रवों के तापमान का अंतर डिग्री सेल्सियस में है:

1. 10°C
2. 8°C
3. 12°C
4. 15°C

55. समकोण के पाँचवे भाग के दो गुने कोण के पूरक कोण का संपूरक कोण है:

1. 124°
2. 132°
3. 144°
4. 126°

56. अनीता ने कुछ धनराशि 5% वार्षिक दर से 4 वर्ष के लिए निवेश की और उसे ₹ 850 साधारण ब्याज मिला। सुनीता ने भी कुछ धनराशि 4% वार्षिक से 6 वर्ष के लिए निवेश की, जिससे उसे ₹ साधारण ब्याज मिला। उनके द्वारा निवेश की धनराशियों का अंतर ज्ञात कीजिए:

1. ₹ 750
2. ₹ 520
3. ₹ 1690
4. ₹ 1250

57. 1 और 60 के मध्य आने वाली उन अभाज्य संख्य का योग क्या होगा जिनका इकाई का अंक 3 है

1. 129
2. 78
3. 168
4. 135

58. दिए हुए कथनों को पढ़ें तथा सही विकल्प का करें:

कथन I: रेखा के दो सीमांत बिंदु होते हैं।

कथन II: दो रेखाएँ प्रतिच्छेद करती हैं अथवा सम होती हैं।

1. दोनों ही कथन सत्य हैं
2. दोनों ही कथन असत्य हैं
3. केवल कथन I सत्य है
4. केवल कथन II सत्य है

59. सुनीता ने $3\frac{3}{4}$ मी. कपड़ा खरीदा। उसने $\frac{5}{6}$ कपड़ा अपनी गुड़िया के कुर्ते के लिए और $\frac{2}{3}$ कपड़ा उसके पजामे के लिए प्रयोग कर लिया। उ पास कपड़ा बचा:

1. $2\frac{1}{6}$ मी.
2. $2\frac{2}{3}$ मी.
3. $2\frac{3}{4}$ मी.
4. $2\frac{1}{4}$ मी.

60. किसी परीक्षा में 5 लड़कों और 7 लड़कियों के में लड़कों के अंकों का औसत 12 है तथा लड़ा के अंकों का औसत 18 है। समूह के औसत हैं:

1. 15.5
2. 10
3. 14.5
4. 15

49. 2	**50.** 4	**51.** 3	**52.** 1	**53.** 2	**54.** 4
55. 4	**56.** 1	**57.** 4	**58.** 4	**59.** 4	**60.** 1

61. वह छोटी से छोटी संख्या जिसे 25, 40 तथा 60 से विभाजित करने पर, प्रत्येक स्थिति में शेष 9 आए, है:

1. 591
2. 509
3. 619
4. 609

62. दिए गयें कथनों को पढ़ें और सही विकल्प का चयन करें:

कथन I: वृत्त की छेदक रेखा ऐसा रेखाखंड होता है जिसके सीमांत बिंदु वृत्त पर स्थित होते हैं।

कथन II: जीवा वृत्त के केन्द्र से होती हुई ऐसी रेखा होती है जो वृत्त को दो बिन्दुओं पर प्रतिच्छेद करती है।

1. दोनों कथन सत्य हैं
2. दोनों कथन असत्य हैं
3. केवल कथन I सत्य है
4. केवल कथन II सत्य है

63. यदि कॉफी का मूल्य ₹ 24 प्रति 100 ग्राम है तथा चाय का मूल्य ₹ 180 प्रति किग्रा. है, तो कॉफी के मूल्य तथा चाय के मूल्य में अनुपात है:

1. 4 : 3
2. 3 : 4
3. 2 : 15
4. 4 : 5

64. अनिल ने 2/3 घंटा व्यायाम किया, राम ने 3/4 घंटा व्यायाम किया, चेतन ने 1/5 घंटा व्यायाम किया तथा धरम ने 5/6 घंटा व्यायाम किया। किसने सबसे अधिक समय व्यायाम किया?

1. अनिल
2. राम
3. चेतन
4. धरम

65. धातु के 6 सेमी. भुजा वाले एक ठोस घन को पिघलाकर एक घनाभ बनाया गया जिसकी लम्बाई 9 सेमी. तथा चौड़ाई 8 सेमी. है। घनाभ की ऊँचाई है:

1. 4 सेमी.
2. 2 सेमी.
3. 6 सेमी.
4. 3 सेमी.

66. 5 अंकों की कुल कितनी संख्याएं हैं?

1. 90,000
2. 89,900
3. 89,000
4. 8,99,999

67. रोमन अंकों में लिखी संख्या LXXIX – XXXIX बराबर है:

1. XC
2. XL
3. XXIX
4. CIX

68. एक कार 65 किमी./घंटा की गति से दौड़ती है। 180 मिनटों में वह उसी गति से कितनी दूरी तय करेगी?

1. 245 किमी.
2. 180 किमी.
3. 117 किमी.
4. 195 किमी.

69. निम्न में से कौन-सा 446 का रोमन अंकों में सही निरुपण है?

1. CCXLVI
2. CLXXVI
3. DCXLVI
4. CDXLVI

70. सुनीता किसी पुस्तक का $\frac{5}{7}$ भाग 5 घंटे में पढ़ती है। दो घंटे में वह उसी पुस्तक का कितना भाग पढ़ लेगी?

1. $\frac{2}{7}$
2. $\frac{4}{7}$
3. $\frac{1}{7}$
4. $\frac{3}{7}$

71. $32 + 16 \div 4 - 2 \times 3$ का मान है:

1. 6
2. 20
3. 26
4. 30

72. $\frac{2}{5}$ और $\frac{7}{8}$ के योग का दशमलव रूप है:

1. 0.875
2. 2.175
3. 1.275
4. 1.875

61. 4	**62.** 3	**63.** 1	**64.** 4	**65.** 4	**66.** 1
67. 2	**68.** 4	**69.** 4	**70.** 1	**71.** 4	**72.** 3

73. एक विद्यालय के लिए 50 कुर्सियाँ तथा 30 ब्लैकबोर्ड खरीदे गये। यदि प्रत्येक कुर्सी का मूल्य ₹ 1065 है तथा प्रत्येक ब्लैकबोर्ड का मूल्य ₹ 1645 है, तो बिल की कुल राशि है:

1. ₹ 1,02,600 2. ₹ 1,20,600
3. ₹ 1,02,500 4. ₹ 92,600

74. $3-\frac{4}{5}+(?)-\frac{7}{15}=2\frac{2}{5}$ में '?' का मान है:

1. $\frac{2}{3}$ 2. $\frac{3}{4}$
3. $\frac{1}{4}$ 4. $\frac{1}{3}$

75. किसी त्रिभुज का एक कोण, समकोण का आधा है तथा एक अन्य कोण, समकोण के एक-तिहाई से 15 अधिक है। भुजाओं तथा कोणों के आधार त्रिभुज का नाम है:

1. समद्विबाहु समकोण त्रिभुज
2. समद्विबाहु अधिककोण त्रिभुज
3. विषमबाहु न्यूनकोण त्रिभुज
4. विषमबाहु समबाहु त्रिभुज

भाग-C : बुद्धिमत्ता

76. निश्चित संख्याओं वाली आकृतियों का एक समूह (सेट) नीचे दिया गया है। प्रत्येक आकृति में संख्यायें एकसमान प्रतिरूप का अनुसरण करती हैं।

लुप्त संख्या ('?' द्वारा चिह्नित) का पता लगाइये:

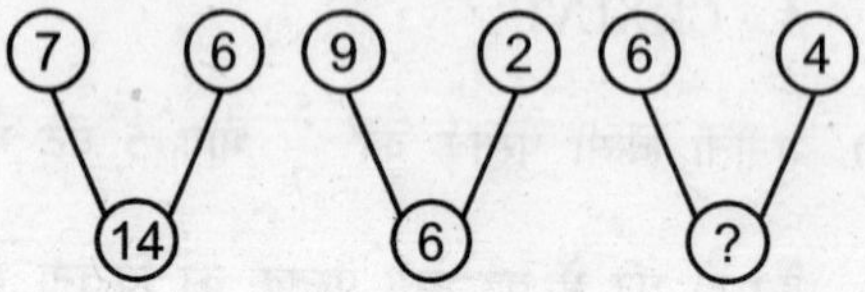

1. 10 2. 8
3. 5 4. 12

77. निम्नलिखित शब्दों को तार्किक रूप से बड़े से छोटे के क्रम में व्यवस्थित कीजिए:

A. बिल्ली B. मधुमक्खी
C. हाथी D. व्हेल
E. शेर

निम्नलिखित में से सही विकल्प का चयन कीजिए:

1. D, C, E, B, A
2. B, A, E, D, C
3. D, C, E, A, B
4. B, A, E, C, D

78. एक अर्थपूर्ण शब्द का निर्माण करने के लिये अक्षरों R, I, P, L, A में प्रत्येक अक्षर को केवल एक बार प्रयोग करके व्यवस्थित कीजिये और फिर नीचे दिये गये विकल्पों में से उस वर्ग (केटेगरी) की पहचान कीजिये जिससे वह शब्द संबंधित हो:

1. फल 2. सब्जी
3. महीना 4. पुष्प

79. निम्नलिखित तुल्यरूपता को पूर्ण कीजिए:

BAT : 23 :: DOG : ?

1. 26 2. 27
3. 25 4. 28

80. निम्नलिखित शृंखला में लुप्त संख्या (?) को ज्ञात कीजिए:

5, 10, 20, 35, ?, 80

1. 55 2. 60
3. 50 4. 45

81. दिए गए विकल्पों में से उस विकल्प का चयन कीजिए जो शृंखला को कायम रखते हुए प्रश्न-चिह्न (?) को प्रतिस्थापित करें:

1. 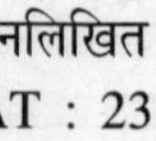 2. 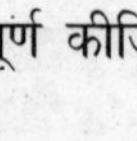

3. 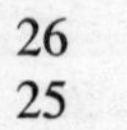 4. 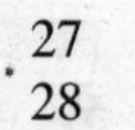

73. 1 **74.** 1 **75.** 1 **76.** 2 **77.** 3 **78.** 3 **79.** 1 **80.** 1 **81.** 2

82. (::) के बायें भाग में दिए गए दो पदों के बीच एक निश्चित संबंध है। दिए गए विकल्पों में से उस विकल्प का चयन कीजिए जो कि तीसरे पद से उसी समान रूप से संबंधित है।

ABCD : KLMN :: GHIJ : ?

1. QRST 2. OPQR
3. RSTU 4. PQRS

83. (::) के बायें भाग में दी गई दो संख्याओं के बीच एक निश्चित संबंध है। दिए गए विकल्पों में से उस संख्या का चयन कीजिए जो वही समान संबंध दर्शाती है।

24 : 11 :: 64 : ?

1. 32 2. 33
3. 21 4. 31

84. यदि 4 + 2 = 6

40 + 20 = 60

400 + ☺ = 600

☹ + ☹ + 2000 = 6000 तो ☹ + ☺ + 2 का योग ______ ।

1. 2202 2. 2222
3. 4202 4. 4002

85. नीचे दी गई अक्षर शृंखला में लुप्त अक्षर (?) को ज्ञात कीजिए:

E, J, O, ?, Y

1. U 2. V
3. S 4. T

86. निम्नलिखित में से असंगत की पहचान कीजिए:

1. अदरक
2. चुकंदर
3. टमाटर
4. गाजर

87. निम्नलिखित में से असंगत की पहचान कीजिए:

1. 100 2. 146
3. 36 4. 64

88. नीचे दिए गए प्रतिरूपों के क्रम 1, 2 और 3 का ध्यानपूर्वक अध्ययन कीजिए और इन प्रतिरूपों के आधार पर प्रतिरूप 9 में सितारों की संख्या ज्ञात कीजिए।

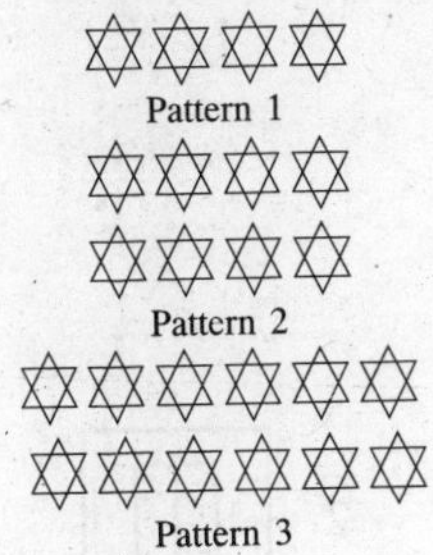

1. 36 2. 48
3. 32 4. 24

89. निम्नलिखित में लुप्त संख्या (?) ज्ञात कीजिए:

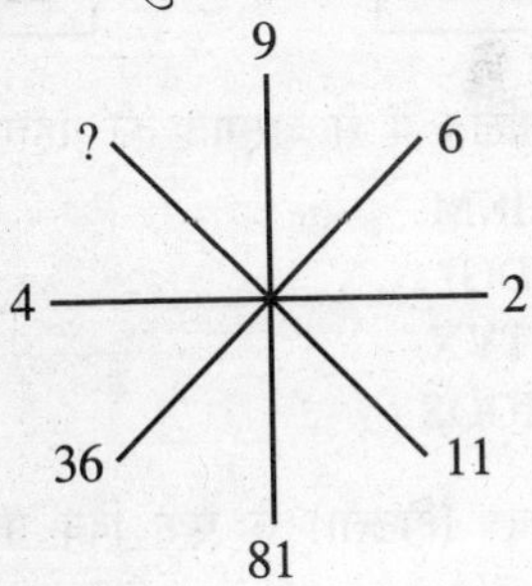

1. 121 2. 111
3. 110 4. 120

90. नीचे दी गयी वर्ण श्रेणी में कुछ वर्ण लुप्त ('_' द्वारा प्रदर्शित) हैं। वर्ण श्रेणी को पूरा करने के लिए रिक्त स्थान में भरने हेतु नीचे दिये गए विकल्पों में से वर्णों के सही क्रम का चयन कीजिए।

a _ a b a _ _ b a _ a b

1. aabb 2. baba
3. abba 4. bbab

91. निम्नलिखित में से अंसगत की पहचान कीजिए:

1. 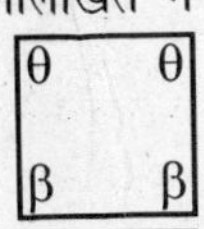

2. 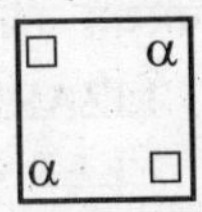

3. 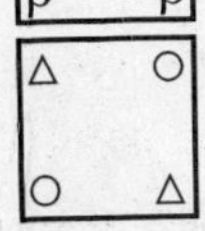

4. 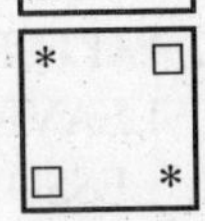

82. 1	**83.** 4	**84.** 1	**85.** 4	**86.** 3	**87.** 2	**88.** 1	**89.** 1	**90.** 4	**91.** 1

92. आकृति (X) के सही दर्पण-प्रतिबिम्ब का चयन कीजिए, जब दर्पण को नीचे दिखाई गई रेखा AB पर स्थापित किया जाए:

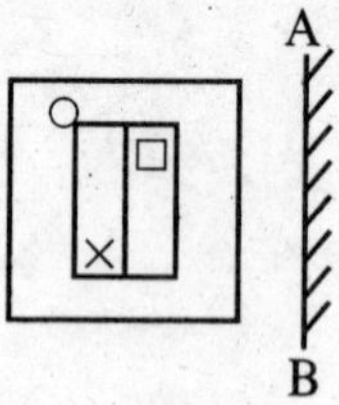

1. 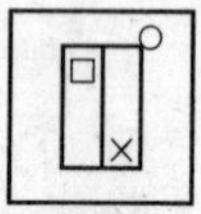
2. 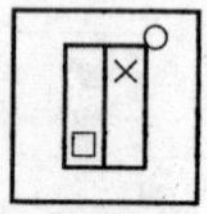
3. 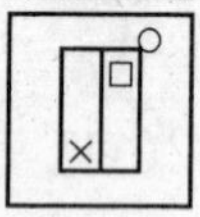
4. 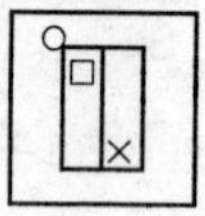

93. निम्नलिखित में से असंगत की पहचान कीजिए:
1. GIKM
2. BDGJ
3. RTVX
4. MOQS

94. यदि कल (पिछला) से एक दिन पहले बुधवार था, तो कल (आने वाला) के एक दिन बाद कौन-सा दिन होगा?

1. सोमवार 2. रविवार
3. बृहस्पतिवार 4. शनिवार

95. निम्नलिखित शृंखला में लुप्त पद (?) को ज्ञात कीजिए:
ADC, EHG, ILK, ?
1. ORQ 2. MPQ
3. NQP 4. MPO

96. शब्दकोश में आने वाले क्रम में निम्नलिखित शब्दों को व्यवस्थित कीजिए:
A. LIZARD
B. LEARN
C. LITTER
D. LEAVE
E. LESSON

निम्न में से सही विकल्प का चयन कीजिए:
1. B, D, C, E, A
2. B, D, E, A, C
3. C, A, D, E, B
4. B, D, E, C, A

97. (::) के बायें भाग में दिए गए दो शब्दों के बी एक निश्चित संबंध है। दिए गए विकल्पों में से उ शब्द का चयन कीजिए जो तीसरे शब्द से वहीं संब दर्शाता हो:

चंद्रमा : उपग्रह :: पृथ्वी : ?
1. सौर-मंडल
2. सूर्य
3. तारा
4. ग्रह

98. निम्नलिखित मैट्रिक्स में दिए गए विकल्पों में से कौन-स संख्या प्रश्न-चिह्न (?) को प्रतिस्थापित करेगी, यदि य तो पंक्ति (रो) या कॉलम में दी गई संख्याएँ आप में एक ही नियम का पालन करती हो?

3	8	7
15	?	35
27	72	63

1. 40 2. 48
3. 20 4. 32

99. यदि 'गेंद' को 'टोपी', 'टोपी' को 'पेंसिल', 'पेंसिल को 'रबर' और 'रबर' को 'बैग' कहते हैं, तो 'गम और 'धूप' वाले दिन में अर्जुन क्या पहनेगा?
1. बैग 2. रबर
3. गेंद 4. पेंसिल

100. निम्नलिखित शृंखला में लुप्त पदों (?, ?) को ज्ञात कीजिए:

Z, X, V, T, R, ?, ?
1. N, P 2. P, N
3. M, N 4. N, M

92. 1 **93.** 2 **94.** 2 **95.** 4 **96.** 4 **97.** 4 **98.** 1 **99.** 4 **100.** 2

भाग-D : सामान्य ज्ञान

101. चाँद पर पाँव रखने वाला पहला आदमी कौन था?

1. पीटर कोनराड
2. जॉन युंग
3. डेविड स्कॉट
4. नील आर्मस्ट्रॉग

102. पानी में निम्नलिखित में से क्या मिलाने पर अण्डे पानी में तैरने लगेंगे?

1. तेल
2. नमक
3. चीनी
4. चॉक पाउडर

103. दांडी यात्रा किस वर्ष घटित हुई, जिसमें गाँधी जी ने ब्रिटिश नमक कानून का विरोध करने के लिए कई अन्य लोगों के साथ गुजरात में अहमदाबाद से दांडी समुद्रतट तक की पैदल यात्रा की?

1. 1929
2. 1930
3. 1919
4. 1920

104. SAARC (साक) का विस्तृत रूप क्या है?

1. साउथ एशियन एलायंस फॉर रीजनल कम्पनीज
2. साउथ एशियन एसोसिएशन फॉर रीजनल कॉपरेशन
3. साउथ अमेरिकन एसोसिएशन फॉर रीजनल कॉपरेशन
4. साउथ अमेरिकन एलायंस फॉर रेशनल कॉपरेशन

105. नीचे दिए गए कथनों कों पढ़िए तथा सही विकल्प का चयन कीजिए:

कथन I: हमारा पेट भोजन को पचाने के लिए उसे मथता है।

कथन II: जब हम दुखी होते हैं, तो भोजन ठीक से नहीं पचता है।

1. दोनों कथन सत्य हैं।
2. दोनों कथन असत्य हैं।
3. केवल कथन I सत्य है।
4. केवल कथन II सत्य है।

106. नमक बनाने की प्रक्रिया से संबंधित निम्नलिखित कथनों को पढ़िए:

I. पानी को धूप में सूखने के लिए छोड़ दिया जाता है।

II. समुद्री जल को रेत पर बनाए गए उथले गड्ढों में इकट्ठा किया जाता है।

III. पानी के सूख जाने के बाद जमीन पर नमक बच जाता है।

नमक बनाने की प्रक्रिया को स्पष्ट करने के लिए कथनों के सही क्रम का चयन कीजिए:

1. I, III, II
2. II, I, III
3. I, II, III
4. II, III, I

107. तैरना न आने की स्थिति में भी कोई व्यक्ति मृत सागर (डेड सी) में क्यों नहीं डूबेगी?

1. क्योंकि यह रेतीला होता है।
2. क्योंकि इसमें सर्वाधिक नमकीन पानी होता है।
3. क्योंकि उसमें पानी नहीं होता है।
4. क्योंकि वहाँ वायु नहीं होती है।

108. पादप का कौन-सा भाग मृदा से जल और पोषक तत्वों का अवशोषण करता है?

1. जड़
2. पुष्प
3. पत्तियाँ
4. तना

109. ______ एक प्रकार का ढोल है जिसका उपयोग भारतीय संगीत यंत्र के रूप में किया जाता है।

1. तबला
2. हार्मोनियम
3. तानपुरा
4. सितार

110. ______ 'गीतांजलि' की रचना करने वाले प्रसिद्ध भारतीय कवि थे।

1. सरोजिनी नायडू
2. रबीन्द्रनाथ टैगोर
3. बंकिम चन्द्र चट्टोपाध्याय
4. सुब्रमण्यम भारती

101. 4	**102.** 2	**103.** 2	**104.** 2	**105.** 1, 3	**106.** 2	**107.** 2	**108.** 1	**109.** 1	**110.** 2

111. 'कालबेलिया' कौन कहलाते हैं?

1. वे लोग, जो नदी में मछलियाँ पकड़ते हैं।
2. वे लोग, जो साँपों की तरह नाचते हैं।
3. वे लोग, जो पुरानी बोतलें और अखबार बेचते हैं।
4. वे लोग, जो खेती करते हैं।

112. किस प्रसिद्ध भारतीय सम्राट ने ताजमहल का निर्माण करवाया था?

1. अकबर 2. शाहजहाँ
3. हुमायूँ 4. बाबर

113. तापक्रम मापने के लिए निम्नलिखित में से किस यंत्र का प्रयोग किया जाता है?

1. थर्मामीटर 2. टेलिस्कोप
3. बैरोमीटर 4. सूक्ष्मदर्शी

114. _______ हमारे सौरमंडल का सबसे बड़ा ग्रह है।

1. पृथ्वी 2. यूरेनस
3. बृहस्पति 4. शनि

115. मानव शरीर के किस अंग से हमें सांस लेने में सहायता मिलती है?

1. हृदय 2. लीवर
3. मस्तिष्क 4. फेफड़े

116. भारत के प्रथम राष्ट्रपति कौन थे?

1. वी.वी. गिरि 2. डॉ. राजेन्द्र प्रसाद
3. डॉ. जाकिर हुसैन 4. महात्मा गाँधी

117. गोलकोंडा का किला किस शहर में अवस्थित है?

1. जोधपुर 2. पणजी
3. हैदराबाद 4. जैसलमेर

118. निम्नलिखित में से किसने यह खोज की कि मच्छर मलेरिया फैलाते हैं?

1. नील आर्मस्ट्राँग 2. जॉर्ज मेस्ट्राल
3. रोनाल्ड रॉस 4. ग्रेगर मेंडल

119. जब एक मधुमक्खी मकरंद से भरे फूल ढूँढ लेती है तो वह ऐसा क्या करती है कि दूसरी मधुमक्खियों को भी मकरंद तक पहुँचने संबंधी जानकारी मिल सके?

1. विद्युत संकेत
2. एक विशेष गंध छोड़कर
3. एक विशेष किस्म का नृत्य
4. एक विशेष चेतावनी देना

120. कर्णम मल्लेश्वरी ने अंतर्राष्ट्रीय कार्यक्रमों में किस खेल के लिए कई पदक जीते हैं?

1. भारोत्तोलन 2. खो-खो
3. कबड्डी 4. मुक्केबाजी

121. माउंट एवरेस्ट की चोटी तक पहुँचने वाली पहली भारतीय महिला कौन थी?

1. सुनीता विलियम्स 2. बछेंद्री पाल
3. वहीदा प्रिज्म 4. कल्पना चावला

122. लोककला के एक बेहद प्राचीन रूप, "मधुबनी" का संबंध भारत के किस राज्य से है?

1. जम्मू और कश्मीर 2. बिहार
3. पश्चिम बंगाल 4. छत्तीसगढ़

123. 'अकाल' किसे कहते हैं?

1. जब भारी बारिश के कारण पानी की मात्रा बहुत अधिक बढ़ जाती है।
2. जब धरती के अचानक हिलने से समुद्र में कई लहरें पैदा होती हैं।
3. जब पहाड़ों पर भूमि स्खलन होता है।
4. जब बिल्कुल बारिश नहीं होती तथा फसलें बर्बाद हो जाती हैं।

124. संयुक्त अरब अमीरात (यू.ए.ई.) की राजधानी कौन-सा शहर है?

1. शारजाह 2. अल ऐन
3. दुबई 4. आबू धाबी

125. "फूलों की घाटी" भारत के किस राज्य में अवस्थित है?

1. हिमाचल प्रदेश 2. अरुणाचल प्रदेश
3. लद्दाख 4. उत्तराखंड

111. 2	**112.** 2	**113.** 1	**114.** 3	**115.** 4	**116.** 2	**117.** 3	**118.** 3
119. 3	**120.** 1	**121.** 2	**122.** 2	**123.** 4	**124.** 4	**125.** 4	

व्याख्यात्मक उत्तर

1. (2): इस क्रम में वसंत के आने की सूचना दी गई है, जिससे सर्दी का प्रकोप समाप्त हो गया। पहले ऋतुराज बसंत (*c*), फिर आगमन, (*b*), फिर शीत का भयंकर (*a*) और अंत में प्रकोप भाग गया (*d*) स्वाभाविक क्रम है।

2. (4): यहाँ ''खोज'' शब्द सबसे उपयुक्त है क्योंकि जानवर प्यास के कारण पानी को खोज रहे होते हैं, दौड़ या चाहत शब्द उपयुक्त नहीं है।

3. (4): दंगल, मंगल और जंगल तुकांत शब्द हैं जिनका ध्वनि साम्य है। सभी शब्दों का अंत ''अंगल'' पर होता है, जिससे छंदात्मकता बनी रहती है।

4. (4): यहाँ ''करीबी'' शब्द मित्रता की निकटता और आत्मीयता को ठीक से दर्शाता है। ''समीप'' और ''नजदीक'' स्थान के लिए अधिक उपयुक्त होते हैं, ''गहरी'' भावनाओं के लिए होता है, पर ''करीबी दोस्त'' स्थिर प्रयोग है।

5. (2): यह सामान्य और प्रचलित बहुवचन रूप है जो भाषा में सर्वाधिक उपयोग में आता है। ''चिड़ियाएँ'' भी सही है पर ''चिड़ियाँ'' अधिक स्वाभाविक और वांछित रूप है।

6. (3): 'सुमित सेब खरीदता है।' वाक्य में ''सेब'' क्रिया ''खरीदता है'' कर्म है, इसलिए यह सकर्मक क्रिया का उदाहरण है क्योंकि क्रिया किसी वस्तु पर कार्य कर रही है।

7. (3): 'कवयित्री' स्त्रीलिंग शब्द है, जिसका पुल्लिंग रूप होता है 'कवि'। यह पुरुष के लिए प्रयुक्त होता है जो कविता लिखता हो।

8. (4): 'अंकुर शानदार बोलता है।'' में ''शानदार'' क्रिया ''बोलता है'' की विशेषता बताता है, इस कारण यह क्रिया-विशेषण है जो क्रिया की विशेषता बताता है।

9. (3): 'प्रार्थना' एक भाववाचक संज्ञा है क्योंकि यह किसी कार्य या भावना (प्रार्थना करने की क्रिया) को दर्शाता है, न कि किसी भौतिक वस्तु को। अन्य विकल्प वस्तुवाचक या व्यक्तिवाचक हैं।

10. (1): यह क्रम सबसे सार्थक है जहाँ आंतरिक सुंदरता (*c*) ही सुंदर, (*d*) संसार की, (*a*) रचना, (*b*) करने वाला बताया गया है।

11. (3): 'विकर्षण' का अर्थ होता है दूर करना या हटाना, जबकि 'आकर्षण' का अर्थ होता है खींचना या पास लाना। इसलिए दोनों एक-दूसरे के विलोमार्थी हैं।

12. (1): 'राहुल पढ़ रहा है।'' में ''रहा है'' से यह स्पष्ट होता है कि कार्य अभी चल रहा है और समाप्त नहीं हुआ, अतः यह अपूर्ण वर्तमानकाल (Present Continuous Tense) का उदाहरण है।

13. (4): 'नेताजी मंच से भाषण दे रहे होंगे।' में वक्ता को पूरी जानकारी नहीं है, वह केवल अनुमान लगा रहा है। अतः यह संदेहार्थक वाक्य है जिसमें संदेह या अनुमान का बोध होता है।

14. (2): वर्तनी की दृष्टि से केवल 'सम्मान' ही शुद्ध शब्द है। अन्य सभी अशुद्ध या अपप्रयुक्त हैं।

15. (2): इस वाक्य में 'कुल्हाड़ी' के माध्यम से कार्य हुआ है, जो करण कारक दर्शाता है। करण कारक वह होता है जिससे कोई कार्य किया जाता है।

16. (1): 'उल्टी गंगा बहाना' मुहावरे का अर्थ है ऐसा कार्य करना जो सामान्य नियम या परंपरा के विपरीत हो– अर्थात् प्रतिकूल कार्य करना।

17. (3): 'शाबाश!' एक प्रशंसा सूचक विस्मयादिबोधक शब्द है जो किसी अच्छे कार्य की सराहना के लिए कहा जाता है। यहाँ खेलों में अच्छे प्रदर्शन के लिए यही उपयुक्त है।

18. (4): 'रमणी' स्त्री का एक समानार्थी शब्द है जिसका सामान्यतया प्रयोग साहित्यिक भाषा में होता है। वाक्य– 'इस रमणी को मैंने पहले भी यहाँ देखा है।'

19. (2): 'ईमानदार' एक गुणवाचक विशेषण है क्योंकि यह व्यक्ति के चरित्र या गुण को दर्शा रहा है।

20. (3): 'अपने-आप' एक निजवाचक सर्वनाम है जो आत्म-क्रिया को दर्शाता है, जैसे कि व्यक्ति स्वयं ही कोई कार्य करता है।

21. (4): गद्यांश में ''वन-संरक्षण'' का तात्पर्य है– वनों की रक्षा करना, जिससे प्राकृतिक संतुलन, वर्षा और भूमि की रक्षा संभव हो सके। इसमें कटाई को रोकने और वनों के महत्व को समझने की बात कही गई है।

22. (3): लेखक ने स्पष्ट रूप से लिखा है कि हमारी संस्कृति में वृक्षारोपण पुण्य का कार्य माना गया है और इसका उल्लेख पुराणों के उदाहरण से भी किया गया है।

23. (3): यह कथन असत्य है क्योंकि गद्यांश में लिखा है– ''एक वृक्ष लगाने से उतना ही पुण्य मिलता है जितना दस

गुणवान पुत्रों का यश।'' प्रश्न में 'यश' और 'पुण्य' को उलट दिया गया है, इसलिए यह कथन गलत है।

24. **(4):** ''शस्य-श्यामला भूमि'' का अर्थ है– हरी-भरी, उपजाऊ भूमि। गद्यांश में यह दिखाने के लिए प्रयोग किया गया है वृक्षों के कारण भूमि हरी-भरी बनी रहती है और बंजर होने से बचती है। अतः विशेषण ''भूमि'' के लिए प्रयुक्त हुआ है।

25. **(4):** ''अपने पैर पर कुल्हाड़ी मारना'' अर्थ होता है– स्वयं अपने लिए संकट खड़ा करना, जैसे कि वनों की अंधाधुंध कटाई कर के मानव स्वयं ही नुकसान पहुँचा रहा है।

26. **(2):** दी गई आकृति का परिमाप

$= 6 \times 2 \times 3 = 36$ सेमी.।

28. **(1):** $3958 - *7* = 3*8*$

$\Rightarrow \quad 3958 = *7* + 3*8*$

$\Rightarrow \quad 3958 = 474 + 3484$

$\therefore$ * का मान $= 4$.

29. **(4):** साधारण ब्याज $= \dfrac{prt}{100}$

$$A = ₹\ \frac{3500 \times 4 \times 3}{100} = ₹\ 420$$

$$B = ₹\ \frac{4200 \times 5 \times 2}{100} = ₹\ 420$$

$$C = ₹\ \frac{2800 \times 5 \times 3}{100} = ₹\ 420$$

अतः A, B और C सभी को ₹ 420 साधारण ब्याज देना होगा।

30. **(3):** $\because$ 4 सेमी. भुजा वाले तीन ठोस घनों को जोड़कर एक ठोस घनाभ बनाया जाता है।

$\therefore \quad l = 4 + 4 + 4 = 12$ सेमी.

$b = 4$ सेमी.

और $\quad h = 4$ सेमी.

$\therefore$ घनाभ का आयतन $= l \times b \times h$

$= 12 \times 4 \times 4$ सेमी.^{3}

$= 192$ सेमी.^{3}।

31. **(3): अभिकथन (A):** 41 एक अभाज्य संख्या है। (सत्य)– 41 का 1 और स्वयं के अलावा कोई भाज्य नहीं है।

तर्क (R): इसके केवल दो गुणनखंड है– सख्या 1 तथा संख्या स्वयं (सत्य)– यह अभाज्य संख्या की परिभाषा है इसलिए (A) तथा (R) दोनों सही है तथा (R), (A) की सही व्याख्या है।

32. **(1):** दिया है, वर्ग की भुजा = 30 सेमी.

$\therefore$ वर्ग का क्षेत्रफल $= (30)^2$ सेमी.^{2} $= 900$ सेमी.^{2}

और दिया है, आयत की चौड़ाई = 25 सेमी.

और वर्ग का क्षेत्रफल = आयत का क्षेत्रफल

$\Rightarrow \quad 900 =$ लंबाई $\times$ चौड़ाई

$\Rightarrow \quad 900 =$ लंबाई $\times 25$

$\Rightarrow \quad$ लंबाई $= 36$ सेमी.

$\therefore$ आयत की लंबाई 36 सेमी.।

33. **(4):** दो मोबाइल फोन का क्रय मूल्य

$= ₹\ 15{,}600 + ₹\ 14{,}400 = ₹\ 30{,}000$

और विक्रय मूल्य = ₹ 31,200

$\therefore \quad$ लाभ = विक्रय मूल्य – क्रय मूल्य

$= 31{,}200 - 30{,}000 = 1200$

$$\therefore \text{ लाभ } \% = \frac{\text{लाभ} \times 100}{\text{C.P.}} = \frac{1200 \times 100}{30{,}000} = 4\%$$

$\therefore$ उसका लाभ प्रतिशत = 4%.

34. **(1):** प्रतिदिन बनने वाले खराब बल्बों की संख्या

$$= \frac{630}{15} \times 2 = 42 \times 2 = 84.$$

35. **(1):** दी गई आकृति से:

$42° + x + y = 180°$

$\Rightarrow \quad x + y = 180° - 42° = 138°$

$\Rightarrow \quad (x + y) = 138°$.

36. **(3): कथन I:** वर्ग के विकर्ण लंबाई में समान होते हैं तथा परस्पर लम्ब होते हैं। (सत्य)– वर्ग की भुजा बराबर तथा विकर्ण परस्पर लंबवत होते हैं।

कथन II: समचतुर्भुज के विकर्ण लंबाई में समान होते है तथा परस्पर लम्ब होते है। (असत्य)– समचतुर्भुज के विकर्ण परस्पर लम्ब होते हैं किन्तु बराबर नहीं होते हैं।

इसलिए, केवल कथन I सत्य है। इसलिए विकल्प (3) सही है।

37. **(2):** दिया है, $a = 5$ और $b = 15$

$$\therefore \left(\frac{a}{b} + 1\right)\frac{b}{a} + (b - a)$$

$$= \left(\frac{5}{15} + 1\right) \times \frac{15}{5} + (15 - 5)$$

$$= 1 + \frac{15}{5} + 10$$

$$= 1 + 3 + 10 = 14.$$

38. **(2):** जो सब्जियाँ वह घर लेकर गई उनका भार है:

= 5 किग्रा. 640 ग्रा. + 3 किग्रा. 37 ग्रा.

+ 6 किग्रा. 8 ग्रा. – (2 किग्रा. 45 ग्रा.)

= 14 किग्रा. (640 + 37 + 8) ग्रा. – (2 किग्रा. 45 ग्रा.)

= 14 किग्रा. 685 ग्रा. – 2 किग्रा. 45 ग्रा.

= 12 किग्रा. 640 ग्रा. = 12.640 किग्रा.।

39. **(2):** $\because$ 35 लिफाफों का मूल्य = ₹ 87.50

$\therefore$ 1 लिफाफे का मूल्य = ₹ $\frac{87.5}{35}$ = ₹ 2.5

$\therefore$ लिफाफे की अभीष्ट संख्या = ₹ $\frac{730}{2.5}$ = 292.

40. **(2):** दिया है, भिन्न:

$\frac{2}{3}, \frac{1}{6}, \frac{5}{9}$ और $\frac{7}{12}$

3, 6, 9 और 12 का ल.स. = 36

$\therefore \quad \frac{2}{3} \times 36 = 24, \; \frac{1}{6} \times 36 = 6,$

$\frac{5}{9} \times 36 = 20$ और $\frac{7}{12} \times 36 = 21$

$\therefore 6 < 20 < 21 < 24$

$\Rightarrow \frac{1}{6} < \frac{5}{9} < \frac{7}{12} < \frac{2}{3}$

विकल्प (2) आरोही क्रम में व्यवस्थित है।

41. **(1):** सबसे लम्बे मापक की लंबाई

= 1050 सेमी., 750 सेमी. और 425 सेमी. का म.स.

= 25 सेमी.।

43. **(1):** माना x जोड़ना चाहिए

तब, $179.08 + 20.17 + x = 512$

$\Rightarrow \quad 199.25 + x = 512$

$\Rightarrow \quad x = 512 - 199.25$

$\Rightarrow \quad x = 312.75.$

44. **(4):** माना संख्या x है।

तब, x का 48% = 120

$\Rightarrow \quad x \times \frac{48}{100} = 120$

$\Rightarrow \quad x = \frac{120 \times 100}{48}$

$= 10 \times 25 = 250$

$\therefore \quad x$ का 170% $= 250 \times \frac{170}{100} = 425$

$\therefore$ अभीष्ट उत्तर 425 है।

45. **(1):** आयताकार भूखण्ड का परिमाप

$= 2(l + b) = 2(700 + 500)$

= 2 × 1200 मी. = 2400 मी.

$\because$ तार के चार चक्करों से बाड़ लगाने के लिए आवश्यक तार की लंबाई = 4 × 2400 = 9600 मी.।

46. **(2):** औसत

$= \frac{15 + 12 + 17 + (x + 5) + (x - 1) + 22}{6}$

$\Rightarrow \quad 15 = \frac{66 + 2x + 4}{6}$

$\Rightarrow \quad 90 = 70 + 2x$

$\Rightarrow \quad 2x = 90 - 70 = 20$

$\Rightarrow \quad x = 10$

$\therefore x$ का मान 10 है।

47. **(1):** दिया है, वृत्त में तीन व्यासों से समान क्षेत्रफल वाले 6 त्रिज्यखंड बनाए गए।

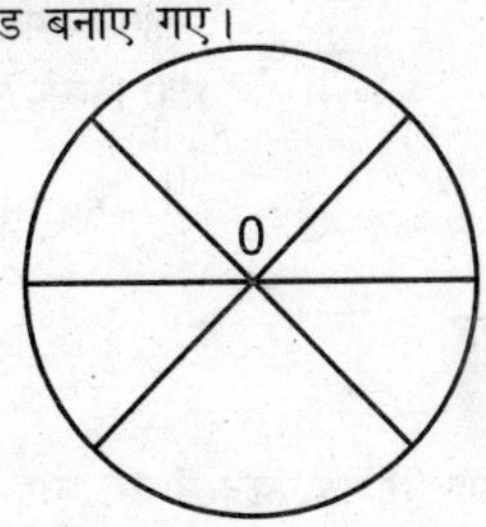

$\therefore$ प्रत्येक त्रिज्यखंड में दो आसन्न त्रिज्याओं के बीच बना कोण

$= \frac{360}{6} = 60°$

48. **(4):** पेट्रोल के मूल्य में प्रतिशत वृद्धि

$= \frac{72 - 15}{15} \times 100 = \frac{57}{15} \times 100$

$= \frac{57}{3} \times 20 = 19 \times 20 = 380\%.$

49. **(2):** यहाँ, विक्रय मूल्य = ₹ 5840

हानि = 20%

$\therefore$ क्रय मूल्य $= 5840 \times \frac{100}{100 - 20}$

$= 5840 \times \frac{100}{80} = 730 \times 10$

= ₹ 7300.

50. (4): अभीष्ट अंतर $= 360 - \frac{90}{2} \times 5$

$= 360° - 225° = 135°$

यह अधिक कोण है।

51. (3): छड़ की लम्बाई = 15 मी. 8 सेमी.

= 1508 सेमी. = 15.08 मी.

∵ छड़ को चार बराबर भागों में बांटा गया है।

∴ छड़ के प्रत्येक भाग की लम्बाई

$= \frac{15.08}{4}$ मी. = 3.77 मी.

52. (1): $0.009 + 9.09 + 0.9009 - 0.09$

$= 9.9999 - 0.09 = 9.9099.$

53. (2): यहाँ, दूरी = चाल × समय

$= 120 \times \frac{40}{60} = 80$ किमी.

दिया है, रेलगाड़ी की गति बढ़ाकर 150 किमी./घंटा कर दी जाए

∴ समय $= \frac{80 \text{ किमी.}}{150 \text{ किमी./घंटा}}$

$= \frac{80}{150} \times 60$ मिनट

$= \frac{80}{5} \times 2 = 32$ मिनट

∴ उतनी ही दूरी तय करने में उसे लगा अभीष्ट कम समय

= 40 − 32 = 8 मिनट।

54. (4): ∵ फॉरेनहाइट को सेल्सियस में बदलने का सूत्रः

$C = \frac{5}{9}(F - 32)$

दिया है, प्रथम द्रव्य का तापमान = 50°F

$= \frac{5}{9}(50 - 32)$

$= \frac{5}{9} \times 18 = 10°C$

द्वितीय द्रव्य का तापमान = 25°C

∴ दोनों द्रव्यों के तापमान का अंतर

= 25°C − 10°C = 15°C.

55. (4): $2 \times \frac{90}{5}$ का पूरक कोण

$= 90° - 36° = 54°$

∴ 54° का संपूरक कोण

$= 180° - 54° = 126°.$

56. (1): अनीता की धनराशि $= \frac{S.I. \times 100}{t \times r}$

$= ₹ \frac{850 \times 100}{4 \times 5} = ₹ 4250$

और सुनीता की धनराशि $= ₹ \frac{840 \times 100}{6 \times 4}$

$= 140 \times 25 = ₹ 3500$

∴ उनके द्वारा निवेश की गई धनराशि का अंतर

= 4250 − 3500 = ₹ 750.

57. (4): 1 और 60 के मध्य आने वाली उन अभाज्य संख्या
का योग जिनका इकाई का अंक 3 है।

= 3 + 13 + 23 + 43 + 53 = 135.

58. (4): कथन I: रेखा के दो सीमांत बिंदु होते हैं। (असत्य)
यह रेखाखंड को बताता है। जबकि रेखा को दोनों अ
अनंत तक बढ़ाया जा सकता है।

कथन II: दो रेखाएँ प्रतिच्छेद करती हैं अथवा समांतर हो
है। (सत्य)– ज्यामिति रूप से सही है।

इसलिए, केवल कथन II सत्य है → विकल्प (4)।

59. (4): सुनीता द्वारा खरीदा गया कपड़ा $= 3\frac{3}{4} = \frac{15}{4}$ m

उसके द्वारा प्रयोग किया गया $= \frac{5}{6}$ m $+ \frac{2}{3}$ m $= \frac{5+4}{6}$

$= \frac{9}{6} = \frac{3}{2}$ m

∴ उसके पास बचा कपड़ा $= \frac{15}{4} - \frac{3}{2}$

$= \frac{15-6}{4} = \frac{9}{4}$ m $= 2\frac{1}{4}$ m

60. (1): 5 लड़कों के कुल अंक = 5 × 12 = 60

और 7 लड़कियों के कुल अंक = 7 × 18 = 126

∴ समूह का कुल अंक = 60 + 126 = 186

∴ समूह का औसत अंक $= \frac{186}{5+7} = \frac{186}{12} = 15.5$

61. (4): 25, 40 और 60 का ल.स. = 600

∴ छोटी से छोटी संख्या = 600 + 9 = 609.

62. (3): कथनः I: वृत्त की छेदक रेखा ऐसा रेखाखंड होती
जिसके सीमांत बिन्दु वृत्त पर स्थित होते है। (सत्य)– य
छेदक रेखा की परिभाषा है।

कथनः II: जीवा वृत्त के केन्द्र से होकर गुजरने वाली रेखा होती है। (असत्य)– व्याख्या व्यास जीवा नहीं होता है। जीवा का केन्द्र से गुजरना आवश्यक नहीं है।

(1): ∵ कॉफी का मूल्य प्रति किग्रा.

$= ₹\ 24 \times 10 = ₹\ 240$

और चाय का मूल्य प्रति किग्रा. = ₹ 180

∴ कॉफी और चाय के मूल्य में अनुपात

$= 240 : 180 = 4 : 3.$

(4): अनिल = $\frac{2}{3}$ घंटे, राम = $\frac{3}{4}$ घंटे

चेतन = $\frac{1}{5}$ घंटे और धरम = $\frac{5}{6}$ घंटे

3, 4, 5 और 6 का ल.स. = 60

∴ अनिल = $\frac{2}{3}\times 60$ = 40 घंटे

राम = $\frac{3}{4}\times 60$ = 45 घंटे

चेतन = $\frac{1}{5}\times 60$ = 12 घंटे

और धरम = $\frac{5}{6}\times 60$ = 50 घंटे

यहाँ धरम ने सबसे अधिक समय व्यायाम किया।

(4): माना घनाभ की ऊँचाई = h सेमी.

तब, घन का आयतन = घनाभ का आयतन

⇒ $6 \times 6 \times 6$ सेमी.^{3} = 9 सेमी. × 8 सेमी. × h सेमी.

⇒ $h = \frac{6\times6\times6}{9\times8}$ = 3 सेमी.

⇒ h = 3 सेमी.।

(1): 5 अंकों की कुल संख्याएँ हमें प्राप्त करना है।

∴ $a = 10,000,\ d = 1,\ t_n = 99999$

= प्रथम पद = उभयनिष्ठ अंतर

∵ t_n = nवाँ पद

$= a + (n - 1)d$

∴ $99999 = 10,000 + (n - 1) \cdot 1$

⇒ $(n - 1) = 89,999$

⇒ $n = 1 + 89,999$

⇒ $n = 90,000$

∴ 5 अंकों की कुल संख्या 90,000 है।

(2): रोमन अंकों में लिखी संख्या को अंग्रेजी संख्या में बदलने पर

LXXIX = 50 (L) + 10 + 10 (XX) + 9 (IX)
= 79

XXXIX = 10 + 10 + 10 (XXX) + 9 (IX)
= 39

अब घटाने पर,

79 – 39 = 40, और रोमन अंक में 40 को XL लिखते हैं।

इसलिए विकल्प (2) उत्तर है: XL।

68. (4): कार की चाल = 65 किमी./घंटा

और समय = 180 मिनट = $\frac{180}{60}$ = 3 घंटे

∴ दूरी = चाल × समय

= 65 × 3 = 195 किमी.

∴ 180 मिनट में कार द्वारा तय की गई दूरी = 195 किमी.।

69. (4): रोमन अंकों में,

रोमन में 400 को **CD लिखते हैं।**

और रोमन में 40 को **XL** लिखते हैं।

और रोमन में 6 को **VI लिखते हैं।**

∴ रोमन में 446 का निरूपण = CDXLVI.

70. (1): ∵ 5 घंटे = पुस्तक का $\frac{5}{7}$ भाग

∴ 1 घंटे = $\frac{5}{7}\times\frac{1}{5}$ = पुस्तक का $\frac{1}{7}$ भाग

⇒ 2 घंटे = पुस्तक का $\frac{2}{7}$ भाग

∴ 2 घंटे में वह उसी पुस्तक का $\frac{2}{7}$ भाग पढ़ लेगी।

71. (4): $32 + 16 \div 4 - 2 \times 3$

$= 32 + 4 - 2 \times 3$

$= 32 + 4 - 6$

$= 36 - 6 = 30.$

72. (3): योग = $\frac{2}{5}+\frac{7}{8} = \frac{16+35}{40} = \frac{51}{40}$

⇒ योग = $\frac{51}{40}$ = 1.275.

73. (1): बिल की कुल राशि

= 50 × ₹ 1065 + 30 × ₹ 1645

= ₹ 53250 + ₹ 49350

= ₹ 1,02,600.

74. (1): $3-\frac{4}{5}+(?)-\frac{7}{15} = 2\frac{2}{5}$

⇒ $3-\frac{4}{5}-\frac{7}{15}+(?) = \frac{12}{5}$

$$\Rightarrow 3-\left(\frac{12+7}{15}\right)+(?) = \frac{12}{5}$$

$$\Rightarrow 3-\frac{19}{15}+(?) = \frac{12}{15}$$

$$\Rightarrow \frac{45-19}{15}+(?) = \frac{12}{5}$$

$$\Rightarrow \frac{26}{15}+(?) = \frac{12}{5}$$

$$\Rightarrow (?) = \frac{12}{5}-\frac{26}{15} = \frac{36-26}{15}$$

$$\Rightarrow (?) = \frac{10}{15}=\frac{2}{3}$$

$$\Rightarrow ? = \frac{2}{3}.$$

75. (1): एक त्रिभुज का एक कोण = 90 का $\frac{1}{2}$

$$= 90\times\frac{1}{2} = 45°$$

और दूसरा कोण = 90° का $\frac{1}{3}$ + 15

$$= 90\times\frac{1}{3}+15°$$

$$= 30 + 15 = 45°$$

∴ तीसरा कोण = 180° – (45 + 45°) = 90°

∵ दो कोण बराबर हैं और तीसरा कोण 90°

∴ इसलिए त्रिभुज का नाम : समद्विबाहु समकोण त्रिभुज।

76. (2): दी गई आकृति से:

प्रथम आकृति $\Rightarrow \frac{7\times6}{14}=\frac{42}{14}=3,$

दूसरी आकृति $\Rightarrow \frac{9\times2}{6}=\frac{18}{6}=3,$

उसी प्रकार,

तीसरी आकृति $\Rightarrow \frac{6\times4}{?}=3$

$$\Rightarrow \frac{24}{3} = ?$$

$$\Rightarrow ? = 8$$

∴ लुप्त संख्या = ? = 8.

77. (3): व्हेल → हाथी → शेर → बिल्ली → मधुमक्खी

यहाँ, विकल्प (3) सही है।

78. (3): दिया है, अक्षर R, I, P, L, A

अर्थपूर्ण शब्द: APRIL

यह शब्द महीने से संबंधित है।

79. (1): BAT : 23 ⇒ BAT = 2 + 1 + 20 = 23

उसी प्रकार, DOG = 4 + 15 + 7 = 26

∴ BAT : 23 :: DOG : 26.

80. (1): 5, 10, 20, 35, 55, 80

+5 +10 +15 +20 +25

+5 +5 +5 +5

यहाँ ? = लुप्त संख्या = 55.

82. (1):

ABCD : KLMN :: GHIJ : QRST

+7 +9 +11 +13   +7 +9 +11 +13

∴ ? = QRST.

83. (4): 24 : 11 ⇒ $\frac{24}{2}-1$ = 12 – 1 = 11

उसी प्रकार

64 : ? ⇒ $\frac{64}{2}-1$ = 32 – 1 = 31

∴ 24 : 11 :: 64 : 31.

84. (1): दिया है, 4 + 2 = 6,

40 + 20 = 60

400 + ☺ = 600

☹ + ☹ + 2000 = 6000

∴ ☺ = 200 और ☹ = 2000

∴ ☹ + ☺ + 2 = 2000 + 200 + 2

= 2202.

85. (4): E, J, O, T, Y

+5 +5 +5 +5

यहाँ ? = लुप्त अक्षर = T.

86. (3): अदरक, चुकंदर और गाजर तने का रूपान्तरित भाग है जो मिट्टी के अंदर होता है जबकि टमाटर एक फल है जो मिट्टी के ऊपर ओता है।

अतः टमाटर असंगत है और इस समूह से संबंधित नहीं है।

87. (2): 1. $100 = (10)^2$

2. $146 = 2 \times 73$

3. $36 = (6)^2$

4. $64 = (8)^2$

यहाँ, विकल्प (2) असंगत है।

89. (1): यहाँ, $9^2 = 81$, $6^2 = 36$, $2^2 = 4$

इसी प्राकर, $11^2 = 121$

$\therefore$? = लुप्त संख्या = 121.

90. (4): bbab

$\therefore$ a<u>b</u>, ab, a<u>b</u>, <u>a</u>b, a<u>b</u>, ab

यहाँ अक्षर शृंखला में खण्ड ab की पुनरावृत्ति होती है।

$\therefore$ विकल्प (4) अक्षर-शृंखला को पूरा करता है।

93. (2): 1. G I K M (+2, +2, +2)

2. B D G J (+2, +3, +3)

3. R T V X (+2, +2, +2)

4. M O Q S (+2, +2, +2)

यहाँ, विकल्प (2) असंगत है।

94. (2): बुधवार → गुरुवार (बीता हुआ कल) → आज शुक्रवार → शनिवार (आने वाला कल) → रविवार

यहाँ, कल (आने वाला) के एक दिन बाद रविवार होगा।

95. (4): ADC EHG ILK [MPO] (+4 प्रत्येक अक्षर पर)

यहाँ, ? = लुप्त पद = MPO.

96. (4): शब्दों को अंग्रेजी शब्दकोश के अनुसार व्यवस्थित करने पर

LEARN → LEAVE → LESSON → LITTER → LIZARD

$\therefore$ विकल्प (4) सही है।

97. (4): संबंधः

चन्द्रमा, पृथ्वी का एक उपग्रह है।

पृथ्वी, सौरमंडल का एक ग्रह है।

इसलिए सही संबंध है।

चंद्रमा : उपग्रह :: पृथ्वी : ग्रह → विकल्प (4): ग्रह।

98. (1): पहला कॉलम $\Rightarrow \frac{3+27}{2} = \frac{30}{2} = 15$

दूसरा कॉलम $\Rightarrow \frac{8+72}{2} = \frac{80}{2} = \boxed{40}$

तीसरा कॉलम $\Rightarrow \frac{7+63}{2} = \frac{70}{2} = 35$

$\therefore$? = लुप्त संख्या = 40.

99. (4): दिया है, 'गेंद' = 'टोपी'

'टोपी' = 'पेंसिल'

'पेंसिल' = 'रबड़'

'रबड़' = 'बैग'

$\therefore$ गर्म और धूप वाले दिन में अर्जुन 'पेंसिल' पहनेगा।

100. (2):

Z, X, V, T, R, [P,] [N] (−2, −2, −2, −2, −2, −2)

यहाँ, लुप्त पद = ?? = PN.

101. (4): नील आर्मस्ट्रॉग चाँद पर पाँव रखने वाले पहले व्यक्ति थे। उन्होंने 20 जुलाई, 1969 को अपोलो-11 मिशन के अंतर्गत चंद्रमा पर कदम रखा था।

102. (2): जब नमक को पानी में मिलाया जाता है तो घोल का घनत्व बढ़ जाता है। इससे अंडा, जो सामान्य पानी में डूब जाता है, तैरने लगता है क्योंकि उसका घनत्व पानी के घनत्व से कम हो जाता है।

103. (2): दांडी यात्रा 12 मार्च, 1930 को महात्मा गांधी द्वारा शुरू की गई थी। यह नमक कानून के खिलाफ सविनय अवज्ञा आंदोलन का आरंभिक चरण था।

104. (2): SAARC का पूर्ण रूप है: South Asian Association for Regional Cooperation। यह दक्षिण एशियाई देशों के क्षेत्रीय सहयोग के लिए 1985 में स्थापित संगठन है।

105. (1, 3): पहला कथन– पेट भोजन को मथता है, यानी उसकी मांसपेशियाँ उसे मथने और पचाने का कार्य करती हैं– सत्य है।

दूसरा कथन– जब हम दुखी होते हैं, तो ठीक से पाचन नहीं हो पाता, क्योंकि तनाव और उदासी का पाचन क्रिया पर प्रतिकूल प्रभाव पड़ता है– यह भी सत्य है।

106. (2): नमक बनाने की प्रक्रिया में सबसे पहले (II) समुद्री जल को उथले गड्ढ़ों में इकट्ठा किया जाता है → फिर (I) पानी को धूप में सूखने दिया जाता है अंत में → (III) जब पानी सूख जाता है, तो जमीन पर नमक बच जाता है।

107. (2): डेड सी का पानी अत्यधिक नमकीन होने के कारण इसका घनत्व सामान्य जल से अधिक होता है, जिससे मनुष्य उसमें डूबता नहीं, बल्कि तैरता रहता है।

108. (1): जड़ पादप का वह भाग है जो मृदा से जल व पोषक तत्वों का अवशोषण करता है और पौधे को स्थिरता भी प्रदान करता है।

109. (1): तबला एक पारंपरिक भारतीय तालवाद्य है, जो एक प्रकार का ढोल होता है और संगीत में लय प्रदान करने के लिए उपयोग किया जाता है।

110. (2): 'गीतांजलि' के रचयिता रबीन्द्रनाथ टैगोर हैं। उन्हें इसी काव्यसंग्रह के लिए वर्ष 1913 में नोबेल पुरस्कार मिला था।

111. (2): 'कालबेलिया' राजस्थान की एक लोकनृत्य शैली है, जिसे कालबेलिया समुदाय की महिलाएँ करती हैं। यह नृत्य साँपों की चाल और लहराते शरीर की शैली में किया जाता है।

112. (2): ताजमहल का निर्माण मुगल सम्राट शाहजहाँ ने अपनी पत्नी मुमताज महल की याद में करवाया था। इसका निर्माण 1631 में शुरू हुआ और 1653 में पूरा हुआ।

113. (1): थर्मामीटर वह यंत्र है जिससे किसी वस्तु, शरीर या वातावरण का तापमान मापा जाता है। इसे विशेष रूप से चिकित्सकीय और वैज्ञानिक उपयोगों में प्रयोग किया जाता है।

114. (3): बृहस्पति (Jupiter) हमारे सौरमंडल का सबसे बड़ा ग्रह है। इसका व्यास, द्रव्यमान और आयतन सभी ग्रहों में सबसे अधिक है।

115. (4): फेफड़े (lungs) मानव शरीर के श्वसन अंग हैं, जो हमें साँस लेने और ऑक्सीजन लेने में सहायता करते हैं और कार्बन डाइऑक्साइड बाहर निकालते हैं।

116. (2): डॉ. राजेन्द्र प्रसाद स्वतंत्र भारत के प्रथम राष्ट्रपति थे। वे 1950 से 1962 तक इस पद पर रहे और दो बार राष्ट्रपति बनने वाले इकलौते व्यक्ति हैं।

117. (3): गोलकोंडा का किला तेलंगाना की राजधानी हैदराबाद के पास स्थित है। यह किला अपने ऐतिहासिक महत्व और हीरा व्यापार के लिए प्रसिद्ध है।

118. (3): सर रोनाल्ड रॉस ने यह खोज की थी कि मादा एनोफिलीज मच्छर मलेरिया फैलाता है। उन्हें 1902 में चिकित्सा का नोबेल पुरस्कार मिला था।

119. (3): मधुमक्खियाँ जब मकरंद से भरे फूलों का स्रोत खोज लेती हैं, तो वह 'वांगल डांस' (Waggle Dance) करती हैं, जिससे अन्य मधुमक्खियों को दिशा और दूरी की जानकारी मिलती है।

120. (1): कर्णम मल्लेश्वरी एक प्रसिद्ध भारोत्तोलक (Weightlifter) हैं। उन्होंने 2000 सिडनी ओलंपिक में कांस्य पदक जीता और ओलंपिक में पदक जीतने वाली पहली भारतीय महिला बनीं।

121. (2): बछेंद्री पाल माउंट एवरेस्ट की चोटी पर पहुँचने वाली पहली भारतीय महिला हैं। उन्होंने यह उपलब्धि 1984 में हासिल की थी।

122. (2): मधुबनी पेंटिंग या मिथिला चित्रकला भारत के बिहार राज्य, विशेष रूप से मधुबनी जिले की पारंपरिक लोककला है।

123. (4): अकाल उस स्थिति को कहते हैं जब लंबे समय तक वर्षा नहीं होती और इससे फसलें सूख जाती हैं, जिससे खाद्य संकट उत्पन्न होता है।

124. (4): संयुक्त अरब अमीरात (UAE) की राजधानी आबू धाबी है। दुबई सबसे बड़ा शहर है लेकिन राजधानी नहीं है।

125. (4): 'फूलों की घाटी' (Valley of Flowers) एक प्रसिद्ध राष्ट्रीय उद्यान है, जो उत्तराखंड राज्य के चमोली जिले में स्थित है। यह यूनेस्को द्वारा विश्व धरोहर स्थल भी घोषित है।

पिछले प्रश्न-पत्र

ऑल इंडिया सैनिक स्कूल प्रवेश परीक्षा (AISSEE), 2024*

कक्षा-VI

भाग-A : हिन्दी भाषा

1. उचित पूर्वसर्ग की सहायता से वाक्य पूर्ण कीजिए :

वक्ता विषय .... दूर जा रहा है।

A. के B. से
C. को D. में

2. उचित शब्द की सहायता से रिक्त स्थान पूर्ति कीजिए :

'अकबर की सेना ने चित्तौड़गढ़ के किले को ....।'

A. जिता दिया B. जीतना
C. जीत लिया था D. जीतना है

3. 'हवा से लड़ना' का सही अर्थ चुनिए :

A. बेकार प्रयास करना B. विजयी होना
C. पराजित हो जाना D. अवज्ञा करना

4. प्रदत्त विकल्पों में से विपरीतार्थक शब्द चुनिए :

''धमकी''

A. जोखिम B. विचारपूर्ण
C. सुरक्षा D. समृद्ध होना

5. दिए गए विकल्पों में से शुद्ध वर्तनी वाला शब्द चुनिए :

A. जिजीविषा B. जीजिविषा
C. जिजीविशा D. जीजीवीसा

6. प्रदत्त शब्द का विपरीतार्थक शब्द चुनिए :

'क्षमाशीलता'

A. जीर्णोद्धार B. ह्रास
C. प्रत्याहार D. प्रतिशोध

7. प्रदत्त विकल्पों में से उचित उपपद का चयन कीजिए :

वह .... ईमानदार अधिकारी है।

A. अनेक B. एक
C. कई D. कोई गलती नहीं

8. निम्नलिखित वाक्य का काल निर्धारण कीजिए :

सूर्य पश्चिम में डूबता है।

A. वर्तमान काल B. भूतकाल
C. भविष्य काल D. असर्वकाल

9. रिक्त स्थान पूर्ति कीजिए :

इन उत्पादों की .... उत्तम ....।

A. गुणवत्ता, है B. गुणवत्ता, हैं
C. गुणवत्ता, थीं D. गुणवत्ताएँ, हैं

निर्देशः (प्र.सं. 10-14): *निम्नलिखित गद्यांश को ध्यानपूर्वक पढ़िए और नीचे दिए गए प्रश्नों के उत्तर दीजिए :*

ऐसा माना जाता है कि पश्मीना शॉल छः स्वेटरों के जितना गर्म होता है। यह बहुत पतला तथापि बहुत गर्म होता है। बकरियाँ जिनसे मुलायम पश्मीना ऊन एकत्र किया जाता है वे 5000 मीटर की बहुत अधिक ऊँचाई पर पाए जाते हैं। यहाँ सर्दियों में तापमान 0° से. (–40° से.) से नीचे गिर जाता है। बकरियों के शरीर पर गर्म बालों का एक लोमचर्म

1. B	2. C	3. A	4. C	5. A	6. D	7. B	8. A	9. A

Exam held on 28 January 2024

उग जाता है जो उनकी अत्यन्त ठंड से रक्षा करता है। गर्मियों में बकरियाँ अपने कुछ बाल (लोमचर्म) झाड़ देती हैं। ये बाल इतने पतले होते हैं कि ऐसे छह बाल मिलकर उतने मोटे हो पाएँगे जितना कि तुम्हारा एक बाल।

पतले बाल यन्त्रों पर नहीं बुने जा सकते हैं और इसलिए कश्मीर के बुनकर हाथ से इन शॉलों को बनाते हैं। यह एक लम्बी और कठिन प्रक्रिया है। लगभग 250 घंटों की बुनाई की बाद सादा पश्मीना शॉल बनता है। कल्पना कीजिए की कढ़ाई के साथ एक शॉल को तैयार करने में कितना अधिक समय लग जाएगा।

10. रिक्त स्थान पूर्ति हेतु सही विकल्प का चयन कीजिए :

'ऐसा माना जाता है कि पश्मीना शॉल .... के जितना गर्म होता है।'

A. तीन स्वेटरों B. छः स्वेटरों
C. नौ स्वेटरों D. ग्यारह स्वेटरों

11. सही कथन की चयन कीजिए :

A. गर्मियों में बकरियाँ अपने कुछ बाल (लोमचर्म) झाड़ देती हैं।
B. सर्दियों में बकरियाँ अपने कुछ बाल (लोमचर्म) झाड़ देती हैं।
C. बारिश के मौसम में बकरियाँ अपने कुछ बाल (लोमचर्म) झाड़ देती हैं।
D. बसन्त ऋतु में बकरियाँ अपने कुछ बाल (लोमचर्म) झाड़ देती हैं।

12. सही विकल्प का चयन कीजिए :

'लगभग .... की बुनाई के बाद सादा पश्मीना शॉल बनता है।

A. 100 घंटों B. 150 घंटों
C. 200 घंटों D. 250 घंटों

13. ''बकरियों के शरीर पर गर्म बालों का एक लोमचर्म उग जाता है जो उनकी अत्यन्त ठंड से रक्षा करता है।''

उपर्युक्त वाक्य में 'बालों' शब्द का व्याकरणिक स्वरूप पहचानिए :

A. क्रिया B. संज्ञा
C. सर्वनाम D. विशेषण

14. 'मोटे' का विपरीतार्थक शब्द चुनिए :

A. गर्म B. मुलायम
C. पतले D. परिष्कृत

15. दिए गए विकल्पों में से विशेषण पहचानिए :

A. ऊँचा B. पाया
C. चिड़ियाँ D. अवशेष

16. तुलना की उचित कोटि की सहायता से रिक्त स्था पूर्ति कीजिए :

मेरी जेब में .... धन है।

A. ज्यादा नहीं B. और अधिक
C. सर्वाधिक जितना D. बहुत सारे

17. 'वास्तविक' के विपरीतार्थक शब्द का चयन कीजिए

A. पुरस्कार B. काल्पनिक
C. बुद्धिमान D. आधुनिक

18. शुद्ध वर्तनी का चयन करें :

A. संश्लेषण B. शंस्लेषण
C. षंश्लेसण D. संष्लेशण

19. वाक्य को सुधारने के उद्देश्य से अधोरेखाङ्कित शब्द के स्थान पर सही शब्द को दिए गए विकल्पों में से चुनिए

'क्या <u>अनकी</u> बस सही समय पर आई थी?

A. उनकी B. उन्होंने
C. उनका D. कोई सुधार नहीं

20. वाक्य को सुधारने के उद्देश्य से सही विकल्प का चयन कीजिए :

'श्याम के आगमन के पूर्व ही रमा घर <u>छोड़ा</u>।

A. छोड़ेगा।
B. छोड़ता है।
C. छोड़ चुका था।
D. छोड़ चुका है।

10. B	11. A	12. D	13. B	14. C	15. A	16. B	17. B	18. A	19. A	20. C

1. उचित प्रश्नांश से रिक्त स्थान की पूर्ति कीजिए :
'मुझे उनसे पूछने की जरूरत नहीं है ....?
A. क्या मैं B. हूँ क्या मैं
C. हैं क्या मैं D. जरूरत है क्या

2. क्रिया के सही रूप से वाक्य पूरा कीजिए :
ट्रेन अचानक से .... ।
A. रूका है। B. रूक गई।
C. रूक रही थी। D. रूक चुकी है।

3. अकर्मक क्रिया वाले वाक्य को चुनिए :
A. बच्चे पतंग उड़ाते हैं।
B. चिड़ियाँ उडती हैं।
C. करीम ने दौड़ लगाई।
D. उसने अपनी दैनिकी जला दी।

24. उचित समुच्चायबोधक शब्द की सहायता से रिक्त स्थान की पूर्ति कीजिए :
मुझे नहीं पता है .... वह चला गया है अथवा नहीं।
A. कि B. यदि
C. के द्वारा D. तथापि

25. उचित उपपद की सहायता से वाक्य पूरा कीजिए:
राम .... वह छात्र है जिससे हम सभी 35% से कम अंक लाने की आशा करते हैं।
A. ऐसा B. ही
C. जैसा D. ऐसे

भाग-B : गणित

6. जसपाल ने एक पुरानी कार ₹ 1,18,000 में खरीदी और ₹ 7,000 उसके रख-रखाव पर व्यय किया। यदि उसने वह कार ₹ 1,40,000 में बेची, तो उसका लाभ प्रतिशत है :
A. 10%
B. 11%
C. 12%
D. 12.5%

7. समकोण के दसवें भाग के पूरककोण का सम्पूरककोण होगा :
A. 99° B. 88°
C. 81° D. 101°

8. किसी समकोण के आधे के तिगुने का सम्पूरककोण होगा :
(*a*) न्यूनकोण
(*b*) अधिककोण
(*c*) समकोण
(*d*) समकोण का आधा
A. केवल (*a*)
B. केवल (*c*)
C. केवल (*a*) और (*d*)
D. केवल (*b*) और (*c*)

29. दी हुई आकृति में x का मान है :

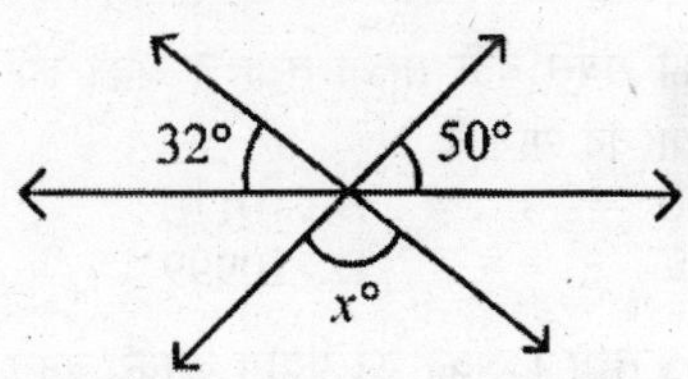

A. 82 B. 90
C. 100 D. 98

30. भिन्न $\frac{5}{8}$ का दशमिक रूप है :
A. 0.58
B. 0.62
C. 0.625
D. 0.652

31. 21 से छोटी सभी अभाज्य संख्याओं का योग है :
A. 77 B. 67
C. 41 D. 48

21. D 22. B 23. B 24. A 25. B 26. C 27. A 28. C 29. D 30. C 31. A

32. नीचे दिए कथनों में से कौन-से सही **नहीं** हैं?
(*a*) भाज्य संख्याएँ सदा सम संख्याएँ होती हैं।
(*b*) अभाज्य संख्याएँ सदा विषम संख्याएँ होती हैं।
(*c*) दो अभाज्य संख्याओं का योग सदा अभाज्य संख्या होती है।
(*d*) दो भाज्य संख्याओं का गुणन सदा भाज्य संख्या होती है।
A. केवल (*a*) और (*d*)
B. केवल (*b*) और (*c*)
C. केवल (*a*), (*b*) और (*c*)
D. (*a*), (*b*), (*c*) और (*d*)

33. 30 बच्चों को पार्टी दी गई। क्रमशः ₹ 450, ₹ 300 तथा ₹ 270, के पिज्जा, बर्गर तथा शीतल-पेय खरीदे गए। प्रत्येक वस्तु 30 बच्चों में बराबर-बराबर बाँटी गई। प्रत्येक बच्चे को दी गई सामग्री का मूल्य था:
A. ₹ 30 B. ₹ 32
C. ₹ 34 D. ₹ 35

34. 4009 प्राप्त करने के लिए, 3509 तथा 2165 के योग में से क्या घटाया जाए?
A. 3580 B. 3530
C. 2665 D. 1665

35. 4 अंकों की सबसे बड़ी संख्या तथा 3 अंकों की सबसे छोटी संख्या का योग है :
A. 10000 B. 10110
C. 10099 D. 10999

36. 0, 2, 5, 3 तथा 1 अंकों का प्रयोग करके, बनने वाली 5 अंकों की सबसे बड़ी तथा सबसे छोटी संख्या का अन्तर है :
A. 45555 B. 44444
C. 43205 D. 42975

37. नीचे दी गई संख्याओं में से कौन-सी संख्या 3 से विभाज्य है?
A. 518932 B. 117342
C. 213454 D. 337625

38. $144 \div 9 \times 2 + 6 - 4 = ?$
A. 10 B. 2
C. 34 D. 64

39. जयेश और मोहन ने क्रमशः ₹ 28,000 त ₹ 35,000 निवेश करके एक व्यापार शुरू किया। के अन्त में मोहन को लाभ में अपने हिस्से के रूप ₹ 6,250 मिले। व्यापार में कुल लाभ हुआ :
A. ₹ 9,200 B. ₹ 10,000
C. ₹ 11,250 D. ₹ 12,250

40. पीली दाल और काली दाल के 20 किग्रा मिश्रण 4 किग्रा काली दाल है। मिश्रण में काली दाल पीली दाल में अनुपात है :
A. 1 : 5 B. 1 : 4
C. 4 : 15 D. 1 : 6

41. 2.6 किलोग्राम + 3 किलोग्राम 700 ग्राम = ?
A. 6 किलोग्राम 300 ग्राम B. 5.6 किलोग्राम
C. 5 किलोग्राम 300 ग्राम D. 6.7 किलोग्राम

42. एक ठोस घनाभ जिसकी विमाएँ 3 सेमी × 8 से × 9 सेमी हैं, को पिघलाकर एक घन बनाया गया। की भुजा है :
A. 6 सेमी B. 4 सेमी
C. 3 सेमी D. 5 सेमी

43. आठ छोटे घन, जिनमें से प्रत्येक का किनारा 2 से है, को एक बड़ा घन बनाने के लिए व्यवस्थित कि गया। बड़े घन का आयतन (सेमी.^{3} में) है :
A. 48 B. 60
C. 64 D. 72

44. यदि 420 सन्तरों का मूल्य ₹ 2,520 है, तो 8 द सन्तरों का मूल्य है :
A. ₹ 480 B. ₹ 528
C. ₹ 540 D. ₹ 576

45. यदि 16 बस्तों का मूल्य ₹ 1,520 है, तो 3 बस्तों मूल्य होगा :
A. ₹ 240 B. ₹ 255
C. ₹ 270 D. ₹ 285

46. किसी परीक्षा में दिव्या ने 400 अंकों में से 340 अ प्राप्त किए। उसके प्राप्तांकों का प्रतिशत है :
A. 60% B. 76%
C. 80% D. 85%

32. C	**33.** C	**34.** D	**35.** C	**36.** D	**37.** B	**38.** C	**39.** C
40. B	**41.** A	**42.** A	**43.** C	**44.** D	**45.** D	**46.** D	

7. वह संख्या जिसका 20%, 10 के बराबर है, होगी :

A. 30 B. 40
C. 50 D. 56

8. यदि किसी संख्या का 46%, 115 है, तो उसी संख्या का 150% क्या है?

A. 300 B. 275
C. 415 D. 375

9. धातु की एक छड़ को 120° से. तक गर्म किया गया। बाद में इसका तापमान 34° से. घट गया और तब इसका तापमान 45° से. बढ़ाया गया। छड़ का वर्तमान तापमान क्या है?

A. 165°C B. 154°C
C. 131°C D. 79°C

0. एक बर्तन को 62°C तापमान तक गर्म किया गया। बर्तन का तापमान डिग्री फारेनहाइट में है :

A. 143.6°F B. 94°F
C. 66.4° F D. 30°F

1. यदि 12, 15, 19, k तथा $(k + 5)$ संख्याओं का औसत 13 है, तो k का मान है :

A. 3 B. 5
C. 7 D. 13.5

2. 48 किग्रा, 50 किग्रा, 53 किग्रा, 55 किग्रा तथा 49 किग्रा भार वाले पाँच मित्रों का औसत भार हैं :

A. 50 किलोग्राम B. 51 किलोग्राम
C. 52 किलोग्राम D. 53 किलोग्राम

3. नीचे दिए कथनों को पढ़ें और सही विकल्प चुनें।

कथन-I: दो भिन्न रेखाएँ, एक से अधिक बिन्दुओं पर प्रतिच्छेद कर सकती हैं।

कथन-II: दो से अधिक रेखाएँ एक बिन्दु से होकर जा सकती हैं।

A. केवल कथन I सत्य है B. केवल कथन II सत्य है
C. दोनों कथन सत्य हैं D. दोनों कथन असत्य हैं

4. यदि $x = 30$ और $y = 120$ हो तो $16\left(\frac{x}{y}+5\right)+1$ का मान है :

A. 85 B. 84
C. 21 D. 117

55. निम्न में से, संख्या 199 का रोमन अंकों में सही निरूपण क्या हैं?

A. ICC B. CLXXXXIX
C. CXCIX D. ICCCD

56. रोमन अंकों के प्रयोग से बनी संख्या
(XXI – XV) – VI + MCLXXIII
किसके बराबर है?

A. MCLXXIII B. MCLXVII
C. MCL D. MCXLIII

57. हरीश अपनी कार 45 किमी/घंटा की गति से चलाता है। 12 किमी चलाने में वह कितना समय (मिनटों में) लेगा?

A. 9 B. 12
C. 16 D. 20

58. रमन 40 मिनट में 24 किमी की दूरी तय करता है। यदि वह अपनी गति 4 किमी/घंटा बढ़ा दे तो उसी दूरी को तय करने में वह कितना समय (मिनटों में) लेगा?

A. 28 B. 32
C. 36 D. 38

59. अमृता अपने पुत्र के लिए लेखन सामग्री खरीदने बाजार गई। वह ₹ 500 लेकर चली। उसने ₹ 135.50 कॉपियों के लिए, ₹ 30.50 कलमों के लिए, ₹ 3.75 रबर के लिए, ₹ 48 रंगों के डिब्बों के लिए तथा ₹ 142 ज्यामिति बॉक्स के लिए चुकाए। उसके पास कितनी राशि शेष बची है?

A. ₹ 132.25 B. ₹ 142
C. ₹ 140.25 D. ₹ 145.75

60. कपड़े के तीन टुकड़ों जिनकी लम्बाई क्रमशः 7 मी., 7.5 मी. तथा 9.5 मी. हैं, को एकसमान अधिकतम लम्बाई के टुकड़ों में काटा गया है। प्रत्येक छोटे टुकड़े की लम्बाई (सेमी में) है :

A. 25 B. 30
C. 40 D. 50

47. C	**48.** D	**49.** C	**50.** A	**51.** C	**52.** B	**53.** B
54. A	**55.** C	**56.** A	**57.** C	**58.** C	**59.** C	**60.** D

61. दो संख्याओं के लघुत्तम समापवर्त्य तथा महत्तम समापवर्तक 150 तथा 25 हैं। यदि संख्याओं में से एक संख्या 75 है, तो दूसरी संख्या है :

A. 29 B. 32
C. 40 D. 50

62. एक दुकानदार ने एक मेज और एक कुर्सी क्रमशः ₹ 1,900 और ₹ 600 में खरीदी उसने दोनों वस्तुएँ अंकित को 15% लाभ के साथ बेची। अंकित ने मेज और कुर्सी के लिए कितना मूल्य चुकाया?

A. ₹ 2,515
B. ₹ 2,590
C. ₹ 2,785
D. ₹ 2,875

63. निम्नलिखित भिन्नों को आरोही क्रम में लगाने पर बाईं ओर से तीसरे स्थान पर कौन-सा भिन्न होगा?

$\frac{2}{3}, \frac{5}{6}, \frac{7}{8}, \frac{9}{14}$

A. $\frac{2}{3}$ B. $\frac{5}{6}$
C. $\frac{7}{8}$ D. $\frac{9}{14}$

64. $\frac{2}{9}, \frac{2}{5}, \frac{2}{11}, \frac{2}{7}$ भिन्नों को अवरोही क्रम में व्यवस्थित कीजिये :

A. $\frac{2}{11}, \frac{2}{7}, \frac{2}{9}, \frac{2}{5}$ B. $\frac{2}{5}, \frac{2}{7}, \frac{2}{9}, \frac{2}{11}$
C. $\frac{2}{9}, \frac{2}{5}, \frac{2}{11}, \frac{2}{7}$ D. $\frac{2}{11}, \frac{2}{9}, \frac{2}{7}, \frac{2}{5}$

65. $\frac{5}{9}, \frac{4}{11}, \frac{7}{12}$ तथा $\frac{6}{13}$ भिन्नों में से सबसे बड़ा है :

A. $\frac{5}{9}$ B. $\frac{4}{11}$
C. $\frac{7}{12}$ D. $\frac{6}{13}$

66. $\frac{13}{5}$ प्राप्त करने के लिए $\frac{5}{13}$ में क्या जोड़ा ज चाहिए?

A. $\frac{1}{65}$
B. $\frac{1}{36}$
C. $\frac{144}{65}$
D. $\frac{9}{17}$

67.

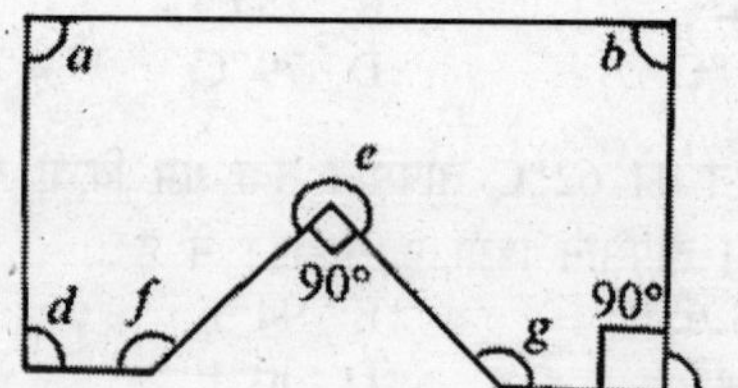

दी हुई आकृति में, कौन-कौन से कोणों की माप ती समकोण के बराबर है?

A. केवल $\angle e$ तथा $\angle c$
B. केवल $\angle c$
C. केवल $\angle e$
D. केवल $\angle e$, $\angle c$, $\angle f$ तथा $\angle g$

68. उस कोण का प्रकार बताएँ जिसकी माप 146° त 82° के दो कोणों के अन्तर से 26° अधिक है।

A. न्यूनकोण B. अधिककोण
C. समकोण D. बृहत्कोण

69. किसी त्रिभुज के दो कोण क्रमशः 40° और 50° है भुजाओं तथा कोणों पर आधारित इस त्रिभुज का ना बताएँ :

A. विषमबाहु तथा न्यूनकोण त्रिभुज
B. विषमबाहु तथा समकोण त्रिभुज
C. समद्विबाहु तथा अधिकोण त्रिभुज
D. विषमबाहु तथा अधिकोण त्रिभुज

61. D	62. D	63. B	64. B	65. C	66. C	67. A	68. C	69. B

70. सूची-I का सूची-II के साथ मिलान करें :

सूची-I	सूची-II
(*a*) वृत्त का आधा भाग	(*i*) व्यास
(*b*) वृत्त की सबसे लम्बी जीवा का आधा	(*ii*) वृत्त का केन्द्र
(*c*) वृत्त को दो समान भागों में बाँटने वाला रेखाखण्ड	(*iii*) अर्धवृत्त
(*d*) वृत्त के सभी व्यास एक बिन्दु पर प्रतिच्छेद करते हैं	(*iv*) त्रिज्या

निम्न में से सही विकल्प चुनें :

	(*a*)	(*b*)	(*c*)	(*d*)
A.	(*iii*)	(*i*)	(*ii*)	(*iv*)
B.	(*iii*)	(*iv*)	(*i*)	(*ii*)
C.	(*ii*)	(*iii*)	(*iv*)	(*i*)
D.	(*iv*)	(*iii*)	(*ii*)	(*i*)

71. 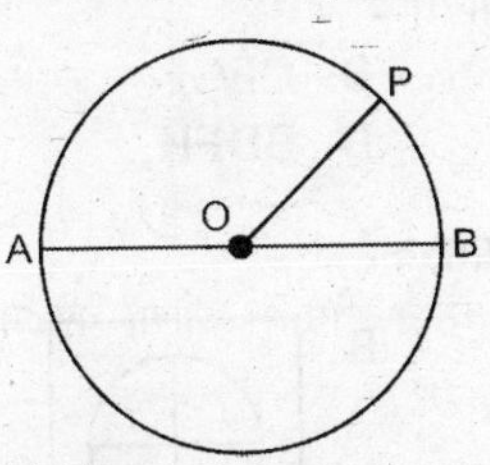

आकृति में O वृत्त का केन्द्र है। यदि AB = 8 सेमी. है, तो OP की लम्बाई है :

A. 6 सेमी. B. 4 सेमी.
C. 3 सेमी. D. 5 सेमी.

72. जोसेफ ने ₹ 25,000, 6% वार्षिक दर से, 4 वर्ष के लिए साधारण ब्याज पर उधार लिया। उसने 4 वर्ष पश्चात् कितनी राशि चुकाई?

A. ₹ 30,000 B. ₹ 31,000
C. ₹ 31,800 D. ₹ 31,920

73. 9% वार्षिक दर से साधारण ब्याज पर कितने वर्षों में, ₹ 1,800 की राशि, ₹ 2,610 हो जाएगी?

A. 4 B. 5
C. 6 D. $4\frac{1}{2}$

74. दी हुई आकृति का परिमाप है :

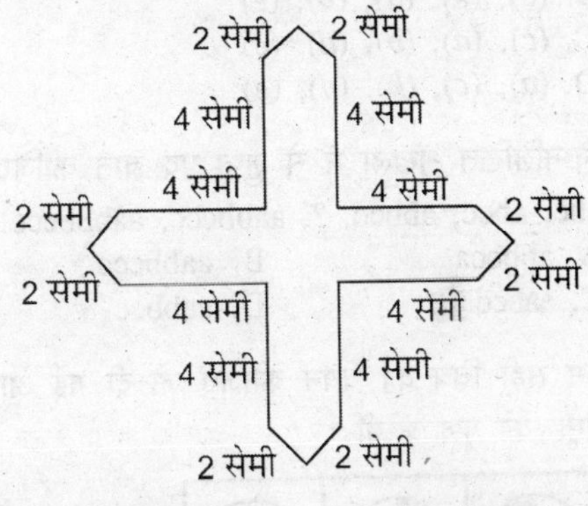

A. 32 सेमी B. 40 सेमी
C. 48 सेमी D. 52 सेमी

75. पिंकी 50 मी. भुजा वाले एक वर्गाकार क्षेत्र 6 चक्कर लगाती है। श्रुति 160 मी. लम्बे तथा 120 मी. चौड़े एक आयताकार क्षेत्र के 2 चक्कर लगाती है। कौन अधिक दूरी तय करता है और कितनी अधिक (मी. में)?

A. श्रुति, 80 मी. B. पिंकी, 80 मी.
C. श्रुति, 65 मी. D. पिंकी, 40 मी.

भाग-C : बुद्धिमता

76. निम्नलिखित को एक आरोही क्रम में व्यवस्थित कीजिए:

(*a*) वर्ष
(*b*) मास
(*c*) शताब्दी
(*d*) सप्ताह
(*e*) दिन

नीचे दिए गए विकल्पों में से सही विकल्प का चयन कीजिए :

A. (*d*), (*e*), (*b*), (*a*), (*c*)
B. (*e*), (*b*), (*d*), (*a*), (*c*)
C. (*e*), (*d*), (*b*), (*a*), (*c*)
D. (*e*), (*d*), (*a*), (*c*), (*b*)

70. B **71.** B **72.** B **73.** B **74.** C **75.** B **76.** C

77. शब्दकोष में आने वाले क्रम में निम्नलिखित शब्दों को व्यवस्थित कीजिए :

(*a*) LETTER
(*b*) LITTER
(*c*) LEMON
(*d*) LITTLE
(*e*) LIZARD

निम्न में से सही विकल्प का चयन कीजिए :

A. (*c*), (*a*), (*d*), (*e*), (*b*)
B. (*c*), (*d*), (*a*), (*b*), (*e*)
C. (*c*), (*a*), (*b*), (*d*), (*e*)
D. (*a*), (*c*), (*b*), (*d*), (*e*)

78. निम्नलिखित शृंखला में से लुप्त पद ज्ञात कीजिए :
abc, abcc, abbcc, ?, aabbccc, aabbbccc.

A. abbcca B. aabbccc
C. aabcc D. aabbcc

79. उस सही चित्र का चयन कीजिए जो दी गई आकृति समूह को पूण करेगी : :

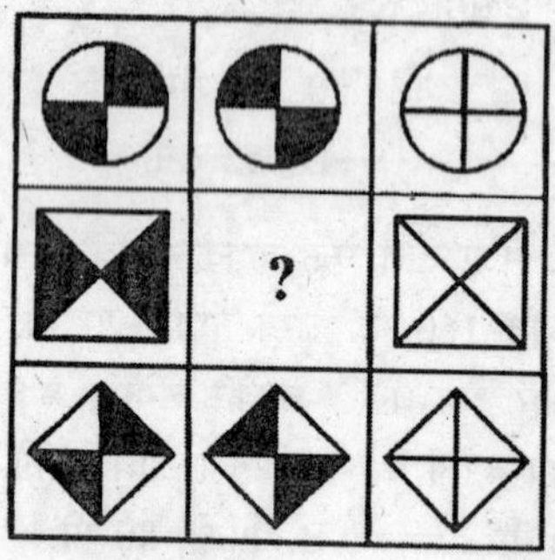

A. 
B. 
C. 
D. 

80. तुल्यरूपता को पूर्ण करें :

क्रिकेट : बैट (बल्ला) :: हॉकी : ?

A. फील्ड (मैदान)
B. स्टिक (एक सिरे पर मुड़ी छड़ी)
C. प्लेयर (खिलाड़ी)
D. बॉल (गेंद)

81. निम्नलिखित तुल्यरूपता को पूर्ण करें :
BDA : 7 :: CAB : ?

A. 3 B. 6
C. 5 D. 9

82. अन्य से भिन्न ज्ञात करें :

A. ग्रीष्म B. शरद
C. ऋतु D. बसन्त

83. अन्य से भिन्न को ज्ञात करें :

A. 121 B. 99
C. 135 D. 143

84. अन्य से भिन्न को चुनिए :

A. BEIK B. CEGI
C. ACEG D. BDFH

85. अन्य से भिन्न को ज्ञात करें :

A. 
B. 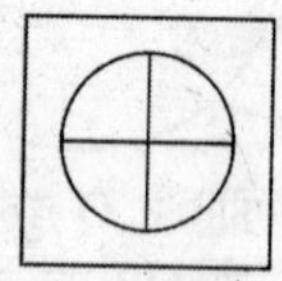
C. 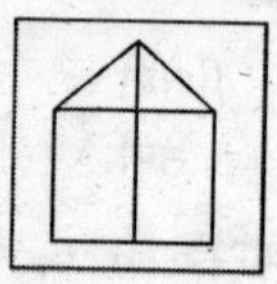
D. 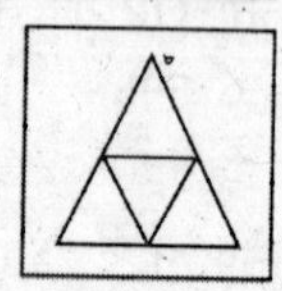

86. (::) के एक भाग से बायें दिए गए दो शब्दों के मध्य एक निश्चित सम्बन्ध है। यहाँ संबंध दर्शाने वाला लुप्त शब्द क्या है?

क्लॉक (दीवार घड़ी) : समय :: थर्मोमीटर : __?__.

A. ऊष्मा B. विकिरण
C. तापमान D. ऊर्जा

87. निम्नलिखित तुल्यरूपता को पूर्ण करें :

C : 3 :: L : __?__

A. 5 B. 2
C. 8 D. 12

77. C	**78.** D	**79.** B	**80.** B	**81.** B	**82.** C	**83.** C	**84.** A	**85.** C	**86.** C	**87.** D

88. निम्नलिखित तुल्यरूपता को पूर्ण करें :

शेर : गुफा :: घोड़ा : __?__

A. गोशाला B. भुसौरा

C. अस्तबल D. बिल

89. प्रश्न चिह्न (?) के स्थान पर सही चित्र चुनिए :

A.  B. 

C.  D. 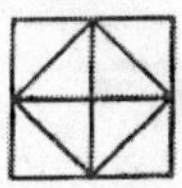

90. निम्नलिखित को ऊपर से नीचे के क्रम में व्यवस्थित कीजिए :

(*a*) हाथ

(*b*) चेहरा

(*c*) एड़ी

(*d*) घुटना

(*e*) गर्दन

निम्नलिखित विकल्पों में से सही उत्तर का चयन कीजिए :

A. (*e*), (*b*), (*a*), (*d*), (*c*)

B. (*b*), (*e*), (*a*), (*d*), (*c*)

C. (*b*), (*e*), (*a*), (*c*), (*d*)

D. (*b*), (*e*), (*c*), (*a*), (*d*)

91. आकृति (X) के सही दर्पण-प्रतिबिम्ब का चयन कीजिए :

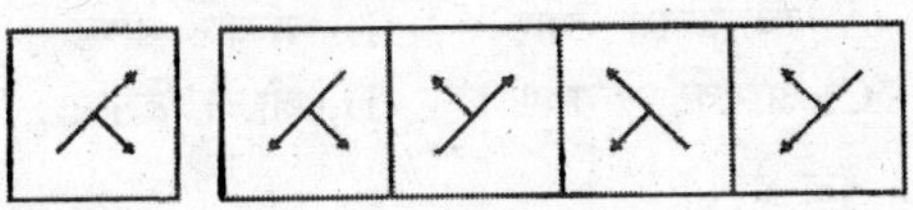

X (*a*) (*b*) (*c*) (*d*)

A. (*a*) B. (*b*)

C. (*c*) D. (*d*)

92. निम्नलिखित शृंखला में लुप्त पद को ज्ञात करें :

HFD, NLJ, TRP, ?

A. YWV B. ZYW

C. ZXV D. ZYV

93. दी गई शृंखला में लुप्त पद को ज्ञात करें :

0, 3, _?_, 15, 24

A. 2 B. 4

C. 8 D. 13

94. चित्र (*a*) और चित्र (*b*) एक विशिष्ट ढंग से सम्बन्धित हैं। विकल्पों में से वह चित्र चुनें जो चित्र (*c*) और चित्र (*d*) के मध्य समान सम्बन्ध स्थापित करता है और प्रश्न चिह्न (?) को प्रतिस्थापित करता है।

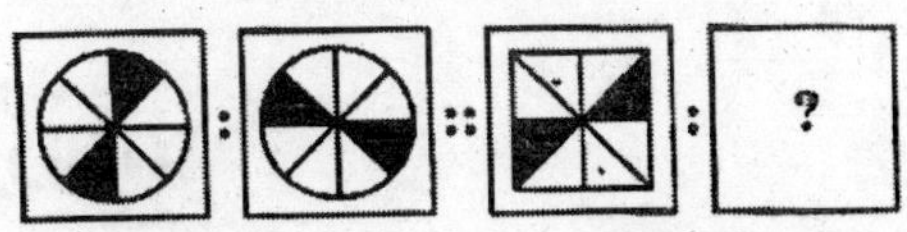

(*a*) (*b*) (*c*) (*d*)

A.  B. 

C.  D. 

95. निम्नलिखित आकृतियों में कौन-सी दिए चित्र का एक भाग है?

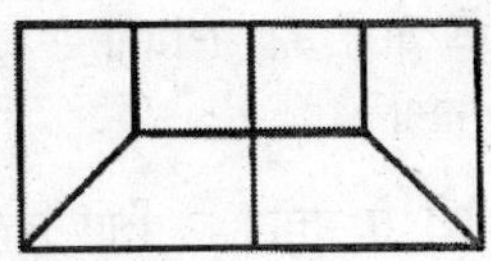

A. 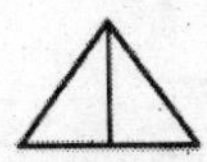 B. 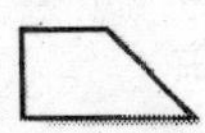

C.  D. 

96. कौन-सी संख्या प्रश्न चिह्न (?) के स्थान पर आयेगी?

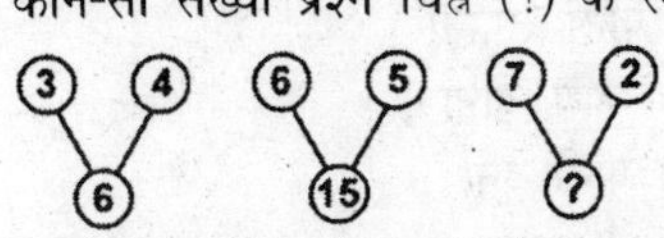

A. 8 B. 7

C. 9 D. 14

88. C **89.** D **90.** B **91.** C **92.** C **93.** C **94.** C **95.** B **96.** B

97. निम्नलिखित तुल्यरूपता को पूर्ण करें :

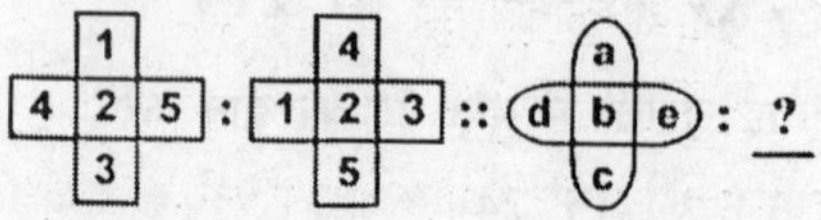

A. 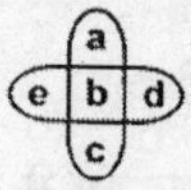

B. 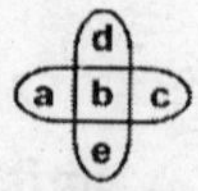

C. 

D. 

98. अन्य से भिन्न का चयन कीजिए :

A. विद्यालय B. महाविद्यालय
C. भोजनालय D. विश्वविद्यालय

99. निम्नलिखित तुल्यरूपता को पूर्ण करें :
STAR : ATRS :: PLAN : ?

A. ALNP B. ANLP
C. ANPL D. LANP

100. दी गई श्रृंखला की लुप्त संख्या ज्ञात करें :
2, 5, 10, _?_, 26

A. 24 B. 17
C. 19 D. 23

भाग-D : सामान्य ज्ञान

101. उल्टी और दस्त की स्थिति में किसी व्यक्ति को कौन-सा घोल दिया जाता है?

A. मिल्क शेक B. नींबू पानी
C. फलों का रस D. नमक एवं चीनी

102. निम्नलिखित में से क्या खाद्य संरक्षण का प्राकृतिक तरीका नहीं है?

A. सुखाना
B. खाद्य परिरक्षक मिलाकर
C. नमक एवं चीनी की सहायता से
D. अचार बनाना

103. बीजों को कीटों से बचाने के लिए डिब्बे में बीजों के साथ कौन-से पत्ते रखे जाते हैं?

A. नीम B. बरगद
C. केला D. आम

104. निम्नलिखित में से किस काम के लिए एक बार प्रयुक्त कर लिए गए पानी का उपयोग नहीं किया जा सकता?

A. फर्श पर पोंछा लगाना
B. चेहरा एवं हाथ धोना
C. पौधों को पानी देना
D. शौचालय में इस्तेमाल करना

105. निम्नलिखित में से किस यंत्र का उपयोग शरीर का तापमान मापने के लिए किया जाता है?

A. लैक्टोमीटर B. बैरोमीटर
C. थर्मोमीटर D. स्पीडोमीटर

106. भारतीय ध्वज के केंद्र में स्थित चक्र में कुल कितनी अराएँ (Spokes) हैं?

A. छब्बीस B. चौबीस
C. इक्कीस D. अट्ठाइस

107. 'रामायण' के रचयिता कौन हैं?

A. वाल्मीकि B. वेदव्यास
C. कालिदास D. ज्ञानेश्वर

108. प्रसिद्ध रचना - 'द मैन-ईटर ऑफ मालगुड़ी' के रचनाकार कौन है?

A. रबीन्द्रनाथ टैगोर B. रस्किन बॉण्ड
C. आर.के. नारायण D. जी.वी. देसानी

109. खूँटी है :

A. मिट्टी खोदने का एक औजार
B. मवेशियों को बाँधने के लिए लोहे का खंभा
C. भोजन पकाने हेतु मिट्टी का बर्तन
D. एक वाद्य तंत्र

97. B	**98.** C	**99.** A	**100.** B	**101.** D	**102.** B	**103.** A
104. B	**105.** C	**106.** B	**107.** A	**108.** C	**109.** A	

110. आप सूर्य के नीचे पानी से भरा एक गिलास रखते हैं। दो दिन बाद, गिलास खाली हो जाता है। पानी कहाँ गया?
A. वह वाष्पीकृत हो गया।
B. वह संघनित हो गया।
C. वह जम गया।
D. वह नाइट्रोजन में परिवर्तित हो गया।

111. मृदा का सबसे अच्छा मित्र कौन है?
A. पक्षी B. केंचुए
C. कीट D. साँप

112. हम काम के लिए ऊर्जा मुख्यतः प्राप्त करते हैं :
A. प्रोटीन से
B. विटामिन से
C. वसा एवं कार्बोहाइड्रेट्स से
D. खनिज से

113. मैदानी क्षेत्रों में रहने वाले बच्चों के लिए पर्वतों पर चलना कठिन होगा क्योंकि :
A. वे आलसी होते हैं।
B. पहाड़ी रास्ते पथरीले एवं ऊबड़-खाबड़ होते हैं।
C. पहाड़ी रास्ते बहुत सुगम होते हैं।
D. पहाड़ों पर कोई परिवहन-साधन नहीं होते।

114. चारमीनार कहाँ अवस्थित है?
A. जैसलमेर B. पुरी
C. औरंगाबाद D. हैदराबाद

115. पृथ्वी सूर्य की परिक्रमा कितने दिन में पूर्ण करती है?
A. 365 दिन B. $365^{1/4}$ दिन
C. $365^{1/2}$ दिन D. $365^{1/3}$ दिन

116. निम्न में से कौन-सा एक अनवीनीकरणीय संसाधन है?
A. पेट्रोल B. वायु
C. बायोगैस D. सौर

117. जम्मू-कश्मीर में 'यखनी' से क्या तात्पर्य है?
A. पुरुषों द्वारा सिर पर पहना जाने वाला कपड़ा
B. एक माँसाहारी व्यंजन
C. एक सांस्कृतिक पर्व
D. लोकनृत्य का एक रूप

118. लारवा आयु में 'टैडपोल' किस पशु से संबंधित है?
A. कुत्ता B. बाघ
C. मेंढ़क D. बकरी

119. चील, गरुड़ एवं गिद्ध जैसे पक्षी कितनी दूर से भी देख सकते हैं?
A. दो मीटर B. चार मीटर
C. आठ मीटर D. बीस मीटर

120. पांडवों में से सबसे बड़े भाई का नाम क्या है?
A. भीम B. अर्जुन
C. युधिष्ठर D. कर्ण

121. बीहू नृत्य का संबंध किस राज्य से है?
A. असम B. गुजरात
C. बिहार D. पंजाब

122. भारतीय नौसेना में लेफ्टिनेंट कमांडर वहीदा प्रिज्म का संबंध किस प्रकार के पेशेवर है?
A. डॉक्टर B. सॉफ्टवेयर इंजीनियर
C. रसोइया D. अध्यापक

123. 2023 में हुए एशियाई खेलों में भारत ने कुल कितने स्वर्ण पदक जीते?
A. 28 B. 52
C. 42 D. 14

124. अन्य जानवरों को खतरे की चेतावनी देते समय लंगूर की कौन-सी अतींद्रिय सक्रिय हो जाती है?
A. दृष्टि B. ध्वनि
C. त्वचा D. गंध

125. निम्नलिखित में से किस पशु में सूंघने की अत्यधिक क्षमता है?
A. खरगोश B. चींटी
C. बिल्ली D. बंदर

110. A	**111.** B	**112.** C	**113.** B	**114.** D	**115.** B	**116.** A	**117.** B
118. C	**119.** C	**120.** C	**121.** A	**122.** A	**123.** A	**124.** B	**125.** B

व्याख्यात्मक उत्तर

1. **(B):** पूर्वसर्ग, जिसका प्रयोग वाक्यों में संज्ञा, सर्वनाम या वाक्याशों का संबंधित वाक्य के अन्य भागों के साथ संबंध दर्शाने के लिए किया जाता है। पूर्वसर्ग आमतौर पर वाक्य के उत्तरार्ध में स्थित होते हैं, लेकिन संज्ञा या सर्वनाम से पहले। इनका उपयोग वाक्य में किसी वस्तु की स्थिति या स्थान को दर्शाने के लिए किया जा सकता है।

2. **(C):** दिए गए विकल्पों में से उपयुक्त उत्तर जीत लिया था, होगा। क्योंकि सवाल अकबर की सेना कि बारे में है।

3. **(A):** हवा से लड़ना मुहावरे का अर्थ है–किसी से अकारण लड़ना, बेकार का प्रयास करना।

   उदाहरण–क्यों हवा से लड़ रहे हो? इसका कुछ भी फायदा नहीं।

4. **(C):** धमकी या धमकाने का अर्थ है–भय उत्पन्न करने के लिए कही कई बात से है। इसका सही विपरीतार्थक शब्द सुरक्षा, एहतियात या बचाव है।

5. **(A):** भाषा की वर्तनी का अर्थ उस भाषा में वर्णों से अभिव्यक्त करने की क्रिया को कहते हैं। इसे शुद्ध शब्दों की मात्रा भी कहते हैं। दिए गए विकल्पों में से जिजीविषा की वर्तनी शुद्ध है। जिजीविषा का अर्थ 'जीने की इच्छा' है।

6. **(D):** क्षमाशीलता का अर्थ नम्रता, दयालुता से है अर्थात जिस व्यक्ति में क्षमा करने की शक्ति है। इसका विपरीतार्थक शब्द है–बदला लेना, प्रतिशोध लेना।

7. **(B):** दिए गए प्रश्न में वह सर्वनाम के बारे में बात हो रही है। वह एकवचन है। अतः दिए गए विकल्पों में 'एक' उपयुक्त उत्तर है। 'एक' शब्द ही प्रदत्त वाक्य को सार्थक रूप से पूरा करेगा।

8. **(A):** ''सूर्य पश्चिम में डूबता है'' दिया गया वाक्य सरल वर्तमान काल का उदाहरण है। चूँकि जब हम सामान्य कथन, सार्वभौमिक तथ्य, आदतें और नियमित गतिविधियाँ लिखते हैं तो, हम सरल वर्तमान काल का प्रयोग करते हैं।

9. **(A):** दिए गए उपयुक्त विकल्पों के साथ सही वाक्य है–इन उत्पादों की गुणवत्ता उत्तम है।

10. **(B):** पश्मीना शॉल का उल्लेख करते हुए अवतरण में कहा गया है कि यह छः स्वेटरों के जितना गर्म होता है तथा बहुत पतला और गर्म होता है।

11. **(A):** पश्मीना बकरियाँ 5000 मीटर की बहुत ऊँचाई पर पाए जाते हैं। यहाँ सर्दियों में तापमान 0° से. (–40° से.) से नीचे गिर जाता है। सर्दियों से बचने के लिए इन बकरियों के शरीर पर गर्म बालों का एक लोमचर्म उग जाता है। जैसे ही गर्मी का मौसम आता है तो गर्मी के ताप से बचने के लिए ये बकरियाँ अपने कुछ लोमचर्म झाड़ देती हैं।

12. **(D):** पश्मीना बकरियों के बाल से शॉल बुनना आसान नहीं है। पतले बाल होने के कारण इसे मशीनों से नहीं बुन सकते बल्कि कश्मीरी बुनकर 250 घंटे की काफी मशक्कत के बाद सादा पश्मीना शॉल तैयार करते हैं। जबकि कढ़ाई करके एक शॉल बनाना अत्यन्त श्रम वाला कार्य है।

13. **(B):** जिस शब्द से एक जाति के सभी प्राणियों अथवा वस्तुओं का बोध हो उसे जातिवाचक संज्ञा कहते हैं। बाल जातिवाचक संज्ञा है।

14. **(C):** मोटे का विपरीतार्थक शब्द पतला, कमजोर होता है।

15. **(A):** जो संज्ञा और सर्वनाम की विशेषता बतलाता है उसे विशेषण कहा जाता है। जैसे–मोटा, काला, ऊँचा, पतला आदि।

17. **(B):** 'वास्तविक' शब्द के विपरीतार्थक शब्द काल्पनिक, आभासी, मनगढ़ंत अवास्तविक, सारहीन आदि है।

18. **(A):** 'संश्लेषण' शुद्ध वर्तनी है जिसका अर्थ है, कुछ नया बनाने के लिए तत्वों को संयोजित करने की क्रिया है।

19. **(A):** वाक्य ''क्या <u>अनकी</u> बस सही समय पर आई थी? रेखांकित शब्द के स्थान पर उपयुक्त शब्द 'उनकी' होगा। शेष दिए गए शब्द अनुपयुक्त है तथा वाक्य अशुद्ध होगा।

20. (C): शुद्ध वाक्य है "श्याम के आगमन के पूर्व ही राम घर छोड़ चुका था"।

21. (D): "मुझे उनसे पूछने की जरूरत नहीं है" वाक्य में उचित प्रश्नांश "जरूरत है क्या?" सार्थक है। दिए गए शेष विकल्प अशुद्ध प्रश्नांश और अनुपयुक्त है।

22. (B): ट्रेन शब्द स्त्रीलिंग है इसके लिए 'रूक गई' शब्द उपयुक्त है। साथ ही ट्रेन के साथ क्रिया अचानक से हो रही है। अतः शुद्ध वाक्य 'ट्रेन अचानक से रूक गई" होगा।

23. (B): क्रिया वे शब्द होते हैं जो किसी कार्य के होने या करने अथवा किसी व्यक्ति या वस्तु की स्थिति का बोध कराते हैं। इसके दो भेद हैं–(*i*) अकर्मक क्रिया, तथा (*ii*) सकर्मक क्रिया।

अकर्मक क्रिया–जिसमें कर्म नहीं हो।

जैसे– राम खाता है। चिड़ियाँ उड़ती हैं।

सकर्मक क्रिया–जो कर्म सहित हो।

जैसे– उसमें अपनी दैनिकी जला दी।
बच्चे पतंग उड़ाते हैं।

24 (A): ऐसे शब्द जो दो या दो से अधिक वाक्यों को आपस में परस्पर जोड़ने का काम करते हैं उसे समुच्चय बोधक शब्द कहा जाता है। इसके दो भेद हैं–सामानाधिकरण समुच्चयबोधक और व्यधिकरण समुच्चयबोधक। 'कि' विकल्प के साथ सार्थक वाक्य है–मुझे नहीं पता है कि वह चला गया है अथवा नहीं।

25. (B): दिए गए वाक्य में छात्र से पहले वह है, ऐसे उपयुक्त विकल्प 'ही' होगा। 'ही' के उपयेग से सार्थक वाक्य इस प्रकार है–राम ही वह छात्र है जिससे हम सभी 35% से कम अंक लाने की उम्मीद करते हैं।

26. (C): पुरानी कार का क्र.मू. = ₹ 1,18000 + ₹ 7000
= ₹ 1,25000

और पुरानी कार का वि.मू. = ₹ 140,000

∴ लाभ = वि.मू. – क्र.मू.
= 140,000 – 125,000 = ₹ 15000

अतः लाभ प्रतिशत =

=

=

27. (A): समकोण के दसवें भाग का पूरक कोण

=

$9°$ का पूरक कोण $= 90° - 9° = 81°$

$81°$ का सम्पूरक कोण $= 180° - 81° = 99°$

28. (C): सम्पूरक कोण $= 180 - \theta$

$\therefore \quad 180 - \theta =$

$\Rightarrow \quad 180 - \theta =$

$$\Rightarrow \quad 180 - \theta = 45 \times 3$$
$$\Rightarrow \quad 180 - \theta = 135°$$
$$\Rightarrow \quad \theta - 180 = 135°$$
$$\Rightarrow \quad \theta = 45°$$

अतः θ एक न्यून कोण है और समकोण का आधा है।

29. (D): दी गई आकृति से :

$$\angle AOP + \angle POR + \angle BOR = 180°$$
$$\Rightarrow 32° + \angle POR + 50° = 180°$$
$$\Rightarrow \angle POR = 180° - (32 + 50°)$$
$$= 180 - 82°$$
$$\Rightarrow \angle POR = 98°$$

अब, $\angle POR = \angle ROS$

[शीर्षाभिमुख कोण]

$98° = x$

अतः $x = 98°$

30. (C): $= 0.625$

31. (A): 21 से छोटी सभी अभाज्य संख्याओं का योग = 2 + 3 + 5 + 7 + 11 + 13 + 17 + 19 = 77

32. (C): (*a*) भाज्य संख्याएँ सदा सम संख्याएँ होती हैं। सही नहीं है, क्योंकि 9, 15, 27, ... सम संख्या नहीं है।

(*b*) अभाज्य संख्याएँ सदा विषम संख्याएँ होती हैं। सही नहीं है। 2 विषम नहीं है लेकिन सम संख्या है।

(*c*) दो अभाज्य संख्याओं का योग सदा अभाज्य संख्या होती है। सही नहीं है लेकिन (3 + 5) = 8 अभाज्य संख्या नहीं है। (7 + 11) = 18 जो अभाज्य संख्या नहीं है।

(*d*) दो भाज्य संख्याओं का गुणन सदा भाज्य संख्या होती है। यह सही है क्योंकि 6 × 8 = 48 जो अभाज्य है। 12 × 9 = 108 जो भाज्य है।

अतः, (*a*), (*b*), (*c*) सही नहीं है।

33. (C): प्रत्येक बच्चे को दी गई सामग्री का मूल्य

$$= \frac{₹450 + ₹300 + ₹270}{30}$$

$$= ₹\frac{1020}{30} = ₹34$$

34. (D): $(3509 + 2165) - x = 4009$

$\Rightarrow \quad x = 5674 - 4009$

$\Rightarrow \quad x = 1665$

35. (C): 4 अंकों की सबसे बड़ी संख्या = 9999

और 3 अंकों की सबसे छोटी संख्या = 100

∴ अभीष्ट योग = 9999 + 100 = 10099

36. (D): सबसे बड़ी संख्या = 53210

सबसे छोटी संख्या = 10235

अन्तर = 42975

37. (B): (A) 5 + 1 + 8 + 9 + 3 + 2 = 28 जो 3 से विभाज्य नहीं है।

(B) 1 + 1 + 7 + 3 + 4 + 2 = 18 जो 3 से विभाज्य है।

अतः 117342, 3 से विभाज्य है।

38. (C): $144 \div 9 \times 2 + 6 - 4 = ?$

$\Rightarrow \quad 32 + 6 - 4 = 34$

अतः $\quad ? = 34$

39. (C): जयेश : 28000 × 12 = ₹ 336000

मोहन : 35000 × 12 = ₹ 42000

जयेश : मोहन = 336000 : 420000

= 336 : 420

= 48 : 60 = 4 : 5

∵ 4 + 5 = 9

मोहन का लाभ = ₹ 6250

$$\text{कुल लाभ} = \frac{6250 \times 9}{5} = 1250 \times 9$$

= ₹ 11250

40. (B): 20 किग्रा. मिश्रण में,

काली = 4 किग्रा., पीली = 16 किग्रा.

$$\text{अभीष्ट अनुपात} = \frac{4}{16} = 1:4$$

41. (A): 2.6 किग्रा. + 3 किग्रा. 700 ग्रा. = ?

= 2 किग्रा. 600 ग्रा. + 3 किग्रा. 700 ग्रा.

= 6 किग्रा. 300 ग्रा.

अतः ? = 6 किग्रा. 300 ग्रा.

42. (A): घनाभ का आयतन = $l \times b \times h$

= 3 × 8 × 9 = 8 × 27 सेमी^{3}

= 216 सेमी^{3}

घन का अयतन = (side)^3 = (216) सेमी^{3}

∴ घन की भुजा = $(6)^3$ = 6 सेमी.

43. (C): 8 छोटे घन का आयतन जिसके प्रत्येक का किनारा 2 सेमी है।

कुल आयतन = $(2)^3 + (2)^3 + (2)^3 + (2)^3 + (2)^3 + (2)^3 + (2)^3 + (2)^3$

= (8 + 8 + 8 + 8 + 8 + 8 + 8 + 8) सेमी^{3}

= 64 सेमी^{3}

अतः बड़ा घन का आयतन = 64 सेमी^{3}.

44. (D): 420 सन्तरों का मूल्य = ₹ 2520

$$96 \text{ सन्तरों का मूल्य} = ₹\ \frac{2520}{420} \times 96 = ₹\ 576$$

45. (D): 16 बस्तों का मूल्य = ₹ 1520

$$3 \text{ बस्तों का मूल्य} = \frac{1520}{16} \times 3$$

= ₹ 95 × 3 = ₹ 285

46. (D): प्राप्तांकों का प्रतिशत = $\frac{340}{400} \times 100 = 85\%$.

47. (C): माना संख्या = x

$$\frac{20}{100} \times x = 10$$

$\Rightarrow \qquad x = 50$

अतः संख्या = 50

48. (D): माना संख्या = x

$$\frac{46}{100} \times x = 115$$

$$\Rightarrow \qquad x = 250$$

$$\therefore \quad \frac{150}{100} \times x = \frac{3}{2} \times 250 = 375$$

49. (C): छड़ का वर्तमान आयतन

$$= 120°C + (45°C - 34°C)$$

$$= 120° + 11° = 131°C$$

50. (A): $\frac{C}{5} = \frac{F-32}{9} \Rightarrow \frac{62}{5} = \frac{F-32}{9}$

$$F = \frac{9 \times 62 + 5 \times 32}{5} = \frac{558+160}{5}$$

$$= \frac{718}{5} = 143.6°F$$

51. (C): $12 + 15 + 19 + k + k + 5 = 13 \times 5$

$\Rightarrow \qquad 2k + 51 = 65$

$\Rightarrow \qquad 2k = 14 \Rightarrow k = 7$

52. (B): 5 मित्रों का कुल भार = 48 किग्रा. + 50 किग्रा. + 53 किग्रा. + 55 किग्रा. + 49 किग्रा. = 255 किग्रा.

$\therefore$ औसत और $= \frac{255}{5} = 15$ kg

53. (B): कथन I: दो भिन्न रेखाएँ, एक से अधिक बिन्दुओं पर प्रतिच्छेद कर सकती है।

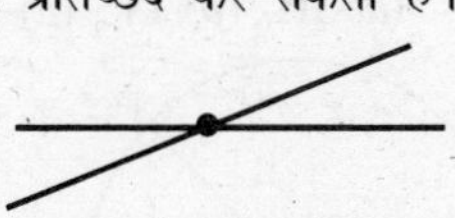

यह सही नहीं है।

कथन II: दो से अधिक रेखाएँ एक बिन्दु से होकर जा सकती है।

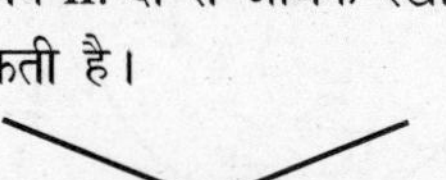

यह सही है।

अतः केवल कथन II सत्य है।

54. (A): $\because x = 30, y = 120$

$\therefore 16\left(\frac{x}{y}+5\right)+1$ का मान $= 16\left(\frac{30}{120}+5\right)+1$

$$= 16\left(\frac{1}{4}+5\right)+1$$

$$= \frac{16}{4}+16 \times 5+1$$

$$= 4 + 80 + 1 = 85$$

55. (C): संख्या 199 का रोमन अंकों से सही निरूपण = CXCIX

56. (A): (XXI – XV) – VI + MCLXXIII

= VI – VI + MCLXXIII

= MCLXXIII

57. (C): हरीश 45 किमी 60 मिनट में चलता है।

हरीश 12 किमी. चलाता $= \frac{60}{45} \times 12$ मि.= 16 मि.

58. (C): गति $= \frac{24}{40}$ किमी/मि. $= \frac{3}{5}$ किमी/मि.

गति में वृद्धि $= \frac{4 \text{ किमी}}{\text{घंटा}} = \frac{4}{60}$ किमी/मि.

$= \frac{1}{15}$ किमी/मि.

वृद्धि के बाद गति $= \left(\frac{3}{5}+\frac{1}{15}\right)$ किमी/मि.

$= \left(\frac{9+1}{15}\right)$ किमी/मि.

$= \frac{2}{3}$ किमी/मि.

दूरी तय करने में किया गया समय

$= \frac{24}{\frac{2}{3}} = \frac{24 \times 3}{2} = 36$ मि.

59. (C): अमृता द्वारा चुकाए गए कुल मूल्य

= ₹ 135.50

₹ 030.50

₹ 03.75

₹ 48.00

₹ 142.00

₹ 359.75

अब, ₹ 500 – ₹ 359.75 = ₹ 140.25

अतः ₹ 140.25 राशि अमृता के पास शेष बची।

60. (D): 7 मी. = 700 सेमी.

7.5 मी. = 750 सेमी.

9.5 मी. = 950 सेमी.

700, 750 और 950 का म.स. = 50

```
700)750(1
    700
     50)950(19
        50
        450
        450
        ××
```

अतः प्रत्येक छोटे टुकड़ो की लंबाई = 50 सेमी

61. (D): दूसरी संख्या $= \frac{\text{ल.स.} \times \text{म.स.}}{\text{एक संख्या}} = \frac{150\times25}{75} = 50$

62. (D): मेज का वि.मू. $= 1900+\frac{15}{100}\times1900$

$= 1900 + 285 =$ ₹ 2185

कुर्सी का वि.मू. $= 600+\frac{15}{100}\times600 =$ ₹ 690

अंकित द्वारा मेज और कुर्सी के लिए चुकायी गयी कुल राशि = ₹ 2185 + ₹ 690 = ₹ 2875

63. (B): $\frac{2}{3} = 0.666,\ \frac{5}{6} = 0.833$

$\frac{7}{8} = 0.875,\ \frac{9}{14} = 0.642$

$\therefore$ आरोही क्रम में $\frac{9}{14}, \frac{2}{3}, \frac{5}{6}, \frac{7}{8}$ बाई ओर से तीसरा $\frac{5}{6}$ होगा।

64. (B): $\frac{2}{9} = 0.555,\ \frac{2}{5} = 0.363$

$\frac{2}{11} = 0.583,\ \frac{2}{7} = 0.461$

आरोही क्रम में $\frac{2}{5}, \frac{2}{7}, \frac{2}{9}, \frac{2}{11}$

65. (C): $\frac{5}{9} = 0.555,\ \frac{4}{11} = 0.363$

$\frac{7}{12} = 0.583,\ \frac{6}{13} = 0.461$

अतः $\frac{7}{12}$ भिन्न में सबसे बड़ा है।

66. (C): $\frac{13}{5} - \frac{5}{13} = \frac{169-25}{65} = \frac{144}{65}$

67. (A): $\angle e = 360° - 90° = 270° =$ तीन समको

$\angle c = 360° - 90° = 270° =$ तीन समकोण

अतः केवल $\angle e$ और $\angle c$ कोणों की माप तीन समको के बराबर है।

68. (C): $26° + (146° - 82°) = 26° + 64° = 9($

अतः यह समकोण है।

69. (B): त्रिभुज के तीनों कोणों का योग 180° है।

दो कोण = 40° + 50° = 90°

$\therefore$ तीन कोण = 180° – 90° = 90°.

सभी भुजाएँ भिन्न, एक कोण = 90°.

अतः यह विषमबाहु तथा समकोण त्रिभुज हैं।

70. (B): (*a*) वृत्त का आधा भाग .... (III) अर्ध वृत्त

(*b*) वृत्त की सबसे लम्बी जीवा ..... (IV) त्रिज का आधा

(*c*) वृत्त को दो समान भागों में बाँटने वाला रेखा ख ..... (I) व्यास

(*d*) वृत्त के सभी व्यास एक बिन्दु पर प्रतिच्छेद कर हैं। ..... (II) वृत्त का केंद्र

अतः सही विकल्प = (*a*)-III, (*b*)-IV, (*c*)-I, (*d*)-

71. (B): $\because$

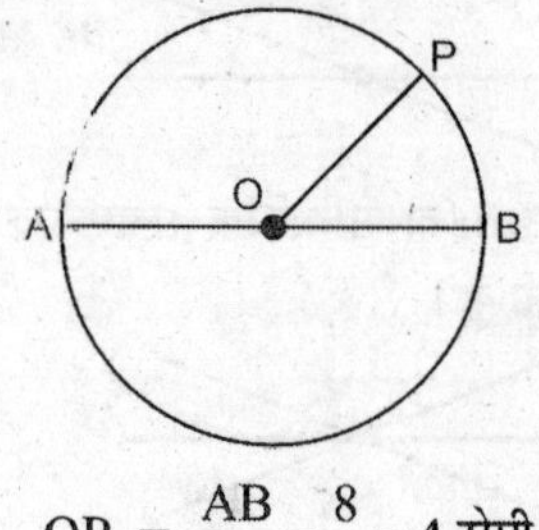

$\because \quad OP = \frac{AB}{2} = \frac{8}{2} = 4$ सेमी

72. (B): साधारण ब्याज $= \frac{p\times r\times t}{100} = \frac{25000\times6\times}{100}$

= ₹ 6000

राशि = P + S.I. = 25000 + 6000
= ₹ 31000

अतः ₹ 31000 राशि जोसेफ ने 4 वर्ष बाद चुकाई।

3. (B): साधारण ब्याज = 2610 − 1800 = ₹ 810

$$\text{समय} = \frac{\text{साधारण ब्याज} \times 100}{p \times r}$$

$$= \frac{810 \times 100}{1800 \times 9} = 5 \text{ वर्ष}$$

4. (C):

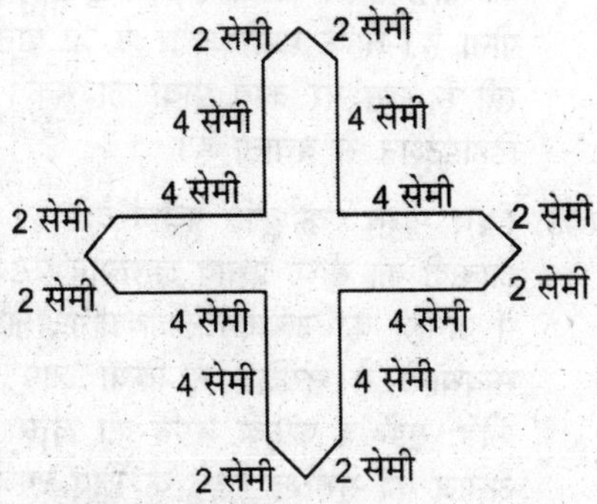

दी गई आकृति का परिमाप
= 2 + 4 +4 + 2 + 2 + 4 + 4 + 2 + 2
+ 4 + 4 + 2 + 2 + 4 + 4 + 2 = 48 सेमी

5. (B): पिंकी द्वारा तय दूरी = (50 × 4) × 6
= 1200 सेमी

श्रुति द्वारा तय दूरी = 2(120 + 160) × 2
= 280 × 4 = 1120 मी.

दूरी = 1200 मी. − 1120 मी. = 80 मी.

अतः पिंकी, 80 सेमी अधिक दूरी तय करती है।

76. (C): दिन, सप्ताह, मास, वर्ष शताब्दी बढ़ते क्रम में हैं।
अतः सही विकल्प (E), (D), (B), (A), (C).

77. (C): LEMON, LETTER, LITTER, LITTLE, LIZARD
इन शब्दों का शब्दकोश में आने वाले क्रम
अतः सही विकल्प (C), (A), (B), (D), (E).

78. (D): *abc, abcc, abbcc, <u>aabbcc</u>, aabbccc, aabbbccc*.

79. (B): सही आकृति (B) है।

अतः, ? = 

80. (B): क्रिकेट : बैट :: हॉकी : स्टिक

81. (B): B D A : 7 :: C A B : 6
2 + 4 + 1 = 7   3 + 1 + 2 = 6
अतः ? = 6

82. (C): ऋतु अन्य से भिन्न है।

83. (C): 121, 11 से विभाज्य है।
99, 11 विभाज्य है।
143, 11 से विभाज्य है।
135, 11 से विभाज्य नहीं है।
अतः 135 एक भिन्न है।

84. (A): B E I K (+3, +4, +2)   C E G I (+2, +2, +2)
A C E G (+2, +2, +2)   B D F H (+2, +2, +2)

स्पष्टतः BEIK भिन्न है।

85. (C):  यह आकृति भिन्न है।

अतः यह भिन्न है।

86. (C): क्लॉक : समय :: थर्मामीटर : तापमान

अतः प्रश्नवाचक चिह्न के स्थान पर तापमान आयेगा।

87. (D): C : 3 :: L : 12

अतः प्रश्नवाचक चिह्न के स्थान पर 12 आयेगा।

88. (C): शेर : गुफा :: घोड़ा : अस्तबल

अतः प्रश्नवाचक चिह्न के स्थान पर अस्तलब आयेगा।

89. (D): 

अतः प्रश्नवाचक चिह्न के स्थान पर यह आकृति आयेगा।

90. (B): चेहरा, गर्दन, हाथ, घुटना, छड़ी

अतः सही विकल्प है (B), (E), (A), (D), (C)।

91. (C): आकृति के सही दर्पण-प्रतिबिम्ब आकृति (C)

92. (C): H F D N L J
(−2 −2 −2 −2)

T R P [Z X V]
(−2 −2 −2 −2)

अतः प्रश्नवाचक चिह्न के स्थान पर ZXV आयेगा।

93. (C): 0 3 [8] 15 24
(+3 +5 +7 +9)
(+3 +5 +7)

अतः प्रश्नवाचक चिह्न के स्थान पर 8 आयेगा।

94. (C): 

अतः प्रश्नवाचक चिह्न के स्थान पर यह आकृति आयेगी।

95. (B): 

यह आकृति दिए गए चित्र का एक भाग है।

96. (B): 

(3×4)÷2=6 (6×5)÷=15 (7×2)÷2=7

अतः प्रश्नवाचक चिह्न के स्थान पर 7 आयेगा।

97. (B): 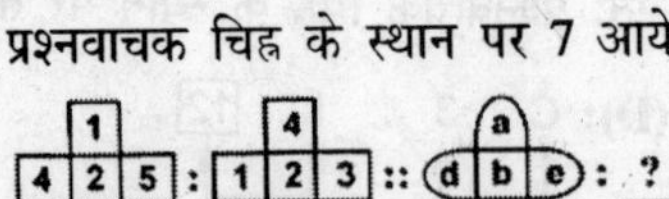

अतः प्रश्नवाचक चिह्न के स्थान पर यह 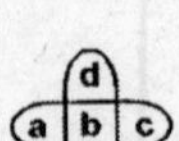 आकृति आयेगी

98. (C): भोजनालय अन्य से भिन्न है।

99. (A): STAR : ATRS :: PLAN : [ALPN]

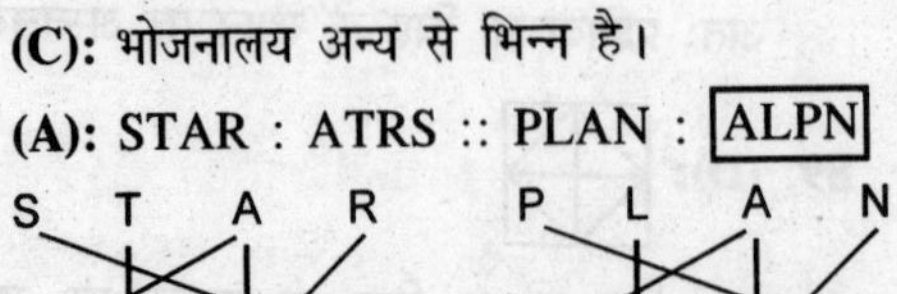

अतः प्रश्नवाचक चिह्न के स्थान पर ALNP आयेगा।

100. (B): 2 5 10 [17] 26
(+3 +5 +7 +9)

अतः प्रश्नवाचक चिह्न के स्थान पर 17 आयेगा

101. (D): नमक चीनी के घोल के सेवन से दस्त से वाली कमजोरी दूर हो सकती है। यह दस्त को में भी काफी मददगार है। इस उपाय को आजम लिए उपयुक्त अनुपात में पानी में नमक और का घोल तैयार करना है और इसे थोड़ी-थोड़ी पीना है। ताकि हमारे शरीर में जो पानी की क रही है, उस पर काबू पाया जा सके। यह शरी डिहाइर्ड्रेशन से बचाता है।

103. (A): भारत एक कृषि प्रधान देश है। लगातार आबादी का सीधा प्रभाव खाद्ययान पर है। पिछले में अनाज का उत्पादन तो बढ़ा है, लेकिन अग सावधानी से संरक्षित न किया जाए तो इसमें कीड़े, सूड़ी व फंफूंदी लगने का खतरा बढ़ जा अनाज को सुरक्षित रखने के लिए आज जो की या रसायन प्रयोग में लाये जाते हैं वे जहरीले जिसके कारण लोगों के स्वास्थ्य पर बुरा असर है। जबकि पुराने समय से ही हमारे पास एक कीटनाशक है जिसके इस्तेमाल से न तो कोई होती है और न ही अनाज खराब होता है अ कीटनाशक है नीम। पहले ज्यादातर लोग अना सुरक्षित रखने के लिए इसी का इस्तेमाल करते थे अपने कीटनाशी स्वभाव के साथ हमारे लिए प्रकार से उपयोगी है।

104. (B): हाथ धोना, केवल खाने से पहले ही जरूरी बल्कि स्वस्थ रहना है तो हमारे हाथ हमेशा सा चाहिए। हाथ धोने का महत्व समझाने के लि से सात दिसंबर तक हैंडवॉशिंग जागरूकता मनाया जा रहा है। कई लोगों का मानना है पानी में हाथ धोना ज्यादा फायदेमंद होता है, इससे ज्यादा बैक्टीरिया मरते हैं। स्वस्थ रहने स्वच्छता बेहद जरूरी है, अतः हमें हाथ एवं चे साफ पानी से ही धोना चाहिए।

105. (C): तापमापी या थर्मामीटर वह युक्ति है जो की प्रवणता' को मापने के काम आती है। 'ता भौतिकी की वह शाखा है, जिसमें तापमान की का अध्ययन किया जाता है। मनुष्य के श

ताप मापने वाले थर्मामीटर को क्लिनिकल थर्मामीटर कहते हैं। तापमापी अनेक सिद्धान्तों के आधार पर निर्मित किये जा सकते हैं। द्रवों का आयतन ताप ग्रहण कर बढ़ जाता है तथा आयतन में होने वाली यह वृद्धि तापक्रम के समानुपाती होता है। साधारण थर्मामीटर इसी सिद्धान्त पर काम करते हैं।

106. (B): अशोक चक्र में कुल 24 तीलियां होती हैं। इसकी 24 तीलियां मनुष्य के 24 गुणों को दर्शाने का काम करती हैं। इन 24 गुणों को धर्म मार्ग भी कहा जाता है। 1947 में हमारे नीति निर्माताओं ने अशोक चक्र को राष्ट्रीय ध्वज में स्थान दिया था। इसे अशोक के सारनाथ स्तम्भ लेख से लिया गया है।

107. (A): महर्षि वाल्मीकि संस्कृत भाषा के आदि कवि और हिन्दुओं के आदि काव्य 'रामायण' के रचयिता के रूप में प्रसिद्ध है। रामायण रघुवंश के राजा राम की गाथा है। एक पौराणिक कथा के अनुसार महर्षि बनने से पूर्व वाल्मीकि रत्नाकर के नाम से जाने जाते थे तथा परिवार के पालन हेतु लोगों को लूटा करते थे। रामकथा पर तुलसीदास जी के ग्रन्थ रामचरितमानस भी पूज्य ग्रन्थ है।

108. (C): आर.के. नारायण हमारे साहित्य जगत के सुप्रसिद्ध लेखक थे। आर.के. नारायण का जन्म 10 अक्टूबर, 1906 को मद्रास में हुआ था। उनका पूरा नाम रासीपुरम कृष्णस्वामी अय्यर नारायणस्वामी है। उनके महत्वपूर्ण उपन्यास हैं–"द गाइड", "द फाइनेंशियल मैन", "संपत", "द डार्क रूम", "द इंग्लिश टीचर", "मालगुडी डेज" के कई भाग, इत्यादि। उन्हें "द गाइड" के लिए साहित्य अकैडमी पुरस्कार 1958 में दिया गया।

110. (A): वाष्पीकरण को उस प्रक्रिया के रूप में परिभाषित किया जा सका है जिसमें तरल वस्तुएं वाष्प अवस्था में बदल जाती है। तापमान में वृद्धि के परिणामस्वरूप अणुओं की गतिज ऊर्जा बढ़ जाती है। गतिज ऊर्जा में वृद्धि के कारण अणुओं के बीच आकर्षण बल कम हो जाता है। परिणामस्वरूप, वे वाष्प के रूप में आसपास में निकल जाते हैं। इस प्रक्रिया में ऊष्मा ऊर्जा की खतप होती है।

111. (B): केंचुआ को कृषकों का मित्र एवं 'भूमि की आंत' कहा जाता है। यह ऑर्गेनिक पदार्थ ह्यूमस व मिट्टी को एकसार करके जमीन के अन्दर अन्य परतों में फैलाता है इससे जमीन पोली होती है व हवा का आवागमन बढ़ जाता है, तथा जलधारण की क्षमता भी बढ़ जाती है। केचुएँ के पेट में जो रासायनिक क्रिया व सूक्ष्म जीवाणुओं की क्रिया होती है, उससे भूमि में पाये जाने वाले नाइट्रोजन फॉस्फोरस, पोटाश, कैलशियम व अन्य सूक्ष्म तत्वों की उपलब्धता बढ़ती है। ऐसा पाया गया है कि इससे मिट्टी में नाइट्रोजन 7 गुना, फास्फोरस 11 गुना और पोटाश 14 गुना बढ़ता है।

112. (C): वसा, कार्बोहाइड्रेट्स से हमें ऊर्जा मिलती है, किंतु विटामिन से नहीं। जंतुओं और मनुष्यों में ऊर्जा का सर्वोच्च भंडार शरीर के वसा संग्रहों से मिलता है जो ऊर्जा की जरूरत होने पर शरीर को ऊर्जा प्रदान करता है। कार्बोहाइड्रेट रक्त में शर्करा की मात्रा बनाये रखता है और शरीर को ऊर्जा प्रदान करता है। प्रोटीन शरीर में पानी के संतुलन का नियंत्रण करता है और शारीरिक टूट फूट की मरम्मत करता है और शरीर को ताप प्रदान करता है।

113. (B): पहाड़ी क्षेत्र में जीवन अत्यंत दुष्कर है। यहाँ के निवासियों को जीवनयापन के लिए अनेक कठिनाइयों का सामना करना पड़ता है। इन प्रदेशों में प्राकृतिक आपदा, भूस्खलन, पहाड़ों के खिसकने आदि से लोगों का जीवन अस्त-व्यस्त हो जाता है। यहाँ कभी भीषण बर्फबारी होती है, तो कभी घनघोर वर्षा अपनी जरूरत की चीजें लेने के लिए लोगों को मीलों पैदल जाना पड़ता है। जरूरी सामानों तथा यातायात के साधनों का अभाव इनके जीवन को और विकट बना देता है। ऐसे में मैदानी क्षेत्र का कोई बच्चा इस क्षेत्र में इसके दुर्गम होने के कारण आसानी से नहीं आ-जा सकता।

114. (D): चारमीनार तेलंगाना की राजधानी हैदराबाद में अवस्थित है। पुराने शहर के चौराहे पर स्थित चारमीनार सदियों से लोगों को रोमांचित करता रहा है। चार दिशावाले चारमीनार के अंदर एक मस्जिद भी है। इसे सुल्तान मोहम्मद कुली कुतुब ने सन् 1592 में बनवाया था।

115. (B): सूर्य के चारों ओर एक चक्कर पूरा करने में इसे $365^{1/4}$ दिन लगते हैं। दिन का अतिरिक्त चौथाई भाग हमारे कैलेंडर सिस्टम के लिए एक चुनौती प्रस्तुत करता है, जो एक वर्ष को 365 दिनों के रूप में गिनता है। हमारे वार्षिक कैलेंडर को सूर्य के चारों ओर हमारी

कक्षा के अनुरूप बनाए रखने के लिए, हर चार साल में हम एक दिन जोड़ते हैं। उस दिन को लीप दिवस कहा जाता है, और जिस वर्ष में इसे जोड़ा जाता है उसे लीप वर्ष कहा जाता है। पृथ्वी अपनी धुरी पर $23^{1/2}$ डिग्री झुकी हुई है। यह झुकाव पृथ्वी की वार्षिक ऋतु चक्र का कारण है।

116. (A): अनवीकरण संसाधन वे संसाधन होते हैं, जिनके भण्डार में प्राकृतिक प्रक्रियाओं द्वारा पुनर्स्थापन नहीं होता रहता है। यह संसाधन मानवीय क्रियाओं द्वारा समाप्त हो जाते हैं तथा पुनः निर्माण होने में करोड़ों वर्ष की अवधि लेते हैं। इसका उदाहरण कोयला, पेट्रोलियम तथा प्राकृतिक गैस आदि हैं।

117. (B): जम्मू और कश्मीर में यखनी एक दही आधारित ग्रेवी व्यंजन है जिसे 'यखनी' कहा जाता है। कश्मीरी व्यंजन अपने विभिन्न मांस व्यंजनों के लिए जाना जाता है।

118. (C): टैडपोल मेंढकों के लार्वा हैं। उभयचर अधिकांश अन्य कशेरुकी जीवों (रीढ़ की हड्डी वाले उच्च जीव) से भिन्न होते हैं। उनके अंडे एक लार्वा चरण में विकसित होते हैं, जिन्हें टैडपोल के रूप में जाना जाता है। टैडपोल उभयचर के जीवन चक्र का लार्वा स्तर है। अधिकांश टैडपोल पूरी तरह से जलीय होते हैं, हालांकि उभयचरों की कुछ प्रजातियों में टैडपोल जो स्थलीय हो सकते हैं। टैडपोल में कुछ विशेषताएँ होती हैं जो वयस्क उभयचरों में नहीं होती हैं जिनमें पार्श्व रेखा, गलफड़े और पूंछ शामिल हैं। जैसे-जैसे वे कायांतरण से गुजरते हैं, टैडपोल की ऊर्जा ग्रहण की स्थिति बदल जाती है और वे हवा में सांस लेना शुरू कर सकते हैं।

120. (C): प्राचीन भारतीय महाकाव्य महाभारत के अनुसार युधिष्ठिर पांच पाण्डवों में सबसे बड़े भाई थे। वो भाला चलाने में निपुण थे और वे कभी झुठ नहीं बोलते थे। युधिष्ठिर अपनी सत्यनिष्ठा और आचरण के लिए प्रसिद्ध थे। वे कुंती के पुत्र थे। महाभारत के अंतिम दिनों में उन्होंने अपने मामा शल्य का वध किया जो कौरवों की तरफ से थे। इनके भाई क्रमशः कर्ण, भीमसेन, अर्जुन, नकुल और सहदेव थे।

121. (A): बिहु नृत्य भारत के असम राज्य का लोक नृत्य है जो बिहु त्योहार से संबंधित है। यह नृत्य युवा पुरुषों और महिलाओं दोनों द्वारा किया जाता है और इसकी विशेषता ऊर्जावान नृत्य मुद्राएँ तथा हाथों की तीव्र गति है। नर्तक पारंपरिक रंगीन असमिया परिधान पहनते हैं। उत्तर पूर्व भारतीय समूहों के बीच इस नृत्य के कई प्रकार हैं, उदाहरण के लिए 'देओरी बिहु नृत्य', ''माइजिंग बिहु नृत्य'' इत्यादि, हालाँकि नृत्य का मूल लक्ष्य एक ही रहता है : स्वानुभुति और उत्साह को महसूस करने की इच्छा व्यक्त करना।

122. (A): वाहिदा प्रिज्म खान (जन्म 1972) एक भारतीय नौसैनिक सर्जन डॉक्टर हैं। वह 2006 में सशस्त्र बल मेडिकल कॉलेज, पुणे में वार्षिक परेड की कमान संभालने वाली और भारतीय नौसेना में शामिल होने वाली जम्मू और कश्मीर की पहली महिला थीं।

123. (A): महाद्वीपीय प्रतियोगिता के 19वें संस्करण में भारत ने अपना अब तक सर्वश्रेष्ठ प्रदर्शन किया है भारत ने पीपुल्स रिपब्लिक ऑफ चाइना के हांगझोउ में आयोजित एशियाई खेल 2023 में 28 स्वर्ण, 38 रजत और 41 कांस्य सहित 107 पदकों के साथ अब तक का अपना सर्वश्रेष्ठ प्रदर्शन करते हुए, एक बड़ी उपलब्धि हासिल की। एशियन गेम्स के इतिहास में यह पहली बार था जब भारतीय ने पदकों का शतक लगाया। इस उपलब्धि को हासिल करने के साथ ही चीन, जापान और दक्षिण कोरिया के बाद भारत एशियाई खेलों के एक ही संस्करण में 100 या अधिक पदक जीतने वाला चौथा देश बन गया।

124. (B): जंगल में ऊँचे पेड़ पर बैठा लंगूर पास आते खतरों जैसे–शेर, चीता को देखकर एक खास आवाज निकालकर अपने साथियों को संदेश देता है। इस काम के लिए पक्षी भी खास आवाजें निकालते हैं। मछलियाँ खतरें की चेतावनी एक दूसरे को बिजली-तरंगों से देती हैं

125. (B): चींटियों में लगभग 50 मीटर की सूंघने की शक्ति होती है और वे एक-दूसरे को पीछा करते हुए बिलों से निकलती हैं। चींटी की सूंघने की क्षमता गंध संकेतों (फेरोमोन) के उत्पादन और पहचान के इर्द-गिर्द घूमती है, चींटियाँ अपने सूंघने की क्षमता के कारण कतार में एक-दूसरे को दिशा-निर्देश देती हैं।

पिछले प्रश्न-पत्र (हल सहित)

ऑल इंडिया सैनिक स्कूल प्रवेश परीक्षा, (AISSEE)–2023*

कक्षा-VI

भाग-A : हिन्दी भाषा

निर्देशः (प्र.सं. 1 से 5 तक): *नीचे दिये गये परिच्छेद को पढ़कर दिए गए प्रश्नों के उत्तर दीजिए।*

राहुल के पिताजी बाजार से सामान लेकर वापस घर आ रहे थे। उनके साथ उनका पालतू कुत्ता शेरा भी था। बीच रास्ते में एक बदमाश उनके पास आया। बदमाश ने पिताजी के हाथ से थैला छीना और भागने लगा। शेरा तुरंत बदमाश के ऊपर झपटा। शेरा को अपनी ओर झपटते देख बदमाश डर गया और थैला छोड़कर भाग गया। शेरा अपने मुँह में पकड़कर थैला वापस लाया। पिताजी शेरा से बहुत खुश हुए। उन्होंने प्यार से शेरा को गले लगाया। दोनों खुशी-खुशी वापस घर की ओर चले आये।

1. राहुल के पिताजी कहाँ से वापस आ रहे थे?

A. मेला B. रेलवे स्टेशन
C. ऑफिस D. बाजार

2. पिताजी के साथ और कौन था?

A. राहुल B. शेरा
C. राहुल की माँ D. बदमाश

3. बदमाश क्या छीनकर भागा?

A. शेरा B. किताब
C. थैला D. पैसे

4. शेरा थैला वापस कैसे लाया?

A. मुँह में पकड़कर B. गले में डालकर
C. हाथ में पकड़कर D. माथे पे रखकर

5. पिताजी ने किसे गले लगाया?

A. बदमाश को B. थैले को
C. शेरा को D. राहुल को

6. निम्नलिखित वाक्य का काल पहचानिए :
गौरी गर्मियों की छुट्टियों में शिमला जानेवाली है।

A. भूतकाल B. भविष्यकाल
C. वर्तमानकाल D. इनमें से कोई नहीं

7. निम्नलिखित पर्यायों में से 'जीवन' शब्द का विलोमार्थी शब्द चुनिए।

A. जीना B. जागना
C. मृत्यु D. इनमें से कोई नहीं

8. निम्नलिखित वाक्य में से नाम पहचानिए :
वह हमेशा अपने साथ किताब रखता है।

A. हमेशा B. रखता
C. साथ D. किताब

9. निम्नलिखित वाक्य में से क्रिया पहचानिए :
रमेश हर दिन बगीचे में खेलता है।

A. खेलना B. खिलौना
C. खिलाना D. इनमें से कोई नहीं

10. निम्नलिखित मुहावरे का उचित अर्थ पहचानिए :
आग बबूला होना

A. परेशान होना B. क्रोधित होना
C. दुःखी होना D. खुश होना

11. निम्नलिखित मुहावरे का उचित अर्थ पहचानिए :
आँखों में धूल झोंकना

A. प्रशंसा करना B. धोखा देना
C. नाराज होना D. सहायता करना

* Exam held on 08 January 2023.

12. उचित विकल्प से रिक्त स्थान की पूर्ति कीजिए।

सुधा नौकरी .... चाहती है।

A. कर B. करना

C. करेगी D. करें

13. निम्नलिखित मुहावरे का उचित अर्थ पहचानिए।

छाती पीटना

A. परेशान होना B. खुशी मनाना

C. शोक मनाना D. नाराज होना

14. उचित विकल्प से रिक्त स्थान की पूर्ति कीजिए :

रात में .... होता है।

A. उजाला B. प्रकाश

C. सवेरा D. अंधेरा

15. रिक्त स्थान की पूर्ति कीजिए :

निशा भोजन करने .... बाद सैर करने जाती है।

A. से B. ने

C. के D. में

16. निम्नलिखित पर्यायों में से 'आज्ञा' शब्द का समानार्थी कौन-सा है?

A. असाधारण B. असंभव

C. आदेश D. अनुदान

17. निम्नलिखित में से सबसे उचित शब्द का चयन कीजिए।

A. समाजिक B. समाजीक

C. सामाजिक D. समजीक

18. निम्नलिखित पर्यायों में से 'भीड़' शब्द का बहुवचन क्या है?

A. भिड़े B. भिड़ें

C. भिड़ाएँ D. इनमें से कोई नहीं

19. निम्नलिखित वाक्य को उचित सर्वनाम के साथ पू कीजिए :

.... काम कर रहा है।

A. वह B. वेह

C. वे D. इनमें से कोई नहीं

20. निम्नलिखित वाक्य का काल पहचानिए :

उसने काम किया था।

A. वर्तमान काल B. भूतकाल

C. भविष्य काल D. इनमें से कोई नहीं

21. निम्नलिखित पर्यायों में से 'नश्वर' शब्द का उचित अ कौन-सा है?

A. नास्तिक B. नकारात्मक बोलने वा

C. नष्ट होने वाला D. निराधार

22. निम्नलिखित पर्यायों में से 'धर्म' शब्द का उचित उपस क्या होगा?

A. निधर्म B. अधर्म

C. बेधर्म D. विधर्म

23. निम्नलिखित पर्यायों में से 'समाप्त' शब्द का विलोमा पर्याय चुनिए :

A. समीप B. अंत

C. मध्य D. आरंभ

24. निम्नलिखित पर्यायों में से विषम शब्द चुनिए :

A. मन B. हाथ

C. नाक D. कान

25. निम्नलिखित पर्यायों में से 'प्राचीन' शब्द का समाना क्या होगा?

A. पुराना B. पहला

C. समकालीन D. नया

भाग–B : गणित

26. एक बैलगाड़ी 230 किग्रा रेत निर्माण-स्थल पर ले जा रही है। यदि 4.65 किग्रा रेत रास्ते में बैलगाड़ी से गिर जाती है, तो निर्माण-स्थल पर कितनी रेत पहुँचती है?

A. 226.65 किग्रा B. 234.65 किग्रा

C. 225.45 किग्रा D. 225.35 किग्रा

27. यदि एक कार की गति 100 किमी/घं. से 50 किमी/ कम की, तो वही दूरी तय करने के लिए कितना सम लगेगा?

A. समान होगा B. 50 मिनट कम होगा

C. दुगुना होगा D. 50 मिनट अधिक हो

28. एक ट्रेन 1862 किमी की दूरी 98 किमी/घं. की गति से तय करती है। यह दूरी तय करने के लिए वह कितना समय लेगी।

A. 17 घंटे B. 23 घंटे
C. 19 घंटे D. 21 घंटे

29. जिसमें 3 विभिन्न अंक हों ऐसे 4-अंकीय सबसे बड़ी संख्या और 6-अंकीय सबसे छोटी संख्या का योग ज्ञात कीजिए।

A. 109999 B. 109989
C. 110020 D. 1000989

30. अंकों 3, 0, 5, 8 और 1 का उपयोग करके बनाई गई 5-अंकों की सबसे छोटी और सबसे बड़ी संख्या के योग में से 28,576 व्यवकलन कीजिए।

A. 67,092 B. 84,653
C. 68,932 D. 73,695

31. एक सरल-कोण के एक-चतुर्थांश का पूरक होगा :

(*a*) न्यूनकोण (*b*) समकोण
(*c*) अधिक कोण (*d*) समकोण का आधा

A. केवल (*b*)
B. केवल (*c*)
C. (*a*) और (*b*) दोनों
D. (*a*) और (*d*) दोनों

32. एक कोण समकोण के आधे से तिगुना है। उसके संपूरक को ज्ञात कीजिए।

A. 90° B. 135°
C. 145° D. 45°

33. दिए हुए भिन्नों को सबसे छोटे से सबसे बड़े के क्रम में व्यवस्थित करने पर कौन-सा भिन्न अंतिम सिरे से दूसरे स्थान पर होगा?

$\frac{3}{5}, \frac{1}{3}, \frac{5}{6}, \frac{7}{15}$

A. $\frac{1}{3}$ B. $\frac{5}{6}$
C. $\frac{7}{15}$ D. $\frac{3}{5}$

34. निम्नलिखित भिन्नों को आरोही क्रम में व्यवस्थित कीजिए :

$\frac{2}{3}, \frac{5}{6}, \frac{7}{8}, \frac{9}{14}$

A. $\frac{7}{8}, \frac{5}{6}, \frac{2}{3}, \frac{9}{14}$ B. $\frac{7}{8}, \frac{2}{3}, \frac{5}{6}, \frac{9}{14}$
C. $\frac{9}{14}, \frac{2}{3}, \frac{5}{6}, \frac{7}{8}$ D. $\frac{9}{14}, \frac{7}{8}, \frac{2}{3}, \frac{5}{6}$

35. मनुष्य के शरीर का सामान्य तापमान 37°C होता है। उसे फारेनहाइट में परिवर्तित कीजिए।

A. 98°F B. 97°F
C. 95°F D. 98.5°F

36. –50°C और 72°C के बीच का अंतर .... है।

A. 122°C B. 42°C
C. +32°C D. +102°C

37. 18 किग्रा 5 ग्राम को किलोग्राम में परिवर्तित कीजिए।

A. 18.5 किग्रा B. 18.500 किग्रा
C. 18.05 किग्रा D. 18.005 किग्रा

38. जब किलोमीटर को मिलीमीटर में परिवर्तित करते हैं, तो 1 किलोमीटर में लगे शून्य को ज्ञात कीजिए।

A. 5 B. 6
C. 7 D. 8

39. निम्न में से कौन-सी संख्या 99 को उचित रूप से दर्शाती है?

A. IC B. XCVIII
C. XCIX D. L+XXXXIX

40. निम्नलिखित का मान ज्ञात कीजिए :

MXLII + CXCIV – LXIII

A. MCLXXIII B. MCCCCXXIX
C. MCCLXXIII D. MCXLIIV

41. वह कौन-सा कोण है जिसका माप 136° और 77° के अंतर से 29° अधिक है?

A. न्यूनकोण B. अधिक कोण
C. समकोण D. प्रतिवर्ती कोण

42. नीचे दी गई आकृति में कौन-से कोण दो (2) समकोणों से बड़े हैं?

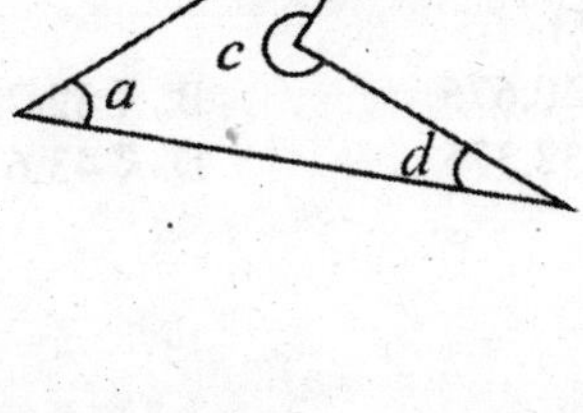

A. केवल $\angle a$

B. दोनों $\angle a$ और $\angle d$

C. केवल $\angle c$

D. केवल $\angle a$, $\angle b$ और $\angle d$

43. निम्नलिखित विधान को पढ़िए और उचित विकल्प का चयन कीजिए।

विधान A: वृत्त के सभी जीवा से व्यास बनता है।

विधान B: व्यास वृत्त की सबसे लंबी जीवा है।

A. केवल विधान A सत्य है

B. केवल विधान B सत्य है

C. दोनों विधान सत्य हैं

D. दोनों विधान असत्य हैं

44. संख्या 7860443 में अंक 6 के स्थानिक मान और अंकित मान का गुणनफल .... है।

A. 3652800000 B. 3600000000

C. 3626580000 D. 360000000

45. तीन भिन्न अंकों का प्रयोग करते हुए पाँच अंकों की सबसे छोटी संख्या ज्ञात कीजिए।

A. 10000 B. 20000

C. 00021 D. 10002

46. यदि कोई संख्या 8 और 3 दोनों से विभाज्य है, तो वह किस दूसरी संख्या से सदैव विभाज्य होगी?

A. 8 और उसके सारे गुणनखंड

B. 3 के गुणनखंड

C. 24 के गुणनखंड

D. 12 के गुणनखंड

47. 112 के लघुत्तम समापवर्त्य वाली दो संख्याओं का गुणनफल 4032 है। उन दोनों संख्याओं का महत्तम समापवर्तक .... होगा।

A. 1 B. 12

C. 9 D. 36

48. एक दर्जन हेडफोन की कीमत ₹ 78,564 है। समर पाँच हेडफोन खरीदना चाहता है। पाँच हेडफोन प्राप्त करने के लिए उसके द्वारा भुगतान की जाने वाली राशि ज्ञात कीजिए।

A. ₹ 40,675 B. ₹ 32,735

C. ₹ 32,375 D. ₹ 43,675

49. त्रिशा अपने 40 सहपाठियों के लिए जूस की व्य कर रही है। वह प्रत्येक सहपाठी को 250 मिली जूस देना चाहती है। यदि प्रत्येक टेट्रा पैक में 2.5 जूस है, तो उसे कम-से-कम कितने टेट्रा पैकों आवश्यकता होगी?

A. 2.5 B. 3

C. 4 D. 10

50. नीचे दिये गये व्यंजक के व्युत्क्रम की गणना कीजि

$\frac{34}{15} \times \frac{45}{17}$

A. $\frac{17}{38}$ B. $\frac{15}{45}$

C. $\frac{1}{6}$ D. इनमें से कोई नहीं

51. राधिका ने $8\frac{1}{4}$ किग्रा फल खरीदे। उनमें से $2\frac{5}{6}$ कि फलों का उपयोग उसने पुडिंग बनाने के लिए किया बचे हुए फल फ्रूट सलाद बनाने के लिए रख दिए। उ कितने फल फ्रूट सलाद बनाने के लिए रखे हैं?

A. $6\frac{2}{12}$ किग्रा B. $5\frac{5}{12}$ किग्रा

C. $6\frac{1}{24}$ किग्रा D. $5\frac{5}{24}$ किग्रा

52. एक बल्लेबाज ने 190 रन बनाये जिसमें 10 चौके 6 छक्के शामिल हैं। उसने बनाये हुए कुल रनों में कितने प्रतिशत रन विकेट्स के बीच दौड़कर बना

A. 50% B. 60%

C. 70% D. 75%

53. रिया कागज काटने की क्रिया कर रही है। उ आयताकार कागज के चार समरूप वर्गाकार कोने निक जैसा कि चित्र में दिया गया है। शेष कागज का क्षेत्र और परिमाप ज्ञात कीजिए।

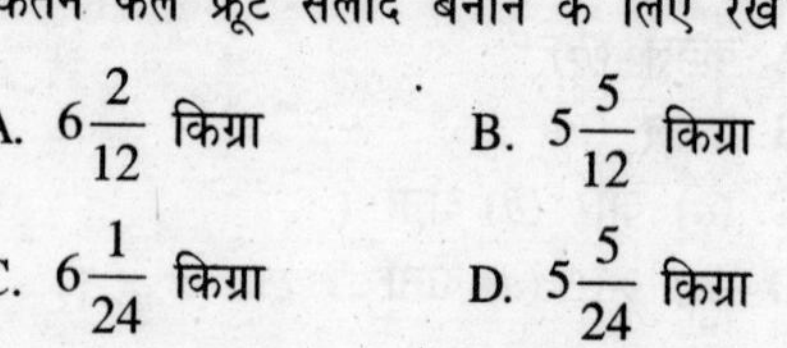

A. 416 वर्ग सेमी. 88 सेमी.
B. 316 वर्ग सेमी. 80 सेमी.
C. 480 वर्ग सेमी. 88 सेमी.
D. 480 वर्ग सेमी. 80 सेमी.

दी गई आकृति में से अनाच्छादित क्षेत्र का क्षेत्रफल ज्ञात कीजिए।

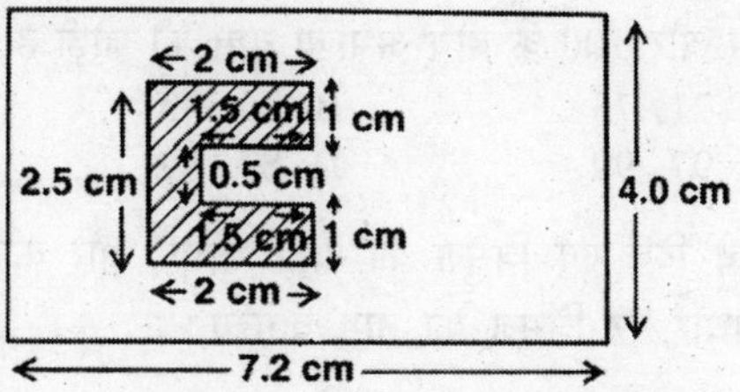

A. 6.75 सेमी.^{2} B. 28.8 सेमी.^{2}
C. 24.55 सेमी.^{2} D. 22.05 सेमी.^{2}

एक किसान ने एक बैंक से ₹ 10,000 की राशि 5% वार्षिक ब्याज दर पर उधार ली। 3 साल में वह बैंक को कितने ब्याज का भुगतान करेगा?
A. ₹ 30,000 B. ₹ 1,500
C. ₹ 500 D. ₹ 11,500

रिजूल ने एक व्यक्ति से ₹ 50,000 की रकम 3 वर्षों के लिए 8% प्रति वर्ष की दर से ली। 3 वर्षों के पश्चात् रिजूल ने उस व्यक्ति को कितनी रकम अदा की, यह ज्ञात कीजिए।
A. ₹ 52,000 B. ₹ 62,000
C. ₹ 51,200 D. ₹ 48,000

समकोण के दो तिहाई के संपूरक का पूरक ज्ञात कीजिए।
A. 120° B. 150°
C. 30° D. 60°

दी हुई आकृति में x का माप .... है।

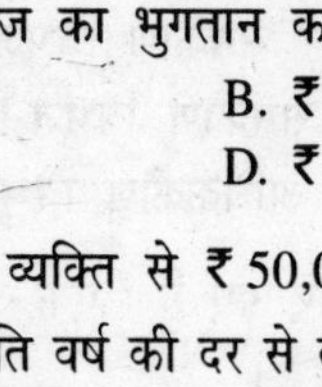

A. 124° B. 43°
C. 77° D. 56°

59. नीचे दी गई तालिका एक दुकान की कुछ वस्तुओं की कीमतें दर्शाती हैं :

वस्तु	कीमत प्रति किग्रा
चीनी	₹ 72
चावल	₹ 108
कॉफी	₹ 237
गेहूँ	₹ 63

चीनी और चावल की संयुक्त कीमतों का कॉफी और गेहूँ की संयुक्त कीमतों से कितना अनुपात है?
A. 9 : 14 B. 2 : 3
C. 4 : 5 D. 3 : 5

60. अनुपात 2 : 3 प्राप्त करने के लिए अनुपात 7 : 13 के प्रत्येक पद में कौन-सी न्यूनतम संख्या जोड़ी जानी चाहिए?
A. 1 B. 3
C. 5 D. 7

61. एक घड़ी को ₹ 1,275 में बेचने पर जावेद को 15% की हानि हुई। 10% का लाभ प्राप्त करने के लिए उसे घड़ी कितने में बेचनी होगी?
A. ₹ 1,500 B. ₹ 1,600
C. ₹ 1,650 D. ₹ 1,700

62. सीमा और रवि ने 2 : 3 के अनुपात में एक व्यवसाय में ₹ 1,50,000 का निवेश किया। वर्ष के अंत में उन्हें निवेश की हुई कुल राशि पर 150% लाभ हुआ। यदि वे लाभ की राशि समान अनुपात में बाँटते हैं, तो सीमा के हिस्से में कितनी राशि आएगी?
A. ₹ 1,50,000 B. ₹ 20,000
C. ₹ 1,35,000 D. ₹ 90,000

63. दिए गए कथनों में से कौन-सा सत्य है?
A. (21 – 15) – 6 = 21 – (15 – 6)
B. 14 × 36 ÷ 6 – 10 = 84
C. 93 × 63 – 93 × 37 = 9300
D. 25 + 49 ÷ 7 × 5 – 6 = 54

64. 9 + [6 + 7 of 3 – (9 + 2 – 6 ÷ 2)]
A. 25 B. 26
C. 27 D. 28

65. 13, 14, 19, *a*, 17 का माध्य 22 है। *a* का मान ज्ञात कीजिए।

A. 37 B. 47
C. 57 D. 67

66. नीचे 4 मैचों में एक बल्लेबाज द्वारा बनाए गए रन दिए गए हैं। बल्लेबाज द्वारा बनाये गए रनों का औसत ज्ञात कीजिए।

मैच	I	II	III	IV
रन	35	0	6	98

A. 139 B. 140
C. 46.66 D. 34.75

67. 4 दिनों का कितना प्रतिशत 6 घंटे होते हैं?

A. $5\frac{1}{4}\%$ B. $3\frac{1}{4}\%$
C. $6\frac{1}{4}\%$ D. $4\frac{1}{4}\%$

68. सूची-I का सूची-II से मिलान कीजिए :

सूची-I	सूची-II
(*a*) सबसे लंबी जीवा	(*i*) त्रिज्या
(*b*) दो त्रिज्याओं के मध्य का स्थान	(*ii*) व्यास
(*c*) वृत्त का आधा	(*iii*) वृत्तखंड
(*d*) व्यास का आधा	(*iv*) अर्ध-वृत्त

नीचे दिये गये विकल्पों में से उचित विकल्प का चयन कीजिए :

	(*a*)	(*b*)	(*c*)	(*d*)
A.	(*iv*)	(*i*)	(*ii*)	(*iii*)
B.	(*iii*)	(*i*)	(*iv*)	(*ii*)
C.	(*ii*)	(*iii*)	(*iv*)	(*i*)
D.	(*i*)	(*ii*)	(*iii*)	(*iv*)

69. तीन घनों, जिनकी प्रत्येक भुजा 4 सेमी. है, को एक साथ जोड़कर एक घनाभ बनाया जाता है। नए घनाभ का आयतन ज्ञात कीजिए।

A. 64 सेमी.^{3} B. 0.064 सेमी.^{3}
C. 192 सेमी.^{3} D. 12 सेमी.^{3}

70. एक घनाभ के एक फलक का परिमाप 40 सेमी. है। यदि इस घनाभ की लंबाई और गहराई 13 सेमी. तथा 8 सेमी. है, तो घनाभ का आयतन ज्ञात कीजिए।

A. 846 सेमी.^{3} B. 625 सेमी.^{3}
C. 728 सेमी.^{3} D. 746 सेमी.^{3}

71. निम्न में से कौन-सी 4 क्रमानुगत संयुक्त संख्याएँ

A. 22, 23, 24, 25
B. 60, 61, 62, 65
C. 56, 57, 58, 59
D. 90, 91, 92, 93

72. 70 और 100 के बीच अभाज्य युग्म की जोड़ी है ...

A. 71, 73 B. 79, 83
C. 97, 99 D. 87, 89

73. नीचे दिए गए त्रिभुज की दोनों भुजाएँ और कोण आधार पर त्रिभुज का नाम बताइए।

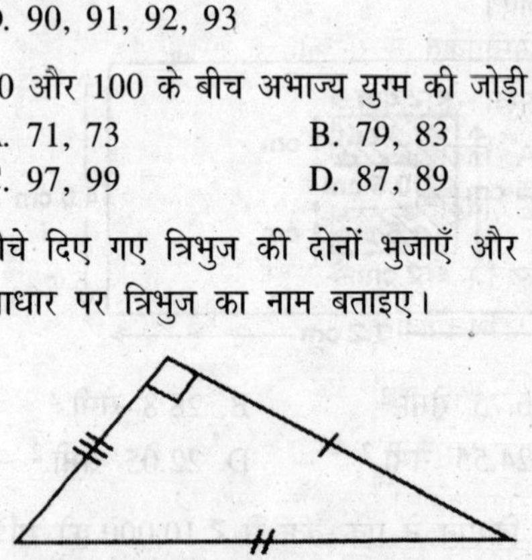

A. समद्विबाहु और न्यूनकोण त्रिभुज
B. विषमबाहु और समकोण त्रिभुज
C. अधिक और समकोण त्रिभुज
D. समबाहु और अधिककोण त्रिभुज

74. नीचे दो कथन दिए गए हैं : एक अभिकथन (A) अ दूसरा कारण (R) है।

अभिकथन (A): समकोण त्रिभुज एक सम बहुभुज नहीं

कारण (R): एक सम बहुभुज की सभी भुजाएँ और क समान होते हैं।

उपर्युक्त कथनों को देखते हुए, नीचे दिए गए विक में से उचित विकल्प को चुनिए :

A. (A) और (R) दोनों सत्य हैं और (R), (A) उचित स्पष्टीकरण है
B. (A) और (R) दोनों सत्य हैं लेकिन, (R), (A) उचित स्पष्टीकरण नहीं है
C. (A) सत्य है और (R) असत्य है
D. (A) असत्य है और (R) सत्य है

75. 54 ÷ 0.009 का मान ज्ञात कीजिए।

A. 0.006 B. 6.0
C. 6000 D. 48.6

भाग-C : सामान्य ज्ञान

76. दिल्ली एशियन गेम्स 1982 के शुभंकर पर किस प्राणी को निरूपित किया गया था?

A. हाथी B. शेर
C. पान्डा D. बाघ

77. निम्नांकित में से कौन-से विटामिन की कमी के कारण सूखा रोग होता है?

A. विटामिन - A B. विटामिन - D
C. विटामिन - C D. विटामिन - B_{12}

78. स्वतंत्र भारत के प्रथम गवर्नर जनरल कौन थे?

A. राजगोपालाचारी B. महात्मा गांधी
C. लॉर्ड माउंटबेटन D. जवाहरलाल नेहरू

79. उस भारतीय परमाणु भौतिकशास्त्री को पहचानिए, जो टाटा इंस्टिट्यूट ऑफ फंडामेंटल रिसर्च के संस्थापकीय निदेशक और भौतिकशास्त्र के प्राध्यापक थे?

A. होमी जहाँगीर भाभा B. रामानुजन
C. विक्रम साराभाई D. आर्यभट्ट

80. बांग्लादेश का निर्माण किस वर्ष हुआ था?

A. 1971 B. 1905
C. 1970 D. 1947

81. उचित विकल्प चुनिए :

संयुक्त राष्ट्र संघ की स्थापना .... में हुई थी।

A. 1944 B. 1945
C. 1946 D. 1947

82. मस्तिष्क से संबंधित रोग की पहचान कीजिए :

A. मेनिनजाइटिस B. माइग्रेन
C. पीलिया D. मधुमेह

83. गाय के गोबर का उपयोग खाद बनाने के लिए किया जा सकता है क्योंकि यह .... से समृद्ध होता है।

A. नाइट्रोजन B. चीनी
C. मर्क्युरी D. कैल्शियम

84. भारत के प्रधानमंत्री की नियुक्ति कौन करता है?

A. भारत के राष्ट्रपति
B. मुख्य चुनाव आयुक्त
C. भारत के मुख्य न्यायाधीश
D. चीफ ऑफ डिफेंस स्टाफ

85. कोलकाता .... नदी के तट पर स्थित है।

A. गंगा B. दामोदर
C. हुगली D. पद्मा

86. उचित विकल्प चुनिए :

यह स्थान ग्वालियर में स्थित है। यह ग्वालियर के महाराजा जयाजीराव सिंधिया द्वारा बनाया गया था। इसे इटालियन और टस्कन शैली की वास्तुकला से बनाया गया है और यह संग्रहालय नहीं है।

A. हवा महल B. उमैद भवन महल
C. लेक पैलेस D. जय विलास महल

87. रामायण में, श्री राम ने सीता से विवाह किस स्थान पर किया था?

A. अयोध्या B. पंचवटी
C. चित्रकूट D. जनकपुर

88. उचित विकल्प चुनिए :

.... अपना भोजन जड़ों में संचयित करते हैं।

A. आलू B. शकरकंद
C. प्याज D. अदरक

89. उचित विकल्प चुनिए :

.... शरीर का सबसे तेजी से ठीक होने वाला अंग है।

A. जीभ B. यकृत
C. बड़ी आंत्र D. त्वचा

90. अयोध्या निम्नलिखित में से किस नदी के तट पर स्थित है?

A. गंगा B. सरयू
C. गोदावरी D. यमुना

91. उचित विकल्प चुनिए :

संजना को ज्ञात हुआ कि जैसे-जैसे बीज अंकुरित होता है और वह पौधा बनने लगता है, तो बीज के पत्तों का आकार छोटा होने लगता है।

इसका कारण है :

A. बीज के पत्ते पुनः बीजावरण में शोषित होने लगते हैं।

B. सूर्यप्रकाश बीज के पत्तों को स्कंधित कर देता है।

C. बीज के पत्तों का भोजन विकसित होते हुए पौधे के लिये इस्तेमाल होता है।

D. इनमें से कोई नहीं

92. बिना पानी के दीर्घ काल तक मरुस्थल में जीवित रहने वाला प्राणी है :

A. घोड़ा B. गाय
C. भैंस D. ऊँट

93. एकमात्र प्रजाति जिनमें नर बच्चों को जन्म देते हैं :

A. डॉलफिन B. व्हेल
C. समुद्री घोड़ा D. कछुआ

94. सिंगलीस छाम नृत्य किस राज्य से संबंधित है?

A. असम B. मणिपुर
C. सिक्किम D. केरल

95. वाहन की गति मापने के लिए उपयोग किया जाने वाला यंत्र है :

A. स्पीडोमीटर B. फोटोमीटर
C. ओडोमीटर D. टैकोमीटर

96. एक खेल जिसमें लोग बोर्ड के साथ छोटे पहियों का उपयोग करते हैं, वह है :

A. पैरा मोटरिंग B. स्काई डायविंग
C. स्केटिंग D. स्केट बोर्डिंग

97. यह पुरस्कार कमल पदक के नाम से भी जाना जाता है और भारत का दूसरा सर्वोच्च नागरिक पुरस्कार है :

A. अर्जुन पुरस्कार B. पद्म विभूषण
C. भारत रत्न D. अशोक चक्र

98. .... 2007 में पद्म विभूषण पुरस्कार जीतने वाले पहले खिलाड़ी हैं।

A. विश्वनाथन आनंद B. सुनील गावस्कर
C. कपिल देव D. सचिन तेंदुलकर

99. उचित पर्याय चुनिए और वाक्य की पूर्ति कीजिए :

सीधे क्रम में पर्वतों को .... कहा जाता है।

A. श्रृंखला B. फोल्ड पर्वत
C. शिखर D. टेबल पर्वत

100. उचित पर्याय चुनिए :

पानी को सार्वभौमिक विलायक कहते हैं, कारण :

A. उसके अनेक उपयोग हैं।

B. वह हर तरह की धूल साफ कर सकता है।

C. वह शरीर के सभी प्रकार के चयापचय का माध्यम है।

D. वह अनेक वस्तुओं को घोल सकता है।

भाग-D : बुद्धिमत्ता परीक्षण

101. लुप्त संख्या को ज्ञात कीजिए :

400, 388, 376, 364, ?

A. 352 B. 350
C. 354 D. 372

102. लुप्त संख्या को ज्ञात कीजिए :

3, 7, 16, 35, 74, ?

A. 153 B. 160
C. 173 D. 151

103. रिक्त स्थान की पूर्ति कीजिए :

ADDG, EHHK, ILLO, MPPS, ...

A. PRRT B. QUUX
C. QTTW D. PSSV

104. ग्रिड पूर्ण करने के लिए उचित आकृति चुनें :

A.  B. 

C.  D. 

5. समरूपता पूर्ण करें :

पुस्तक : लेखक : : पकवान : ....

A. संगीतकार B. बावर्ची

C. चित्रकार D. कलाकार

6. समरूपता पूर्ण करें :

बाढ़ : सूखा : : प्रतिभाशाली : ....

A. सोचना B. ज्ञान

C. मस्तिष्क D. मूर्ख

7. पहली जोड़ी का संबंध पहचानिए और दूसरी जोड़ी में अनुपस्थित जोड़ी को ज्ञात कीजिए :

ADE : FGJ : : KNO : ?

A. PQR B. PQT

C. RQP D. TPR

8. समरूपता पूर्ण करें :

खाँसी : गला : : अस्थमा : ....

A. गुर्दा B. फेफड़े

C. सिर D. यकृत

9. निम्नलिखित को तार्किक क्रम में नीचे से ऊपर की ओर व्यवस्थित कीजिए :

(*a*) घुटना (*b*) पदांगुली

(*c*) पिण्डलियाँ (*d*) एड़ियाँ

(*e*) पदग्रंथिक

नीचे दिये गये विकल्पों में से सही उत्तर का चयन कीजिए :

A. (*d*), (*e*), (*c*), (*b*), (*a*)
B. (*b*), (*d*), (*e*), (*c*), (*a*)
C. (*d*), (*a*), (*b*), (*c*), (*e*)
D. (*b*), (*c*), (*e*), (*d*), (*a*)

0. दिये गये शब्दों की रचना शब्दकोष के क्रमानुसार कीजिए :

(*a*) Pristine (*b*) Printer
(*c*) Previous (*d*) Prevent
(*e*) Priority

नीचे दिये गये विकल्पों में से सही उत्तर का चयन कीजिए :

A. (*b*), (*a*), (*c*), (*d*), (*e*)
B. (*c*), (*d*), (*a*), (*e*), (*b*)
C. (*d*), (*c*), (*b*), (*e*), (*a*)
D. (*a*), (*e*), (*b*), (*c*), (*d*)

111. नीचे दिये गये शब्दों की रचना तार्किक अनुक्रम में कीजिए :

(*a*) वर्षा (*b*) शीतलन

(*c*) संघनन (*d*) ताप

(*e*) वाष्पीकरण

नीचे दिये गये विकल्पों में से सही उत्तर का चयन कीजिए :

A. (*b*), (*a*), (*c*), (*d*), (*e*)
B. (*e*), (*d*), (*a*), (*b*), (*c*)
C. (*b*), (*c*), (*a*), (*d*), (*e*)
D. (*d*), (*e*), (*b*), (*c*), (*a*)

112. 5374 का जल प्रतिबिंब क्या होगा?

A. 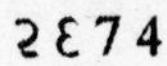 B. 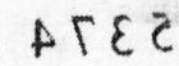

C. 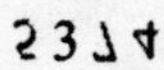 D. 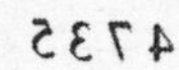

113. समरूपता पूर्ण करें :

B : 4 : : G : ?

A. 36 B. 17
C. 18 D. 49

114. विषम ज्ञात करें :

A. नारंगी B. पृथ्वी

C. अंडा D. बास्केट बॉल

115. विषम ज्ञात करें :

A. 97 B. 47
C. 81 D. 19

116. विषम ज्ञात करें :

A. पुस्तक B. पेंसिल

C. रबर D. कंप्यूटर

117. विषम ज्ञात करें :

A. 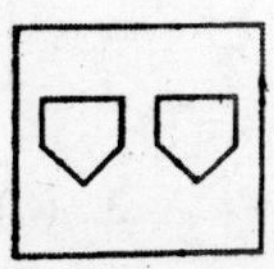 B. 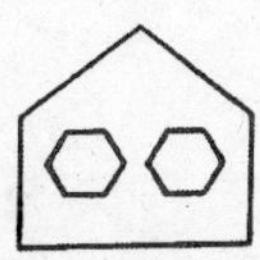

C. 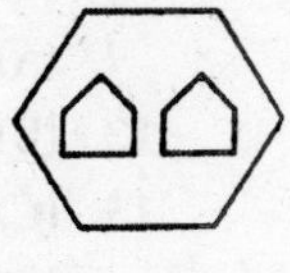 D. 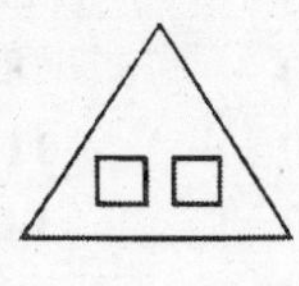

118. विषम ज्ञात करें :

A. कानपुर B. विजयवाड़ा
C. गंगा D. गुवाहाटी

119. विषम ज्ञात करें :

A. गिटार B. वायलिन
C. सितार D. बांसुरी

120. सादृश्य पूर्ण करें :

DGA : 12 : : AMQ : ?

A. 19 B. 31
C. 28 D. 17

121. लुप्त संख्या ज्ञात करें :

5 : 22 : : 8 : ?

A. 61 B. 37
C. 80 D. 50

122. आकृति A और आकृति B किसी विशिष्ट तरह से एक दूसरे से संबंधित हैं। प्रश्नचिह्न की जगह लेने वाले पर्याय का चयन करके आकृति C और आकृति D के बीच सही संबंध स्थापित कीजिए।

(A) (B) (C) (D)

A. 
B. 
C. 
D. 

123. नमूने को पूर्ण कीजिए :

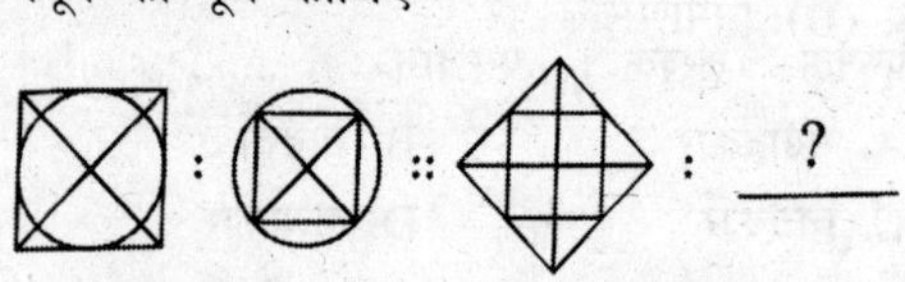

A. 
B. 
C. 
D. 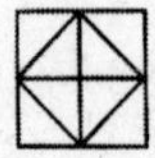

124. नीचे दी गई आकृतियों में से कौन-सा आकार दी गई आकृति का भाग है?

A. 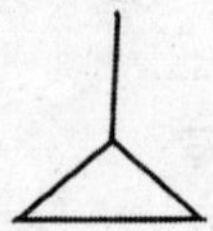
B. 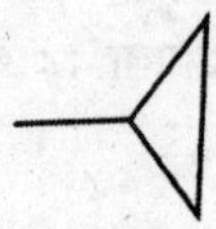
C. 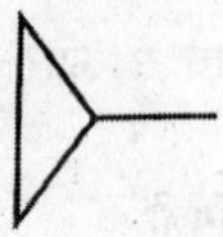
D. 

125. कौन-सी संख्या प्रश्नचिह्न का स्थान लेगी?

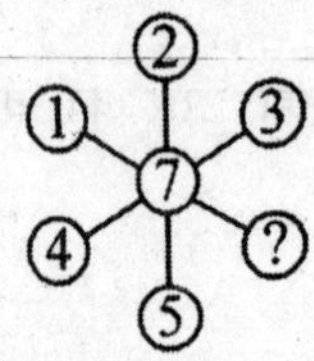

A. 8 B. 3
C. 4 D. 6

उत्तरमाला

1. (D)	**2.** (B)	**3.** (C)	**16.** (C)	**17.** (C)	**18.** (D)
4. (A)	**5.** (C)	**6.** (B)	**19.** (A)	**20.** (B)	**21.** (C)
7. (C)	**8.** (D)	**9.** (A)	**22.** (B)	**23.** (D)	**24.** (A)
10. (B)	**11.** (B)	**12.** (B)	**25.** (C)		
13. (C)	**14.** (D)	**15.** (C)			

26. (D): निर्माणस्थल पर पहुँचने वाली रेत की मात्रा

= 230 किग्रा – 4.65 किग्रा

= 225.35 kg

27. (C): समान दूरी तय करने में लिया गया समय दुगुना होगा।

28. (C): दूरी = 1862 किमी

चाल = 98 किमी/घं.

$\therefore$ लिया गया समय = $\frac{\text{दूरी}}{\text{चाल}}$

$= \frac{1862}{98}$

= 19 घंटे।

29. (B): चार अंकों की सबसे बड़ी संख्या जिसमें तीन अलग-अलग अंक हैं = 9987

छह अंकों की सबसे छोटी संख्या जिसमें तीन अलग-अलग अंक हैं =100002

$\therefore$ योग = 9987 + 100002 = 109989

30. (A): सबसे बड़ी संख्या = 85310

सबसे छोटी संख्या = 10358

योग = 85310 + 10358

= 95668

प्रश्नानुसार,

95668 – 28576 = 67092.

31. (D): $\frac{1}{4} \times 180° = 45°$

$\therefore$ 45° का पूरक कोण = (90 – 45) = 45°

45° = न्यून कोण एवं 45° = समकोण का $\frac{1}{2}$

$= \frac{1}{2} \times 90° = 45°$

अतः विकल्प (D) सही है।

32. (D): $x = 3 \times \frac{1}{2} \times 90° = 135°$

$\therefore$ इसका संपूरक = 180° – 135° = 45°.

33. (D): 5, 3, 6, 15 का ल.स. = 30

$\therefore \quad \frac{3}{5} = \frac{18}{30}$

$\frac{1}{3} = \frac{10}{30}$

$\frac{5}{6} = \frac{25}{30}$

$\frac{7}{15} = \frac{14}{30}$

$\frac{1}{3}, \frac{7}{15}, \frac{3}{5}, \frac{5}{6}$

अतः अंतिम सिरे से दूसरे स्थान पर रहने वाला भिन्न $= \frac{3}{5}$.

34. (C): $\frac{2}{3} = 0.666$

$\frac{5}{6} = 0.833$

$\frac{7}{8} = 0.875$

$\frac{9}{14} = 0.642$

$\therefore$ भिन्न $\frac{9}{14}, \frac{2}{3}, \frac{5}{6}, \frac{7}{8}$ आरोही क्रम में हैं।

35. (*): $\frac{C}{5} = \frac{F-32}{9}$

$\Rightarrow \frac{37}{5} = \frac{F-32}{9}$

$\Rightarrow 5F - 160 = 333$

$\Rightarrow 5F = 493$

$\Rightarrow F = \frac{493}{5} = 98.6.$

अतः कोई विकल्प सही नहीं है।

36. (A): 72°C – (–50°C) = 72°C + 50°C = 122°C.

37. (D): 18 किग्रा 5 ग्रा = 18.005 किग्रा।

38. (B): 1 किग्रा = 1000000 मिलीमीटर

अतः शून्य की संख्या = 6.

39. (C)

40. (A): MXLII + CXCIV – LXIII

= 1042 + 194 – 63

= 1236 – 63

= 1173

= MCLXXIII

41. (A): $29° + (136 - 77)$

$= 29° + 59°$

$= 88°$

= न्यूनकोण ।

42. (C) **43. (B)** **44. (*)**

45. (D) **46. (A, B, C, D)**

47. (D): महत्तम समापवर्तक $= \frac{\text{गुणनफल}}{\text{ल.स.}} = \frac{4032}{112} = 36$

48. (B): 12 हेडफोन की कीमत = ₹ 78564

5 हेडफोन की कीमत $= ₹\frac{78564}{12} \times 5 = ₹\ 32735.$

49. (C): जूस की कुल मात्रा = 40 × 250 मिली

= 10000 मिली

= 10 लीटर

टेट्रा पैक की संख्या $= \frac{10}{2.5} = 4.$

50. (C): $\frac{34}{15} \times \frac{45}{17} = 6$

$\therefore \frac{34}{15} \times \frac{45}{17}$ का व्युत्क्रम $= \frac{1}{6}$

51. (B): फ्रूट सलाद के लिए बचे फलों की मात्रा

$= \frac{33}{4} - \frac{17}{6}$

$= \frac{99 - 34}{12}$

$= \frac{65}{12}$

$= 5\frac{5}{12}$ किग्रा ।

52. (B): विकेट के बीच दौड़कर बनाए गए रनों की संख्या

$= 190 - (10 \times 4 + 6 \times 6)$

$= 190 - 76$

$= 114$

$\therefore$ अभीष्ट अनुपात $= \frac{114}{190} \times 100 = 60\%.$

53. (A): कागज का क्षेत्रफल = 24 × 20 = 480 सेमी.^{2}

शेष कागज का क्षेत्रफल = 480 – 64 = 416 सेमी.^{2}

शेष कागज का परिमाप = 88 सेमी. ।

54. (C): अनाच्छादित क्षेत्र का क्षेत्रफल

= 28.8 cm^2 – 4.25 सेमी.^{2}

= 24.55 सेमी.^{2}

55. (B): साधारण ब्याज $= \frac{p \times r \times t}{100}$

$= \frac{10000 \times 5 \times 3}{100}$

= ₹ 1500.

56. (B): साधारण ब्याज $= \frac{50000 \times 8 \times 3}{100}$

= ₹ 12000

अदा की गई रकम = ₹ 50000 + ₹ 12000

= ₹ 62000.

57. (B): समकोण का दो-तिहाई $= \frac{2}{3} \times 90° = 60°$

60° का संपूरक कोण = 90° – 60° = 30°

$\therefore$ 30° का पूरक कोण = 180° – 30° = 150°.

58. (C): $47° + x + 56° = 180°$

$\Rightarrow \quad x + 103° = 180°$

$\Rightarrow \quad x = 77°.$

59. (D): अभीष्ट अनुपात $= \frac{180}{300} = 3 : 5.$

60. (C): $\frac{7 + x}{13 + x} = \frac{2}{3}$

$\Rightarrow \quad 21 + 3x = 26 + 2x$

$\Rightarrow \quad x = 5.$

61. (C): $100 - 15 = 85$

जब विक्रय मूल्य ₹ 85 है, तब क्रय मूल्य = ₹ 100

जब विक्रय मूल्य ₹ 1275 है, तब क्रय मूल्य

$$= ₹\frac{100}{85} \times 1275$$

क्रय मूल्य = ₹ 1500

अब, लाभ $= \frac{10}{100} \times 1500$

= ₹ 150

विक्रय मूल्य = 1500 + 150

= ₹ 1650.

62. (D)

63. (D): $25 + 49 \div 7 \times 5 - 6 = 54$

$= 25 + 7 \times 5 - 6$

$= 25 + 35 - 6$

$= 60 - 6$

$= 54$

अतः कथन (D) सत्य है।

64. (D): $9 + [6 + 7 \times 3 - (9 + 2 - 3)]$

$= 9 + [6 + 21 - 8]$

$= 9 + 19$

$= 28.$

65. (B): $22 = \frac{13+14+19+a+17}{5}$

$\Rightarrow a + 63 = 110$

$\Rightarrow a = 110 - 63 = 47.$

66. (D): चार मैचों में एक बल्लेबाज के द्वारा बनाए गए रन

$= 35 + 0 + 6 + 98 = 139$

$\therefore$ औसत $= \frac{39}{4} = 34.75.$

67. (C): 96 का $x\% = 6$

$$\Rightarrow x = \frac{600}{96} = \frac{25}{4} = 6\frac{1}{4}\%.$$

68. (C)

69. (C): घनाभ की लम्बाई = 12 सेमी.

घनाभ की चौड़ाई = 4 सेमी.

घनाभ की ऊँचाई = 4 सेमी.

$\therefore$ घनाभ का आयतन $= l \times b \times h$

$= 12 \times 4 \times 4$

= 192 सेमी.^{3}

70. (C): प्रश्न से,

परिमाप = 40 सेमी.

$2 \times (l + b) = 40$

$2 \times (13 + b) = 40$

$13 + b = 20$

$b = 7$ सेमी.

घनाभ का आयतन $= l \times b \times h$

$= 13 \times 7 \times 8$

= 728 सेमी.^{3}.

घनाभ का आयतन = 728 सेमी.^{3}

71. (D) **72. (A)** **73. (B)**

74. (D) **75. (C)**

76. (A): भारत शुरू से ही एशियाई खेलों का एक अभिन्न अंग रहा है। दरअसल, भारत एशियन गेम्स फेडरेशन के पांच संस्थापक सदस्यों में से एक था, जिसका गठन वर्ष 1949 में हुआ था। भारत ने पहली बार 1951 में एशियाई खेलों की मेजबानी की थी, जिसका मेजबान शहर नई दिल्ली था। चार साल में एक बार आयोजित होने वाला एशिया महाद्वीप का प्रमुख मल्टी स्पोर्ट्स इवेंट का आयोजन 1982 में दूसरी बार भारत में हुआ। एशियन गेम्स 1982 का संस्करण 19 नवंबर से 4 दिसंबर तक नई दिल्ली में आयोजित किया गया था। इन खेलों का शुभंकर अप्पू नामक एक शिशु हाथी था। वास्तविक जीवन में "कुट्टिनारायणन" नामक यह हाथी एक दुर्घटना में अपनी टाँग तुड़वा बैठा जब वह एक सैप्टिक टंकी में गिर गया और जिसके कारण अंततः उसकी मृत्यु हो गई।

77. (B): रिकेट्स या सूखा रोग बच्चों में होने वाली हड्डियों की एक बीमारी है जो विटामिन डी, कैल्सियम और

फास्फोरस जैसे पोषक तत्वों की कमी के कारण होती है। इस रोग में रोगी को हड्डियों में दर्द, हड्डियों का कमजोर होना या नरम पड़ना और अन्य हड्डियों से जुड़ी विकृतियों का सामना करना पड़ता है।

78. (C): लार्ड माउंटबेटन स्वतंत्र भारत के पहले गवर्नर-जनरल थे। उन्होंने 1947 से 1948 तक भारत के गवर्नर-जनरल के रूप में कार्य किया। लॉर्ड माउंटबेटन के नेतृत्व में भारतीय स्वतंत्रता अधिनियम तैयार किया गया था। भारत का विभाजन लॉर्ड माउंटबेटन द्वारा तय किया गया था।

79. (A): होमी जहांगीर भाभा भारत के एक प्रमुख वैज्ञानिक और स्वप्नदृष्टा थे जिन्होंने भारत के परमाणु ऊर्जा कार्यक्रम की कल्पना की थी। डॉ भाभा अपनी शिक्षा पूरी करने के बाद वर्ष 1939 में जर्मनी से भारत लौट आए। भारत आने के बाद वह बेंगलुरु के इंडियन इंस्टीट्यूट ऑफ साइंस से जुड़ गए, और वर्ष 1940 में रीडर के पद पर नियुक्त हुए। उन्होंने मुट्ठी भर वैज्ञानिकों की सहायता से मार्च 1944 में नाभिकीय ऊर्जा पर अनुसन्धान आरम्भ किया। उन्होंने नाभिकीय विज्ञान में तब कार्य आरम्भ किया जब अविच्छिन्न शृंखला अभिक्रिया का ज्ञान नहीं के बराबर था और नाभिकीय ऊर्जा से विद्युत उत्पादन की कल्पना को कोई मानने को तैयार नहीं था। उन्हें 'आर्किटेक्ट ऑफ इंडियन एटॉमिक एनर्जी प्रोग्राम' भी कहा जाता है। भारत को परमाणु शक्ति बनाने के मिशन में प्रथम प्रयास के तौर पर उन्होंने 1945 में मूलभूत विज्ञान में उत्कृष्टता के केंद्र टाटा इंस्टीट्यूट ऑफ फंडामेंटल रिसर्च (टीआइएफआर) की स्थापना की।

80. (A): पाकिस्तान देश से अलग होकर वर्ष 1971 में बांग्लादेश का निर्माण हुआ था। वर्ष 1971 में बांग्लादेश की स्वतंत्रता ने न केवल बांग्लादेश को पूर्वी पाकिस्तान के दमनकारी शासन से आजादी दिलाई बल्कि दक्षिण एशिया के इतिहास और भू-राजनीतिक परिदृश्य को बदल दिया।

81. (B): संयुक्त राष्ट्र की स्थापना 24 अक्टूबर 1945 को संयुक्त राष्ट्र अधिकार-पत्र पर 50 देशों के हस्ताक्षर होने के साथ हुई। इसका मिशन एवं का इसके चार्टर में निहित उद्देश्यों और सिद्धांतों द्वा निर्देशित होता है तथा संयुक्त राष्ट्र के विभिन्न अं व विशेष एजेंसियों द्वारा इन्हें कार्यान्वित किया जा है। संयुक्त राष्ट्र के कार्यों में अंतर्राष्ट्रीय शांति ए सुरक्षा बनाए रखना, मानवाधिकारों की रक्षा करन मानवीय सहायता पहुँचाना, सतत् विकास को बढ़ा देना और अंतर्राष्ट्रीय कानून का भली-भाँति कार्यान्वय करना शामिल है।

82. (A & B) **83. (A)**

84. (A): भारत के प्रधानमंत्री की नियुक्ति राष्ट्रपति द्वा की जाती है। देश के राष्ट्रपति लोकसभा के बहुम दल के नेता को प्रधानमंत्री पद के लिए आमंत्रि करता है। बहुमत प्राप्त दल के नेता को प्रधानमं पद के लिए भारत के राष्ट्रपति शपथ दिलवाते है राष्ट्रपति भवन में देश के प्रधानमंत्री राष्ट्रपति के सम शपथ ग्रहण करते हैं।

85. (C): कोलकाता भारत के पश्चिम बंगाल राज्य क राजधानी है। इसकी गिनती भारत के 4 सबसे ब महानगरों में की जाती है। कोलकाता को पूर्वी भार का प्रवेशद्वार भी माना जाता है। कोलकाता में दर्शनी स्थल की फेहरिस्त बहुत लम्बी है। हुगली नदी क किनारे बसा यह शहर कला और सांस्कृतिक गतिविधि में इतना धनी है कि इसे देश की सांस्कृतिक राजधा भी कहा जाता है।

86. (D)

87. (D): वाल्मीकि रामायण के अनुसार माता सीता क जन्म जनकपुर में हुआ था। जनकपुर का प्राचीन ना मिथिला तथा विदेहनगरी था। भगवान श्रीराम से विवा के पहले सीता ने ज्यादातर समय यहीं व्यतीत कि था। यहीं माता सीता का विवाह श्रीराम से हुआ था

88. (B): कुछ पौधे जैसे मूली, शकरकंद, गाजर, चुकं अपनी जड़ों में खाद्य पदार्थों का संग्रह करते हैं। इ पौधों की उभरी हुई जड़ें कंदमूल कहलाती हैं। जड़ में भोजन का भंडारण उन्हें भोजन की कमी के दौरा इसका उपयोग करने और जीवित रहने में मद

करता है। उदाहरण के लिए, सर्दियों के दौरान सूर्य के प्रकाश की कम उपलब्धता के कारण प्रकाश संश्लेषण की संभावना कम होती है। ऐसी स्थितियों में, गाजर और मूली जैसे पौधे सर्दियों में जीवित रहने के लिए संग्रहीत भोजन पर जीवित रहते हैं।

89. (A): मानव शरीर का सबसे जल्दी ठीक होने वाला अंग जीभ है। जीभ 24 से 36 घंटे में ठीक हो जाती है। दूसरी कॉर्निया है जोकि 36 से 48 घंटे में ठीक होती है।

90. (B): अयोध्या, जिसका प्राचीन नाम साकेत भी था, भारत के उत्तर प्रदेश राज्य में स्थित एक ऐतिहासिक और धार्मिक दृष्टि से महत्वपूर्ण नगर है। यह पवित्र सरयू नदी (घाघरा नदी) के तट पर बसा हुआ है। इतिहास में इसे 'कोशल जनपद' भी कहा जाता था।

91. (C): जैसे-जैसे बीज अंकुरित होता है और वह पौधा बनने लगता है, तो बीज के पत्तों का आकार छोटा होने लगता है। इसका कारण है बीज के पत्ते पुनः बीजावरण में शोषित होने लगते हैं। अंकुरण क्रिया उस क्रिया को कहते हैं, जिसमें बीज एक पौधे में बदलने लगता है। इसमें अंकुरण की क्रिया के समय एक छोटा पौधा बीज से निकलने लगता है। यह मुख्य रूप से तब होता है, जब बीज को आवश्यक पदार्थ और वातावरण मिल जाता है। इसके लिए सही तापमान, जल और वायु की आवश्यकता होती है।

92. (D): ऊंट को मुख्य रूप से उनकी शारीरिक विशेषताओं के कारण रेगिस्तान के जहाज के रूप में जाना जाता है जो रेगिस्तान की परिस्थितियों के अनुकूल होते हैं। उनके बड़े, सपाट पैर सुरक्षात्मक पैड से ढके होते हैं जो गर्म रेगिस्तानी रेत में चलने में मदद करते हैं। उनकी दोहरी पलक उन्हें सैंडस्टॉर्म से बचाती है। ऊंट अपने वसा भंडारण का उपयोग करके बिना भोजन और पानी के लगभग एक सप्ताह तक जीवित रह सकते हैं। ऊंट एक रेगिस्तानी जानवर है जो कई दिनों तक बिना पानी के रह सकता है, क्योंकि उसके पेट के लुमेन की दीवारों में पानी की थैली होती है।

93. (C): धरती पर एक ऐसी भी प्रजाति है जिसमें मादा नहीं बल्कि नर बच्चों को जन्म देते हैं। समुद्री घोड़ा (Sea Horse) प्रजाति के नर बच्चों को जन्म देते हैं। ये जीव घोड़े की तरह दिखता है और समुद्र में रहता है इसीलिए इसका नाम समुद्री घोड़ा है।

94. (*)

95. (A): स्पीडोमीटर एक मापक प्रणाली है जो किसी वाहन की तात्कालिक गति को मापता और प्रदर्शित करता है। ओडोमीटर या ओडोग्राफ एक उपकरण है जिसका उपयोग किसी वाहन जैसे कि मोटरसाइकिल या कार, द्वारा तय की गई दूरी को मापने के लिए किया जाता है।

96. (D)

97. (B): पद्म विभूषण भारत का दूसरा सर्वोच्च नागरिक सम्मान है। इस सम्मान को किसी भी क्षेत्र में विशिष्ट और उल्लेखनीय कार्य के लिए दिया जाता है। इसकी घोषणा भारत सरकार करती है और इसे राष्ट्रपति द्वारा सम्मानित व्यक्ति को दिया जाता है। इस सम्मान में कांसे का एक पदक और प्रशस्ति पत्र दिया जाता है। पदक के केंद्र में एक कमल का फूल होता है जिसकी पत्तियाँ सफेद रंग की होती हैं। फूल के ऊपर और नीचे पद्म विभूषण लिखा होता है। वहीं पदक के पीछे वाले हिस्से में अशोक चिह्न बना होता है।

98. (A): विश्वनाथम आनंद को वर्ष 2007 में भारत का द्वितीय सर्वोच्च नागरिक पुरस्कार पद्म विभूषण दिया गया, जिससे वे भारतीय इतिहास के सबसे पहले खिलाड़ी बने जिसे यह पुरस्कार मिला।

99. (A): जब एक ही प्रकार से बने हुए समान आयु के अनेक पर्वत एक लम्बी तथा संकरी पट्टी में व्यवस्थित होते हैं तो उसे पर्वत-शृंखला कहा जाता है। हिमालय पर्वत-शृंखला इसका उदाहरण है।

100. (D): कोई भी पदार्थ जो किसी अन्य पदार्थ को घोलने में सक्षम होता है, विलायक कहलाता है। पानी को "सार्वभौमिक विलायक" कहा जाता है क्योंकि यह

किसी भी अन्य तरल की तुलना में अधिक पदार्थों को घोलने में सक्षम है।

101. (A): 400 388 376 364 [352]

−12 −12 −12 −12

अतः लुप्त संख्या = 352.

102. (A): 3 7 16 35 74 [153]

× 2 + 1 × 2 + 2 × 2 + 3 × 2 + 4 × 2 + 5

अतः लुप्त संख्या = 153.

103. (C):

+4 +4 +4 +4

A D D G E H H K I L L O M P P S [Q T T W]

+3 +3 +3 +3 +3 +3 +3 +3 +3 +3

अतः रिक्त स्थान में QTTW आएगा।

104. (C) **105. (B)** **106. (D)**

107. (B) **108. (B)** **109. (B)**

110. (C) **111. (D)** **112. (C)**

113. (D): B : 4 :: G : [49]

2^2 7^2

अतः प्रश्नचिह्न के स्थान पर 49 आएगा।

114. (D) **115. (C)** **116. (D)**

117. (C) **118. (C)** **119. (D)**

120. (B): दिया है, DGA : 12

D G A

↓ ↓ ↓

4 7 1 → वर्णमाला में स्थान

⇒ 4 + 7 + 1 = 12

इसी प्रकार,

A M Q

↓ ↓ ↓

1 13 17 → वर्णमाला में स्थान

⇒ 1 + 13 + 17 = 31

अतः प्रश्नचिह्न के स्थान पर 31 आएगा।

121. (A): 5 : 22 :: 8 : [61]

$5^2 - 3$ $8^2 - 3$

अतः प्रश्नचिह्न के स्थान पर 61 आएगा।

122. (D) **123. (D)** **124. (A)**

125. (D): 2 + 5 = 7, 4 + 3 = 7, 1 + 6 = 7

अतः प्रश्नचिह्न के स्थान पर 6 आएगा।

पिछले प्रश्न-पत्र (हल सहित)

ऑल इंडिया सैनिक स्कूल प्रवेश परीक्षा, (AISSEE)–2022*

कक्षा-VI

भाग-A : हिन्दी भाषा

1. भारत में हिन्दी दिवस कब मनाया जाता है?
A. 12 सितंबर B. 12 दिसंबर
C. 14 सितंबर D. 14 नवंबर

2. निम्नलिखित में से क्या सही सुमेलित नहीं है?
A. पंजाबी – गुरुमुखी B. उर्दू – फारसी
C. मराठी – रोमन D. संस्कृत – देवनागरी

3. निम्नलिखित में से शुद्ध वर्तनी का चयन करें।
A. कृप्या B. चिह्न
C. आर्शीवाद D. उज्जवल

4. श और ष – निम्नलिखित में से कौन-से व्यंजन है?
A. अंतस्थ B. ऊष्म
C. स्पर्श D. अन्य

5. निम्नलिखित में से कौन-सा शब्द संकर शब्द नहीं है?
A. बोलचाल B. हवादार
C. माँगपत्र D. रेलयात्रा

6. 'उपस्थिति' शब्द में प्रयुक्त उपसर्ग है :
A. उ B. उप
C. उप्स D. उपस्

7. निम्नलिखित में से बेमेल को चुनिए :

	शब्द		संधि
A.	मूल्यांकन	–	दीर्घ
B.	परमेश्वर	–	गुण
C.	भावुक	–	विसर्ग
D.	जगन्नाथ	–	व्यंजन

8. 'चक्रपाणि' में कौन-सा समास है?
A. तत्पुरुष B. बहुव्रीहि
C. कर्मधारय D. द्विगु

9. निम्नलिखित में से भिन्न युग्म को चुनिए :
A. पृथ्वी–अचला B. फूल–प्रसून
C. असुर–पाहुन D. हिमालय–गिरीश

10. निम्नलिखित में से कौन-सा शब्द भाववाचक संज्ञा को नहीं दर्शाता है?
A. सुदंरता B. गंदगी
C. लड़की D. बचपन

11. जो परिश्रम करेगा <u>सो</u> पास होगा।
रेखांकित सर्वनाम का भेद बताइए।
A. निश्चयवाचक B. अनिश्चयवाचक
C. संबंधवाचक D. प्रश्नवाचक

12. निम्नलिखित में से संकेतवाचक विशेषण को चुनिए :
A. वह मकान B. बीस मन अनाज
C. दस विद्यार्थी D. लंबी महिला

13. हम लोग आज बड़े मैदान में फुटबॉल मैच देखने जा रहे हैं।
उपर्युक्त वाक्य में क्रिया क्या है?
A. देखने B. फुटबॉल मैच
C. बड़े D. रहे हैं

14. क्रिया के जिस रूप से उसके होने के समय का पता चले, उसे ____ कहते हैं।
A. संज्ञा B. सर्वनाम
C. विशेषण D. काल

15. निम्नलिखित मुहावरे का अर्थ क्या है?
आँख में धूल झोंकना
A. कमजोर करना B. धोखा देना
C. झूठ बोलना D. भाग जाना

* Exam held on 09 January, 2022.

16. निम्नलिखित में से किस वाक्य में 'कमर टूटना' मुहावरे का सही प्रयोग हुआ है?

A. बढ़ती महँगाई ने गरीब इंसान की कमर तोड़ दी है।

B. पुलिस ने मार-मार कर कैदी की कमर तोड़ दी।

C. सड़क दुर्घटना में एक यात्री की कमर टूट गई।

D. राम ने मेरी कमर ही तोड़ दी।

17. 'भारतीय' शब्द का बहुवचन निम्नलिखित में से क्या होगा?

A. भारतीयों B. भारितीयों

C. भारतियों D. भारतिओं

18. 'व्यवस्था' से पूर्व निम्न में से कौन-सा शब्द लगाने से इसका अर्थ विपरीत हो जाता है?

A. उप B. अ

C. परि D. आ

19. शंकर जी का हूँ मैं पर्याय,
सब को मेरा रंग सुभाय।
मैं हूँ नभ पर खग काय,
कोई है जो मेरा नाम बताय।

उपर्युक्त पहेली को ध्यानपूर्वक पढ़ें और नीचे दिए गए विकल्पों में से इसका उत्तर बुझाएँ :

A. कबूतर

B. आसमान

C. चिड़िया

D. नीलकण्ठ

20. पत्र लिखते समय अपने से बड़ों को निम्नलिखित में से किस शब्द द्वारा संबोधित किया जाता है?

A. प्रिय B. श्रद्धेय

C. चिरंजीवी D. आयुष्मान

निर्देशः (प्र.सं. 21 से 24 तक): *निम्नांकित गद्यांश को ध्यानपूर्वक पढ़ें और दिए गए प्रश्नों का सही विकल्प चुनकर उत्तर दें।*

संसार में सबसे मूल्यवान वस्तु समय है क्योंकि दुनिया की अधिकांश वस्तुओं को घटाया-बढ़ाया जा सकता है, पर समय का एक क्षण भी बढ़ा पाना व्यक्ति के बस में नहीं है। समय के बीत जाने पर व्यक्ति के पास पछतावे के अलावा कुछ नहीं होता। विद्यार्थी के लिए तो समय का और भी अधिक महत्व है। विद्यार्थी जीवन का उद्देश्य है शिक्षा प्राप्त करना। समय के उपयोग से ही शिक्षा प्राप्त की जा सकती है। जो विद्यार्थी अपना बहुमूल्य समय खेल-कूद, मौज-मस्ती तथा आलस्य में खो देते हैं वे जीवन भर पछताते रहते हैं, क्योंकि वे अच्छी शिक्षा प्राप्त करने से वंचित रह जाते हैं और जीवन में उन्नति नहीं कर पाते। मनुष्य का कर्तव्य है कि जो क्षण बीत गए हैं, उनकी चिंता करने के बजाय जो अब हमारे सामने हैं, उसका सदुपयोग करें।

21. विद्यार्थी जीवन भर क्यों पछताते रहते हैं?

A. क्योंकि वे आलसी होते हैं।

B. वे अपना कीमती समय मौज-मस्ती और आलस्य में खो देते हैं।

C. वो ज्ञान प्राप्त नहीं करते।

D. वो बड़ों की आज्ञा का पालन नहीं करते।

22. समय को सबसे अमूल्य वस्तु क्यों कहा गया है?

A. इसका एक भी क्षण घटाया-बढ़ाया नहीं जा सकता।

B. समय व्यक्ति के वश में नहीं है।

C. समय ही व्यक्ति के जीवन को बदल सकता है।

D. मनुष्य उस समय की गति को नहीं रोक सकता।

23. विद्यार्थी जीवन का क्या उद्देश्य है?

A. जीवन को सुखी बनाना

B. गुरुओं का आदेश मानना

C. व्यक्ति के जीवन में समय का महत्व

D. शिक्षा प्राप्त करना

24. समय के संबंध में व्यक्ति का क्या कर्तव्य बताया गया है?

A. परिश्रम करें।

B. मन लगाकर पढ़ाई करें।

C. बीते समय के बारे में पश्चाताप न करके वर्तमान समय का सदुपयोग करें।

D. असफल होने पर पुनः प्रयास करें।

25. निम्नलिखित में से किस वाक्य में 'अच्छा' शब्द का प्रयोग विशेषण के रूप में हुआ है?

A. तुमने अच्छा किया जो आ गए।

B. यह स्थान बहुत अच्छा है।

C. अच्छा, तुम घर जाओ।

D. अच्छा है वह अभी आ गए।

भाग-B : गणित

26. भिन्न $\frac{3}{7}$ को निरूपित करने के लिए दी गई आकृति में कितने भागों को छायांकित करना होगा?

A. 4 B. 12
C. 8 D. 6

27. भिन्न $15\frac{1}{25}$ को एक दशमलव संख्या में बदलें।

A. 150.4 B. 15.04
C. 1504 D. 1.504

28. एक घन की भुजा ज्ञात करें, यदि आयतन 64 घन सेमी. है।

A. 12 सेमी. B. 4 सेमी.
C. 8 सेमी. D. 16 सेमी.

29. श्रेया के पास 32 लाल पेन और 56 नीले पेन हैं। वो उन्हें इस तरह भरना चाहती है कि प्रत्येक पैक में पेन की संख्या समान हो और केवल एक ही रंग के पेन हों। सबसे बड़े पैक में कितने पेन होंगे?

A. 4 B. 8
C. 16 D. 12

30. यदि  +  +  = 420 और  -  = 90 है, तो  का मान क्या होगा?

A. 100 B. 200
C. 90 D. 120

31. रिक्त स्थान के लिए सही विकल्प का चयन करें।

CCCXC + LIX = ____.

A. CCCCXLIX B. CDXLIX
C. CDCXLIX D. CDXXXXIX

32. निम्नलिखित में से कौन-सा विकल्प गलत है?

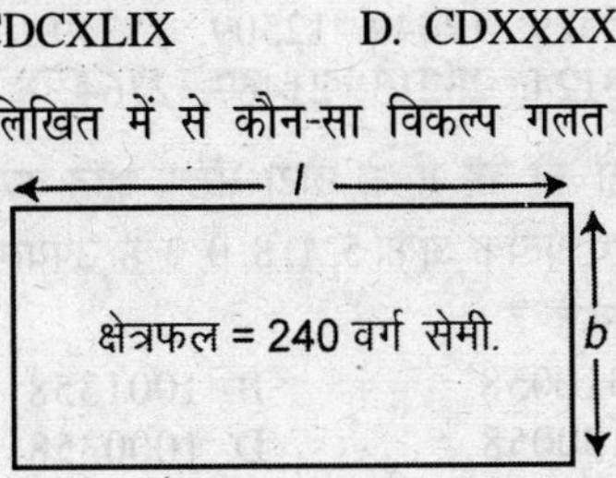

A. l = 19.2 सेमी., b = 12.5 सेमी.
B. l = 16 सेमी., b = 15 सेमी.
C. l = 54 सेमी., b = 5 सेमी.
D. l = 32 सेमी., b = 7.5 सेमी.

33. निम्नलिखित में से सबसे बड़ी भिन्न की पहचान करें :

$\frac{2}{11}, \frac{2}{7}, \frac{2}{13}, \frac{2}{9}, \frac{2}{3}$

A. $\frac{2}{11}$ B. $\frac{2}{9}$
C. $\frac{2}{7}$ D. $\frac{2}{3}$

34. यदि एक कुर्सी की कीमत ₹ 7642.45 है, तो सात कुर्सियों की कीमत क्या होगी?

A. ₹ 53497.35 B. ₹ 53497.15
C. ₹ 53499.15 D. ₹ 53597.15

35. दिए गए कथन को सही सिद्ध करने के लिए m और n के मानों का चयन करें।

$127 \times 15 = (m \times 15) + (n \times 15)$:

A. $m = 100, n = 15$ B. $m = 120, n = 15$
C. $m = 15, n = 27$ D. $m = 100, n = 27$

36. हल करें : $\frac{6}{8} \div \frac{3}{2} \times \frac{4}{5}$.

A. $\frac{3}{5}$ B. $\frac{3}{8}$
C. $\frac{5}{8}$ D. $\frac{2}{5}$

37. निम्न में से कौन-से अवरोही क्रम में व्यवस्थित हैं?

A. $\frac{2}{5}, \frac{2}{7}, \frac{2}{13}, \frac{2}{9}, \frac{2}{3}$ B. $\frac{6}{11}, \frac{14}{11}, \frac{10}{11}, \frac{4}{11}, \frac{2}{11}$
C. $\frac{7}{6}, \frac{7}{8}, \frac{7}{12}, \frac{7}{15}, \frac{7}{18}$ D. $\frac{10}{9}, \frac{13}{9}, \frac{5}{9}, \frac{15}{9}, \frac{7}{9}$

38. तेल की एक टंकी में 60 लीटर तेल आ सकता है। एक दूसरी टंकी है जिसकी क्षमता इसकी तीन गुनी है। दोनों टंकियों की कुल क्षमता क्या है?

A. 180 लीटर B. 240 लीटर
C. 120 लीटर D. 300 लीटर

39. 

का जल प्रतिबिंब क्या होगा?

A.  B. 

C.  D. 

40. दी गई संख्याओं में रेखांकित अंकों के स्थानीय मानों का योग ____ होगा।

695281 5348573

A. 305071 B. 300551
C. 305017 D. 3005071

41. अनिल के पास 78.6 मी. कपड़ा है, जो 12 विद्यार्थियों के लिए एक वर्दी का सेट बनाने के लिए पर्याप्त है। एक वर्दी बनाने के लिए कितने कपड़े की आवश्यकता होगी?

A. 6.05 मी. B. 6.65 मी.
C. 6.55 मी. D. 6.25 मी.

42. रमन ने समीर से 4 घंटे पहले एक यात्रा आरंभ की। यदि समीर ने अपनी यात्रा 2:15 p.m. पर आरंभ की, तो रमन की यात्रा किस समय आरंभ हुई?

A. 09:15 बजे B. 11:15 बजे
C. 10:15 बजे D. 14:15 बजे

43. एक विक्रेता ने ₹ 4570 प्रत्येक के दाम से 50 मेजें खरीदीं। नौ मेजें परिवहन में क्षतिग्रस्त हो गईं। उसने शेष मेजों को ₹ 5000 प्रत्येक के दाम से बेचा। इस स्थिति के लिए सबसे उपयुक्त कथन का चयन करें।

A. उसने अपनी क्षतिग्रस्त मेजों का मूल्य प्राप्त कर लिया।
B. उसे ₹ 25000 लाभ हुआ।
C. उसे ₹ 23500 की हानि हुई।
D. उसे ₹ 23500 का लाभ हुआ।

44. संख्या 563672 में, दस हजार के स्थान पर 6 का स्थानीय मान, सैकड़े के स्थान पर 6 के स्थानीय मान का ____ गुना होता है।

A. 1000 B. 100
C. 10 D. 10000

45. मैं एक पाँच अंकीय सम संख्या हूँ। मेरे दहाई स्थान पर 9 है। मेरे दस हजारवें स्थान का अंक दहाई स्थान पर आने वाले अंक से तीन कम है। सैकड़ा स्थान पर आने वाला अंक मेरे दस हजारवें स्थान के अंक का आधा है। हजारवें स्थान पर आने वाला अंक इकाई अंक का दोगुना है। मुझे पहचानें।

A. 68494 B. 61392
C. 64391 D. 68394

46. एक कोण जिसका आधार 12 सेमी. है, और ऊँचाई आधार की दोगुनी है, का क्षेत्रफल ____ है।

A. 288 वर्ग सेमी.
B. 144 वर्ग सेमी.
C. 289 वर्ग सेमी.
D. 298 वर्ग सेमी.

47. दिए गए आकृति में कितने न्यून कोण हैं?

A. 4 B. 6
C. 5 D. 7

48. किसी एक वर्ष में, 76,43,872 विद्यार्थियों ने एक बोर्ड परीक्षा दी। यदि इनमें से लड़कियों की संख्या 42,37,602 थी, तो लड़कों की संख्या ज्ञात करें।

A. 43,06,270 B. 34,56,270
C. 34,06,270 D. 43,05,370

49. निम्नलिखित में से किस विकल्प में दिए गए अंक आरोही क्रम में लिखे गए हैं?

A. 6821, 6812, 6261, 2861
B. 9075, 7905, 9701, 5907
C. 10529, 12049, 12509, 15249
D. 23124, 23213, 21467, 2764

50. 7 अंकों की वह सबसे छोटी संख्या ज्ञात करें जिसे आप दिए गए प्रत्येक अंकों 5, 1, 8, 0, 3 के उपयोग से निर्मित कर सकते हैं।

A. 1310058 B. 1001358
C. 1130058 D. 1000358

51. आकृति के छायांकित भाग का क्षेत्रफल ज्ञात करें।

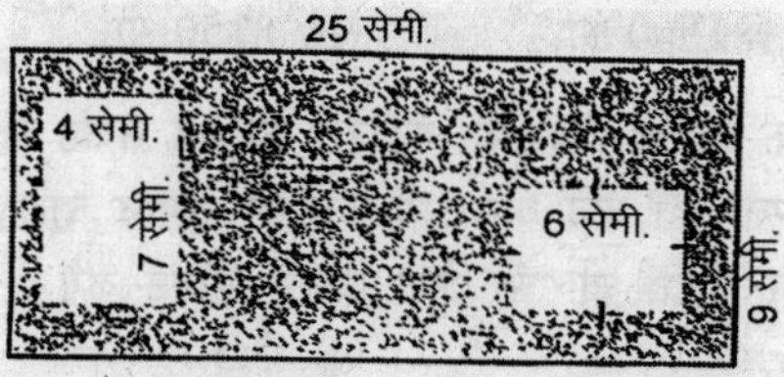

A. 161 वर्ग सेमी. B. 171 वर्ग सेमी.
C. 173 वर्ग सेमी. D. 163 वर्ग सेमी.

52. निम्नलिखित में से कौन-सा विकल्प गलत है?

A. $\frac{2}{5} = 0.4$ B. 1.147 > 1.039
C. 5.862 < 5.9 D. 3.21 > 3.222

53. संख्या 1765498 प्राप्त करने के लिए 3 मिलियन में से कितना घटाया जाना चाहिए?

A. 1,234,602 B. 1,234,502
C. 1,324,502 D. 1,234,402

54. यदि वरिष्ठ विद्यार्थियों की कक्षा प्रतिदिन 8:35 a.m. पर आरंभ होती है और 1:45 p.m. पर समाप्त होती है (बिना किसी अंतराल के), तो कक्षा की कुल अवधि ज्ञात करें।

A. 4 घंटे 40 मिनट B. 310 मिनट
C. 5 घंटे 20 मिनट D. 315 मिनट

55. घड़ी में 2:30 p.m बजने पर घंटे और मिनट की सुईयों द्वारा निर्मित कोण की पहचान करें।

A. न्यून कोण B. अधिक कोण
C. ऋजुरेखीय D. सम कोण

56. प्रतिरूप में अगली आकृति का चयन करें:

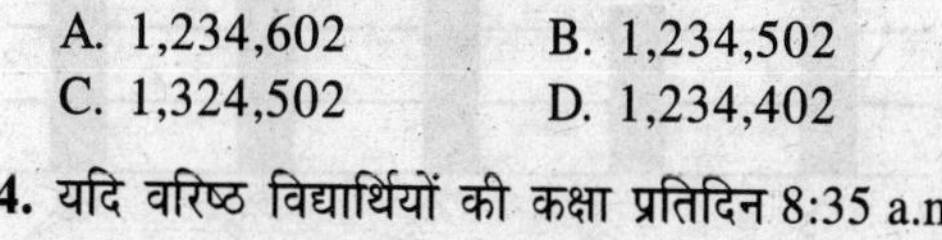

A. 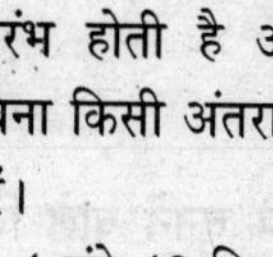 B. 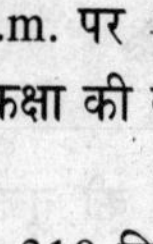

C. 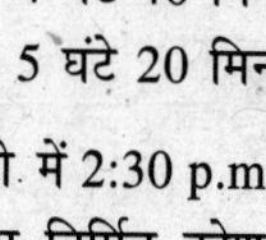 D. 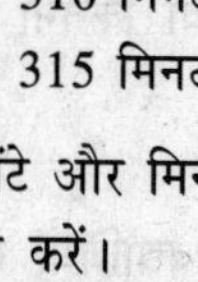

57. निकटतम सैकड़ा तक पूर्णांक करते हुए संख्या 7348561 को ____ लिखा जाएगा।

A. 7348000 B. 7348600
C. 7348560 D. 7348500

58. उस आकृति का चयन करें जो दी गई आकृति श्रेणी में अगले स्थान पर आएगी।

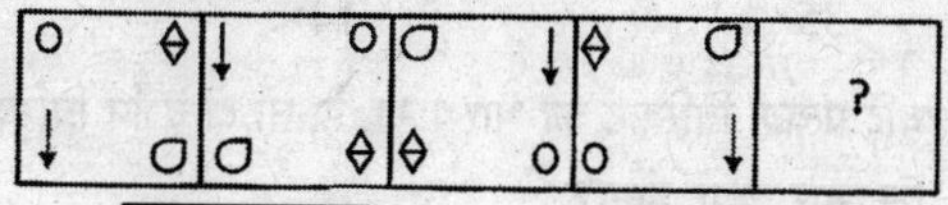

A. 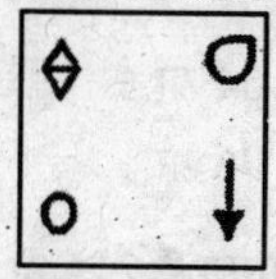 B. 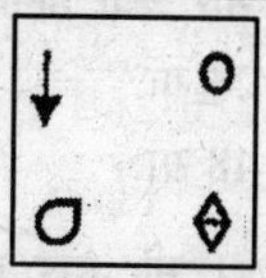

C. 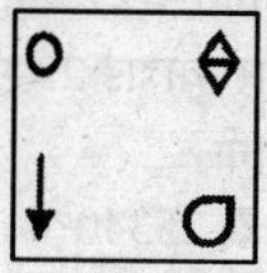 D. 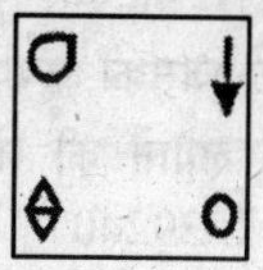

59. छायांकित खंडों का योग किस का प्रतिनिधित्व करता है?

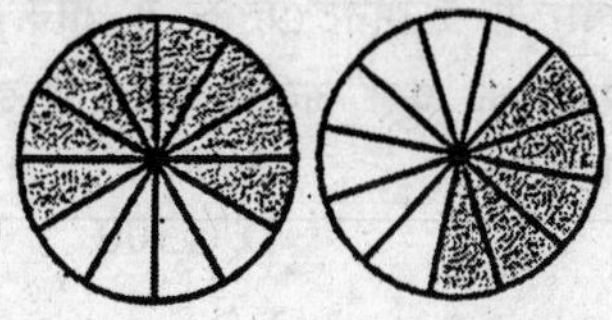

A. $\frac{10}{12}$ B. $\frac{1}{4}$
C. 1 D. $1\frac{1}{12}$

60. निम्नलिखित में से कौन-सी आकृति बिंदुरेखा से सममिति में नहीं है?

A.  B. 

C.  D. 

61. 128400 कलमों को कार्टन में भरा जाना है, जिसमें से प्रत्येक में 150 कलम हों। कितने कार्टनों की आवश्यकता होगी?

A. 856 B. 805
C. 846 D. 876

62. निम्नलिखित में से कौन-सा विकल्प, $\frac{5}{7}$ का समतुल्य भिन्न नहीं है?

A. $\frac{15}{21}$ B. $\frac{45}{56}$
C. $\frac{25}{35}$ D. $\frac{10}{14}$

63. यदि प्रत्येक बिस्किट का भार 4 ग्रा. है, तो दो दर्जन बिस्किटों का भार क्या होगा?

A. 24 ग्रा. B. 64 ग्रा.
C. 48 ग्रा. D. 96 ग्रा.

64. यदि 1 मी. बाड़ लगाने की लागत ₹ 215 है, तो एक पार्क जिसकी लंबाई 45 मी. और चौड़ाई 23 मी. है, में बाड़ लगाने की लागत क्या होगी?

A. ₹ 29240 B. ₹ 25340
C. ₹ 29440 D. ₹ 29540

65. एक वेबिनार में 5 मिनट प्रत्येक के तीन अंतराल हैं। इन अंतरालों की कुल अवधि सेकेंड में ज्ञात करें।

A. 1000 B. 800
C. 900 D. 1500

66. संख्या 6.785 प्राप्त करने के लिए 2.4624 में कौन-सी संख्या का योग करना होगा?

A. 4.321 B. 4.3221
C. 4.3226 D. 4.3229

67. दो संख्याओं के ल.स.व. और म.स.व. का गुणनफल 322 है। यदि उनमें से एक संख्या 23 है, तो दूसरी संख्या क्या होगी?

A. 7 B. 14
C. 18 D. 46

68. छियत्तर लाख चार हजार तिरासी को अंतर्राष्ट्रीय संख्या प्रणाली में ____ के रूप में लिखा जाएगा।

A. 7,640,083
B. 76,483
C. 760,483
D. 7,604,083

69. प्रिशा का भार 42 किग्रा. है और क्यारा का भार 39.5 किग्रा. है। उनका कुल भार क्या है?

A. 82500 ग्रा. B. 8250 ग्रा.
C. 81500 ग्रा. D. 8150 ग्रा.

70. एक धावक 400 मी. की रेस को 48 सेकंड में समाप्त करता है। यदि वह उसी ट्रैक पर समान चाल से पाँच बार दौड़ा, तो उसे कुल कितने मिनट लगे?

A. 4 B. 3.5
C. 5 D. 6

निर्देशः (प्र.सं. 71 से 75 तक): *दिया गया आरेख, किसी एक विद्यालय में पाँचवी कक्षा के विद्यार्थियों द्वारा किए गए गतिविधियों को निरूपित करता है। आरेख का अध्ययन करें और निम्नलिखित प्रश्नों के उत्तर दें।*

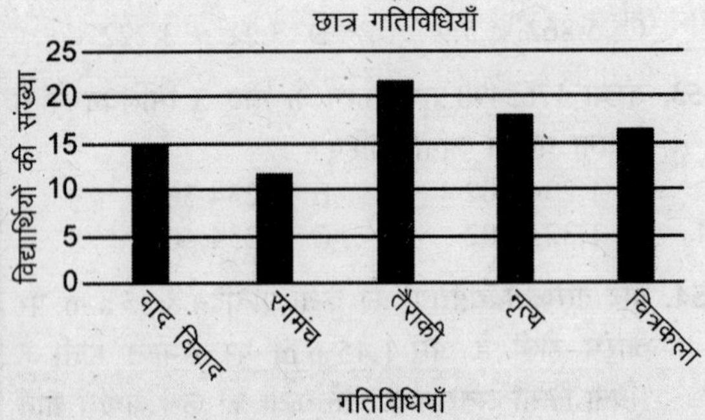

71. वाद-विवाद की तुलना में तैराकी चुनने वाले विद्यार्थियों की संख्या कितनी अधिक थी?

A. 6 B. 8
C. 5 D. 7

72. कितने विद्यार्थियों ने नृत्य चुना?

A. 16 B. 18
C. 17 D. 19

73. 2 सबसे कम गतिविधियों में कितने विद्यार्थी थे?

A. 25 B. 24
C. 28 D. 27

74. पाँचवीं कक्षा में कुल विद्यार्थियों की संख्या क्या है?

A. 80 B. 83
C. 85 D. 84

75. चित्रकला का चयन करने वाले विद्यार्थियों की संख्या, रंगमंच का चयन करने वाले विद्यार्थियों से ____ अधिक है।

A. 1 B. 2
C. 3 D. 4

भाग-C : सामान्य ज्ञान

76. बुद्ध को आत्मज्ञान की प्राप्ति कहाँ हुई?

A. लुम्बिनी B. बोधगया

C. सारनाथ D. कुशीनगर

77. ऊतक किसमें सहायक होते हैं?

A. तीव्र विकास

B. कोशिकाओं के बीच श्रम विभाजन

C. प्रजनन की सुदृढ़ क्षमता

D. शरीर सामर्थ्य

78. ''थिंग्स टू लीव बिहाइंड'' उपन्यास के लिए निम्नलिखित में से किसे सुशीला देवी साहित्य पुरस्कार प्राप्त हुआ?

A. कणिका मुखर्जी B. राम सूरी

C. नमिता गोखले D. रीता चंद्रा

79. रिक्टर पैमाने पर ____ से अधिक मान गंभीर क्षति पहुँचा सकता है।

A. 7 B. 6

C. 5 D. 4

80. भारतीय राष्ट्रीय ध्वज में श्वेत रंग किस अर्थ को निरूपित करता है?

A. त्याग

B. शांति और सत्य

C. जीवन की समृद्धि

D. इनमें से कोई नहीं

81. इनमें से किस मिठाई को पहले तला जाता है, फिर चीनी के शीरे में डुबाया जाता है, और आमतौर पर जिसका आकार गोल और रंग नारंगी होता है?

A. गाजर का हलवा B. रसगुल्ला

C. भाखरवाड़ी D. जलेबी

82. सलमान रुश्दी को किस पुस्तक के लिए बुकर पुरस्कार प्राप्त हुआ?

A. द सेटानिक वर्सेस

B. मिडनाइट्स चिल्ड्रन

C. फरी

D. शालीमार द क्लाउन

83. बिजली के बल्ब का आविष्कार किसने किया था?

A. थॉमस अल्वा एडिसन B. अलेक्जेंडर ग्राहम बेल

C. मेरी क्यूरी D. सी.वी रमन

84. दही के निर्माण में कौन-सा जीवाणु मददगार होता है?

A. विब्रियो कॉलेरा

B. लैक्टोबैसिलस एसीडोफिलस

C. स्ट्रोप्टोकोकस थर्मोफिलस

D. बैसिलस रैडिसिकोला

85. मसूढ़ों से खून आना, घाव का देर से भरना और पसलियों में दर्द रहना, किस विटामिन की कमी से होता है?

A. विटामिन A B. विटामिन B

C. विटामिन C D. विटामिन D

86. जीवाश्म ईंधन के संबंध में निम्नलिखित में से कौन-सा कथन सही है?

A. ये नवीकरणीय संसाधन हैं।

B. ये पृथ्वी की पर्पटी में सबसे ऊपरी परत में पाए जाते हैं।

C. ये दस वर्ष की अवधि में बनते हैं।

D. ये एक समय में सजीवों के अवशेष हैं।

87. भारत-पाक युद्ध, 1971 के दौरान सेना प्रमुख कौन था?

A. जनरल पीपी कुमारमंगलम

B. फील्ड मार्शल एसएचएफजे मानेकशॉ

C. जनरल जेएन चौधरी

D. जनरल के एस थिमैया

88. जल चक्र को किस अन्य नाम से जाना जाता है?

A. जल परिवर्तन चक्र

B. वायु चक्र

C. जलीय (हाइड्रोलॉजिक) चक्र

D. विवर्तनिक (टेक्टोनिक) चक्र

89. किस नृत्य शैली का नाम उसकी उत्पत्ति से संबंधित गाँव के नाम पर पड़ा है?

A. कुचिपुड़ी B. कथकली

C. भरतनाट्यम D. मोहिनीअट्टम

90. प्रसिद्ध मीनाक्षी मंदिर कहाँ स्थित है?
A. उज्जैन B. वाराणसी
C. मदुराई D. रामेश्वरम

91. संयुक्त राष्ट्र का मुख्यालय कहाँ स्थित है?
A. विएना B. न्यू यॉर्क
C. पेरिस D. ज्यूरिक

92. नंदादेवी किस राज्य/केन्द्र शासित प्रदेश में स्थित है?
A. हिमाचल प्रदेश B. जम्मू और कश्मीर
C. उत्तराखंड D. उत्तर प्रदेश

93. पारसियों के धार्मिक ग्रंथ का नाम बताएं।
A. बाइबल B. जेंद अवेस्ता
C. कुरान D. गुरु ग्रंथ साहिब

94. बीजावरण से क्या तात्पर्य होता है?
A. भंडारित भोजन के चारों ओर दृढ़ आवरण
B. अंकुर के चारों ओर दृढ़ आवरण
C. बीज का संरक्षी बाह्य आवरण
D. पादपों की जड़ों के चारों ओर दृढ़ आवरण

95. गलत कथन का चयन करें।
A. गुरुत्वाकर्षण का प्रभाव केवल पृथ्वी पर है।
B. गुरुत्वाकर्षण लोहे को खींचता है।
C. गुरुत्वाकर्षण वस्तुओं को तैरने से रोकता है।
D. विमान गुरुत्वाकर्षी क्षेत्र में नहीं उड़ता है।

96. जल प्रदूषण के एक उदाहरण का चयन करें।
A. बड़े जहाज से तेल का रिसाव
B. समुद्र के किनारे पशुओं का विचरण
C. प्लास्टिक की बोतल से पानी पीना
D. कार में गैसोलिन

97. 'नॉक-आउट' शब्द का उपयोग किस खेल में होता है?
A. तीरंदाजी B. मुक्केबाजी
C. गोल्फ D. बिलियर्ड्स

98. पृथ्वी का कौन-सा भाग इसकी जैव-विविधता के लिए सहायक है?
A. जैवमंडल B. पशु विहार
C. पारितंत्र निचय D. जैविक समुदाय

99. भारत में ताजे पानी का प्रमुख स्रोत क्या है?
A. समुद्री जल B. नदी जल
C. तालाब का जल D. भूजल

100. मेघबीजन में कौन-सी प्रक्रिया शामिल होती है, जो वर्षा लाने की तकनीक है?
A. ऐसी कृषि पद्धति अपनाना जो वर्षा पर आधरित हो।
B. जब वातावरण में मौजूद जल वाष्प धूल अथवा लवण के कण के चारों ओर ठंडा और संघनित हो जाता है।
C. मेघों का निर्माण कर उन्हें आकाश में पहुँचाना।
D. मेघों को बीज जैसी संरचना में परिक्षेपित करना।

भाग-D : बुद्धिमत्ता परीक्षण

101. आकृति '4' में प्रश्नवाचक चिह्न (?) को (*a*), (*b*), (*c*), (*d*) में से किस विकल्प आकृति से प्रतिस्थापित किया जाएगा?

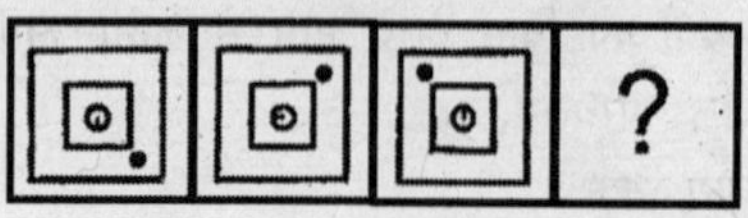

1 2 3 4

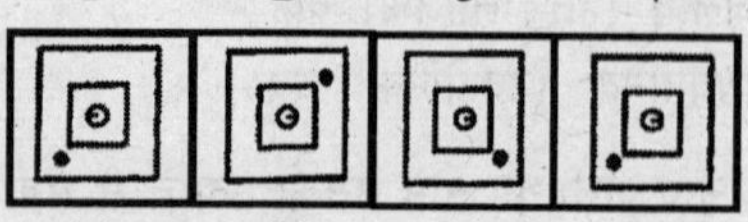

(*a*) (*b*) (*c*) (*d*)

A. (*a*) B. (*b*)
C. (*c*) D. (*d*)

102. यदि 'A' का अर्थ '÷' है, 'B' का अर्थ '–' है, 'C' का अर्थ '×' है, और 'D' का अर्थ '+' है, तो दिए गए समीकरण का मान ज्ञात करें।

16 D 64 A 4 B 4 C 3 = ?
A. 20 B. 15
C. 9 D. 17

103. एक पंक्ति में 37 लड़के खड़े हैं। आकाश दाएं छोर से 14वें स्थान पर है। यदि वह बाईं ओर छह स्थान आगे बढ़ जाता है, तो बाएं छोर से उसका स्थान क्या होगा?
A. 20 B. 18
C. 11 D. 14

104. विकल्पों से उस युग्म का चयन करें जिसमें शब्दों में परस्पर संबंध, दिए गए युग्म के समान हो।

ऑस्ट्रिया : विएना

A. मिस्र : काहिरा B. जर्मनी : लंदन
C. अमेरिका : ऑरलेण्डो D. ऑस्ट्रेलिया : सिडनी

105. एक विशेष कूट भाषा में 'FIGHT' को 'TGHFI' के रूप में लिखा जाता है, तो उसी कूट भाषा में 'PAPER' को कैसे लिखा जाएगा?

A. RPEPA B. REPPA
C. PEARP D. PAEPR

106. निम्ननिलिखत में से कौन-सा विकल्प असंगत है?

A. PQRS B. LMNOP
C. BCDE D. FGHI

107. एक पासे की दो स्थितियां नीचे दर्शायी गयी हैं। यदि इसके ऊपरी फलक पर '5' हो तो निचले फलक की संख्या क्या होगी?

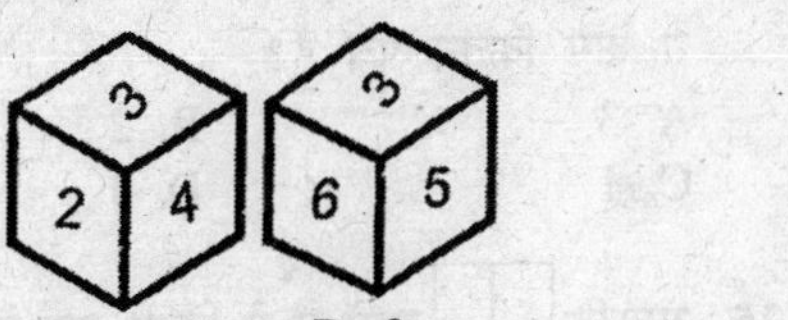

A. 3 B. 2
C. 6 D. 4

108. सुरभि पूर्व दिशा की ओर अभिमुख है। वह दक्षिणावर्त दिशा में 90° मुड़ती है, और 2 किलोमीटर चलती है, फिर वह 145° दक्षिणावर्त दिशा में मुड़ती है और 1 किलोमीटर चलती है। अब वह किस दिशा की ओर अभिमुख है?

A. उत्तर B. पूर्व
C. उत्तर-पश्चिम D. दक्षिण-पूर्व

109. किस अक्षर युग्म से प्रश्नवाचक चिह्न (?) को प्रतिस्थापित करने पर दिया गया प्रतिरूप पूरा हो जाएगा?

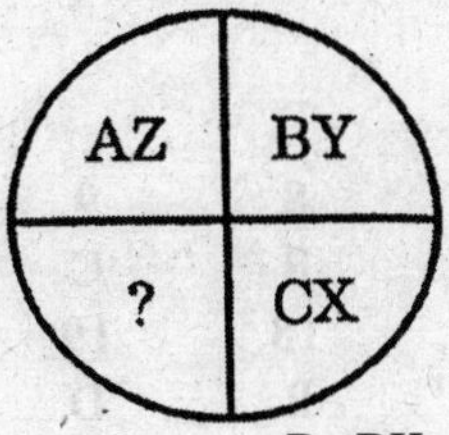

A. DW B. DK
C. DE D. DL

110. दिए गए समीकरण में * को प्रतिस्थापित करने के लिए गणितीय प्रतीकों के किस क्रम को चुना जाना चाहिए, जिससे समीकरण को संतुलित किया जा सके?

7 * 7 * 2 * 1 = 12

A. × ÷ – B. + – ×
C. ÷ + – D. × – ×

111. सही विकल्प का चयन करें।

धुआं : प्रदूषण :: युद्ध : __?__

A. शांति B. विजय
C. संधि D. विध्वंस

112. यदि एक विशेष कूट भाषा में 'PARROT' को '123345' के रूप में लिखा जाता है, और 'SOAT' को '6425', के रूप में लिखा जाता है, तो उसी कूट भाषा में 'ROAST' को कैसे लिखा जाएगा?

A. 34625 B. 32564
C. 32456 D. 34265

113. नीचे दिये गये विकल्पों में से रिक्त स्थान भरिए, जो प्रश्न में अनुक्रम के अनुरूप हो।

PUE, QVF, RWG, ____ TYI

A. SXH B. TSQ
C. ABN D. STY

114. निम्नलिखित में से कौन-सा शब्द 'CONDUCT' के अक्षरों से नहीं बनाया जा सकता?

A. Duct B. Counted
C. Count D. Donut

115. यदि अनाज का संबंध गोदाम से है तो जल का संबंध किससे होगा?

A. नदीमुख B. नदी
C. नहर D. बांध

116. निम्नलिखित अंकीय शृंखला में प्रश्नवाचक चिह्न (?) के स्थान पर क्या आना चाहिए?

4, 12, 36, 108, 324, ?

A. 520 B. 475
C. 680 D. 972

117. निम्नलिखित स्थापना (A) और तर्क (R) के लिए दिए गए विकल्पों से सही विकल्प का चयन करें।

स्थापना (A) : भारत में लोग अपना प्रतिनिधि स्वयं चुनते हैं।

तर्क (R) : भारत एक गणतंत्र राष्ट्र है।

A. 'A' सही है, पर 'R' गलत है
B. 'A' गलत है, पर 'R' सही है
C. 'A' और 'R' दोनों सही हैं
D. 'A' और 'R' दोनों गलत हैं

118. निम्न में से कौन-सा आरेख मेज, कुर्सी, फर्नीचर के मध्य संबंध को सर्वोत्तम निरूपित करता है?

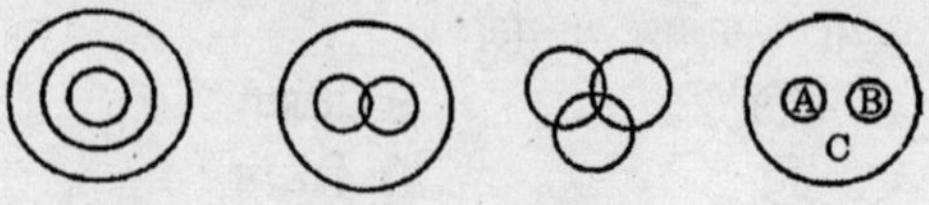

(*a*) (*b*) (*c*) (*d*)

A. (*a*) B. (*b*)
C. (*c*) D. (*d*)

119. एक बस अड्डे से हर 30 मिनट पर एक बस दिल्ली के लिए जाती है। स्टेशन मास्टर ने एक यात्री से कहा कि 10 मिनट पहले ही एक बस निकली है, और अगली बस 9:30 am बजे चलेगी। स्टेशन मास्टर ने यात्री को यह सूचना किस समय दी?

A. 9:20 am B. 9:10 am
C. 9:15 am D. 9:25 am

120. एक आवासीय परिसर में चार भवन हैं (*a*), (*b*), (*c*) और (*d*)। प्रत्येक की ऊँचाई अलग है। (*d*) की ऊँचाई केवल (*b*) से कम है। (*a*) की ऊँचाई (*d*) और (*c*) से कम है। इनमें से किसकी ऊँचाई सबसे कम है?

A. (*a*) B. (*b*)
C. (*c*) D. (*d*)

121. दी गई श्रेणी में प्रश्नवाचक चिह्न (?) को प्रतिस्थापित करें।

mm, OO, qq, SS, __?__

A. uu B. Ss
C. UU D. rr

122. यदि 70 में से 35 व्यक्तियों का मधुमेह है, तो कौन-सी आकृति मधुमेह वाले व्यक्तियों को निरूपित करेगी?

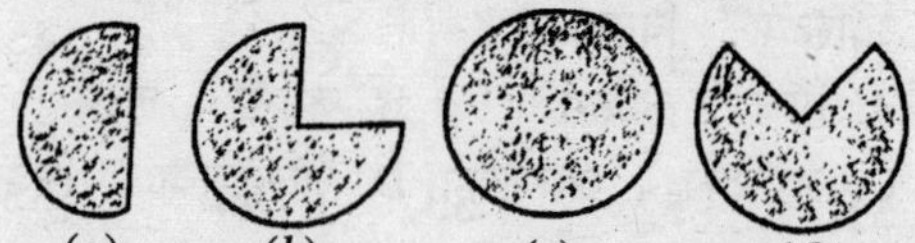

(*a*) (*b*) (*c*) (*d*)

A. (*a*) B. (*b*)
C. (*c*) D. (*d*)

123. दिए गए विकल्पों से लुप्त संख्या ज्ञात करें।

A. 28 B. 21
C. 11 D. 38

124. R, K की बहन है। P, K का भाई है। Q, T का पिता है, जो कि P का भाई है। H, K की मां है। Q और H के कम से कम कितने पुत्र हैं?

A. 3 B. 2
C. 1 D. 4

125. आकृति 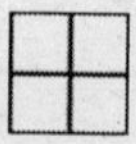 चारों में से किसी एक विकल्प में निहित है। उस विकल्प का चयन करें जिसके भाग के रूप में आकृति 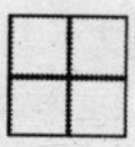 निहित है।

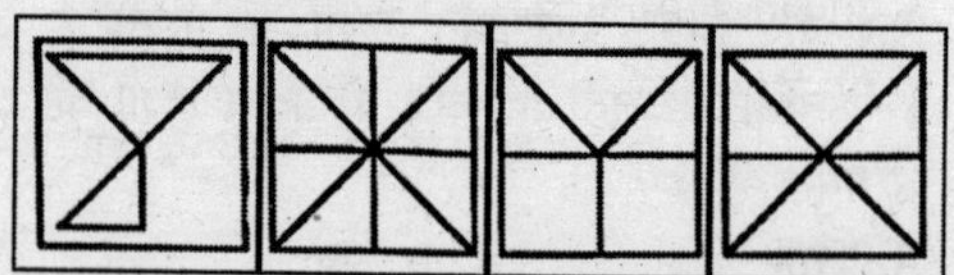

(*a*) (*b*) (*c*) (*d*)

A. (*a*) B. (*b*)
C. (*c*) D. (*d*)

उत्तरमाला

1	2	3	4	5	6	7	8	9	10
C	C	B	B	B	B	A	B	C	C
11	**12**	**13**	**14**	**15**	**16**	**17**	**18**	**19**	**20**
C	A	A	D	B	A	A	B	D	B
21	**22**	**23**	**24**	**25**	**26**	**27**	**28**	**29**	**30**
B	A	D	C	B	D	B	B	B	B

31	32	33	34	35	36	37	38	39	40
B	C	D	B	D	D	C	B	B	A
41	**42**	**43**	**44**	**45**	**46**	**47**	**48**	**49**	**50**
C	C	C	B	D	B	B	C	C	D
51	**52**	**53**	**54**	**55**	**56**	**57**	**58**	**59**	**60**
A	D	B	B	B	C	B	C	D	C
61	**62**	**63**	**64**	**65**	**66**	**67**	**68**	**69**	**70**
A	B	D	A	C	C	B	D	C	A
71	**72**	**73**	**74**	**75**	**76**	**77**	**78**	**79**	**80**
D	B	C	B	D	B	C	C	C	B
81	**82**	**83**	**84**	**85**	**86**	**87**	**88**	**89**	**90**
D	B	A	B	C	D	B	C	A	C
91	**92**	**93**	**94**	**95**	**96**	**97**	**98**	**99**	**100**
B	C	B	C	A	A	B	A	D	B
101	**102**	**103**	**104**	**105**	**106**	**107**	**108**	**109**	**110**
D	A	B	A	A	B	D	C	A	B
111	**112**	**113**	**114**	**115**	**116**	**117**	**118**	**119**	**120**
D	D	A	B	D	D	C	D	C	A
121	**122**	**123**	**124**	**125**					
A	A	C	A	B					

व्याख्यात्मक उत्तर

26. दी गई आकृति में भागों की संख्या = 14

$\therefore$ आकृति में भागों का $\frac{3}{7} = 14 \times \frac{3}{7} = 2 \times 3 = 6$

अतः $\frac{3}{7}$ को निरूपित करने के लिए 6 भागों को छायांकित करना होगा।

27. $15\frac{1}{25} = 15 + \frac{1}{25}$

$= 15 + 0.04 = 15.04.$

28. घन का आयतन = 64 घन सेमी.

$\therefore$ (भुजा)^3 = $(4)^3$ घन सेमी.

$\Rightarrow$ भुजा = 4 सेमी.

29. $\because$ $32 = 8 \times 4$

$56 = 8 \times 7$

$\therefore$ सबसे बड़े पैक में पेनों की संख्या

= 32 और 56 का म.स. = 8.

30. दिया गया है

 = 420

$\therefore$ $x + x + y = 420$

$\Rightarrow$ $2x + y = 420$ ...(*i*)

और  = 90

$\therefore$ $y - x = 90$ ...(*ii*)

अब (*i*) में से (*ii*) को घटाने पर

$2x + y - (y - x) = 420 - 90$

$\Rightarrow$ $2x + y - y + x = 330$

$\Rightarrow$ $3x = 330$

$\Rightarrow$ $x = 110$

x का मान (*ii*) में रखने पर,

$y - 110 = 90$

$\therefore$ $y = 110 + 90$

$\Rightarrow$ $y = 200$

अतः  $= y = 200.$

32. (A) क्षेत्रफल = lb = 19.2 सेमी. × 12.5 सेमी.
= 240 वर्ग सेमी.

(B) क्षेत्रफल = lb = 16 सेमी. × 15 सेमी.
= 240 वर्ग सेमी.

(C) क्षेत्रफल = lb = 54 सेमी. × 5 सेमी.
= 270 वर्ग सेमी.

(D) क्षेत्रफल = lb = 32 सेमी. × 7.5 सेमी.
= 240 वर्ग सेमी.

अतः विकल्प (C) गलत है।

33. प्रत्येक भिन्न का अंश समान है।
तथा सबसे छोटा हर 3 है।

अतः सबसे बड़ा भिन्न = $\frac{2}{3}$.

34. दिया है,
1 कुर्सी की कीमत = ₹ 7642.45
∴ 7 कुर्सियों की कीमत = 7 × ₹ 7642.45
= ₹ 53497.15.

35. $127 \times 15 = (m \times 15) + (n \times 15)$

$\Rightarrow \quad 1905 = (m \times 15) + (n \times 15)$

(A) $(m \times 15) + (n \times 15)$
$= (100 \times 15) + (15 \times 15)$
$= 1500 + 225 = 1725$

(B) $(m \times 15) + (n \times 15)$
$= (120 \times 15) + (15 \times 15)$
$= 1800 + 225 = 2025$

(C) $(m \times 15) + (n \times 15)$
$= (15 \times 15) + (27 \times 15)$
$= 225 + 405 = 630$

(D) $(m \times 15) + (n \times 15)$
$= (100 \times 15) + (27 \times 15)$
$= 1500 + 405 = 1905$

अतः सभी विकल्पों को जांचने पर
$m = 100$ और $n = 27$.

36. $\frac{6}{8} \div \frac{3}{2} \times \frac{4}{5} = \frac{6}{8} \times \frac{2}{3} \times \frac{4}{5} = \frac{2}{4} \times \frac{4}{5} = \frac{2}{5}$.

38. दोनों टंकियों की कुल क्षमता = 60 + 3 × 60
= 60 + 180 = 240 लीटर।

40. दी गई संख्याओं में
5 का स्थानीय मान = 5 × 1000 = 5000
1 का स्थानीय मान = 1 × 1 = 1
और 3 का स्थानीय मान = 3 × 100000 = 300000
7 का स्थानीय मान = 7 × 10 = 70
अतः स्थानीय मानों का योग
= 5000 + 1 + 300000 + 70
= 305071.

41. 1 वर्दी बनाने के लिए आवश्यक कपड़े की माप
= $\frac{78.6}{12}$ मी. = 6.55 मी.।

42. रमन की यात्रा के आरंभ का समय = 2.15 p.m. – 4 घंटे
= 10.15 बजे।

43. 50 मेजों का क्रय मूल्य = ₹ 4570 × 50 = ₹ 228500
∵ 9 मेजों के क्षतिग्रस्त होने के बाद शेष बचे मेजों की संख्या
= 50 – 9 = 41
अब, 41 मेजों का विक्रय-मूल्य
= ₹ 5000 × 41 = ₹ 205000
अतः हानि = क्रय मूल्य – विक्रय मूल्य
= ₹ 228500 – ₹ 205000
= ₹ 23500.

44. संख्या 563672 में,
दस हजार के स्थान पर 6 का स्थानीय मान
= 6 × 10000 = 60000
सैकड़े के स्थान पर 6 का स्थानीय मान
= 6 × 100 = 600

अतः अभीष्ट गुणा = $\frac{60000}{600}$ = 100.

45.

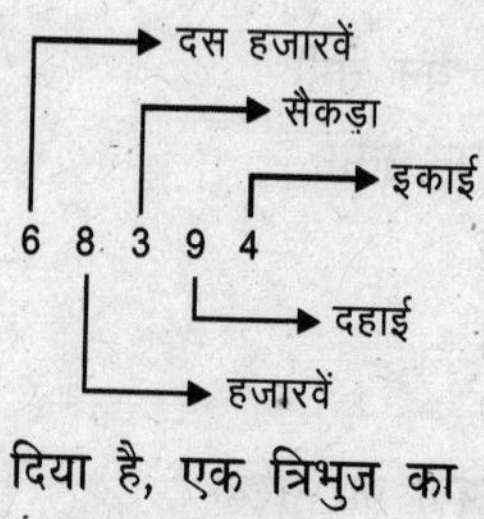

46. दिया है, एक त्रिभुज का आधार = 12 सेमी.
और ऊँचाई = 2 × 12 = 24 सेमी.

अतः त्रिभुज का क्षेत्रफल = $\frac{1}{2}$ × आधार × ऊँचाई

= $\frac{1}{2}\times12\times24$ वर्ग सेमी.

= 12 × 12 = 144 वर्ग सेमी.

48. लड़कों की संख्या = 76,43,872 – 42,37,602

= 34,06,270.

51. आकृति का क्षेत्रफल = 25 सेमी. × 9 सेमी.

= 225 वर्ग सेमी.

अतः छायांकित भाग का क्षेत्रफल

= 225 – (4 × 7 + 6 × 6)

= 225 – (28 + 36)

= 225 – 64 = 161 वर्ग सेमी.

52. (A) $\frac{2}{5}=0.4$ (सही)

(B) 1.147 > 1.039 (सही)

(C) 5.862 < 5.9 (सही)

(D) 3.21 > 3.22 (गलत)

53. अभीष्ट उत्तर = 3 मिलियन – 1765498

= 30,00000 – 1765498

= 1234502.

54. कक्षा की कुल अवधि = 8:35 am से 1:45 pm तक के बीच का समय

= 8:35 am से 12:00 pm + 12 pm से 1:45 pm

= 25 मिनट + 3 घंटे + 1 घंटा + 45 मिनट

= 4 घंटे + 70 मिनट

= 5 घंटे + 10 मिनट

= 5 × 60 मिनट + 10 मिनट

= 300 मिनट + 10 मिनट = 310 मिनट।

59. छायांकित खंडों का योग

= $\frac{8}{12}+\frac{5}{12}=\frac{8+5}{12}$

= $\frac{13}{12}=1\frac{1}{12}$.

61. कार्टनों की आवश्यक संख्या = $\frac{128400}{150}$ = 856.

62. (A) $\frac{15}{21}=\frac{3\times5}{3\times7}=\frac{5}{7}$

(B) $\frac{45}{56}=\frac{3\times15}{4\times14}$

(C) $\frac{25}{35}=\frac{5\times5}{5\times7}=\frac{5}{7}$

(D) $\frac{10}{14}=\frac{2\times5}{2\times7}=\frac{5}{7}$

अतः $\frac{5}{7}$ का समतुल्य भिन्न $\frac{45}{56}$ नहीं है।

63. दिया है, 1 बिस्किट का भार = 4 ग्रा.

∴ दो दर्जन बिस्किटों का भार = 2 × 12 × 4 = 96 ग्रा.

64. पार्क का परिमाप = 2(लंबाई + चौड़ाई)

= 2(45 मी. + 23 मी.)

= 2 × 68 = 136 मी.

अतः पार्क में बाड़ लगाने की लागत

= ₹ 215 × 136 = ₹ 29240.

65. अंतरालों की कुल अवधि = 3 × 5 मिनट = 15 मिनट

= 15 × 60 सेकेंड = 900 सेकेंड।

66. अभीष्ट उत्तर = 6.785 – 2.4624 = 4.3226.

67. दो संख्याओं के ल.स.व. × म.स.व.

= पहली संख्या × दूसरी संख्या

⇒ 322 = 23 × दूसरी संख्या

⇒ दूसरी संख्या = $\frac{322}{23}$ = 14.

69. कुल भार = 42 किग्रा. + 39.5 किग्रा. = 81.5 किग्रा.

= 81.5 × 1000 ग्रा. = 81500.0 ग्रा.

70. उसी ट्रैक पर समान चाल से 5 बार दौड़ने में लगा समय

= 48 × 5 सेकेंड

= 240 सेकेंड = $\frac{240}{60}$ मिनट

= 4 मिनट।

71. वाद-विवाद चुनने वाले विद्यार्थियों की संख्या = 15

तैराकी चुनने वाले विद्यार्थियों की संख्या = 22

∴ अभीष्ट संख्या = 22 – 15 = 7.

72. नृत्य चुनने वाले विद्यार्थियों की संख्या = 18.

73. 2 सबसे कम गतिविधियों में विद्यार्थियों की संख्या = रंगमंच में विद्यार्थियों की संख्या + वाद-विवाद में विद्यार्थियों की संख्या

$= 12 + 16 = 28.$

74. पाँचवीं कक्षा में कुल विद्यार्थियों की संख्या

$= 15 + 12 + 22 + 18 + 16 = 83.$

75. अभीष्ट संख्या $= 16 - 12 = 4.$

102. दिया है, $A = \div, B = -, C = \times, D = +$

$\therefore 16\ D\ 64\ A\ 4\ B\ 4\ C\ 3 = 16 + 64 \div 4 - 4 \times 3$

$= 16 + 64 \times \frac{1}{4} - 4 \times 3$

$= 16 + 16 - 4 \times 3$

$= 16 + 16 - 12$

$= 32 - 12 = 20.$

103. 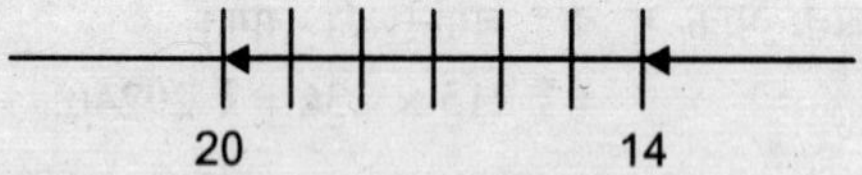

दिया है, पंक्ति में लड़के की संख्या = 37

आकाश दाएं छोर से 14वें स्थान पर है।

आकाश बाईं ओर 6 स्थान आगे बढ़ने पर दाएं छोर से उसका स्थान = 14 + 6 = 20वाँ

अतः आकाश का बाएं छोर से स्थान

$= 37 - 20 + 1$

$= 38 - 20 = 18.$

105. दिया है,

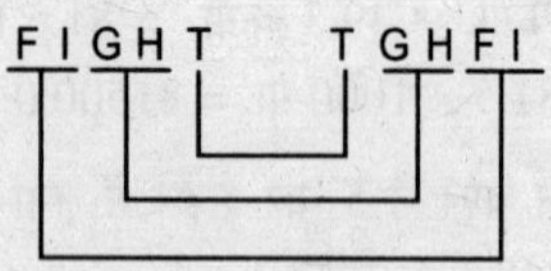

इसी प्रकार,

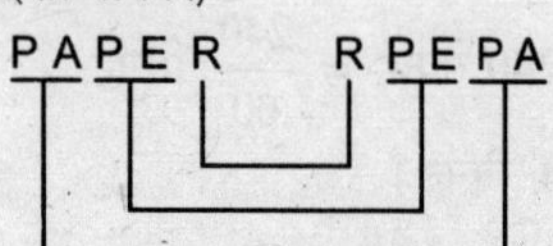

अतः उसी कूट भाषा में 'PAPER' को 'RPEPA' लिखा जाएगा।

106. विकल्प (B) असंगत है क्योंकि इसमें 5 अक्षर हैं।

107. पासे की दोनों स्थितियों में घड़ी की सुई की दिशा में 3 से लेने पर

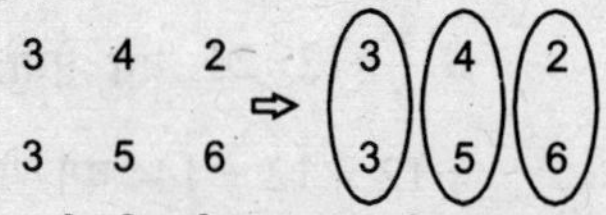

अतः 2 के निचले फलक की संख्या = 6

4 के निचले फलक की संख्या = 5

3 के निचले फलक की संख्या = 1

अतः 5 के निचले फलक की संख्या = 4 होगी।

108. यहाँ, आरंभिक बिन्दु = A

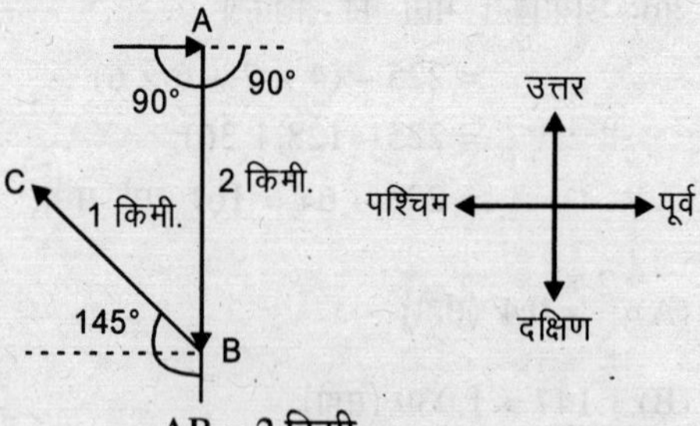

AB = 2 किमी.

BC = 1 किमी.

अतः अब वह उत्तर-पश्चिम दिशा की ओर अभिमुख है।

109. 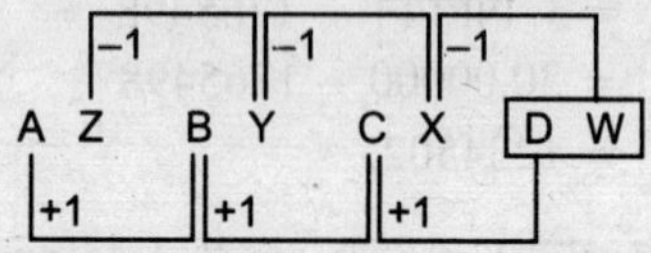

अतः ? = DW.

110. $7 * 7 * 2 * 1 = 12$

(A) $7 \times 7 \div 2 - 1 = 12$

$\Rightarrow 7 \times \frac{7}{2} - 1 = 12$

$\Rightarrow \frac{49-2}{2} = 12 \Rightarrow \frac{47}{2} = 12$

(समीकरण संतुलित नहीं है।)

(B) $7 + 7 - 2 \times 1 = 12$

$\Rightarrow 7 + 7 - 2 = 12$

$\Rightarrow 14 - 2 = 12 \Rightarrow 12 = 12$

(समीकरण संतुलित है।)

(C) $7 \div 7 + 2 - 1 = 12$

$\Rightarrow \frac{7}{7} + 2 - 1 = 12$

$\Rightarrow 1 + 2 - 1 = 12 \Rightarrow 2 = 12$

(समीकरण संतुलित नहीं है।)

(D) $7 \times 7 - 2 \times 1 = 12$

$\Rightarrow 49 - 2 = 12$

$\Rightarrow 47 = 12$

(समीकरण संतुलित नहीं है।)

112. दिया है,

P A R R O T
↓ ↓ ↓ ↓ ↓ ↓
1 2 3 3 4 5

और

S O A T
↓ ↓ ↓ ↓
6 4 2 5

इसी प्रकार

R O A S T
↓ ↓ ↓ ↓ ↓
3 4 2 6 5

अतः उसी कूट भाषा में ROAST को 34265 लिखा जाएगा।

113. P U E Q V F R W G [S X H] T Y I

(प्रत्येक अक्षर +1)

अतः लुप्त पद = S × H.

116. 4 —×3→ 12 —×3→ 36 —×3→ 108 —×3→ 324 —×3→ [972]

अतः ? = अगली संख्या = 972.

119. यहाँ, हर 30 मिनट पर एक बस जाती है

अतः 9:35 am से पहले निकलने वाली बस का समय = 9:35 am – 30 मिनट = 9:05 am

अतः स्टेशन मास्टर द्वारा यात्री को दी गई सूचना का समय = 9:05 am + 10 मिनट = 9:15 am.

120. भवन की ऊँचाई का क्रमः

$B > D > C > A$

अतः इनमें से A की ऊँचाई सबसे कम है।

पिछले प्रश्न-पत्र (हल सहित)

ऑल इंडिया सैनिक स्कूल प्रवेश परीक्षा, (AISSEE)–2021*

कक्षा-VI

भाग–A : गणित

1. किस संक्रिया के अंतर्गत पूर्णांक संवृत (बंद) होते हैं?
A. घटाना B. भाग
C. गुणन D. इनमें से सभी

2. 1 मिलियन की अनुवर्ती (अगली) संख्या है :
A. 2 मिलियन B. 1000001
C. 100001 D. 10001

3. बिन्दु O, U, S, V, R, X, W, T, P, Q तथा Y संख्या रेखा पर समान दूरी पर हैं। लम्बाई OP द्वारा निरूपित भिन्न है :

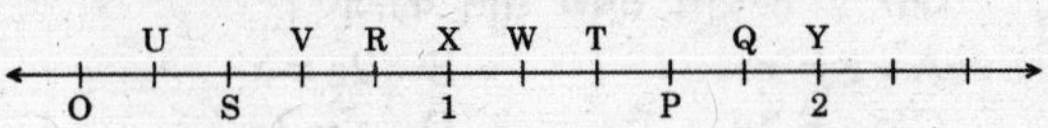

A. $\frac{1}{5}$ B. $\frac{7}{5}$
C. $\frac{4}{5}$ D. $\frac{6}{5}$

4. दो क्रमागत पूर्णांक, जिनके मध्य में भिन्न $\frac{5}{7}$ स्थित है, हैं :
A. 0 और 1 B. 5 और 7
C. 5 और 6 D. 6 और 7

5. निम्नलिखित में से कौन-सा भिन्न सबसे छोटा है?
A. $\frac{4}{5}$ B. $\frac{5}{3}$
C. $\frac{5}{6}$ D. $\frac{5}{2}$

6. दो संख्याओं का HCF तथा LCM क्रमशः 6 और 864 है। यदि एक संख्या 96 है, तो दूसरी संख्या ज्ञात कीजिए।
A. 84 B. 45
C. 54 D. 24

7. दो संख्याओं का HCF 12 है तथा उनका अंतर 12 है। यह संख्याएँ निम्नलिखित में से कौन-सी हो सकती हैं?
A. 84, 96 B. 66, 78
C. 70, 82 D. 62, 78

8. ऐसी सबसे छोटी संख्या ज्ञात कीजिए जो 9, 12 एवं 15 प्रत्येक से भाज्य है।
A. 60 B. 90
C. 120 D. 180

9. साबुन-पाउडर का एक विशिष्ट ब्राण्ड ₹ 15 प्रति पैकेट में बेचा जाता है। इसकी लागत ₹ 144 प्रति दर्जन है। 8 दर्जन पैकेटों पर प्रतिशत में लाभ कितना होगा?
A. 20 B. 25
C. 24 D. 36

10. वह बड़ी-से-बड़ी संख्या ज्ञात कीजिए जिससे 37, 56, 93 को भाग देने पर शेषफल क्रमशः 1, 2 और 3 रहेगा।
A. 9 B. 18
C. 15 D. 12

11. यदि 10 आदमी किसी कार्य को 4 दिन में कर सकते हैं, तो उसी कार्य को 5 दिन में पूरा करने के लिए कितने आदमियों की आवश्यकता होगी?
A. 10 B. 8
C. 40 D. 12

12. 21 बकरियाँ 15 गायों के बराबर चारा चरती हैं। कितनी बकरियाँ 35 गायों के बराबर चारा चरेंगी?
A. 38 B. 49
C. 37 D. 41

13. एक मैकेनिक 9 कारों से ₹ 36,000 कमाता है। यदि 1 दिन में उसे 27 कारें प्राप्त होती हैं, तो वह 1 दिन में कितना कमाएगा?
A. ₹ 1,08,000 B. ₹ 1,80,000
C. ₹ 1,00,800 D. ₹ 1,00,080

14. यदि $x : y = 3 : 5$, तो $3x + 4y : 8x + 5y$ का अनुपात ज्ञात कीजिए।
A. 39 : 49 B. 29 : 50
C. 29 : 49 D. 39 : 50

* Exam held on 07/02/2021

15. यदि 3, 18, *m*, 42 समानुपात में हैं, तो *m* का मान ज्ञात कीजिए।
A. 6 B. 54
C. 7 D. 252

16. एक NCC कैम्प में 1200 प्रशिक्षार्थी भाग ले रहे हैं जिनमें से 900 को गणतंत्र दिवस कैम्प के लिए चुना गया है। चुने हुए एवं नहीं चुने हुए कैडेटों की संख्या के बीच अनुपात कितना होगा?
A. 300 : 120 B. 4 : 1
C. 3 : 1 D. 120 : 130

17. यदि एक लड़का किसी पुस्तक को ₹ 450 में बेचता है, तो उसे 10% की हानि होती है। 10% लाभ प्राप्त करने के लिए विक्रय मूल्य कितना होना चाहिए?
A. ₹ 500 B. ₹ 600
C. ₹ 550 D. ₹ 525

18. एक आदमी एक स्पीकर को 20% के लाभ पर ₹ 7,500 में बेचता है और दूसरे स्पीकर को 10% की हानि पर ₹ 8,100 में बेचता है। उसकी कुल हानि अथवा लाभ ज्ञात कीजिए।
A. हानि = ₹ 300 B. हानि = ₹ 350
C. लाभ = ₹ 300 D. लाभ = ₹ 350

19. सरल कीजिए :
$(8 + 4 - 2) \times (17 - 12) \times 10 - 89 =$ ______.
A. 3950 B. 411
C. 412 D. 3949

20. सरल कीजिए : $0.05 + 1.5 \times 5 \div 10 \times 0.5 =$ ______.
A. 4.25 B. 42.5
C. 0.425 D. 0.42

21. सरल कीजिए : $7 + 5 - 2 \times (7 + 89) - 94 \div 2 + (33 \div 3 + 9 \times 2 - 7) \div 11 =$ __________.
A. 254 B. – 225
C. – 235 D. 245

22. एक कक्षा में 20 लड़कों का औसत भार 160 किग्रा. है तथा शेष 5 लड़कों का 50 किग्रा. है। कक्षा के सभी लड़कों का औसत भार ज्ञात कीजिए।
A. 138 किग्रा. B. 183 किग्रा.
C. 140 किग्रा. D. 150 किग्रा.

23. एक समूह में 7 विद्यार्थियों द्वारा प्राप्त औसत अंक 226 है। यदि उनमें से छह द्वारा प्राप्त किए गए अंक क्रमशः 340, 180, 260, 56, 275 तथा 307 हैं, तो सातवें विद्यार्थी द्वारा प्राप्त किए गए अंक ज्ञात कीजिए।
A. 160 B. 162
C. 163 D. 164

24. एक लाइब्रेरी में औसतन 510 आगंतुक रविवार को और 240 अन्य दिन आते हैं। रविवार से शुरू होते हुए 30 दिन के महीने में आगंतुकों की औसत संख्या कितनी होगी?
A. 280 B. 285
C. 290 D. 295

25. एक बल्लेबाज 17वें मैच में 87 रनों का स्कोर बनाता है और इस प्रकार उसका औसत 3 से बढ़ जाता है। 17वें मैच के बाद उसका औसत ज्ञात कीजिए।
A. 36 B. 37
C. 38 D. 39

26. 1, 3, 5, 7, 9, 11, 13 का औसत है :
A. 7 B. 8
C. 7.5 D. 8.5

27. यदि *y* का *x*% 100 है तथा *z* का *y*% 200 है, तो *x* और *z* के बीच संबंध ज्ञात कीजिए।
A. $z = x$ B. $2z = x$
C. $z = 2x$ D. $z = 3x$

28. किसी संख्या के 2/5वें के एक-तिहाई का एक-चौथाई 15 है। उस संख्या का 40% कितना होगा?
A. 140 B. 150
C. 180 D. 200

29. यदि 40 का 15% किसी संख्या के 25% से 2 अधिक होता है, तो वह संख्या होगी :
A. 14 B. 16
C. 18 D. 20

30. एक आयताकार खेल के मैदान की लम्बाई सेमी. में ज्ञात कीजिए जिसका क्षेत्रफल 700 वर्ग मी. तथा चौड़ाई 25 मी. है।
A. 28 B. 280
C. 2800 D. 2500

31. रीना ने ₹ 1,200 का ऋण साधारण ब्याज पर उतने ही वर्षों के लिए लिया जितनी ब्याज दर है। यदि उसने ₹ 432 का ब्याज ऋण अवधि के अंत में दिया, तो ब्याज दर कितनी थी?
A. 3.6 B. 6
C. 18 D. 10

32. जब घड़ी में 7:15 pm बज रहे हों, तो इसमें बने कोण का नाम लिखिए।
A. न्यून कोण B. समकोण
C. अधिक कोण D. सीधा कोण

33. नीचे तालिका में न्यूयॉर्क शहर के पिछले वर्ष के अधिकतम तापमान दर्शाए गए हैं। इस तालिका की जानकारी का प्रयोग कीजिए और निम्नलिखित के उत्तर दीजिए :
न्यूयॉर्क शहर में पिछले वर्ष के तीन महीनों मई, जुलाई और सितम्बर का औसतन अधिकतम तापमान (2 दशमलव स्थानों तक) कितना था?

महीना	अधिकतम तापमान °C में
जनवरी	3
मार्च	9
मई	21
जुलाई	29
सितम्बर	24
नवम्बर	11

A. 21.65°C B. 24.66°C
C. 25.52°C D. 26.23°C

34. प्रातःकाल का तापमान –10°C था और सायंकाल तक यह 3 डिग्री घट गया था। सायंकाल में तापमान कितना था?

A. –7°C B. –23°C
C. –13°C D. –12°C

35. एक आयताकार बगीचा 185 मी. लंबा और 220 मी. चौड़ा है। इसके बीच में 4 मी. की एकसमान चौड़ाई की दो सड़कें हैं, एक इसकी लम्बाई के समान्तर और दूसरी इसकी चौड़ाई के समान्तर। ₹ 1.25 प्रति वर्ग मी. से सड़कों को लेवल (समतल) कराने की लागत ज्ञात कीजिए।

A. ₹ 3,900 B. ₹ 3,010
C. ₹ 4,010 D. ₹ 2,005

36. एक डेसीमीटर बराबर होता है :

A. 1×10^{-1} मी. B. 1×10^{-2} मी.
C. 1×10^{2} मी. D. 1×10^{3} मी.

37. रोमन संख्या पद्धति में, यदि कोई संकेताक्षर बार-बार आता है, तो इसका मान उतनी बार गुना नहीं किया जाता जितनी बार वह आता है।

A. सत्य B. असत्य
C. कहा नहीं जा सकता D. दोनों समान हैं

38. वृत्त के किसी बिन्दु पर अर्धवृत्त के व्यास द्वारा अंतरित कोण होगा :

A. 45° B. 180°
C. 90° D. 60°

39. एक बड़े घन का प्रत्येक भाग 44 सेमी. है। इससे प्रत्येक 4 सेमी. भाग के छोटे-छोटे घन काटे जाते हैं। कम-से-कम एक घन द्वारा घिरे हुए कितने छोटे घन बनेंगे?

A. 888 B. 729
C. 164 D. 33

40. एक आयताकार टैंक 15 सेमी. लम्बा, 12 सेमी. चौड़ा और 8 सेमी. ऊँचा है, और पानी से पूरा भरा हुआ है। टैंक में भरे हुए पानी का आयतन ज्ञात कीजिए।

A. 180 घन सेमी. B. 1200 घन सेमी.
C. 440 घन सेमी. D. 1440 घन सेमी.

41. कौन-सा विकल्प बढ़ते हुए क्रम में व्यवस्थित भिन्नों को दर्शाता है?

A. $\frac{5}{8} < \frac{7}{12} < \frac{3}{4} < \frac{13}{16}$ B. $\frac{5}{8} < \frac{7}{12} < \frac{13}{16} < \frac{3}{4}$
C. $\frac{5}{8} < \frac{3}{4} < \frac{13}{16} < \frac{7}{12}$ D. $\frac{7}{12} < \frac{5}{8} < \frac{3}{4} < \frac{13}{16}$

42. 945.341 – 1042.792 + 875.435 + 31.025 का मान क्या है?

A. 908.004 B. 810.008
C. 795.659 D. 809.009

43. एक आदमी यात्रा के पहले 160 किमी., 64 किमी./घंटे पर करता है तथा अगले 160 किमी., 80 किमी./घंटे पर करता है। यात्रा के प्रथम 320 किमी. की औसत चाल है :

A. 35.55 किमी./घं. B. 36 किमी./घं
C. 71.11 किमी./घं. D. 71 किमी./घं.

44. 3-अंकों की संख्या N द्वारा 2272 तथा 875 को विभाजित करने पर हमें एक ही शेषफल प्राप्त होता है। N के अंकों का योगफल है :

A. 10 B. 11
C. 12 D. 13

45. जूलिया को $\frac{1}{2}$ घंटा कपड़े धोने, अपने बालों में कंघी करने और अपने कपड़े पहनने के लिए लगता है तथा $\frac{1}{4}$ घंटा नाश्ता करने में लगता है। जूलिया को स्कूल जाने के लिए तैयार होने में कितना समय लगता है?

A. $\frac{3}{4}$ घंटा　　B. 1 घंटा
C. $\frac{2}{4}$ घंटा　　D. $\frac{5}{4}$ घंटा

46. रोमन संख्याओं में निम्नलिखित में से कौन-सी संख्या **गलत** है?
A. LXII　　B. XCI
C. LC　　D. XLIV

47. एक घनाभ में कितने फलक होते हैं?
A. 6　　B. 12
C. 8　　D. 4

48. एक सपाट सतह जो सभी दिशाओं में अनिश्चित रूप से बढ़ती है, वह कहलाती है :
A. समतल　　B. रेखा
C. रेखाखण्ड　　D. बिन्दु

49. दो पूरक कोणों के बीच अन्तर 10° है। दोनों कोणों के मानों की गणना कीजिए।
A. 55°, 45°　　B. 40°, 50°
C. 50°, 60°　　D. 100°, 90°

50. बैंगन, भिंडी और प्याज का कुल भार 48.057 किग्रा. है। यदि बैंगन और भिंडी का भार क्रमशः 5.35 किग्रा और 24.52 किग्रा. है, तो प्याज का भार ज्ञात कीजिए।
A. 17.187 किग्रा　　B. 18.187 किग्रा
C. 17.180 किग्रा　　D. 18.180 किग्रा

भाग-B : सामान्य ज्ञान

51. किस यंत्र का प्रयोग वाहनों की चाल मापने के लिए किया जाता है?
A. ग्रेवोमीटर　　B. स्पीडोमीटर
C. गाइरोस्कोप　　D. किलोमीटर

52. भारत ने किस स्मारक से अपना राष्ट्रीय प्रतीक चुना?
A. कपिलवस्तु　　B. हस्तिनापुर
C. सारनाथ　　D. पानीपत

53. निम्नलिखित में से किस नृत्य शैली में कहानी/प्रसंग हमेशा महाभारत और रामायण से ली जाती है?
A. मोहिनीअट्टम　　B. ओडिसी
C. भरतनाट्यम　　D. कुचिपुड़ी

54. हमारे राष्ट्रीय कैलेण्डर (शक संवत्) के आधार पर महीनों को सही क्रम में व्यवस्थित कीजिए—
(*a*) चैत्र　(*b*) वैशाख　(*c*) ज्येष्ठ　(*d*) आषाढ़
A. (*a*) (*b*) (*c*) (*d*)　　B. (*b*) (*c*) (*d*) (*a*)
C. (*d*) (*a*) (*c*) (*b*)　　D. (*c*) (*d*) (*a*) (*b*)

55. निम्नलिखित में से कौन-सा लड़ाकू वायुयान है?
A. तेजस　　B. ध्रुव
C. बोइंग C-17 ग्लोबमास्टर　　D. चेतक

56. निम्नलिखित में से कौन-सा/सी कप/ट्रॉफी फुटबॉल से संबंधित है?
A. डेविस कप　　B. चैम्पियन्स ट्रॉफी
C. संतोष ट्रॉफी　　D. देवधर ट्रॉफी

57. चींटियाँ अपने समूह की चींटियों को कैसे पहचानती हैं?
A. रंग द्वारा　　B. चेहरे द्वारा
C. गंध द्वारा　　D. ऊँचाई द्वारा

58. निम्नलिखित में से कौन-सा पोल्ट्री फार्मों में पालतू है?
A. बकरी　　B. भेड़
C. मुर्गी　　D. घोड़े

59. ________ जीभ पर फैली हुई होती हैं और भोजन में रसायनों से अभिक्रिया करती हैं।
A. स्वाद कलिकाएँ
B. अवरोधिनियाँ (संवरणियाँ)
C. दाँत
D. त्वचा

60. खाद्य परिरक्षण करते समय हिमीकरण क्या करता है?
A. खाद्य उत्पाद को कठोर रखता है
B. खाद्य की सुगंध को ताजा रखता है
C. सूक्ष्मजीवों की वृद्धि को रोकता है
D. उपर्युक्त में से कोई नहीं

61. हवा, चोब (ड्रमस्टिक) और द्विफल (मेपिल) के बीजों को लम्बी दूरी तक ले जाती है क्योंकि इनमें :
A. सपक्ष बीज होते हैं।
B. बड़े और बाल वाले बीज होते हैं।
C. लंबे और कटक वाले फल होते हैं।
D. शूली बीज होते हैं।

62. ________ राजस्थान की परम्परागत वर्षा-जल संग्रहण तकनीक है।

A. टाँका　　B. खडिन
C. बावड़ी　　D. कुआँ

63. निम्नलिखित में से कौन-सा जल में घुलेगा?

A. मृदा　　B. चाक पाउडर
C. चीनी　　D. तेल

64. निम्नलिखित में से कौन-सा संक्रामक रोग है?

A. मधुमेह (डायबिटीज)
B. छोटी माता (चिकन पॉक्स)
C. अल्जाइमर
D. कैंसर

65. पर्वतों पर चढ़ने के लिए, हमें :

A. आगे की ओर झुकना चाहिए
B. पीछे की ओर झुकना चाहिए
C. सीधे चलना चाहिए
D. तिरछा (एक-तरफा) चलना चाहिए

66. राजस्थान के राजपूत राजा सवाई जय सिंह द्वारा 18वीं शताब्दी में बनवाई गई खगोलीय प्रेक्षणशाला का नाम बताइए।

A. लाल किला　　B. कुतुब मीनार
C. जन्तर मन्तर　　D. ताज महल

67. ________ में आन्तरिक चट्टानें, खनिज, आदि सम्मिलित होते हैं।

A. वायुमण्डल　　B. जीवमण्डल
C. गोलार्ध　　D. भूमण्डल

68. लाखों वर्षों पहले के पौधे और जानवरों के दफन किए गए अवशेषों को जाना जाता है :

A. संभाव्य रिजर्व　　B. जीवाश्म ईंधन
C. जैवमात्रा ईंधन　　D. सजीव शक्ति

69. रसगुल्ला ________ की लोकप्रिय मिठाई है।

A. पश्चिम बंगाल　　B. पंजाब
C. केरल　　D. हिमाचल प्रदेश

70. निम्नलिखित में से कौन-सा भारत का एक जनजातीय समुदाय है?

A. पंडित　　B. जाट
C. भील　　D. पंजाबी

71. बादल अधिकतर बने होते हैं :

A. बर्फ के　　B. धूल के
C. जल की बूँदों के　　D. धूम-कोहरे के

72. निम्नलिखित में से कौन-सी कृति के लिए वासदेव मोही को 29वाँ सरस्वती सम्मान प्रदान किया गया?

A. लोस्ट चिल्ड्रन आर्काइव
B. चेकबुक
C. द स्ट्रेंजर डायरीज
D. ए साँग फॉर ए न्यू डे

73. यू.एन. महासभा (जनरल असेम्बली) के अध्यक्ष बनने वाले प्रथम भारतीय कौन थे?

A. नटवर सिंह
B. वी.के. कृष्ण मेनन
C. श्रीमती विजया लक्ष्मी पंडित
D. श्रीमती इंदिरा गाँधी

74. मानव शरीर के निम्नलिखित में से कौन-से भाग में स्वेद ग्रंथियाँ अनुपस्थित होती हैं?

A. शिरोवल्क　　B. काँख (बगल)
C. होंठ (ओष्ठ)　　D. हथेलियाँ

75. कंगारू के छोटे बच्चे को हम क्या कहते हैं?

A. फोल　　B. कोल्ट
C. जोई　　D. कब

भाग-C : हिन्दी भाषा

76. प्रश्न के नीचे दिए गए विकल्पों में से उचित विकल्प का चयन कीजिए :

'जहाँ जाना कठिन हो'

A. जंगल　　B. दुर्गम
C. गमनीय　　D. अगम

77. निम्नलिखित शब्द के लिए सही विपरीतार्थक शब्द (विकल्प) का चयन कीजिए :

संयोग

A. प्रेम　　B. असहयोग
C. वियोग　　D. दुख

78. निम्नलिखित शब्द के लिए सही संधि-विच्छेद (विकल्प) का चयन कीजिए :

A. गिर + ईंद्र B. गिरि + ईंद्र

C. गिरी + इंद्र D. गिरि + इंद्र

79. निम्नलिखित शब्द में प्रयुक्त उपसर्ग के सही विकल्प का चयन कीजिए :

A. निश् B. निर

C. निः D. निश

निर्देश (प्र. सं. 80 और 81) : *प्रत्येक प्रश्न के नीचे दिए गए विकल्पों में से उचित विकल्प चुनिए :*

80. निम्नलिखित में से कौन-सा शब्द बादल का पर्यायवाची शब्द है?

A. अम्बर B. गगन

C. जलद D. नीरज

81. हर्ष शब्द का विलोम शब्द है :

A. दुखी B. विषाद

C. अप्रसन्न D. कष्ट

82. निम्नलिखित वाक्य/शब्द समूह के लिए दिए गए विकल्पों में से उचित शब्द का चयन कीजिए :

'जो सबको समान दृष्टि से देखता हो'

A. सज्जन B. संन्यासी

C. समंदर्शी D. परोपकारी

83. सार्थक वाक्य बनाने के लिए निम्नलिखित शब्दों/शब्द समूहों को व्यवस्थित कीजिए। विकल्पों में से सही विकल्प का चयन कीजिए :

गाय का (A)/ ताजा (B)/ दूध पीता हूँ (C)/ मैं (D)

A. DBAC B. DABC

C. ABCD D. BCDA

84. दिए गए विकल्पों में से सही वर्तनी वाले शब्द का चयन कीजिए :

A. आर्शीवाद B. आशिर्वाद

C. आर्शिवाद D. आशीर्वाद

85. रिक्त स्थान भरने के लिए उपयुक्त विकल्प चुनिए :

जिस पर अभियोग लगाया गया हो वह ______ कहलाता है।

A. अभियोगी B. अपराधी

C. अभियुक्त D. भगोड़ा

86. प्रश्न के नीचे दिए गए विकल्पों में से उचित विकल्प का चयन कीजिए :

निम्नलिखित में से कौन-सा शब्द अद्वितीय का पर्यायवाची शब्द है?

A. आश्चर्यजनक B. अनोखा

C. अनुपम D. अपूर्व

87. निम्नलिखित में से कौन-सा शब्द पत्थर का पर्यायवाची शब्द **नहीं** है?

A. पर्वत B. प्रस्तर

C. उपल D. पाषाण

निर्देश (प्र. सं. 88 से 92 तक) : *निम्नलिखित अनुच्छेद को ध्यानपूर्वक पढ़कर पूछे गए प्रश्नों के लिए सही विकल्प चुनिए।*

निरंतर श्रम करने से शरीर स्वस्थ रहता है। समाज में जीवंतता बनी रहती है। यदि श्रम करना छोड़ दिया जाए तो समाज गतिशून्य हो जाए। श्रम की सार्थकता के बारे में महात्मा गाँधी ने कहा था—जब श्रम करना है तो उत्पादक श्रम ही क्यों न किया जाए। गाँधीजी के उत्पादक श्रम का तात्पर्य यह है कि श्रम से कुछ चीज की प्राप्ति हो, चांहे यश हो, चाहे प्रगति हो। इससे श्रम करने में आनंद आएगा। श्रम के प्रति निष्ठा और सम्मान की भावना हमारी सहज प्रवृत्ति होनी चाहिए। वस्तुतः हमारे विकास का, हमारी उन्नति का मूलमंत्र है—श्रम। सफलता का मूलमंत्र और प्रगति की सीढ़ी परिश्रम से ही प्राप्त होती है। परिश्रम, साहस और कर्म का चोली-दामन का साथ है। जो मनुष्य परिश्रम करता है, वह साहसी भी होता है।

88. स्वस्थ शरीर के लिए क्या आवश्यक है?

A. कसरत करना B. निरंतर श्रम

C. जीवंतता D. प्रगति

89. परिश्रम, साहस और कर्म का चोली-दामन का संबंध कैसे है?

A. परिश्रमी और साहसी लोगों को पसंद किया जाता है।

B. साहसी कर्मयोगी होते हैं।

C. जो मनुष्य कर्म करता है वह साहसी भी होता है।

D. परिश्रम, साहस एक-दूसरे के पूरक नहीं हैं।

90. गाँधीजी ने श्रम की सार्थकता किससे मानी है?

A. परिश्रम करने से B. सम्मान की भावना से

C. श्रम के प्रति निष्ठा से D. उत्पादक श्रम से

91. सार्थकता शब्द का विलोम शब्द है :
A. सफलता B. प्रासंगिकता
C. निरर्थकता D. उपयोगिता

92. श्रम करने में आनंद कब आएगा?
A. जब हम स्वस्थ होंगे
B. समाज में गतिशून्यता नहीं होगी
C. जब मन में सम्मान की भावना होगी
D. जब श्रम से कुछ चीज की प्राप्ति होगी

93. वाक्यांश के लिए सही विकल्प ढूँढ़िए :
परीक्षा देने वाला
A. परीक्षक B. विद्यार्थी
C. परीक्षार्थी D. शिक्षार्थी

94. विलोम शब्द ढूँढ़िए :
पराजय
A. जय B. अजय
C. हार D. पराधीन

95. निम्नलिखित शब्द में प्रयुक्त प्रत्यय के सही विकल्प का चयन कीजिए :
विद्यालय
A. लय B. आलय
C. य D. अलय

96. निम्नलिखित शब्द का स्त्रीलिंग रूप चुनिए :
जेठ
A. जेठानी B. जिठानी
C. जेठाइन D. जिठाइन

97. निम्नलिखित में से पुल्लिंग शब्द है :
A. नदी B. देवी
C. कविता D. चंद्रमा

98. लड़की शब्द का बहुवचन रूप है :
A. लड़कियाँ B. लड़की
C. लड़कियें D. लड़कीएं

99. मुहावरे का सही अर्थ लिखिए :
अँगूठा दिखाना
A. झूठ बोलना B. अवसरवादी होना
C. मौके पर इनकार करना D. धोखा देना

100. मुहावरे का सही अर्थ लिखिए :
अक्ल पर पत्थर पड़ना
A. मूर्ख बन जाना
B. बुद्धि समाप्त हो जाना
C. सोचने-विचारने की क्षमता न रहना
D. बड़ी चोट लग जाना

भाग-D : बुद्धिमत्ता परीक्षण

101. दी गई श्रृंखला में अगला क्या आएगा?
A, C, F, H, K, M, ...
A. N B. Y
C. P D. M

102. राहुल ने सीधे पूर्व की ओर चलना आरंभ किया। वह कुछ दूर तक चला और फिर अपनी दायीं ओर मुड़ा तथा फिर से चला। अब उसका मुख किस दिशा में है?
A. उत्तर B. पूर्व
C. दक्षिण D. पश्चिम

103. दिए गए विकल्पों में से विषम का चयन कीजिए।
A. बांग्लादेश : टका
B. ब्राजील : रियल
C. साइप्रस : डॉलर
D. ईरान : रियाल

104. तान्या एरिक से बड़ी है।
क्लिफ तान्या से बड़ा है।
एरिक क्लिफ से बड़ा है।
यदि प्रथम दो कथन सत्य हैं, तो तीसरा कथन है :
A. सत्य B. असत्य
C. अनिश्चित D. इनमें से कोई नहीं

105. प्रश्नचिह्न के स्थान पर क्या आएगा?
10, 100, 200, 310,?
A. 420 B. 410
C. 430 D. 400

106. A, B की बहन है। C, B की माँ है। D, C के पिता हैं। E, D की माँ है। तो A का D से क्या संबंध है?
A. दादा B. दादी
C. पुत्री D. पौत्री

107. एक विशिष्ट कूट भाषा में COMPUTER को RFUVQNPC के रूप में लिखा जाता है। उसी कूट भाषा में MEDICINE को किस प्रकार लिखा जाएगा?

A. MFEDJJOE B. EOJDEJFM
C. MFEJDJOE D. EOJDJEFM

108. यदि दक्षिण-पूर्व उत्तर हो जाए, उत्तर-पूर्व पश्चिम हो जाए और इसी प्रकार क्रम जारी रहे, तो पश्चिम क्या हो जाएगा?

A. उत्तर-पूर्व B. उत्तर-पश्चिम
C. दक्षिण-पूर्व D. दक्षिण-पश्चिम

109. 45 विद्यार्थियों की एक कक्षा में, आमिर का क्रम ऊपर से 16वाँ है। अशोक, आमिर से 6 क्रम नीचे है। नीचे से अशोक का क्रम कौन-सा है?

A. 23वाँ B. 32वाँ
C. 24वाँ D. 30वाँ

110. अक्षरों के कौन-से एक समुच्चय को दी गई अक्षर शृंखला के खाली स्थानों में क्रमानुसार रखने से शृंखला पूरी होगी?

_ ab _ b _ aba _ _ abab.

A. abbaa B. bbaab
C. abaab D. aaaba

111. इस शृंखला की ओर देखिए : 2, 1, (1/2), (1/4), ... आगे आने वाली संख्या कौन-सी होगी?

A. 1/3 B. 1/8
C. 2/8 D. 1/16

112. वह सही विकल्प चुनिए जिसमें वही संबंध हो।

SCD, TEF, UGH, __________, WKL

A. CMN B. UJI
C. VIJ D. IJT

113. यदि 'WAY' को 679 के रूप में कूटित किया जाता है, 'MAY' को 579 के रूप में कूटित किया जाता है, तो 'YAW' को कूटित किया जाएगा :

A. 976 B. 769
C. 679 D. 579

114. यदि '+' का अर्थ है "घटा", '–' का अर्थ है "गुणा", '×' का अर्थ है "जोड़", तो 10 × 5 + 3 – 2 का मान क्या है?

A. 24 B. 52
C. 9 D. 10

115. सुधारना : सीवन (सिलाई) : : संपादन करना : ___

A. रफ़ू करना B. मरम्मत करना
C. हस्तलिपि D. कामचलाऊ

116. रिक्त स्थान की पूर्ति कीजिए।

लगाम : घोड़ा : : कंट्रोल पैनल : __________

A. चालक (पायलट) B. बिट
C. समतल D. घुड़सवार

117. वह शब्द चुनिए जो समूह के शब्दों से सबसे कम मिलता है।

A. एम.एस. पेन्ट B. फेसबुक
C. व्हाट्सएप D. ट्विटर

118. वह शब्द चुनिए जो रेखांकित शब्द का अनिवार्य भाग है :

<u>गिटार</u>

A. बैण्ड B. शिक्षक
C. गाने D. तारें

119. 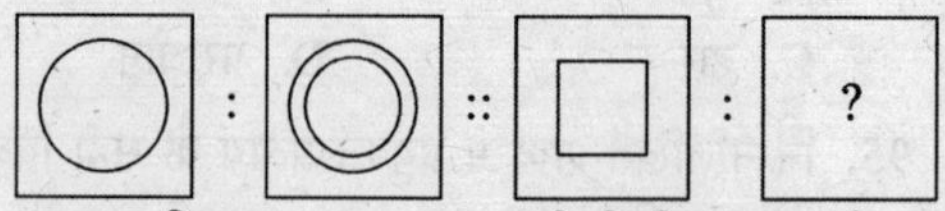

उपयुक्त विकल्प का चयन करके द्वितीय युग्म को पूरा कीजिए।

A. 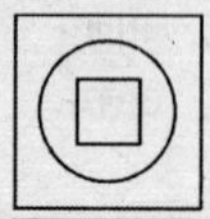 B. 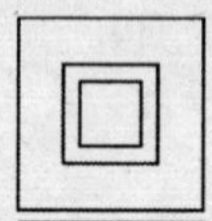

C. 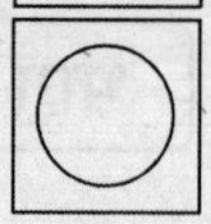 D. 

120. एक आदमी 6 किमी. दक्षिण की ओर चलता है, बाएँ मुड़कर 4 किमी. चलता है, फिर दोबारा बाएँ मुड़ता है और 5 किमी. चलता है। अब उसका मुँह किस दिशा की ओर है?

A. दक्षिण B. उत्तर
C. पूर्व D. पश्चिम

121. प्रश्नचिह्न के स्थान पर कौन-सा अक्षर आएगा?

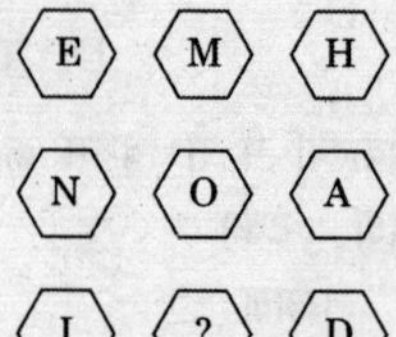

A. N B. O
C. P D. M

122. पुजारी ने एक भक्त को कहा, ''घंटी 45 मिनट के नियमित अंतराल पर बजती है। अंतिम घंटी 5 मिनट पहले बजी थी। अगली घंटी 7:45 am पर बजेगी।'' पुजारी ने भक्त को यह सूचना किस समय पर दी थी?

A. 6:55 am B. 7:00 am
C. 7:05 am D. 7:40 am

123. नीचे दिए गए चित्र में कितने त्रिभुज हैं?

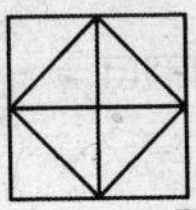

A. 4 B. 12
C. 16 D. 10

124. एक कूट में, 'BOMBAY' को 'CNNABX' के रूप में कूटित किया जाता है, तो 'DELHI' का कूट क्या होगा?

A. EDMJG B. GMDEJ
C. DEGMJ D. EDMGJ

125. रिक्त स्थान की पूर्ति कीजिए।

अलग करना : एक कर देना : : मरम्मत करना : ______

A. पास आना
B. धक्का देना
C. बिगाड़ देना
D. अपनी चालाकी से मात देना

उत्तरमाला

1	2	3	4	5	6	7	8	9	10
C	B	C	A	A	C	A	D	B	B
11	**12**	**13**	**14**	**15**	**16**	**17**	**18**	**19**	**20**
B	B	A	C	C	C	C	D	B	C
21	**22**	**23**	**24**	**25**	**26**	**27**	**28**	**29**	**30**
B	A	D	B	D	A	C	C	B	C
31	**32**	**33**	**34**	**35**	**36**	**37**	**38**	**39**	**40**
B	C	B	C	D	A	B	C	B	D
41	**42**	**43**	**44**	**45**	**46**	**47**	**48**	**49**	**50**
D	D	C	A	A	C	A	A	B	B
51	**52**	**53**	**54**	**55**	**56**	**57**	**58**	**59**	**60**
B	C	C	A	A	C	C	C	A	C
61	**62**	**63**	**64**	**65**	**66**	**67**	**68**	**69**	**70**
A	A	C	B	A	C	D	B	A	C
71	**72**	**73**	**74**	**75**	**76**	**77**	**78**	**79**	**80**
C	B	C	C	C	B	C	D	C	C
81	**82**	**83**	**84**	**85**	**86**	**87**	**88**	**89**	**90**
B	C	B	D	C	C	A	B	C	D
91	**92**	**93**	**94**	**95**	**96**	**97**	**98**	**99**	**100**
C	D	C	A	B	B	D	A	C	C
101	**102**	**103**	**104**	**105**	**106**	**107**	**108**	**109**	**110**
C	C	C	B	C	D	D	C	C	D
111	**112**	**113**	**114**	**115**	**116**	**117**	**118**	**119**	**120**
B	C	A	C	C	C	A	D	B	B
121	**122**	**123**	**124**	**125**					
D	C	B	D	C					

व्याख्यात्मक उत्तर

3. लंबाई OP द्वारा निरूपित भिन्न है

$$= \frac{OP}{OY}$$

$$= \frac{OU + US + SV + VR + RX + XW + WT + TP}{OU + US + SV + VR + RX + XW + WT + TP + PQ + QY}$$

$$= \frac{8}{10} = \frac{4}{5}.$$

4. $\frac{5}{7} = 0.7$

∵ 0.7, 0 और 1 के मध्य में स्थित है।

5. यहाँ 5, 3, 6 और 2 का ल.स. = 30

A. $\frac{4}{5} \times 30 = 24$

B. $\frac{5}{3} \times 30 = 50$

C. $\frac{5}{6} \times 30 = 25$

D. $\frac{5}{2} \times 30 = 75$

अतः सबसे छोटी भिन्न = 4/5.

6. दिया है, HCF = 6, LCM = 864

एक संख्या = 96

∵ दो संख्याओं का अनुपात = HCF × LCM

∴ $96 \times x = 6 \times 864$

$\Rightarrow \quad x = \frac{6 \times 864}{96} = \frac{864}{16} = 54.$

8. अभीष्ट सबसे छोटी संख्या

= 9, 12 और 15 का ल.स. = 180.

9. साबुन पाउडर के प्रति पैकेट का विक्रय मूल्य

= ₹ 15

1 दर्जन पैकेट का विक्रय मूल्य

= 12 × 15 = ₹ 180

8 दर्जन पैकेट का विक्रय मूल्य

= 8 × 180 = ₹ 1440

और 8 दर्जन पैकेट का क्रय मूल्य

= 8 × 144 = ₹ 1152

लाभ = विक्रय मूल्य – क्रय मूल्य

= 1440 – 1152 = 288

∴ लाभ प्रतिशत = $\frac{\text{लाभ} \times 100}{\text{क्रय मूल्य}}$

$= \frac{288 \times 100}{1152} = \frac{28800}{1152}$

= 25%.

10. विकल्पों को जाँचने पर,

37 = 18 × 2 + 1

56 = 18 × 3 + 2

93 = 18 × 5 + 3

प्रश्न के अनुसार

बड़ी से बड़ी संख्या = 18.

11. माना आदमी की अभीष्ट संख्या = x

∵ अधिक आदमी, कम समय → विलोमानुपात

आदमी दिन

$10 : x :: 5 : 4$

$\Rightarrow \quad x \times 5 = 10 \times 4$

$\Rightarrow \quad x = \frac{10 \times 4}{5}$

$= 2 \times 4 = 8$

$\Rightarrow \quad x = 8$ आदमी

12. ∵ 15 गाय = 21 बकरियाँ

∴ 1 गाय = $\frac{21}{15}$ बकरियाँ

∴ 35 गाय = $35 \times \frac{21}{15}$ बकरियाँ

$= \frac{7 \times 21}{3}$

= 7 × 7 = 49 बकरियाँ

अतः 49 बकरियाँ उतना खाती हैं जितनी 35 गाय।

13. अधिक कार, अधिक कमाई → सीधा अनुपात

कार कमाई

9 : 27 : : 36,000 : x

$\Rightarrow \quad 9 \times x = 27 \times 36000$

$\Rightarrow \quad x = \frac{27 \times 36000}{9}$

$= 3 \times 36000 =$ ₹ 108,000.

14. दिया है, $x : y = 3 : 5$

$\Rightarrow \quad \frac{x}{y} = \frac{3}{5}$

$\therefore \quad \frac{3x+4y}{8x+5y} = \frac{\frac{3x+4y}{y}}{\frac{8x+5y}{y}} = \frac{3\frac{x}{y}+4}{8\frac{x}{y}+5}$

$= \frac{3\times\frac{3}{5}+4}{8\times\frac{3}{5}+5} = \frac{\frac{9}{5}+4}{\frac{24}{5}+5}$

$= \frac{\frac{9+20}{5}}{\frac{24+25}{5}} = \frac{29}{49}$

अतः $(3x + 4y) : (8x + 5y) = 29 : 49$.

15. दिया है,

3, 18, m, 42 समानुपात में हैं

$\therefore$ 3 : 18 : : m : 42

$\Rightarrow \quad 3 \times 42 = 18 \times m$

$\Rightarrow \quad m = \frac{3\times 42}{18} = 7$

$\Rightarrow \quad m = 7.$

16. चुने हुए कैडेटों की संख्या = 900

और नहीं चुने हुए कैडेटों की संख्या

$= 1200 - 900 = 300$

$\therefore$ अभीष्ट अनुपात $= \frac{900}{300} = \frac{9}{3} = \frac{3}{1}$

= 3 : 1.

17. $\because$ विक्रय मूल्य = ₹ 450, हानि = 10%

$\therefore$ क्रय मूल्य $= 450 \times \frac{100}{100-10}$

$= 450 \times \frac{100}{90} = 450 \times \frac{10}{9}$

$= 50 \times 10 =$ ₹ 500

10% लाभ प्राप्त करने के लिए विक्रय मूल्य

$= 500 \times \frac{100+10}{100}$

$= 500 \times \frac{110}{100}$

$= 500 \times \frac{11}{10} = 550$

अतः अभीष्ट विक्रय मूल्य = ₹ 550.

18. एक स्पीकर का क्रय मूल्य

$= 7500 \times \frac{100}{100+20}$

$= 7500 \times \frac{100}{120}$

$= 7500 \times \frac{5}{6}$

$= 1250 \times 5 =$ ₹ 6250

और दूसरे स्पीकर का विक्रय मूल्य

$= 8100 \times \frac{100}{100-10}$

$= 8100 \times \frac{100}{90}$

$= 8100 \times \frac{10}{9}$

$= 900 \times 10 =$ ₹ 9000

$\therefore$ कुल क्रय मूल्य = 6250 + 9000

= ₹ 15250

और कुल विक्रय मूल्य = 7500 + 8100

= ₹ 15600

अतः लाभ = विक्रय मूल्य – क्रय मूल्य

= 15600 – 15250 = ₹ 350.

19. $(8 + 4 - 2) \times (17 - 12) \times 10 - 89$
$= (12 - 2) \times (5) \times 10 - 89$
$= 10 \times 5 \times 10 - 89$
$= 500 - 89$
$= 411.$

20. $0.05 + 1.5 \times 5 \div 10 \times 0.5$
$= 0.05 + 1.5 \times 5 \times \frac{1}{10} \times 0.5$
$= 0.05 + 1.5 \times \frac{1}{2} \times 0.5$
$= 0.05 + 0.75 \times 0.5$
$= 0.05 + 0.375 = 0.425.$

21. $7 + 5 - 2 \times (7 + 89) - 94 \div 2 + (33 \div 3 + 9 \times 2 - 7) \div 11$
$= 7 + 5 - 2 \times (96) - 94 \div 2 + (33 \times \frac{1}{3} + 9 \times 2 - 7) \div 11$
$= 7 + 5 - 2 \times 96 - 94 \div 2 + (11 + 18 - 7) \div 11$
$= 7 + 5 - 2 \times 96 - 94 \times \frac{1}{2} + (29 - 7) \div 11$
$= 7 + 5 - 192 - 47 + 22 \times \frac{1}{11}$
$= 7 + 5 - 192 - 47 + 2 \times 1$
$= 7 + 5 - 192 - 47 + 2$
$= 14 - 192 - 47$
$= 14 - 239 = -225.$

22. 20 लड़कों का कुल भार
$= 20 \times 160$
$= 3200$ किग्रा.
और शेष 5 लड़कों का कुल भार
$= 5 \times 50 = 250$ किग्रा.
∴ कक्षा में सभी लड़कों का कुल भार
$= (3200 + 250)$ किग्रा.
$= 3450$ किग्रा.
अतः कक्षा में सभी लड़कों (20 + 5) की औसत आयु
$= \frac{3450}{20+5} = \frac{3450}{25} = 138.$

23. समूह में 7 विद्यार्थियों द्वारा प्राप्त कुल अंक
$= 7 \times 226 = 1582$
और उनमें से 6 द्वारा प्राप्त कुल अंक
$= 340 + 180 + 260 + 56 + 275 + 307$
$= 1418$
अतः सातवें विद्यार्थी द्वारा प्राप्त किए गए अंक
$= 1582 - 1418 = 164.$

24. रविवार से शुरू होते हुए 30 महीने में आगंतुकों की संख्या
$= 5 \times 510 + 25 \times 240$
$= 2550 + 6000 = 8550$
अतः आंगतुकों की औसत संख्या
$= \frac{8550}{30} = 285.$

25. माना 16 मैच का औसत स्कोर $= x$
तब, प्रश्नानुसार,
$$16x + 87 = 17(x + 3)$$
$$\Rightarrow \quad 16x + 87 = 17x + 51$$
$$\Rightarrow \quad 17x - 16x = 87 - 51$$
$$\Rightarrow \quad x = 36$$
अतः 17वें मैच के बाद उसका स्कोर
$= x + 3$
$= 36 + 3 = 39.$

26. 1, 3, 5, 7, 9, 11, 13 का औसत
$= \frac{1+3+5+7+9+11+13}{7}$
$= \frac{49}{7} = 7.$

27. दिया है,
$$y \text{ का } x\% = 100$$
$$\Rightarrow \quad \frac{x}{100} \times y = 100$$
$$\Rightarrow \quad xy = 10000$$
$$\Rightarrow \quad y = \frac{10000}{x} \quad \text{...(i)}$$

और z का $y\% = 200$

$\Rightarrow \quad \frac{y}{100} \times z = 200$

$\Rightarrow \quad yz = 20000$

$\Rightarrow \quad y = \frac{20000}{z} \quad ...(ii)$

(i) और (ii) से हम पाते हैं,

$$\frac{10000}{x} = \frac{20000}{z}$$

$\Rightarrow \quad \frac{1}{x} = \frac{2}{z}$

$\Rightarrow \quad z = 2x.$

28. माना संख्या = x

तब x के 2/5वें के एक-तिहाई का एक-चौथाई = 15

$\therefore \quad \frac{1}{4} \times \frac{1}{3} \times \frac{2}{5} \times x = 15$

$\Rightarrow \quad \frac{1}{2} \times \frac{1}{3} \times \frac{1}{5} \times x = 15$

$\Rightarrow \quad x = 15 \times 30 = 450$

$\Rightarrow \quad x = 450$

अतः संख्या का 40%

$= x$ का 40%

$= x \times \frac{40}{100}$

$= 450 \times \frac{40}{100}$

$= 45 \times 4 = 180.$

29. दिया है,

40 का 15% – संख्या का 25% = 2

$\therefore \quad 40 \times \frac{15}{100} - x \times \frac{25}{100} = 2$

$\Rightarrow \quad 2 \times \frac{15}{5} - x \times \frac{1}{4} = 2$

$\Rightarrow \quad 2 \times 3 - 2 = \frac{x}{4}$

$\Rightarrow \quad 6 - 2 = \frac{x}{4}$

$\Rightarrow \quad 4 = \frac{x}{4} \Rightarrow x = 16$

अतः संख्या = x = 16.

30. दिया है, क्षेत्रफल = 700 वर्ग मी.

और चौड़ाई = 25 मी.

$\because$ एक आयताकार खेल के मैदान का क्षेत्रफल

= लंबाई × चौड़ाई

$\therefore \quad$ 700 = लंबाई × 25

$\Rightarrow \quad$ लंबाई $= \frac{700}{25} = 28$ मी.

$\Rightarrow \quad$ लंबाई = 28 × 100 सेमी.

= 2800 सेमी.

31. दिया है, P = ₹ 1200

साधारण ब्याज = ₹ 432,

समय = दर = r

$\because \quad$ साधारण ब्याज $= \frac{\text{P} \times \text{दर} \times \text{समय}}{100}$

$\therefore \quad 432 = \frac{1200 \times r \times r}{100}$

$\Rightarrow \quad 432 = 12 \times r^2$

$\Rightarrow \quad r^2 = \frac{432}{12} = 36$

$\Rightarrow \quad r^2 = 36 = 6^2$

$\Rightarrow \quad r = 6\%.$

32. एक घड़ी में 7 : 15 pm बज रहे हैं

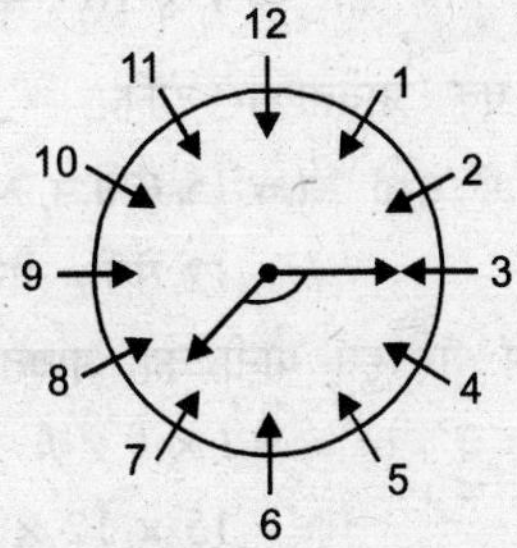

$\therefore$ इसमें बने कोण का नाम = अधिक कोण।

33. तीन महीनों मई, जुलाई और सितम्बर का औसत अधिकतम तापमान

$$= \frac{21+29+24}{3} = \frac{74}{3} = 24.66°C.$$

34. सायंकाल का तापमान = –10°C – 3°C = –13°C.

35. दिया है, एक आयताकार बगीचा

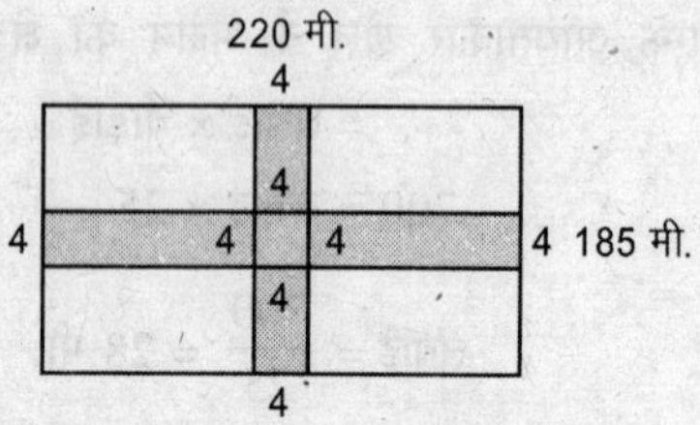

l = 185 मी. और b = 220 मी.

∵ बगीचे में एक समान चौड़ाई की दो सड़कें हैं = 4 मी. (सड़क की चौड़ाई)

अब दो सड़कों का क्षेत्रफल

= 185 × 4 + 220 × 4 – 4 × 4

= 740 + 880 – 16

= 1620 – 16 = 1604 वर्ग.मी.

अतः सड़कों को समतल करने की लागत (₹ 1.25 प्रति वर्ग मी.)।

= ₹ 1.25 × 1604 = ₹ 2005.

36. ∵ 10 मिलीमीटर = 1 सेंटीमीटर

10 सेंटीमीटर = 1 डेसीमीटर

10 डेसीमीटर = 1 मीटर

∴ 1 डेसीमीटर = $\frac{1}{10}$ मीटर = 10^{-1} मीटर

= 1 × 10^{-1} मीटर

40. दिया है, एक आयताकार टंकी

l = 15 सेमी.

b = 12 सेमी. और h = 8 सेमी.

∴ टैंक में भरे हुए पानी का आयतन

= $l \times b \times h$

= 15 × 12 × 8 घन सेमी.

= 1440 घन सेमी.।

41. $\frac{5}{8} = 0.625, \ \frac{7}{12} = 0.5833$

$\frac{3}{4} = 0.75, \ \frac{13}{16} = 0.8125$

∵ 0.5833 < 0.625 < 0.75 < 0.8125

$\therefore \ \frac{7}{12} < \frac{5}{8} < \frac{3}{4} < \frac{13}{16}.$

42. 945.341 – 1042.792 + 875.435 + 31.025

= 945.341 – 1042.792 + 906.46

= (945.341 + 906.46) – 1042.792

= 1851.801 – 1042.792 = 809.009.

43. यहाँ $t_1 = \frac{160}{64} = \frac{10}{4} = \frac{5}{2}$ घंटे

और $t_2 = \frac{160}{80} = 2$ घंटे

और दूरी = 320 किमी.

∴ औसत चाल = $\frac{\text{दूरी}}{t_1 + t_2}$

$$= \frac{320}{\frac{5}{2}+2} = \frac{320}{\frac{9}{2}}$$

$$= \frac{320}{9} \times 2 = \frac{640}{9}$$

= 71.11 किमी./घं.

45. जूलिया को स्कूल जाने के लिए तैयार होने में लगा समय

$$= \frac{1}{2} + \frac{1}{4}$$

$$= \frac{2+1}{4} = \frac{3}{4}.$$

49. 40°, 50°

∵ 50° – 40° = 10°

और 40° + 50° = 90°

∴ दो पूरक कोण हैं 40°, 50°.

50. बैंगन, भिंडी और प्याज का कुल भार = 48.057 किग्रा.
और बैंगन और भिंडी का कुल भार
= 5.35 + 24.52 = 29.87
अतः प्याज का भार
= 48.057 − 29.87 = 18.187.

101. 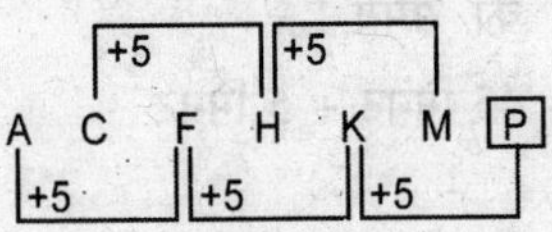

यहाँ दी गई शृंखला में अगला पद = P.

102. 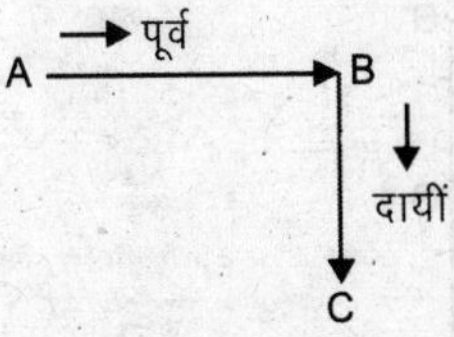

यहाँ प्रारंभिक बिन्दु = A
अंततः अब उसका मुख दक्षिण दिशा में है।

104. तान्या > एरिक
क्लिफ > तान्या ⇒ क्लिफ > तान्या > एरिक
एरिक > क्लिफ
दिया है, प्रथम दो कथन सत्य हैं
∴ तीसरा कथन असत्य है।

105. 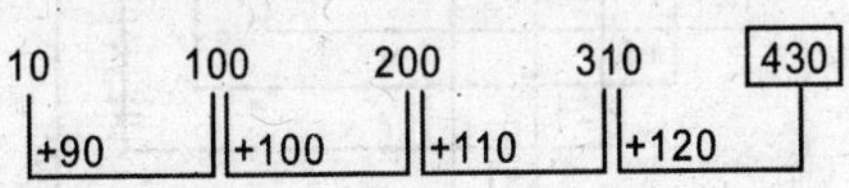

यहाँ ? = अगला पद = 310 + 120 = 430.

106. 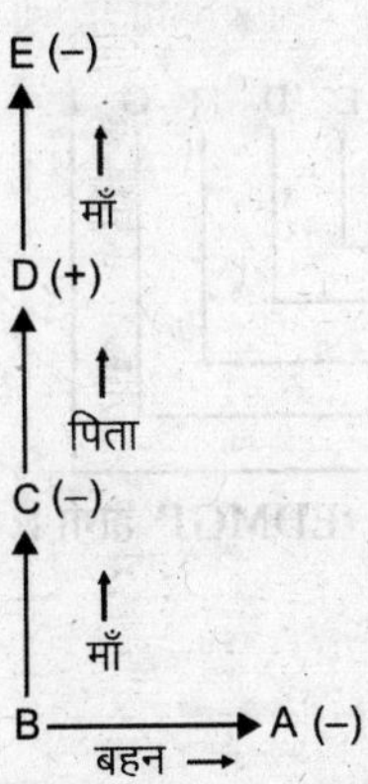

यहाँ A, D की पौत्री है।

107. 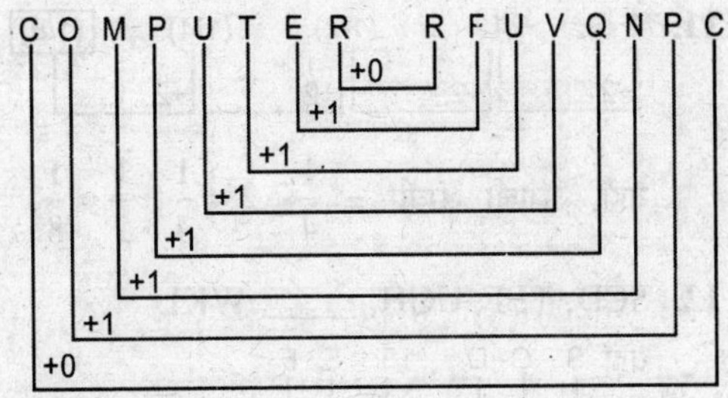

इसी प्रकार,

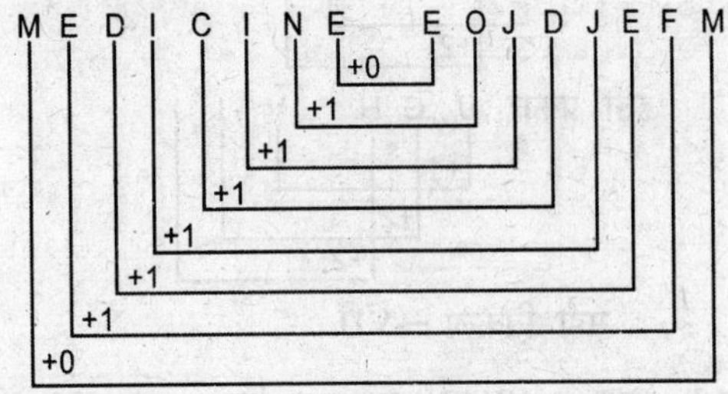

108. दिया है,

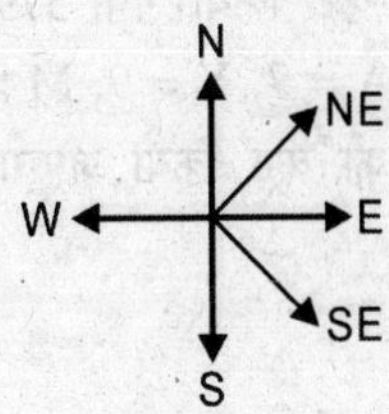

प्रश्नानुसार, दिशा बदलने पर

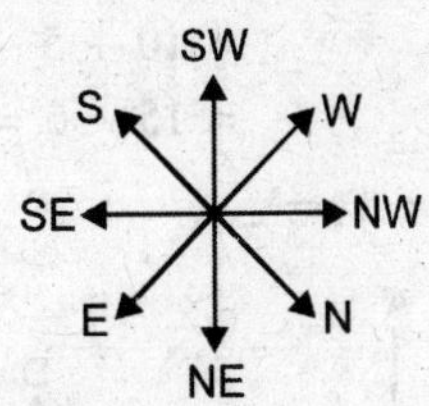

दक्षिण-पूर्व उत्तर हो जाए
उत्तर-पूर्व पश्चिम हो जाए
अतः. दक्षिण-पूर्व, पश्चिम हो जाएगा।

109. 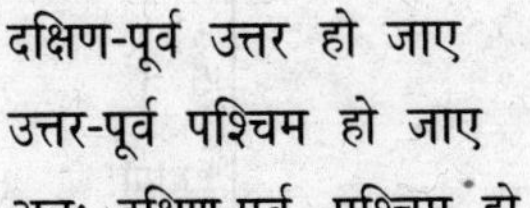

नीचे से अशोक का क्रम
= 45 − (16 + 6) + 1
= 45 − 22 + 1
= 45 − 21 = 24वाँ।

111. 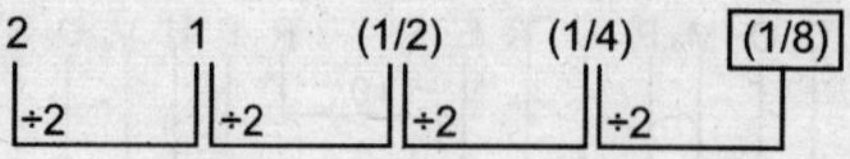

यहाँ, अगली संख्या $= \frac{1}{4} \div 2 = \frac{1}{4} \times \frac{1}{2} = \frac{1}{8}$.

112. SCD, TEF, UGH, _____ WKL

यहाँ 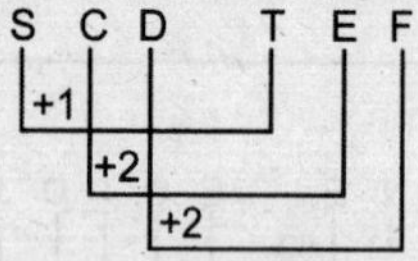

इसी प्रकार, 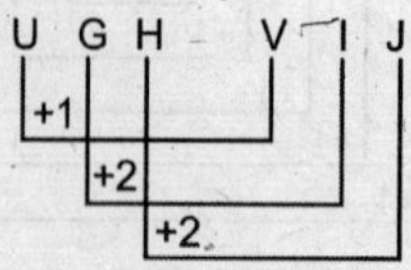

∴ सही विकल्प = VIJ.

113. दिया है, 'WAY' को कूट किया गया 679 में

'MAY' को कूट किया गया 579 में

∴ W = 6, A = 7, Y = 9, M = 5

∴ 'YAW' को कूट किया जाएगा 976 में।

114. + = –,

– = ×,

× = +

$$10 \times 5 + 3 - 2 = 10 + 5 - 3 \times 2$$
$$= 10 + 5 - 6$$
$$= 15 - 6 = 9.$$

120. यहाँ, प्रारंभिक बिन्दु = A

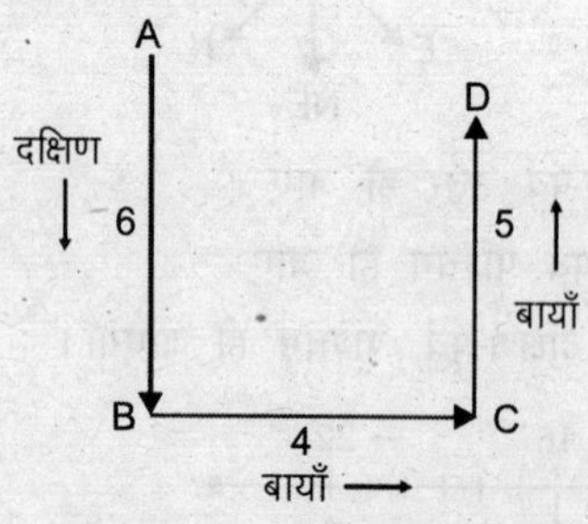

∴ अब उसका मुँह उत्तर दिशा में है।

121. प्रत्येक पंक्ति में,

E + H = 5 + 8 = 13 = M

N + A = 14 + 1 = 15 = O

I + D = 9 + 4 = 13 = M

अत: ? = M.

122. यहाँ सूचना देने का समय

= 7:45 a.m. – 45 मिनट + 5 मिनट

= 7:05 मिनट

= 7:05 a.m.

123. 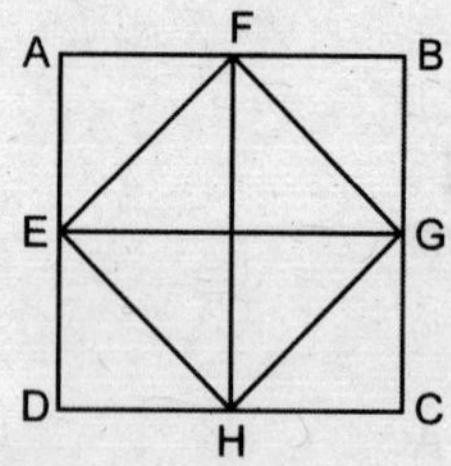

यहाँ, त्रिभुज :

ΔAEF, ΔEFO, ΔBFG, ΔFGO, ΔDEH, ΔEHO, ΔCGH, ΔGHO, ΔFEG, ΔHEG, ΔEFH, ΔGFH

∴ त्रिभुजों की संख्या = 12.

124. यहाँ,

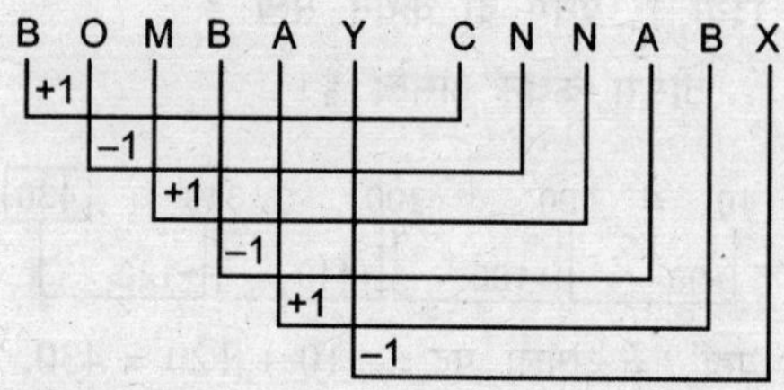

इसी प्रकार,

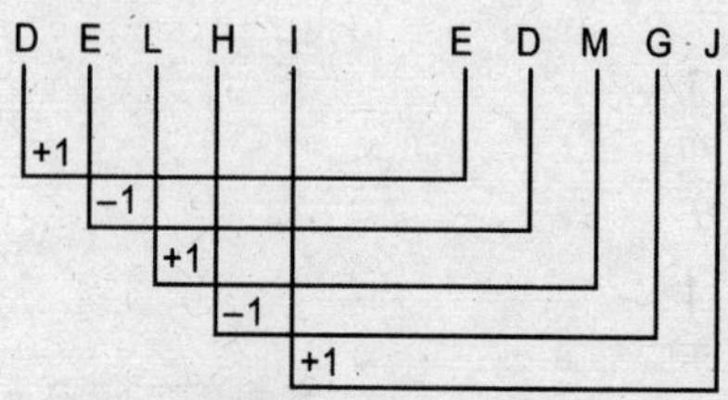

अत: 'DELHI' का कूट 'EDMGJ' होगा।

पिछले प्रश्न-पत्र (हल सहित)

ऑल इंडिया सैनिक स्कूल प्रवेश परीक्षा, 2020*

कक्षा-VI

प्रश्न पत्र-I : गणित, सामान्य ज्ञान तथा भाषा

भाग 'अ' : गणित

1. सबसे बड़ी और सबसे कम संख्या के बीच का अंतर ज्ञात करें जिसे 6, 2, 7, 4, 3 अंकों का केवल एक बार उपयोग करके लिखा जा सकता है।

A. 52965 B. 53965
C. 52956 D. 52659

2. प्रत्येक संख्या के निकटतम सैकड़ों तक पहुंचाने के द्वारा उत्पाद 5980×428 का अनुमान लगाएं।

A. 236000 B. 240000
C. 2400000 D. 3000000

3. तीन संख्या 3 : 4 : 5 के अनुपात में है। और उनके एल.सी.एम. 2400 है। उनका एच.सी.एफ. है।

A. 120 B. 60
C. 80 D. 40

4. लीला एक पुस्तक के 25 पृष्ठ पढ़ती है जिसमें 100 पृष्ठ होते हैं। ललिता ने उसी किताब को $\frac{2}{5}$ पढ़ा। किसने कितना कम पढ़ा?

A. लीला, 15 पृष्ठ B. ललिता, 16 पृष्ठ
C. लीला, 20 पृष्ठ D. ललिता, 20 पृष्ठ

5. $\left(\frac{\sqrt{625}}{11} \times \frac{14}{\sqrt{25}} \times \frac{11}{\sqrt{196}}\right)$ किसके बराबर है।

A. 5 B. 6
C. 8 D. 11

6. नवीन ने अपनी शर्ट के लिए 3 मीटर 20 सेंटीमीटर कपड़ा और अपनी पतलून के लिए 2 मीटर 5 सेंटीमीटर कपड़ा खरीदा। उसके द्वारा खरीदे गए कपड़े की कुल लंबाई ज्ञात कीजिए।

A. 5.7 मीटर B. 5.25 मीटर
C. 4.25 मीटर D. 5.00 मीटर

7. 3, 4 और 9 का कम सामान्य गुणनफल (एल.सी.एम.) है।

A. 36 B. 12
C. 27 D. 45

8. एक विमान 5 घंटे में 240 किमी/घंटा की गति से एक निश्चित दूरी तय करता है। समान दूरी को $1\frac{2}{3}$ घंटों में कवर करने के लिए, इसे किस गति से यात्रा करनी चाहिए?

A. 300 किमी/घंटा B. 360 किमी/घंटा
C. 600 किमी/घंटा D. 720 किमी/घंटा

9. 'A' 16 दिनों में दो दिए गए स्टेशनों के बीच रेलवे ट्रैक बिछा सकता है और 'B' 12 दिनों में वही काम कर सकता है। 'C' की मदद से उन्होंने 4 दिन में ही काम पूरा कर लिया। फिर 'C' अकेले कितने दिनों में काम कर सकता है?

A. $9\frac{1}{5}$ दिनों में B. $9\frac{2}{5}$ दिनों में
C. $9\frac{3}{5}$ दिनों में D. $9\frac{4}{5}$ दिनों में

10. आकृति में, आयात के अंदर त्रिकोण की संख्या के लिए वृत्त की संख्या और आयत के अंदर वर्गों की संख्या के लिए सभी आकृतियों की संख्या का अनुपात ज्ञात कीजिए।

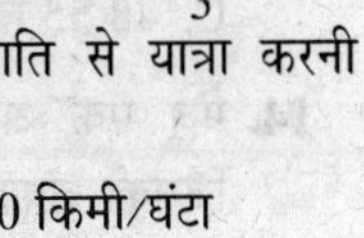

* Exam held on 05 January 2020.

A. $\frac{3}{2}, \frac{2}{7}$ B. $\frac{3}{7}, \frac{2}{7}$
C. $\frac{2}{7}, \frac{2}{7}$ D. 3, 2

11. राम, राहुल और रोहित ने पत्थर का एक बैग साझा किया। बैग में 272 पत्थर थे। दोस्तों में उन्हें समान रूप से साझा करने के बाद कितने पत्थर को छोड़ दिया था?
A. 90 B. 91
C. 6 D. 2

12. 4 दर्जन केले की कीमत ₹ 60 है। ₹ 12.50 में कितने केले खरीदे जा सकते हैं?
A. 10 B. 15
C. 12 D. 18

13. एक कक्षा में 16 लड़कों का औसत वजन 50.25 किलोग्राम है और शेष 8 लड़कों का वजन 45.15 किलोग्राम है। कक्षा के सभी लड़कों के औसत वजन का पता लागएं।
A. 47.55 किलोग्राम B. 48 किलोग्राम
C. 48.55 किलोग्राम D. 49.25 किलोग्राम

14. मंजू एक आयताकार पार्क के चारों ओर दौड़ती है जिसकी लंबाई 35 मीटर और चौड़ाई 20 मीटर है। मीनू 30 मीटर^2 पार्क में दौड़ती है। कौन कम दूरी तय करती है और कितने द्वारा, अगर मीनू 4 राउंड लेती है और मंजू ने 3 राउंड पूरी तरह से ले लिए हैं।
A. मीनू, 150 मीटर B. मंजू, 120 मीटर
C. मंजू, 150 मीटर D. मीनू, 120 मीटर

15. एक फोटो फ्रेम एक चतुर्भुज के आकार में है, जिसमें एक विकर्ण दूसरे से अधिक लंबा है। निम्नलिखित में से कौन-सा फोटो फ्रेम का संभावित आकार है?
A. वर्ग B. आयत
C. समचतुर्भुज D. इनमें से कोई नहीं

16. एक गैर-शून्य पूरा नंबर और उसके उत्तराधिकारी का उत्पाद हमेशा होता है।
A. 3 से विभाज्य B. एक विषम संख्या
C. एक अभाज्य संख्या D. एक सम संख्या

17. एक राशि 5 साल में 9% की दर से ₹ 4016.25 का साधारण ब्याज देती है, राशि क्या है?
A. ₹ 4462 B. ₹ 8032
C. ₹ 8900 D. ₹ 8925

18. जब समय शाम 6 बजे दिखाता है, तो घड़ी के हाथों के बीच के कोण को मापें।
A. 90° B. 45°
C. 180° D. 270°

19. 6 सेमी की एक घन का आयतन ज्ञात कीजिए।
A. 216 सेमी^{3} B. 36 सेमी^{3}
C. 72 सेमी^{3} D. 108 सेमी^{3}

20. रोमन अंक को CDXXXIX अरबी अंक में लिखिए।
A. 439 B. 449
C. 529 D. 539

21. दो संख्याओं का गुणनफल 1296 है। यदि एक संख्या दूसरी से 16 गुना है। छोटी संख्या ज्ञात कीजिए।
A. 12 B. 16
C. 4 D. 9

22. एक कोण का माप 60° का $\frac{3}{4}$ है। इसके पूरक कोण का माप क्या है?
A. 30° B. 60°
C. 45° D. 20°

23. 5.675 और 1.327 के योग से 8.362 और 7.942 के अंतर को घटाएं।
A. 6.582 B. 4.348
C. 3.982 D. 4.384

24. आकृति की परिधि ज्ञात कीजिए।

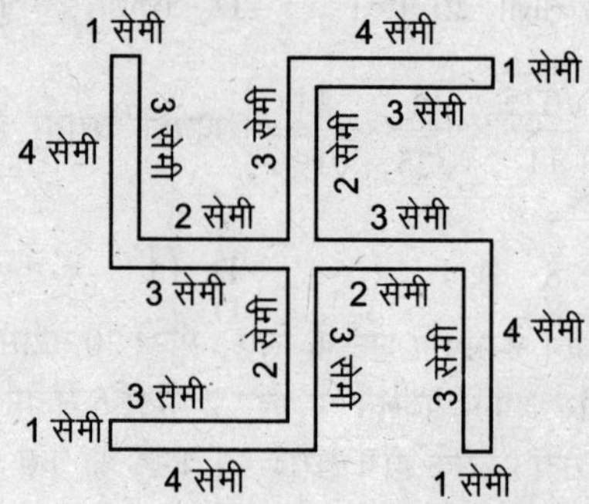

A. 51 सेमी B. 52 सेमी
C. 53 सेमी D. 54 सेमी

25. ₹ 450 की राशि के लिए कितना समय लगेगा सरल ब्याज में प्रतिवर्ष 4.5% की दर से ब्याज के रूप में ₹ 81 पाने के लिए?

A. 3 वर्ष B. 4 वर्ष
C. 6 वर्ष D. 5 वर्ष

26. एक त्रिकोण में, यदि दूसरा कोण पहले कोण से 2 गुना और तीसरा कोण पहले कोण से 3 गुना है। त्रिभुज के कोण ज्ञात कीजिए।

A. 30°, 60°, 90° B. 15°, 30°, 45°
C. 45°, 45°, 90° D. 20°, 40°, 120°

27. एक वृत्त का क्षेत्रफल 616 सेमी^{2} है। इसका व्यास ज्ञात कीजिए। $\left(\pi = \frac{22}{7}\right)$

A. 28 सेमी. B. 14 सेमी.
C. 56 सेमी. D. 32 सेमी.

28. जब 53.016 को 24 से भाग दें तो भागफल ज्ञात कीजिए।

A. 2.29 B. 2.209
C. 2.292 D. 2.029

29. 60 मीटर लंबाई और 3 मीटर चौड़ाई का एक आयताकार मार्ग 25 सेमी. के वर्ग टाइल द्वारा कवर किया गया है। इस पथ को बनाने के लिए उपयोग की जाने वाली टाइलों की संख्या ज्ञात कीजिए?

A. 2250 B. 1440
C. 2880 D. 1200

30. 475 + 950 का 64% = 900 + A, में A के स्थान पर कौन-सी संख्या होगी?

A. 183 B. 233
C. 1983 D. इनमें से कोई नहीं

31. 216, 288 तथा 720 का महत्तम समापवर्तक क्या होगा?

A. 12 B. 24
C. 84 D. 72

32. सरलीकृत करें (106 × 106 – 94 × 94) = ?

A. 2400 B. 2000
C. 1904 D. 1906

33. किसी संख्या में से 600 के 70% का दो-तिहाई घटाने पर 320 प्राप्त होता है, वह संख्या कितनी है?

A. 300 B. 600
C. 720 D. 500

34. एक सेलफोन ₹ 1550 में खरीदकर ₹ 1650 में बेचा गया। प्रतिशत लाभ क्या है?

A. 10 B. 15
C. 20 D. 16

35. गणित के प्रथम टेस्ट के कुल 25 अंकों में से एक विद्यार्थी ने 18 अंक प्राप्त किए। जबकि दूसरे टेस्ट के इतने ही पूर्णाकों में उसने 22 अंक प्राप्त किए। दूसरे टेस्ट में उसने कितने प्रतिशत अधिक अंक प्राप्त किए?

A. 4% B. 8%
C. 16% D. इनमें से कोई नहीं

36. 20 परिणामों का औसत 18 है। प्रत्येक परिणाम में से 3 घटाने पर नया औसत क्या होगा?

A. 21 B. 15
C. 16 D. 17

37. सरल कीजिये $\dfrac{\frac{7}{3} \times \frac{2}{3} \div \frac{3}{5}}{2 + 1\frac{2}{3}}$:

A. $\frac{99}{70}$ B. $\frac{70}{99}$
C. $\frac{33}{30}$ D. $\frac{70}{27}$

38. जब 90.0675 को 15 से भाग दिया जाता है, तो भागफल है।

A. 6.0045 B. 6.0450
C. 60.0450 D. 0.6045

39. 24 घंटे में कितने सेंकड होते हैं?

A. 30 B. 60
C. 3600 D. 86400

40. $\sqrt{1089 \div 121}$ का मान है।

A. 3 B. 13
C. 33 D. 53

41. यदि त्रिभुज ABC में कोण A, B तथा C क्रमशः $3x$, $5x$ तथा $8x + 4$ हो तो तीनों कोणों का मान ज्ञात कीजिए।

A. 33, 55, 92 B. 70, 75, 35
C. 90, 75, 15 D. 90, 95, 100

42. 37800 का अभाज्य गुणनखंड क्या है?

A. $2 \times 2 \times 3 \times 3 \times 5 \times 5 \times 7 \times 7$
B. $2 \times 2 \times 2 \times 3 \times 3 \times 3 \times 5 \times 5 \times 7$
C. $8 \times 27 \times 25 \times 7$
D. $2 \times 4 \times 25 \times 27 \times 7$

43. (3.75% का 10% + 7.25 का 15%) को दशमलव में परिवर्तित करें।

A. 1.4625 B. 14.625
C. 1.4652 D. 14.652

44. कौन-सा अनुक्रम सही तरीके से इन कोणों के मापों से मेल खाता है।

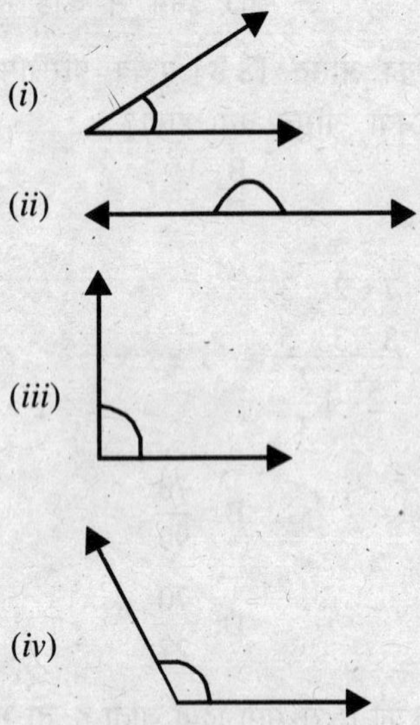

A. (*i*), (*iii*), (*iv*), (*i*)
B. (*i*), (*ii*), (*iii*), (*iv*)
C. (*iv*), (*iii*), (*ii*), (*i*)
D. (*i*), (*iv*), (*iii*), (*ii*)

45. मैं एक अभाज्य संख्या हूँ, यदि आप मुझ से 2 घटाते हैं, तो में 7 से विभाज्य हो जाता हूँ।

A. 29 B. 19
C. 31 D. 23

निर्देश (प्र.सं. 46 से 50 तक): निम्नलिखित तालिका से परामर्श करना होगा।

स्थान के नाम	3 AM पर तापमान (°C में)	3 PM पर तापमान (°C में)
चेन्नई	21.1	29.9
मुम्बई	19.0	35.1
तिरुवनंतपुरम	21.6	33.5
कोलकाता	13.1	26.5
भोपाल	9.8	25.9
श्रीनगर	1.3	8.1
गुवाहाटी	12.8	24.8
जयपुर	10.2	23.2

46. किस स्थान पर सुबह 3 बजे उच्चतम तापमान था।

A. चेन्नई B. तिरुवनंतपुरम
C. श्रीनगर D. जयपुर

47. दोपहर 3 बजे कौन-सी जगह सबसे ठंडी है।

A. कोलकाता B. श्रीनगर
C. मुम्बई D. भोपाल

48. दोपहर 3 बजे, मुंबई में तापमान श्रीनगर से कितना अधिक है?

A. 8.1 B. 35.1
C. 27 D. 29

49. तिरुवंनतपुरम में 40 डिग्री सेल्सियस तक पहुँचने के लिए 3 बजे सुबह पर तापमान कितने डिग्री बढ़ाना होगा।

A. 6.5 B. 18.4
C. 21.6 D. 33.5

50. दोनों समय चेन्नई से कोलकाता का तापमान कितना कम है, (3 बजे पूर्वाह्न एवं 3 बजे अपराह्न)

A. 8° तथा 3.3° B. 3° तथा 8°
C. 8° तथा 8° D. 3.3° तथा 3.3°

भाग 'ब' : सामान्य ज्ञान

51. काली मिट्टी के रूप में भी जाना जाता है?

A. रेगुर मिट्टी B. लाल मिट्टी
C. लेटराइट मिट्टी D. पहाड़ी मिट्टी

52. पी.वी. सिंधु किस खेल से जुड़ी हैं?

A. बैडमिंटन B. क्रिकेट
C. फुटबॉल D. हॉकी

53. भारत सरकार के अंतरिक्ष कार्यक्रम की देखभाल कौन करता है?
A. आईएसबीटी B. एलटीआरओ
C. नाबार्ड D. इसरो

54. भाखड़ा नांगल परियोजना किस नदी पर बनाई गई है?
A. सतलुज B. महानदी
C. गोदावरी D. कावेरी

55. किसे 'भारत के लौह पुरुष' के रूप में जाना जाता है?
A. जवाहर लाल नेहरु
B. महात्मा गांधी
C. सरदार वल्लभभाई पटेल
D. सुभाष चंद्र बोस

56. दक्षित भारत की सबसे लंबी नदी है?
A. महानदी B. सिंधु
C. सरस्वती D. गोदावरी

57. किस ग्रह को सुबह के तारे के साथ-साथ शाम के तारे के रूप में जाना जाता है?
A. मंगल ग्रह B. शुक्र ग्रह
C. बुध ग्रह D. पृथ्वी

58. संविधान का कौन-सा अनुच्छेद भारतीय नागरिक को समानता का अधिकार प्रदान करता है?
A. अनुच्छेद 12 B. अनुच्छेद 13
C. अनुच्छेद 17 D. अनुच्छेद 14

59. 'नरोरा' परमाणु ऊर्जा संयंत्र किस राज्य में स्थित है।
A. महाराष्ट्र B. तमिलनाडु
C. उत्तर प्रदेश D. पश्चिम बंगाल

60. कौन-सी बीमारियाँ दूषित भोजन और पानी से फैलती है।
A. मलेरिया B. हैजा
C. डेंगू D. फाइलेरिया

61. जो दुनिया सबसे बड़ा रेगिस्तान है।
A. कालाहरी रेगिस्तान B. अटंकामा मरूस्थल
C. सहारा रेगिस्तान D. गोबी रेगिस्तान

62. 'मानस' राष्ट्रीय उद्यान किस राज्य में स्थित है?
A. असम B. अरुणाचल प्रदेश
C. हिमाचल प्रदेश D. आंध्र प्रदेश

63. इनमें कौन जड़ों से बढ़ता है?
A. आलू B. अदरक
C. गाजर D. शकरकंद

64. सह्याद्री को इस रूप में भी जाना जाता है?
A. अरावली B. पश्चिम घाट
C. हिमाद्री D. पूर्वी घाट

65. यह गैस मौसम के गुब्बारों में भरी जाती है।
A. नियॉन B. हीलियम
C. आर्गन D. ऑक्सीजन

66. बढ़ते बच्चों को अधिक आवश्यकता है।
A. कार्बोहाइड्रेट B. विटामिन
C. प्रोटीन D. वसा

67. शीतल पेय में दबाव में कौन-सी गैस घुल जाती है?
A. ऑक्सीजन B. कार्बन डाइऑक्साइड
C. नाइट्रोजन D. हाइड्रोजन

68. इनमें से सबसे कम रैंक वाले भारतीय वायु सेना के अधिकारी को क्या कहा जाता है?
A. विंग कमांडर B. ग्रुप कैप्टन
C. फ्लाइंग ऑफिसर D. फ्लाइट लेफ्टिनेंट

69. निम्नलिखित में से कौन-सा राष्ट्रीय पर्व है?
A. बैसाखी B. गणतंत्र दिवस
C. पोंगल D. छठ पूजा

70. डॉ. अमर्त्त सेन ने किस क्षेत्र में नोबेल पुरस्कार जीता?
A. अर्थशास्त्र B. शांति
C. रसायन विज्ञान D. साहित्य

71. उत्तरी ध्रुव और दक्षिणी ध्रुव के बीच में 'इमेजिनरी लाइन' को क्या कहा जाता है?
A. कर्क रेखा B. वृत्त भूमध्य रेखा
C. आर्कटिक सर्कल D. अंटार्कटिक सर्कल

72. दुनिया का सबसे बड़ा आइलैंड है?
A. ऑस्ट्रेलिया B. न्यूजीलैंड
C. ग्रीनलैंड D. मोजांबिक

73. दुनिया का सबसे ठंडा स्थान, दक्षिण में कहाँ स्थित है।
A. ग्रीनलैंड B. अंटार्कटिक
C. ऑस्ट्रेलिया D. न्यूजीलैंड

74. 1876 में टेलीफोन का अविष्कार किसने किया?
A. अलेक्जेंडर ग्राहम बेल B. जेम्स हिक्की
C. गुग्लिएल्मो मैर्कॉन D. लोगी बैर्ड

75. 'घूमर' लोकप्रिय नृत्य निम्नलिखित में किस राज्य का है?
A. राजस्थान B. मध्य प्रदेश
C. उड़ीसा D. उत्तर प्रदेश

भाग 'स' : भाषा

प्रश्न के आगे दिए गए विकल्पों में से उचित विकल्प का चयन कीजिएः

76. जो करने योग्य न हो।

A. अकरणीय B. सुकरणीय
C. करणीय D. विकरणीय

निम्न शब्द के लिए सही विपरीतार्थक शब्द (विकल्प) का चयन कीजिएः

77. असुर

A. बेसुर B. सुर
C. नरकासुर D. रावनासुर

निम्नलिखित शब्दों के लिए सही संधि-विच्छेद (विकल्प) का चयन कीजिएः

78. परमेश्वर

A. परम + ईश्वर B. पर + ममेश्वर
C. प + रमेश्वर D. परमो + ईश्वर

निम्नलिखित शब्दों में प्रयुक्त उपसर्ग के सही विकल्प का चयन कीजिएः

79. स्वभाव

A. स B. स्व
C. सर्व D. सा

प्रत्येक प्रश्न के आगे दिए गए विकल्पों में से उचित विकल्प चुनेः

80. निम्न में से कौन-सा शब्द 'दया' शब्द का पर्यायवाची शब्द है?

A. कृपा B. मया
C. सत्व D. धर्म

81. 'उपयोगी' शब्द का विलोम रूप है।

A. चिरोपयोगी B. सहोपयोगी
C. निरोपयोगी D. अनुपयोगी

निम्न वाक्यों/शब्द समूह के लिए दिए गए विकल्पों में से उचित शब्द का चुनाव करेंः

82. जो प्रशंसा के योग्य हो।

A. अप्रशंसक B. अप्रत्याशित
C. प्रशासक D. प्रशंसनीय

83. सार्थक वाक्य बनाने के लिए शब्दों के निम्नलिखित शब्दों/समूहों का पुनर्व्यवस्थित करें, विकल्पों में दिए गए सही अनुक्रम का चयन करें।

व्यय (*a*)/ मैं (*b*)/ करता हूँ (*c*)/ सोच-समझकर (*d*)

A. *dcba* B. *cdab*
C. *bdac* D. *adcb*

84. दिए गए शब्दों की सही वर्तनी के साथ विकल्प को चिह्नित करें।

A. अतीथी B. अतिथि
C. आतिथी D. अथिति

रिक्त स्थान भरने के लिए उपयुक्त विकल्प चुनेंः

85. अनेक भाषाओं को बोलने वाला ______।

A. मित भाषी B. बहु भाषी
C. हित भाषी D. मधुर भाषी

प्रश्न के आगे दिए गए विकल्पों में से उचित विकल्प का चयन कीजिए।

86. निम्न में से कौन-सा शब्द "अनुपम" का पर्यायवाची नहीं है?

A. सुरपति B. अनोखा
C. अपूर्व D. अद्वितीय

87. निम्न में से कौन-सा शब्द "निर्मल" का पर्यायवाची नहीं है?

A. साफ B. स्वच्छ
C. शुद्ध D. वनराज

निर्देश (प्र. सं. 88 से 92): *अनुच्छेद को ध्यानपूर्वक पढ़कर पूछे गए प्रश्नों के लिए सही विकल्प चुनिए।*

प्रारंभ में मानव में किसी प्रकार का भेद-भावना नहीं था। स्वयं मानव ने पारस्परिक भेद की रचना की है। दुनिया के तमाम झगड़ों की जड़ से यही स्वार्थ भावना है, जिससे अपने पराए बन जाते है। गौतम बुद्ध, ईसा मसीह, मुहम्मद, चैतन्य, नानक आदि महापुरुषों ने संसार में धर्म के माध्यम से मनुष्य को परम कल्याण के पथ का निर्देश दिया, किंतु बाद में यही धर्म मनुष्य के हाथ में एक अस्त्र बन गया। धर्म के नाम पर खून बहा, झगड़े बढ़े, कभी नस्ल, कभी रंग, कभी वर्ण, कभी

जाति, कभी धर्म के नाम पर कुछ लोग बर्बरतापूर्ण व्यवहार करते है। भेदभाव के इस कलंक को मिटाना होगा। अपेक्षा है, शिक्षा के प्रसार की। शिक्षा ही मानवीय मूल्यों के महत्व के प्रति जागरुकता उत्पन्न करने का एकमात्र साधन है।

88. प्रारंभ में मानव का व्यवहार कैसा था?
A. परोपकारी B. स्वार्थी
C. भेदभावपूर्ण D. निर्दयी

89. मानव के पारस्परिक भेद की रचना किसने की?
A. ईश्वर ने B. स्वयं मनुष्य ने
C. महापुरुषों ने D. शत्रुओं ने

90. किसने मनुष्य को कल्याण के पथ का निर्देश दिया?
A. स्वयं मनुष्य ने B. महापुरुषों ने
C. ईश्वर ने D. लेखक ने

91. दुनिया के तमाम झगड़ों की जड़ क्या है?
A. ईमानदारी B. धर्म
C. न्याय D. स्वार्थ

92. मानवीय मूल्यों को महत्त्व के प्रति जागरुकता उत्पन्न करने का एकमात्र साधन क्या है?
A. शिक्षा B. बदला
C. आस्था D. धर्म

निम्नलिखित शब्द का स्त्रीलिंग रूप चुनिएः

93. कवि
A. कवित्व B. कविता
C. कवयित्री D. कवियत्री

निम्नलिखित में पुल्लिंग शब्द हैः

94. 'चिड़िया' शब्द का बहुवचन रूप है-
A. चिड़ियाँ B. चिड़िये
C. चिड़ी D. चिड़िया

95. शब्दों के शुद्ध रूप का चयन कीजिए।
A. धन्यवाद B. धन्यआवाद
C. धन्यावाद D. ध्नयवाद

मुहावरों का सही अर्थ चुनिएः

96. आँखे बिछाना
A. बहुत इंतजार करना
B. बहुत आदर करना
C. बहुत परेशान करना
D. बहुत नींद आना

97. अँगुली उठाना
A. दोष सहना
B. आदर करना
C. हार मानना
D. दोष लगाना

वाक्यांश के लिए सही विकल्प ढूँढिएः

98. परीक्षा लेने वाला।
A. विद्यार्थी B. परीक्षक
C. परीक्षार्थी D. निरीक्षक

विलोम शब्द ढूँढिएः

99. जय
A. पराजय B. अजय
C. पराधीन D. विजय

100. शब्दों को क्रमानुसार व्यवस्थित करके सही विकल्प चुनिए।
व्यक्ति की (*a*)/ सुख-दुख का अहसास (*b*)/ निर्भर करता है (*c*)/ मन स्थिति पर (*d*)
A. *abcd* B. *badc*
C. *bcda* D. *bdac*

प्रश्न पत्र-II : बुद्धिमत्ता परीक्षण

101. CATTLE का जो संबंध HERD से है ठीक उसी प्रकार SHEEP कस संबंध _____ के साथ होगा।
CATTLE : HERD :: SHEEP : ?
A. FLOCK B. SWARM
C. SHOAL D. MOB

102. नीचे दी गयी संख्या शृंखला में 07 संख्या का जो संबंध 56 के साथ है, ठीक उसी के आधार पर 09 संख्या के लिए '?' स्थान पर दिए गए विकल्पों में से कौन-सी संख्या वाला विकल्प होगा।
07 : 56 :: 09 : ?

A. 54　　B. 81
C. 72　　D. 99

103. उस विकल्प को चुने जो नीचे दी गयी संख्या शृंखला को पूर्ण करें।

5, 11, 17, 23, ?

A. 31　　B. 29
C. 28　　D. 35

104. यदि पारदर्शी पेपर पर बनी 'X' आकृति को बिन्दुरेखा के आधार पर मोड़ा जाये तो वह दिए गए किस विकल्प आकृति A, B, C तथा D के समान होगी?

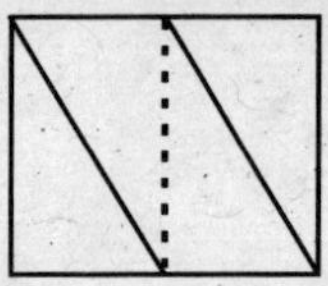

(X)

A. 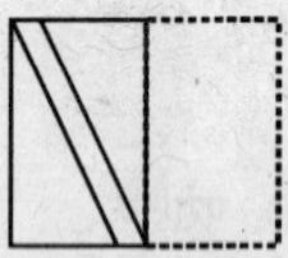　　B. 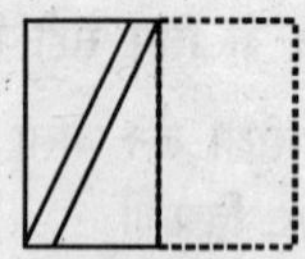

C. 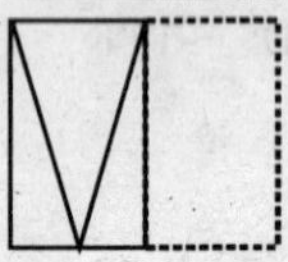　　D. 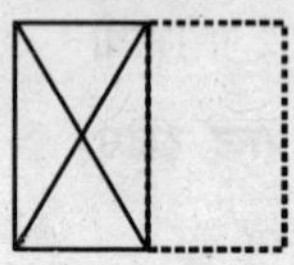

105. उस शब्द को चुनिये जो दूसरे शब्दों के समूह से मेल नहीं खाता।

A. BAKE　　B. PEEL
C. FRY　　D. ROAST

106. नीचे दिए गए चित्र में से कौन-सा चित्र भारत, हरियाणा और विश्व के संबंध को उत्तम रूप से दर्शाता है?

A. 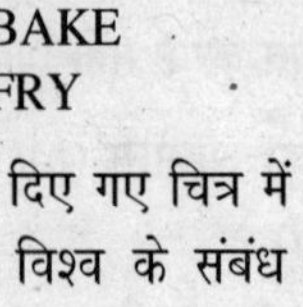　　B. 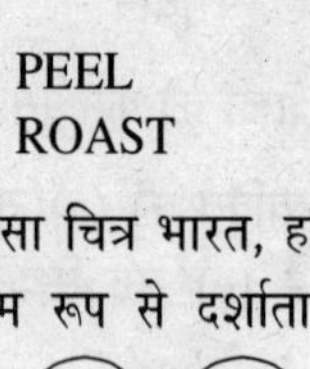

C. 　　D. 

107. उस शब्द को चुनिये जो दूसरे शब्दों के समूह से मेल नहीं खाता।

A. VIRGO　　B. PISCES
C. CANCER　　D. ORION

108. यदि STATEMENT को TNEMETATS लिखा जाता है तब POLITICAL को कैसे लिखा जाएगा?

A. LACITILOP　　B. LCATILIOP
C. OPILITACL　　D. LACITIPOL

109. नीचे दिए गए विकल्पों (*a*), (*b*), (*c*) और (*d*) में से किसी एक विकल्प के अंदर 'X' आकृति छिपी हुई है। उस विकल्प को ढुँढिए जिसमें 'X' आकृति किसी एक भाग में छिपी हुई है।

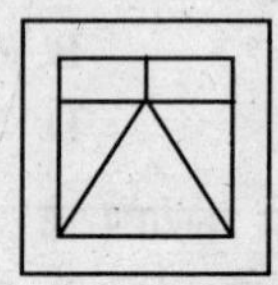

(X)

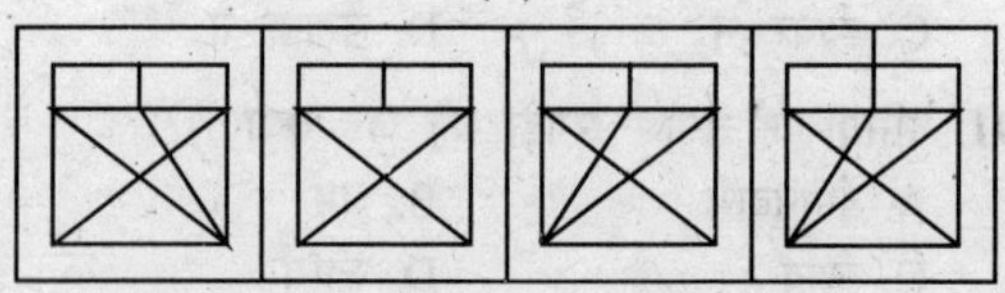

(*a*)　(*b*)　(*c*)　(*d*)

A. (*a*)　　B. (*b*)
C. (*c*)　　D. (*d*)

110. यदि 'A' को जमा माना जाए, 'B' को घटा माना जाए, 'C' को गुणा माना जाए, तथा 'D' को भाग माना जाए, तब नीचे दी गयी समीकरण का उत्तर क्या होगा?

15 D 5 C 2 A 3 =

A. 13　　B. 11
C. 03　　D. 09

111. पाँच आदमी (*a*), (*b*), (*c*), (*d*) और (*e*) एक अखबार पढ़ रहे है। जो सबसे पहले अखबार पढ़ता है वह (*c*) को अखबार दे देता है। जिसने सबसे अंत में पढ़ा उसने (*a*) से अखबार लिया। (*e*) ने ना ही सबसे शुरू में पढ़ा और ना ही सबसे अंत में। (*b*) और (*a*) के बीच में दो पाठक थे। सबसे अंत में अखबार किसने पढ़ा?

A. (*a*)　　B. (*b*)
C. (*c*)　　D. (*d*)

112. नीचे दी गयी संख्या शृंखला में 12 संख्या का जो संबंध 168 के साथ है, ठीक उसी के आधार पर 16 संख्या के लिए '?' स्थान पर दिए गए विकल्पों में से कौन-सी संख्या वाला विकल्प होगा?

12 : 168 :: 16 : ?

A. 232　　B. 256
C. 224　　D. 208

113. यदि पारदर्शी पेपर पर बनी 'X' आकृति को बिन्दु रेखा के आधार पर मोड़ा जाये तो वह दिए गए किस विकल्प आकृति के समान होगी?

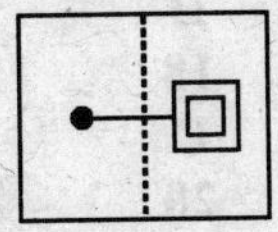

(X)

A. 
B. 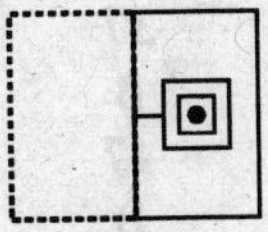
C. 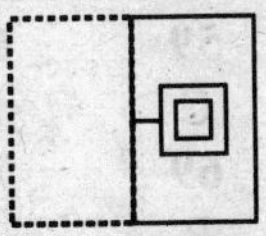
D. 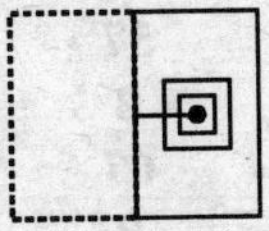

114. अगर DEAF को 3587 लिखा जाता है और FILE को 7465 लिखा जाता है तब IDEAL कैसे लिखा जाएगा?

A. 43568 B. 43586
C. 63548 D. 48536

115. उस शब्द को चुनिये जो दूसरे शब्दों के समूह से मेल नहीं खाता।

A. PLASTIC B. WOOL
C. PAPER D. WOOD

116. अगर दिए गए शब्दों को अंग्रेजी शब्दकोश के क्रम के अनुसार लगाया जाए तो कौन-सा शब्द आखिरी स्थान पर आएगा?

A. ROBBER B. RANDOM
C. RESTRICT D. RESTAURANT

117. उस विकल्प को चुने जो नीचे दी गयी संख्या शृंखला को पूर्ण करें।

11, 13, 17, 19, 23, 25, ?

A. 27 B. 29
C. 31 D. 33

118. उस विकल्प को चुने जिसका वही संबंध BMJ से है जो संबंध HSY का EPV से है।

BMJ : ? :: EPV : HSY

A. DRM B. YJG
C. EPM D. EON

119. नीचे दिए गए चित्र में से कौन-सा चित्र फूल, कमल और गुलाब के संबंध को उत्तम रूप से दर्शाता है?

A. 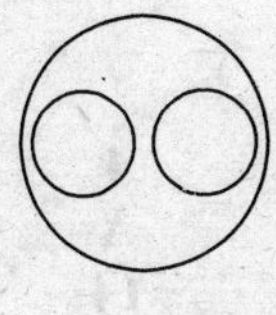
B. 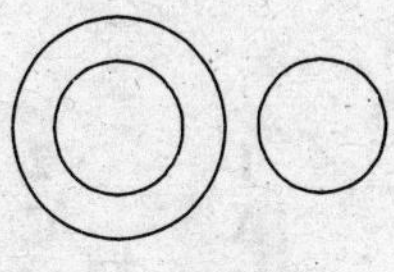
C. 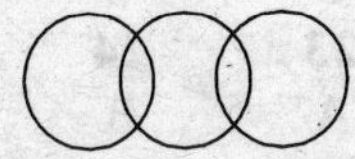
D. 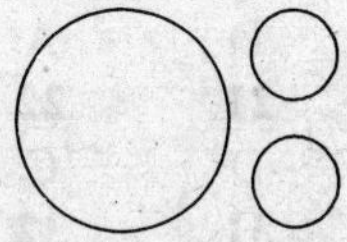

120. नीचे दी गयी संख्या शृंखला में से 07 संख्या को जो संबंध 49 के साथ है, ठीक उसी के आधार पर 11 संख्या के लिए '?' स्थान पर दिए गए विकल्पों में से कौन-सी संख्या वाला विकल्प होगा?

07 : 49 :: 11 : ?

A. 111 B. 90
C. 81 D. 121

121. उस शब्द को चुनिये जो दूसरे शब्दों के समूह से मेल नहीं खाता।

A. GREEN B. PINK
C. INDIGO D. VIOLET

122. यदि 'X' 'Y' के बेटे के बेटे का भाई है, तो 'X' का 'Y' से क्या संबंध है?

A. बेटा B. भाई
C. पोता D. चचेरा भाई

123. आयात का क्षेत्रफल 48 वर्ग मीटर है। यदि उसकी लम्बाई 6 मीटर है तो उसकी चौड़ाई _____ है।

A. 13 मीटर B. 6 मीटर
C. 10 मीटर D. 8 मीटर

124. पुजारी ने भक्त से बोला 'मंदिर की घण्टी 45 मिनट के नियमित अंतराल पर बजायी जाती है, पिछली घंटी 5 मिनट पहले बजायी गयी थी, अगली घंटी सुबह के 7 : 45 बजे बजायी जायेगी', पुजारी ने यह सूचना कितने बजे दी?

A. 7:00 बजे सुबह B. 7:05 बजे सुबह
C. 6:55 बजे सुबह D. 7:40 बजे सुबह

125. यदि MBS को ODU लिखा जाता है, तब BRL कैसे लिखा जाएगा?

A. DTN B. DUN
C. CSM D. CTN

उत्तरमाला

1	**2**	**3**	**4**	**5**	**6**	**7**	**8**	**9**	**10**
A	C	D	A	A	B	A	D	C	A
11	**12**	**13**	**14**	**15**	**16**	**17**	**18**	**19**	**20**
D	A	C	C	C	D	D	C	A	A
21	**22**	**23**	**24**	**25**	**26**	**27**	**28**	**29**	**30**
D	C	A	B	B	A	A	B	C	A
31	**32**	**33**	**34**	**35**	**36**	**37**	**38**	**39**	**40**
D	A	B	A	C	B	B	A	D	A
41	**42**	**43**	**44**	**45**	**46**	**47**	**48**	**49**	**50**
A	B	A	A	D	B	B	C	B	A
51	**52**	**53**	**54**	**55**	**56**	**57**	**58**	**59**	**60**
A	A	D	A	C	D	B	D	C	B
61	**62**	**63**	**64**	**65**	**66**	**67**	**68**	**69**	**70**
C	A	C	B	B	C	B	C	B	A
71	**72**	**73**	**74**	**75**	**76**	**77**	**78**	**79**	**80**
B	C	B	A	A	A	B	A	B	A
81	**82**	**83**	**84**	**85**	**86**	**87**	**88**	**89**	**90**
D	D	C	B	B	A	D	A	B	B
91	**92**	**93**	**94**	**95**	**96**	**97**	**98**	**99**	**100**
B	A	C	A	A	B	D	B	A	B
101	**102**	**103**	**104**	**105**	**106**	**107**	**108**	**109**	**110**
A	C	B	D	B	D	D	A	D	D
111	**112**	**113**	**114**	**115**	**116**	**117**	**118**	**119**	**120**
D	C	D	B	A	A	B	C	A	D
121	**122**	**123**	**124**	**125**					
B	C	D	B	A					

व्याख्यात्मक उत्तर

1. अंकों का केवल एक बार उपयोग करके 6, 2, 7, 4, 3

सबसे बड़ी संख्या = 76432

और सबसे छोटी संख्या = 23467

$\therefore$ अंतर = सबसे बड़ी संख्या – सबसे छोटी संख्या

$= 76432 - 23467 = 52965$

2. $5980 \times 428 = 2559440$

विकल्प (C) में 2400000, निकटतम सैकड़ों

3. माना कि तीन संख्याएँ हैं $3x$, $4x$, $5x$

तब, एल.सी.एम. = $60x$ ($3x$, $4x$ और $5x$ का एल.सी.एम.)

$\Rightarrow \quad 2400 = 60x \Rightarrow x = 40$

$\therefore$ तीन संख्याएं हैं— $3 \times 40, 4 \times 40, 5 \times 40$

$\therefore$ एच.सी.एफ. = 40

[एच.सी.एफ = निम्नतम उभयनिष्ठ]

4. एक पुस्तक के पृष्ठों की संख्या = 100

ललिता पृष्ठ पढ़ती है = एक पुस्तक का $\frac{2}{5}$

$$= \frac{2}{5} \times 100 = 40$$

और, लीला पृष्ठ पढ़ती है = 25

$\therefore$ ललिता पृष्ठ पढ़ती है – लीला पृष्ठ पढ़ती है

$= 40 - 25 = 15$

यहाँ, लीला 15 पृष्ठ कम पढ़ती है ललिता से

5. $\frac{\sqrt{625}}{11} \times \frac{14}{\sqrt{25}} \times \frac{11}{\sqrt{196}}$

$= \frac{25}{11} \times \frac{14}{5} \times \frac{11}{14}$

$\left[\sqrt{625} = 25, \sqrt{25} = 5, \sqrt{196} = 14\right]$

$= \frac{25}{5} = 5$

6. कपड़े की कुल लंबाई = 3 मी 20 सेमी + 2 मी 5 सेमी

= 5 मी 25 सेमी

= 5.25 मी

25 सेमी = $\frac{25}{100}$ मी = 5.25 मी

7.
$3 = 3 \times 1$

$4 = 2 \times 2 = 2^2$

$9 = 3 \times 3 = 3^2$

$LCM = 2^2 \times 3^2$

$= 4 \times 9 = 36$

8. विमान की गति = 240 किमी/घण्टा

और, समय = 5 घण्टे

[दूरी = गति × समय]

∴ दूरी तय = 240 × 5 = 1200 किमी

अब, समान दूरी $1\frac{2}{3}$ घंटों में तय किया गया

∴ गति = $\frac{\text{दूरी}}{\text{समय}}$

$= \frac{1200}{1\frac{2}{3}} = \frac{1200}{\frac{5}{3}}$

$= 1200 \times \frac{3}{5} = 24 \times 3 = 720$ किमी/घण्टा

∴ गति = 720 किमी/घण्टा

9. चूंकि, A रेलवे ट्रैक बिछा सकता है 16 दिनों में

इसलिए, A रेलवे ट्रैक बिछा सकता है 1 दिन में = $\frac{1}{16}$

और, B रेलवे ट्रैक बिछा सकता है 12 दिनों में

इसलिए, B रेलवे ट्रैक बिछा सकता है 1 दिन में = $\frac{1}{12}$

माना कि C रेलवे ट्रैक बिछा सकता है x दिनों में

तब, C रेलवे ट्रैक बिछा सकता है 1 दिन में = $\frac{1}{x}$

∴ प्रश्नानुसार,

$\frac{1}{16} + \frac{1}{12} + \frac{1}{x} = \frac{1}{4}$

$\Rightarrow \frac{3+4}{48} + \frac{1}{x} = \frac{1}{4}$

$\Rightarrow \frac{7}{48} + \frac{1}{x} = \frac{1}{4}$

$\Rightarrow \frac{1}{x} = \frac{1}{4} - \frac{7}{48} = \frac{12-7}{48} = \frac{5}{48}$

$\Rightarrow \frac{1}{x} = \frac{5}{48}$

$\Rightarrow x = \frac{48}{5} = 9\frac{3}{5}$ दिन

अतः (C) अकेले इस काम को $9\frac{3}{5}$ दिनों में कर सकता है।

10. आयत के अंदर त्रिकोण की संख्या = 3

और, आयत के अंदर वृत्त की संख्या = 2

∴ त्रिकोण और वृत्त की संख्या का अनुपात = $\frac{3}{2}$

और, आयत के अंदर वर्गों की संख्या = 2

और, आयत के अंदर सभी आकृतियों की संख्या = 7

∴ वर्गों और सभी आकृतियों का अनुपात = $\frac{2}{7}$

अतः अनुपात है, $\frac{3}{2}, \frac{2}{7}$

11. बैग में पत्थरों की संख्या = 272

∵ राम, रोहित और राहुल ने समान रूप से साझा किया,

तब,

$$\therefore 3\,\left|\begin{array}{r} 272 \\ -270 \\ \hline 2 \end{array}\right|\, 90$$

∴ 272 = 3 × 90 + 2, यहाँ, 272 − 30 × 90 = 2

∴ साझा के बाद, पत्थर छोड़ा गया = 2

12. ₹ 60 कीमत = 4 दर्जन केले

$= 4 \times 12$ केले

$\because$ ₹ 60 कीमत = 48 केले

$\therefore$ ₹ 1 कीमत = $\frac{48}{60}$ केले

$\therefore$ ₹ 12.50 कीमत = $\frac{48}{60} \times 12.50$ केले

$= \frac{48}{6000} \times 1250 = \frac{48}{600} \times 125$

$= \frac{4}{60} \times 125 = \frac{4}{50} \times 5$

$= 2 \times 5 = 10$ केले

अतः ₹ 12.50 में 10 केले खरीदे जा सकते हैं।

13. चूंकि, 16 लड़कों का औसत वजन = 50.25 किग्रा

$\therefore$ 16 लड़कों का कुल वजन = 16×50.25 किग्रा

और, 8 लड़कों का औसत वजन = 45.15 किग्रा

$\therefore$ 8 लड़कों का कुल वजन = 8×45.15 किग्रा

$\therefore$ कक्षा में सभी लड़कों का औसत वजन

$= \frac{\text{सभी लड़कों का कुल वजन}}{\text{सभी लड़कों की कुल संख्या}}$

$= \frac{16 \times 50.25 + 8 \times 45.15}{24}$

$= \frac{804.00 + 361.20}{24}$

$= \frac{1165.20}{24} = 48.55$ किग्रा

14. एक आयताकार पार्क

लंबाई = 35 मी

चौड़ाई = 20 मी

$\therefore$ परिमाप = $2(l + b)$

$= 2(35 + 20)$

$= 2 \times 55 = 110$ मी

$\therefore$ मंजू आयताकार पार्क के चारों ओर 3 राउंड लगाती है

$\therefore$ मंजू द्वारा तय दूरी = $3 \times$ परिमाप

$= 3 \times 110$ मी

$= 330$ मी

और, एक वर्ग पार्क

किनारा की लंबाई = 30 मी

$\therefore$ परिमाप = $4 \times$ भुजा = $4 \times 30 = 120$ मी

मीनू वर्ग पार्क के चारों ओर 4 राउंड लेती है।

$\therefore$ मीनू द्वारा तय दूरी = $4 \times$ परिमाप

$= 4 \times 120$ मी = 480 मी

अतः मंजू द्वारा तय की गई कम दूरी

$= 480 - 330$ मी = 150 मी

15. एक फोटो का आकार चतुर्भुज है, जिसमें एक विकर्ण दूसरे से अधिक लंबा है।

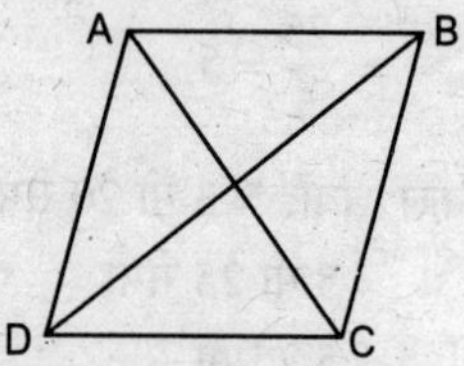

$\therefore$ चतुर्भुज एक समचतुर्भुज है।

यहाँ चित्र में

BD > AC, और सभी भुजाएं समान होती है।

17. $\because$ साधारण ब्याज = ₹ 4016.25

$r = 9\%, t = 5$ वर्ष $\therefore p = ?$

$\therefore$ साधारण ब्याज = $\frac{p \times t \times r}{100}$

$\Rightarrow 4016.25 = \frac{p \times 5 \times 9}{100}$

$\therefore \quad p = \frac{4016.25 \times 100}{5 \times 9}$

$\therefore \quad p = \frac{401625}{5 \times 9} = \frac{80325}{9} = 8925$

अतः p = राशि = ₹ 8925

18. घड़ी के हाथों के बीच के कोण जब समय 12 AM दिखाता है = 360°

और हाथों के बीच का कोण 12 घण्टे में 360°

$\therefore$ 1 घण्टे में = $\frac{360^\circ}{12} = 30^\circ$

$\therefore$ 6 घण्टे में = $30^\circ \times 6 = 180^\circ$

$\therefore$ हाथों के बीच के कोण का माप, जब समय शाम 6 बजे दिखाता है = 180°

19. घन की एक भुजा = 6 सेमी

$\therefore$ घन का आयतन

$= (\text{भुजा})^3 = (6 \text{ सेमी})^3 = 216$ सेमी^{3}

20. रोमन अंक CDXXXIX

अरबी अंक 439

21. माना कि छोटी संख्या = x

तब, एक संख्या = $16\,x$

$\therefore \quad x \times 16x = 1296$

$\Rightarrow \quad 16x^2 = 1296$

$\Rightarrow \quad x^2 = \frac{1296}{16} = \frac{162}{2} = 81$

$\Rightarrow \quad x^2 = 81 \Rightarrow x^2 = 9^2 \Rightarrow x = 9$

अतः छोटी संख्या = $x = 9$

22. एक कोण का माप

$= \frac{3}{4} \times 60 = 45°$

$\therefore$ 45° का पूरक कोण = $90 - 45° = 45°$

23. $(5.675 + 1.327) - (8.362 - 7.942)$

$= 7.002 - 0.420 = 6.582$

24. आकृति के एक भाग का परिमाप

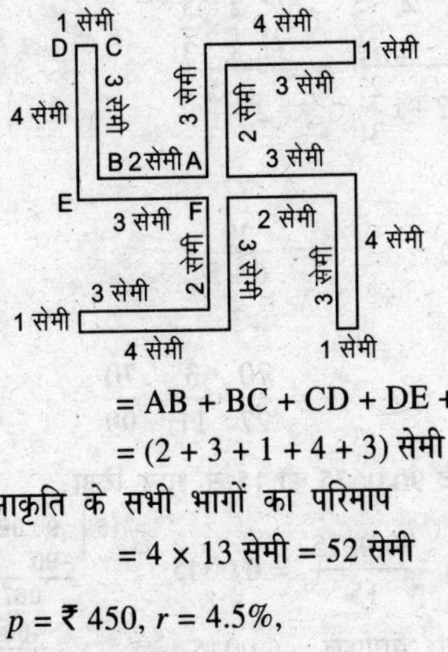

$= AB + BC + CD + DE + EF$

$= (2 + 3 + 1 + 4 + 3)$ सेमी = 13 सेमी

$\therefore$ आकृति के सभी भागों का परिमाप

$= 4 \times 13$ सेमी = 52 सेमी

25. यहाँ, $p =$ ₹ 450, $r = 4.5\%$,

साधारण ब्याज = ₹ 81

$\therefore$ समय $= \frac{S.I. \times 100}{p \times r}$

$= \frac{81 \times 100}{450 \times 4.5} = \frac{81 \times 1000}{450 \times 45}$

$= \frac{9 \times 100}{45 \times 5} = \frac{1 \times 20}{5} = 4$ वर्ष

26. माना कि त्रिभुज में पहला कोण $x°$ है।

तब, दूसरा कोण = $2x°$

और, तीसरा कोण = $3x°$

त्रिभुज के सभी कोणों का योग 180° होता है।

$\therefore x° + 2x° + 3x° = 180°$

$\Rightarrow \quad 6x° = 180°$

$\Rightarrow \quad x° = \frac{180°}{6} = 30° \Rightarrow x° = 30°$

अतः त्रिभुज के कोण है $x = 30°, 2x = 60°, 3x = 90°$

27. एक सर्कल का क्षेत्रफल = 616 सेमी^{2}

$\therefore \quad \pi r^2 = 616$ सेमी^{2}

$\Rightarrow \quad \frac{22}{7} r^2 = 616$ सेमी^{2}

$r^2 = \frac{616}{\frac{22}{7}} = \frac{616}{22} \times 7 = 28 \times 7$

$\Rightarrow \quad r^2 = 28 \times 7 = 4 \times 7 \times 7$

$\Rightarrow \quad r^2 = (2 \times 7)^2$

$\Rightarrow \quad r = 2 \times 7 = 14$ सेमी

$\therefore$ व्यास = $2r = 2 \times 14$ सेमी = 28 सेमी

28. 53.016 को 24 से भाग देने पर

$\therefore \quad \frac{53.016}{24} = 2.209$

$\therefore \quad$ भागफल = 2.209

```
24 | 53.016 | 2.209
   | -48
     50
    -48
     216
    -216
       ×
```

29. एक आयताकार मार्ग

लंबाई = 60 मी = $60 \times 100 = 6000$ सेमी

और, चौड़ाई = 3 मी = $3 \times 100 = 300$ सेमी

$\therefore$ मार्ग का क्षेत्रफल = $l \times b = 6000 \times 300$ सेमी^{2}

= 18,00,000 सेमी^{2}

वर्ग टाइल की भुजा = 25 सेमी

टाइल का क्षेत्रफल = (भुजा)^2

$= (25)^2 = 625$ सेमी^{2}

इस पथ को बनाने के लिए उपयोग की जाने वाली टाइलों की संख्या

$= \frac{\text{आयताकार मार्ग का क्षेत्रफल}}{\text{टाइल का क्षेत्रफल}}$

$$= \frac{18,00,000}{625} = \frac{72000}{25}$$

$$= \frac{720 \times 100}{25} = 720 \times 4 = 2880$$

अतः टाइलों की संख्या = 2880

30. 475 + 950 का 64% = 900 + A

$\Rightarrow 475 + 950 \times \frac{64}{100} = 900 + A$

$\Rightarrow 475 + 950 \times \frac{16}{25} = 900 + A$

$\Rightarrow 475 + 38 \times 16 = 900 + A$

$\Rightarrow 475 + 608 = 900 + A$

$\Rightarrow 1083 = 900 + A$

$\Rightarrow A = 1083 - 900 \Rightarrow A = 183$

31. 216, 288 और 720 का महत्तम समापर्वतक

```
216 | 288 | 1
    |-216 |
      72  | 720 | 10
          |-720 |
             ×
```

महत्तम समापर्वतक = 72

32. 106 × 106 – 94 × 94 = 11236 – 8836 = 2400

33. माना कि संख्या = x

तब, $x - \frac{2}{3}$ of 70% of 600 = 320

$\Rightarrow x - \frac{2}{3} \times \frac{70}{100} \times 600 = 320$

$\Rightarrow x - \frac{2}{3} \times 70 \times 6 = 320$

$\Rightarrow x - 2 \times 70 \times 2 = 320$

$\Rightarrow x - 280 = 320$

$\Rightarrow x = 280 + 320 \Rightarrow x = 600$

अतः संख्या $x = 600$

34. यहाँ, सेलफोन का विक्रय मूल्य = ₹ 1650

और क्रय मूल्य = ₹ 1500

$\therefore$ लाभ = विक्रय मूल्य – क्रय मूल्य

= 1650 – 1500 = ₹ 150

अब, प्रतिशत लाभ = $\frac{\text{लाभ} \times 100}{\text{क्रय मूल्य}}$

$$= \frac{150 \times 100}{1500} = \frac{150}{15} = 10\%$$

35. प्रथम टेस्ट में, कुल 25 अंकों में से 18 अंक प्राप्त किया

$\therefore$ प्रतिशत = $\frac{18}{25} \times 100 = 7.2\%$

और, दूसरे टेस्ट में, वह 25 अंकों में से 22 अंक प्राप्त किए

$\therefore$ प्रतिशत = $\frac{22}{25} \times 100 = 88\%$

$\therefore$ दूसरे टेस्ट में प्राप्त किया गया अधिक अंक

= 88 – 72 = 16%

36. 20 परिणामों का औसत 18 है

$\therefore$ सभी परिणाम = 20 × 18 = 360

यदि प्रत्येक परिणाम में से 3 घटाया

तब, नया परिणाम = 360 – 60 = 300

$\therefore$ नया औसत = $\frac{300}{20} = 15$

37. $\dfrac{\frac{7}{3} \times \frac{2}{3} \div \frac{3}{5}}{2 + 1\frac{2}{3}} = \dfrac{\frac{7}{3} \times \frac{2}{3} \times \frac{5}{3}}{2 + \frac{5}{3}}$

$$= \dfrac{\frac{72}{27}}{\frac{6+5}{3}}$$

$$= \frac{70}{27} \times \frac{3}{11} = \frac{70}{99}$$

38. यदि 90.0675 को 15 से भाग दिया

तब, $\frac{90.0675}{15} = 6.0045$

```
15 | 90.0675 | 6.0045
   | -90     |
      067
      -60
        75
       -75
         ×
```

अंतः भागफल = 6.0045

39. 24 घण्टे = 24 × 60 मिनट

= 24 × 60 × 60 सेकेण्ड़

= 24 × 3600 सेकेण्ड़

= 86400 सेकेण्ड़

40. $\sqrt{1089 \div 21} = \sqrt{\frac{1089}{121}} = \sqrt{\frac{99}{11}} = \sqrt{9} = 3$

41. त्रिभुज के सभी कोणें का योग 180° होता है

$\angle A + \angle B + \angle C = 180°$

$\angle\ 3x + 5x + 8x + 4 = 180°$

$\Rightarrow\ 16x + 4 = 180°$

$\Rightarrow\ 16x = 180° - 4 = 176°$

$\Rightarrow\ x = \dfrac{176°}{16} = 11°$

अतः सभी तीन कोणों का मान

$\angle A = 3x = 33°$,

$\angle B = 5x = 55°$,

तथा $\angle C = 8x + 4 = 92°$

i.e., 33°, 55°, 92°

42.

2	37800
2	18900
2	9450
3	4725
3	1575
3	525
5	175
5	35
	7

इसलिए, 37800 का अभाज्य गुणनखंड

$= 2 \times 2 \times 2 \times 3 \times 3 \times 3 \times 5 \times 5 \times 7$

43. 3.75 का 10% + 7.25 का 15%

$= \dfrac{10}{100} \times 3.75 + \dfrac{15}{100} \times 7.25$

$= \dfrac{1}{100} \times 3.75 + 0.15 \times 7.25$

$= 0.1 \times 3.75 \times + 1.0875$

$= 0.375 + 1.0875$

$= 1.4625$

44.

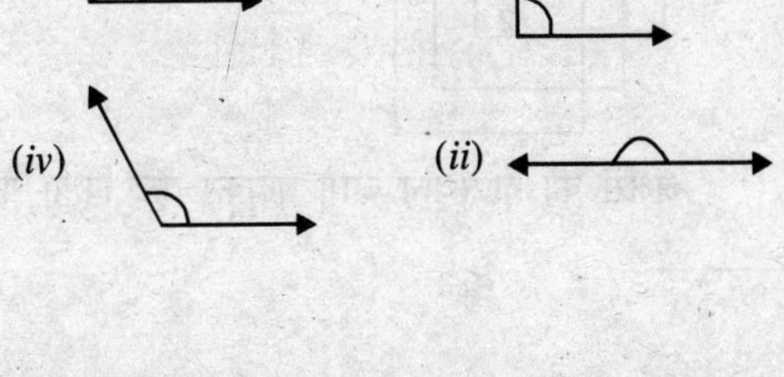

45. $23 - 2 = 21,\ \dfrac{21}{7} = 3$

46. तिरूवनंतमपुरम में सुबह 3 बजे उच्चतम तापमान 21.6°C था।

47. दोपहर 3 बजे सबसे ठंडी जगह श्रीनगर है = 8.1°C.

48. दोपहर 3 बजे मुंबई में तापमान श्रीनगर से अधिक है = 35.1° – 8.1°C = 27°C.

49. तिरूवनंतमपुरम में 40°C तक पहुँचने के लिए सुबह 3 बजे तापमान बढ़ाना होगा = 45°C – 21 – 6° = 18.4°.

50. 3 बजे पूर्वाह्न → चेन्नई – कोलकाता

= 21.1°C – 13.1°C = 8°C

3 बजे अपराह्न → चेन्नई – कोलकाता

= 29.9°C – 26.6°C = 3.3°C

101. CATTLE : HERO :: SHEEP : ?

CATTLE के झुण्ड को HERD कहते हैं।

और, SHEEP के झुण्ड को FLOCK कहते हैं।

102. 07 : 56 :: 09 : ?

यहाँ, 07 × 8 = 56

उसी तरह, 09 × 8 = 72

103.

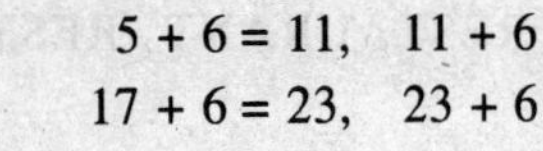

5 + 6 = 11, 11 + 6 = 17,

17 + 6 = 23, 23 + 6 = 29

106. हरियाणा एक इकाई है भारत का और भारत एक इकाई है विश्व का विकल्प (D) का चित्र संबंध को उत्तम रूप से दर्शाता है।

107. VIRGO, PISCES, CANCER → राशि

और ORION → नक्षत्र

108.

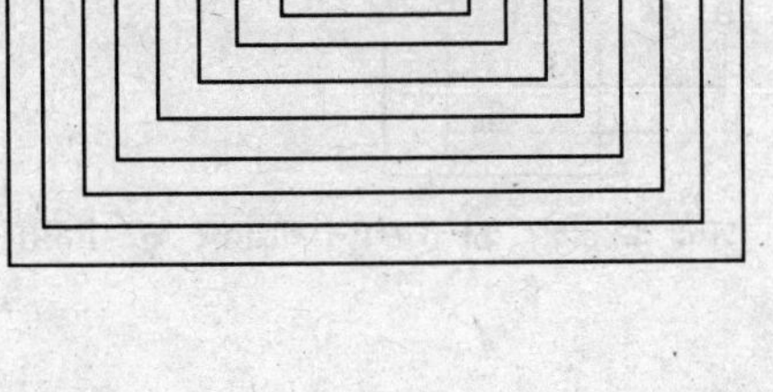

इसी तरह से,

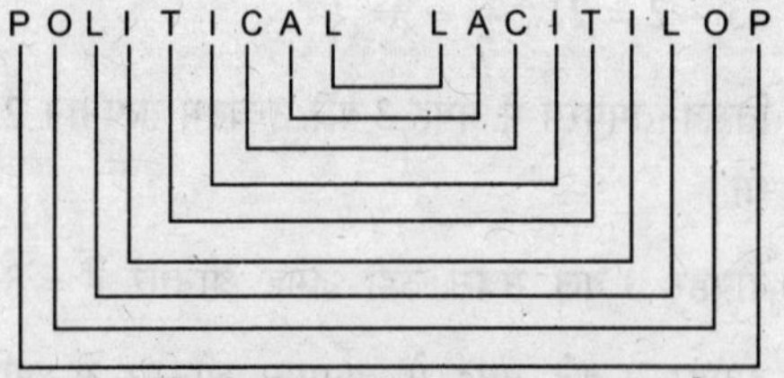

शब्द के अक्षरों को पीछे से लिखा जाता है।

110. 15 D 5 C 2 A 3 = 15 ÷ 5 × 2 + 3

= 3 × 2 + 3 = 6 + 3 = 9

111. पाँच आदमी (*a*), (*b*) (*c*), (*d*) और (*e*) एक अखबार पढ़ रहे है। इस क्रम में

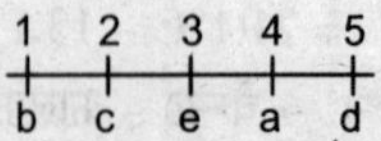

सबसे अंत में (*d*) ने अखबार पढ़ा।

112. 12 : 168 :: 16 : ?

∵ 12 × 14 = 168

∴ 16 × 14 = 224

114. DEAF को 3587 लिखा जाता है

और, FILE को 7465 लिखा जाता है

∴ IDEAL को लिखा जाएगा 43586

चूंकि, I = 4, D = 3, E = 5, A = 8, L = 6

116. दिए गए शब्दों को अंग्रेजी शब्दकोश के क्रम के अनुसार लगाने पर-

RANDOM, RESTAURANT, RESTRICT, ROBBER

117.

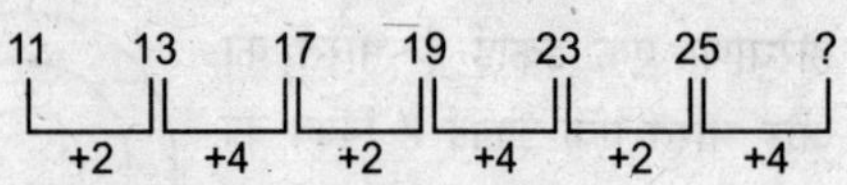

? = 25 + 4 = 29

118.

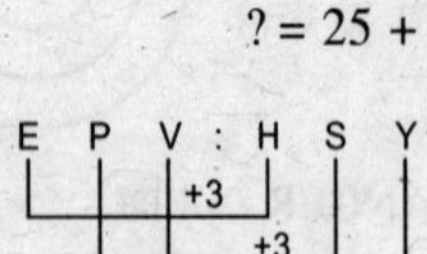

उसी तरह से,

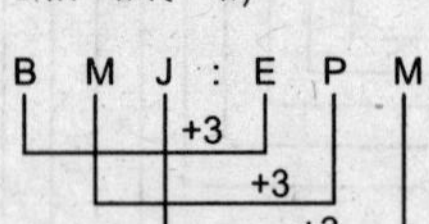

शब्द के अक्षर को 3 स्थान बढ़ाकर कूट किया गया है।

119. चूंकि कमल और गुलाब फूल है। इसलिए विकल्प (*a*) के चित्र में फूल, कमल और गुलाब के संबंध को उत्तम रूप से दर्शता है।

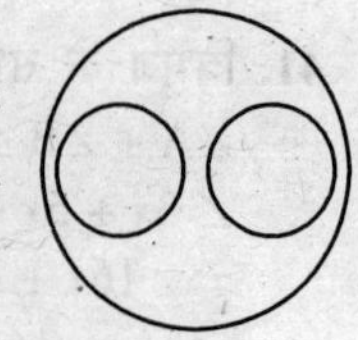

120. 07 : 49 :: 11 : ?

यहाँ, $(07)^2 = 49$

इसी प्रकार, $(11)^2 = 121$

121. 7 रंगों में PINK रंग नहीं है।

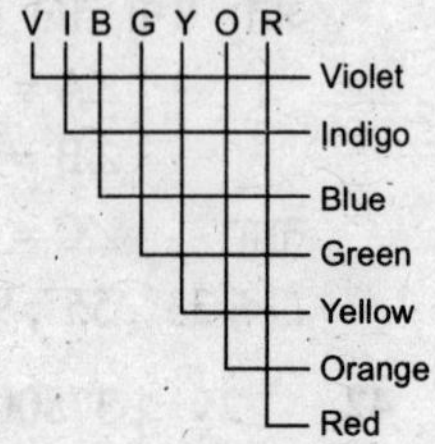

122. Y का बेटा A है,

Y के बेटे का बेटा B है,

Y का पौत्र B है,

B का भाई X है,

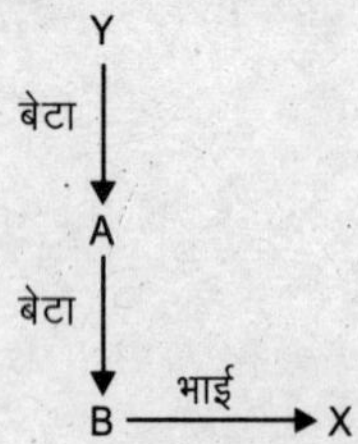

यहाँ X पौत्र है Y का

123. आयत का क्षेत्रफल = 48 मी^{2}, l = 6 मी

⇒ $l \times b$ = 48 मी^{2} ⇒ $6 \times b = 48$

⇒ $b = \frac{48}{6}$ = 8 मी ⇒ b = 8 मी

∴ चौड़ाई = 8 मी

124. नियमित अंतराल = 45 मिनट

अगली घंटी सुबह के 7 : 45 बजे बजायी जायेगी तथा, पिछली घंटी 5 मिनट पहले बजायी गयी थी

∴ वर्तमान समय = पूजारी द्वारा दी गई सूचना

= 7 : 05 सुबह

125.

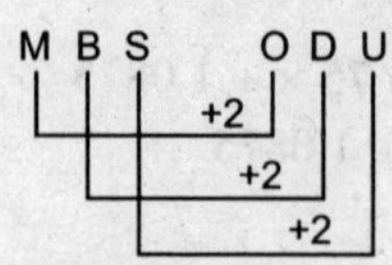

इसी प्रकार,

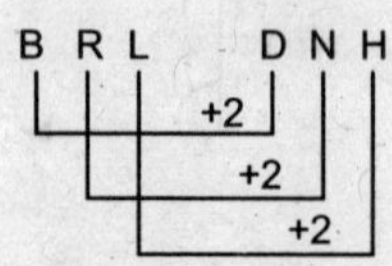

अक्षरों को दो स्थान आगे बढ़ाकर कूट किया गया है।

पिछले प्रश्न-पत्र (हल सहित)

ऑल इंडिया सैनिक स्कूल प्रवेश परीक्षा, 2019*

कक्षा-VI

प्रश्न पत्र-I : गणित, सामान्य ज्ञान तथा भाषा

भाग 'क' : गणित

1. एक विद्यार्थी ने 7236 को 56 के बदले 65 से गुणा कर दिया। उसका उत्तर असल उत्तर से कितना भिन्न है।

A. 87555 B. 65124
C. 72360 D. 65000

2. सरल करें: $1 \div \left\{\frac{1}{2}+\frac{1}{3}+\frac{1}{6}\div\left(\frac{3}{4}-\frac{1}{3}\right)\right\}$

A. $\frac{30}{37}$ B. $\frac{37}{30}$
C. $\frac{15}{37}$ D. $\frac{15}{30}$

3. निम्न आकृति की परिधि बताइए।

A. 15 सेमी
B. 15 सेमी^{2}
C. 16 सेमी
D. 25 सेमी^{2}

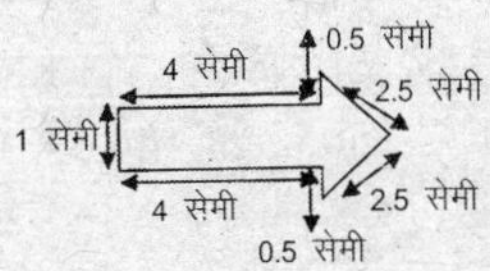

4. एक कमरे का माप 5 मी. × 4 मी. है। उसमें एक वर्गाकार कालीन जिसकी भुजा 3 मी. है उसे बिछाया गया है। उस जगह का क्षेत्रफल ज्ञात कीजिये जिस पर कालीन नहीं बिछा है।

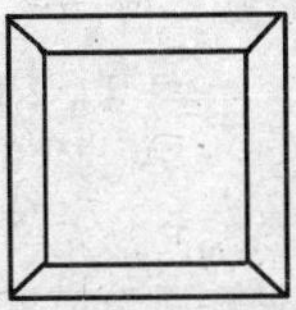

A. 21 मी^{2} B. 29 मी^{2}
C. 11 मी^{2} D. 21 सेमी^{2}

5. वह सबसे छोटी संख्या जो 6, 12, 18 से भाज्य होती है।

A. 360 B. 180
C. 120 D. 60

6. निम्न कोण में से कौन-सा एक समद्विबाहु त्रिकोण को दर्शाता है।

A. 90, 45 B. 60, 30
C. 120, 40 D. 90, 50

7. एक आयत की लंबाई उसकी चौड़ाई से 5 सेमी ज्यादा है। अगर उसकी परिधि 50 सेमी है तो उसका क्षेत्रफल कितना है?

A. 150 सेमी^{2} B. 250 सेमी^{2}
C. 900 सेमी^{2} D. 800 सेमी^{2}

8. 12 लोग एक काम को 15 दिनों में पूरा करते हैं। उसी काम को 20 लोग कितने दिनों में पूरा कर पायेंगे।

A. 15 दिनों B. 9 दिनों
C. 30 दिनों D. 20 दिनों

9. दो अभाज्य संख्या का ल.स.प. कितना होता है?

A. अंतर B. गुणनफल
C. योग D. इनमें से कोई नहीं

10. एक स्कूल के 1000 छात्रों में से 330 बस से आते हैं, 400 पैदल आते हैं और बाकी छात्रों को उनके माता-पिता छोड़ते हैं। स्कूल के कितने प्रतिशत छात्र बस से नहीं आते हैं।

A. 67% B. 27%
C. 50% D. 33%

11. एक ट्रेन स्टेशन 'अ' से स्टेशन 'ब' तक की 616 किमी की दूरी को 112 किमी/घंटे की एक समान गति से पूरा करती हैं, वह स्टेशन 'ब' पर एक घंटा रुकती है फिर वापस आती है। इस पूरी यात्रा को करने में उसे कितना समय लगता है (स्टेशन 'अ' से स्टेशन 'ब' तक और फिर वापस)।

A. 11 घंटे B. 12 घंटे 45 मिनट
C. 12 घंटे D. 5 घंटे 30 मिनट

* Exam held on 6 January 2019.

12. एक टेबल को 16% के नुकसान पर ₹ 3360 में बेचा गया। उसका लागत मूल्य ज्ञात कीजिये।
A. ₹ 4000 B. ₹ 3392
C. ₹ 3600 D. ₹ 4296

13. एक स्कूल में 17 कमरे हैं, हर कमरे में दो पंखे और चार एल.ई.डी. बल्ब लगे हैं। पूरे स्कूल के लिए कितने स्विच की जरुरत होगी अगर हर पंखे के लिए एक और दो एल.ई.डी. बल्ब के लिए भी एक स्विच चाहिए।
A. 34 B. 68
C. 102 D. 17

14. दो संख्या का गुणनफल 12.194 है। उनमें से एक अगर 4.69 है तो दूसरी संख्या ज्ञात कीजिये।
A. 7.6 B. 2.6
C. 9.8 D. 4.8

15. राहुल ने एक कुर्सी ₹ 600 में खरीदी और ₹ 200 उसकी मरम्मत पर लगाये। उसने उस को फिर ₹ 1000 में बेच दिया, तो उसेः
A. न लाभ न हानि
B. 25% हानि
C. 25% लाभ
D. गणना नहीं की जा सकती

16. पिछले 30 दिनों में तापमान 15 डिग्री गिरता है। यदि तापमान की गिरावट इसी गति से जारी रही तो अगले 10 दिनों में तापमान कितने डिग्री गिरेगा?
A. 10 डिग्री B. 5 डिग्री
C. 20 डिग्री D. 15 डिग्री

17. आम से भरी टोकरी में आम जब दो-दो करके गिने तो एक एक्स्ट्रा मिला, जब तीन-तीन करके गिना तो दो एंक्स्ट्रा, जब चार-चार करके गिना तो तीन एक्स्ट्रा, जब पाँच-पाँच करके गिना तो चार एक्स्ट्रा, जब छः-छः करके गिना तो पाँच एक्स्ट्रा। परन्तु जब सात-सात करके गिना तो कुछ एक्स्ट्रा नहीं बचा। उस आम की टोकरी में कम-से-कम कितने आम थे।
A. 119 B. 110
C. 111 D. 126

18. कौन-सी दो अंकों की संख्या जब 27 से जोड़ी जाती है तो उसके अंकों की जगह उलटी हो जाती है, वह संख्या ज्ञात कीजिये।
A. 27 B. 24
C. 47 D. 70

19. राधा की आय व्यय का अनुपात 7 : 5 है। अगर वो महीने में ₹ 2000 बचाती है, तो उसकी सालाना आय कितनी है।
A. ₹ 144000 B. ₹ 60000
C. ₹ 95000 D. ₹ 84000

20. एक आयताकार आकार के लॉन की लंबाई चौड़ाई का अनुपात 3 : 5 है। उसमें ₹ 2 प्रति मी के दर से बाड़ लगाने में ₹ 3200 का खर्च आता है। उस लॉन को ₹ 10 प्रति वर्ग मीटर की दर से, विकसित करने पर कितना खर्चा आएगा।
A. ₹ 18,00,00 B. ₹ 15,00,00
C. ₹ 19,00,00 D. ₹ 21,00,00

21. A, B और C एक रकम को आपस में 4 : 7 : 9 के अनुपात में बांटते हैं। अगर B का हिस्सा ₹ 2989 है तो पूरी रकम ज्ञात कीजिये।
A. ₹ 9820 B. ₹ 8540
C. ₹ 2720 D. ₹ 8640

22. एक कक्षा के 40 छात्रों की औसत आयु 18 वर्ष है, जब एक अध्यापक को सम्मिलित किया जाता है तो औसत आयु 19 वर्ष हो जाती है। अध्यापक की आयु कितनी है।
A. 59 वर्ष B. 69 वर्ष
C. 49 वर्ष D. 39 वर्ष

23. वह बड़ी से बड़ी संख्या कौन-सी है जिससे 3026 तथा 5053 को भाग देने पर क्रमशः 11 तथा 13 शेष बचें?
A. 15 B. 30
C. 45 D. 60

24. रवि ने ₹ 500 की कुर्सी खरीदी और इसे ₹ 550 पर बेचा। उसका लाभ या हानि प्रतिशत क्या था?
A. 10% B. 20%
C. 30% D. 40%

25. 5 किमी प्रति घंटा की गति से चलने पर किसी दूरी को 28 घंटे में पूरा किया जा सकता है। यदि गति 2 किमी प्रति घंटा बढ़ दी जाए तो यह दूरी कितने समय में पूरी हो जाएगी?
A. 30 घंटे B. 15 घंटे
C. 20 घंटे D. 25 घंटे

26. तार की एक चोटी $\frac{7}{8}$ मी. लंबी दो चोटी में टूट गई। एक चोटी $\frac{1}{4}$ मी. लंबी थी। दूसरी चोटी कितनी लंबी है?

A. $\frac{4}{8}$ मी.   B. $\frac{5}{8}$ मी.

C. $\frac{6}{8}$ मी.   D. $\frac{7}{8}$ मी.

27. श्रेणी 2, 5, 10, 14,18, 23, 26, 32 ..... में लुप्त पद क्या है?

A. 33   B. 34
C. 36   D. 37

28. 30 आदमी किसी काम को 16 दिन में समाप्त करते हैं। 8 आदमी उस काम को कितने दिन में समाप्त कर सकते हैं?

A. 30 दिन   B. 40 दिन
C. 50 दिन   D. 60 दिन

29. राम, श्याम, मोहन क्रमशः 75, 50 एवं 30 मीटर प्रति मिनट की चाल से दौड़ते हैं। दौड़ते हुए पहली बार वह कितनी देर बाद आपस में मिलेंगे?

A. 5 घंटे   B. 2 घंटे
C. 3 घंटे   D. $\frac{5}{2}$ घंटे

30. दशमलव की अवधारणा का उपयोग कर 26 किलो 5 ग्राम का प्रतिनिधित्व करें।

A. 26.05 किलोग्राम   B. 26.005 किलोग्राम
C. 26.5 किलोग्राम   D. 26.0005 किलोग्राम

31. किस दर पर, ₹ 6000 की राशि 5 साल में ₹ 7800 होगी?

A. 3%   B. 4%
C. 5%   D. 6%

32. उस घनाकार जलाशय की गहराई कितनी होगी जिसका आयतन 729 घन मीटर है?

A. 9 मीटर   B. 6 मीटर
C. 8 मीटर   D. 5 मीटर

33. मूल्यांकन करें:

$3 \times 7 + 4 - 6 \div 3 - 7 + 45 \div 5 \times 4 + 49$

A. 101   B. 103
C. 99   D. 35

34. 60 किमी. प्रति घंटा गति से चल रही ट्रेन जिसकी लंबाई 100 मीटर है एक 150 मीटर लंबे प्लेटफार्म को कितने समय में पार कर लेगी?

A. 15 सेकेण्ड   B. 14 सेकेण्ड
C. 18 सेकेण्ड   D. 20 सेकेण्ड

35. आसू एक काम को 12 दिन में कर सकता है। प्रणव उसी काम को 10 दिन में कर सकता है। आसू, प्रणव एवं रामू तीनों मिलकर उस काम को 5 दिन में पूरा कर सकते हैं तो रामू उस काम को कितने दिन में करेगा?

A. 70 दिन   B. 90 दिन
C. 60 दिन   D. 50 दिन

36. दो संख्याओं का ल.स. उनके म.स. का 28 गुना है। उनके ल.स. और म.स. का योग 1740 है और उनमें से एक संख्या 240 है तो दूसरी संख्या ज्ञात करो?

A. 420   B. 460
C. 500   D. 380

37. चार घड़ियां 6, 8, 12 और 18 सेकेण्ड के अंतर पर बजती हैं। यदि वे बारह बजे एक साथ बजना प्रारंभ करती हैं तो 6 मिनट के अंदर वह कितनी बार एक साथ बजेंगी?

A. 6 बार   B. 4 बार
C. 7 बार   D. 5 बार

38. 23 का ऐसा सबसे छोटा गुणज जिसे 18, 21 और 24 से भाग देने पर क्रमशः 7, 10 और 13 शेष बचता है वह है?

A. 1240   B. 3013
C. 2364   D. 7628

39. एक दूध वाले की एक टंकी में 75 लीटर तथा दूसरी टंकी में 45 लीटर दूध है। वह बड़ी-से-बड़ी माप क्या होगी जो दोनों टंकियों का पूरा-पूरा दूध माप सके?

A. 12 लीटर   B. 18 लीटर
C. 15 लीटर   D. 10 लीटर

40. एक टेबल ₹ 1000 पर खरीदा गया और ₹ 800 पर बेचा गया था। इस लेनदेन में लाभ या हानि% क्या था?

A. 5%   B. 10%
C. 20%   D. 30%

41. 6 लड़कों में से एक 20 किलो ग्राम भार वाले लड़के को निकाल कर उसके स्थान पर एक नए लड़के को रखने से सबका औसत भार 5 किलो बढ़ गया। नए लड़के का भार क्या है?

A. 41 किलोग्राम
B. 50 किलोग्राम
C. 65 किलोग्राम
D. 49 किलोग्राम

42. एक व्यक्ति अपनी 40 किमी. की यात्रा में पहले 10 किमी. 10 किमी. प्रतिघंटा की गति से तय करता है। दूसरे 10 किमी. 20 किमी प्रति घंटा की गति से, तीसरे 10 किमी. 30 किमी. प्रतिघंटा की गति से और आखिरी 10 किमी. 40 किमी. प्रतिघंटा की गति से तय करता है। व्यक्ति की औसत गति क्या है?

A. 18.2 किमी. प्रतिघंटा
B. 19.2 किमी. प्रतिघंटा
C. 19.0 किमी. प्रतिघंटा
D. 16.2 किमी. प्रतिघंटा

43. 5 मीटर चौड़ा आयताकार उद्यान का क्षेत्रफल 300 वर्ग मीटर है, तो बगीचे की लंबाई क्या होगी?

A. 60 मीटर
B. 70 मीटर
C. 80 मीटर
D. 90 मीटर

44. एक संख्या के वर्ग में 28 का वर्ग जोड़ने पर 1808 आता है। वह संख्या क्या होगी?

A. 66
B. 50
C. 32
D. 16

45. एक दर्जन पेन का मूल्य ₹ 180 है और 8 बाल पेन का मूल्य ₹ 56 है। पेन के मूल्य का बाल पेन के मूल्य से अनुपात ज्ञात कीजिये।

A. 15 : 7
B. 180 : 56
C. 1 : 1
D. 8 : 15

46. एक ट्रक में 594 किमी. चलने पर 108 लीटर डीजल लगता है। 1650 किमी. की दूरी तय करने में कितने लीटर डीजल लगेगा?

A. 3000 लीटर
B. 108 लीटर
C. 300 लीटर
D. 165 लीटर

47. मूलधन ₹ 5000 का $7\frac{1}{2}\%$ वार्षिक ब्याज की दर से 3 वर्ष के समय में साधारण ब्याज ज्ञात कीजिये।

A. ₹ 5000
B. ₹ 6125
C. ₹ 2000
D. ₹ 1125

48. किसी त्रिभुज के कोण 1 : 2 : 3 के अनुपात में हैं, कोणों का मान ज्ञात कीजिये।

A. 30, 60, 90
B. 15, 45, 120
C. 60, 60, 60
D. 45, 45, 90

49. एक संख्या दूसरी संख्या से 36 अधिक है। अगर दोनों का योग 48 है तो संख्या बताइए।

A. 40, 08
B. 36, 12
C. 42, 06
D. 32, 16

50. किस समय घड़ी के दोनों सुई के बीच का कोण पूरे ऋजु कोण के बराबर होता है।

A. 12 AM
B. 12 PM
C. 9.15 AM
D. 6 AM

भाग 'ख' : सामान्य ज्ञान

51. परम वीर चक्र (पीवीसी) पुरस्कार विजेताओं की निम्नलिखित सूची में से वह जिन्हें कारगिल युद्ध के दौरान पीवीसी से सम्मानित किया गया था?

A. लेफ्टिनेंट कर्नल अर्देशिर बुर्जोजी तारापुर
B. 2 / लेफ्टिनेंट अरूण खेतरपाल
C. कैप्टन विक्रम बत्रा
D. मेजर सोमनाथ शर्मा

52. निम्नलिखित में से किस राज्य ने संस्कृत को आधिकारिक भाषाओं में से एक के रूप में अपनाया है?

A. हिमाचल प्रदेश
B. उत्तराखंड
C. राजस्थान
D. उत्तर प्रदेश

53. भारत के वर्तमान उपराष्ट्रपति कौन हैं?

A. श्री नरेंद्र मोदी
B. श्री वेंकैया नायडू
C. श्री अरुण जेटली
D. श्री राम नाथ कोविंद

54. बच्चों और उनकी बीमारियों में विशेषज्ञता रखने वाला एक चिकित्सकीय चिकित्सक।

A. जिओलोजिस्ट
B. पैडियाट्रिशियन
C. कार्डियोलॉजिस्ट
D. न्यूरोलॉजिस्ट

55. सितारों के एक समूह को क्या कहा जाता है?

A. सौर प्रणाली
B. नक्षत्रमंडल
C. ग्रह
D. धूमकेतु

56. ठोस होने पर कौन-सी गैस आमतौर पर शुष्क बर्फ के रूप में जाना जाता है?

A. कार्बन मोनोऑक्साइड B. नाइट्रस ऑक्साइड
C. कार्बन डाइऑक्साइड D. हाइड्रोजन पेरोक्साइड

57. राज्य सभा के सदस्यों का अधिकतम कार्यकाल कितना हो सकता है?
A. पाँच साल B. छह साल
C. सात साल D. दो साल

58. पी गोपीचंद किस खेल से जुड़ा हुआ है?
A. बैडमिंटन B. क्रिकेट
C. फुटबॉल D. हॉकी

59. निम्नलिखित में से कौन-सी कंपनी मोबाइल नहीं बेचती है?
A. ऐप्पल B. बीएसएनएल
C. एचपी D. सोनी

60. जमीन और पानी पर यात्रा करने में सक्षम एक वाहन को क्या कहा जाता है?
A. होवरक्राफ्ट B. रोवरक्राफ्ट
C. मोवरक्राफ्ट D. कार

61. भारत सरकार के अंतरिक्ष कार्यक्रम की देखभाल करने वाली संस्था कौन-सी है?
A. आईएसबीटी B. एनटीआरओ
C. नाबार्ड D. इसरो

62. भारतीय नौसेना का आदर्श वाक्य है
A. सर्वत्र सर्वोत्तम सुरक्षा
B. शं नो वरुणः
C. वीरता और विवेक
D. नभः स्पृशं दीप्तम्

63. मानव शरीर में सबसे बड़ी ग्रंथि कौन-सी है?
A. लारग्रंथि B. फेफड़े
C. जिगर D. पेट

64. 'सारे जहां से अच्छा' गीत किसने लिखा है?
A. रवींद्रनाथ टैगोर B. बंकिमचंद्र चटर्जी
C. मुहम्मद इकबाल D. सुभाष चंद्र बोस

65. सबसे गहरा महासागर कौन-सा है?
A. हिंद महासागर B. आर्कटिक महासागर
C. अंटार्कटिक महासागर D. प्रशांत महासागर

66. निम्नलिखित में से कौन लोक सभा के स्पीकर के वेतन और भत्ते को ठीक करता है?
A. मंत्रियों की परिषद
B. राष्ट्रपति
C. संसद
D. सुप्रीम कोर्ट के न्यायाधीश

67. संविधान का कौन-सा अनुच्छेद भारतीय नागरिक को 'समानता का अधिकार' प्रदान करता है?
A. अनुच्छेद 12 B. अनुच्छेद 13
C. अनुच्छेद 17 D. अनुच्छेद 14

68. 1024 किलो बाइट बराबर है?
A. 8 बिट्स B. 1 मेगाबाइट (एमबी)
C. 1 गीगाबाइट (जीबी) D. 1 बाइट

69. हीरा कुड बांध किस नदी पर बनाया गया है?
A. कावेरी B. महानदी
C. कृष्णा D. सतलुज

70. आयोडिन की कमी से कौन-सा रोग होता है?
A. घेंघा B. मलेरिया
C. मोतियाबिंद D. स्कर्वी

71. भारत के 'लौहपुरुष' के रूप में कौन जाना जाता है?
A. जवाहरलाल नेहरू B. महात्मा गांधी
C. सरदार पटेल D. सुभाष चंद्र बोस

72. इनमें से कौन-सा भारतीय खेल नहीं है?
A. कबड्डी B. खो-खो
C. हॉकी D. रग्बी

73. जो लोग अतीत में किए गए चीजों का अध्ययन करते हैं, उन्हें .... कहा जाता है।
A. जीवविज्ञानी B. पुरातत्वविदों
C. भूविज्ञानी D. चिकित्सक

74. भारत के राष्ट्रीय ध्वज की चौड़ाई का लंबाई के साथ अनुपात क्या है?
A. 4:5 B. 2:3
C. 1:1 D. 5:6

75. वाघा-सीमा कहां स्थित है?
A. लोंगेवाला, राजस्थान
B. मोरेह, मणिपुर
C. कच्छ के रन, गुजरात
D. अमृतसर, पंजाब

भाग 'ग' : भाषा

प्रत्येक प्रश्न के आगे दिए गए विकल्पों में से उचित विकल्प चुनें:

76. निम्न में से कौन-सा शब्द 'संसार' शब्द का पर्यायवाची नहीं है।

A. विश्व B. लोक
C. जगत D. भुजंग

77. निम्न में से कौन-सा शब्द 'वृक्ष' शब्द का पर्यायवाची नहीं है:

A. आत्मज B. तरु
C. दरख्त D. शाखी

78. 'कटु' शब्द का विलोम रूप है:

A. मीठा B. मिठाई
C. मिष्ठान D. मधु

79. 'संक्षिप्त' शब्द का विलोम रूप है:

A. संक्षेप B. व्यापक
C. विस्तार D. विस्तृत

निम्न वाक्यों/शब्द समूह के लिए दिए गए विकल्पों में से उचित शब्द का चुनाव करें:

80. भलाई चाहने वाला

A. हितैषी B. चिंतित
C. दयालु D. पारखी

81. दूसरे देश से अपने देश में सामान आना

A. निर्यात B. विख्यात
C. आयात D. पर्याप्त

82. जहाँ पहुँचा न जा सके

A. उपकृत B. निराकार
C. अक्षम्य D. अगम्य

सार्थक वाक्य बनाने के लिए शब्दों के निम्नलिखित शब्दों/समूहों को पुनर्व्यवस्थित करें। विकल्पों में दिए गए सही अनुक्रम का चयन करें।

83. (A) गलतियों/(B) हमें अपनी/(C) चाहिए/(D) को सुधारना

A. BADC B. ABCD
C. DCBA D. BACD

84. (A) बाद भारतीय सेना के/ (B) स्वतंत्रता प्राप्ति के/ (C) वीरता पदकों की शुरुआत की गयी/ (D) सभी रैंकों के लिए अनेक

A. ABCD B. BADC
C. ACDB D. DCAB

दिए गए शब्दों की सही वर्तनी के साथ विकल्प को चिह्नित करें:

85. A. इकलौता B. एकलोता
C. ईकलोता D. ऐकलोता

86. A. संतुष्ट B. शंतुष्ट
C. शंतुशत D. स्न्तुष्ट

अनेक शब्दों के लिए एक शब्द हेतु उपयुक्त विकल्प चुनें:

87. शीर्घ नष्ट होने वाला

A. क्षम्य B. वाचाल
C. क्षणभंगुर D. जिज्ञासु

88. दूसरों की बातों में दखल देना

A. अत्याचार B. अकिंचन
C. हितैषी D. हस्तक्षेप

प्रत्येक प्रश्न के आगे दिए गए विकल्पों में से उचित विकल्प का चयन कीजिए:

89. निम्न में से कौन-सा शब्द 'अमृत' का पर्यायवाची नहीं है?

A. सुधा B. अमी
C. अमिय D. क्षुधा

90. निम्न में से कौन-सा शब्द 'हिरण' का पर्यायवाची नहीं है?

A. मृग B. कुरंग
C. मृगांक D. सारंग

91. सब कुछ जानने वाला

A. सर्वज्ञानी B. सर्वज्ञ
C. सर्वदृष्टा D. सर्वदर्शी

निम्न शब्द के लिए सही विपरीतार्थक शब्द (विकल्प) का चयन कीजिए:

92. नूतन

A. पुरातन B. प्राचीन
C. अर्वाचीन D. पुराना

निम्नलिखित शब्दों के लिए सही संधि-विच्छेद (विकल्प) का चयन कीजिए:

93. सच्चरित्र

A. सत् + चरित्र B. सत + चरित्र
C. सत्य + चरित्र D. सच्चा + चरित्र

94. निराधार

A. निरा + आधार　　B. निः + आधार

C. नि + आधारः　　D. निर् + आधार

निम्नलिखित शब्द में प्रयुक्त 'उपसर्ग' के सही विकल्प का चयन कीजिएः

95. संकलन

A. संक　　B. स

C. सम्　　D. सम

निम्नलिखित अनुच्छेद पढ़ें और सवालों (प्रश्न 96 से 100 तक) का जबाव दें।

निम्नलिखित गद्यांश को पढ़कर पूछे गए प्रश्नों के लिए उपयुक्त विकल्प चुनिएः

मनुष्य अनुकरणशील प्राणी है। अतः आस-पास के लोगों से एवं सहचरों से कर्म सीखता है। किसी मनुष्य की प्रकृति क्या है, उसके स्वाभाविक गुण क्या हैं, उसका नैतिक, आध्यात्मिक और सामाजिक चरित्र कैसा है, किस विषय में उसकी अभिरूचि है, इन सभी बातों का ज्ञान हमें उसकी संगति से होता है। किसी महापुरुष का कथन है कि यदि किसी को मित्र एवं सुहृदय बनाना हो तो उसके सहचरों को देखना चाहिए। अतः उसके संगी कौन हैं, मित्र कौन है, इससे ही उसका परिचय मिलता है। सुसंगति एक ऐसी पारसमणि है जो लोहे को भी सोना बनाने की क्षमता रखती है। चंदन के समीप रहने से आसपास के वृक्ष भी सुगंधित हो जाते हैं। दूध के साथ पानी भी उसी मूल्य में बिकता है। जल की बूंद यदि गर्म तवे पर पड़े तो वह तत्क्षण मिट जाएगी। यदि संयोग से यही बूंद सीप के मुख में गिरे तो वह उज्जवलमणि बनेगी। यही सत्संग की महत्ता है।

96. मनुष्य अपना अधिकतर कर्म कहां से सीखता है?

A. प्रकृति से　　B. समाज से

C. अपने व्यवहार से　　D. अपने जीवन से

97. मनुष्य कैसा प्रांणी है?

A. आध्यात्मिक　　B. नैतिक

C. अनुकरणशील　　D. ज्ञानी

98. सुसंगति पारसमणि के समान क्यों है?

A. क्योंकि इससे बुरा भी अच्छा बन जाता है

B. यह लोहे को सोना बना देती है

C. इससे व्यक्ति ज्ञानवान बनता है

D. यह व्यक्ति को समृद्ध बना देती है

99. महापुरुष किस समास का उदाहरण है?

A. अव्ययीभाव समास　　B. तत्पुरुष समास

C. कर्मधारय समास　　D. द्विगु समास

100. 'सहचर' का क्या अर्थ है?

A. साथ चलने/रहने वाला　　B. साथ काम करने वाला

C. साथ पढ़ने वाला　　D. साथ खाने वाला

प्रश्न पत्र-II : बुद्धिमत्ता परीक्षण

101. यदि आकृति 'X' को दर्पण में देखा जाए तो उसका प्रतिबिम्ब दी गयी चार आकृतियों A, B, C तथा D में से किस एक के समान होगा?

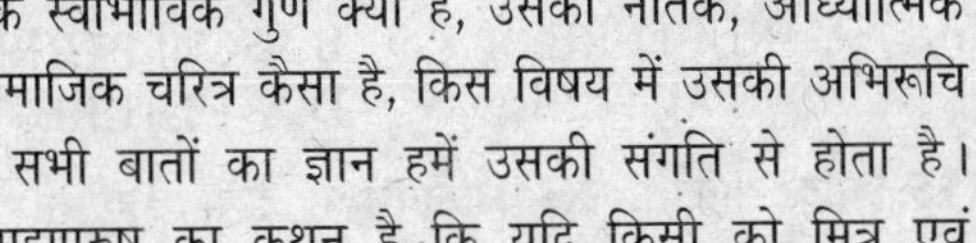

X　　A　　B　　C　　D

102. उस शब्द को चुनिये जो दूसरे शब्दों के समूह से मेल नहीं खाता है।

A. PICTURE　　B. POSTER

C. BOOK　　D. SCENERY

103. नीचे दिये गये चित्र में से कौन-सा चित्र यात्री, रेलगाड़ी तथा बस के संबंध को उत्तम रूप से दर्शाता है?

A. 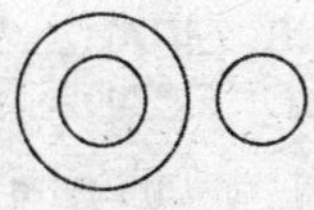

B. 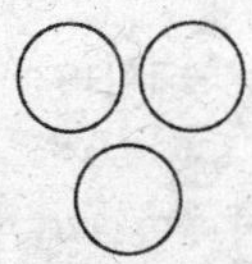

C. 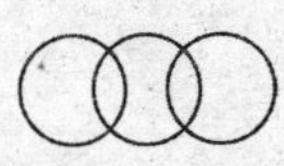

D. 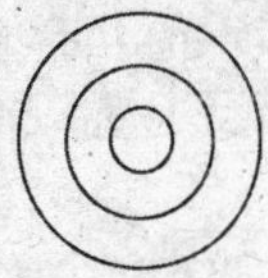

104. CAR का जो संबंध PETROL से है वही संबंध TELEVISION का .... के साथ होगा।

A. ANTENNA

B. TRANSMISSION

C. ENTERTAINMENT

D. ELECTRICITY

105. दी गई 'X' आकृति में से '?' स्थान पर दिये गए विकल्पों A, B, C तथा D में से कौन-सी विकल्प आकृति आएगी?

X A B C D

106. एक कक्षा के बालक सीधी लाइन में खड़े हैं। उनमें से एक लड़का लाइन के दोनों सिरों से उन्नीसवें स्थान पर खड़ा है। बताइए कक्षा में कितने लड़के हैं?

A. 27 B. 37
C. 38 D. 39

107. यदि पारदर्शी पेपर पर बनी 'X' आकृति को बिन्दु रेखा के आधार पर मोड़ा जाये तो वह दी गई किस विकल्प आकृति A, B, C तथा D के समान होगी?

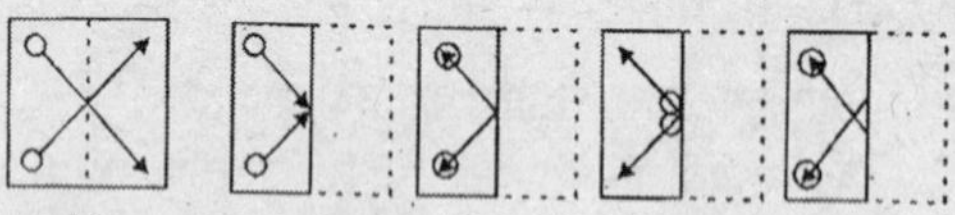

X A B C D

108. SCHOOL का जो संबंध EDUCATION से है वही संबंध BANK का किससे होगा?

A. ATM B. CHEQUE
C. LOAN D. LOCKER

109. दिये गए शब्द को यदि दर्पण में देखें तो दिये गए विकल्पों में से किसके समान होगा?

SHARE

A. ƎЯAHS B. ƎЯAHƧ
C. ƎЯHAƧ D. ƎƧAHƧ

110. नीचे दिये गए संख्या शृंखला को यदि पानी में देखा जाए तो उसका प्रतिबिम्ब दिये गए विकल्पों में किसके समान दिखाई देगा?

HR2642O

A. O2462ƎHR B. HЯƧ9ߤƧO
C. O29ߤƧƎHR D. HЯƧ9ߤƧO

111. उस शब्द को चुनिये जो दूसरे शब्दों के समूह से मेल नहीं खाता।

A. EARTH B. SUN
C. MERCURY D. JUPITER

112. दिये गए विकल्पों A, B, C तथा D में से कौन सी आकृति X में प्रश्नवाचक चिह्न '?' के स्थान पर आएगी?

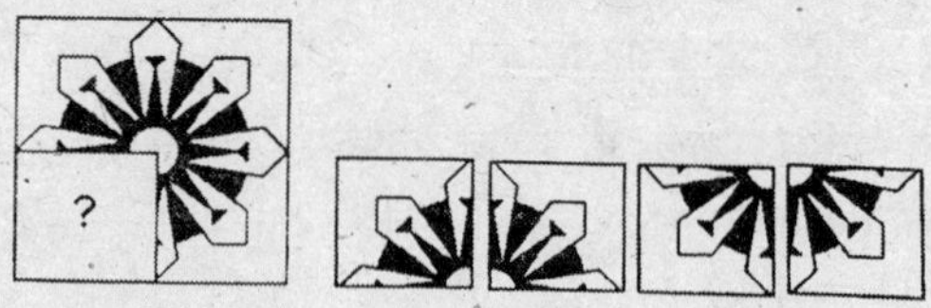

X A B C D

113. यदि सारी दिशाओं को घड़ी की दिशा में 90° के कोण से घुमा दिया जाए, जैसे कि– उत्तर को पश्चिम, पूर्व को उत्तर बना दिया जाए, तो उत्तरी पश्चिम दिशा की जगह कौन-सी दिशा आएगी?

A. SOUTH – WEST B. NORTH – EAST
C. SOUTH – EAST D. EAST – WEST

114. दिये गए विकल्पों में से कौन-से विकल्प से दिया गया शब्द बन सकता है?

INFRASTRUCTURE

A. RUPTURE B. SCULPTURE
C. FRACTURE D. VULTURE

115. यदि आकृति 'X' को दर्पण में देखा जाए तो उसका प्रतिबिम्ब दी गयी चार आकृतियों A, B, C तथा D विकल्पों में से किस एक के समान होगा?

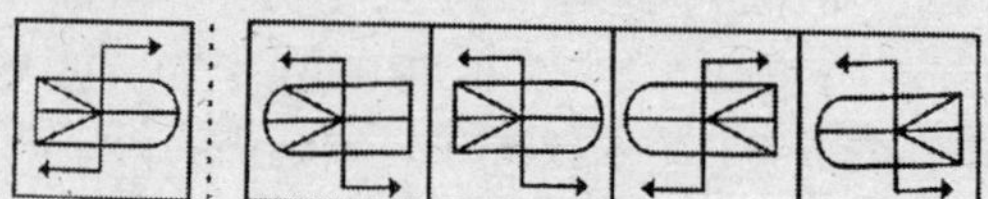

X A B C D

116. उस शब्द को चुनिये जो दूसरे शब्दों के समूह से मेल नहीं खाता है।

A. STUDENT B. LAWYER
C. MECHANIC D. ENGINEER

117. यदि 'X' आकृति को दर्पण में देखा जाए तो उसका प्रतिबिम्ब दी गयी चार आकृतियों A, B, C तथा D विकल्पों में से किस एक के समान होगा?

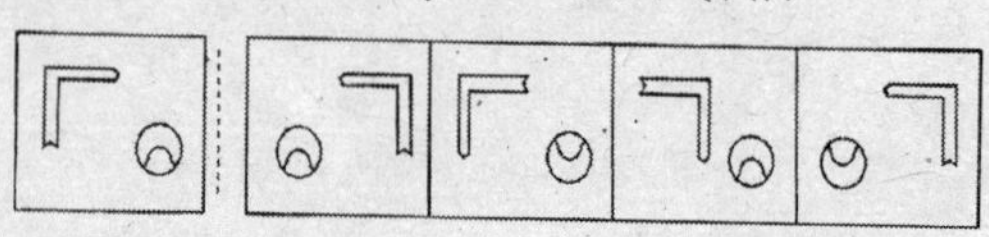

X A B C D

118. यदि '+' को '÷', '÷' को '–', '–' को '×' और '×' को '+', लिखा जाए, तब नीचे दिये गये समीकरण का उत्तर क्या होगा?

$$12 + 6 \div 3 - 2 \times 8 = ?$$

A. –2 B. 2
C. 4 D. 8

119. नीचे दिए गए विकल्पों A, B, C और D में से किसी एक विकल्प के अंदर 'X' आकृति छिपी हुई है। उस विकल्प को ढूँढिए जिसमें 'X' आकृति किसी एक भाग में छिपी हुई है।

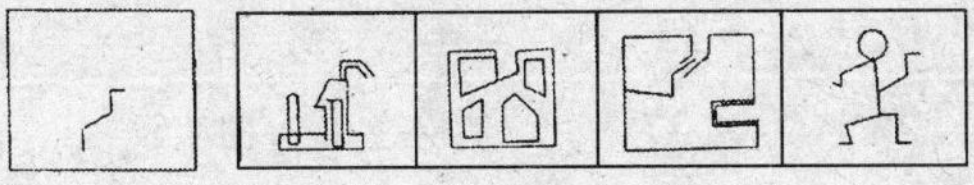

X A B C D

120. यदि '÷' को '×', '×' को '+' , '+' को '–' और '–' को '÷', लिखा जाए, तब नीचे दिए गए समीकरण का उत्तर क्या होगा?

$$16 \times 3 + 5 - 2 \div 4 = ?$$

A. 9 B. 10
C. 19 D. इनमें से कोई नहीं

121. नितिन 49 बच्चों की कक्षा में अठारहवें स्थान पर है। अंत से उसका स्थान क्या होगा?

A. 18 B. 19
C. 31 D. 32

122. दिये गए विकल्पों A, B, C तथा D में से कौन सी आकृति 'X' में प्रश्नवाचक चिह्न '?' के स्थान पर आएगी?

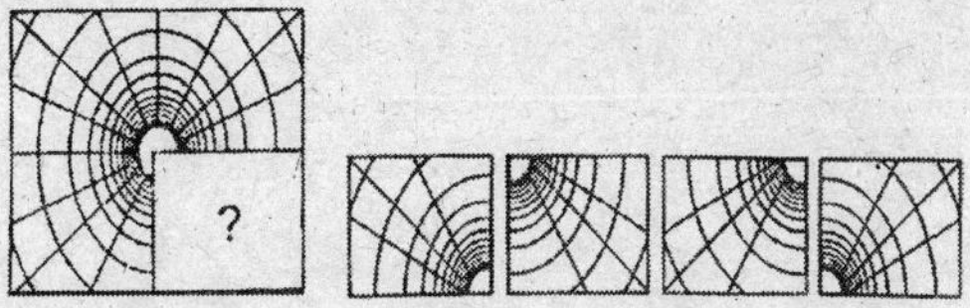

X A B C D

123. उस आकृति को ढूंढिए जो अपने आकृति-समूह से संबंधित नहीं है।

A B C D

124. अंकों की नीचे की शृंखला में छूटे हुए अंक को ढूंढिए।

06, 11, 21, 36, 56, ...?

A. 42 B. 51
C. 81 D. 91

125. नीचे दी गयी संख्या शृंखला में 19 संख्या का जो संबंध 37 के साथ है। ठीक उसी के आधार पर 26 संख्या के लिए ? स्थान पर दिये गए विकल्पों में से कौन-सी संख्या वाला विकल्प होगा?

19 : 37 : : 26 : ?

A. 52 B. 51
C. 46 D. 43

उत्तरमाला

1	2	3	4	5	6	7	8	9	10
B	A	A	C	B	A	A	B	B	A
11	**12**	**13**	**14**	**15**	**16**	**17**	**18**	**19**	**20**
C	A	B	B	C	B	A	C	D	B
21	**22**	**23**	**24**	**25**	**26**	**27**	**28**	**29**	**30**
B	A	C	A	C	B	B	D	D	B
31	**32**	**33**	**34**	**35**	**36**	**37**	**38**	**39**	**40**
D	A	A	A	C	A	C	B	C	C
41	**42**	**43**	**44**	**45**	**46**	**47**	**48**	**49**	**50**
B	B	A	C	A	C	D	A	C	C
51	**52**	**53**	**54**	**55**	**56**	**57**	**58**	**59**	**60**
C	B	B	B	B	C	B	A	B	A

61	62	63	64	65	66	67	68	69	70
D	B	C	C	D	C	D	B	B	A
71	72	73	74	75	76	77	78	79	80
C	D	B	B	D	D	A	D	D	A
81	82	83	84	85	86	87	88	89	90
C	D	A	B	A	A	C	D	D	C
91	92	93	94	95	96	97	98	99	100
B	A	A	B	C	B	C	A	B	A
101	102	103	104	105	106	107	108	109	110
C	C	C	D	A	B	B	C	A	D
111	112	113	114	115	116	117	118	119	120
B	C	A	C	D	A	A	C	D	A
121	122	123	124	125					
D	B	C	C	B					

व्याख्यात्मक उत्तर

1. उस विद्यार्थी का उत्तर, असल उत्तर से भिन्न होगा

$$= 7236 \times 65 - 7236 \times 56$$
$$= 7236\ (65 - 56)$$
$$= 7236 \times 9 = 65124.$$

2. $1 \div \left\{\frac{1}{2} + \frac{1}{3} + \frac{1}{6} \div \left(\frac{3}{4} - \frac{1}{3}\right)\right\}$

BODMAS नियमानुसार,

$$= 1 \div \left\{\frac{1}{2} + \frac{1}{3} + \frac{1}{6} \div \frac{5}{12}\right\}$$

$$= 1 \div \left\{\frac{1}{2} + \frac{1}{3} + \frac{1}{6} \times \frac{12}{5}\right\}$$

$$= 1 \div \left\{\frac{1}{2} + \frac{1}{3} + \frac{2}{5}\right\}$$

$$= 1 \div \left\{\frac{15+10+12}{30}\right\} = 1 \div \left\{\frac{37}{30}\right\} = \frac{30}{37}$$

3. 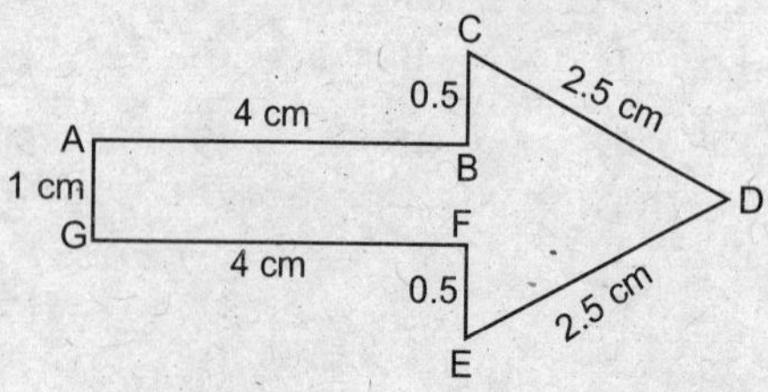

आकृति की परिधि

$= AB + BC + CD + DE + EF + FG + GA$

$= 4 + 0.5 + 2.5 + 2.5 + 0.5 + 4 + 1$

$= 15$ सेमी.

4. 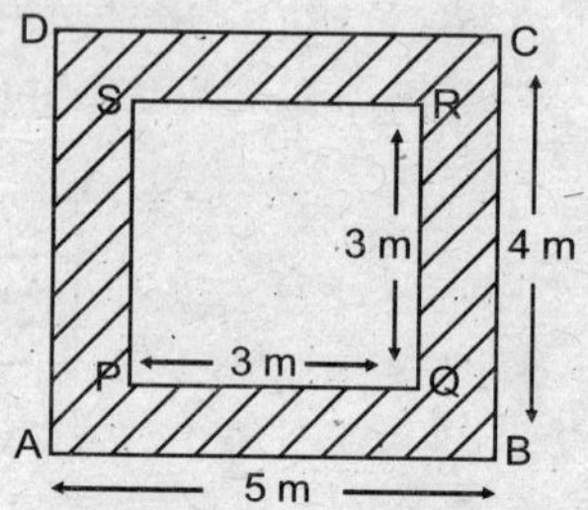

∴ उस जगह का क्षेत्रफल जहाँ कालीन नहीं बिछी

= आयत ABCD का क्षे. – वर्ग PQRS का क्षे.

$= l \times b - a^2$

$= 5 \times 4 - (3)^2$

$= 20 - 9 = 11$ मी^{2}.

5. सबसे छोटी अभिष्ट संख्या जो 6, 12 और 18 से भाज्य हो

6, 12, 18 = ल.स.प. (6, 12, 18)

$= 2 \times 2 \times 3 \times 3 = 36.$

2	6, 12, 18
2	3, 6, 9
3	3, 3, 9
3	1, 1, 3
	1, 1, 1

उत्तर 36 का गुणज होगा, दिए गये विकल्पों में से 180 ऐसी सबसे छोटी संख्या है अतः विकल्प (B) सही है।

6. ∵ समद्विबाहु त्रिभुज में दो कोण समान होते हैं, विकल्प से,

(A) 90, 45, *i.e.*, $\angle A = 90°, \angle B = 45°$

$$\angle C = 180 - (90 + 45) = 180 - 135 = 45°$$

$$\because \quad \angle B = \angle C$$

∴ अतः विकल्प (A) सही है।

7. माना आयत की चौड़ाई = x

तब, आयत की लम्बाई (l) = $x + 5$

आयत का परिमाप = 50 सेमी

$$2(l + b) = 50$$
$$l + b = 25$$
$$x + x + 5 = 25$$
$$2x + 5 = 25$$
$$2x = 20$$
$$x = 10$$

∴ चौड़ाई (b) = 10 सेमी

लम्बाई (l) = 10 + 5 = 15 सेमी

∴ क्षेत्रफल = $l \times b$

= 10 × 15 = 150 सेमी^{2}.

8. $\because \quad W_1 = W_2$

$$\therefore \quad M_1 \times D_1 = M_2 \times D_2$$
$$12 \times 15 = 20 \times D_2$$
$$\therefore \quad D_2 = \frac{12 \times 15}{20} = 9 \text{ दिन}$$

अतः विकल्प (B) सही है।

10. बस से न जाने वाले छात्रों की संख्या

= 1000 − 330 = 670

$$\therefore \text{ अभिष्ट प्रतिशत} = \frac{\text{बस से न जाने वाले छात्रों की संख्या}}{\text{कुल छात्र}} \times 100$$

$$= \frac{670}{1000} \times 100 = 67\%.$$

11.

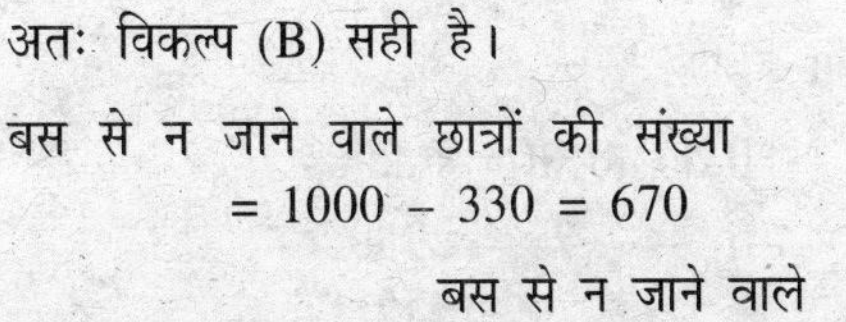

$$\text{लिया गया कुल समय} = \frac{\text{दूरी AB}}{\text{चाल}} + 1 \text{ घंटा} + \frac{\text{दूरी BA}}{\text{चाल}}$$

$$= \frac{616}{112} + 1 + \frac{616}{112}$$

$$\left[\because \text{ समय} = \frac{\text{दूरी}}{\text{चाल}}\right]$$

= 5.5 घंटे + 1 घंटा + 5.5 घंटे

= 12 घंटे

12. $$\because \quad \% \text{ हानि} = \frac{\text{क्रय मूल्य} - \text{विक्रय मूल्य}}{\text{क्रय मूल्य}} \times 100$$

$$16 = \frac{\text{क्रय मूल्य} - 3360}{\text{क्रय मूल्य}} \times 100$$

16 क्रय मू. = 100 क्रय मूल्य − 336000

84 क्रय मू. = 336000

$$\text{क्रय मूल्य} = \frac{336000}{84} = ₹\ 4000.$$

14. 4.69 × अन्य संख्या = 12.194

$$\therefore \quad \text{अन्य संख्या} = \frac{12.194 \times 1000}{4.69 \times 1000}$$

$$= \frac{12194}{4690} = 2.6$$

15. कुर्सी का कुल लागत मूल्य = ₹ 600 + ₹ 200

= ₹ 800

कुर्सी का विक्रय मूल्य = ₹ 1000

∵ विक्रय मूल्य > क्रय मूल्य → लाभ

$$\text{अभिष्ट लाभ प्रतिशत} = \frac{\text{विक्रय मू.} - \text{क्रय मू.}}{\text{क्रय मूल्य}} \times 100$$

$$= \frac{1000 - 800}{800} \times 100$$

$$= \frac{200 \times 100}{800}$$

= 25% लाभ

16. 30 दिनों में तापमान गिरता है = 15°C

$$\text{1 दिन में तापमान गिरता है} = \frac{15}{30} = \frac{1}{2}\ °C$$

अगले 10 दिनों में तापमान गिरेगा

$$= \frac{1}{2} \times 10 = 5°C.$$

17. टोकरी में आमों की संख्या वह संख्या होगी जिसे 2 से भाग करने पर शेषफल 1 बचे
3 से भाग करने पर शेषफल 2 बचे
4 से भाग करने पर शेषफल 3 बचे
5 से भाग करने पर शेषफल 4 बचे
6 से भाग करने पर शेषफल 5 बचे
7 से भाग करने पर शेषफल 0 बचे
विकल्पों से

(A) 2)119(59
10
19
18
1

3)119(39
9
29
27
2

4)119(29
8
39
36
3

5)119(23
10
19
15
4

6)119(19
6
59
54
5

7)119(17
7
49
49
×

अतः आमों की संख्या 119 होगी।

18. विकल्प चुनने पर,
A. 27 + 27 = 54 (✗)
B. 24 + 27 = 51 (✗)
C. 47 + 27 = 74 (✓)
अतः विकल्प (C) सही है।

19. माना राधा की आय और व्यय क्रमशः $7x$ और $5x$ है।

तब, बचत = आय – व्यय

$$7x - 5x = 2000$$
$$2x = 2000$$
$$x = 1000$$

∴ राधा की मासिक आय = $7x$
= 7 × 1000 = 7000

राधा की बार्षिक आय = 12 × 7000
= ₹ 84000.

20. माना आयताकार लॉन की ल. और चौ. क्रमशः $3x$ और $5x$ हैं।

लॉन का परिमाप, 2(ल. + चौ.) = $\frac{₹\ 3200}{2}$

2(ल. + चौ.) = 1600
$$2(3x + 5x) = 1600$$
$$16x = 1600$$
$$x = 100$$

∴ लॉन की लम्बाई = $3x$
= 3 × 100 = 300 मी.

लॉन की चौड़ाई = $5x$
= 5 × 100 = 500 मी.

लॉन का क्षेत्रफल = $l \times b$
= 300 × 500
= 150000 मी^{2}

∴ लॉन को विकसित करने में कुल खर्च लगेगा
= 150000 × 10
= ₹ 1500000.

21. माना A, B और C का हिस्सा क्रमशः $4x$, $7x$ और $9x$ है।

दिया है कि

B का हिस्सा = ₹ 2989
$$7x = 2989$$
$$x = 427$$

∴ कुल रकम = $4x + 7x + 9x = 20x$
= 20 × 427
= ₹ 8540.

22. अध्यापक की आयु = 41 × 19 – 40 × 18
= 779 – 720
= 59 वर्ष

$$\left[\because \text{औसत आयु} = \frac{\text{आयु का योग}}{\text{कुल छात्रों की संख्या}}\right].$$

23. अभिष्ट बड़ी से बड़ी संख्या

= म.स.प. (|3026 −11|, |5053 − 13|)

= म.स.प. (3015, 5040) = 45

3	3015
3	1005
5	335
	67

2	5040
2	2520
2	1260
2	630
3	315
3	105
5	35
	7

$3015 = 3 \times 3 \times 5 \times 67$

$5040 = 2 \times 2 \times 2 \times 2 \times 3 \times 3 \times 5$

म.स.प. (3015, 5040) = $3 \times 3 \times 5 = 45$.

24. कुर्सी का क्रय मूल्य = ₹ 500

कुर्सी का विक्रय मूल्य = ₹ 550

∵ विक्रय मूल्य > क्रय मूल्य → लाभ

$$\% \text{ लाभ} = \frac{\text{विक्रय मूल्य} - \text{क्रय मूल्य}}{\text{क्रय मूल्य}} \times 100$$

$$= \frac{550 - 500}{500} \times 100$$

$$= \frac{50}{500} \times 100 = 10\%$$

25. ∵ दूरी = चाल × समय

= 5 × 28 = 140 किमी

नई चाल = 5 + 2 = 7 किमी प्रति घंटा

∴ $$\text{समय} = \frac{\text{दूरी}}{\text{चाल}}$$

$$\text{समय} = \frac{140}{7} = 20 \text{ घंटा}$$

26. दूसरी चोटी की लम्बाई $= \frac{7}{8} - \frac{1}{4}$

$$= \frac{7-2}{8} = \frac{5}{8} \text{ मी.}$$

27. 2 5 10 14 18 23 26 32 [34]

(2 → 10: +8, 5 → 14: +9, 10 → 18: +8, 14 → 23: +9, 18 → 26: +8, 23 → 32: +9, 26 → 34: +8)

28. ∵ $W_1 = W_2$

∴ $M_1 \times D_1 = M_2 \times D_2$

$30 \times 16 = 8 \times D_2$

$$D_2 = \frac{30 \times 16}{8}$$

$D_2 = 60$ दिन

29. अभिष्ट समय = ल.स. (75, 50, 30)

2	75, 50, 30
3	75, 25, 15
5	25, 25, 5
5	5, 5, 1
	1, 1, 1

$= 2 \times 3 \times 5 \times 5$

= 150 मिनट

$= \frac{5}{2}$ घंटा

30. ∵ 1 किग्रा. = 1000 ग्राम

∴ 26 किग्रा 5 ग्राम = 26 किग्रा + $\frac{5}{1000}$ किग्रा

= 26 + 0.005

= 26.005 किग्रा.

31. ∵ साधारण ब्याज = मिश्रधन – मूलधन

= 7800 − 6000

= ₹ 1800

∴ $$\text{साधारण ब्याज} = \frac{P \times r \times t}{100}$$

$$1800 = \frac{6000 \times r \times 5}{100}$$

$$r = \frac{1800 \times 100}{6000 \times 5}$$

$r = 6\%$.

32. ∵ घन का आयतन = a^3

∴ $a^3 = 729$

$a = 9$ मी.

∴ घनाकार जलाशय की गहराई = 9 मी.

33. $3 \times 7 + 4 - \underbrace{6 \div 3} - 7 + 4\underbrace{5 \div 5} \times 4 + 49$

BODMAS नियमानुसार,

$= \underbrace{3 \times 7} + 4 - 2 - 7 + \underbrace{9 \times 4} + 49$

$= 21 + 4 - 2 - 7 + 36 + 49$

$= 110 - 9 = 101.$

34. अभिष्ट समय = $\frac{\text{दूरी}}{\text{समय}}$

$= \frac{\text{रेलगाड़ की ल.} + \text{प्लेटफार्म की ल.}}{\text{रेलगाड़ी की चाल}}$

$= \frac{100+150}{60 \times \frac{5}{18}}$ $\left[\because 1 \text{ किमी/घं.} = \frac{5}{18} \text{ मी/से.}\right]$

$= \frac{250 \times 18}{60 \times 5} = 15$ सेकण्ड

35. आसू का एक दिन का काम = $\frac{1}{12}$

प्रणव का एक दिन का काम = $\frac{1}{10}$

आसू, प्रणव और रामू का एक दिन का काम = $\frac{1}{5}$

$\therefore$ रामू का एक दिन का काम $= \frac{1}{5} - \left(\frac{1}{12} + \frac{1}{10}\right)$

$= \frac{12-5-6}{60}$

$= \frac{1}{60}$

$\therefore$ रामू काम को 60 दिन में पूरा करता है।

36. दिया है कि

ल.स. $(a, b) = 28 \times$ म.स. (a, b) ...(1)

$\because$ ल.स. (a, b) + म.स. (a, b)

$= 1740$ ...(2)

समीकरण (1) और (2) से

28 म.स. (a, b) + म.स. $(a, b) = 1740$

29 म.स. $(a, b) = 1740$

म.स. $(a, b) = 60$

ल.स. $(a, b) = 28 \times 60$

$= 1680$

$\because$ हम जानते हैं कि

ल.स. $(a, b) \times$ म.स. $(a, b) = a \times b$

$60 \times 1680 = 240 \times b$

$\therefore$ दूसरी संख्या $b = \frac{60 \times 1680}{240}$

$= 420.$

37. घड़ियाँ पुनः एक साथ ल.स. (6, 8, 12, 18) से. में बजती हैं।

ल.स. $(6, 8, 12, 18) = 2 \times 2 \times 2 \times 3 \times 3$

$= 72$ से.

2	6, 8, 12, 18
2	3, 4, 6, 9
2	3, 2, 3, 9
3	3, 1, 3, 9
3	1, 1, 1, 3
	1, 1, 1, 1

$\therefore$ 6 मिनट में घड़ियाँ बजेंगी = $\frac{6 \times 60}{72} = 6$

= 6 + 1 (शुरू में)

= 7 बार

38. ल.स. $(18, 21, 24) = 2 \times 2 \times 2 \times 3 \times 3 \times 7$

$= 504$

2	18, 21, 24
2	9, 21, 12
2	9, 21, 6
3	9, 21, 3
3	3, 7, 1
7	1, 7, 1
	1, 1, 1

समान शेषफल $\Rightarrow 18 - 7 = 11$

$\Rightarrow 21 - 10 = 11$

$\Rightarrow 24 - 13 = 11$

सभी अवस्थाओं में शेषफल समान है

अब 504 का ऐसा गुणज ज्ञात करो जो 11 घटाने पर 23 से पूरा विभाजित हो जाए

$504 \times 1 - 11 = 493$ (✗)
$504 \times 2 - 11 = 997$ (✗)
$504 \times 3 - 11 = 1501$ (✗)
$504 \times 4 - 11 = 2005$ (✗)
$504 \times 5 - 11 = 2509$ (✗)
$504 \times 6 - 11 = 3013$ (✓)

अतः 3013 अभिष्ट संख्या है।

39. अभिष्ट बड़ी से बड़ी टंकी की माप = HCF (75, 45)
$= 3 \times 5$
= 15 लीटर

3	75
5	25
5	5
	1

3	45
3	15
5	5
	1

$75 = 3 \times 5 \times 5$
$45 = 3 \times 3 \times 5.$

40. टेबल का क्रय मूल्य = ₹ 1000
टेबल का विक्रय मूल्य = ₹ 800
∵ वि.मू. < क्रय मूल. → हानि

$$\text{हानि } \% = \frac{\text{क्रय मूल्य} - \text{विक्रय मूल्य}}{\text{क्रय मूल्य}} \times 100$$

$$= \frac{1000 - 800}{1000} \times 100$$

$$= \frac{200}{10} = 20\% \text{ हानि}$$

41. माना कि शुरू में औसत = x किग्रा
और नये लड़के का भार y किग्रा है
तब, $6 \times x + y - 20 = 6(x + 5)$
$6x + y - 20 = 6x + 30$
$y - 20 = 30$
$y = 50$ किग्रा.

42. $$\text{औसत चाल} = \frac{\text{कुल दूरी}}{\text{दूरी तय करने में लिया गया कुल समय}}$$

$$= \frac{40 \text{ किमी}}{\frac{10}{10}\text{h} + \frac{10}{20}\text{h} + \frac{10}{30}\text{h} + \frac{10}{40}\text{h}}$$

$$= \frac{40 \text{ किमी}}{1 + \frac{1}{2} + \frac{1}{3} + \frac{1}{4}}$$

$$= \frac{40 \times 12}{12 + 6 + 4 + 3} = \frac{40 \times 12}{25}$$

$$= \frac{480}{25} = 19.2 \text{ किमी/घंटा}$$

43. माना उद्यान की लम्बाई = x मी.
∵ क्षेत्रफल = ल. × चौ.
$x \times 5 = 300$

$$x = \frac{300}{5} = 60 \text{ मी.}$$

44. माना संख्या = x
तब, प्रश्नानुसार
$x^2 + (28)^2 = 1808$
$x^2 + 784 = 1808$
$x^2 = 1808 - 784$
$x^2 = 1024$
$x = \sqrt[2]{1024}$
$x = 32.$

	32
3	$\overline{10}\,\overline{29}$
3	9
62	124
2	124
	×

45. एक दर्जन पैन का मूल्य = ₹ 180

$$\text{एक पैन का मूल्य} = \frac{180}{12} = ₹\ 15$$

8 बॉल पेनों का मूल्य = ₹ 56

$$\text{एक बॉल पैन का मूल्य} = ₹\frac{56}{8} = ₹\ 7$$

अभिष्ट अनुपात = 15 : 7.

46. 594 किमी. दूरी तय करने के लिये डीजल
= 108 लीटर
1 किमी. दूरी तय करने के लिये डीजल

$$= \frac{108}{594} \text{ लीटर/किमी}$$

1650 किमी. की दूरी तय करने के लिए

$$= \frac{108}{594} \times 1650$$

= 300 लीटर

47. $$\text{साधारण ब्याज} = \frac{P \times r \times t}{100}$$

$$= \frac{5000 \times \frac{15}{2} \times 3}{100}$$

$$= \frac{5000 \times 15 \times 3}{200}$$

$$= \frac{225000}{200} = ₹\ 1125$$

48. माना त्रिभुज के कोण क्रमशः $x°$, $2x°$ और $3x°$ हैं

त्रिभुज के तीनों कोणों का योग = 180°

$$x + 2x + 3x = 180°$$
$$6x = 180°$$
$$x = 30°$$

∴ अभिष्ट कोण = 30°, 60° और 90°.

49. माना संख्याएँ x और y हैं

तब, $x - y = 36$ ...(1)

$x + y = 48$ ...(2)

समीकरण (1) + समीकरण (2)

$$2x = 36 + 48$$
$$2x = 84$$
$$x = 42$$

समीकरण (1) में $x = 42$ रखने पर

$$42 - y = 36$$
$$y = 42 - 36 = 6$$

∴ संख्याएँ 42 और 6 हैं।

50. At 9 : 15 AM

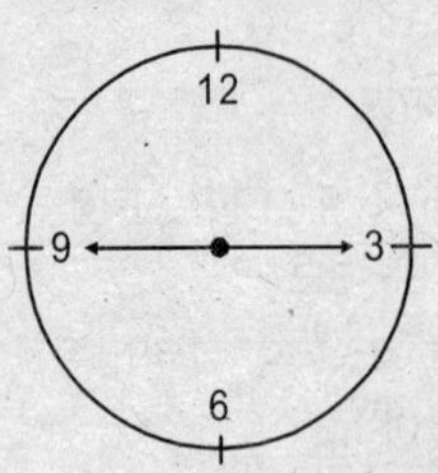

103.

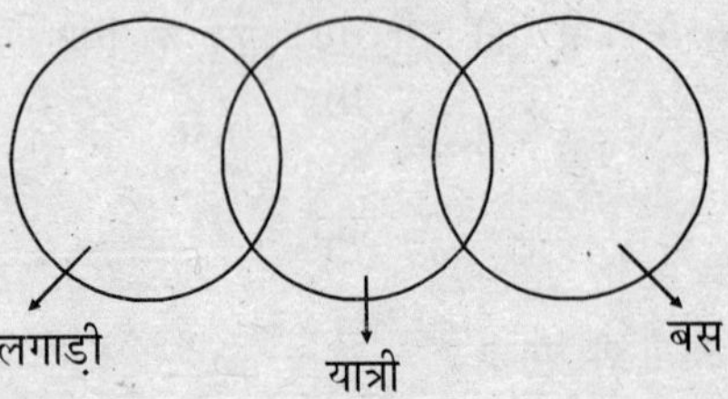

106. 37 एक अभाज्य संख्या है।

111. सूर्य एक तारा है अन्य सभी ग्रह हैं।

113.

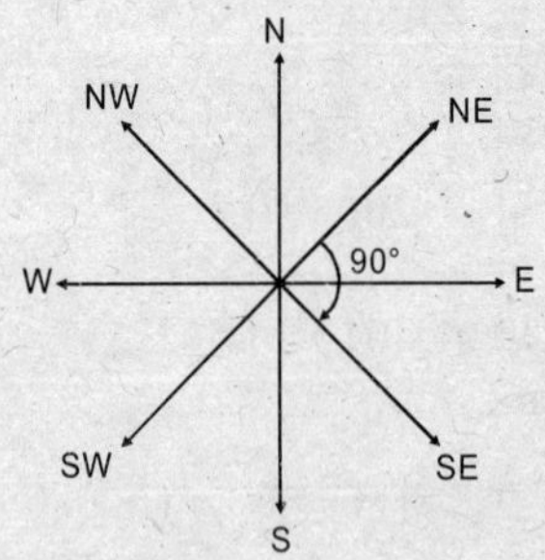

घड़ी की दिशा में 90° घुमाने पर,

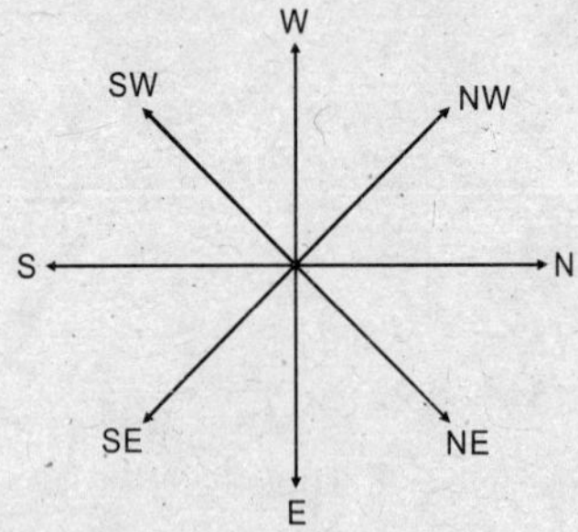

118. $12 + 6 \div 3 - 2 \times 8$

$= 12 \div 6 - 3 \times 2 + 8$

BODMAS नियमानुसार

$= 2 - 3 \times 2 + 8$

$= 2 - 6 + 8$

$= 10 - 6 = 4.$

120. $16 \times 3 + 5 - 2 \div 4$

$= 16 + 3 - 5 \div 2 \times 4$

BODMAS नियमानुसार

$= 16 + 3 - \frac{5}{2} \times 4$

$= 16 + 3 - 5 \times 2$

$= 16 + 3 - 10$

$= 19 - 10 = 9.$

121. कुल छात्र = L + R − 1

49 = 18 + L − 1

L = 49 − 17

L = 32.

124. 6 11 21 36 56 [81]

(+5, +10, +15, +20, +25)

125. 19 : 37 : : 26 : [51]

(× 2 − 1, × 2 − 1)

पिछले प्रश्न-पत्र (हल सहित)

ऑल इंडिया सैनिक स्कूल प्रवेश परीक्षा, 2018*

कक्षा-VI

प्रश्न पत्र-I : गणित, सामान्य ज्ञान तथा भाषा

भाग 'अ' : गणित

1. दिए गए अंकों 5, 8, 7, 5, 2, 0, 6, और 1 से बनने वाली सबसे बड़ी 8-अंकीय संख्या है :

A. 88765210 B. 87765210
C. 88765521 D. 87655210

2. यदि 52806, 52086, 52860, 52800 और 52860 को आरोही क्रम में व्यवस्थित करें, तो सही उत्तर चुनिए।

A. 52086, 52806, 52860, 52800, 58260
B. 52800, 52860, 52086, 58260, 52806
C. 52086, 52800, 52806, 52860, 58260
D. 52800, 52806, 52860, 52086, 58260

3. वह संख्या ज्ञात करें जिसे 925564 से घटाने पर उत्तर 234251 और 352421 के योग के बराबर हो :

A. 238892 B. 338882
C. 338892 D. 337892

4. 10101×25 का गुणनफल है :

A. 252725 B. 252525
C. 25025025 D. 272725

5. 3 बहनों की औसत आयु 15 साल है। यदि 2 बहनों की उम्र 12 साल और 15 साल है, तो तीसरी बहन की आयु है :

A. 21 साल B. 17 साल
C. 18 साल D. 16 साल

6. लीप वर्ष का $\frac{7}{6}$ = _____ सप्ताह।

A. 427 B. 35
C. 61 D. 13

7. रोमन अंक CDXLIX को अरबी अंकों (Arabic numerals) में लिखें।

A. 569 B. 449
C. 549 D. 469

8. $(700 \div 10) - \{(12 \times 8) \div (34 - 10)\}$ का मान है :

A. 69 B. 68
C. 67 D. 66

9. 2 = ... %

A. 200 B. 0.02
C. $\frac{2}{100}$ D. 20

10. विक्की ने ₹ 3,000.00 में एक साइकिल खरीदी और इसे ₹ 2,700.00 रुपये में बेच दिया। उसकी हानि या लाभ प्रतिशत क्या था?

A. 10% हानि B. 10% लाभ
C. 11.11% लाभ D. 11.11% हानि

11. एक ट्रेन शुक्रवार को 01:15 अपराह्न पर हैदराबाद छोड़ती है और शनिवार को सुबह 07:30 बजे चेन्नई पहुँचती है। यात्रा की अवधि है :

A. 18 घंटे 30 मिनट B. 17 घंटे 45 मिनट
C. 18 घंटे 15 मिनट D. 17 घंटे 15 मिनट

12. करिश्मा ने ₹ 1,39,500.00 में दो हार खरीदे। उसने उनमें से एक को ₹ 75,000.00 और दूसरे को ₹ 80,000.00 में बेच दिया। उसे कितना पैसा मिला?

A. ₹ 25,500.00 B. ₹ 15,500.00
C. ₹ 20,500.00 D. ₹ 15,000.00

*Exam held on 7 January 2018.

13. एक ऊँचे कार्यालय भवन में 85 मंजिलें हैं। प्रत्येक मंजिल में 48 खिड़कियाँ हैं। प्रत्येक खिड़की को 64 छोटे बल्बों से सजाया जाना है। सभी खिड़कियों को सजाने के लिए कितने बल्ब की आवश्यकता होगी?

A. 261120 B. 273920
C. 456960 D. 209920

14. वह छोटी-से-छोटी 5 अंक की संख्या ज्ञात करो जो 19 से पूरी तरह विभाज्य है?

A. 10019 B. 10013
C. 10032 D. 10000

15. वह सबसे बड़ी संख्या ज्ञात करो जिससे 38 और 68 को अलग-अलग भाग देने पर दोनों दशाओं में 8 शेष बचता है।

A. 10 B. 15
C. 60 D. 30

16. 10 किलोग्राम 2 डेकाग्राम 6 ग्राम को दशमलव संख्या के रूप में कैसे लिखेंगे?

A. 10.260 किग्रा. B. 10.206 किग्रा.
C. 10.026 किग्रा. D. 10.006 किग्रा.

17. निम्नलिखित कोणों के समूह में कौन-सा समूह के कोण, अधिक कोण (supplementary angles) बनाते हैं?

A. 46° और 44° B. 113° और 67°
C. 245° और 115° D. 90° और 180°

18. एक आयत तथा वर्ग का परिमाप समान है। आयत की लंबाई और चौड़ाई क्रमशः 10 सेमी. और 8 सेमी. है। वर्ग का क्षेत्रफल ज्ञात करें।

A. 114 वर्ग सेमी. B. 36 वर्ग सेमी.
C. 81 वर्ग सेमी. D. 64 वर्ग सेमी.

19. तीन कोणों के निम्नलिखित समूहों में से कौन-सा त्रिभुज हो सकता है?

A. 52°, 69°, 79° B. 30°, 69°, 71°
C. 132°, 169°, 59° D. 32°, 69°, 79°

20. निम्नलिखित में से कौन-सा कथन सही है?

A. सभी षट्भुज त्रिकोण हैं क्योंकि उनमें कम-से-कम तीन भुजाएँ हैं।
B. सभी अष्टकोण बहुभुज हैं क्योंकि उनमें कम-से-कम तीन भुजाएँ हैं।
C. सभी समानांतर चतुर्भुज आयत होते हैं क्योंकि उनमें समानांतर रेखाओं के दो सैट होते हैं।
D. सभी समचतुर्भुज वर्ग होते हैं क्योंकि उनकी सभी भुजाएँ समान होती हैं।

21. 1.25 के बराबर भिन्न कौन-सा है?

A. $1\frac{1}{4}$ B. $12\frac{1}{2}$
C. $1\frac{1}{8}$ D. $12\frac{1}{4}$

22. दो संख्याओं का योग 11009 है। यदि उनमें से एक संख्या 9999 है तो दूसरी संख्या क्या होगी?

A. 1010 B. 1110
C. 2110 D. 21008

23. सरल करें : $6 \div 6 + 6 \times 6 - 6$

A. 1 B. 7
C. 31 D. 36

24. सरल करें : $1\frac{1}{24} - 1 + \frac{7}{36}$

A. $\frac{17}{72}$ B. $1\frac{17}{72}$
C. $\frac{7}{60}$ D. $\frac{5}{60}$

25. सारा ने 5 गिलासों में से प्रत्येक में $1\frac{1}{8}$ कप नींबू पानी डाला। नींबू पानी की कुल कितनी राशि 5 गिलासों में डाली गई थी?

A. $3\frac{7}{8}$ कप B. $5\frac{1}{8}$ कप
C. $5\frac{5}{8}$ कप D. $6\frac{1}{8}$ कप

26. ऋतु के पास $\frac{1}{4}$ बोरी चावल है। उसने इस चावल को बराबर मात्रा में विभाजित करके 7 थैलों में भर दिया। प्रत्येक थैले में एक बोरी का कितना भाग चावल है?

A. $\frac{1}{28}$ B. $\frac{1}{7}$
C. $\frac{2}{11}$ D. $\frac{11}{28}$

27. $1 + 0 + \frac{9}{100} + \frac{3}{1000} =$

A. 1.093 B. 1.903
C. 1.93 D. 1.0093

28. नीचे दिए गए चतुर्भुजों के समूहों में से किस समूह में दो जोड़े समानांतर भुजाएँ और साथ ही साथ दो न्यूनकोण हैं?

A. 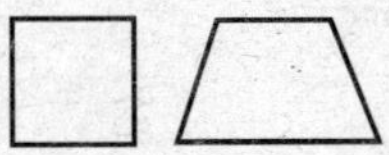

B. 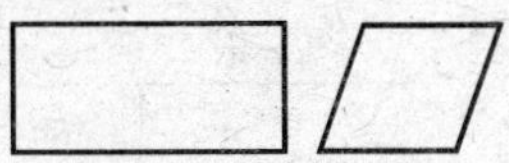

C. 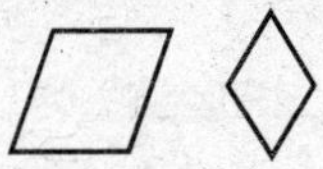

D. 

29. 20.08, 20.008, 20.088 और 20.888 का योग कितना है?

A. 81.064 B. 81.604
C. 80.064 D. 80.888

30. 37504 को निकटतम सैंकड़े में बदलो।

A. 37500 B. 37000
C. 38000 D. 30000

31. एक ट्रेन 75 किमी./घंटा की रफ्तार से चल रही है। इसे 350 क़िलोमीटर की दूरी को पूरा करने में कितना समय लगेगा?

A. 4 घंटे B. 5 घंटे
C. 4 घंटे 30 मिनट D. 4 घंटे 40 मिनट

32. लकड़ी का एक ब्लॉक एक घन के रूप में है, इसकी भुजा 4 मीटर है। इस ब्लॉक में से 20 सेमी. × 10 सेमी. × 5 सेमी. आयाम के कितने आयताकार टुकड़े काटे जा सकते हैं?

A. 640 B. 64
C. 6400 D. 64000

33. ₹ 500, 5% वार्षिक ब्याज की दर से कितने वर्षों में ₹ 600 बन जाएंगे?

A. 3 वर्ष B. 4 वर्ष
C. 5 वर्ष D. 6 वर्ष

34. चार संख्याओं का औसत 30 है। यदि पहली तीन संख्याओं का योग 85 है, तो चौथी संख्या है :

A. 35 B. 25
C. 45 D. 55

35. 10 मीटर, 10 किमी. का कितना प्रतिशत है?

A. 0.1% B. 1.0%
C. 10.0% D. 40.0%

36. 3.6 मीटर × 4.5 मीटर साइज के एक कमरे के फर्श के लिए 15 सेमी. भुजा वाली कितनी वर्गाकार टाइलों की जरूरत पड़ेगी?

A. 720 B. 360
C. 10800 D. 5400

37. अंक 1, 2, 3, 4, और 5 का उपयोग करके बनाई गई सबसे छोटी विषम संख्या है :

A. 12345 B. 12435
C. 12453 D. 12534

38. निम्न में से कौन-सी संख्याएँ आरोही क्रम में व्यवस्थित की गई हैं?

A. $\frac{1}{3}, \frac{1}{2}, 0.25$ B. $0.25, \frac{1}{2}, \frac{1}{3}$
C. $0.25, \frac{1}{3}, \frac{1}{2}$ D. $\frac{1}{2}, \frac{1}{3}, 0.25$

39. एक नाव स्थिर पानी में 18 किमी./घंटा की गति से चल रही है। नाव की गति, मी./सेकेंड में है :

A. 50 मी./सेकेंड B. 72 मी./सेकेंड
C. 7.2 मी./सेकेंड D. 5 मी./सेकेंड

40. 200°F (फारेनहाइट) का मान डिग्री सेल्सियस (°C) में ______ है। [C = 5/9 (F–32) का प्रयोग करें]

A. 80.3°C B. 93.3°C
C. 100.3°C D. 105.3°C

41. नंबर 36490 और 6 और 9 के स्थानों की अदला-बदली करने से प्राप्त संख्या के बीच का अंतर :

A. 2970 B. 3030
C. 2070 D. 2790

42. (3.75 का 5% + 7.25 का 10%) को दशमलव में बदलो।

A. 0.9152 B. 0.9521
C. 0.9125 D. 0.9527

43. संख्याओं की अगली पंक्ति क्या है?

28 84 112
38 114 152
48 144 192

A. 58 174 232 B. 58 184 244
C. 68 204 272 D. 68 214 292

44. एक लड़का, 40 मीटर लंबाई और 25 मीटर चौड़ाई के एक आयताकार क्षेत्र के चारों ओर चक्कर लगाता है। यदि वह उस क्षेत्र के 4 राउंड लेता है तो वह कितनी दूरी तय करेगा?

A. 4000 मी. B. 260 मी.
C. 520 मी. D. 400 मी.

45. एक कमरा 15 मीटर लंबा और 10 मीटर चौड़ा है। यदि 1 वर्ग सेमी. फर्श बनाने की लागत ₹ 2.00 है तो पूरे फर्श बनाने की लागत ज्ञात करो।

A. ₹ 300 B. ₹ 300000
C. ₹ 30000 D. ₹ 3000000

46. 15 गेंदों के पैक की कीमत ₹ 300 है और 12 शटल कॉर्क का एक पैकेट ₹ 96 का है। यदि रघु ने 1 गेंद और 1 शटल कॉर्क खरीदी, तो वह दुकानदार को कितना भुगतान करेगा?

A. ₹ 24 B. ₹ 22
C. ₹ 26 D. ₹ 28

47. 312 ऐसी सबसे बड़ी संख्या है जो 624 और 936 को पूरा-पूरा विभाजित करती है। वह सबसे छोटी संख्या ज्ञात करो जो 624 और 936 से पूरी विभाजित होती है।

A. 1820 B. 1872
C. 1272 D. 1864

48. एक व्यक्ति ने एक पुरानी साइकिल को ₹ 450 में खरीदा और इसके रखरखाव पर ₹ 50 खर्च किए। अगर उसने पुरानी साइकिल को ₹ 600 में बेच दिया तो उसका मुनाफा कितना प्रतिशत है?

A. 15% B. 18%
C. 20% D. 25%

49. नीचे दी गई आकृति का क्षेत्रफल ज्ञात करो :

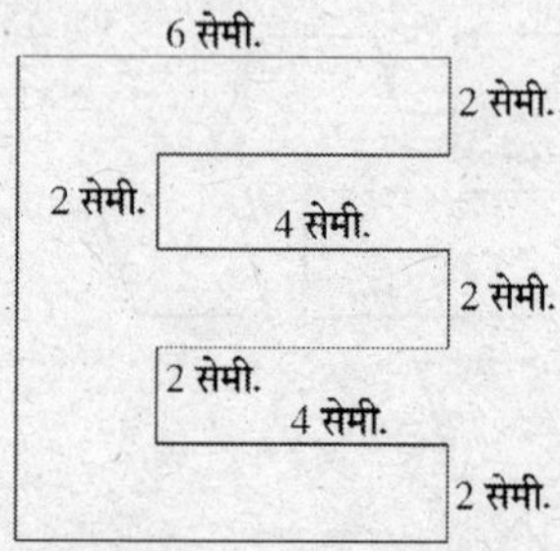

A. 56 वर्ग सेमी. B. 48 वर्ग सेमी.
C. 44 वर्ग सेमी. D. 60 वर्ग सेमी.

50. अमर ने अपने समय का $\frac{3}{8}$ समय विज्ञान के अध्ययन में लगाया। जितना समय उसने विज्ञान के अध्ययन में लगाया, उसका $\frac{2}{5}$ उसने अंग्रेजी की पढ़ाई में लगाया। अमर ने अंग्रेजी के अध्ययन में अपने समय का कुल कितना भाग लगाया?

A. $\frac{1}{40}$ B. $\frac{3}{20}$
C. $\frac{31}{40}$ D. $\frac{15}{16}$

भाग 'ब' : सामान्य ज्ञान

51. पानी में फ्लोट करने (तैरने) के लिए नारियल के फल में कौन-सी विशेषता है?

A. एक रेशेदार बाहरी आवरण
B. एक स्पंजी हिस्सा
C. हुक की उपस्थिति
D. रीढ़ की उपस्थिति

52. निम्न में से कौन-सा रोग छुआछूत से नहीं फैलता?

A. चेचक B. बेरी-बेरी
C. सर्दी जुखाम D. खसरा

53. रेबीज वायरस किसके द्वारा फैलता है?

A. तिलचट्टे B. मुर्गियाँ
C. कुत्ते D. खरगोश

54. दूध का खट्टा होना कौन-सा परिवर्तन है?

A. भौतिक परिवर्तन
B. प्रतिवर्ती (reversible) परिवर्तन
C. रासायनिक परिवर्तन
D. इनमें से कोई नहीं

55. पानी या हवा की कार्रवाई से मिट्टी को बहा ले जाने को कहा जाता है :

A. तूफान B. बाढ़
C. मिट्टी का क्षरण D. वनों की कटाई

56. व्हेल और डॉल्फिन को कैसे वर्गीकृत किया जाता है?

A. मछलियाँ B. सरीसृप
C. स्तनधारी D. उभयचर

57. हमारे शरीर के आंतरिक अंगों का काम इस प्रणाली द्वारा नियंत्रित किया जाता है :

A. प्रजनन B. संचार
C. श्वसन D. तंत्रिका

58. कोई व्यक्ति बेहोश हो सकता है यदि उसका दिल उसके निम्न अंग तक पर्याप्त रक्त नहीं भेजता है :

A. पैर B. लिवर (जिगर)
C. किडनी (गुर्दा) D. मस्तिष्क

59. किसी तैरती वस्तु पर पानी के ऊपरी दबाव को क्या कहते हैं?

A. उछाल बल B. आयतन
C. घनत्व D. दबाव

60. 1975 में भारत द्वारा छोड़ा गया पहला कृत्रिम उपग्रह था :

A. स्पुतनिक 1 B. आर्यभट्ट
C. चरक D. इनसैट

61. जो लोग भूकंपों का अध्ययन करते हैं उन्हें बुलाया जाता है :

A. भूविज्ञानी B. भूकंप विज्ञानी
C. खगोलविद् D. ज्योतिषी

62. निम्न में से कौन-सी गैस ग्रीनहाउस गैस नहीं है?

A. कार्बन डाइऑक्साइड B. ऑक्सीजन
C. मीथेन D. सीएफसी (CFC)

63. पृथ्वी के मॉडल को क्या कहा जाता है?

A. वृत्त B. गोला
C. ग्लोब D. कंचे (मार्बल)

64. बड़े पैमाने पर पहाड़ों पर खेती नहीं की जा सकती क्योंकि वे–

A. कम आबादी वाले हैं B. भूमि की कमी
C. मिट्टी का पतला आवरण D. अयोग्य जलवायु

65. किसी भी जगह और समय पर वातावरण की स्थिति को कहा जाता है :

A. मौसम B. जलवायु
C. ऊँचाई D. इसमें से कोई नहीं

66. मध्य अफ्रीका का राजमार्ग, इनमें से किसका दूसरा नाम है?

A. नील नदी B. कांगो नदी
C. जिम्बानी नदी D. कवंगो नदी

67. दुनिया के अधिकांश घास के मैदान कहाँ पाए जाते हैं?

A. उष्णकटिबंधीय क्षेत्र B. शीतोष्ण क्षेत्र
C. उष्ण क्षेत्र D. ठंडे क्षेत्र

68. 90 डेसिबल्स से अधिक की आवाज यह हानि पहुँचा सकती है :

A. अस्थमा B. पाचन समस्याएँ
C. टाइफाइड D. बहरापन

69. अलीगढ़ मुस्लिम विश्वविद्यालय किसके साथ जुड़ा हुआ है?

A. रविन्द्रनाथ टैगोर B. तानसेन
C. कालिदास D. सैयद अहमद खान

70. अंग्रेजी सरकार ने विभाजित और शासन करने की नीति (Divide and Rule) का प्रयोग किस लिए किया?

A. भारतीयों को शिक्षित करने के लिए
B. राष्ट्रवाद को बढ़ावा देने के लिए
C. समाज सुधार के लिए
D. राष्ट्रवाद को दबाने के लिए

71. पूर्ण स्वराज का मतलब है :

A. असहयोग B. सिविल असहमति
C. बहिष्कार D. पूर्ण स्वतंत्रता

72. लोकसभा में अधिकतम कितने सदस्य हो सकते हैं?

A. 12 सदस्य B. 552 सदस्य
C. 238 सदस्य D. 543 सदस्य

73. लीग ऑफ नेशन्स का गठन इनमें से किसे रोकने के लिए किया गया था?

A. विनाश B. जीवन का नुकसान
C. सूखा D. एक और विश्वयुद्ध

74. निम्न में से किसने दुनिया को छोटा बना दिया है?

A. पहिये B. स्टीम (भाप) इंजन
C. परिवहन के उन्नत साधन D. कारें

75. इंटरनेट किस प्रकार की जानकारी का स्रोत है?

A. वृत्तचित्र B. ई-मेल
C. किसी भी विषय D. कुछ विषय

भाग 'स' : भाषा

निर्देश (प्र.सं. 76 से 81 तक): *निम्नलिखित गद्यांश को पढ़कर प्रश्नों के उत्तर दें।*

स्वतंत्रता प्राप्ति के बाद भारतीय सेना के सभी रैंकों के लिए अनेक वीरता पदकों की शुरूआत की गई। उनमें परमवीर चक्र का स्थान सबसे ऊपर आता है, जिसे शत्रु का सामना करते हुए युद्धभूमि में अभूतपूर्व साहस का परिचय देने के लिए दिया जाता है। परमवीर चक्र तथा अन्य पदकों की शुरूआत भले ही 26 जनवरी 1950 को भारत के एक गणराज्य बनने के बाद हुई हो, लेकिन उन्हें उन सभी अधिकारियों और जवानों को भी प्रदान किया गया था जिन्होंने 15 अगस्त, 1947 में भारत के आजाद होने के बाद किसी भी लड़ाई में भाग लेते हुए असाधारण शौर्य का परिचय दिया था।

महत्व की दृष्टि से महावीर चक्र इस क्रम में दूसरे नंबर पर आता है, इसके बाद वीर चक्र आता है। अशोक चक्र वीरता के लिए दिया जाने वाला वह सर्वोच्च सम्मान है जिसे ऐसी परिस्थिति में दिया जाता है जब दुश्मन का आमना-सामना न किया गया हो। इसे वरीयता के क्रम में परमवीर चक्र से ठीक नीचे रखा गया है। इस कड़ी में आगे कीर्ति चक्र और शौर्य चक्र आते हैं।

76. भारतीय सेना के सभी रैंकों के लिए वीरता पुरस्कारों की शुरूआत कब की गई?
A. 1857 के बाद
B. भारत छोड़ो आंदोलन के बाद
C. द्वितीय विश्व युद्ध के बाद
D. भारत गणराज्य बनने के बाद

77. कौन-सा वीरता पुरस्कार सबसे ऊँचा माना जाता है?
A. अशोक चक्र B. महावीर चक्र
C. परमवीर चक्र D. शौर्य चक्र

78. भारत एक गणराज्य कब बना?
A. 26 जनवरी, 1950 B. 15 अगस्त, 1857
C. 23 अगस्त, 1942 D. 15 जनवरी, 1950

79. भारत को स्वतंत्रता कब मिली?
A. 26 जनवरी, 1950 B. 23 अगस्त, 1847
C. 01 जून, 1950 D. 15 अगस्त, 1947

80. परमवीर चक्र कब दिया जाता है?
A. दुश्मन के सामने सर्वोच्च वीरता के लिए
B. सर्वोच्च वीरता के लिए जब दुश्मन आमने-सामनेन हो
C. ओलम्पिक में अच्छे प्रदर्शन के लिए
D. अपने जवानों का हौसला बढ़ाने के लिए

81. अशोक चक्र किस परिस्थिति में दिया जाता है?
A. युद्ध में अच्छे प्रदर्शन के लिए
B. दुश्मन की खबर उच्च अधिकारियों तक पहुँचाने के लिए
C. युद्ध की तैयारी ठीक तरह से करने के लिए
D. सर्वोच्च वीरता के प्रदर्शन के लिए जब दुश्मन आमने-सामने न हो

निर्देश (प्र.सं. 82 से 91 तक): *प्रत्येक प्रश्न के आगे दिए गए विकल्पों में से उचित विकल्प चुनें।*

82. निम्न में से कौन-सा शब्द पृथ्वी शब्द का पर्यायवाची नहीं है?
A. भूमि B. धरती
C. ब्रह्मांड D. वसुंधरा

83. निम्न में से कौन-सा शब्द उन्नति शब्द का पर्यायवाची नहीं है?
A. हानि B. विकास
C. वृद्धि D. प्रगति

84. निम्न में से कौन-सा शब्द आकाश शब्द का पर्यायवाची नहीं है?
A. लोचन B. गगन
C. अम्बर D. नभ

85. निम्न में से कौन-सा शब्द कमल शब्द का पर्यायवाची है?
A. नयन B. अगन
C. पंकज D. अनल

86. निम्न में से कौन-सा शब्द हाथी शब्द का पर्यायवाची है?
A. मेघ B. बृहस्पति
C. गज D. महेश

87. आज्ञा का पालन करने वाला :
A. आज्ञाकारी B. निर्भीक
C. डरपोक D. सुन्दर

88. अपना कार्य स्वयं करने वाला :
A. चतुर B. होशियार
C. स्वावलम्बी D. क्रोधी

89. अचानक हो जाने वाला :
A. कभी-कभी B. आकस्मिक
C. आम तौर पर D. हमेशा

90. आयोजन करने वाला व्यक्ति :
A. आयोजक B. कार्यकर्ता
C. अधिकारी D. आलोचक

91. केवल अपना ही हित चाहने वाला :
A. स्वार्थी B. स्वावलम्बी
C. अनुचर D. अनुज

निर्देश (प्र.सं. 92 से 95 तक): *निम्न वाक्यों या शब्द-समूह के लिए, दिए गए विकल्पों में से उचित शब्द का चुनाव करें।*

92. जो जीता न जा सके :
A. आलोकिक B. अजेय
C. अभेद्य D. अनुकरणीय

93. जो पहले कभी नहीं हुआ :
A. अजर B. भूतपूर्व
C. अकथनीय D. अभूतपूर्व

94. जिसका पता न हो :
A. अज्ञात B. अजात
C. अजित D. अविस्मरणीय

95. जिसका विभाजन न किया जा सके :
A. विभाजित B. अनभिज्ञ
C. अनंत D. अविभाज्य

निर्देश (प्र.सं. 96 से 100 तक): *दिए गए शब्द समूहों के क्रम से लिखकर अर्थपूर्ण वाक्य बनाएँ।*

96. हिंदी हमारी मातृभाषा है जिस पर हमें ______ है।
A. संतोष B. आनंद
C. गर्व D. रोष

97. जो विद्यार्थी _____ पढ़ाई करते हैं उन्हें अच्छे अंक मिलते हैं।
A. नियमित B. जरूरी
C. कभी-कभी D. रात को

98. मेरा समय _____ वहाँ पहुँचना बहुत जरूरी है।
A. के B. से
C. में D. द्वारा

99. क्या तुमने ______ अकेले ट्रेन की यात्रा की है?
A. सभी B. कभी
C. नहीं D. क्योंकि

100. राहुल बहुत ही घमंडी _____ का लड़का है।
A. बुद्धिमान B. ठंडे दिमाग
C. किस्म D. बहादुर

प्रश्न पत्र-II : बुद्धिमत्ता परीक्षण

101. नीचे दी गई श्रृंखला में छूटे हुए संख्या को ढूँढिए।
20, 30, 42, ?
A. 64 B. 56
C. 62 D. 54

102. Victory का जो संबंध Joy से है वही संबंध Sorrow का किससे होगा?
A. Defeat B. Depression
C. Loneliness D. Cry

103. नीचे दी गई संख्या श्रृंखला में छूटे हुए संख्या को ढूँढ़िए जिसका 289 से वही संबंध है जो 13 का 169 से है।
169 : 13 : : 289 : ?
A. 19 B. 17
C. 27 D. 23

104. अगर TRAIN को WUDLQ लिखा जाता है तब BUS कैसे लिखा जाएगा?
A. EXU B. DWU
C. EXV D. VXE

105. FLOW का जो संबंध RIVER से है वही संबंध STAGNANT का किससे होगा?
A. Pool B. Rain
C. Stream D. Canal

106. उस शब्द को चुनिए जो दूसरे शब्दों के समूह से मेल नहीं खाता है :
A. Ladder B. Staircase
C. Bridge D. Escalator

107. अगर दिए गए शब्दों को वर्णमाला के क्रम के अनुसार लगाया जाए तो कौन-सा शब्द दूसरे स्थान पर आएगा?

A. Plane B. Plain
C. Plenty D. Player

108. नीचे दिए गए शब्द को पानी में देखा जाए तो उसका प्रतिबिम्ब दिए गए विकल्पों में किसके समान दिखाई देगा?

A1M3b

A. ∀1W3p B. ∀ꞁW3d
C. ∀ꞁW3p D. ∀ꞁWƐp

109. उस शब्द को चुनिए जो दूसरे शब्दों के समूह से मेल नहीं खाता है।

A. Eyes B. Ear
C. Hand D. Scarf

110. उस विकल्प को चुनें जो नीचे दी गई संख्या शृंखला को पूर्ण करे।

2, 3, 5, 7, 11, 13 ?

A. 15 B. 19
C. 17 D. 21

111. नीचे दिए गए चित्र में कौन-सा चित्र देश, नेपाल तथा भारत के संबंध को उत्तम रूप से दर्शाता है?

A.  B. 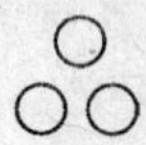

C.  D. 

112. उस विकल्प को चुनें जो नीचे दी गई संख्या शृंखला को पूर्ण करे।

5, 11, 19, 29, ?, 55

A. 39 B. 41
C. 37 D. 43

113. FISH का जो संबंध GILLS से है वही संबंध MAN का किससे होगा?

A. Ear B. Eye
C. Lungs D. Nose

114. दिए गए विकल्पों A, B, C, तथा D में से कौन-सी आकृति '4' में प्रश्नवाचक चिह्न '?' के स्थान पर आएगी?

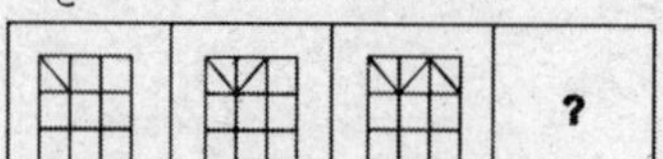

1 2 3 4

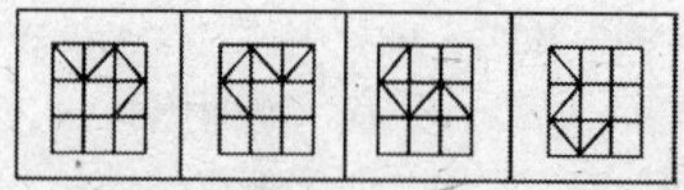

A B C D

115. उस शब्द को चुनिए जो दूसरे शब्दों के समूह से मेल नहीं खाता है।

A. Sun B. Planets
C. Stars D. Satellites

116. अगर माया रिचा की दादी के भाई की इकलौती बेटी है तो माया की बेटी का रिचा से क्या रिश्ता है?

A. Niece B. Cousin
C. Aunt D. Mother

117. अगर एक बैंच पर O, P, Q, R, S और T अपने कद की लम्बाई के अनुसार खड़े हैं, 'P', 'O' से लम्बा है पर 'S' से छोटा है। सिर्फ 'S', 'T' से लम्बा है 'R', 'P' से छोटा है पर 'Q' से लम्बा है, तो सबसे छोटा कद किसका है?

A. O B. Q
C. P D. कहा नहीं जा सकता

118. यदि '+' को '÷', '×' को '–', '÷' को '+' और '–' को '×', लिखा जाए, तब नीचे दी गई इक्वेशन का उत्तर क्या होगा?

$16 \div 8 \times 6 - 2 + 12 = ?$

A. 22 B. 24
C. 23 D. 20

119. नीचे दी गई आकृति में कितने त्रिकोण हैं? गिनिए।

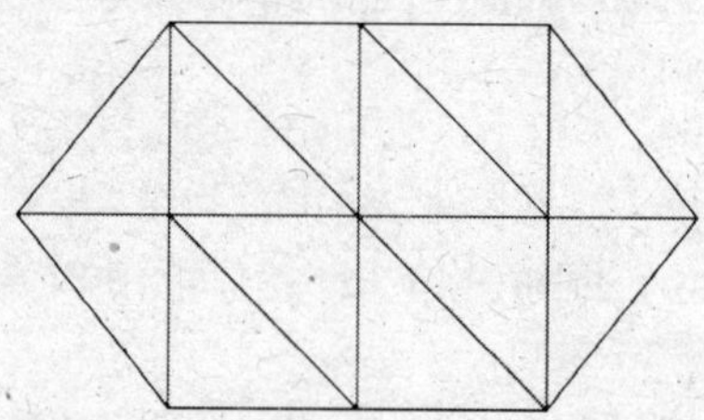

A. 16 B. 17
C. 18 D. 19

120. DOG का जो संबंध RABIES से है वही संबंध MOSQUITO का किससे होगा?

A. Plague B. Death
C. Malaria D. Sting

121. अगर घड़ी में 3 बजे हैं, और उसको हम 10 डिग्री इस तरह घुमाएं कि मिनट की सुई उत्तर पूर्व दिशा की ओर हो, तो घंटे की सुई किस दिशा में होगी?

A. दक्षिण B. दक्षिण-पश्चिम
C. उत्तर-पश्चिम D. दक्षिण-पूर्व

122. LOVE का जो संबंध HATE से है वही संबंध FRIEND का किससे होगा?

A. Trust B. Companion
C. Enemy D. Despire

123. दी गई संख्या श्रृंखला को यदि दर्पण में देखें तो दिए गए विकल्पों में से किसके समान होगी?

ANS43Q12

A. AИƧ4ƐQ1Ɛ B. ƧƖQƐ4ƧИA
C. ƧИAƐ4QƧƐ D. ꞁZW4ƐAИƧ

124. यदि A और B विवाहित दम्पत्ति है। X और Y भाई है एवं X का A भाई है, तो Y का B से क्या सम्बन्ध होगा?

A. Brother-in-law B. Brother
C. Cousin D. None of these

125. यदि '+' को '–', '–' को '×'; '×' को '÷' और '÷' को '+', लिखा जाए, तब नीचे दिए गए समीकरण का उत्तर क्या होगा?

$15 \times 5 \div 10 + 5 - 3 = ?$

A. 9.5 B. 0
C. –2 D. 24

उत्तरमाला

1	2	3	4	5	6	7	8	9	10
D	C	C	B	C	C	B	D	A	A
11	**12**	**13**	**14**	**15**	**16**	**17**	**18**	**19**	**20**
C	B	A	B	B	C	B	C	D	B
21	**22**	**23**	**24**	**25**	**26**	**27**	**28**	**29**	**30**
A	A	C	A	C	A	A	C	A	A
31	**32**	**33**	**34**	**35**	**36**	**37**	**38**	**39**	**40**
D	D	B	A	A	A	A	C	D	B
41	**42**	**43**	**44**	**45**	**46**	**47**	**48**	**49**	**50**
A	C	A	C	D	D	B	C	C	B
51	**52**	**53**	**54**	**55**	**56**	**57**	**58**	**59**	**60**
A	B	C	C	C	C	D	D	A	B
61	**62**	**63**	**64**	**65**	**66**	**67**	**68**	**69**	**70**
B	B	C	C	D	B	B	D	D	D
71	**72**	**73**	**74**	**75**	**76**	**77**	**78**	**79**	**80**
D	B	D	C	C	D	C	A	D	A
81	**82**	**83**	**84**	**85**	**86**	**87**	**88**	**89**	**90**
D	C	A	A	C	C	A	C	B	A
91	**92**	**93**	**94**	**95**	**96**	**97**	**98**	**99**	**100**
A	B	D	A	D	C	A	B	B	C
101	**102**	**103**	**104**	**105**	**106**	**107**	**108**	**109**	**110**
B	A	B	C	A	C	A	C	D	C
111	**112**	**113**	**114**	**115**	**116**	**117**	**118**	**119**	**120**
A	B	C	A	C	B	D	C	A	C
121	**122**	**123**	**124**	**125**					
D	C	B	A	C					

व्याख्यात्मक उत्तर

1. दिए गए 5, 8, 7, 5, 2, 0, 6 तथा 1 अंकों से बनी 8 अंकों की सबसे बड़ी संख्या = 87655210.

2. 52806, 52086, 52860, 52800, तथा 58260 दी गई संख्याएँ हैं।

52086, 52800, 52806, 52860 तथा 58260 बढ़ते क्रम में हैं।

3. 234251 तथा 352421 का योग = 586672

$$925564 - 586672 = 338892$$

अतः 234251 तथा 352421 के योगफल को बराबर लाने के लिए 925564 में से 338892 को घटाना पड़ेगा।

4. $10101 \times 25 = 252525$

$$\begin{array}{r} 10101 \\ 25 \\ \hline 50505 \\ 20202 \\ \hline 252525 \end{array}$$

5. तीनों बहनों की कुल आयु = 3 × 15 = 45 वर्ष

दो बहनों की आयु का योग = 12 + 15 = 27 वर्ष

∴ तीसरी बहन की आयु = 45 – 27 = 18 वर्ष

6. $\frac{7}{6} \times 366$ दिन = 7 × 61 दिन = 427 दिन

$= \frac{427}{7}$ सप्ताह = 61 सप्ताह

7. रोमन संख्या CDXLIX का अरेबिक में मान

= 400 + 40 + 9 = 449.

8. $(700 \div 10) - \{(12 \times 8) \div (34 - 10)\}$

$= 70 - \{96 \div 24\} = 70 - 4 = 66$

9. $2 = 200\%$

$$\left[\because 200\% = \frac{200}{100} = 2\right]$$

10. क्रय मूल्य = ₹ 3000, विक्रय मूल्य = ₹ 2700

हानि = 3000 – 2700 = ₹ 300

हानि % = $\frac{300}{3000} \times 100 = 10\%$.

11. यात्रा की दूरी में लगा समय = 12 घंटे + 6.15 घंटे

= 18 घंटे 15 मिनट

12. क्रय मूल्य = ₹ 1,39,500

विक्रय मूल्य = ₹ 75,000 + ₹ 80,000

= ₹ 1,55,000

लाभ = ₹ 1,55,000 – ₹ 1,39,500

= ₹ 15,500.

13. अभीष्ट बल्बों की संख्या

= 85 × 48 × 64

= 4080 × 64 = 261120.

15. 38 – 8 = 30 तथा 68 – 8 = 60

30 तथा 60 का महत्तम समापवर्तक = 30

अतः अभीष्ट संख्या = 30.

16. 10 किग्रा. + 2 डेका ग्रा. + 6 ग्राम

$= \left(10 + \frac{2}{100} + \frac{6}{1000}\right)$ किग्रा. = 10.026 किग्रा.

18. आयत की परिमिति = $2(l + b)$

$= 2(10 + 8) = 36$ सेमी.

प्रश्नानुसार, आयत की परिमिति = वर्ग का परिमाप

∴ वर्ग की भुजा = $\frac{36}{4}$ = 9 सेमी.

वर्ग का क्षेत्रफल = 9 × 9 = 81 वर्ग सेमी.

19. त्रिभुज के तीनों कोणों का योग = 180°

(A) $52° + 69° + 79° = 200°$

(B) $30° + 69° + 71° = 170°$

(C) $132° + 169° + 59° = 360°$

(D) $32° + 69° + 79° = 180°$

अतः विकल्प (D) सही है।

21. $1.25 = \frac{125}{100} = \frac{5}{4} = 1\frac{1}{4}$.

22. दो संख्याओं का योग = 11009

पहली संख्या = 9999

∴ दूसरी संख्या = $\begin{array}{r} 11009 \\ -9999 \\ \hline 1010 \end{array}$

अतः दूसरी संख्या = 1010.

23. $6 \div 6 + 6 \times 6 - 6$

$= 1 + 36 - 6 = 37 - 6 = 31$.

24. $1\frac{1}{24}-1+\frac{7}{36}$

$$\Rightarrow \quad \frac{25}{24}-1+\frac{7}{36}=\frac{75-72+14}{72}=\frac{17}{72}.$$

25. 5 गिलासों में डाले गए कुल नींबू पानी की मात्रा

$$= 1\frac{1}{8}\times 5 = \frac{9}{8}\times 5 = \frac{45}{8} = 5\frac{5}{8} \text{ कप}$$

26. प्रत्येक बैग में अभीष्ट चावल

$$= \frac{1}{4}\div 7 = \frac{1}{4}\times\frac{1}{7} = \frac{1}{28}.$$

27. $1 + 0 + \frac{9}{100} + \frac{3}{1000} = 1.093.$

29.

```
 20.088
 20.08
 20.008
 20.888
 ------
 81.064
```

अतः अभीष्ट योग = 81.064.

30. 37504, 100 का करीबी मान = 37500.

31. $\because$ $$\text{चाल} = \frac{\text{दूरी}}{\text{समय}}$$

$\therefore$ $$\text{समय} = \frac{\text{दूरी}}{\text{चाल}} = \frac{350}{75} = \frac{14}{3} \text{ घंटे}$$

$$= 4\frac{2}{3} \text{ घंटे} = 4 \text{ घंटे } 40 \text{ मिनट}$$

32. आयताकार टुकड़ों की संख्या

$$= \frac{\text{घन का आयतन}}{\text{आयताकार टुकड़ों का आयतन}}$$

$$= \frac{400\times400\times400}{20\times10\times5} = \frac{64000000}{1000}$$

$$= 64000.$$

33. मूलधन = ₹ 500

मिश्रधन = ₹ 600

साधारण ब्याज = मिश्रधन – मूलधन

= 600 – 500 = ₹ 100

$$\text{समय} = \frac{\text{ब्याज}\times100}{\text{मूलधन}\times\text{दर}} = \frac{100\times100}{500\times5}$$

= 4 वर्ष

34. चार संख्याओं का योग

$= 4 \times 30 = 120$

पहली तीन संख्याओं का योग = 85

$\therefore$ चौथी संख्या = 120 – 85 = 35

35. माना कि 10000 मी. का $x\%$ = 10 मी.

$$\Rightarrow \quad \frac{x}{100}\times 10000 = 10$$

$$\Rightarrow \quad 100x = 10$$

$$\Rightarrow \quad x = \frac{10}{100} = \frac{1}{10}\% = 0.1\%.$$

36. वर्गाकार टाइलों की संख्या

$$= \frac{360\times450}{15\times15} = 720.$$

37. 1, 2, 3, 4 तथा 5 अंकों से बनी सबसे छोटी विषम संख्या = 12345.

38. (A) $\frac{1}{3}, \frac{1}{2}, \frac{25}{100}$

$\Rightarrow \frac{1}{3}, \frac{1}{2}, \frac{1}{4}$ बढ़ते क्रम में नहीं हैं

(B) $\frac{1}{4}, \frac{1}{2}, \frac{1}{3}$ बढ़ते क्रम में नहीं हैं

(C) $\frac{1}{4}, \frac{1}{3}, \frac{1}{2}$ बढ़ते क्रम में हैं

(D) $\frac{1}{2}, \frac{1}{3}, \frac{1}{4}$ बढ़ते क्रम में नहीं हैं

अतः विकल्प (C) सही है।

39. 18 किमी./घंटा = $18 \times \frac{5}{18}$ मी./से. = 5 मी./से.

अतः नाव की गति = 5 मी./से.

40. $$C = \frac{5}{9}(F-32) = \frac{5}{9}(200-32)$$

$$= \frac{5}{9}\times168 = \frac{5}{3}\times56$$

$$= \frac{280}{3} = 93.3°C$$

अतः 200°F का सेल्सियस में मान = 93.3°C.

41. अन्तर =

```
  39460
 -36490
 ------
   2970
```

42. $\frac{375}{100} \times \frac{5}{100} + \frac{725}{100} \times \frac{10}{100}$

$= \frac{1875}{10000} + \frac{7250}{10000} = \frac{9125}{10000} = 0.9125.$

43.

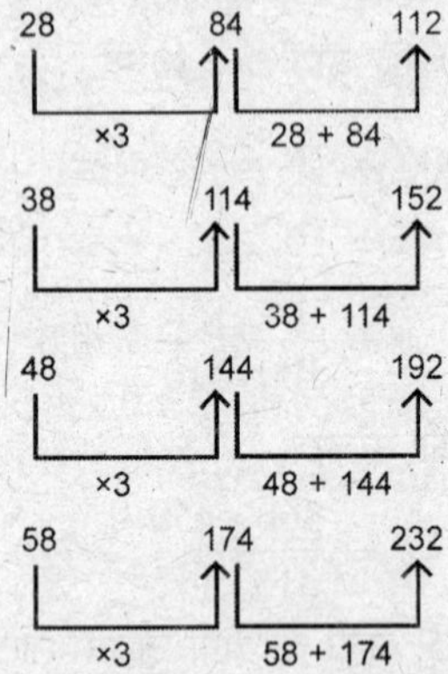

अतः पंक्ति की अगली संख्याएँ 58 174 232 हैं।

44. आयताकार क्षेत्र का क्षेत्रफल

$= 2(l + b) = 2(40 + 25) = 130$ मी.

1 चक्कर में दूरी = 130 मी.

4 चक्कर में दूरी = 130 × 4 मी. = 520 मी.

45. कमरे का क्षेत्रफल = $l \times b = 1500 \times 1000$ वर्ग सेमी.

= 1500000 वर्ग सेमी.

1 वर्ग सेमी. पर खर्च = ₹ 2

1500000 वर्ग सेमी. पर खर्च = ₹ 3000000

∴ कारपेट बिछाने पर खर्च = ₹ 3000000.

46. 15 बॉल का मूल्य = ₹ 300

1 बॉल का मूल्य = ₹ $\frac{300}{15}$ = ₹ 20

12 शटल का मूल्य = ₹ 96

1 शटल का मूल्य = ₹ $\frac{96}{12}$ = ₹ 8

∴ 1 बॉल तथा 1 शटल का मूल्य

= ₹ 20 + ₹ 8 = ₹ 28.

47. म.स. × ल.स. = पहली संख्या × दूसरी संख्या

312 × ल.स. = 624 × 936

∴ ल.स. = $\frac{624 \times 936}{312} = 2 \times 936 = 1872$

अतः अभीष्ट छोटी संख्या = 1872.

48. कुल क्रय मूल्य = ₹ 450 + ₹ 50 = ₹ 500

कुल विक्रय मूल्य = ₹ 600

लाभ = विक्रय मूल्य – क्रय मूल्य

= 600 – 500 = ₹ 100

लाभ % = $\frac{\text{लाभ}}{\text{क्रय मूल्य}} \times 100 = \frac{100}{500} \times 100$

= 20%.

49. दी गई आकृति का क्षेत्रफल

$= 10 \times 6 - 4 \times 2 - 4 \times 2$

= 60 – 16 = 44 वर्ग सेमी.

50. माना कि, अमर द्वारा अध्ययन में लिया गया समय

= x घंटे

विज्ञान में लगा समय = $\frac{3x}{8}$

अंग्रेजी में लगा समय = $\frac{3x}{8} \times \frac{2}{5} = \frac{3x}{20}$

अतः अमर द्वारा अध्ययन में लगे समय का $\frac{3}{20}$ भाग अंग्रेजी में लगा।

101. 20, 30, 42, ?

20 + 10 = 30

30 + 12 = 42

42 + 14 = 56

103. $(13)^2 = 169$, $(17)^2 = 289$

110. 2, 3, 5, 7, 11, 13 अभाज्य संख्याएँ हैं

अतः अगली अभाज्य संख्या 17 है।

112. 5 + 6 = 11 11 + 8 = 19

19 + 10 = 29 29 + 12 = 41

41 + 14 = 55.

118. $16 \div 8 \times 6 - 2 + 12 = ?$

$16 + 8 - 6 \times 2 \div 12$

$= 16 + 8 - 6 \times 2 \times \frac{1}{12}$

$= 16 + 8 - 1 = 24 - 1 = 23.$

125. $15 \times 5 \div 10 + 5 - 3 = ?$

$= 15 \div 5 + 10 - 5 \times 3$

$= 15 \times \frac{1}{5} + 10 - 5 \times 3$

$= 3 + 10 - 15 = 13 - 15 = -2.$

पिछले प्रश्न-पत्र (हल सहित)

ऑल इंडिया सैनिक स्कूल प्रवेश परीक्षा, 2017

कक्षा-VI

प्रश्न पत्र–I (गणित एवं भाषा)

भाग 'अ' गणित

खण्ड-I

(प्रत्येक प्रश्न दो अंक का है)

1. 7, 9, 5, 4 में से किन्हीं 2 अंकों की पुनरावृत्ति करते हुए 6 अंकों की सबसे छोटी व सबसे बड़ी संख्या बनाएं।

2. 7921 का वर्ग-मूल ज्ञात करें।

3. अगर एक आदमी एक काम को 32 दिनों में पूरा कर सकता है, तो 24 आदमी उसी काम को कितने दिनों में पूरा करेंगें।

4. अगर मूलधन 400 रुपये, दर 3.65% वार्षिक व समय 150 दिन हो, तो साधारण ब्याज ज्ञात कीजिए।

5. 48540 और 23467 को उनके निकटतम हजारों में व्यक्त करें और उन संख्याओं के अंतर को दर्शायें।

6. 804.291 कि.ग्रा. को डेकाग्राम में लिखें।

7. वह न्यूनतम संख्या ज्ञात करें जो कि 12 और 20 से पूर्णरूप से विभाजित हो जाए।

8. सोनाली और प्रिया सहपाठी हैं। सोनाली अपना गृहकार्य 1 घंटे के $\frac{5}{6}$ भाग में और प्रिया 1 घंटे के $\frac{3}{4}$ भाग में पूरा कर लेती हैं। इनमें से कौन गृहकार्य जल्दी पूरा करती है।

9. $6\frac{3}{10}-2\frac{3}{4}-1\frac{2}{5}$ को सरल करें।

10. एक चतुर्भुज केदो कोण 90° के हैं और शेष दो कोण में एक दूसरे से तीन गुणा हैं। शेष दो कोणों का मान निकालें।

खण्ड-II

(प्रत्येक प्रश्न तीन अंक का है)

11. अनुपात ज्ञात करें: 90 से.मी. व 1.5 मी. में।

12. $\frac{3}{7}, \frac{3}{11}, \frac{3}{5}, \frac{3}{2}$ और $\frac{3}{17}$ को अवरोही कम में लिखें।

13. एक सह-शैक्षिक माध्यमिक विद्यालय में प्रत्येक कक्षा में लड़कियों की संख्या को चित्र आरेख में इस प्रकार दिखाया गया है।

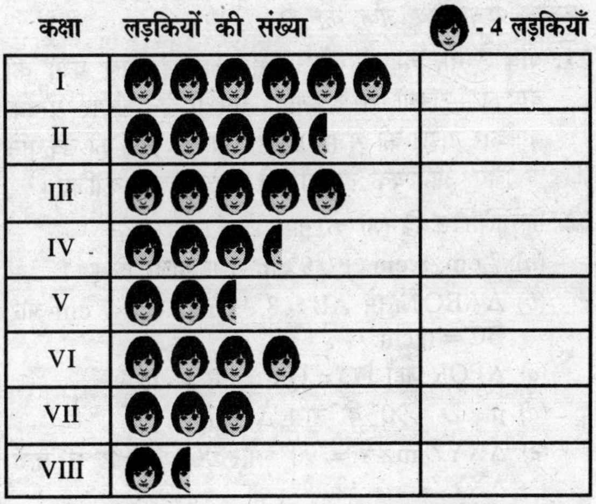

चित्र-आरेख को ध्यान से देखें व निम्नलिखित प्रश्नों के उत्तर दीजिए।

(*a*) किस कक्षा में लड़कियों की संख्या अधिकतम है?

(*b*) क्या कक्षा V में लड़कियों की संख्या कक्षा III से कम है?

(*c*) कक्षा VIII में कितनी लड़कियाँ हैं?

14. अखिलेश एक कॉफी शॉप चलाता है और 6 घण्टों में 51 कप कॉफी बेचता है। अगर यह पूरे दिन की बिक्री का तीन-चौथाई भाग हो, तो एक दिन में बेचे गए कॉफी के कपों की संख्या ज्ञात करें।

15. $4\frac{6}{8}-\left\{3\frac{1}{3}+\left(2\frac{1}{2}-1\frac{1}{4}\right)\right\}$ को सरल करें।

16. सबसे बड़ी संख्या ज्ञात करें जो 149 और 101 को भाग करने पर 5 शेष बचे।

17. श्रीमती सिंघल ₹ 10,000 डाकघर बचत खाता में 3% वार्षिक ब्याज के दर से जमा करती हैं। उन्हें चौथे महीने के अंत में कितनी राशि प्राप्त होगी?

18. यदि आपकी घड़ी प्रत्येक 8 घंटे में चार सेकेंड का ज्यादा समय दिखाती है, तो एक सप्ताह में यह घड़ी कितने अधिक सेकेंड चलेगी?

19. एक फल विक्रेता के पास 2,00,000 सेब हैं। एक पेटी में 176 सेब आ जाते हैं। बताइये पूरे सेब कितने पेटियों में आ जायेंगे तथा कितने सेब शेष बचेंगे?

20. 60 तथा 80 के बीच की सभी अविभाजित संख्याओं का औसत मान निकालें।

खण्ड-III

(प्रत्येक प्रश्न पाँच अंक का है)

21. बॉब 3 मी. चौड़ाई और 4 मी. लम्बाई वाले फर्श को वर्गाकार टाइलों से ढकवाना चाहता है। अगर प्रत्येक वर्गाकार टाइल की भुजा 0.5 मी. हो, तो फर्श को ढकवाने के लिए आवश्यक टाइलों की संख्या ज्ञात कीजिए।

22. निम्नलिखित त्रिभुजों के नाम लिखें।

(*a*) 7 cm, 8 cm और 9 cm भुजा वाली त्रिभुज।

(*b*) ΔABC जिसमें AB = 8.7 cm, AC = 7 cm और BC = 6 cm.

(*c*) ΔPQR जहाँ PQ = QR = PR = cm.

(*d*) $m\angle D = 90°$ के साथ ΔDEF

(*e*) ΔXYZ $m\angle Y = 90°$ और XY = YZ के साथ ΔXYZ.

23. 4 अंकों की सबसे छोटी संख्या ज्ञात करें जिसे 12, 18, 21 और 28 से विभाजित करने पर हर अवस्था में 3 शेष बचे।

24. 171 मी. लम्बी रेलगाड़ी 229 मी. लम्बे पुल को पार करने में कितना समय लगाएगी, यदि यह 45 कि.मी./घंटे की गति से चल रही हो?

25. ₹ 4000 को A, B, C में बराबर इस प्रकार विभाजित करे कि उनका हिस्सा 5 : 7 : 8 के अनुपात में हो।

26. एक घन की एक भुजा 3 सेंटीमीटर की है और एक गत्ते की पेटी है जिसका आयाम 15 सेंटीमीटर × 9 सेंटीमीटर × 12 सेंटीमीटर है। इस गत्ते की पेटी में कितने 3 सेंटीमीटर भुजा वाले घन समा जायेंगे?

27. रिक्त स्थानों की पूर्ति करें:

(*a*) रोमन संख्या में केवल .... चिन्हों का प्रयोग होता है।

(*b*) 8 अंकों की सबसे छोटी संख्या के पूर्व संख्या .... है।

(*c*) $\frac{4}{7}X$ .... = 84

(*d*) आयत की लंबाई $= \frac{?}{\text{चौड़ाई}}$

(*e*) .... सबसे लघु अविभाजित संख्या है।

28. एक मिट्टी बर्तन विक्रेत्त 50 चाईना चाय सेट को ₹ 18000 में खरीदता है। सामान प्राप्ति के पश्चात ज्ञात हुआ कि दो सेट टूटे हुए हैं। विक्रय मूल्य ज्ञात करें यदि विक्रेता ₹ 1200 का लाभ शेष सेटों को बेचकर अर्जित करना चाहता है।

29. वीना के पिताजी एक आयताकार केक बनाते हैं। शाम में 5/6 भाग केक शेष बचता है, उसमें से वीना आधा भाग खा जाती है तो पता करें कि केक का कितना भाग वीना ने खाया है?

30. (*a*) दो संख्याओं का गुणनफल 2925 है। यदि इस संख्या का लघुत्तम समापवर्तक 195 है, तो म.स.प. ज्ञात करें।

(*b*) सोहन एक क्विंटल चावल ₹ 4800.75 में खरीदता है। दाम घटने के कारण वह चावल को ₹ 4600.75 प्रति क्विंटल के भाव से बेच देता हैं। यदि सोहन ने कुल 13.5 क्विंटल चावल खरीदा है, तो उसकी कुल हानि ज्ञात करें।

उत्तर

1. सबसे बड़ी संख्या = 997754

सबसे छोटी संख्या = 445579.

2.

8	$\overline{79}\,\overline{21}$ 64	89
169	1521 1521	
	×	

7921 का वर्गमूल = 89.

3. ∵ एक आदमी किसी काम को 32 दिनों में पूरा करता है।

∴ 24 आदमी उसी का को $\frac{32}{24} = \frac{4}{3} = 1\frac{1}{3}$ दिनों में पूरा करेंगे।

4. $\text{साधारण ब्याज} = \frac{\text{मूलधन} \times \text{दर} \times \text{समय}}{100}$

$$= \frac{400 \times 365 \times 150}{100 \times 100 \times 365} = ₹\ 6$$

अतः साधारण ब्याज = ₹ 6.

5. 48540 = 49000
23467 = 23000
अभीष्ट अन्तर = 49000 − 23000 = 26000.

6. 804.291 कि.ग्रा. = $\frac{804291}{1000}$ कि.ग्रा.
$= \frac{804291}{1000} \times 100$ डेकाग्राम
= 80429.1 डेकाग्राम

7. 12 तथा 20 का लघुत्तम समापवर्तक = 60
अतः 12 और 20 से पूर्ण रूप से विभाजित होने वाली न्यूनतम संख्या 60 है।

8. सोनाली द्वारा गृहकार्य में लिया गया समय
$= 60 \times \frac{5}{6} = 50$ मिनट
प्रिया द्वारा गृहकार्य में लिया गया समय
$= 60 \times \frac{3}{4} = 45$ मिनट
अतः प्रिया, सोनाली से जल्दी गृहकार्य पूरा करती है।

9. $6\frac{3}{10} - 2\frac{3}{4} - 1\frac{2}{5} = \frac{63}{10} - \frac{11}{4} - \frac{7}{5}$
$= \frac{126-55-28}{20} = \frac{126-83}{20} = \frac{43}{20} = 2\frac{3}{20}$.

10. माना कि शेष दो कोणों का मान $x°$ तथा $3x°$ हैं।
$x° + 3x° + 90° + 90° = 360°$
$\Rightarrow \quad 4x = 360 - 180 = 180$
$\Rightarrow \quad x = \frac{180}{4} = 45°$
$3x = 3 \times 45 = 135°$
अतः शेष दो कोणों का मान 45° तथा 135° हैं।

11. $\frac{90 \text{ सेमी}}{1.5 \text{ मी.}} = \frac{90}{150} = \frac{3}{5}$
अतः 90 सेमी तथा 1.5 मी. का अनुपात = 3 : 5.

12. $\frac{3}{7}, \frac{3}{11}, \frac{3}{5}, \frac{3}{2}$ और $\frac{3}{17}$ का अवरोही क्रम
$= \frac{3}{2}, \frac{3}{5}, \frac{3}{7}, \frac{3}{11}$ और $\frac{3}{17}$.

13. (*a*) I कक्षा में लड़कियों की संख्या = 6 × 4
= 24 लड़कियाँ
अतः कक्षा I में लड़कियों की संख्या अधिकतम है।

(*b*) कक्षा V में लड़कियों की संख्या = 10
कक्षा III में लड़कियों की संख्या = 5 × 4 = 20
अतः कक्षा V में लड़कियों की संख्या कक्षा III से कम है।

(*c*) कक्षा VII में लड़कियों की संख्या = 4 × 3 = 12.

14. माना कि एक दिन में x कप कॉफी बेचे गये
प्रश्नानुसार,
x का $\frac{3}{4} = 51$
$\Rightarrow \quad x = \frac{4 \times 51}{3} = 68.$

15. $4\frac{6}{8} - \left\{3\frac{1}{3} + \left(2\frac{1}{2} - 1\frac{1}{4}\right)\right\}$
$= \frac{38}{8} - \left\{\frac{10}{3} + \left(\frac{5}{2} - \frac{5}{4}\right)\right\}$
$= \frac{38}{8} - \left\{\frac{10}{3} + \left(\frac{10-5}{4}\right)\right\} = \frac{38}{8} - \left\{\frac{10}{3} + \frac{5}{4}\right\}$
$= \frac{38}{8} - \left\{\frac{40+15}{12}\right\} = \frac{38}{8} - \frac{55}{12} = \frac{114-110}{24}$
$= \frac{4}{24} = \frac{1}{6}$.

16. 149 − 5 = 144
101 − 5 = 96
144 तथा 96 का महत्तम समापवर्तक = 48
अतः अभीष्ट सबसे बड़ी संख्या = 48.

17. साधारण ब्याज $= \frac{\text{मूलधन} \times \text{दर} \times \text{समय}}{100}$
$= \frac{10000 \times 3 \times 4}{100 \times 12} = ₹\ 100$
मिश्रधन = 10000 + 100 = 10100
अतः 4 माह के अन्त में वह ₹ 10100 राशि प्राप्त करेगी।

18. 8 घंटे में घड़ी 4 सेकेण्ड ज्यादा समय दिखाती है
24 घंटे में घड़ी 12 सेकेण्ड ज्यादा समय दिखाती है
1 दिन में घड़ी 12 सेकेण्ड ज्यादा समय दिखाती है
7 दिन में घड़ी 12 × 7 = 84 सेकेण्ड ज्यादा समय दिखाएगी।

19. 200000 को 176 से भाग देने पर भागफल = 1136 तथा शेष = 64 प्राप्त होता है।
अतः बक्सों की संख्या = 1136 तथा बचे हुए सेबों की संख्या = 64.

20. 61, 67, 71, 73 और 79, 60 तथा 80 के बीच अभाज्य संख्याएँ हैं।

सभी अभाज्य संख्याओं का औसत

$$= \frac{61+67+71+73+79}{5} = \frac{351}{5} = 70.2.$$

21. अभीष्ट टाइलों की संख्या $= \frac{3 \times 4}{0.5 \times 0.5}$

$$= \frac{3 \times 4 \times 10 \times 10}{5 \times 5} = 48.$$

22. (*a*) 7 सेमी, 8 सेमी तथा 9 सेमी भुजा वाली त्रिभुज विषमबाहु त्रिभुज कहलाती है।

(*b*) किसी त्रिभुज ABC की भुजाएँ AB = 8.7 सेमी, AC = 7 सेमी तथा BC = 6 सेमी हो, तो यह त्रिभुज विषमबाहु त्रिभुज होती है।

(*c*) त्रिभुज PQR में, PQ = QR = PR = 5 सेमी

इस प्रकार की त्रिभुज समबाहु त्रिभुज होती है।

(*d*) किसी त्रिभुज DEF में, $\angle D = 90°$

इस प्रकार की त्रिभुज समकोण त्रिभुज कहलाती है।

(*e*) किसी त्रिभुज *xyz* में, $\angle y = 90°$ तथा $xy = yz$

इस प्रकार की त्रिभुज समकोण समद्विबाहु त्रिभुज कहलाती है।

23. 12, 18, 21 तथा 28 का लघुत्तम समापवर्तक = 252

चार अंकों की सबसे छोटी संख्या = 1000

$\therefore$ $252\,k + 3$ चार अंकों की सबसे छोटी संख्या होगी।

$\therefore$ $252 \times 4 + 3 = 1008 + 3 = 1011$

अतः अभीष्ट संख्या = 1011

24. गति = 45 किमी./घंटा

$$= \frac{45 \times 1000}{60 \times 60} = \frac{25}{2} \text{ मी./सेकेण्ड}$$

दूरी = 171 मी. + 229 मी. = 400 मी.

लिया गया समय $= \dfrac{400}{\frac{25}{2}} = \dfrac{400 \times 2}{25}$ सेकेण्ड

$= 16 \times 2 = 32$ सेकेण्ड

25. A : B : C = 5 : 7 : 8

A का हिस्सा $= \frac{5}{20} \times 4000$ = ₹ 1000

B का हिस्सा $= \frac{7}{20} \times 4000$ = ₹ 1400

C का हिस्सा $= \frac{8}{20} \times 4000$ = ₹ 1600.

26. घनाकार बक्सों की संख्या $= \frac{15 \times 9 \times 12}{3 \times 3 \times 3}$

$= 5 \times 3 \times 4 = 60.$

27. (*a*) रोमन संख्या में केवल सात चिह्नों का प्रयोग होता है। [IVXLCDM]

(*b*) 8 अंकों की सबसे छोटी संख्या के पूर्व संख्या 9999999 है।

(*c*) $\frac{4}{7} \times 147 = 84$

(*d*) आयत की लम्बाई $= \frac{\text{क्षेत्रफल}}{\text{चौड़ाई}}$

(*e*) 2 सबसे लघु अभाज्य संख्या है।

28. 48 चाईना चाय सेट का क्रय मूल्य = ₹ 18000

1 चाईना चाय सेट का क्रय मूल्य $= \frac{18000}{48}$ = ₹ 375

48 चाईना चाय सेट का विक्रय मूल्य

= 18000 + 1200 = ₹ 19200

1 चाईना चाय सेट का विक्रय मूल्य

$= \frac{19200}{48}$ = ₹ 400.

29. शाम के बाद केक का शेष बचा हुआ भाग $= \frac{5}{6}$

वीना के द्वारा केक का खाया गया भाग $= \frac{5}{6}$ का $\frac{1}{2}$

$$= \frac{5}{6} \times \frac{1}{2} = \frac{5}{12}.$$

30. (*a*) महत्तम समापवर्तक $= \frac{\text{दो संख्याओं का गुणनफल}}{\text{लघुत्तम समापवर्तक}}$

$$= \frac{2925}{195} = 15.$$

(*b*) एक क्विंटल चावल का क्रय मूल्य = ₹ 4800.75

एक क्विंटल चावल का विक्रय मूल्य = ₹ 4600.75

एक क्विंटल पर हानि = ₹ 200

13.5 क्विंटल पर हानि = ₹ 200 × 13.5

$= ₹\ 200 \times \frac{135}{10}$

= ₹ 2700.

भाग 'ब' - भाषा-योग्यता

1. किसी एक विषय पर 15 वाक्य लिखिए। **(15)**

स्वच्छता का महत्व ***अथवा*** बस द्वारा यात्रा

2. अधोलिखित गद्यांश को ध्यानपूर्वक पढ़कर अंत में दिए गए प्रश्नों के उत्तर लिखें। **(15)**

स्वस्थ शरीर तथा स्वस्थ मन एक-दूसरे के पूरक होते हैं। स्वस्थ मन के द्वारा ही शरीर के अंगों में शक्ति एवं स्फूर्ति का संचार होता है। यदि मन अस्वस्थ है, तो शरीर भी निष्क्रिय हो जाता है। स्वस्थ मन उस दर्पण के समान है जिसमें हर्ष तथा विजय का प्रतिबिम्ब स्पष्ट रूप से दृष्टिगोचर होता है। अच्छे और बुरे विचार मनुष्य की कामना के द्योतक होते हैं, इसलिये मनुष्य को बुरे विचारों से दूर रहना चाहिये तथा अच्छे विचारों से मन को प्रफुल्लित रखकर द्वेष, राग एवं लोभ से दूर रहना चाहिये। ईश्वर के प्रति श्रद्धा तथा भक्ति मन को शान्ति प्रदान कर सकता है। संयम और समाधान स्वास्थ्य में चार चाँद लगा देता है। समाधान प्रकृतिवाले मनुष्यों का मन विचलित नहीं होता तथा उनका मुख मण्डल प्रसन्न रहता है परन्तु द्वेष, एवं लोभ से ओत-प्रोत व्यक्ति का स्वास्थ्य तथा मन दोनों खराब रहता है। इसलिये मनुष्य को संयम तथा समाधान पर अडिग रहना चाहिये।

(क) मन के अस्वस्थ होने पर शरीर पर क्या प्रभाव पड़ता है?

(ख) स्वस्थ मन की प्रमुख पहचान क्या है?

(ग) अच्छे स्वास्थ्य को किस प्रकार प्राप्त किया जा सकता है?

(घ) किस प्रकार के व्यक्ति का मन विचलित नहीं होता है?

(ङ) मनुष्य को किस पर अडिग रहना चाहिए?

3. नीचे लिखे वाक्यों में से रेखांकित शब्दों का प्रयोग करते अलग हुए अपने वाक्य बनाइए। **(5 × 2 = 10)**

विजय की सूचना पाकर सब **सेनापति** को **बधाई** देने लगे। लेकिन अपने कुछ वीर सेनानियों की मृत्यु का **समाचार** सुनकर वे शोक से व्याकुल हो उठे।

(क) ....

(ख) ....

(ग) ....

(घ) ....

(ङ) ....

4. दिए गए शब्द समूहों को क्रम से लिखकर अर्थपूर्ण वाक्य बनाएँ: **(5 × 2 = 10)**

(क) अच्छी आदत/प्रतिदिन जल्दी/जल्दी सोना/उठना/और/है।

(ख) संरक्षण/सभी की/पर्यावरण/हम/जिम्मेदारी है।

(ग) हमें/चाहिए/जानवरों/दयापूर्ण/सभी/के प्रति/होना।

(घ) खटखटा/कौन/रहा/दरवाजे/है/को।

(ङ) देर/वह/बसअड्डे/पहुँचा/से/पर।

5. अनेक शब्दों के लिए एक शब्द लिखिए: **(5 × 1 = 5)**

(क) जो आदमी खेती करता है।

....

(ख) जो औरत तरकारी बेचती है।

....

(ग) जो आदमी लकड़ी का काम करता है

....

(घ) जो आदमी सोने का आभूषण बनाता है

....

(ङ) जहाँ ईसाई लोग एकत्र होकर प्रार्थना करते हैं

....

6. खाली स्थानों को उचित शब्द से पूरा करो: **(5 × 2 = 10)**

(क) सभी भारतीय मेरे .... और बहन हैं। (भाई, भारतीयता, भाईचारा)

(ख) क्या पुलिस ने चोर को .... ? (पकड़ा/पकड़ेगी)

(ग) दो घंटे से बारिश हो .... है। (चुकी/रही)

(घ) मैं अपने सभी .... का आदर करता हूँ। (शिक्षक, शिक्षकों, शिक्षकगण)

(ङ) पिछले महीने मूसलाधार .... हुई। (बूँदा-बाँदी, बारिश, तूफान)

7. निम्नलिखित शब्दों के वाक्य बनाकर अर्थ में अन्तर स्पष्ट करें: **(5 × 2 = 10)**

(क) आदि, आदी (ख) स्त्री, इस्त्री

(ग) संग, संघ (घ) पका, पक्का

(ङ) आधी, आँधी

8. नीचे लिखे शब्दों के विलोम शब्द लिखें: **(5 × 1 = 5)**

(क) युद्ध (ख) सुरक्षित

(ग) लापरवाह (घ) स्थायी

(ङ) गहरा

9. नीचे लिखे वाक्यों को निर्देशानुसार बदलकर लिखें। **(5 × 2 = 10)**

(क) उन्होंने हमसे अच्छा किया। (नकारात्मक वाक्य में)

....

(ख) कोयला झारखंड में मिलता है। (प्रश्नात्मक वाक्य में)

....

(ग) दुनिया शांति नहीं चाहती। (सकारात्मक वाक्य में)

....

(घ) सोहन बच्चों से प्यार करता है। (वाक्य से संबंधित प्रश्न बनाओ)

....

(ङ) आनन्द ने शतरंज खेला। (नकारात्मक वाक्य में)

....

10. आप अमन हैं और विद्या पब्लिक स्कूल के कक्षा छठवीं के छात्र हैं। अपने भाई की शादी में सम्मिलित होने हेतु अवकाश के लिए प्राचार्य को पत्र लिखिए। **(10)**

उत्तर

1. **स्वच्छता का महत्व**

स्वास्थ्य एवं सफाई का मानव-जीवन में परम महत्त्व है। यदि शरीर स्वस्थ न हो तो हम अपने किसी भी कार्य को करने में सफल नहीं हो सकते हैं। यही नहीं हम अपने समाज एवं देश की सेवा भी उसी दशा में कर सकते हैं, जब हम पूरी तरह स्वस्थ हों। हमें स्वयं अपनी, अपने घर की और अपने आस-पास की सफाई पर विशेष ध्यान देना चाहिए।

हमें अपने शरीर की बाहरी स्वच्छता पर विशेष ध्यान देना चाहिए। शरीर पर मैल जम जाने से उसमें विभिन्न प्रकार के रोगाणु भी पनप सकते हैं। इसके अतिरिक्त शरीर पर बाहरी धूल के कण भी जमते रहते हैं। इससे हमारी त्वचा के छिद्र बन्द हो जाते हैं और शरीर के अन्दर एकत्रित होने वाली दूषित पदार्थों का विसर्जन रुक जाता है। परिणाम यह होता है कि हमारे गुर्दों और फेफड़ों को भी अतिरिक्त कार्य करना पड़ता है और उनके शीघ्र ही कमजोर होने की सम्भावना बनी रहती है। इसलिए यह आवश्यक है कि हम अपने शरीर को नियमित रूप से स्वच्छ बनाए रखें।

मूत्रालय, शौचालय एवं कूड़े के गड्ढों को इस प्रकार बनाना चाहिए, जिससे वहाँ की गन्दगी पर मक्खी अथवा मच्छर न बैठ सकें। कूड़ा-करकट डालने हेतु ढक्कन वाले कूड़ेदान का प्रयोग करना ही अधिक अच्छा रहता है। इसके अतिरिक्त आस-पास के कूड़े को कहीं गहरे गड्ढे में दबाकर अथवा जलाकर नष्ट कर दिया जाना चाहिए।

2. (क) मन के अस्वस्थ होने पर शरीर भी अस्वस्थ हो जाता है। इससेशरीर में शक्ति और स्फूर्ति का ह्रास होता है।

(ख) स्वस्थ मन से शरीर में शक्ति एवं स्फूर्ति का संचार होता है। स्वस्थ मन की पहचान मुखमंडल पर हर्ष तथा विजय की आभा के रूप में होती है।

(ग) मन से बुरे विचारों को दूर करके अच्छे विचारों को अपनाना चाहिए तथा प्रसन्न रहना चाहिए। द्वेष, राग एवं लोभ से दूर रहकर ईश्वर के प्रति श्रद्धा एवं भक्ति से मन को शांत करके अच्छे स्वास्थ्य को प्राप्त किया जा सकता है।

(घ) संयमित एवं समाधान प्रकृति वाले व्यक्ति का मन विचलित नहीं होता है।

(ङ) मनुष्य को संयम एवं समाधान पर अडिग रहना चाहिए।

3. (क) बुराई पर अच्छाई की विजय होती है।

(ख) कार्यक्रम की सूचना सभी को भिजवा दी गई।

(ग) राजा ने अपने सेनापति को आक्रमण का आदेश दिया।

(घ) परीक्षा में सफल होने पर सभी मुझे बधाई देने आए।

(ङ) यह समाचार सुनकर उसकी आँखों से खुशी के आँसू बहने लगे।

4. (क) प्रतिदिन जल्दी उठना और जल्दी सोना अच्छी आदत है।

(ख) पर्यावरण संरक्षण हम सभी की जिम्मेदारी है।

(ग) हमें सभी जानवरों के प्रति दयापूर्ण होना चाहिए।

(घ) दरवाजे को कौन खटखटा रहा है।

(ङ) वह बसअड्डे पर देर से पहुँचा।

5. (क) किसान (ख) सब्जीवाली

(ग) बढ़ई (घ) सुनार

(ङ) गिरजाघर

6. (क) भाई (ख) पकड़ा

(ग) रही (घ) शिक्षकों

(ङ) बारिश

7. (क) वह सब्जी, फल आदि बेचकर जीवनयापन करता था।
मैं प्रतिदिन व्यायाम करने का आदी हूँ।

(ख) लज्जा स्त्री का गहना है।
वस्त्रों पर इस्त्री करके पहनना चाहिए।

(ग) हम दोनों विद्यालय एक संग चलेंगे।
हमें संघ बनाकर संघर्ष करना होगा।

(घ) पका हुआ फल खाना चाहिए।
यह रंग पक्का लगता है।

(ङ) उसने अपनी आधी रोटी भिखारी को दे दी।
आँधी में उसके सभी वस्त्र उड़ गए।

8. (क) शांति (ख) असुरक्षित
(ग) सतर्क (घ) अस्थायी
(ङ) उथला

9. (क) उन्होंने हमसे बुरा नहीं किया है।
(ख) क्या कोयला झारखंड में मिलता है?
(ग) दुनिया शांति चाहती है।
(घ) क्या सोहन बच्चों से प्यार करता है।
(ङ) आनन्द ने शतरंज नहीं खेला।

10. सेवा में,
श्रीमान प्रधानाचार्य महोदय
विद्या पब्लिक स्कूल,
विजय नगर, दिल्ली-110007

श्रीमान्

सविनय निवेदन है कि मेरे बड़े भाई चमन का विवाह दिनांक 16 जनवरी, 20.... को होना निश्चित हुआ है। सगाई एवं विवाह के अन्य रस्में दो दिन पूर्व आरंभ होंगी जिनमें मेरी उपस्थिति आवश्यक है।

कृपा करके मुझे दिनांक 14 जनवरी से 17 जनवरी तक अवकाश प्रदान करें।

धन्यवाद

आपका आज्ञाकारी शिष्य
अमन
दिनांकः 12 जनवरी 20..... कक्षा VI

प्रश्न पत्र–II (बुद्धि परीक्षण)*

निर्देशः (प्र.सं. 1-6): *शृंखलाओं को पूरा करने के लिए दिए गए विकल्पों में से लुप्त पद/संख्या ज्ञात करें।*

1. B D G K ? V
(*a*) N (*b*) P
(*c*) Q (*d*) M

2. dfe, jih, mln, ?, vut
(*a*) oqp (*b*) psr
(*c*) prq (*d*) rsp

3. QPO, SRQ, UTS, WVU, (?)
(*a*) XVZ (*b*) ZYA
(*c*) YXW (*d*) VWX

4. 4, 9, 19, 34, 54, ?, 109
(*a*) 89 (*b*) 84
(*c*) 74 (*d*) 79

5. 7776, 1296, 216, 36, 6, ?
(*a*) 6 (*b*) 0
(*c*) 3 (*d*) 1

6. 3, 15, 90, 630, 5040, ?
(*a*) 35280 (*b*) 40320
(*c*) 45360 (*d*) 10080

निर्देशः (प्र.सं. 7 और 8): *निम्नलिखित में दिए गए शब्दों या अक्षरों के लिए इंगित कूटभाषा के शब्द या अक्षर ज्ञात करें।*

7. यदि BAD को 7 के रूप में और HIS को 9 के रूप में कूटबद्ध किया जाए तो LOW निम्नलिखित में से किसके द्वारा सूचित किया जाएगा?
(*a*) 50 (*b*) 8
(*c*) 23 (*d*) 5

8. यदि किसी विशेष कूटभाषा में LIBERATE को 56403170 लिखा जाए तो उसी कूटभाषा में TRIBAL को क्या लिखेंगे?
(*a*) 734615 (*b*) 736415
(*c*) 136475 (*d*) 034615

9. रवि अपने स्थान से दक्षिण दिशा में चार किमी. आगे गया। वहां पहुंच कर वह बायीं ओर मुड़कर छह किमी. सीधे आगे की ओर गया और तब दायीं ओर मुड़कर चार किमी. सीधे गया। वह अब अपने आरंभिक बिंदु से कितनी दूर है?
(*a*) 8 किमी. (*b*) 10 किमी.
(*c*) 12 किमी. (*d*) 18 किमी.

10. अरुण ने बिंदु P से उत्तर दिशा में चलना शुरू किया और 30 मीटर आगे गया। तब वह बायीं ओर मुड़कर 40 मीटर आगे गया और 'Q' स्थान पर पहुंचा। बताइए कि 'Q' बिंदु P से न्यूनतम कितनी दूरी पर और किस दिशा में अवस्थित है?
(*a*) 50 मीटर, उत्तर-पूर्व
(*b*) 60 मीटर, उत्तर-पश्चिम
(*c*) 50 मीटर, उत्तर-पश्चिम
(*d*) 80 मीटर, उत्तर-पश्चिम

* स्मृति पर आधारित

11. एक व्यक्ति की ओर संकेत करते हुए एक महिला ने कहा "उसके भाई के पिता मेरे दादाजी के एकमात्र पुत्र हैं।" वह महिला उस व्यक्ति की क्या लगती है?
(*a*) मां (*b*) बहन
(*c*) पुत्री (*d*) चाची

12. विद्या, गोपी की पत्नी है और गोपी, अखिल का भाई है। अखिल, विजय का चाचा है। विजय, विद्या का कौन है?
(*a*) पुत्र (*b*) भतीजा
(*c*) देवर (*d*) भाई

निर्देशः (प्र.सं. 13-17): *नीचे के प्रत्येक प्रश्न में एक लुप्त पद है। प्रश्न में : : चिह्न की बायीं ओर के दो पदों में जो समानता या सादृश्य है वैसी ही समानता या सादृश्य : : चिह्न की दायीं ओर के दो पदों में है जिनमें से एक पद के स्थान पर प्रश्नवाचक चिह्न (?) लगा है। प्रश्नावाचक चिह्न (?) के स्थान पर लुप्त पद ज्ञात करें।*

13. ACE : FGH : : LNP : ?
(*a*) QRS (*b*) PQR
(*c*) QST (*d*) MOQ

14. EIGHTY : GIEYTH : : OUTPUT : ?
(*a*) UTOPTU (*b*) UOTUPT
(*c*) TUOUTP (*d*) TUOTUP

15. 23 : 53 : : 8 : ?
(*a*) 66 (*b*) 57
(*c*) 27 (*d*) 19

16. मोती : कंठहार : : फूल : ?
(*a*) पौधा (*b*) बगीचा
(*c*) पंखड़ी (*d*) गुलदस्ता

17. वर्ण : शब्द : : शब्द : ?
(*a*) ध्वनि (*b*) संगीत
(*c*) वाक्य (*d*) शब्दकोष

निर्देशः (प्र.सं. 18-24): *यहाँ प्रत्येक में चार विकल्प दिए गए हैं जिनमें से तीन किसी न किसी रूप में आपस में संबंधित होते हुए एक समूह बनाते हैं, जबकि शेष एक अन्य से भिन्न है। उस भिन्न विकल्प का चयन करें जो समूह से संबंधित नहीं है।*

18. (*a*) 18 (*b*) 12
(*c*) 30 (*d*) 20

19. (*a*) 336 (*b*) 213
(*c*) 436 (*d*) 819

20. (*a*) 28751 (*b*) 52638
(*c*) 85362 (*d*) 63852

21. (*a*) AEHJ (*b*) EIJK
(*c*) DHKM (*d*) CGJL

22. (*a*) खरगोश (*b*) मगरमच्छ
(*c*) केंचुआ (*d*) घोंघा

23. (*a*) पेड़ (*b*) पत्ता
(*c*) झाड़ी (*d*) छोटी झांड़ी

24. (*a*) चिकित्सक (*b*) शिक्षक
(*c*) अभियंता (*d*) गोताखोर

25. निम्नलिखित संख्या शृंखला में ऐसे कितने 7 हैं जिनके ठीक पहले 6 के ऐसे अंक हैं जिनके ठीक पहले 8 का अंक नहीं है?
8 7 6 7 8 6 7 5 6 7 9 8 6 1 6 7 7 6 8 8 6 9 7 6 8 7
(*a*) 2 (*b*) 3
(*c*) 4 (*d*) केवल 1

26. यदि "+" का अर्थ "÷" हो; "×" का अर्थ "–" हो; "÷" का अर्थ "×" हो और "–" का अर्थ "+" हो, तो निम्नलिखित व्यंजक का मान क्या होगा?
$9 + 3 \div 4 - 8 \times 2 = ?$
(*a*) $6\frac{3}{4}$ (*b*) $-1\frac{3}{4}$
(*c*) $-6\frac{1}{4}$ (*d*) 18

27. यदि "–" का अर्थ "÷" हो; "+" का अर्थ "×" हो; "÷" का अर्थ "–" हो और "×" का अर्थ "+" हो, तो निम्नलिखित में से कौन सा विकल्प निश्चित ही सत्य है?
(*a*) $1 \div 2 + 3 \times 6 - 8 = 12$
(*b*) $2 + 3 - 5 \times 8 \div 4 = 7$
(*c*) $5 + 6 \times 8 - 2 \div 3 = 31$
(*d*) $6 \div 1 + 2 - 8 \times 4 = 31$

28. यदि बृहस्पतिवार बीतें परसों के बाद वाले दिन से पांच दिन पहले का दिन था तो आज से कम से कम कितने दिनों पहले रविवार आने वाले परसों से तीन दिन पहले था?
(*a*) दो दिन पहले (*b*) तीन दिन पहले
(*c*) चार दिन पहले (*d*) पांच दिन पहले

29. यदि किसी माह का पांचवां दिन शुक्रवार है तो उस माह के दसवें दिन के बाद का सातवां दिन निम्नलिखित में से क्या होगा?
(*a*) मंगलवार (*b*) सोमवार
(*c*) बुधवार (*d*) बृहस्पतिवार

30. किसी कूटभाषा में 'mu mit es' का अर्थ है 'who is she' और 'elb mu es' का अर्थ है 'where is she' इस

कूटभाषा में 'where' के लिए किस कूटशब्द का प्रयोग किया जाता है?

(*a*) es (*b*) elb

(*c*) mu (*d*) mit

31. किसी कूटभाषा में '069' का अर्थ है 'grapes are sweet', '476' का अर्थ है 'very sweet fruit' और '509' का अर्थ है 'grapes are ripe'। इस कूटभाषा में निम्नलिखित में से किस अंक से 'ripe' शब्द सूचित होता है?

(*a*) 0 (*b*) 5

(*c*) 9 (*d*) 7

32. यदि 20 से 40 के बीच की विषम संख्याओं को एक पंक्ति में व्यवस्थित किया जाए तो इस श्रृंखला में दाहिने से छठी संख्या कौन सी होगी?

(*a*) 27 (*b*) 31

(*c*) 33 (*d*) 29

निर्देशः (प्र.सं. 33-35): *नीचे के प्रत्येक प्रश्न में अक्षर समूहों के रूप में चार विकल्प दिए गए हैं जिनमें से तीन में किसी न किसी प्रकार की समानता है और इस कारण वे एक समूह बनाते हैं। उस अक्षर समूह का चयन करें जो समूह से संबंधित नहीं है।*

33. (*a*) PEAR (*b*) TORE

(*c*) REAP (*d*) TEAR

34. (*a*) QePFoLA (*b*) OrDFkV

(*c*) TuMBiN (*d*) XZaWoB

35. (*a*) KQ14 (*b*) AY13

(*c*) MR11 (*d*) GW15

निर्देशः (प्र.सं. 36-40): *नीचे दी गई समस्या आकृतियों में प्रश्नवाचक चिह्न (?) के स्थान पर कौन-सी उत्तर आकृति आएगी?*

36. समस्या आकृतियाँ

उत्तर आकृतियाँ

(*a*) (*b*) (*c*) (*d*)

37. समस्या आकृतियाँ

उत्तर आकृतियाँ

(*a*) (*b*) (*c*) (*d*)

38. समस्या आकृतियाँ

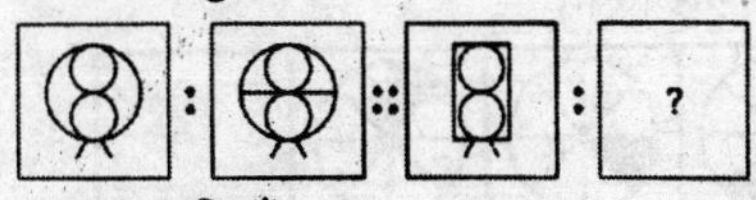

उत्तर आकृतियाँ

(*a*) (*b*) (*c*) (*d*)

39. समस्या आकृतियाँ

उत्तर आकृतियाँ

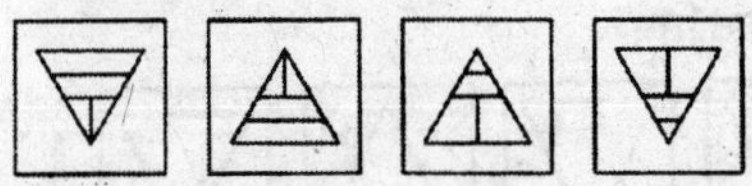

(*a*) (*b*) (*c*) (*d*)

40. समस्या आकृतियाँ

उत्तर आकृतियाँ

(*a*) (*b*) (*c*) (*d*)

निर्देशः (प्र.सं. 41-45): *नीचे दिए गए प्रत्येक प्रश्न में रेखा के बायीं तरफ तीन समस्या आकृतियाँ दी गई हैं तथा चौथी के लिए स्थान रिक्त रखा गया है। समस्या आकृतियाँ एक श्रृंखला में हैं। ढूँढ़िए कि रेखा के दायीं तरफ दी गई आकृतियों (a), (b), (c) तथा (d) में से कौन-सी आकृति इस श्रृंखला को पूरा करती है। सही उत्तर चुनकर उत्तर पुस्तिका में प्रत्येक प्रश्न संख्या के आगे दिए गए बॉक्स में अंग्रेजी में अंकित करें।*

41. समस्या आकृतियाँ

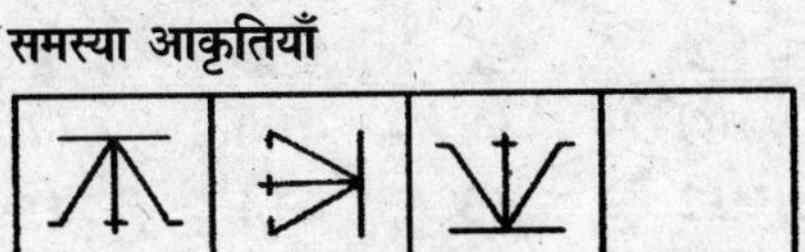

उत्तर आकृतियाँ

(a) (b) (c) (d)

42. समस्या आकृतियाँ

उत्तर आकृतियाँ

(a) (b) (c) (d)

43. समस्या आकृतियाँ

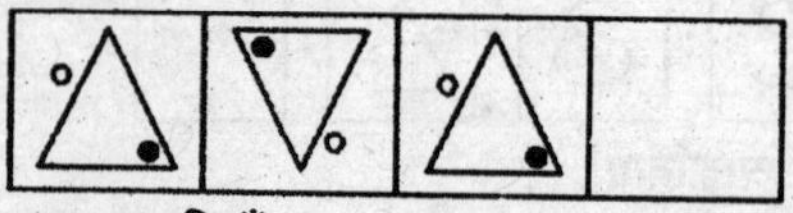

उत्तर आकृतियाँ

(a) (b) (c) (d)

44. समस्या आकृतियाँ

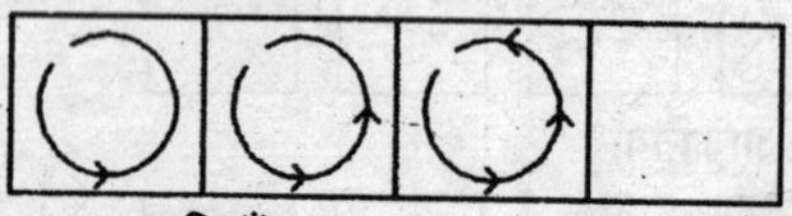

उत्तर आकृतियाँ

(a) (b) (c) (d)

45. समस्या आकृतियाँ

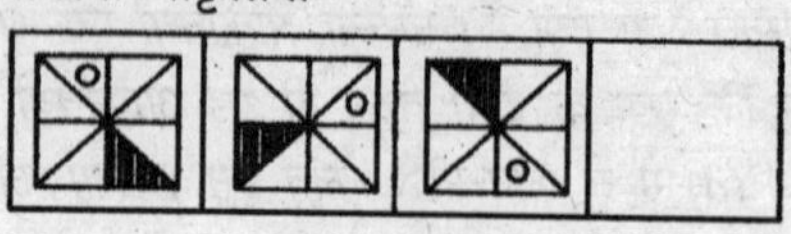

उत्तर आकृतियाँ

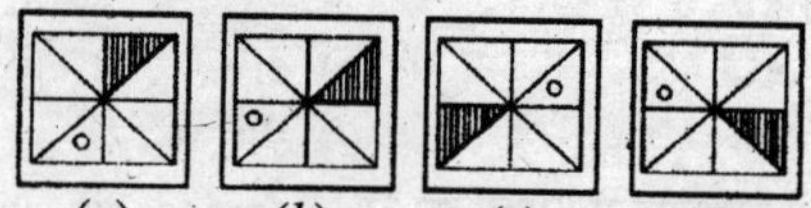

(a) (b) (c) (d)

निर्देशः (प्र.सं. 46-50): *नीचे बाईं ओर एक समस्या आकृति दी गई है जिसका एक भाग गायब है। दाईं ओर दी गई उत्तर आकृतियों (a), (b), (c) तथा (d) को ध्यानपूर्वक देखिए तथा समस्या आकृति के गायब भाग को बिना अपनी दिशा बदले पूरा करने वाली उत्तर आकृति को चुनिए। अपने द्वारा चुनी गई उत्तर आकृति का अंग्रेजी अक्षर उत्तर-पुस्तिका में संबंधित प्रश्न क्रमांक के समक्ष बॉक्स में अंकित करें।*

समस्या आकृतियाँ **उत्तर आकृतियाँ**

46.

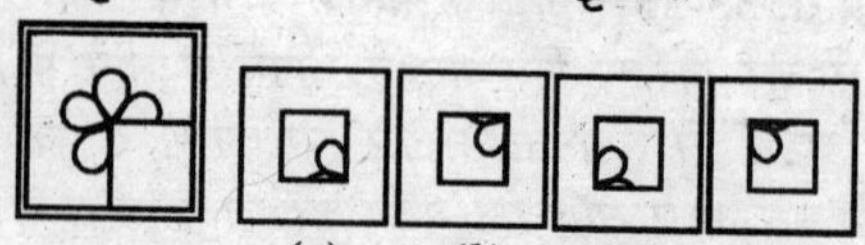

(a) (b) (c) (d)

47.

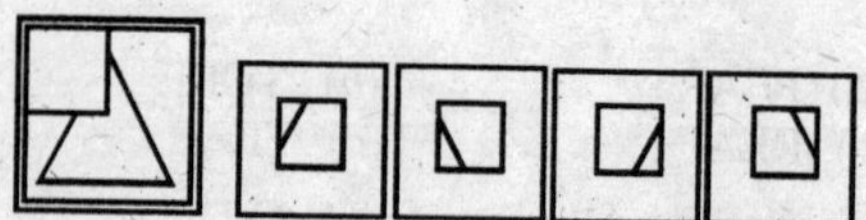

(a) (b) (c) (d)

48.

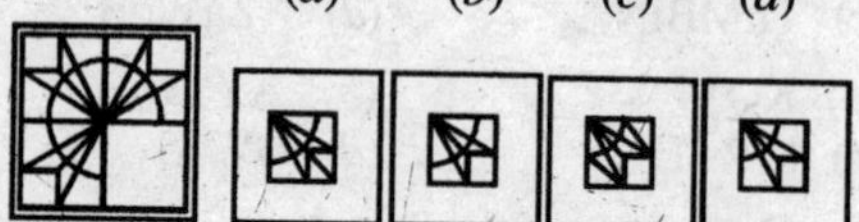

(a) (b) (c) (d)

49.

(a) (b) (c) (d)

50.

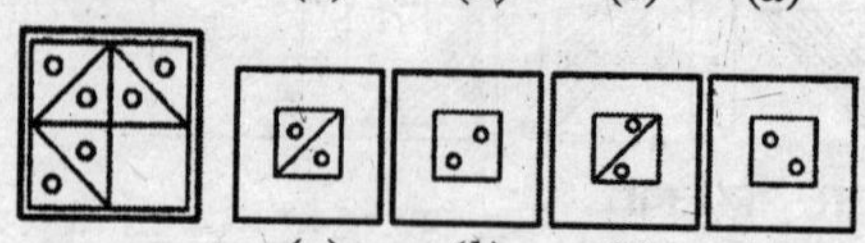

(a) (b) (c) (d)

उत्तरमाला

1	2	3	4	5	6	7	8	9	10
(b)	(c)	(c)	(d)	(d)	(c)	(d)	(b)	(b)	(c)
11	**12**	**13**	**14**	**15**	**16**	**17**	**18**	**19**	**20**
(b)	(b)	(a)	(d)	(d)	(d)	(c)	(a)	(c)	(a)

21	22	23	24	25	26	27	28	29	30
(b)	(a)	(b)	(d)	(b)	(d)	(c)	(a)	(c)	(b)
31	**32**	**33**	**34**	**35**	**36**	**37**	**38**	**39**	**40**
(b)	(d)	(b)	(b)	(c)	(d)	(a)	(c)	(c)	(b)
41	**42**	**43**	**44**	**45**	**46**	**47**	**48**	**49**	**50**
(c)	(a)	(a)	(b)	(b)	(d)	(c)	(b)	(d)	(a)

व्याख्यात्मक उत्तर

1. दो क्रमागत अक्षरों के बीच का अंतर दो से प्रारंभ होकर एक-एक बढ़ते जाता है।

B D G K P V

+2 +3 +4 +5 +6

2. dfe jih mln prq vut

+4 +4 +4 +4

3. QPO SRQ UTS WVU YXW

6. शृंखला में पद इस प्रकार है: ×5, ×6, ×7, ×8, ×9.

3 15 90 630 5040 45360

×5 ×6 ×7 ×8 ×9

7. कूटलेखन के लिए प्रयुक्त संख्या वर्णमाला के सीधे क्रम में अक्षरों के स्थान को सूचित करने वाली संख्याओं के योग को सूचित करती है।

B A D
↓ ↓ ↓
2रा 1ला 4था अर्थात् $2 + 1 + 4 = 7$

इसी प्रकार,

H I S
↓ ↓ ↓
8वां 9वां 19वां अर्थात् $8 + 9 + 19 = 36$
तथा, $3 + 6 = 9$

और,

L O W
↓ ↓ ↓
12वां 15वां 23वां अर्थात् $12 + 15 + 23 = 50$
तथा $5 + 0 = 5$

8. शब्द TRIBAL के अक्षर LIBERATE शब्द से लिए गए हैं। कूटबद्ध संख्याएं भी इसी प्रकार होंगी।

L I B E R A T E → दिया गया शब्द
5 6 4 0 3 1 7 0 → कूट

इसी प्रकार,

T R I B A L → कूटबद्ध किया जाने वाला शब्द
7 3 6 4 1 5 → उत्तर कोड

10. $ab = \sqrt{bc^2 + ca^2}$

$? = \sqrt{30^2 + 40^2} = \sqrt{2500} = 50$

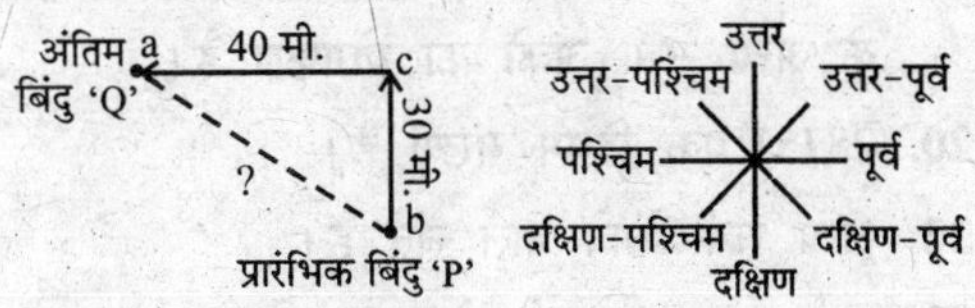

11.

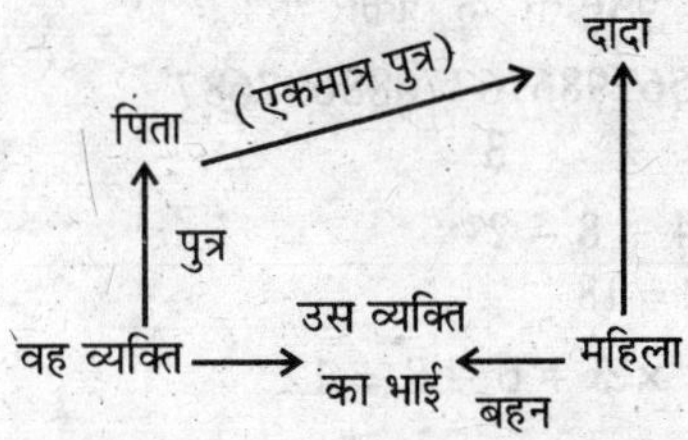

उस व्यक्ति के भाई के पिता उस महिला के भी पिता हैं क्योंकि वे उस महिला के दादाजी के एकमात्र पुत्र हैं। अत: वह महिला उस व्यक्ति की बहन है।

12. प्रश्न पर आधारित संबंध चार्ट है:

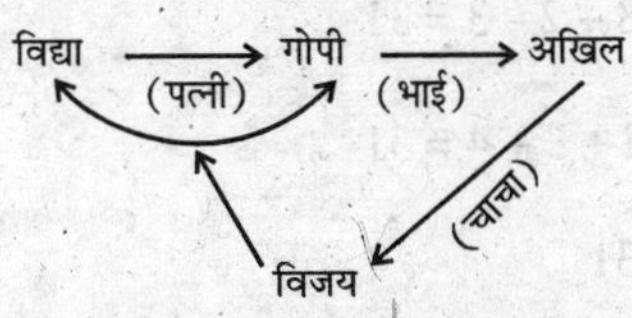

विद्या, गोपी की पत्नी है और गोपी, अखिल का भाई है। अत: विद्या, अखिल की भाभी है। यदि अखिल, विजय का चाचा है, तो स्पष्ट है कि गोपी भी विजय का चाचा ही है क्योंकि प्रश्न में उल्लिखित कथनों में यह नहीं बताया गया है कि अखिल या गोपी में से कोई भी विजय का पिता है। अब यदि विजय गोपी का भतीजा है, तो निश्चित ही वह विद्या का भी भतीजा है।

13. तीन अक्षर क्रमशः 5, 4 और 3 पद आगे के अक्षरों में बढ़ते हैं।

ACE : FGH :: LNP : QRS

+5 +4 +3

14. प्रत्येक शब्द दो बराबर भागों में अलग होकर विपरीत क्रम में लिखे जाते हैं।

EIGHTY : GIEYTH : : OUTPUT : TUOTUP

15. सभी संख्या अभाज्य संख्या है।

18. अन्य संख्या इस प्रकार है: $3^2 + 3 = 12$,
$5^2 + 5 = 30$, $4^2 + 4 = 20$, $6^2 + 6 = 42$

19. बाकी अन्य संख्याओं में सबसे दाहिने का अंक संख्या के अन्य सभी अंकों का योगफल है।

20. 28751 एक विषम संख्या है।

22. अन्य सभी रेंगने वाले जंतु हैं।

23. अन्य सभी वनस्पती के प्रकार है।

25. 87678675679861677688697687
1 2 3

26. $9 \div 3 \times 4 + 8 - 2$
$12 + 8 - 2 = 18$

27. (*a*) $1 - 2 \times 3 + 6 \div 8 = 12$
$\frac{-17}{4} = 12$

(*b*) $2 \times 3 \div 5 + 8 - 4 = 7$
$\frac{26}{5} = 7$

(*c*) $5 \times 6 + 8 \div 2 - 3 = 31$
$31 = 31$

(*d*) $6 - 1 \times 2 \div 8 + 4 = 31$
$\frac{-39}{4} = 31$

28. बीते परसों के बाद वाले दिन से पांच दिन पहले का दिन अर्थात् आज से पहले का छठा दिन बृहस्पतिवार था, अतः आज से पहले का तीसरा दिन रविवार है। परसों से तीन दिन पहले का दिन बीता हुआ कल है जो पांच दिनों में से पहला दिन है, अतः दो दिन पहले रविवार आने वाले परसों से तीन दिन पहले था।

29. माह के 10 वें दिन के बाद का 7 वां दिन उस माह का 17 वां दिन है। माह का पांचवा दिन शुक्रवार है। अतः अगला शुक्रवार माह का 12 वां दिन होगा $(17 - 12 = 5)$। शुक्रवार के 5 दिन बाद का दिन बुधवार होगा। अतः माह का 17 वां दिन बुधवार है।

30.

कूट	वाक्य
1. *mu* mit *es*	who *is she*
2. **elb** *mu* es	**where** *is she*

कूट 'mu' तथा 'es' का प्रयोग पहले तथा दूसरे वाक्य में हुआ है। अतः कूट 'elb' का अर्थ 'where' है।

31.

कूट	वाक्य
1. *069*	*grapes are* sweet
2. 476	very sweet fruit
3. **509**	*grapes are* **ripe**

कूट '0' तथा '9' पहली तथा तीसरी वाक्य में आया है अतः कूट '5' का अर्थ 'ripe' है।

32. 21, 23, 25, 27, 29, 31, 33, 35, 37, 39
↑
छठी संख्या

33. समूह में अन्य सभी में E, A तथा R है।

34. समूह में अन्य सभी में छोटा अक्षर स्वर है।

36. दूसरी प्रतिबिंब पहली प्रतिबिंब का दर्पण प्रतिबिंब है।

37. बीच का प्रतिबिंब सभी शिखर से जुड़ी हुई है।

38. दो वृत्तों के काट बिन्दु से एक ही स्पर्श रेखा गुजरती है।

39. खड़ी तथा पड़ी रेखाएँ आकृति के ऊपरी तथा नीचे के हिस्से में क्रमशः आती है।

41. प्रत्येक अगली आकृति में मूल आकृति घड़ी की दिशा में 90° से घूम जाती है तथा दो छोटी रेखाएँ अंदर से बाहर तथा बाहर से अंदर हो जाती है।

42. प्रत्येकअगली आकृति में वृत्त का काला क्षेत्र घड़ी की दिशा में दो क्रम आगे बढ़ जाता है।

43. पहली तथा तीसरी आकृतियाँ समान है उसी प्रकार दूसरी तथा चौथी आकृतियाँ समान होगी।

44. प्रत्येक अगली आकृति में तीर की संख्या घड़ी की विपरीत दिशा में एक-एक करके बढ़ती जाती है।

45. प्रत्येक अगली आकृति में वृत्त तथा उसमें बना काला क्षेत्र घड़ी की दिशा में दो क्रम आगे बढ़ जाते हैं।

पिछले प्रश्न-पत्र (हल सहित)

ऑल इंडिया सैनिक स्कूल प्रवेश परीक्षा, 2016

कक्षा-VI

प्रश्न पत्र–I (गणित एवं भाषा)

समय : 2 घंटे **पूर्णांक : 200**

भाग 'अ' गणित

खण्ड-I

(प्रत्येक प्रश्न दो अंक का है)

1. 879 और 338 के अन्तर को उसके निकटतम सैकड़ों में व्यक्त करें।

2. 15 m 1000 km का कितना प्रतिशत है?

3. 120, 210 और 225 का ल.स. ज्ञात करो।

4. $\frac{1}{3}, \frac{3}{10}, \frac{5}{6}$, और $\frac{2}{5}$ को आरोही क्रम में लिखें।

5. $1\frac{3}{5}$ और $2\frac{7}{10}$ को जोड़ें।

6. एक हवाई जहाज एक घंटे में 1020 कि.मी. चलता है। $4\frac{1}{6}$ घन्टे में हवाई जहाज कितनी दूरी तय करेगा?

7. 131°F को सैल्सियस पैमाने में व्यक्त करें।

8. 2222 घंटों को दिन और घंटों में बदलें।

9. एक समद्विबाहु त्रिभुज दो बराबर कोणों में से एक 55° है। त्रिभुज के सभी कोणों का माप ज्ञात करें।

10. एक वृत्त की परिधि 79.2 सेमी. है। वृत्त की त्रिज्या ज्ञात कीजिए? यदि $\pi = \frac{22}{7}$ दिया है?

खण्ड-II

(प्रत्येक प्रश्न तीन अंक का है)

11. 75 तथा 225 के मध्य की सभी पूर्ण वर्ग संख्या लिखें।

12. निम्न को सरल करें: $125 - 25 \times 125 \div 25 + 25$.

13. सुधा ने गणित में 30 में से 23 अंक तथा हिन्दी में 50 में से 29 अंक प्राप्त किये। बताइये कि किस विषय में और कितने प्रतिशत से उसने अच्छा प्रदर्शन किया?

14. 902, 1394 और 3321 का म.स. ज्ञात करो।

15. जुबैदा ने सिलाई मशीन खरीदने के लिए ₹ 4000 12% वार्षिक ब्याज की दर से उधार लिए। 3 वर्ष बाद उसे कितने रुपये लौटाने होंगे?

16. वर्गमूल ज्ञात कीजिए:

(*a*) $6\frac{9}{36}$ (*b*) $5\frac{41}{16}$

17. एक हाथी का बच्चा एक दिन में 12 ली. दूध पीता है। 2 वर्ष में वह कितना दूध पी लेगा।

18. जॉन अपने रसोई घर के फर्श पर 10 सेमी. भुजावाली वर्गाकार टाइल लगाना चाहता है। यदि रसोई घर की लम्बाई 2.2 मी. व चौड़ाई 1.8 मी. है, तो जॉन को कितनी टाइल खरीदनी होगी।

19. यदि एक किलो में 24 लड्डू आते हैं, तो 8 किलो में कितने लड्डू आयेंगे। इन लड्डुओं को बक्से में रखने के लिये कितने बक्से चाहिए यदि एक बक्से में 16 लड्डू आते हैं?

20. प्रथम दस सम संख्याओं का औसत ज्ञात कीजिए।

खण्ड-III

(प्रत्येक प्रश्न पाँच अंक का है)

21. रोहन की वार्षिक आय ₹ 6,00,000 है। वह वर्ष में भोजन पर ₹ 99,250, कपड़ों पर ₹ 36,750 और अन्य कार्यों पर ₹ 1,11,500 खर्च करता है। वह वर्ष भर में कितनी बचत करता है? बचत राशि उसकी आय का कितना प्रतिशत है?

22. (*a*) निम्नलिखित कोणों का नाप ज्ञात कीजिए:
(*i*) ∠BOC (*ii*) ∠COD

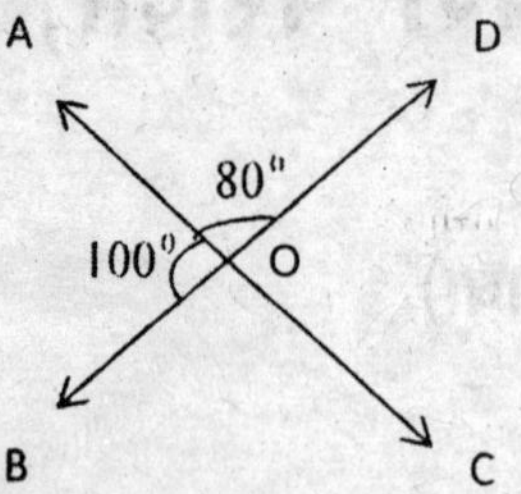

(*b*) 20 और 70 का म.स. अभाज्य गुणनखण्ड की विधि द्वारा ज्ञात कीजिए।

23. सरल करो:

$$0.2\left[3.5-0.3\{2.5+1.3(3.6+1.4)\}\right]$$

24. निम्न आकृति का क्षेत्रफल व परिमाप ज्ञात करो।

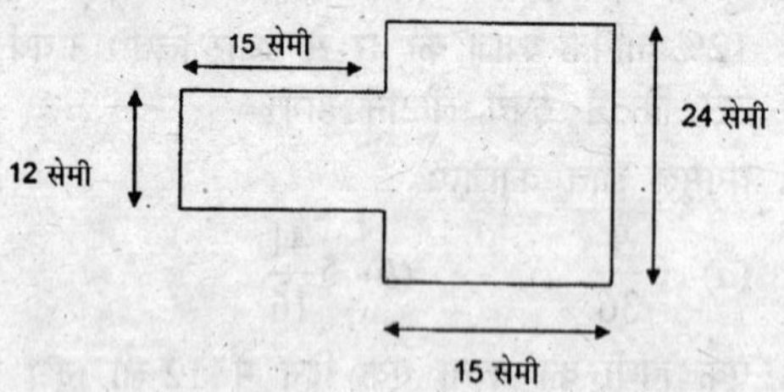

25. एक 15 मी. लम्बे और 10 मी. चौड़े आँगन में 0.50 वर्ग मी. के कितने पत्थर बिछाये जा सकते हैं? यदि एक पत्थर लगाने का खर्च ₹ 2.50 है, तो पूरे आँगन में पत्थर बिछाने में कितना खर्च आयेगा?

26. किसी धातु के मिश्रण में 15% कार्बन, 25% जस्ता तथा शेष ताँबा है। इस धातु के 60 किग्रा. मात्रा में प्रत्येक धातु की मात्रा ज्ञात कीजिए।

27. रिक्त स्थानों की पूर्ति करो:

(*a*) $\dfrac{6}{21}=\dfrac{?}{7}$ (*b*) $.01 = \dfrac{1}{?}$

(*c*) 7 अंकों की सबसे बड़ी संख्या .... है।

(*d*) त्रिज्या = $\dfrac{\text{व्यास}}{?}$

(*e*) 75897 में 8 का स्थानीय मान .... है।

28. एक भिन्न का हर उसके अंश से 3 ज्यादा है। यदि अंश में से 3 घटा दिये जाये और हर में दो जोड़ दिये जाए, तो नया नम्बर $\dfrac{1}{5}$ होता है। वास्तविक नम्बर ज्ञात करें।

29. एक कक्षा में 40 छात्र हैं। 60% छात्र प्रथम श्रेणी, 30% द्वितीय श्रेणी व शेष तृतीय श्रेणी में उत्तीर्ण हुए। प्रथम, द्वितीय व तृतीय श्रेणी के उत्तीर्ण विद्यार्थियों की अलग-अलग संख्या को बताओ।

30. (*a*) एक दुकानदार ने ₹ 900 का एक बक्सा 15% छूट पर बेचा। बक्से का विक्रय मूल्य बताओ।
(*b*) दो संख्याओं का म.स. और ल.स. क्रमशः 18 और 252 है। यदि एक संख्या 126 है, तो दूसरी संख्या ज्ञात करो।

व्याख्यात्मक उत्तर

1. 879 − 338 = 541
= 500 (सैंकड़ा के निकटतम)

2.
$$15 = 1000 \times 1000 \times \frac{x}{100}$$
$$\Rightarrow \quad 15 = 10000x$$
$$\Rightarrow \quad x = \frac{15}{10000} = 0.0015\%.$$

3.

2	120, 210, 225
3	60, 105, 225
5	20, 35, 75
	4, 7, 15

ल.स. = 2 × 3 × 5 × 4 × 7 × 15
= 12600.

4. $\dfrac{1}{3}, \dfrac{3}{10}, \dfrac{5}{6}$ और $\dfrac{2}{5} = \dfrac{10, 9, 25, 12}{30}$

∴ $\dfrac{3}{10}, \dfrac{1}{3}, \dfrac{2}{5}, \dfrac{5}{6}$ बढ़ते क्रम में हैं।

5. $1\frac{3}{5}+2\frac{7}{10}=\frac{8}{5}+\frac{27}{10}=\frac{16+27}{10}=\frac{43}{10}=4\frac{3}{10}.$

6. ∵ 1 घंटे में एक हवाई जहाज 1020 कि.मी. दूरी तय करता है

∴ $\dfrac{25}{6}$ घंटे में हवाई जहाज दूरी तय करेगा

$= 1020 \times \dfrac{25}{6}$ कि.मी.

= 170 × 25 कि.मी. = 4250 कि.मी.

7. $\because \quad \frac{C}{5} = \frac{F-32}{9}$

$\Rightarrow \quad \frac{C}{5} = \frac{131-32}{9} = \frac{99}{9}$

$\Rightarrow \quad \frac{C}{5} = 11$

$\Rightarrow \quad C = 55°C$

अतः 131°F = 55°C.

8. $\frac{2222}{24} = 92, \quad \frac{14}{24} \times 24 \doteq 92$ दिन 14 घंटे

9. माना कि तीसरा कोण = $x°$

$\angle A + \angle B + \angle C = 180°$

$\Rightarrow \quad 55° + 55° + x° = 180°$

$\Rightarrow \quad x + 110° = 180°$

$\Rightarrow \quad x = 70°$

$\therefore \quad \angle A = 55°, \angle B = 55°, \angle C = 70°.$

10. वृत्त की परिधि = $2\pi r$

$\Rightarrow \quad 79.2 = 2 \times \frac{22}{7} \times r$

$\Rightarrow \quad r = \frac{79.2 \times 7}{2 \times 22} = 1.8 \times 7 = 12.6$

अतः वृत्त की त्रिज्या = 12.6 सेमी.

11. 75 तथा 225 के बीच पूर्ण वर्ग संख्याएँ 81, 100, 121, 144, 169, 196 हैं।

12. $125 - 25 \times 125 \div 25 + 25$
$= 125 - 25 \times 5 + 25$
$= 125 - 125 + 25 = 25.$

13. गणित का प्रतिशत $= \frac{23}{30} \times 100 = \frac{230}{3} = 76.6\%$

हिन्दी का प्रतिशत $= \frac{29}{50} \times 100 = 58\%$

गणित का प्रदर्शन हिन्दी से अच्छा है।
अन्तर = 76.6% – 58% = 18.6%.

14.

```
      1
902)1394(
    902    1
    462)902(
        492   1
        410)492(
            410   5
             82)410(
                410
                 ×
```

```
        40
82 )3321(
    3280   2
      41)82(
         82
          ×
```

अतः अभीष्ट म.स. = 41.

15. मूलधन = ₹ 4000, दर = 12%, समय = 3 वर्ष

साधारण ब्याज $= \frac{\text{मूलधन} \times \text{दर} \times \text{समय}}{100}$

$= \frac{4000 \times 12 \times 3}{100} = 1440$

मिश्रधन = मूलधन + ब्याज
= 4000 + 1440 = ₹ 5440

अतः जुवैदा 3 वर्ष के बाद ₹ 5440 लौटायेगी।

16. (*a*) $\sqrt{6\frac{9}{36}} = \sqrt{\frac{225}{36}} = \frac{15}{6} = \frac{5}{2} = 2.5.$

(*b*) $\sqrt{5\frac{41}{16}} = \sqrt{\frac{121}{16}} = \frac{11}{4} = 2.75.$

17. 1 दिन में हाथी का बच्चा 12 लीटर दूध पीता है
730 दिनों में हाथी का बच्चा दूध पी लेगा
= 12 × 730 लीटर दूध = 8760 लीटर दूध

18. रसोई घर का क्षेत्रफल = 220 × 180 वर्ग सेमी.
प्रत्येक टाइल का क्षेत्रफल = 10 × 10 वर्ग सेमी.

$\therefore$ टाइलों की संख्या $= \frac{220 \times 180}{10 \times 10}$
$= 22 \times 18 = 396.$

19. 1 किलो में 24 लड्डू आते हैं
8 किलो में 24 × 8 = 192 लड्डू आयेंगे

अभीष्ट बक्सों की संख्या $= \frac{192}{16} = 12.$

20. औसत $= \frac{2+4+6+8+10+12+14+16+18+20}{10}$

$= \frac{110}{10} = 11$

अतः प्रथम दस सम संख्याओं का औसत = 11.

21. वार्षिक आय = ₹ 600000

वार्षिक खर्च = ₹ 99250
₹ 36750
₹ 111500
₹ 247500

वार्षिक बचत = ₹ 600000 − ₹ 247500
= ₹ 352500

बचत प्रतिशत = $\frac{352500}{600000} \times 100 = \frac{705}{12} = 58.75\%$.

22. (*a*)

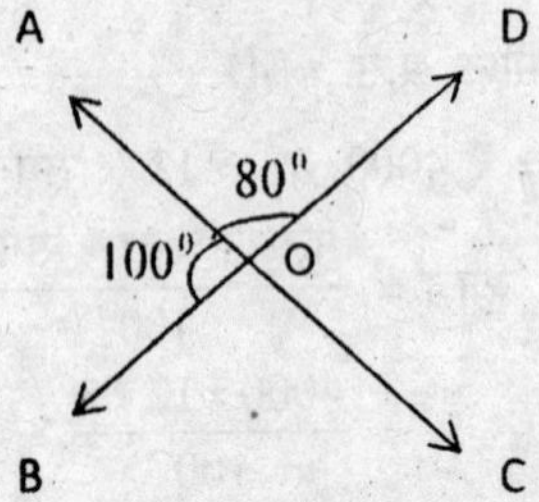

∵ AC तथा BD एक-दूसरे को O पर काटते हैं।

(*i*) ∠BOC = ∠AOD = 80° (सम्मुख कोण)

(*ii*) ∠COD = ∠AOB = 100° (सम्मुख कोण)

(*b*) 20 = 2 × 2 × 5
70 = 2 × 5 × 7
∴ म.स. = 2 × 5 = 10.

23. $0.2[3.5 - 0.3\{2.5 + 1.3(3.6 + 1.4)\}]$
$= 0.2[3.5 - 0.3\{2.5 + 1.3(5)\}]$
$= 0.2[3.5 - 0.3\{2.5 + 6.5\}]$
$= 0.2[3.5 - 0.3\{9\}]$
$= 0.2[3.5 - 2.7] = 0.2\ [.8] = 0.16$.

24.

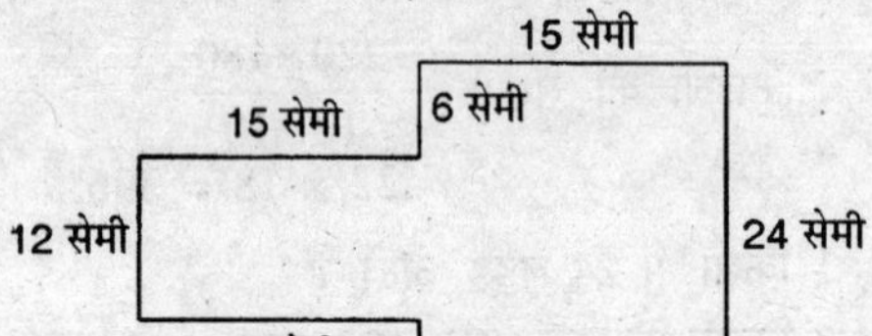

परिमाप = 12 + 15 + 6 + 15 + 24 + 15 + 6 + 15 = 108 सेमी.

दी गई आकृति का क्षेत्रफल
= 12 × 15 + 15 × 24
= 180 + 360 = 540 वर्ग सेमी.

25. पत्थरों की संख्या = $\frac{15 \times 10 \times 100}{50} = 300$

∵ 1 पत्थर का खर्च = ₹ 2.50

∴ 300 पत्थरों का खर्च = $\frac{250}{100} \times 300$ = ₹ 750.

26. कार्बन = 15%
= $\frac{15}{100} \times 60$ किग्रा. = 9 किग्रा.

जस्ता = $\frac{25}{100} \times 60$ किग्रा. = 15 kg

ताँबा = $\frac{60}{100} \times 60$ = 36 किग्रा.

27. (*a*) $\frac{6}{21} = \frac{\boxed{2}}{7}$

(*b*) $.01 = \frac{1}{\boxed{100}}$

(*c*) 7 सात अंकों की सबसे बड़ी संख्या = 9999999

(*d*) त्रिज्या = $\frac{\text{व्यास}}{\boxed{2}}$

(*e*) 75897 में 8 का स्थानीय मान = 800.

28. माना कि अंश = x

∴ हर = $x + 3$

∴ भिन्न = $\frac{x}{x+3}$

प्रश्नानुसार, $\frac{x-3}{x+3+2} = \frac{1}{5}$

⇒ $\frac{x-3}{x+5} = \frac{1}{5}$

⇒ $5x - 15 = x + 5$

⇒ $4x = 20 \Rightarrow x = 5$

∴ भिन्न = $\frac{x}{x+3} = \frac{5}{8}$.

29. प्रथम श्रेणी से उत्तीर्ण छात्रों की संख्या
= 40 का 60%
= $\frac{60}{100} \times 40 = 24$

द्वितीय श्रेणी से उत्तीर्ण छात्रों की संख्या
= 40 का 30%
= $\frac{30}{100} \times 40 = 12$

तृतीय श्रेणी से उत्तीर्ण छात्रों की संख्या
= 40 का 10%
= $\frac{10}{100} \times 40 = 4$.

30. (*a*) छूट = x का 15%

$$= \frac{15}{100} \times x = \frac{3x}{20}$$

विक्रय मूल्य $= x - \frac{3x}{20} = \frac{17x}{20}$

जब अंकित मूल्य ₹ x तब विक्रय मूल्य $= \frac{17x}{20}$

जब अंकित मूल्य ₹ 900 तब विक्रय मूल्य

$$= \frac{17x}{20 \times x} \times 900$$

$$= 17 \times 45$$

$$= ₹\ 765$$

अतः बक्से का विक्रय मूल्य = ₹ 765.

(*b*) ∵ म.स. × ल.स. = पहली संख्या × दूसरी संख्या

∴ दूसरी संख्या $= \frac{\text{म.स.} \times \text{ल.स.}}{\text{पहली संख्या}}$

$$= \frac{18 \times 252}{126} = 36$$

अतः दूसरी संख्या = 36

भाग 'ब' - भाषा

1. निम्नलिखित विषयों में से किसी एक विषय पर 15 वाक्य लिखिए। **(15)**

मेरा दोस्त ***अथवा*** मेरे जीवन का लक्ष्य

2. निम्नलिखित गद्यांश को ध्यानपूर्वक पढ़ें और अंत में दिए गए प्रश्नों के उत्तर लिखें। **(5 × 3 = 15)**

मनुष्य इसलिए श्रेष्ठ है क्योंकि उसमें स्वयं को बदलने की शक्ति है। गधे में यह ताकत नहीं है। बैल एक हजार साल पहले भी गाड़ी में जुतता था, आज भी उसी में जुतता है। गधा पहले भी भार ढोता था, आज भी भार ढोता है। इन प्राणियों में न तो कोई परिवर्तन हुआ, न ही ये परिवर्तन के लिए प्रयत्नशील हुए और न किसी ने इनके लिए आवाज उठाई। परन्तु मनुष्य हर दिन हर पल परिवर्तन के लिए बेचैन है। वह अपनी सभ्यता को तो बदल ही रहा है। सर्जरी के सहारे अपने रंग-रूप को भी बदल रहा है। लेकिन वास्तविक बदलाव तब होगा जब वह भीतर से बदलेगा। वह उसी तरह से जी सकेगा जैसा कि वह जीना चाहता है।

(क) मानव पशु से क्यों श्रेष्ठ है?
(ख) गधे और बैल प्रगति क्यों नहीं कर पाए?
(ग) भीतरी बदलाव का क्या अर्थ है?
(घ) "सभ्यता" का विलोम शब्द लिखिये।
(ङ) मनुष्य हर दिन हर पल क्यों बेचैन है?

3. निम्नलिखित रेखांकित शब्दों का प्रयोग करके अलग से नए वाक्य बनाइए। **(5 × 2 = 10)**

एक छोटी लड़की ऊँचे <u>**पहाड़**</u> पर चढ़ रही थी। उसकी पीठ पर एक बच्चा <u>**सवार**</u> था। महात्मा गाँधी ने उस लड़की को कहा, 'प्रिय बेटी! ला अपना भारी <u>**बोझ**</u> मुझे दे दे।' उस <u>**ग्रामीण**</u> लड़की ने कहा – 'कहाँ है बोझ? यह लड़का तो मेरा भाई है, जिसे मैंने अपने कंधे पर बिठाया है।' भोली लड़की ने उत्तर दिया और <u>**चुपचाप**</u> अपने मार्ग पर चल दी।

(क) ....
(ख) ....
(ग) ....
(घ) ....
(ङ) ....

4. दिए गए शब्द समूहों को क्रम से लिखकर अर्थपूर्ण वाक्य बनाएँ: **(5 × 2 = 10)**

(क) इस गीत/आप/को/सुनें/ध्यान से।
(ख) पेंटिंग/एक/बना/मैं/रही हूँ/आजकल/सुन्दर।
(ग) लन्दन/जहाज/हवाई/मेरे/गए/पिताजी/से।
(घ) नामों/जाता है/ईश्वर/पुकारा/विभिन्न/अलग-अलग/से/धर्मों में/जाना।
(ङ) मिला/वाद-विवाद/कल/मुझे/प्रतियोगिता/में/पुरस्कार।

5. अनेक शब्दों के लिए एक शब्द लिखिए: **(5 × 1 = 5)**

(क) जिसके जैसा कोई दूसरा न हो ....
(ख) कानून के विरुद्ध ....
(ग) साल में एक बार होने वाला ....
(घ) जो अनुकरण करने के योग्य हो ....
(ङ) जहाँ पहुँचाना कठिन हो ....

6. खाली स्थानों को उचित शब्द से पूरा करो: **(5 × 2 = 10)**

(क) सभी .... पुरानी पड़ गई हैं। (मशीन/मशीनें)

(ख) जल में .... तैर रही हैं। (मछलियाँ/मछली)

(ग) वह अपनी बेटी .... खिलौने लाया है। (का/के)

(घ) तुम्हारी बाट देखते-देखते .... थक गईं। (आँख/आँखें)

(ङ) पलंग पर .... बिछा दो। (चादरें/चादर)

7. निम्नलिखित शब्दों के वाक्य बनाकर अर्थ में अन्तर स्पष्ट करो: **(5 × 2 = 10)**

(क) अनिल, अनल (ख) कपट, कपाट

(ग) समान, सम्मान (घ) अन्न, अन्य

(ङ) तप, ताप

8. नीचे लिखे वाक्यों को निर्देश के अनुसार बदलकर लिखो। **(5 × 2 = 10)**

(क) श्याम प्रथम आया है।

(विस्मयादिबोधक वाक्य में)

....

(ख) प्रदेश में धान की औसत पैदावार हुई।

(निषेधात्मक वाक्य में)

....

(ग) शिक्षाकर्मियों ने पौधरोपण कार्यक्रम में भाग

(एक वचन वा

....

(घ) क्या अनीता खाना खा रही है?

(भूतकाल वा

....

(ङ) स्कूल परिसर की सफाई प्रतिदिन होनी च

(प्रश्नवाचक वा

....

9. नीचे लिखे पदों के विलोम पर लिखें: **(5 ×**

(क) अनुकूल (ख) उदय

(ग) प्रेम (घ) पवित्र

(ङ) क्रय

10. प्रधानाचार्य को पत्र लिखकर आपको स्कूल की से भ्रमण पर शिमला जाने की इच्छा प्रकट

व्याख्यात्मक उत्तर

1. मेरे जीवन का लक्ष्य

मेरे जीवन का लक्ष्य मनुष्य-जीवन को चरितार्थ करना है और यह तभी संभव है जब मैं शिक्षित होकर मनुष्य के स्वभावगत गुणों के अनुसार जीवनयापन कर सकूँ। वर्तमान समय में मनुष्य विभिन्न प्रकार के व्यवसायों को अपनाकर भौतिक सुख-सुविधाओं से युक्त जीवन व्यतीत करना चाहता है। इस तरह मनुष्य एक आयामी (उपभोक्तावादी) हो गया है क्योंकि उस पर उपभोक्ता संस्कृति हावी हो गई है। इस संस्कृति के प्रभाव में "मनुष्य सोने के पिंजरे में बंद पक्षी की तरह उसकी चमक-दमक से इतना मुग्ध हो गया है कि वह मुक्त आकाश में उड़ान भरने के आनंद को भूल गया है।"

परन्तु मेरे व्यक्तिगत जीवन का लक्ष्य मानवीय गुणों (दया, करुणा, त्याग, परमार्थ) से युक्त जीवन के आनंदों का उपभोग करना है।

2. (क) मानव पशु से इसलिए श्रेष्ठ है क्योंकि उसमें स्वयं को बदलने की शक्ति है।

(ख) गधे और बैल प्रगति नहीं कर पाए क्योंकि वे परिवर्तन के लिए प्रयत्नशील नहीं हैं।

(ग) भीतरी बदलाव का अर्थ स्वभाव और मनोवृत्ति में परिवर्तन करना है।

(घ) असम्यता

(ङ) मनुष्य अपनी सभ्यता और रंग-रूप में बदलाव हर दिन बेचैन रहता है।

3. (क) पहाड़ों पर चढ़ाई करना साहसी लोगों का का

(ख) प्राचीन काल में संभ्रांत लोग घोड़े और हाथी की करते थे।

(ग) दूसरों का बोझ हल्का करना परोपकार है।

(घ) भारत में अधिकांश लोग ग्रामीण क्षेत्रों में निवार हैं।

(ङ) झूठी आलोचनाओं को चुपचाप सुन लेना चा

4. (क) इस गीत को आप ध्यान से सुनें।

(ख) आजकल मैं एक सुन्दर पेंटिंग बना रही हूँ।

(ग) मेरे पिताजी हवाई जहाज से लन्दन गए।

(घ) ईश्वर विभिन्न धर्मों में अलग-अलग नामों से जाता है।

(ङ) मुझे कल वाद-विवाद प्रतियोगिता में पुरस्कार

5. (क) अद्वितीय (ख) गैरकानूनी

(ग) वार्षिक (घ) अनुकरणीय

(ङ) दुर्गम

6. (क) मशीनें (ख) मछलियाँ

(ग) के (घ) आँखें

(ङ) चादर

7. (क) राम के भाई का नाम अनिल है।
दहकते अनल ने पलभर में सब कुछ भस्म कर दिया।
(ख) कपट मत करो वरना अंत में पछताओगे।
मंदिर के कपाट खुल गए।
(ग) इन संतरों को बच्चों में समान रूप से बाँट दो।
अच्छे कार्य करने वाले सम्मान के हकदार होते हैं।
(घ) इस वर्ष अन्न की पैदावार अच्छी हुई।
संगीत समारोह में कलाकार के अलावा अन्य लोग भी शामिल हुए।
(ङ) आज धरती तप रही है।
मई के महीने में सूर्य का ताप शरीर को झुलसा देता है।

8. (क) वाह! श्याम प्रथम आया है।
(ख) प्रदेश में धान की औसत पैदावार नहीं हुई।
(ग) शिक्षाकर्मी ने पौधरोपण कार्यक्रम में भाग लिया।
(घ) क्या अनीता खाना खा रही थी?
(ङ) क्या स्कूल परिसर की सफाई प्रतिदिन होनी चाहिए?

9. (क) प्रतिकूल (ख) अस्त
(ग) घृणा (घ) अपवित्र
(ङ) विक्रय

10. सेवा में,
श्रीमान प्रधानाचार्य महोदय
सैनिक स्कूल, नई दिल्ली

महाशय,

मैं आपके विद्यालय के वर्ग-VI का नया छात्र हूँ। हमारे वर्ग शिक्षक ने हमें बताया है कि प्रत्येक वर्ष हमारा विद्यालय किसी-न-किसी स्थान का शैक्षणिक भ्रमण आयोजित करता है। मैं आपसे अनुरोध करता हूँ कि इस वर्ष शिमला का भ्रमण आयोजित किया जाए। शिमला अपने मनोरम दृश्यों के लिए प्रसिद्ध है और साथ ही छात्रों को पहाड़ों और बर्फबारी के बारे में भी ज्ञान प्राप्त होगा।

मैं आशा करता हूँ कि आप मेरी प्रार्थना को स्वीकार करेंगे।

धन्यवाद

आपका आज्ञाकारी,
छात्र ....

प्रश्न पत्र–II (बुद्धि परीक्षण)*

समय : 40 मिनट **पूर्णांक : 100**

निर्देश (प्र.सं. 1 से 6): *इन प्रश्नों में श्रृंखला को पूर्ण करने के लिए दिए गये विकल्पों में से उचित संख्याओं/अक्षरों का चयन कीजिए:*

1. 27, 28, 25, 25, 23, 22, 21, ?
(*a*) 20 (*b*) 21
(*c*) 19 (*d*) 18

2. 80, 63, 72, 72, 64, 81, 56, ?
(*a*) 96 (*b*) 98
(*c*) 89 (*d*) 90

3. 0, 5, 22, 57, ?, 205
(*a*) 198 (*b*) 116
(*c*) 172 (*d*) 92

4. R K F ? B
(*a*) D (*b*) C
(*c*) E (*d*) B

5. LAZ, NEX, PIV, ?
(*a*) SLS (*b*) QNS
(*c*) RMT (*d*) RMS

6. -bbcaa-bcaa-bc-a-bca
(*a*) bacab (*b*) abbab
(*c*) abcba (*d*) bcaab

* स्मृति पर आधारित

7. किसी कूट भाषा में LIBERATE को 56403170 लिखा जाता है उसी भाषा में TRIBAL को क्या लिखा जाएगा?
(*a*) 734615 (*b*) 736415
(*c*) 136475 (*d*) 034615

8. किसी कूट भाषा में, (*i*) 'old is gold' के स्थान पर 'FOR' लिखा जाता है, (*ii*) 'gold is pure' के स्थान पर 'ROT' लिखा जाता है, (*iii*) 'gold is costly' के स्थान पर 'ROM' लिखा जाता है, तो 'pure old gold is costly' को क्या लिखा जाएगा?
(*a*) TFROM (*b*) FOTRM
(*c*) FTORM (*d*) TOMRF

9. पश्चिम की ओर मुँह करके प्रिया 20 मीटर चलती है, उसके बाद बायें मुड़कर 40 मीटर चलती है। वह दोबारा बायीं ओर मुड़ती है और 20 मीटर की दूरी तय करती है। अंत में वह पार्क में पहुँचने के लिए दाऐं मुड़कर 20 मीटर चलती है। वह अपने प्रारंभिक बिन्दु से कितनी दूरी पर तथा किस दिशा में है?
(*a*) 20 मी. दक्षिण (*b*) 40 मी. पश्चिम
(*c*) 60 मी. दक्षिण (*d*) 100 मी. पूर्व

10. फोटो में एक महिला की ओर इशारा करते हुए एक आदमी ने कहा, "वह मेरी दादी के इकलौते पुत्र की पुत्री है।" अतः महिला का पुरुष के साथ क्या सम्बन्ध है?

(*a*) माता (*b*) पुत्री
(*c*) साली (*d*) बहन

11. यदि इन शब्दों को उनके सामान्य क्रमः में व्यवस्थित करें, तो बढ़ते क्रम में सबसे अंत में कौन आएगा?
1. कैप्टन 2. ब्रिगेडयर
3. मेजर 4. लेफ्टिनेंट-जनरल
5. लेफ्टिनेंट

(*a*) लेफ्टिनेंट-जनरल (*b*) ब्रिगेडियर
(*c*) कैप्टन (*d*) मेजर

12. निम्नलिखित का सही क्रम क्या होगा?
1. डेका मीटर 2. मीटर
3. किलोमीटर 4. सेंटीमीटर
5. मिलीमीटर

(*a*) 1 4 3 2 5 (*b*) 5 4 1 2 3
(*c*) 5 4 3 2 1 (*d*) 5 4 2 1 3

निर्देश (प्र.सं. 13 से 17): *नीचे दिए गये प्रश्नों में एक पद लुप्त है। प्रश्न में दिए गये दो शब्दों/अंकों/अक्षरों के बीच सम्बन्ध के आधार पर लुप्त पद ज्ञात कीजिए।*

13. भौतिक विज्ञान : भौतिकी : : ? : शरीर रचना
(*a*) वनस्पति विज्ञान (*b*) वनस्पति विद
(*c*) शरीर (*d*) जीव विज्ञानी

14. बार-बार : हमेशा : : कभी-कभी : ?
(*a*) प्रायः (*b*) बिरले
(*c*) अकस्मात (*d*) कभी नहीं

15. RRS : XMW : : ITB : ?
(*a*) PNE (*b*) NOG
(*c*) RSW (*d*) OOF

16. BYDW : FVHT : : GQIO : ?
(*a*) JLNP (*b*) QSTR
(*c*) KMOL (*d*) KNML

17. 25 : 81 : : 36 : ?
(*a*) 121 (*b*) 93
(*c*) 65 (*d*) 103

निर्देश (प्र.सं. 18 से 24): *प्रत्येक प्रश्न में तीन शब्द/संख्या एक समान हैं। चौथी बेमेल शब्द/संख्या को बाहर कीजिए।*

18. (*a*) ट्यूटर (*b*) प्रिंसिपल
(*c*) शिष्य (*d*) प्रोफेसर

19. (*a*) तालाब (*b*) नदी
(*c*) धारा (*d*) संकरी धारा

20. (*a*) उद्धरण (*b*) टोल
(*c*) कर (*d*) चुंगी

21. (*a*) 3215 (*b*) 9309
(*c*) 4721 (*d*) 2850

22. (*a*) 24 (*b*) 90
(*c*) 54 (*d*) 36

23. (*a*) 3730 (*b*) 6820
(*c*) 5568 (*d*) 4604

24. (*a*) 2587 (*b*) 7628
(*c*) 8726 (*d*) 2867

25. अंकों की निम्नलिखित शृंखला में ऐसे कितने 3 हैं जिनके पहले तीन आया है परन्तु बाद में तीन **नहीं** आया?
2 4 6 3 3 1 5 7 8 3 3 3 4 6 2 3 3 3 3 9 7 2 3
(*a*) 1 (*b*) 2
(*c*) 3 (*d*) 4

26. यदि दी गयी समीकरणों में + व × एक-दूसरे से परस्पर बदल दिए जाएं तो सही समीकरण कौन-सी होगी?
(*a*) $7 \times 5 + 3 = 20$ (*b*) $4 + 9 \times 1 = 42$
(*c*) $6 \times 5 + 8 = 46$ (*d*) $2 + 11 \times 4 = 28$

27. प्रश्न में यदि '+' का अर्थ '×' तथा '×' का अर्थ '+' है। '÷' का अर्थ '–' हो, तो निम्न सभी का परिणाम क्या होगा?
$7 \times 4 \div 10 \times 2 + 5 = ?$
(*a*) 7 (*b*) 0
(*c*) 11 (*d*) 15

28. यदि बीते कल से पहले का दिन बृहस्पतिवार था, तो रविवार कब होगा?
(*a*) आने वाला कल (*b*) परसों
(*c*) आज (*d*) आज के दो दिन बाद

29. यदि महीने का सातवां दिन शुक्रवार से तीन दिन पहले पड़ता है, तो महीने के उन्नीसवें दिन कौन-सा वार (दिन) होगा?
(*a*) रविवार (*b*) सोमवार
(*c*) बुधवार (*d*) शुक्रवार

निर्देश (प्र.सं. 30 से 31): *इन प्रश्नों में उस सही विकल्प का चुनाव कीजिए जो प्रश्न में दिए गये शब्दों अथवा अक्षरों के लिए कूट को दर्शाता है।*

30. यदि 'w' के लिए कूट 'a', 's' के लिए 'r' तथा 'r' के लिए 'w' है, तो 'answer' को कैसे लिखा जाएगा?

(*a*) wnsaes (*b*) anraew
(*c*) anrwas (*d*) wnraes

31. मिलिट्री की किसी कूट भाषा में SYSTEM को SYSMET लिखा जाता है तथा NEARER को AENRER लिखा जाता है, तो FRACTION के लिए कूट क्या होगा?
(*a*) CRAFNOIT (*b*) FRCAITNO
(*c*) CARFNOIT (*d*) FRACNOIT

32. A और B दो भाई हैं। C, B की बहन है। D, E की बहन है। E, A का पुत्र है, तो D का चाचा कौन हैं?
(*a*) A (*b*) E
(*c*) B (*d*) C

र्देश (प्र.सं. 33 से 35): *दी गयी प्रत्येक शृंखला में अक्षरों के म का ध्यानपूर्वक अध्ययन कीजिए तथा दिए गये विकल्पों उसका चयन कीजिए जो शृंखला को पूर्ण करता है।*

33. B A F E J I P O ? U
(*a*) V (*b*) T
(*c*) S (*d*) Q

34. V R O K ? D
(*a*) L (*b*) I
(*c*) H (*d*) J

35. CFI, IKM, OPQ, ?
(*a*) UUU (*b*) UST
(*c*) VUS (*d*) TUV

र्देश (प्र.सं. 36 से 40): *दी गयी समस्या आकृतियों में कृतियों का पहले जोड़े में एक विशेष सम्बंध है। इसी प्रकार र आकृतियों में से एक आकृति में समस्या आकृति के दूसरे ड़े की आकृति के साथ समान संबंध है। इस आकृति को चानिये जो समस्या आकृति के साथ सही जोड़ा बनाती है।*

36. समस्या आकृतियाँ

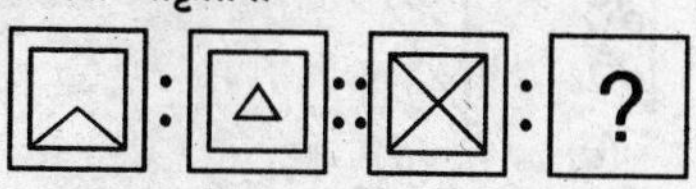

उत्तर आकृतियाँ

(*a*) (*b*) (*c*) (*d*)

37. समस्या आकृतियाँ

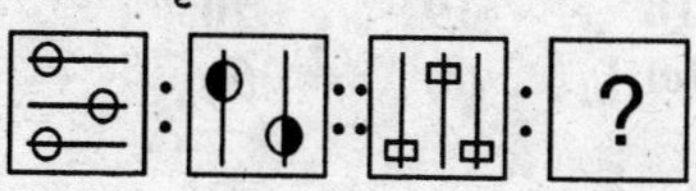

उत्तर आकृतियाँ

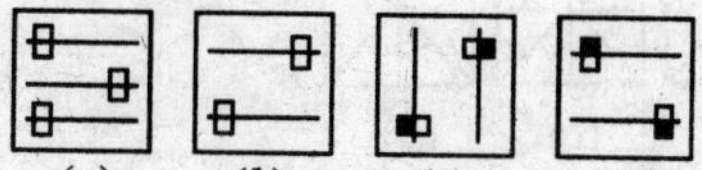

(*a*) (*b*) (*c*) (*d*)

38. समस्या आकृतियाँ

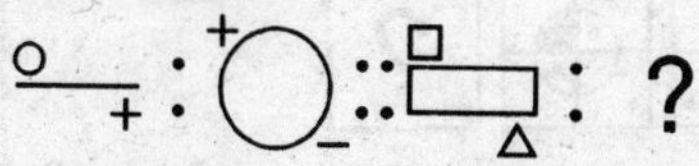

उत्तर आकृतियाँ

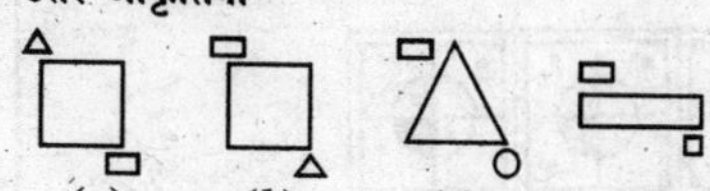

(*a*) (*b*) (*c*) (*d*)

39. समस्या आकृतियाँ

उत्तर आकृतियाँ

(*a*) (*b*) (*c*) (*d*)

40. समस्या आकृतियाँ

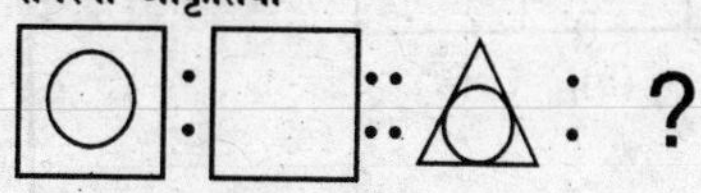

उत्तर आकृतियाँ

(*a*) (*b*) (*c*) (*d*)

निर्देश (प्र.सं. 41 से 45): *प्रत्येक प्रश्न में समस्या आकृति के साथ उत्तर आकृतियाँ दी गयी हैं। दी गयी आकृतियों में से उस आकृति को चुनिए जो समस्या आकृति में दी गयी शृंखला के पैटर्न को पूर्ण करती है।*

41. समस्या आकृतियाँ

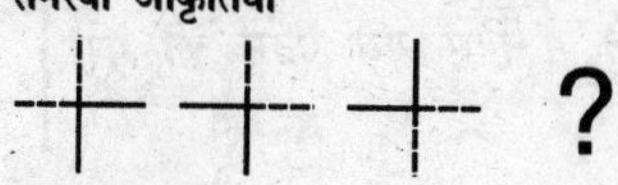

उत्तर आकृतियाँ

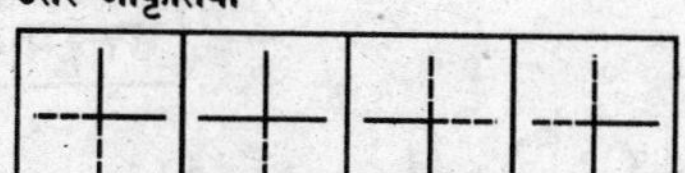

(*a*) (*b*) (*c*) (*d*)

42. समस्या आकृतियाँ

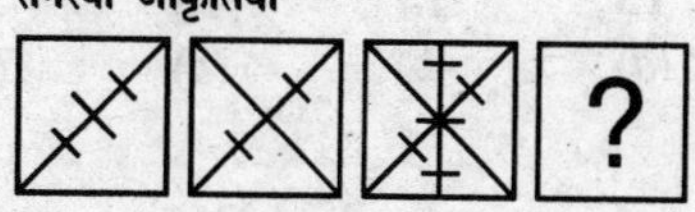

उत्तर आकृतियाँ

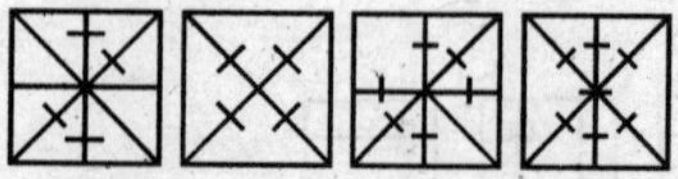

(a) (b) (c) (d)

43. **समस्या आकृतियाँ**

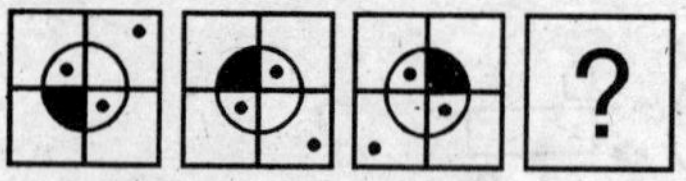

उत्तर आकृतियाँ

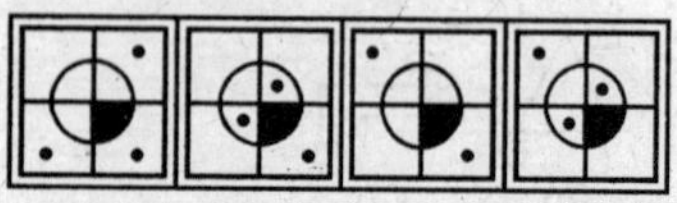

(a) (b) (c) (d)

44. **समस्या आकृतियाँ**

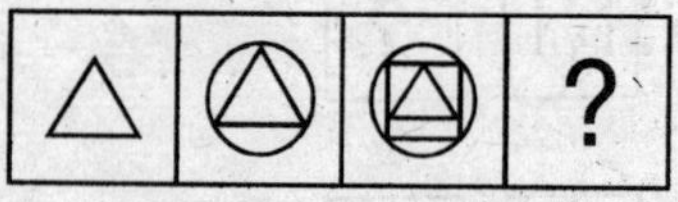

उत्तर आकृतियाँ

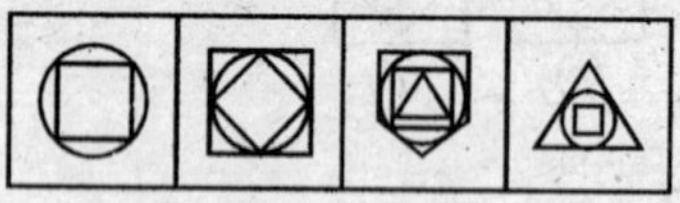

(a) (b) (c) (d)

45. **समस्या आकृतियाँ**

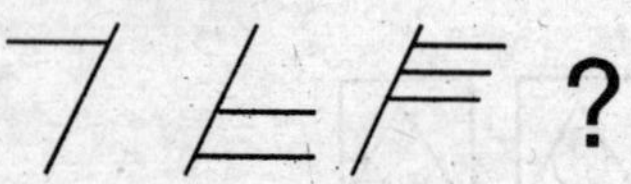

उत्तर आकृतियाँ

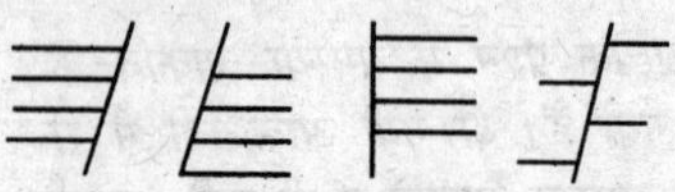

(a) (b) (c) (d)

निर्देश (प्र.सं. 46 से 50): *प्रत्येक प्रश्न में, विकल्प में दी गयी कौन-सी आकृति प्रश्न आकृति में दिए गये पैटर्न को पूरा करती है?*

46. **पैटर्न**

विकल्प आकृतियाँ

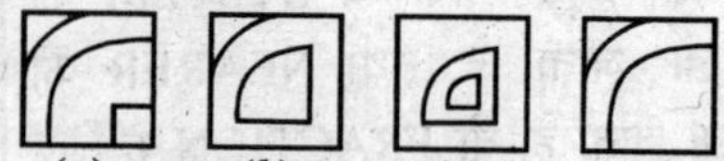

(a) (b) (c) (d)

47. **पैटर्न**

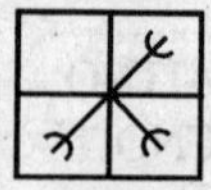

विकल्प आकृतियाँ

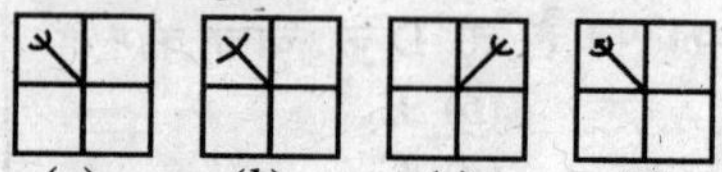

(a) (b) (c) (d)

48. **पैटर्न**

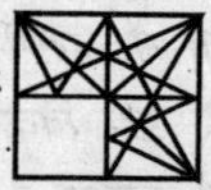

विकल्प आकृतियाँ

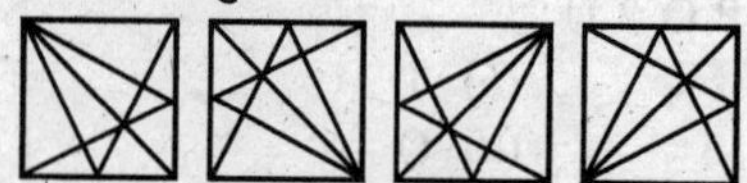

(a) (b) (c) (d)

49. **पैटर्न**

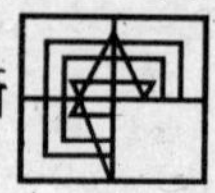

विकल्प आकृतियाँ

(a) (b) (c) (d)

50. **पैटर्न**

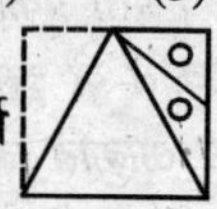

विकल्प आकृतियाँ

(a) (b) (c) (d)

उत्तरमाला

1	2	3	4	5	6	7	8	9	10
(c)	(d)	(b)	(b)	(c)	(b)	(b)	(a)	(c)	(d)
11	**12**	**13**	**14**	**15**	**16**	**17**	**18**	**19**	**20**
(a)	(d)	(d)	(b)	(d)	(d)	(a)	(c)	(a)	(a)

22	23	24	25	26	27	28	29	30
(*a*)	(*b*)	(*a*)	(*c*)	(*c*)	(*c*)	(*a*)	(*a*)	(*b*)
32	**33**	**34**	**35**	**36**	**37**	**38**	**39**	**40**
(*c*)	(*a*)	(*c*)	(*a*)	(*d*)	(*d*)	(*a*)	(*c*)	(*d*)
42	**43**	**44**	**45**	**46**	**47**	**48**	**49**	**50**
(*a*)	(*d*)	(*c*)	(*a*)	(*b*)	(*a*)	(*d*)	(*d*)	(*a*)

कुछ चुने हुए प्रश्नों के व्याख्यात्मक उत्तर

खला में प्राकृतिक संख्याओं के घन दिए हैं। जिनसे 1 से
ू करके विषम संख्याओं को घटाया गया है।

0 5 22 57 116 205
↓ ↓ ↓ ↓ ↓ ↓
^{3}–1 2^3–3 3^3–5 4^3–7 5^3–9 6^3–11

येक पद के उपरान्त अन्तर दो-दो करके कम किया गया

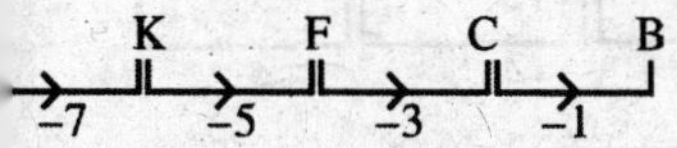

खला abbca, abbca, abbca, abbca है।

RIBAL के अक्षरों को LIBERATE से लिया गया है।
लिए कूट संख्या निम्न प्रकार होगी
या गया शब्द → L I B E R A T E
→ 5 6 4 0 3 1 7 0
ी प्रकार
द जिसका कूट ज्ञात करना है→ T R I B A L
र कूट → 7 3 6 4 1 5

0 + 20) = 60 मीटर दक्षिण

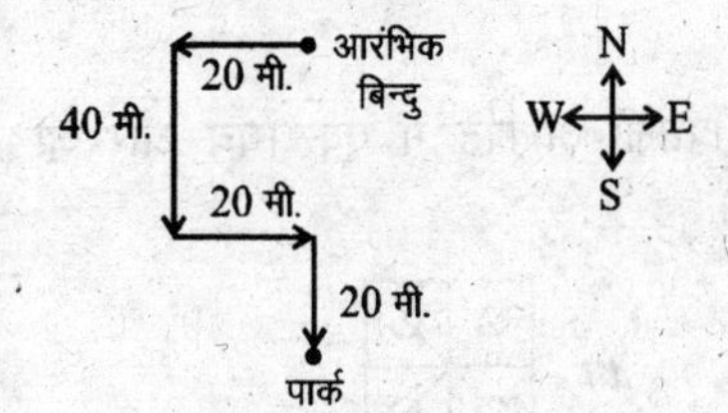

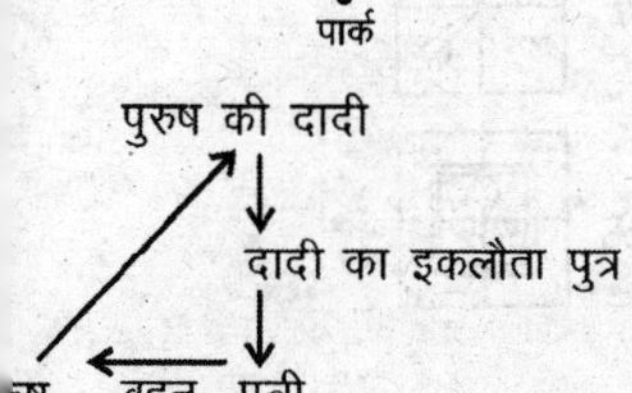

री दादी का इकलौता पुत्र' पुरुष का पिता है और मेरी
दी के इकलौते पुत्र की पुत्री पुरुष की बहन है।'

11. रैंकों का बढ़ता हुआ क्रम निम्न प्रकार है–
लेफ्टिनेंट, कैप्टन, मेजर, बिग्रेडियर, लेफ्टिनेंट जनरल

12. मापन इकाइयों का बढ़ता क्रम निम्न प्रकार है– मिलीमीटर, सेंटीमीटर, मीटर, डेकामीटर, किलोमीटर।

13. जिस प्रकार भौतिक विज्ञानी भौतिकी के अध्ययन से सम्बंधित है उसी प्रकार जीव विज्ञानी शरीर रचना से सम्बन्धित है।

14. समानार्थी

16. अक्षरों को क्रमशः +4, –3, +4, –3 विस्थापित किया गया है।

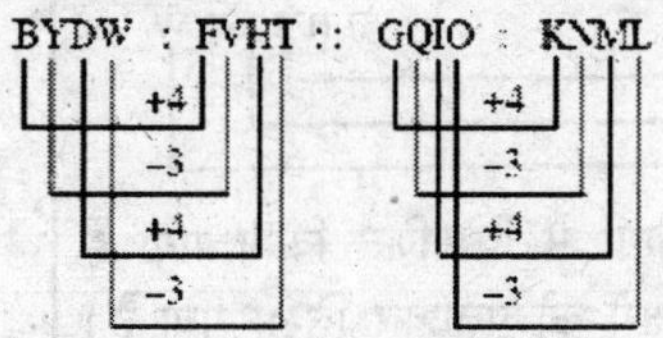

17. सभी संख्याएं विभिन्न संख्याओं के वर्ग हैं।

25 : 81 :: 36 : 121
↓ ↓ ↓ ↓
5^2 9^2 6^2 11^2

18. अन्य सभी शिक्षक हैं। शिष्य शिक्षकों से सीखते हैं।

19. अन्य सभी बहते जल के स्रोत हैं।

20. अन्य सभी करों के स्वरूप हैं।

21. अन्य संख्याओं में कोई भी अंक दोहराया नहीं गया है।

22. अन्य संख्याओं में दोनों अंकों का योग 9 है।

23. अन्य सभी संख्याओं में, दो अंक समान हैं।

24. अन्य संख्याएं 2, 6, 7 व 8 अंकों से बनी हैं।

25. 2 4 $\underset{1}{\underline{6\ 3\ 3}}$ 1 5 7 $\underset{2}{\underline{8\ 3\ 3}}$ 3 4 6 $\underset{3}{\underline{2\ 3\ 3}}$ 3 3 9 7 2 3

26. चिन्हों के परस्पर बदलने के पश्चात समीकरण निम्न प्रकार हैं।

(*a*) 7 + 5 × 3 = 22 जो कि गलत है।

(*b*) 4 × 9 + 1 = 37 जो कि गलत है।

(*c*) $6 + 5 \times 8 = 46$ जो कि सही है।

(*d*) $2 \times 11 + 4 = 26$ जो कि गलत है।

27. $7 + 4 - 10 + 2 \times 5$

$7 + 4 - 10 + 10 = 11.$

28. बृहस्पतिवार – बीते कल से पहले का दिन

शुक्रवार – बीता कल

शनिवार – आज

रविवार – आने वाला कल

29. क्योंकि 7वां दिन शुक्रवार से तीन दिन पहले है इसलिए 10वाँ दिन शुक्रवार है तथा 17वाँ दिन भी शुक्रवार होगा।

∴ 19वाँ दिन शुक्रवार से दो दिन आगे होगा। अतः यह रविवार है।

30. वे वर्ण जिनके कूट दिए गये हैं

w → a

s → r

r → w

अन्य सभी वर्ग अपरिवर्तित रहेंगे, अतः उत्तर का कूट निम्न प्रकार होगा।

answer   anraew

31. शब्द को दो बराबर भागों में विभाजित किया गया है और दोनों भागों के अक्षरों को पलटकर लिखा गया है।

SYS TEM SYS MET NEA RER AEN RER

इसी प्रकार,

FRAC TION   CARF NOIT

32. समस्या पर आधारित चार्ट निम्न प्रकार है–

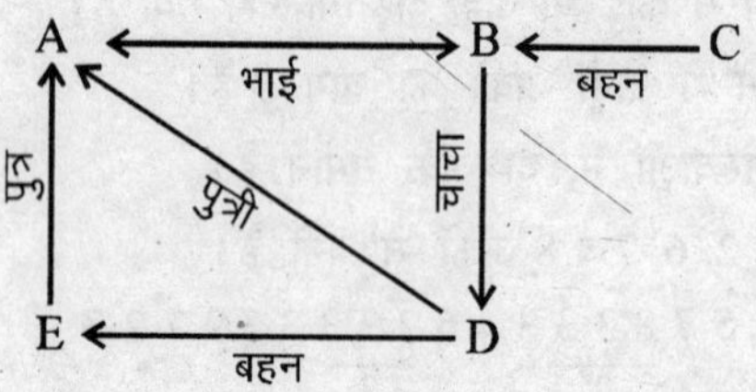

जब D, E की बहन है, जो कि A का पुत्र है तब D, A की पुत्री है। A का भाई B है इसलिए B, D का चाचा है।

33. प्रत्येक स्वर (AEIOU) के तुरन्त पहले एक अक्षर आ रहा है जो इसके तुरन्त बाद आता है

B A   F E   J I   P O   V U

34. अक्षर उल्टी श्रेणी में हैं और क्रमशः 4 और 3 का अन्तराल है।

V R O K H D

–4 –3 –4 –3 –4

35. एक समूह में तीन अक्षर दूसरे समूह के तीन अक्षरों से सम्बन्धित हैं। दूसरे समूह में अक्षर क्रमशः +6, +5, +4 के क्रम से सम्बन्धित हैं।

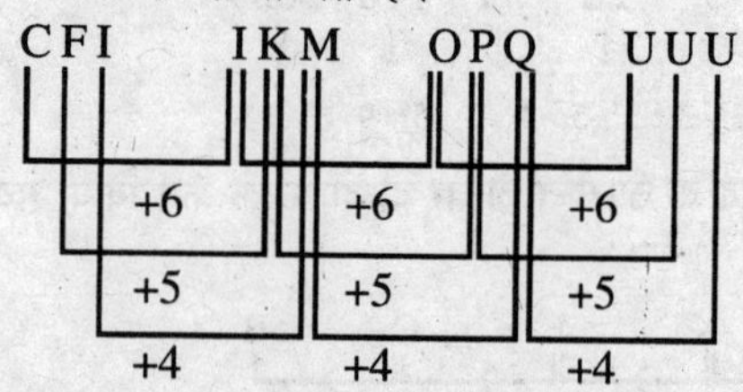

38. आधार का तत्व विकर्ण कोने में विस्थापित किया जाता है, सबसे ऊपरी तत्व को आवर्धित करके केन्द्र पर लाया जाता है। केन्द्र पर स्थित तत्व को छोटा किया जाता है। आधार वाले सीधे हाथ के कोने पर धकेल दिया जाता है।

40. दूसरी आकृति को प्राप्त करने के लिए पहली आकृति को हटाया गया है।

41. चिन्ह 'X' प्रत्येक पद के पश्चात 90° दक्षिणावर्त घुमाया जाता है।

43. पूरी आकृति प्रत्येक पद में घड़ी की दिशा में 90° घूमती है।

44. प्रत्येक पद में पिछली आकृति में एक चित्र और जोड़ दिया जाता है।

46. 

47. 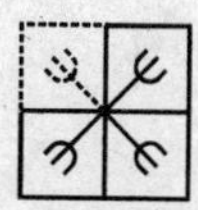

48. 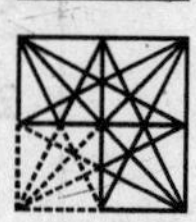

49. 

50. 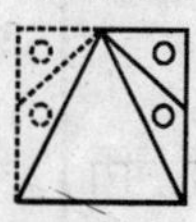

पिछले प्रश्न-पत्र (हल सहित)

सैनिक स्कूल प्रवेश परीक्षा, 2015

कक्षा-VI

प्रश्न पत्र–I (गणित एवं भाषा)

समय : 2 घंटे **पूर्णांक : 200**

भाग 'अ' गणित

खण्ड-I

(प्रत्येक प्रश्न दो अंक का है)

1. दो संख्याओं का ल.स.व. क्या है, यदि उनका म.स.व. 2 है और गुणनफल 112 है?

2. MDCL को हिंदू-अरबी संख्यांक में लिखें।

3. जॉन के पास $2\frac{1}{2}$ केक था। उसके मित्र ने केक का $1\frac{2}{3}$ भाग खा लिया। कितना केक शेष रहा?

4. एक आयताकार क्षेत्र की भुजाएं 36 मी. और 24 मी. हैं। यदि तार की कीमत रु. 4.50 प्रति मीटर है तो आयताकार क्षेत्र को चारों ओर से घेरने का कितना खर्च आएगा?

5. प्रथम नौ अभाज्य संख्याओं का औसत ज्ञात कीजिए।

6. $\dfrac{\frac{1}{5} \div \frac{1}{5} \text{ of } \frac{1}{5}}{\frac{1}{5} \text{ of } \frac{1}{5} \div \frac{1}{5}}$ को सरल करें।

7. एक ट्रेन एक सेकण्ड में 20 मी. की दूरी तय करती है। ट्रेन की चाल को कि.मी./घंटा में बदलिए।

8. 9, 3, 7 और 1 अंकों के प्रयोग से 4 अंकों की सबसे बड़ी और सबसे छोटी संख्याएँ बनाएँ।

9. मयंक ने एक गेंद रु. 20 में खरीदी। उसने यह रु. 30 में बेची और पुनः रु. 40 में वापस खरीद ली। उसने फिर से यह रु. 50 में बेची। उसे लाभ हुआ या हानि? उसका कुल लाभ या हानि भी ज्ञात करें।

10.

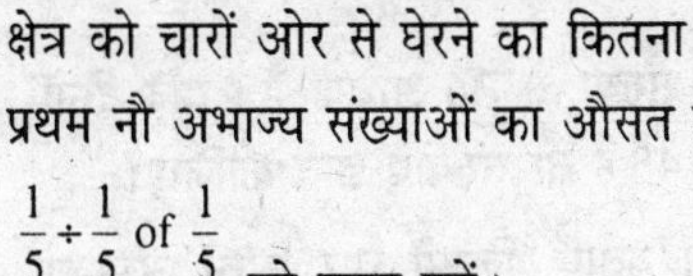

उपरोक्त चित्र में यदि

$\angle AOC = x$

$\angle COD = 2x$

$\angle BOD = 3x$

तो सभी कोणों की माप को अंश में व्यक्त कीजिए।

खण्ड-II

(प्रत्येक प्रश्न तीन अंक का है)

11. $\frac{2}{7}$ का $\left[2+\{2(11+\overline{4-2})\}\right]-2$ को हल करें।

12. 200 ग्राम, 4.5 कि.ग्रा. का कितना प्रतिशत है?

13. यदि रु. 12800 का दो वर्ष के लिए साधारण ब्याज किसी निश्चित ब्याज दर से रु. 3840 है। ब्याज दर प्रतिवर्ष ज्ञात कीजिए।

14. एक वृत्तीय पार्क की परिधि 88 मी. है। पार्क का क्षेत्रफल ज्ञात कीजिए।

15. निम्नलिखित को बढ़ते हुए (आरोही) क्रम में लिखें :

$\frac{3}{7}, \frac{4}{5}, \frac{7}{9}, \frac{1}{2}$ और $\frac{3}{5}$.

16. कक्षा 5वीं के एक छात्र मोहन ने 450 अंकों में से 315 अंक प्राप्त किए। उसके प्राप्त अंकों का प्रतिशत ज्ञात कीजिए।

17. सामने वाली आकृति में कोण BAC (x^o) तथा CAD (y^o) का क्या मान है?

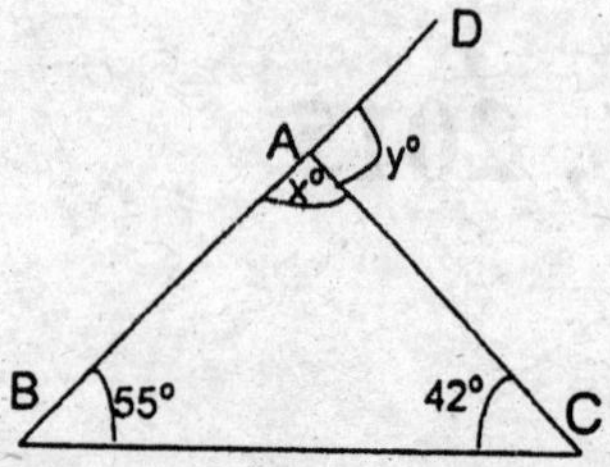

18. सचिन ने पहले और दूसरे प्रत्येक महीने में रु. 400 और तीसरे और चौथे महीने में क्रमशः रु. 800 तथा रु. 600 बचाए। विगत चार महीनों में औसत बचत ज्ञात करें।

19. कक्षा 5 के विद्यार्थियों द्वारा प्राप्त निम्नलिखित प्राप्तांकों का औसत 35 है

26 45 37 43 49 20 x 22 तथा 30. अज्ञात प्राप्तांक x का मान ज्ञात कीजिए।

20. $1 - 2 + 3 - 4 + 5 - 6 + \ldots\ldots + 19 - 20$ ज्ञात करें।

खण्ड-III

(प्रत्येक प्रश्न पांच अंक का है)

21. एक आयत और एक वर्ग का परिमाप एक समान 100 मीटर है। वर्ग की भुजा ज्ञात करें। यदि आयत की चौड़ाई वर्ग की चौड़ाई से 2 मीटर कम है, तो आयत की चौड़ाई, लम्बाई और क्षेत्रफल ज्ञात करें।

22. राकेश दौड़ के रास्ते का एक चक्कर 8 मिनट में और सरोज 6 मिनट में पूरा करते हैं। दोनों को दौड़ के शुरू होने के स्थल पर एक साथ दोबारा पहुँचने के लिए कितना समय लगेगा, यदि वे दोनों एक साथ दौड़ना शुरू करते हैं तथा अपनी गति बनाए रखते हैं।

23. अक्षिता के पिता को नई कार खरीदने के लिए रु. 20,000 के कर्ज की जरूरत है। बैंक प्रबन्धक श्री दास 3 प्रतिशत वार्षिक दर से कर्ज देने के लिए मान जाते हैं। यदि कर्ज 5 वर्ष बाद लौटाना हो तब उन्हें बैंक को कुल कितना धन देना पड़ेगा।

24. यदि AB ∥ CD तो नीचे दिए गए चित्र में x का मान ज्ञात कीजिए।

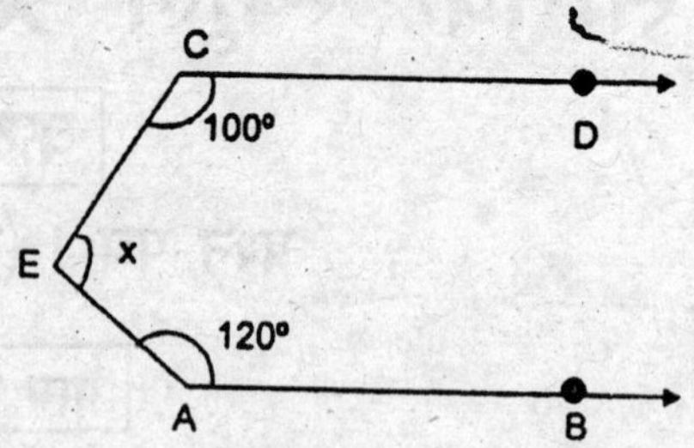

25. सुपर बाजार में 19 संतरे रु. 114 में, 6 सेब रु. 48 में, 22 अनार रु. 154 में और 17 आम रु. 153 में बेचे जाते हैं। कौन-सा फल सबसे सस्ता है।

26. एक आयताकार घास के मैदान की लम्बाई 48 मी. और चौड़ाई 35 मी. है। इसके बाहर चारों ओर 2.5 मी. चौड़ा रास्ता बना है। रास्ते को रु. 4.50 प्रति वर्ग मीटर की दर से समतल कराने का खर्च ज्ञात करें।

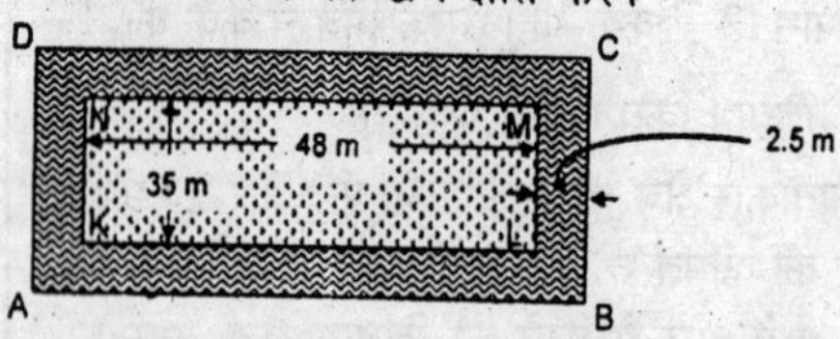

27. एक संख्या दूसरी संख्या से 36 अधिक है। यदि दोनों संख्याओं का योग 48 है तो संख्याएँ ज्ञात कीजिए।

28. सबसे छोटी संख्या बताएँ, जिसमें चार भिन्न अभाज्य गुणनखण्ड हैं।

29. कौन-सा धन $3\frac{1}{4}$ वर्ष में $2\frac{1}{2}\%$ साधारण ब्याज की दर से रु. 143 ब्याज अर्जित करेगा?

30. एक ईंट का नाप 20 सें.मी. × 10 सें.मी. × $7\frac{1}{2}$ सें.मी. है। एक दीवार जो 25 मी. लम्बी, 2 मी. चौड़ी और $\frac{3}{4}$ मी. मोटी है को बनाने के लिए ऐसी कितनी ईंटें चाहिए?

व्याख्यात्मक उत्तर

1. $\text{ल. स.} = \frac{\text{संख्याओं का गुणनफल}}{\text{म. स.}} = \frac{112}{2}$

$= 56$

2. M — 1000
D — 500
C — 100
L — 50

3. बचा हुआ केक $= \frac{5}{2} - \frac{5}{3} = \frac{15-10}{6} = \frac{5}{6}$ भाग

4. आयताकार क्षेत्र का परिमाप = 2(ल. + चौ.)
= 2(36 + 24) = 120 मीटर

चारों ओर से घेरने का खर्च

$= ₹\frac{9}{2} \times 120 = ₹\, 9 \times 60 = ₹\, 540$

5. प्रथम नौ अभाज्य संख्याओं का औसत

$= \frac{2+3+5+7+11+13+17+19+23}{9}$

$= \frac{100}{9} = 11.1$

6. $\dfrac{\frac{1}{5} \div \frac{1}{5} \text{ का } \frac{1}{5}}{\frac{1}{5} \text{ का } \frac{1}{5} \div \frac{1}{5}}$ को सरल करें।

$= \dfrac{\frac{1}{5} \div \frac{1}{5} \times \frac{1}{5}}{\frac{1}{5} \times \frac{1}{5} \div \frac{1}{5}} = \dfrac{\frac{1}{5} \div \frac{1}{25}}{\frac{1}{25} \div \frac{1}{5}} = \dfrac{\frac{1}{5} \times \frac{25}{1}}{\frac{1}{25} \times \frac{5}{1}} = \dfrac{\frac{5}{1}}{\frac{1}{5}}$

$= \frac{5}{1} \times \frac{5}{1} = 25$

7. रेलगाड़ी की चाल = 20 मी/से.

$= 20 \times \frac{18}{5}$ किमी/घंटा

= 72 किमी/घंटा

8. सबसे बड़ी संख्या = 9731
सबसे छोटी संख्या = 1379

9. कुल क्रय मूल्य = 20 + 40 = ₹ 60
कुल विक्रय मूल्य = 30 + 50 = ₹ 80
विक्रय मूल्य > क्रय मूल्य $\therefore$ उसे लाभ होगा।
लाभ = विक्रय मूल्य – क्रय मूल्य = 80 – 60 = ₹ 20

10.

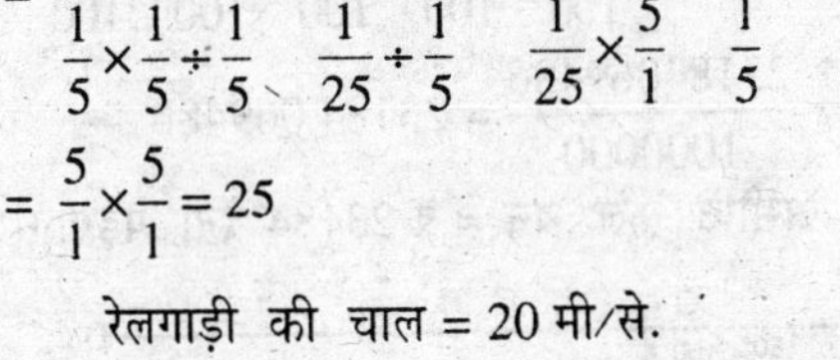

$x + 2x + 3x = 180^\circ$
$\Rightarrow 6x = 180^\circ \Rightarrow x = 30^\circ$
$\angle AOC = 30^\circ, \angle COD = 2 \times 30 = 60^\circ$
$\angle BOD = 3 \times 30 = 90^\circ$

11. $\frac{2}{7}$ का $\left[2+\{2(11+\overline{4-2})\}\right]-2$

$= \frac{2}{7}$ का $\left[2+\{2(11+2)\}\right]-2$

$= \frac{2}{7}$ का $\left[2+\{26\}\right]-2$

$= \frac{2}{7}$ का $[28]-2$

$= \frac{2}{7} \times 28 - 2$

$= 8 - 2 = 6$

12. अभीष्ट % $= \frac{200}{4500} \times 100$

$= \frac{40}{9} = 4.4\%$

13. ब्याज दर $= \frac{\text{ब्याज} \times 100}{\text{मूलधन} \times \text{समय}} = \frac{3840 \times 100}{12800 \times 2}$

$\therefore$ दर = 15%

14. वृत्तीय पार्क की परिधि $= 2\pi r$

$\Rightarrow \quad 88 = 2 \times \frac{22}{7} \times r$

$\Rightarrow \quad r = \frac{88 \times 7}{44} = 14$ मीटर

पार्क का क्षेत्रफल $= \pi r^2$

$= \frac{22}{7} \times 14 \times 14$

= 22 × 28 = 616 वर्ग मीटर

15. $\frac{3}{7} = 0.4$

$\frac{4}{5} = 0.8$

$\frac{7}{9} = 0.7$

$\frac{1}{2} = 0.5$

$\frac{3}{5} = 0.6$

अतः $\frac{3}{7}, \frac{1}{2}, \frac{3}{5}, \frac{7}{9}, \frac{4}{5}$ बढ़ते हुए (आरोही) क्रम में हैं।

16. मोहन ने 450 अंकों में से 315 अंक प्राप्त किए।

मोहन ने 100 अंकों में से $\frac{315}{450} \times 100 = 70\%$ अंक प्राप्त किए

अतः उसका प्रतिशत अंक = 70% होगा।

17.

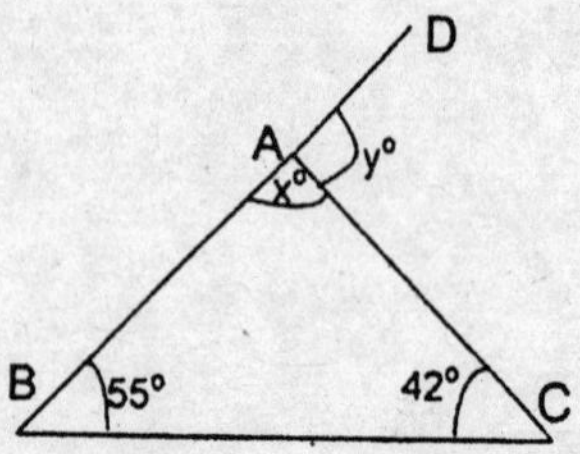

त्रिभुज ABC में,

$x + 55^\circ + 42^\circ = 180^\circ$

$\Rightarrow x = 180^\circ - 97^\circ = 83^\circ$

$x + y = 180^\circ$ (रैखिक युग्म)

$\therefore y = 180^\circ - 83^\circ = 97^\circ$

18. अभीष्ट औसत बचत

$= \frac{400 + 400 + 800 + 600}{4}$

$= \frac{2200}{4} =$ ₹ 550

19. $\frac{x + 26 + 45 + 37 + 43 + 49 + 20 + 22 + 30}{9} = 35$

$\Rightarrow x + 272 = 35 \times 9 = 315$

$\Rightarrow x = 315 - 272 = 43$

20. $1 + 3 + 5 + 7 + 9 + 11 + 13 + 15 + 17 + 19$

$-(2 + 4 + 6 + 8 + 10 + 12 + 14 + 16 + 18 + 20)$

$= 100 - 110 = -10$

21. 100 मी. (आयत) 100 मी (वर्ग)

चूँकि वर्ग का परिमाप = आयत का परिमाप

= 100 मी.

अतः वर्ग की भुजा = $\frac{100}{4}$ = 25 मी .

आयत की चौड़ाई = 25 − 2 = 23 मी.

2(ल. + चौ.) = 100

ल. + चौ. = 50

⇒ ल. + 23 = 50

⇒ ल. = 50 − 23 ⇒ ल. = 27 मी.

आयत की लम्बाई = 27 मी.

अतः आयत का क्षेत्रफल = ल. + चौ. = 27 × 23

= 621 वर्ग मीटर

22. 8 तथा 6 का लघुतम समापवर्त्य = 24

2	8, 6
	4, 3

अतः दोनों एक साथ 24 मिनट में पहुंचेंगे।

23. मूलधन = ₹ 20,000

दर = 3%

समय = 5 वर्ष

$$\text{मिश्रधन} = \text{मूलधन}\left(1 + \frac{\text{दर}}{100}\right)^{\text{समय}}$$

$$= 20000\left(1 + \frac{3}{100}\right)^5$$

$$= 20000 \times \frac{103}{100} \times \frac{103}{100} \times \frac{103}{100} \times \frac{103}{100} \times \frac{103}{100}$$

$$= \frac{23184069486}{1000000} = 23184.069486$$

∴ अतः अभीष्ट कुल धन = ₹ 23184 देना पड़ेगा।

24.

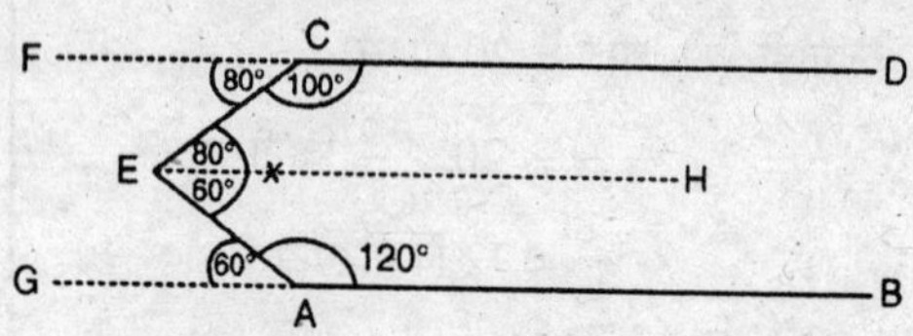

$\because AB \parallel CD$

$\therefore \angle FCE = 180 - 100 = 80^\circ$

तथा $\angle EAG = 180 - 120 = 60^\circ$

$\angle CEH = 80^\circ$ (एकान्तर कोण)

$\angle AEH = 60^\circ$ (एकान्तर कोण

$\therefore x = 80^\circ + 60^\circ = 140^\circ$

25. 1 संतरे का मूल्य $= \frac{114}{19} =$ ₹ 6

1 सेब का मूल्य $= \frac{48}{6} =$ ₹ 8

1 अनार का मूल्य $= \frac{154}{22} =$ ₹ 7

1 आम का मूल्य $= \frac{153}{17} =$ ₹ 9

अतः संतरा सबसे सस्ता है।

26. 48 मी. + 5 मी. = 53 मी.

35 मी. + 5 मी. = 40 मी.

रास्ता छोड़कर क्षेत्रफल = 48 × 35 = 1680 वर्ग मी.

रास्ता सहित क्षेत्रफल = 53 × 40 = 2120 वर्ग मी.

∴ रास्ते का क्षेत्रफल = 2120 – 1680 = 540 वर्ग मी.

रास्ते को समतल करने का खर्च = $540 \times \frac{9}{2}$

= 270 × 9 = ₹ 2430

27. माना कि एक संख्या = x है।

∴ दूसरी संख्या = $x + 36$

$x + x + 36 = 48$

$\Rightarrow \quad 2x = 48 - 36 = 12$

$\Rightarrow \quad x = 6, \; x + 36 = 6 + 36 = 42$

∴ अतः संख्याएँ 6 तथा 42 हैं।

28. अभीष्ट संख्या = 2 × 3 × 5 × 7 = 210

29. गूलधन = $\frac{\text{ब्याज} \times 100}{\text{दर} \times \text{समय}}$

$= \frac{143 \times 100 \times 2 \times 4}{13 \times 5}$

= 88 × 20 = ₹ 1760

30. दीवार का आयतन = ल. × चौ. × ऊँ.

$= 2500 \times 200 \times \frac{3}{4} \times 100$

$= 2500 \times 200 \times 75$ घन सेमी.

प्रत्येक ईंट का आयतन = ल. × चौ. × ऊँ.

$= 20 \times 10 \times \frac{15}{2}$

= 1500 घन सेमी.

∴ ईंटों की संख्या = $\frac{2500 \times 200 \times 75}{1500}$

= 25000

भाग 'ब' – भाषा

पूर्णांक : 100

1. निम्नलिखित विषयों में से किसी एक विषय पर 15 वाक्य लिखिए। **(15 अंक)**

(क) मेरा प्रिय खिलाड़ी

(ख) भारत के त्यौहार

2. निम्नलिखित गद्यांश को ध्यानपूर्वक पढ़कर दिए गए प्रश्नों के उत्तर दीजिए। **(15 अंक)**

चींटियाँ सभी कीटों में बहुत रोचक हैं क्योंकि वे अनेक प्रकार से मनुष्य के बहुत समान हैं। वे परिवार में रहती हैं, अपना स्वयं का घर बनाती हैं और उनके राजा और रानी होते हैं। प्रत्येक चींटी को करने के लिए अपना एक कार्य होता है और यह अपना कार्य भलीभाँति करती हैं। नन्हीं चींटियाँ जो अभी कोकून से बाहर निकली हैं, प्रायः धाय होती हैं। जब वे बड़ी और कठोर त्वचा से युक्त हो जाती हैं तब वे अपना घर छोड़ने तथा दूसरे कार्यों को करने के लिए तत्पर रहती हैं। कुछ चींटियाँ भोजन की खोज करती हैं। कीट की अन्य लगभग सभी प्रजातियाँ भोजन की तलाश में रहती हैं, परन्तु यह हमेशा केवल उनके अपने लिए होता है। जबकि चींटियाँ अपने घोंसले के बारे में सोचती हैं। वे रानी और अन्य कर्मियों के साथ ही साथ अपने लिए भोजन लाती हैं।

(क) चींटियाँ किस प्रकार मनुष्य के समान हैं?

(ख) नन्हीं चींटियाँ कौन-सा कार्य करती हैं?

(ग) नन्हीं चींटियाँ घर को कब छोड़ती हैं?

(घ) गद्यांश में कौन शब्द 'आवरण जो किसी को सुरक्षित और गर्म रखता है' के अर्थ को प्रकट करता है?

(ङ) चींटियाँ कैसे अन्य लगभग सभी कीट की प्रजातियों से भिन्न है?

3. निम्नलिखित गद्यांश के रेखांकित शब्दों का प्रयोग करके नये वाक्य बनाइए : **(10 अंक)**

हँसी का ठहाका खुशी का सूचक है। मनुष्य जो <u>हँसता</u> है, <u>प्रसन्नता</u> फैलाता है और मित्र बनाता है। हँसी एक बढ़िया शक्तिवर्धक दवा हो सकती है। मनुष्य जो हँस नहीं सकता है, मित्रों को <u>आकर्षित</u> करने में असफल रहता है और <u>स्वास्थ्य</u> खो देता है तथा स्वयं को जीवन के सभी तरह के <u>आनन्द</u> से वंचित करता है।

(क) ....

(ख) ....

(ग) ....

(घ) ....

(ङ) ....

4. दिए गए शब्द समूहों को क्रम से लिखकर अर्थपूर्ण वाक्य बनाएँ– **(10 अंक)**

(क) पढ़ा/हमने/नहीं/पाठ/अपना/आज।

(ख) जरूर/काम/उसे/करो/जो/पूरा/करो।

(ग) पास/जाऊँगा/मैं/हो/अवश्य।

(घ) पर्यावरण/चाहिए/हमें/बचाना/को/लगाकर/पेड़।

(ङ) जायेंगे/बड़ा/आगरा/मैं/और/भाई।

5. अनेक शब्दों के लिए एक शब्द लिखिए– **(5 अंक)**

(क) जिसे पढ़ा न हो।

(ख) दूसरे देश से मंगाया हुआ।

(ग) कम खर्च करने वाला।

(घ) जो दिखाई न दे।

(ङ) दूसरे के काम में दखल देना।

6. खाली स्थानों को उचित शब्द से पूरा करें। **(10 अंक)**

(क) .... व्यक्ति उन्नति नहीं करता है। (घमंड/घमंडी)

(ख) अब .... की सभा होगी। (विद्वानों/विद्वान)

(ग) राम ने रावण .... वध किया। (को/का)

(घ) लड़के ने भात .... । (खाया/खायी)

(ङ) वह .... तस्वीर है। (किसका/किसकी)

7. नीचे लिखे शब्दों के वाक्य बनाकर अर्थ में अन्तर स्पष्ट क **(10 अं**

(क) नियत, नीयत

(ख) दिन, दीन

(ग) ग्रह, गृह

(घ) शूर, सुर

(ङ) प्रणाम, परिणाम

8. नीचे लिखे पदों के विलोम पद लिखे : **(5 अं**

(क) मानव

(ख) जंगली

(ग) सेवक

(घ) मूर्ख

(ङ) अपकार

9. नीचे लिखे वाक्यों को निर्देश के अनुसार बदलकर लिखें **(10 अं**

(क) घड़े में पानी नहीं है। (प्रश्नवाचक वाक्य में)

(ख) मेरा मित्र आ गया है। (निषेधवाचक वाक्य में)

(ग) मूसलाधार वर्षा हो रही है। (विस्मयादिबोधक वाक्य मे

(घ) हम एक गीत गाते हैं। (भूतकाल में)

(ङ) लड़कों ने कल हॉकी खेली। (भविष्यत्काल में)

10. बड़े भाई ने आपके जन्मदिन पर उपहार भेजा है, उन धन्यवाद देते हुए पत्र लिखिए। **(10 अं**

व्याख्यात्मक उत्तर

1. (ख) **भारत के त्योहार**

भारत एक त्योहारों का देश है। यहाँ वर्ष भर त्योहारों की धूम रहती है। भारत में उत्तर से लेकर दक्षिण तथा पूर्व से लेकर पश्चिम तक विभिन्न संस्कृतियाँ हैं। इनके अपने-अपने त्योहार हैं। उत्तर भारत में दीपावली रोशनी का त्योहार है इसमें लोग अपने घरों को दीपक की रोशनी से सजाते हैं। जबकि होली रंगों का त्योहार है, जिसमें सभी लोग आपस के बैर-भाव मिटाकर एक-दूसरे को रंग लगाकर गले मिलते हैं। यह भाईचारे का त्योहार है। वहीं ईद पूरे देश में मनाया जाने वाला मुस्लिमों का त्योहार है। यह त्योहार रमजान के महीने में आखिरी रोजे के बाद मनाया जाता है। इसमें लोग आपस में गले मिलते हैं तथा मिठाईयाँ खाते और बाँटते हैं। गणेश चतुर्थी महाराष्ट्र में धूम-धाम से मनाया जाता है। इसमें गणपति की पूजा की जाती है तथा गणपति की मूर्ति को हर्षोल्लास के साथ विसर्जित किया जाता है। पूर्व में दशहरा, तमिलनाडु मे पोंगल आदि त्योहार मुख्य हैं, जबकि ओणम दक्षिण का मुख त्योहार है। इन त्योहारों पर इन स्थानों की छटा मनमोहक होती है। भारत में सभी धर्मों के लोग हिन्दू-मुस्लिम, सिख-ईसाई आपस में मिल-जुलकर त्योहार मनाते हैं जो भारत की एकता औ अखण्डता तथा समरसता का द्योतक है।

2. (क) क्योंकि वे परिवार में रहती हैं और अपना घर बनाती हैं तथा मनुष्य की भाँति कार्य करती हैं।

(ख) वह धाय (नर्स) का काम करती हैं।

(ग) जब वे बड़ी और कठोर त्वचा से युक्त हो जाती हैं तब वे अपना घर छोड़ देती हैं।

(घ) कोकून

(ङ) चींटियाँ दूसरों के लिए भी भोजन संग्रह करती है जबकि अन्य कीट केवल अपने लिए।

3. (क) गरीब और मजबूर लोगों पर हँसना नहीं चाहिए।
(ख) प्रसन्नता खुशी का सूचक है।
(ग) जो प्रायः हँसते हैं, मित्रों को आकर्षित करने में सफल होते हैं।
(घ) हँसने से स्वास्थ्य की अभिवृद्धि होती है।
(ङ) स्वस्थ-जीवन के लिए आनन्द जरूरी है।

4. (क) आज हमने अपना पाठ नहीं पढ़ा।
(ख) जो काम करो, उसे जरूर पूरा करो।
(ग) मैं अवश्य पास हो जाऊँगा।
(घ) हमें पेड़ लगाकर पर्यावरण को बचाना चाहिए।
(ङ) मैं और बड़ा भाई आगरा जायेंगे।

5. (क) अपठित (ख) आयातित
(ग) मितव्ययी (घ) अगोचर
(ङ) दखलंदाजी

6. (क) घमंडी व्यक्ति उन्नति नहीं करता है।
(ख) अब विद्वानों की सभा होगी।
(ग) राम ने रावण का वध किया।
(घ) लड़के ने भात खाया।
(ङ) वह किसकी तस्वीर है।

7. (क) आज गाड़ी नियत समय पर आ गई।
उसकी नीयत में ही खोट है।
(ख) आज का दिन बहुत साफ है।
दीन दुखियों की सेवा करनी चाहिए।
(ग) बृहस्पति सौर मंडल का सबसे बड़ा ग्रह है।
गाँव में गृह निर्माण एक बड़ी समस्या है।
(घ) शिवाजी जैसे शूर वीर बहुत कम होते हैं।
लता के सुर की तुलना नहीं हो सकती।
(ङ) श्रेष्ठजनों को प्रणाम करना चाहिए।
वार्षिक परीक्षाओं के परिणाम आ गए।

8. (क) दानव (ख) पालतू
(ग) स्वामी (घ) विद्वान
(ङ) उपकार

9. (क) क्या घड़े में पानी नहीं है?
(ख) मेरा मित्र नहीं आया है।
(ग) अरे! मूसलाधार वर्षा हो रही है।
(घ) हमने एक गीत गाया।
(ङ) कल लड़के हॉकी खेलेंगे।

10. आदरणीय भाई साहब,
नमस्कार।

मैं यहाँ कुशलपूर्वक हूँ। आशा करता हूँ कि आप भी वहाँ कुशलपूर्वक होंगे। मुझे कल आपका भेजा हुआ मेरे जन्मदिन का उपहार मिला। यह बहुत सुन्दर है और मेरी पसन्द का भी। आपका चुनाव बहुत अच्छा है, अतएव बहुत-बहुत धन्यवाद। मैंने यहाँ पर अपने दोस्तों के साथ जन्मदिन मनाया, लेकिन आपकी कमी महसूस हुई। कितना अच्छा होता यदि, आप भी हमारे साथ यहाँ मौजूद होते। पत्र मिलने पर जवाब अवश्य देना। मैं अभी पत्र समाप्त करता हूँ।

आपका प्रिय,
अनुज

प्रश्न पत्र–II (बुद्धि परीक्षण)

समय : 40 मिनट **पूर्णांक : 100**

निर्देश (प्र.सं. 1 से 5 के लिए): *दिए गये चार विकल्पों में से तीन एक समान हैं जबकि चौथा इन तीनों (a), (b), (c) व (d) के समान नहीं है। आपको भिन्न विकल्प को छाँटकर लिखना है।*

1. (*a*) खुला और बन्द (*b*) घृणा और नापसन्द
(*c*) उठना और गिरना (*d*) जाना और आना

2. (*a*) R5A1T6 (*b*) B2A1D4
(*c*) C3E5A1 (*d*) H8B2D4

3. (*a*) दूर और पास
(*b*) अन्तिम और पहला
(*c*) दूरी और किराया
(*d*) ऊँचा और नीचा

4. (*a*) तुम (*b*) वह
(*c*) मैं (*d*) हूँ

5. (*a*) 699 (*b*) 789
(*c*) 773 (*d*) 798

निर्देश (प्र.सं. 6 से 9): *दिए गये प्रश्नों में प्रत्येक शब्द के अक्षरों को सही करके लिखिए तथा शब्द का चौथा अक्षर ज्ञात कीजिए–*

6. ENKAL (शरीर का एक अंग) ....

7. HCDNGRHAIA (एक केन्द्र शाषित प्रदेश) ....

8. HEPES (एक जन्तु) ....

9. NEGOAR (एक फल) ....

10. (*a*) शेर और दहाड़
(*b*) हाथी और चिंघाड़
(*c*) साँप और फुसफुसाना
(*d*) कुत्ते और खानसामा

11. (*a*) गाय और बकरी
(*b*) घोड़ा और घोड़ी
(*c*) कुत्ता और कुतिया
(*d*) मुर्गा और मुर्गी

निर्देश (प्र.सं. 12 से 15): *सही उत्तर का चुनाव करके उसे उत्तर बॉक्स में लिखिए:*

12. चाचा का जो सम्बन्ध चाची से है वही सम्बन्ध मुर्गे का किससे है?
(*a*) पक्षी (*b*) मुर्गी
(*c*) चूजा (*d*) बत्तख

13. लकड़ी जिस प्रकार मेज से संबंधित है उसी प्रकार कोट किससे सम्बन्धित है?
(*a*) कमीज से (*b*) पहनने से
(*c*) पायजामा से (*d*) कपड़े से

14. जिस प्रकार लड़के का सम्बन्ध लड़की से है उसी प्रकार भतीजे का सम्बन्ध किससे है?
(*a*) चाचा (*b*) भतीजी
(*c*) साला (*d*) चाची

15. जिस प्रकार मछली पक्षी से सम्बन्धित है उसी प्रकार पनडुब्बी का सम्बन्ध किससे है?
(*a*) जहाज (*b*) रेल
(*c*) हवाई जहाज (*d*) कार

16. बीमारी : पैथोलॉजी : : ग्रह : ?
(*a*) सूर्य (*b*) तारे
(*c*) ज्योतिष (*d*) खगोल विज्ञान

17. प्रतीक्षा : बोरियत : : शिक्षा : ?
(*a*) कक्षा (*b*) ज्ञानोदय
(*c*) विद्यालय (*d*) क्रूरता

18. प्रकाश : सूर्य : : ऊष्मा : ?
(*a*) विद्युत (*b*) चाँद
(*c*) आग (*d*) तारा

निर्देश (प्र.सं. 19 से 22): *नीचे संख्याएं/अक्षर/चित्र दिए गये हैं जिसके लिए चार उत्तर विकल्प (a), (b), (c), (d) दिए गये हैं। इनमें से वह विकल्प चुनिए जो दी गयी श्रृंखला को जारी रखता है।*

19. 246, 357, 468, 579 ....
(*a*) 759 (*b*) 690
(*c*) 678 (*d*) 459

20. A/2, 4/C, E/6 ....
(*a*) 8/G (*b*) 8/K
(*c*) 7/G (*d*) G/8

21. B, D, G, K ....
(*a*) P (*b*) A
(*c*) O (*d*) N

22. 1243, 2354, 3465, ...
(*a*) 4576 (*b*) 4675
(*c*) 4796 (*d*) 4367

23. C - 3, E - 6, G - 12, I - 24, K - 48, ?
(*a*) S - 48 (*b*) M - 96
(*c*) L - 96 (*d*) O - 48

24. 3, 6, 8, 16, 18, ...
(*a*) 28 (*b*) 36
(*c*) 54 (*d*) 34

25. KPA, LQB, MRC, NSD, ?
(*a*) UOT (*b*) OTE
(*c*) EOT (*d*) TOE

26. यदि CHAIR को किसी कूट भाषा में FKDLU लिखा जाता है तो, RAID को इसी कूट भाषा में कैसे लिखा जाएगा?
(*a*) ULGD (*b*) ULKG
(*c*) ULDG (*d*) UDLG

27. यदि ''खाकी'' को भूरा, ''सफेद'' को ''गुलाबी'', ''लाल'' को ''खाकी'', ''काले'' को ''लाल'', ''भूरे'' को ''सफेद'' कहा जाता है तो कोयले का रंग क्या है
(*a*) भूरा (*b*) लाल
(*c*) काला (*d*) गुलाबी

28. यदि 5 × 8 = 28, 3 × 7 = 12, 8 × 6 = 35 तो 13 × 13 का मान बताइये।

(*a*) 169 (*b*) 130
(*c*) 140 (*d*) 144

29. यदि किसी कूट भाषा में TOUR को 1234 लिखा जाता है, CLEAR को 56784 तथा SPARE को 90847 लिखा जाता है। CARE को इस कूट भाषा के कैसे लिखा जाएगा?
(*a*) 1247 (*b*) 4847
(*c*) 5247 (*d*) 5847

30. यदि RAJI को TCLK, तो KLCT का कूट क्या होगा?
(*a*) MENV (*b*) RAJI
(*c*) MNFV (*d*) MNEV

निर्देश (प्र.सं. 31 व 32): *निम्न में से उस शब्द को चुनिए जो शब्दकोश में तीसरे स्थान पर आएगा। अपने उत्तर को बॉक्स में लिखिए:*

31. (*a*) Battalion (*b*) Barrister
(*c*) Banana (*d*) Balance

32. (*a*) Dear (*b*) Decide
(*c*) Diagram (*d*) Departure

33. यदि ÷ का अर्थ है ×, × का अर्थ है +, + का अर्थ है – और – का अर्थ है ÷, तो 16 × 3 + 5 – 2 ÷ 4 का मान होगा।
(*a*) 19 (*b*) 10
(*c*) 9 (*d*) 13

34. हाइड्रोमीटर, लेक्टोमीटर और मैनोमीटर में उभयनिष्ठ क्या है?
(*a*) ये मापन की इकाइयां हैं
(*b*) ये उपकरण हैं
(*c*) ये सभी पैमाने हैं
(*d*) ये भौतिकी में प्रयुक्त होने वाले उपकरण हैं

35. बॉक्साइट, आयरन, टंगस्टन और मोनाजाइट में क्या उभयनिष्ठ है?
(*a*) ये सभी खनिज हैं
(*b*) ये सभी धातुएं हैं
(*c*) ये सभी रसायन हैं
(*d*) इनमें से कोई नहीं

निर्देश (प्र.सं. 36 से 40): *दी गयी आकृतियों के समूह में उस आकृति को चुनिए जो अन्य तीन से भिन्न है।*

36.
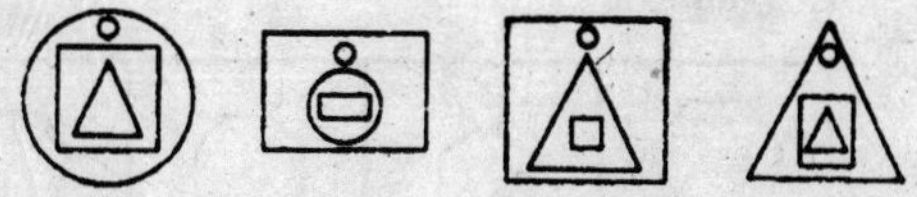
(*a*) (*b*) (*c*) (*d*)

37.

(*a*) (*b*) (*c*) (*d*)

38.
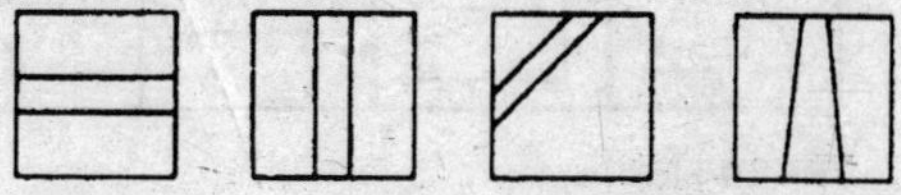
(*a*) (*b*) (*c*) (*d*)

39.

(*a*) (*b*) (*c*) (*d*)

40.
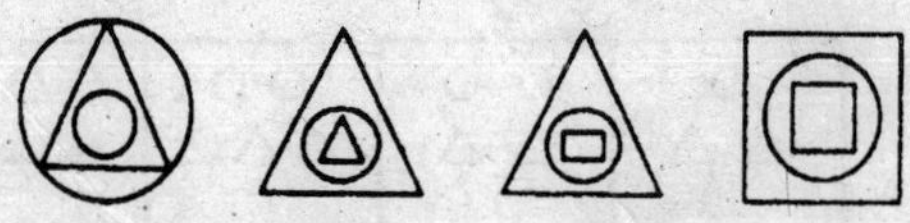
(*a*) (*b*) (*c*) (*d*)

निर्देश (प्र.सं. 41 से 45): *इस प्रश्नों में चार अचिह्नित आकृतियाँ तथा चार चिह्नित उत्तर आकृतियाँ (a), (b), (c) तथा (d) दी गयी हैं। आपको उत्तर आकृतियों में से वह आकृति चुननी है जो दी गई अचिह्नित आकृतियों द्वारा स्थापित शृंखला को जारी रखे।*

41. प्रश्न आकृतियाँ

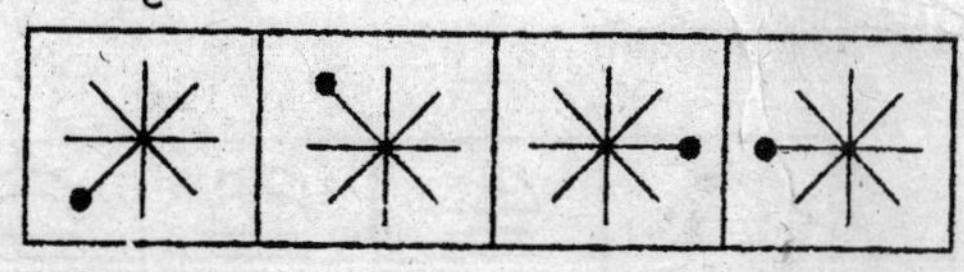

उत्तर आकृतियाँ

(*a*) (*b*) (*c*) (*d*)

42. प्रश्न आकृतियाँ

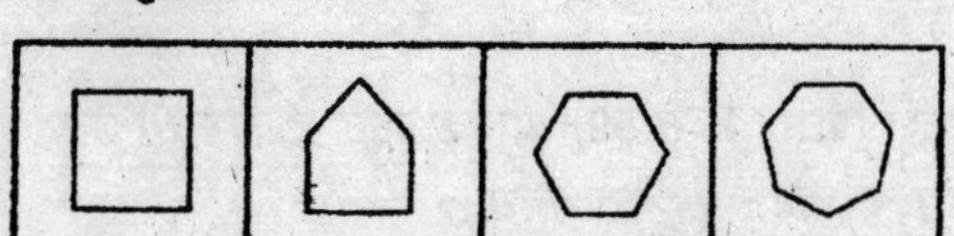

उत्तर आकृतियाँ

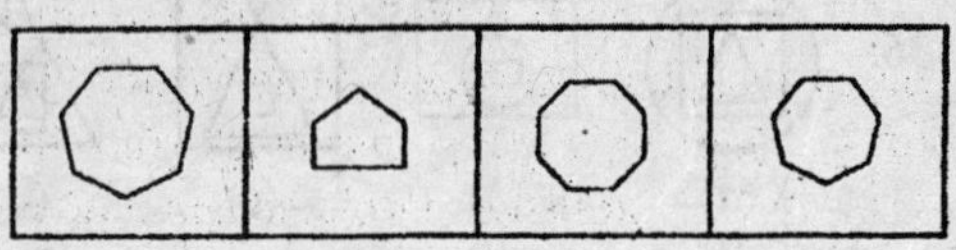

(*a*) (*b*) (*c*) (*d*)

43. प्रश्न आकृतियाँ

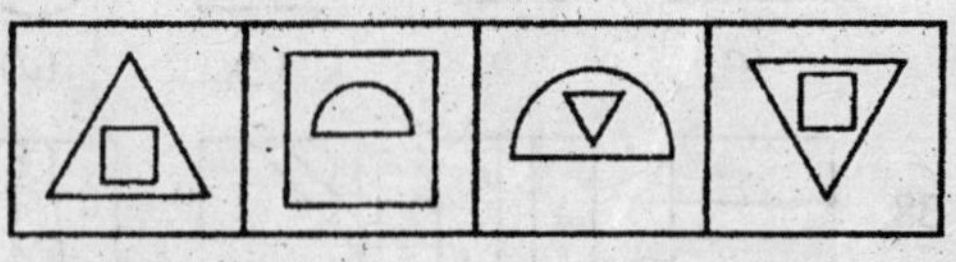

उत्तर आकृतियाँ

(*a*) (*b*) (*c*) (*d*)

44. प्रश्न आकृतियाँ

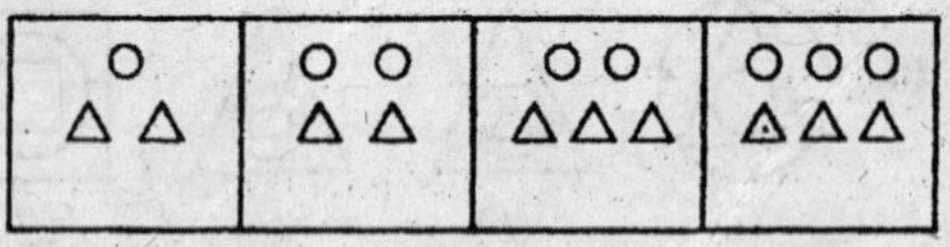

उत्तर आकृतियाँ

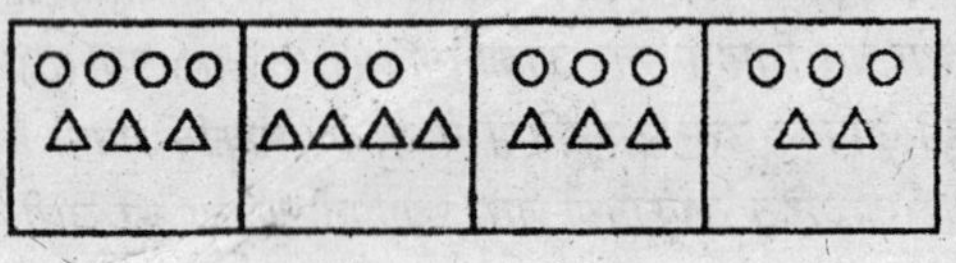

(*a*) (*b*) (*c*) (*d*)

45. प्रश्न आकृतियाँ

उत्तर आकृतियाँ

(*a*) (*b*) (*c*) (*d*)

निर्देश (प्र.सं. 46 से 50): *प्रत्येक प्रश्न में कौन-सी उत्तर आकृति दिए गये पैटर्न को पूरा करेगी?*

46. समस्या आकृति

उत्तर आकृतियाँ

(*a*) (*b*) (*c*) (*d*)

47. समस्या आकृति

उत्तर आकृतियाँ

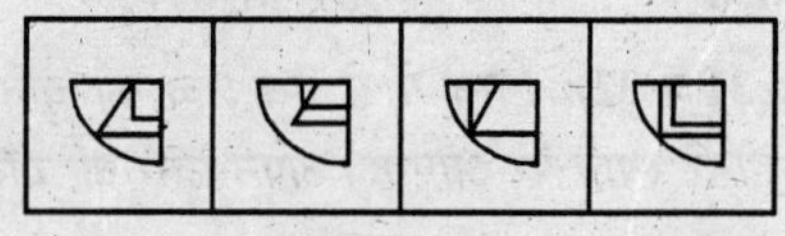

(*a*) (*b*) (*c*) (*d*)

48. समस्या आकृति

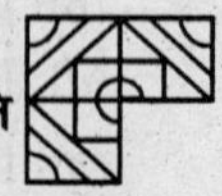

उत्तर आकृतियाँ

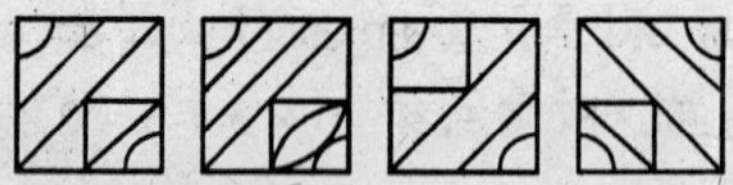

(*a*) (*b*) (*c*) (*d*)

49. समस्या आकृति

उत्तर आकृतियाँ

(*a*) (*b*) (*c*) (*d*)

50. समस्या आकृति

उत्तर आकृतियाँ

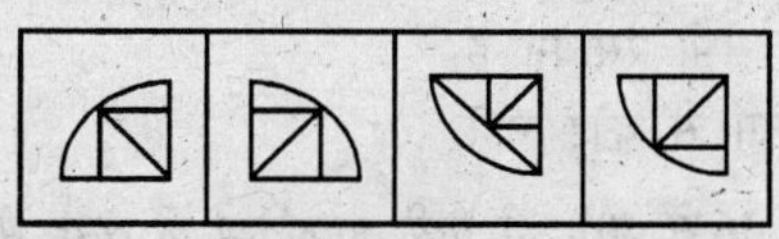

(*a*) (*b*) (*c*) (*d*)

उत्तरमाला

1	2	3	4	5	10				
(*b*)	(*a*)	(*c*)	(*d*)	(*c*)	(*d*)				
11	**12**	**13**	**14**	**15**	**16**	**17**	**18**	**19**	**20**
(*a*)	(*b*)	(*d*)	(*b*)	(*c*)	(*d*)	(*b*)	(*c*)	(*b*)	(*a*)
21	**22**	**23**	**24**	**25**	**26**	**27**	**28**	**29**	**30**
(*a*)	(*a*)	(*b*)	(*b*)	(*b*)	(*d*)	(*b*)	(*d*)	(*d*)	(*d*)
31	**32**	**33**	**34**	**35**	**36**	**37**	**38**	**39**	**40**
(*c*)	(*b*)	(*c*)	(*b*)	(*a*)	(*a*)	(*a*)	(*d*)	(*c*)	(*c*)
41	**42**	**43**	**44**	**45**	**46**	**47**	**48**	**49**	**50**
(*c*)	(*c*)	(*d*)	(*b*)	(*d*)	(*a*)	(*b*)	(*c*)	(*b*)	(*c*)

व्याख्यात्मक उत्तर

2. दिया गया पद अंग्रेजी वर्ण माला के अक्षर तथा उनका क्रम है

		अक्षर		स्थिति
B2A1D4	→	A	—	1
		B	—	2
		D	—	4
C3E5A1	→	C	—	3
		E	—	5
		A	—	1
H8B2D4	→	H	—	8
		B	—	2
		D	—	4

अतः R5A1T6 पद गलत है।

5. '773' के अलावा सभी संख्याएं '3' से विभाजित होती हैं।

6. ENKAL → ANKLE → चौथा अक्षर L है।

7. HCDNGRHAIA → CHANDIGARH → चौथा अक्षर N है।

8. HEPES → SHEEP → चौथा अक्षर E है।

9. NEGOAR → ORANGE → चौथा अक्षर N है।

19.

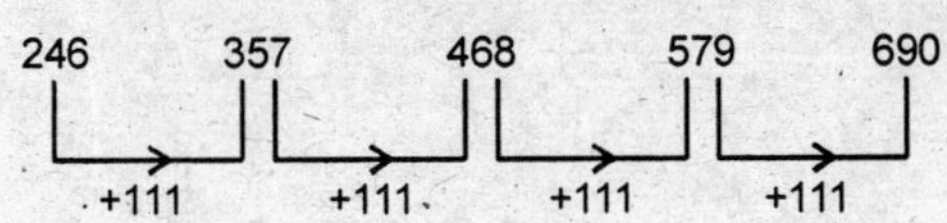

21.

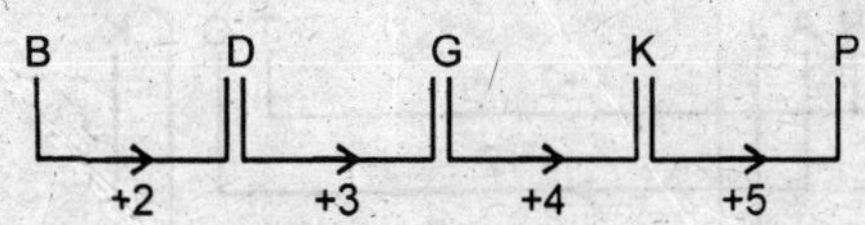

22.

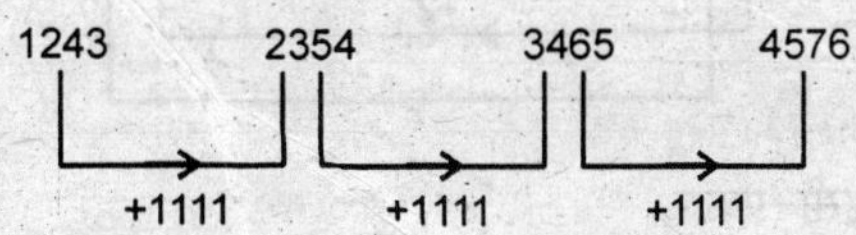

23.

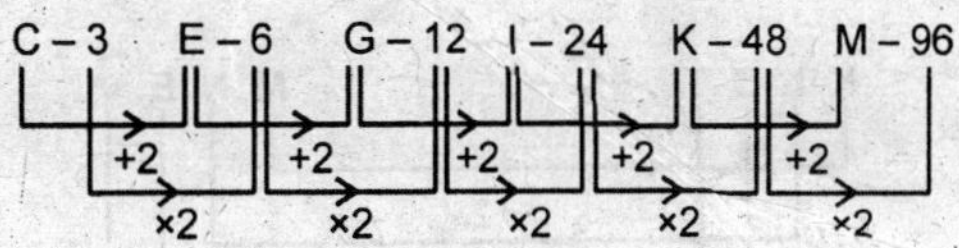

24.

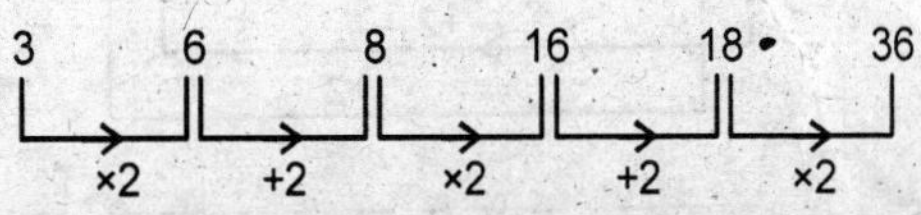

25.

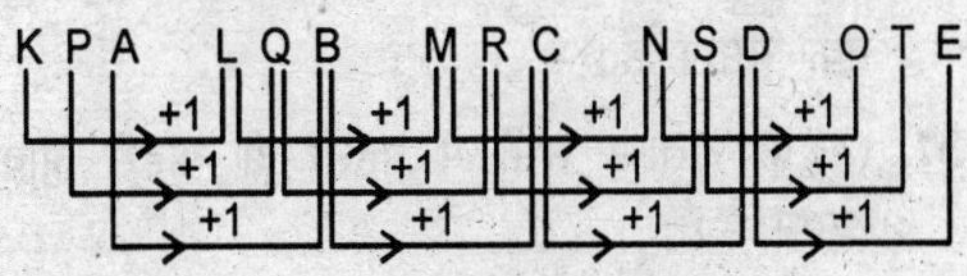

26.

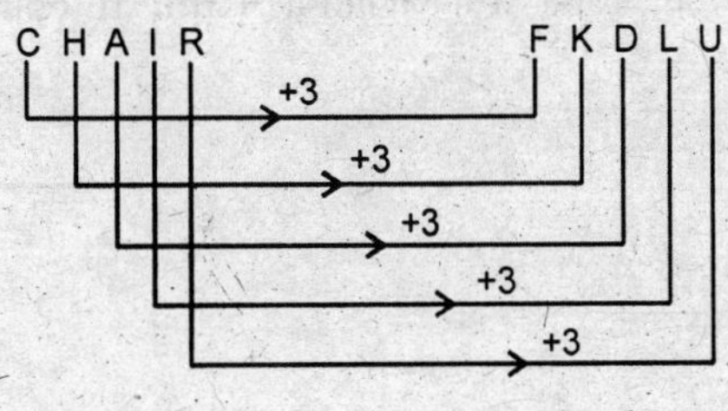

इसी प्रकार,

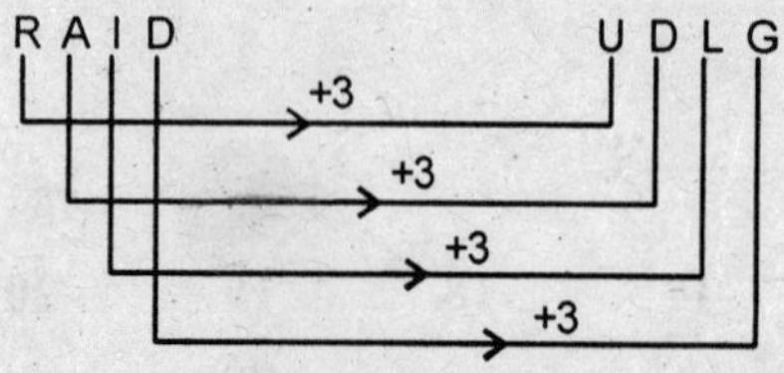

28. $5 \times 8 = (5 - 1) \times (8 - 1) = 4 \times 7 = 28$
$3 \times 7 = (3 - 1) \times (7 - 1) = 2 \times 6 = 12$
$8 \times 6 = (8 - 1) \times (6 - 1) = 7 \times 5 = 35$

इसी प्रकार,
$13 \times 13 = (13 - 1) \times (13 - 1) = 12 \times 12 = 144$

29.

अक्षरः	T	O	U	R	C	L	E	A	S	P
कूटः	1	2	3	4	5	6	7	8	9	0

अतः CARE का कूट 5847 है।

30.

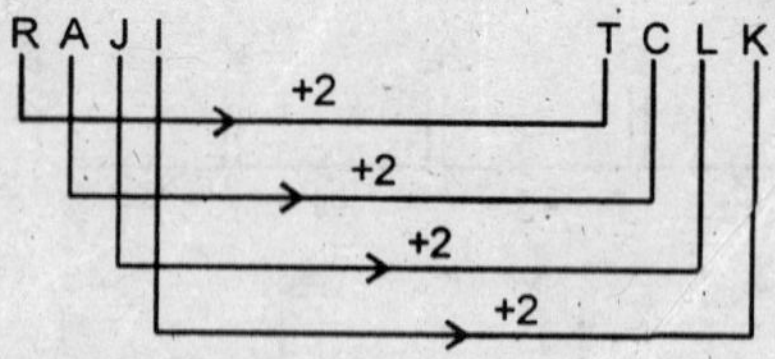

इसी प्रकार,

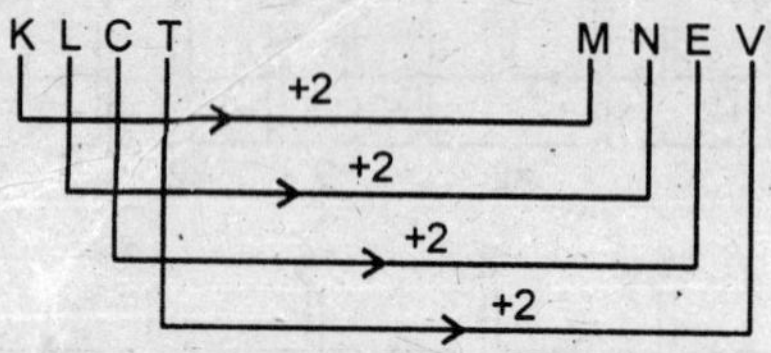

36. (*a*) को छोड़कर सभी में बाहरी व भीतरी आकृतियां एक समान हैं।

37. (*a*) के अलावा सभी में पहली दो बाहरी आकृतियां समान हैं।

38. (*d*) के अलावा सभी आकृतियों में समान्तर रेखाएं हैं।

39. (*c*) के अलावा सभी आकृतियों में बाहर व अन्दर व आकृतियां समान हैं।

40. (*c*) के अलावा सभी में बाहर व अन्दर की आकृति एक जैसी हैं।

41. बिन्दु घड़ी की दिशा में क्रमशः 2, 3, 4, 5 कदम आ बढ़ती हैं।

42. प्रत्येक अगली आकृति में भुजा की संख्या में एक भुजा व वृद्धि हो जाती है।

43. अन्दर की आकृति बाहरी आकृति बन जाती है तथा बाह आकृति गायब हो जाती है और प्रत्येक आकृति में ए नयी आकृति आ जाती है।

44. प्रत्येक अगली आकृति में वृत्तों तथा त्रिभुजों की संख्या वृद्धि हो जाती है।

45. प्रत्येक आकृति में एक रेखा ऊपर की तथा नीचे की औ वक्र में परिवर्तित हो जाती है।

46. 

47. 

48. 

49. 

50. 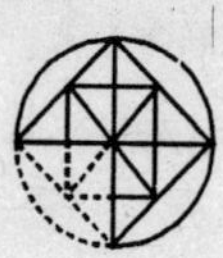

पिछले प्रश्न-पत्र (हल सहित)

सैनिक स्कूल प्रवेश परीक्षा, 2014

कक्षा-VI

प्रश्न पत्र–I (गणित एवं भाषा)

मय : 2 घंटे　　　　　　　　　　　　　　　　　　　　पूर्णांक : 200

भाग 'अ' गणित

खण्ड-I

त्येक प्रश्न दो अंक का है)

1. 2, 4, 5 का न्यूनतम अभंयनिष्ट गुणज ज्ञात कीजिए?
2. वह न्यूनतम संख्या ज्ञात करें जिसको 322516 में जोड़ने से 543 से पूर्णतः भाग किया जा सके?
3. एक किताब का वजन 1 कि. 350 ग्रा. है। एक पेटी में 38 किताबें रखी जा सकती हैं तो 25 पेटियों का वजन कितना होगा?
4. 231 का अभाज्य गुणनखण्ड करें।
5. 20 को 25 के प्रतिशत में व्यक्त कीजिए।
6. $12\frac{1}{5} \div 6\frac{1}{10}$ का मान ज्ञात कीजिए।
7. निम्न को घटते क्रम में लिखें। (> संकेत का उपयोग करें)
$\frac{8}{9}, \frac{8}{11}, \frac{8}{15}, \frac{8}{13}$ तथा $\frac{8}{17}$
8. 16, 24, 36 का महत्तम समापवर्तक निकालें।
9. एक दुकानदार एक साइकिल को ₹ 575 में बेचता है तो उसे ₹ 75 का नुकसान होता है। उसकी प्रतिशत हानि ज्ञात कीजिए।
10. राम 9:30 बजे रात को सो गया और सुबह 6:00 बजे जाग गया। वह कितनी देर तक सोया?

खण्ड-II

त्येक प्रश्न तीन अंक का है)

11. $10 - 2\frac{1}{3} \times 3 + 3\frac{3}{4} \div 2\frac{1}{2}$ को सरल करें।
12. एक रेलगाड़ी 70 किमी./घंटे की चाल से चलकर 560 किमी. की दूरी तय करती है। यह दूरी तय करने में रेलगाड़ी को कितना समय लगा?
13. पाँच बच्चों की आयु क्रमशः 13 वर्ष, 15 वर्ष, 11 वर्ष, 9 वर्ष तथा 8 वर्ष है। उनकी औसत आयु ज्ञात कीजिए।
14. एक कालीन की लम्बाई 6.60 मीटर तथा चौड़ाई 3.75 मीटर है। कालीन के चारों तरफ लेस लगी हुई है। लेस की लम्बाई ज्ञात कीजिए।
15. निम्न के चित्रों में प्रत्येक में ∠ABC का मान ज्ञात कीजिए।

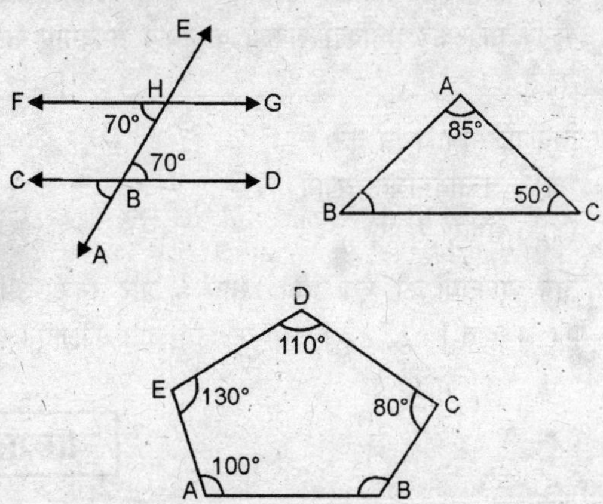

16. एक बर्तन में 4 ली. 650 मि.ली. दही है। 25 मि.ली. के कितने गिलासों में यह दहीं बराबर बाँटा जा सकता है।
17. ₹ 4500 के ऋण पर एक व्यापारी ₹ 900 साधारण ब्याज 3 साल के लिए भुगतान करता है। ब्याज की दर ज्ञात करें।
18. उमा एक कार्य को 18 दिनों में पूरा करती है। उसी कार्य को मन्जू 9 दिनों में पूरा करती है। दोनों मिलकर उसी कार्य को कितने दिनों में पूरा कर सकती हैं।

19. अमित अपने रसोईघर के फर्श पर 10 सेमी. भुजा वाले वर्गाकार टाइल लगाना चाहता है। यदि रसोईघर की लम्बाई 2.6 मी. व चौड़ाई 1.7 मी. है तो अमित को कितनी टाइलें खरीदनी होंगी।

20. $2\frac{113}{256}$ का वर्गमूल ज्ञात करें।

खण्ड-III

(प्रत्येक प्रश्न पांच अंक का है)

21. एक पुस्तकालय में कुल किताबों की संख्या 1025 है जिनमें विज्ञान की किताबें 205 हैं तथा दर्शन शास्त्र की किताबों की संख्या 164 है। विज्ञान तथा दर्शन शास्त्र की किताबों का प्रतिशत ज्ञात करें।

22. अकबर अपनी बचत का 1/3 भाग अपनी पत्नी को तथा 2/5 भाग अपने पुत्र को देता है। यदि अकबर की कुल बचत ₹ 24,000 है तो बाँटने के बाद अकबर के पास कितना शेष बचता है।

23. एक घनाकार लकड़ी के टुकड़े का एक किनारा 4 मी. है। बिना क्षति के 20 सेमी. × 10 सेमी. × 5 सेमी. आयताकार के कितने टुकड़े घनाकार लकड़ी के टुकड़े से बनाए जा सकते हैं।

24. चित्र के साथ वर्णन करें:

(अ) अन्तर्विभाजक रेखाएं

(ब) संगामी रेखाएं

25. तीन व्यक्तियों की कुल उम्र 60 साल है और उनकी उम्र का अनुपात 1 : 2 : 3 है। सभी की उम्र ज्ञात कीजिए।

26. एक दुकानदार 15 मेज ₹ 50 प्रति की दर से तथा 20 कुर्सियाँ ₹ 30 प्रति की दर से खरीदता है और उस पर ₹ 40 भाड़े के तौर पर खर्चा करता है। यदि दुकानदार पूरी मेज और कुर्सियों को ₹ 1300 में बेचता है तो उसका लाभ या हानि ज्ञात करें।

27. किसी त्रिभुज के कोण 2 : 3 : 5 के अनुपात में हैं। कोणों का मान ज्ञात कीजिए तथा त्रिभुज का प्रकार बताएँ।

28. वर्ग A का क्षेत्रफल 25 वर्ग सेमी. है। वर्ग B का परिमिति 12 सेमी. है। वर्ग C का क्षेत्रफल तथा परिमिति ज्ञात करें।

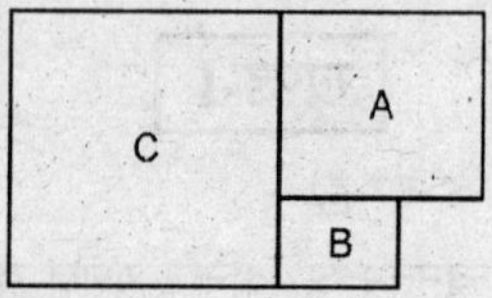

29. एक गोला कार पार्क के चारों तरफ पथ (छायांकित भाग) को बनाने में कितनी लागत आयेगी यदि ₹ 20 प्रति वर्ग मी. है।

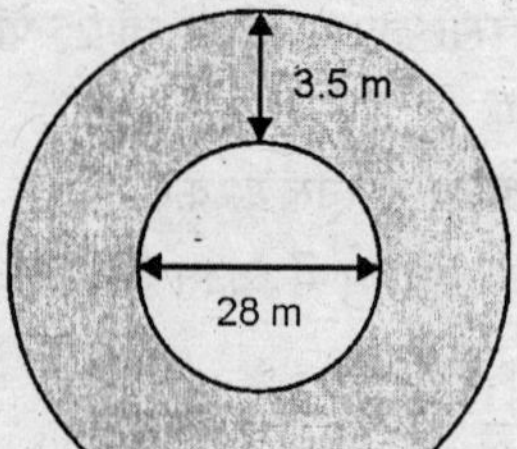

30. 5 लड़कों की औसत उम्र 13 वर्ष है। एक और लड़के के शामिल होने के फलस्वरूप उन सभी की औसत उम्र 12 वर्ष हो जाती है। बाद में शामिल लड़के की उम्र ज्ञात करें।

व्याख्यात्मक उत्तर

1. 2, 4 और 5 का लघुत्तम समापवर्त्य = 20

2.
```
543) 322516 (593
     2715
     ----
      5101
      4887
      ----
       2146
       1629
       ----
        517
```
∴ अभिष्ट संख्या = 543 − 517 = 26

यदि संख्या 322516 में 26 जोड़ा जाए तो संख्या 322542 बनती है जो कि 543 से पूर्णतः विभाजित हो जाती है।

3. 1 किताब का वजन = 1350 ग्राम

38 किताब का वजन = 1350 × 38 = 51300 ग्राम

अभीष्ट वजन = 51300 × 25

= 1282500 ग्राम

= 1282 किलो 500 ग्राम

4.

3	231
7	77
11	11
	1

अतः 3, 7 और 11, 231 का अभाज्य गुणक है।

5. 25 का x % = 20

$\Rightarrow \quad x \times \frac{25}{100} = 20$

$\Rightarrow \quad x = \frac{20 \times 100}{25} = 80\%$

6. $12\frac{1}{5} \div 6\frac{1}{10} = \frac{61}{5} \div \frac{61}{10} = \frac{61}{5} \times \frac{10}{61} = 2$

7. $\frac{8}{9} > \frac{8}{11} > \frac{8}{13} > \frac{8}{15} > \frac{8}{17}$

8. 16, 24 और 36 का महत्तम समापवर्तक = 4

```
16) 24 (1            8) 36 (4
    16                  32
    ----                ----
     8) 16 (2            4) 8 (2
        16                  8
        ----                ---
         ×                  ×
```

अतः अभीष्ट महत्तम समापवर्तक = 4

9. विक्रय मूल्य = ₹ 575

हानि = ₹ 75

$\therefore$ क्रय मूल्य = विक्रय मूल्य + हानि

= 575 + 75 = ₹ 650

प्रतिशत हानि = $\frac{\text{हानि}}{\text{क्रय मूल्य}} \times 100 = \frac{75}{650} \times 100$

$= \frac{15 \times 10}{13} = \frac{150}{13} = 11\frac{7}{13}\%$

10. अभीष्ट समय = $2\frac{1}{2}$ घंटे + 6 घंटे = $8\frac{1}{2}$ घंटे

= 8 घंटे 30 मिनट

11. $10 - 2\frac{1}{3} \times 3 + 3\frac{3}{4} \div 2\frac{1}{2}$

$= 10 - \frac{7}{3} \times 3 + \frac{15}{4} \div \frac{5}{2}$

$= 10 - 7 + \frac{15}{4} \times \frac{2}{5}$

$= 3 + \frac{3}{2} = \frac{9}{2} = 4\frac{1}{2}$

12. चाल = $\frac{\text{दूरी}}{\text{समय}}$

$\Rightarrow \quad 70 = \frac{560}{\text{समय}}$

$\Rightarrow \quad$ समय = $\frac{560}{70}$ = 8 घंटे

13. औसत आयु = $\frac{13 + 15 + 11 + 9 + 8}{5}$

$= \frac{56}{5}$ = 11.2 वर्ष

14. लेस की लम्बाई = $2(l + b)$

= 2(6.60 + 3.75) मीटर

= 2(10.35) मीटर = 20.70 मीटर

15.

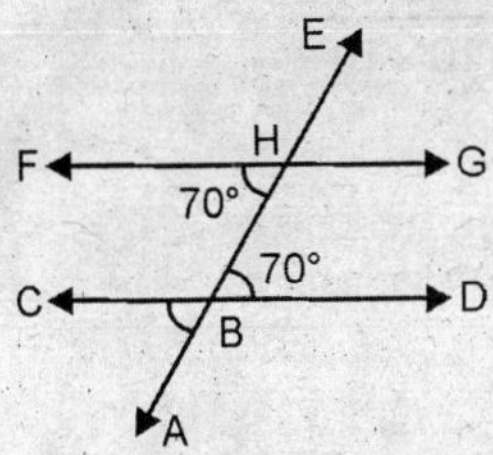

$\angle ABC = \angle HBD = 70°$

(सम्मुख कोण बराबर होते हैं)

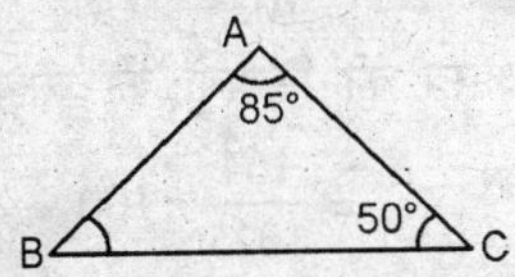

$\angle ABC = 180° - (85° + 50°)$

$= 180° - 135° = 45°$

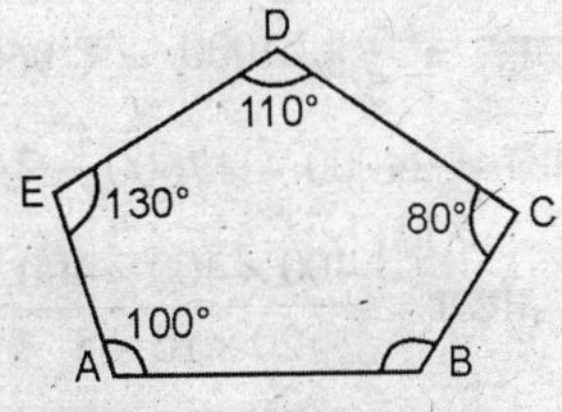

$\angle ABC = 540° - (100° + 80° + 110° + 130°)$

$= 540° - 420° = 120°$

16. गिलासों की संख्या = $\frac{4650}{25}$ = 186

17. ब्याज की दर = $\frac{\text{ब्याज} \times 100}{\text{मूलधन} \times \text{समय}}$

$= \frac{900 \times 100}{4500 \times 3} = \frac{20}{3} = 6\frac{2}{3}\%.$

18. उमा किसी काम को 18 दिनों में पूरा करती है।

उमा का 1 दिन का काम = $\frac{1}{18}$

मंजू उसी काम को 9 दिनों में पूरा करती है।

मंजू का 1 दिन का काम = $\frac{1}{9}$

(उमा + मंजू) का 1 दिन का कार्य

$= \frac{1}{18} + \frac{1}{9} = \frac{1+2}{18} = \frac{3}{18} = \frac{1}{6}$

अतः दोनों मिलकर उस काम को 6 दिनों में पूरा करेंगी।

19. टाइलों की संख्या = $\frac{260 \times 170}{10 \times 10}$ = 26 × 17 = 442

20. $2\frac{113}{256} = \frac{625}{256}$

$\therefore \sqrt{\frac{625}{256}} = \left(\frac{25}{16}\right)$

21. (*i*) विज्ञान की किताबों का प्रतिशत

$= \frac{205}{1025} \times 100 = 20\%$

(*ii*) दर्शन शास्त्र की किताबों की संख्या

$= \frac{164}{1025} \times 100 = 4 \times 4 = 16\%$

22. पत्नी का हिस्सा = $\frac{24000}{3}$ = ₹ 8000

पुत्र का हिस्सा = $\frac{2}{5} \times 24000$ = ₹ 9600

अभीष्ट राशि = 24000 − 17600 = ₹ 6400

23. टुकड़ों की संख्या = $\frac{400 \times 400 \times 400}{20 \times 10 \times 5}$

$= \frac{64000000}{1000} = 64000$

25. माना कि आयु का अनुपात x में है।

प्रश्नानुसार,

$1x + 2x + 3x = 60$

$\Rightarrow \quad 6x = 60 \Rightarrow x = 10$

$1x = 1 \times 10 = 10$ वर्ष

$2x = 2 \times 10 = 20$ वर्ष

$3x = 3 \times 10 = 30$ वर्ष

26. 15 मेजों की लागत = 15 × 50 = ₹ 750

20 कुर्सियों की लागत = 20 × 30 = ₹ 600

भाड़े के तौर पर खर्चा = ₹ 40

कुल लागत = ₹ 750 + 600 + 40

= ₹ 1390

विक्रय मूल्य = ₹ 1300

∴ हानि = 1390 − 1300

= ₹ 90

27. माना कि त्रिभुज के कोण x के अनुपात में हैं।

प्रश्नानुसार,

$2x + 3x + 5x = 180°$

$\Rightarrow \quad 10x = 180° \Rightarrow x = 18°$

$2x = 2 \times 18 = 36°$

$3x = 3 \times 18 = 54°$

$5x = 5 \times 18 = 90°$

चूँकि त्रिभुज का एक कोण समकोण है। अतः त्रिभुज समकोण त्रिभुज होगा।

28.

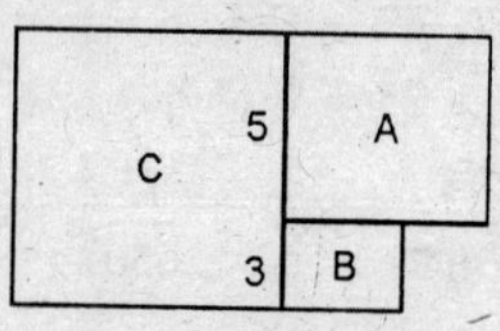

वर्ग A का क्षेत्रफल = 25 वर्ग सेमी.

वर्ग A की भुजा = 5 सेमी

वर्ग B का परिमाप = 12 सेमी

∴ वर्ग B की भुजा = $\frac{12}{4}$ = 3 सेमी

अतः वर्ग C की भुजा = 5 + 3 = 8 सेमी

वर्ग C का क्षेत्रफल = 8 × 8 = 64 वर्ग सेमी

वर्ग C का परिमाप = 4 × 8 = 32 सेमी

29.

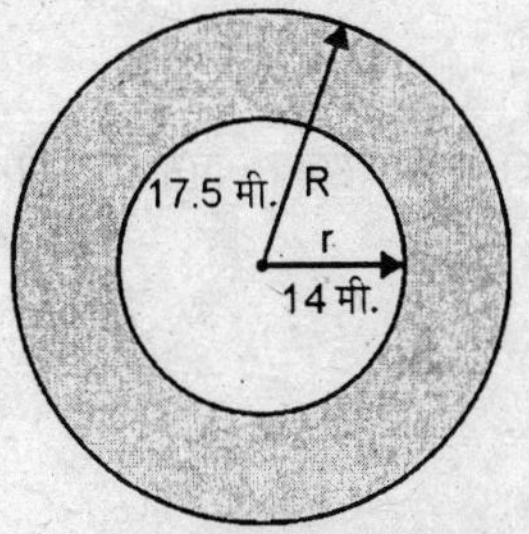

छायांकित भाग का क्षेत्रफल

$= \pi\ (R^2 - r^2)$

$= \pi\ (R + r)\ (R - r)$

$= \pi\ (17.5 + 14)\ (17.5 - 14)$

$= \frac{22}{7} \times 31.5 \times 3.5$

$= \frac{22 \times 315 \times 5}{10 \times 10}$ वर्ग मी.

1 वर्ग मी. पर खर्च= ₹ 20

$\frac{22 \times 315 \times 5}{100}$ वर्ग मीटर पर खर्च

$= ₹\ \frac{22 \times 315 \times 5}{100} \times 20$

$= ₹\ 22 \times 315 = ₹\ 6930$

30. 5 लड़कों की कुल आयु = 5 × 13 = 65 वर्ष

6 लड़कों की कुल आयु = 6 × 12 = 72 वर्ष

∴ बाद में शामिल लड़के की आयु = 72 – 65 = 7 वर्ष

भाग 'ब' – भाषा

पूर्णांक : 100

1. निम्नलिखित विषयों में से किसी एक विषय पर 15 वाक्य लिखिए। **(15 अंक)**

(क) मेरे जीवन का लक्ष्य

(ख) खेलों का महत्त्व

2. निम्नलिखित गद्यांश को ध्यानपूर्वक पढ़कर दिए गए प्रश्नों का उत्तर दीजिए। **(15 अंक)**

समाचार-पत्र का कागज, लिखने वाला कागज, छपाई वाला कागज, टाइप करने का कागज, स्याही चूसने वाला कागज, कार्बन कागज, भूरा कागज, दीवाल पर चिपकाने वाला कागज, टिकट का कागज, इस बात को कौन अस्वीकार कर सकता है कि मनुष्य के दैनिक जीवन में कागज बहुत लाभदायक वस्तुओं में से एक नहीं है फिर भी कागज का आविष्कार मनुष्य ने नहीं किया। इसके वास्तविक आविष्कारकर्ता ततैये (बर) हैं जोकि ताड़ के खम्बों तथा वृक्षों के तनों से लकड़ी की छोटी-छोटी कतरनें नत्थी करती हैं और उन्हें चबाकर एक बारीक गुद्दा बना लेती हैं जिससे वे अपने छत्ते की भूरी कागज की दीवारें बनाती हैं। मनुष्यों में सबसे प्रथम कागज बनाने वाले कौन थे? हजारों वर्ष पूर्व मिस्र के लोगों ने नाइल नदी के निकट दलदल में उगने वाले नरकट के पौधे के रस से एक प्रकार का कागज बनाया था। नरकट का कागज लम्बी-लम्बी परतों में बनाया गया था और इस पर लिखी हुई पुस्तकें लपेटी जाती थीं, न कि पृष्ठों में काटी जाती थीं। एक प्राचीन पुस्तक जोकि लन्दन के 'ब्रिटिश संग्रहालय' में देखी जा सकती है, 120 फुट लम्बी है।

(क) दैनिक जीवन में काम आने वाले तीन प्रकार के कागजों के नाम बताओ?

(ख) कागज का आविष्कार किसने किया?

(ग) मनुष्यों में सर्वप्रथम कागज बनाने वाले कौन थे?

(घ) ततैये अपनी छतों की दीवारें कैसे बनाते हैं?

(ङ) वह पुस्तक जो 120 फुट लम्बी है, कहाँ देखी जा सकती है?

3. निम्नलिखित रेखांकित शब्दों का प्रयोग करके अलग से नये वाक्य बनाइए। **(10 अंक)**

मनुष्य के विकास में शिक्षा का एक महत्त्वपूर्ण स्थान है। शिक्षा द्वारा मनुष्य का मानसिक एवं बौद्धिक विकास होता है। शिक्षा के बिना मनुष्य पशु के समान है।

(क) ....

(ख) ....

(ग) ....

(घ) ....

(ङ) ....

4. दिए गए शब्द समूहों को क्रम से लिखकर अर्थपूर्ण वाक्य बनाइए– **(10 अंक)**

(क) मार्ग/होते/पहाड़ी/है/दुर्गम।

(ख) सास/हो/बूढ़ी/है/गई/मेरी।

(ग) बरस/रहा/आज/है/पानी/नहीं।

(घ) जायेंगे/जयपुर/मैं/रमेश/और।

(ङ) बड़ा/एक/मारा/उसने/साँप।

5. अनेक शब्दों के लिए एक शब्द लिखिए– **(10 अंक)**

(क) जो कभी न मरे।

(ख) पाप करने वाला।

(ग) जो उपकार करता हो।

(घ) जो माँस खाता हो।

(ङ) जिसका आकार हो।

6. खाली स्थानों को उचित शब्द से पूरा करें। **(10 अंक)**

(क) सीता ने तीन मकान ....। (खरीदी, खरीदे)

(ख) .... पुत्र ने परीक्षा में प्रथम स्थान पाया। (आपके, आपका)

(ग) वह दोषी है परन्तु मैं .... हूँ। (निर्दोष, निर्दोषी)

(घ) वह भूख .... बेचैन है। (से, को)

(ङ) गरीबों .... कुछ तो भला करो। (का, को)

7. नीचे लिखे शब्दों के वाक्य बनाकर अन्तर स्पष्ट करो। **(10 अंक)**

(क) निर्वाण, निर्माण

(ख) वसन, व्यसन

(ग) शंकर, संकर

(घ) कपट, कपाट

(ङ) अनिल, अनल

8. निम्नलिखित मुहावरों का अर्थ लिखकर अपने शब्दों में प्रयोग करो। **(10 अंक)**

(क) आँखों का तारा

(ख) हाथ धोना

(ग) सिर उठाना

(घ) पानी फेर देना

(ङ) कलम तोड़ना

9. आप मोहन हैं और जनकपुरी दिल्ली में रहते हैं। शीतावकाश (जाड़े) की छुट्टियाँ साथ बिताने के लिए मित्र को पत्र लिखो। **(10 अंक)**

10. दिये गये चित्र को देखकर कहानी लिखो। (कम-से-कम 10 वाक्य) **(10 अंक)**

व्याख्यात्मक उत्तर

1. (ख) खेलों का महत्त्व

खेलों का मानवीय विकास में महत्त्वपूर्ण स्थान है। यह शारीरिक गतिशीलता के लिए आवश्यक है। शारीरिक चुस्ती-फुरती खेलों से सम्भव हो पाती है। खेल मनुष्य के समाजीकरण का स्रोत रूप है। बच्चों के साथ खेलने से मनोरंजन होता है। खेल में सहयोग, त्याग एवं प्रतिस्पर्धा जैसे सामाजिक गुणों का विकास होता है। इस तरह के सामाजिक गुण जीवन भर काम आते हैं।

खेलों के माध्यम से एक अच्छे भविष्य का भी निर्माण हो सकता है। राष्ट्रीय, अन्तर्राष्ट्रीय स्तर पर खेलों में भाग लेने से नाम एवं यश भी मिलता है। भीड़ से अलग हटकर मनुष्य की एक पहचान बन जाती है। एक-दूसरे को जानने का मौका मिलता है। खेलों के अन्तर्गत कई तरह की स्पर्धाएं होती हैं। कोई भी अपने मनोनुकूल किसी खेल में भाग ले सकता है और इस तरह खेलों के माध्यम से अपना जीवन सुधार सकता है।

2. (क) लिखने वाला कागज, छपाई वाला कागज और टाइप करने का कागज।

(ख) कागज के वास्तविक आविष्कारक ततैये (बर) हैं।

(ग) मनुष्यों में सर्वप्रथम कागज बनाने वाले मिस्र के लोग थे।

(घ) ततैये ताड़ के खम्बों तथा वृक्षों के तनों से लकड़ी की छोटी-छोटी कतरनें चबाकर एक बारीक गुद्दा बना लेती हैं जिससे वे अपनी छतों की दीवारें बनाती हैं।

(ङ) वह प्राचीन पुस्तक लन्दन के ब्रिटिश संग्रहालय में देखी जा सकती है।

3. (क) प्राणियों में होने वाले अनवरत परिवर्तन विकास कहलाते हैं।

(ख) शिक्षा मानवीय विकास का एक सोपान है।

(ग) शिक्षा ज्ञानार्जन हेतु महत्त्वपूर्ण है।

(घ) बौद्धिक विकास मानव को परिस्कृत करता है।

(ङ) शैक्षिक चेतना नहीं होने से मनुष्य पशु समान व्यवहार करता है।

4. (क) पहाड़ी मार्ग दुर्गम होते हैं।

(ख) मेरी सास बूढ़ी हो गई है।

(ग) आज पानी नहीं बरस रहा है।

(घ) मैं और रमेश जयपुर जायेंगे।

(ङ) उसने एक बड़ा साँप मारा।

5. (क) अमर, (ख) पापी,

(ग) उपकारी, (घ) माँसाहारी,

(ङ) साकार।

6. (क) सीता ने तीन मकान खरीदे।

(ख) आपके पुत्र ने परीक्षा में प्रथम स्थान पाया।

(ग) वह दोषी है परन्तु मैं निर्दोष हूँ।

(घ) वह भूख से बेचैन है।

(ङ) गरीबों का कुछ तो भला करो।

7. (क) महात्मा बुध का निर्वाण कुशीनारा में हुआ।
उसने एक भव्य भवन का निर्माण किया है।

(ख) उसने श्वेत वसन पहन रखे थे।
चाय पीना उसके लिए एक व्यसन है।

(ग) शंकर भोलेनाथ को कहा जाता है।
यह पौधा संकर प्रजाति का है।

(घ) उसका स्वभाव ही कपट करने जैसा है।
मई में केदारनाथ के कपाट खुल जाते हैं।

(ङ) आज पछुआ अनिल चल रहा है।
एक घर में अनल लगने से गाँव राख हो गया।

8. (क) आँखों का तारा – बहुत प्रिय
नेहरू जी, गाँधी जी की आँखों के तारे थे।

(ख) हाथ धोना – निराश होना
उसकी दशा देखकर मैंने हाथ धो लिए।

(ग) सिर उठाना – विद्रोह के लिए खड़ा होना
समुद्रगुप्त के शासन काल में किसी क्षत्रप ने सिर नहीं उठाया।

(घ) पानी फेर देना – नष्ट कर देना
मैंने सारी तैयारियाँ कर ली थीं लेकिन श्याम ने मेरे किए-कराए पर पानी फेर दिया।

(ङ) कलम तोड़ना – खूब लिखना
मोहन ने इतिहास की परीक्षा में कलम तोड़ दिया।

9. मोहन **दिनांकः** 19.12.2013

सी-1 जनकपुरी
नई दिल्ली-40

प्रिय मित्र राजेश,

इधर काफी दिनों से तुम्हारा कोई पत्र नहीं मिला। नाराज हो क्या? इस बीच 24 दिसम्बर से हम लोगों का शीतावकाश हो रहा है। मैं चाहूँगा कि तुम भी आ जाते। छुट्टियाँ तो बीतेंगी ही साथ-ही-साथ आगामी परीक्षा की तैयारी के सम्बन्ध में भी काफी कुछ विचार-विमर्श होता। यह हम दोनों के लिए एक अच्छा अवसर है। यहाँ का वातावरण एवं जलवायु भी तुम्हें बेहद पसन्द आयेगा।

तुम्हारे आने की प्रतीक्षा में–

तुम्हारा मित्र,
मोहन

सेवा में,
श्री राजेश तलवार
16, महात्मा गाँधी पथ
भोपाल (म. प्र.)

10. मनोहर एक उच्च स्तरीय शोध संस्थान में कार्य करता था। यह शोध संस्थान राष्ट्रीय सुरक्षा से संबंधित था। इस संस्थान में कई गुप्त भाषा से संबंधित दस्तावेज भी होते थे। एक बार ऐसा ही एक दस्तावेज मनोहर को सौंपा गया। इस दस्तावेज में लिखे तथ्य व चित्र आदि उल्टे दिखते थे। मनोहर को इस दस्तावेज में लिखित गुप्त भाषा का अर्थ जानना था। उसे एक युक्ति सूझी। वह दर्पण के सामने बैठकर इस दस्तावेज पर गौर करने लगा। साथ ही उसे अपने कागज पर उतारने लगा। इस तरह गहन सूझबूझ से उसने उस भाषा का अर्थ निकाल लिया। जिससे राष्ट्रीय सुरक्षा से संबंधित कई छिपे हुए रहस्यों का खुलासा हुआ।

प्रश्न पत्र–II (बुद्धि परीक्षण)

समय : 40 मिनट

पूर्णांक : 100

निर्देश (प्रश्न सं. 1 से 5): *भिन्न/अतिरिक्त/गलत संख्या को चुनें।*

1. 256, 324, 289, 225, 144, 123.
(*a*) 324 (*b*) 225
(*c*) 144 (*d*) 123

2. 64, 36, 49, 25, 16, 13, 9.
(*a*) 49 (*b*) 16
(*c*) 13 (*d*) 25

3. 35, 28, 42, 49, 14, 53, 63.
(*a*) 28 (*b*) 49
(*c*) 53 (*d*) 63

4. 17, 23, 59, 31, 14, 13, 17.
(*a*) 14 (*b*) 23
(*c*) 59 (*d*) 31

5. 16, 18, 20, 12, 4, 8.
(*a*) 16 (*b*) 18
(*c*) 20 (*d*) 8

निर्देश (प्रश्न सं. 6 से 10): *निम्नलिखित प्रश्नों में दिये गये चार विकल्पों से सही संख्या को चुनकर शृंखला पूरी करें।*

6. 31 7 25 13 19 19 13 .....
(*a*) 14 (*b*) 20
(*c*) 25 (*d*) 30

7. 3 125 7 25 11 5 15 .....
(*a*) 19 (*b*) 16
(*c*) 3 (*d*) 1

8. 4 $5\frac{1}{2}$ 7 $8\frac{1}{2}$ 10 $11\frac{1}{2}$ .....
(*a*) 12 (*b*) $12\frac{1}{2}$
(*c*) 13 (*d*) $13\frac{1}{2}$

9. 7 53 21 48 63 43 189 .....
(*a*) 567 (*b*) 38
(*c*) 48 (*d*) 42

10. 1 4 9 16 25 36 .....
(*a*) 37 (*b*) 40
(*c*) 45 (*d*) 49

निर्देश (प्रश्न सं. 11 से 15): *निम्नलिखित प्रश्नों में दिये गये चार विकल्पों में कोई तीन किसी प्रकार सदृश हैं तथा एक भिन्न है। भिन्न शब्द का चयन करें।*

11. (*a*) नीला (*b*) लाल
(*c*) पीला (*d*) अंधेरा

12. (*a*) एक पैर पर कूदना
(*b*) पानी में गोता लगाना
(*c*) कूदना
(*d*) गिरना

13. (*a*) माँ (*b*) बहन
(*c*) भाई (*d*) चाची

14. (*a*) लेखक (*b*) मुद्रक
(*c*) प्रकाशक (*d*) पाठक

15. (*a*) ध्वनिग्राहक (*b*) सूक्ष्मदर्शी यंत्र
(*c*) चश्मा (*d*) दूरदर्शी यंत्र

निर्देश (प्रश्न सं. 16 से 20): *निम्नलिखित प्रश्नों में दिये गये विकल्पों से सही विकल्प चुनें।*

16. यदि FRIEND का कूट HUMJTK है, तो उसी कूट भाषा में CANDLE का कूट क्या होगा?
(*a*) EDRIRL (*b*) DCQHQK
(*c*) FROBOC (*d*) ESJFME

17. यदि एक कूट भाषा में YELLOW को XFKMNX लिखा जाए, तो उसी कूट भाषा में COUNTRY को क्या लिखेंगे?
(*a*) DPVOSQX (*b*) BNTMSQX
(*c*) BPTOSSX (*d*) AMSLRPW

18. यदि BATCH का कूट ABSDG है तो FORSAKE का कूट क्या होगा?
(*a*) ABDGS (*b*) EPQTZLD
(*c*) EQPZLTD (*d*) GDSBA

19. यदि कूट भाषा में RIPPLE को 613382 तथा LIFE को 8192 लिखते हैं, तो PILLER का कूट क्या होगा?
(*a*) 318826 (*b*) 318286
(*c*) 618826 (*d*) 328816

20. यदि PEOPLE का कूट PLPOEE है तो TREND का कूट क्या होगा?

(*a*) TREDN (*b*) DNERT
(*c*) NDETR (*d*) TNERD

21. ''डाटा प्रोसैसिंग'' का जो संबंध ''रॉ डॉटा'' से है, वही संबंध 'विश्वविद्यालय' का .... है?

(*a*) शिक्षक (*b*) विद्यालय
(*c*) विद्यार्थी (*d*) प्रधानाध्यापक

22. 'हृदय' का जो संबंध 'रक्त' से है वही संबंध 'फेफड़े' का .... से है।

(*a*) ऑक्सीजन (*b*) छाती
(*c*) शुद्धिकरण (*d*) वायु

23. 'विडियो' का जो संबंध 'कैसेट' से है, वही संबंध 'कम्प्यूटर' का .... से है।

(*a*) रील (*b*) रिकार्डिंग
(*c*) फाइल (*d*) फ्लापी

24. 'अधिक' का जो संबंध 'अनेक' से है वही संबंध 'माप' का .... से होगा?

(*a*) गिनती (*b*) गणना
(*c*) संख्या (*d*) वजन

25. 'स्वायत्ता' का जो संबंध 'दासता' से है, वही संबंध 'ख़तरे' का .... से होगा?

(*a*) सुरक्षा (*b*) खतरनाक
(*c*) गुस्सा (*d*) स्थिरता

26. कुछ लड़के एक पंक्ति में बैठे हैं। X बायीं ओर से 7वाँ तथा Y दाहनी ओर से 8वाँ है। यदि X तथा Y के बीच में 4 लड़के हैं, तो पंक्ति में कुल कितने लड़के हैं?

(*a*) 9 (*b*) 8
(*c*) 10 (*d*) 7

27. एक औरत की ओर इंकित करते हुए अनुज बोला ''वह मेरी माँ के बेटे के पिता की बहन है'' तो उस औरत का अनुज से क्या संबंध है?

(*a*) भतीजी (*b*) माँ
(*c*) चाची (*d*) बहन

28. छः लड़के एक गोलीय क्रम में केन्द्र बिन्दु की ओर मुँह करके बैठे हैं। गोपाल, सचिन के बाँयी ओर तथा सौरभ, अशोक और विकास के बीच में है। रवि, अशोक तथा गोपाल के बीच में है। विकास के बाँयी ओर कौन है?

(*a*) गोपाल (*b*) रवि
(*c*) अशोक (*d*) सचिन

29. कल से पहले का दिन शनिवार था तो कल क्या होगा?

(*a*) शुक्रवार (*b*) सोमवार
(*c*) बुधवार (*d*) मंगलवार

30. घड़ी में समय पौने तीन को दर्शाते हुए यदि मिनट की सूई उत्तर-पूर्व में है तो घंटे की सूई किस दिशा में होगी?

(*a*) दक्षिण-पूर्व (*b*) दक्षिण-पश्चिम
(*c*) उत्तर-पूर्व (*d*) उत्तर-पश्चिम

निर्देश (प्रश्न सं. 31 से 40): *निम्नलिखित प्रश्नों में प्रश्न आकृतियों के बाद उत्तर आकृतियाँ दी गई हैं। उत्तर आकृतियों में से उस आकृति को चुनें जो प्रश्न आकृतियों की श्रृंखला को पूर्ण करती है।*

31. **प्रश्न आकृतियाँ**

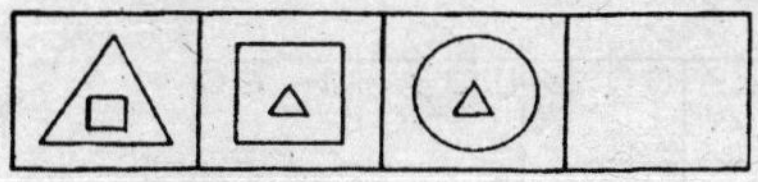

उत्तर आकृतियाँ

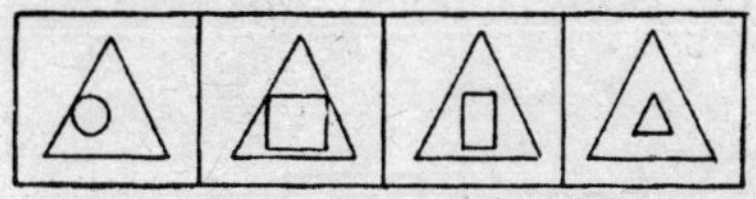

(*a*) (*b*) (*c*) (*d*)

32. **प्रश्न आकृतियाँ**

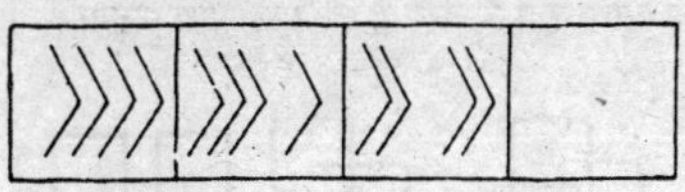

उत्तर आकृतियाँ

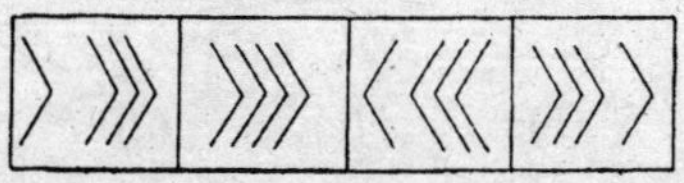

(*a*) (*b*) (*c*) (*d*)

33. **प्रश्न आकृतियाँ**

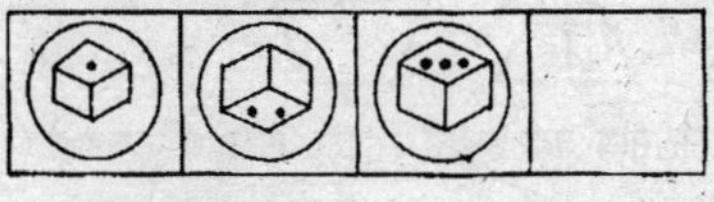

उत्तर आकृतियाँ

(*a*) (*b*) (*c*) (*d*)

34. प्रश्न आकृतियाँ

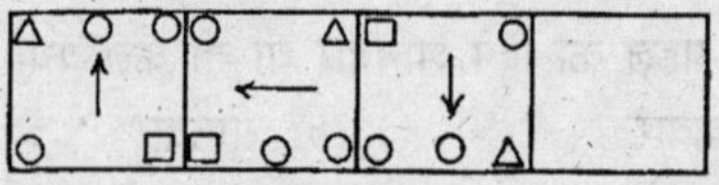

उत्तर आकृतियाँ

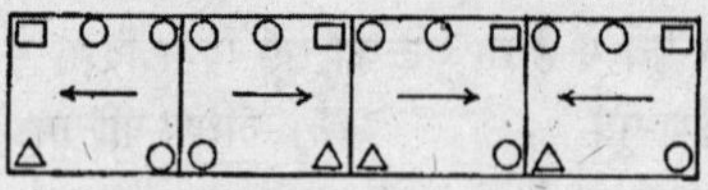

(*a*) (*b*) (*c*) (*d*)

35. प्रश्न आकृतियाँ

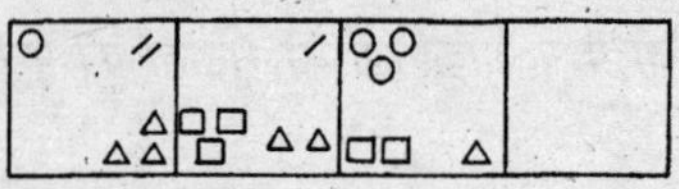

उत्तर आकृतियाँ

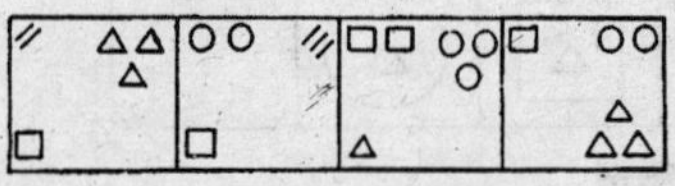

(*a*) (*b*) (*c*) (*d*)

36.

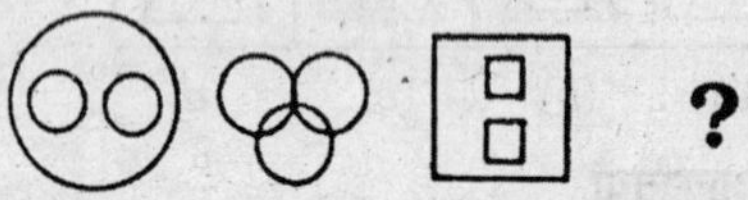

A जैसे B के साथ जुड़ा है वैसे ही C, ? के साथ जुड़ेगा

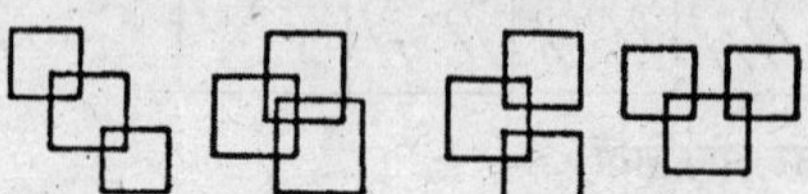

(*a*) (*b*) (*c*) (*d*)

37.

A जैसे B के साथ जुड़ा है वैसे ही C, ? के साथ जुड़ेगा

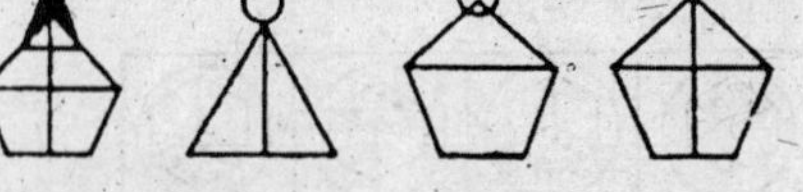

(*a*) (*b*) (*c*) (*d*)

38.

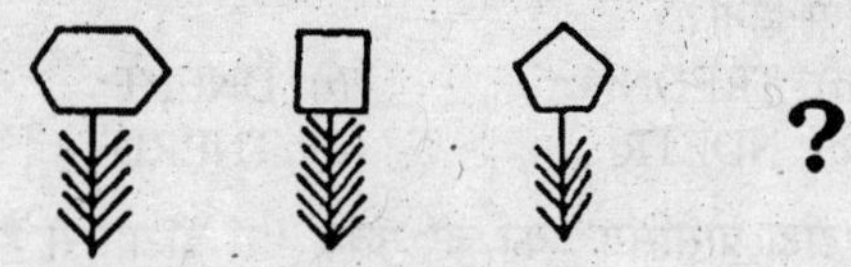

A जैसे B के साथ जुड़ा है वैसे ही C, ? के साथ जुड़ेगा

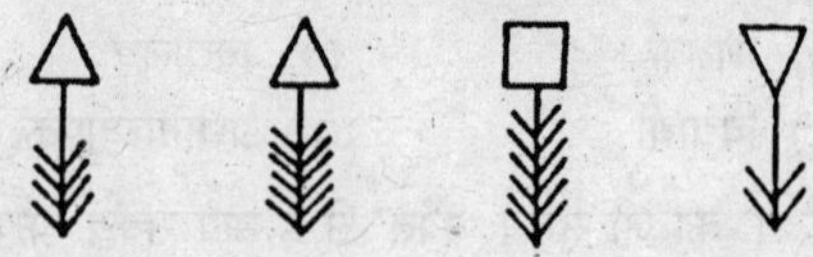

(*a*) (*b*) (*c*) (*d*)

39.

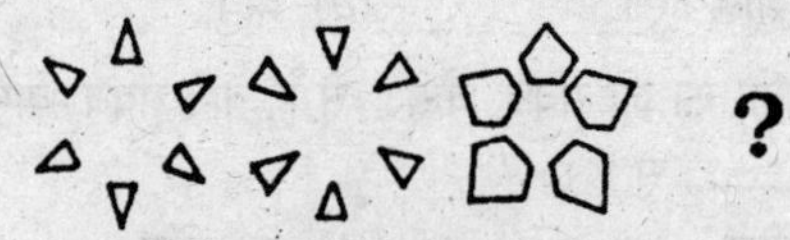

A जैसे B के साथ जुड़ा है वैसे ही C, ? के साथ जुड़ेगा

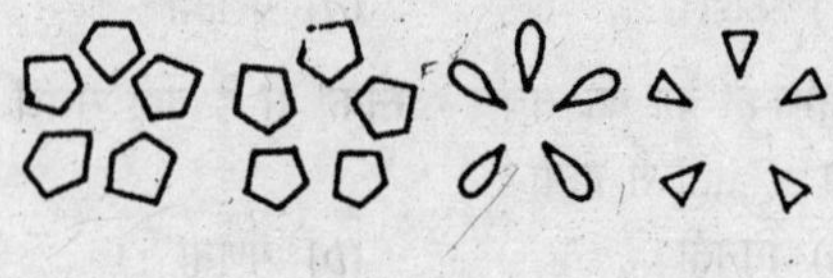

(*a*) (*b*) (*c*) (*d*)

40.

A जैसे B के साथ जुड़ा है वैसे ही C, ? के साथ जुड़ेगा

(*a*) (*b*) (*c*) (*d*)

निर्देश (प्रश्न सं. 41 से 45): *निम्नलिखित प्रश्नों में सबसे भिन्न आकृति को चुनें।*

41.

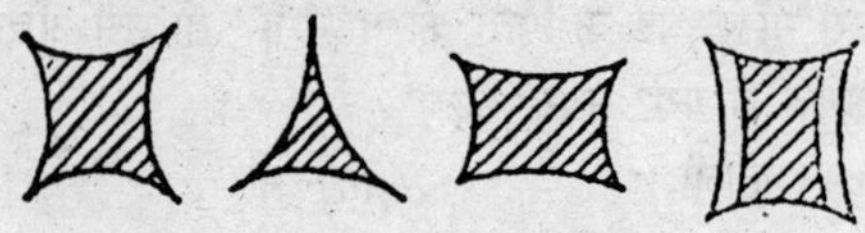

(*a*) (*b*) (*c*) (*d*)

42.

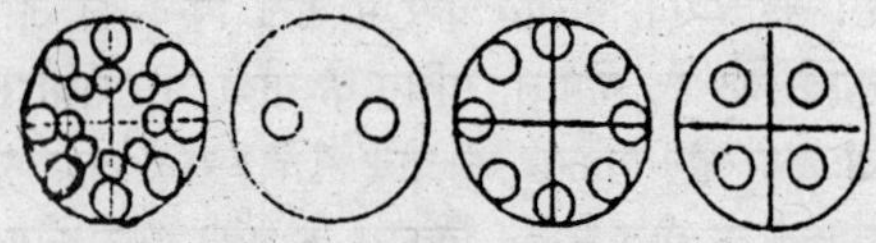

(*a*) (*b*) (*c*) (*d*)

43. 

(*a*) (*b*) (*c*) (*d*)

44. 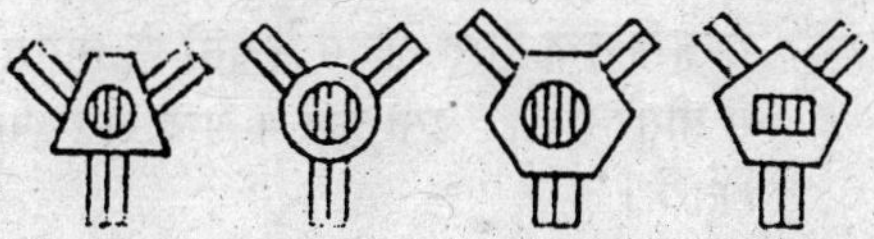

(*a*) (*b*) (*c*) (*d*)

45. 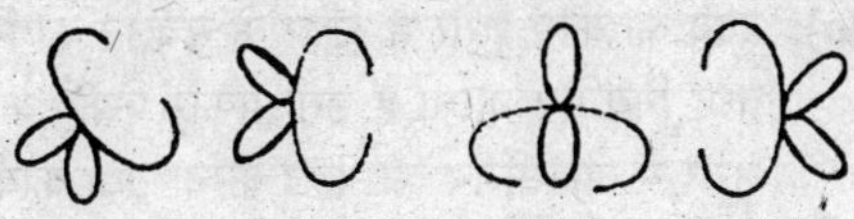

(*a*) (*b*) (*c*) (*d*)

निर्देश (प्रश्न सं. 46 से 50): *दी गई उत्तर आकृतियों में से उस आकृति को चुनें जो प्रश्न आकृति में छुपी हुई है।*

46. 

(*a*)  (*b*) 

(*c*)  (*d*) 

47. 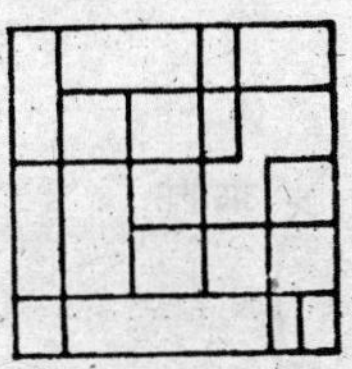

(*a*) 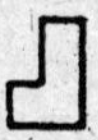 (*b*) 

(*c*)  (*d*) 

48. 

(*a*)  (*b*) 

(*c*)  (*d*) 

49. 

(*a*)  (*b*) 

(*c*)  (*d*) 

50. 

(*a*)  (*b*) 

(*c*)  (*d*) 

EXPLANATORY ANSWERS

1. (*d*): बाकी सभी संख्याएँ किसी संख्या के वर्ग हैं।

2. (*c*): केवल यही एक अभाज्य संख्या है।

3. (*c*): बाकी सभी संख्याएँ 7 से पूर्णतः भाज्य हैं।

4. (*a*): बाकी सभी संख्याएँ अभाज्य संख्याएँ हैं।

5. (*b*): बाकी सभी संख्याएँ 4 से पूर्णतः भाज्य हैं।

6. (*c*): यहाँ दो शृंखलाएँ हैं, 31, 25, 19, 13, ... जो क्रमशः 6 से घटती जा रही हैं। जबकि दूसरी शृंखला 7, 13, 19, 25, 31, ... जो क्रमशः 6 से बढ़ती जा रही हैं।

7. (*d*): एक शृंखला 4 से बढ़ती जा रही है जबकि दूसरी शृंखला $\frac{1}{5}$ से गुणा हो रही है। अतः प्राप्त संख्या $5\times\frac{1}{5}=1$ होगी।

8. (*c*): शृंखला $\frac{3}{2}$ से बढ़ती जा रही है।

9. (*b*): एक शृंखला 3 से गुणा हो रही है, जबकि दूसरी शृंखला 5 से घटती जा रही है। अतः बांधित संख्या 43 – 5 = 38 होगी।

10. (*d*): शृंखला क्रमशः प्राकृतिक संख्याओं का वर्ग है।

11. (*d*): बाकी सभी विभिन्न रंगों को दर्शाता है।

12. (*d*): बाकी सभी पद विभिन्न प्रकार के व्यायाम को दर्शाता है।

13. (*c*): बाकी सभी का संबंध स्त्रीलिंग से है।

14. (*d*): बाकी सभी व्यक्ति पाठक के लिए काम करते हैं।

15. (*a*): माइक्रोफोन को छोड़कर अन्य सभी से दूसरी वस्तुओं को देखते हैं।

16. (*a*):

F R I E N D
+2↓ +3↓ +4↓ +5↓ +6↓ +7↓
H U M J T K

इसी प्रकार,

C A N D L E
+2↓ +3↓ +4↓ +5↓ +6↓ +7↓
E D R I R L

17. (*c*):

Y E L L O W
–1↓ +1↓ –1↓ +1↓ –1↓ +1↓
X F K M N X

इसी प्रकार,

C O U N T R Y
–1↓ +1↓ –1↓ +1↓ –1↓ +1↓ –1↓
B P T O S S X

18. (*b*):

B A T C H
–1↓ +1↓ –1↓ +1↓ –1↓
A B S D G

इसी प्रकार,

F O R S A K E
–1↓ +1↓ –1↓ +1↓ –1↓ +1↓ –1↓
E P Q T Z L D

19. (*a*): अक्षर का कूट इस प्रकार है
$P \rightarrow 3, I \rightarrow 1, L \rightarrow 8, E \rightarrow 2$ और $R \rightarrow 6$
इसलिए 'PILLER' का कूट 318826 होगा।

20. (*d*): कूट भाषा में पहला और अंतिम अक्षर अपरिवर्तित रहता है तथा दूसरा अंतिम से दूसरे से, तीसरा अंतिम से तीसरे से ...... इसी क्रम में अन्य अक्षर परिवर्तित होते हैं।

21. (*c*):

22. (*a*): हृदय का काम शरीर में रुधिर के संचलन को नियंत्रित तथा नियमित करना है उसी प्रकार फेफड़े का काम शरीर में ऑक्सीजन को ग्रहण करना तथा कार्बन डाई ऑक्साइड का उत्सर्जन करना है।

23. (*d*): 'कैसेट' का उपयोग गाने/फिल्म को रखने में होता है, उसी तरह 'फ्लोपी' का उपयोग कम्प्यूटर के डाटा को रखने में होता है।

24. (*a*): 'अधिक' और 'अनेक' समानार्थक शब्द हैं उसी प्रकार 'माप' और 'गिनती' समानार्थक शब्द हैं।

25. (*a*): 'स्वायत्ता' का विलोम 'दासता' है, उसी प्रकार 'खतरा' का विलोम 'सुरक्षा' है।

26. (*a*): कतार में लड़कों की संख्या
$= (8 - 1) + (7 - 1) - 4$
$= 7 + 6 - 4 = 9$

27. (*c*):

28. (*a*): छः मित्रों का एक वृत्त के अनुदिश बैठने का क्रम इस प्रकार है।

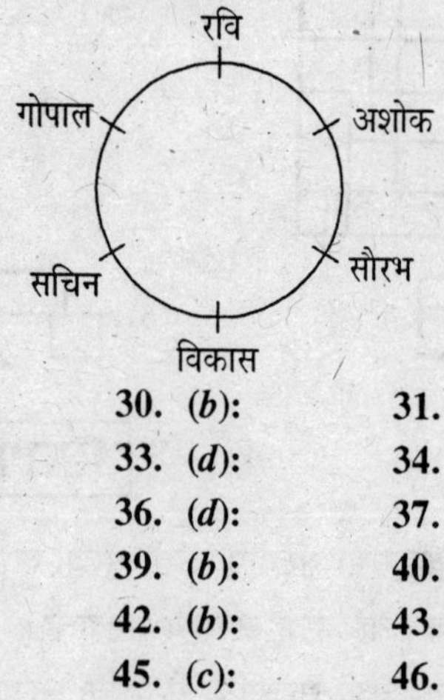

29. (*d*):	**30. (*b*):**	**31. (*c*):**
32. (*a*):	**33. (*d*):**	**34. (*c*):**
35. (*b*):	**36. (*d*):**	**37. (*d*):**
38. (*b*):	**39. (*b*):**	**40. (*c*):**
41. (*d*):	**42. (*b*):**	**43. (*d*):**
44. (*b*):	**45. (*c*):**	**46. (*b*):**
47. (*b*):	**48. (*d*):**	**49. (*a*):**
50. (*b*):		

पिछले प्रश्न-पत्र (हल सहित)

सैनिक स्कूल प्रवेश परीक्षा, 2013

कक्षा-VI

प्रश्न पत्र–I (गणित एवं भाषा)

समय : 2 घंटे पूर्णांक : 200

भाग 'अ' गणित

खण्ड-I

(प्रत्येक प्रश्न दो अंक का है)

1. 5, 0, 7, 4 के प्रयोग से सबसे बड़ी तथा सबसे छोटी संख्या बनाइए।

2. 4318 को किस संख्या से भाग दें कि भागफल 17 हो?

3. एक वर्गाकार कमरे की भुजा 12 मीटर है। 5 रुपये प्रति वर्गमीटर की दर से इस कमरे में कालीन बिछाने का मूल्य ज्ञात कीजिए।

4. सरल कीजिए : $1\frac{1}{2}+2\frac{2}{3}-\frac{1}{6}$.

5. एक दर्जन पेन की कीमत 90 रुपये है। इस प्रकार के 20 पेन की कीमत निकालिए।

6. एक छात्र ने पांच परीक्षाओं में 90, 92, 93, 95 और 90 अंक प्राप्त किये। छात्र के औसत अंक ज्ञात कीजिए।

7. 500 रुपये का 15% कितना होगा?

8. 40 मीटर/से. को कि.मी./घंटा में परिवर्तित कीजिए।

9. नीचे दिए गये चित्र में, AOB एक सरल रेखा है। यदि $\angle AOC + \angle BOD = 85°$ तो $\angle COD$ का मान ज्ञात कीजिए।

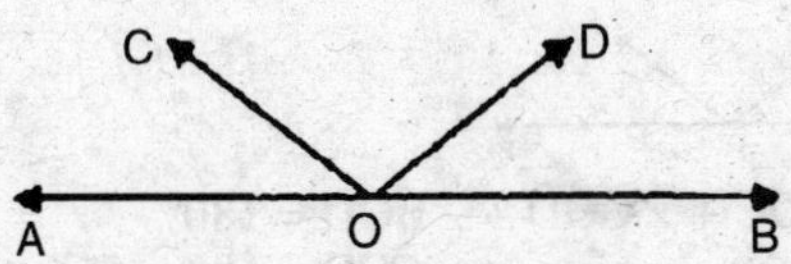

10. एक वर्ग की भुजा 25 मी. है। इसका परिमाप ज्ञात करें।

खण्ड-II

(प्रत्येक प्रश्न तीन अंक का है)

11. $1\div\left\{\frac{1}{2}+\frac{1}{3}+\frac{1}{6}\div\left(\frac{3}{4}-\frac{1}{3}\right)\right\}$ को सरल कीजिए।

12. यदि 15 आदमी मिलकर एक कार्य को 20 दिन में पूरा कर सकते हैं तो 25 आदमी उस कार्य को कितने दिन में पूरा कर सकेंगे?

13. एक वृत्त की त्रिज्या 7 से.मी. है। व्यास, क्षेत्रफल और परिधि ज्ञात करें।

14. मूलधन 5600 रुपये का 5% वार्षिक ब्याज की दर से तीन वर्ष के समय में साधारण ब्याज ज्ञात कीजिए।

15. दो संख्याओं का ल.स.प. 630 और म.स.प. 9 है। यदि एक संख्या 90 हो तो अन्य संख्या निकालिए।

16. एक स्कूल में 75% विद्यार्थी लड़के हैं। यदि लड़कियों की संख्या 420 है तो लड़कों की संख्या ज्ञात कीजिए।

17. एक त्रिभुज के कोण 1 : 2 : 3 के अनुपात में हैं। कोणों के मान ज्ञात कीजिए। यह भी ज्ञात कीजिए कि यह त्रिभुज किस प्रकार का है।

18. प्रथम दस संख्याओं का औसत ज्ञात करें।

19. $5\frac{19}{25}$ का वर्गमूल ज्ञात करें।

20. एक पहिये की त्रिज्या 35 सेमी है। यह पहिया 100 चक्करों में कितनी दूरी तय कर लेगा?

खण्ड-III

(प्रत्येक प्रश्न पांच अंक का है)

21. किसी नगर की जनसंख्या 2,65,000 है। इसमें 40% पुरुष तथा 30% महिलाएं हैं। बाकी बच्चे हैं। नगर में पुरुष, महिलाएं तथा बच्चों की संख्या ज्ञात करें।

22. एक कक्षा के 40 छात्रों की औसत आयु 18 वर्ष है। जब एक अध्यापक को सम्मिलित किया जाता है तो औसत आयु 19 वर्ष हो जाती है। अध्यापक की उम्र निकालिए।

23. किसी त्रिभुज के कोण 2 : 3 : 5 के अनुपात में हैं। कोणों का मान ज्ञात कीजिए।

24. एक आदमी ने दो रेडियो 924 रुपये प्रति रेडियो की दर से बेचे। एक रेडियो बेचने पर उसे 20% का लाभ हुआ और दूसरे पर 20% की हानि हुई। इस विक्रय में उसे कितने रुपये का लाभ या हानि हुई?

25. नीचे दिए गये चित्र का क्षेत्रफल निकालिए।

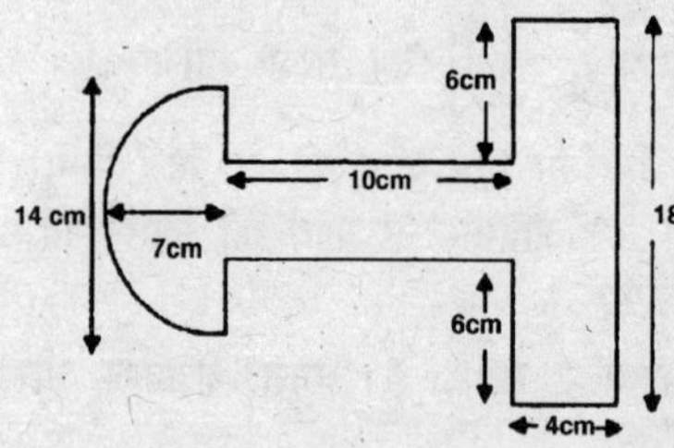

26. एक दीवार जिसकी लम्बाई 15 मीटर, चौड़ाई 1.8 मीटर और मोटाई 37.5 सेमी है। दीवार को बनाने में कितनी ईंटों की आवश्यकता होगी जबकि एक ईंट की नाप 25 सेमी × 12.5 सेमी × 7.5 सेमी है?

27. कितने समय में 1,250 रुपये चार प्रतिशत वार्षिक ब्याज की दर से रुपये 1,375 रुपये हो जायेंगे?

28. एक संख्या को दो भागों में बांटा जाता है और दोनों भागों का योग 246 है। एक संख्या दूसरी संख्या की दुगुनी है। दोनों भागों का मान ज्ञात कीजिए।

29. एक 8 मी. × 5 मी. × 80 से.मी. वाले लकड़ी के लट्ठे में से 20 से.मी. भुजा के कितने लकड़ी के घन निकलेंगे, यदि लकड़ी का कोई नाश न हो?

30. एक वर्ग का परिमाप और एक वृत्त की परिधि बराबर है और दोनों 44 सेमी है। किसका क्षेत्रफल ज्यादा और दूसरे से कितना ज्यादा है?

व्याख्यात्मक उत्तर

1. दी गई संख्या = 5, 0, 7, 4

सबसे बड़ी संख्या = 7540

सबसे छोटी संख्या = 4057

2. आवश्यक संख्या = 4318 ÷ 17 = 254

3. वर्ग की भुजा = 12 मीटर

वर्ग का क्षेत्रफल = 12 × 12 = 144 वर्ग मीटर

1 वर्गमीटर पर खर्च = ₹ 5

144 वर्गमीटर पर खर्च = ₹ 144 × 5 = ₹ 720

4. $1\frac{1}{2}+2\frac{2}{3}-\frac{1}{6} = \frac{3}{2}+\frac{8}{3}-\frac{1}{6}$

$= \frac{9+16-1}{6} = \frac{24}{6} = 4$

5. 12 पेन की कीमत = ₹ 90

20 पेन की कीमत = ₹ $\frac{90}{12} \times 20$ = ₹ 150

6. औसत अंक = $\frac{90+92+93+95+90}{5}$

$= \frac{460}{5} = 92$

7. ₹ 500 का 15%

$= \frac{15}{100} \times$ ₹ 500 = ₹ 75

8. 40 मीटर/सेकेण्ड = $40 \times \frac{18}{5}$ कि.मी./घंटा

= 8 × 18 = 144 कि.मी./घंटा

9.

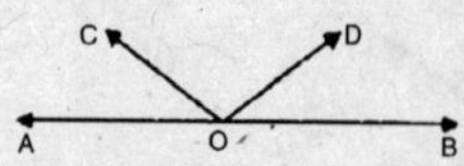

$\because \angle AOC + \angle COD + \angle BOD = 180°$

$\angle COD = 180 - 85 = 95°$

$[\because \angle AOC + \angle BOD = 85°]$

10. वर्ग की भुजा = 25 मीटर

वर्ग की परिमिति = 4 × 25 = 100 मीटर

11. $1 \div \left\{\frac{1}{2}+\frac{1}{3}+\frac{1}{6}\div\left(\frac{3}{4}-\frac{1}{3}\right)\right\}$

$= 1 \div \left\{\frac{1}{2}+\frac{1}{3}+\frac{1}{6}\div\left(\frac{9-4}{12}\right)\right\}$

$= 1 \div \left\{\frac{1}{2}+\frac{1}{3}+\frac{1}{6}\times\frac{12}{5}\right\}$

$= 1 \div \left\{\frac{1}{2}+\frac{1}{3}+\frac{2}{5}\right\} = 1 \div \left\{\frac{15+10+12}{30}\right\}$

$= 1 \div \frac{37}{30} = 1\times\frac{30}{37} = \frac{30}{37}$

12. 15 आदमी किसी काम को 20 दिनों में पूरा करते हैं
25 आदमी उसी काम को

$\frac{20\times15}{25}$ = 12 दिनों में पूरा करेंगे

13. वृत्त की त्रिज्या = 7 सेमी

वृत्त का व्यास = 2 × 7 = 14 सेमी

वृत्त का क्षेत्रफल = $\pi r^2 = \frac{22}{7}\times7\times7$

= 154 वर्ग सेमी

वृत्त की परिधि = $2\pi r$

$= 2\times\frac{22}{7}\times7$

= 44 सेमी

14. साधारण ब्याज = $\frac{\text{मू.} \times \text{दर} \times \text{समय}}{100}$

$= \frac{5600\times5\times3}{100}$ = ₹ 840

15. दूसरी संख्या = $\frac{\text{ल.स.प.} \times \text{म.स.प}}{\text{एक संख्या}}$

$= \frac{630\times9}{90} = 63$

16. माना कि विद्यार्थियों की कुल संख्या = x
प्रश्नानुसार, x का 25% = 420

$\Rightarrow \frac{25}{100}\times x = 420$

$\Rightarrow x = 1680$

लड़कों की संख्या = 1680 – 420 = 1260

17. $x + 2x + 3x = 180^\circ$

$6x = 180^\circ \Rightarrow x = 30^\circ$

∴ त्रिभुज के कोण हैं, 30°, 60°, 90°

एक कोण 90° का है अतः त्रिभुज समकोण त्रिभुज होगा।

18. औसत = $\frac{1+2+3+4+...+10}{10} = \frac{55}{10} = 5.5$

दूसरा तरीका, औसत = $\frac{10\times11}{2\times10} = \frac{11}{2} = 5.5$

19. $5\frac{19}{25}$ का वर्गमूल

$= \sqrt{\frac{144}{25}} = \frac{12}{5} = 2.4$

20. वृत्त की परिधि = $2\pi r = 2\times\frac{22}{7}\times35 = 220$ सेमी

1 चक्कर = 220 सेमी

100 चक्कर = 22000 सेमी = 220 मीटर

21. पुरुषों की संख्या = $\frac{40}{100}\times265000$

= 106000

महिलाओं की संख्या = $\frac{30}{100}\times265000$

= 79500

बच्चों की संख्या = $\frac{30}{100}\times265000$

= 79500

22. 40 छात्रों की आयु का योग = 40 × 18

= 720 वर्ष

शिक्षक के साथ कुल आयु = 41 × 19

= 779 वर्ष

शिक्षक की आयु = 779 – 720

= 59 वर्ष

23. $2x + 3x + 5x = 180^\circ$

$10x = 180^\circ$

$\Rightarrow x = 18^\circ$

त्रिभुज के कोण 36°, 54° तथा 90° हैं।

24.

पहला रेडियो	दूसरा रेडियो
विक्रय मू. = ₹ 924	विक्रय मू. = ₹ 924
लाभ = 20%	हानि = 20%

क्रय मूल्य = $\frac{100}{120} \times 924$ = ₹ 770

क्रय मूल्य = $\frac{100}{80} \times 924$ = 231 × 5 = ₹ 1155

कुल विक्रय मूल्य = 924 + 924 = ₹ 1848

कुल क्रय मूल्य = 770 + 1155 = ₹ 1925

हानि = 1925 – 1848 = ₹ 77

25. चित्र का क्षेत्रफल = 18 × 4 = 72 वर्ग सेमी

10 × 6 = 60 वर्ग सेमी

$\frac{1}{2} \times \frac{22}{7} \times 7 \times 7 = 77$ वर्ग सेमी

कुल क्षेत्रफल = 72 + 60 + 77

= 209 वर्ग सेमी।

26. दीवार का आयतन = $\frac{1500 \times 180 \times 375}{10}$ घन सेमी

एक ईंट का आयतन = $\frac{25 \times 125 \times 75}{10 \times 10}$ घन सेमी

ईंटों की संख्या = $\frac{1500 \times 180 \times 375 \times 10 \times 10}{25 \times 125 \times 75 \times 10}$

= 2 × 180 × 12 = 4320

27. मूलधन = ₹ 1250

मिश्रधन = ₹ 1375

साधारण ब्याज = 1375 – 1250 = ₹ 125

समय = $\frac{\text{ब्याज} \times 100}{\text{मूलधन} \times \text{दर}}$

= $\frac{125 \times 100}{1250 \times 4} = \frac{5}{2} = 2\frac{1}{2}$ वर्ष

28. प्रश्नानुसार, $x + 2x = 246$

$\Rightarrow \quad 3x = 246$

$\Rightarrow \quad x = \frac{246}{3} = 82$

अतः पहला भाग = x = 82 एवं दूसरा भाग = $2x$ = 2 × 82 = 164

29. घनाभ का आयतन = 800 × 500 × 80 घन सेमी

घन का आयतन = 20 × 20 × 20 घन सेमी

घनों की संख्या = $\frac{800 \times 500 \times 80}{20 \times 20 \times 20}$

= 800 × 5 = 4000

30. वर्ग की परिमिति = 44 सेमी

वर्ग की भुजा = $\frac{44}{4} = 11$ सेमी

वर्ग का क्षेत्रफल = 11 × 11 = 121 वर्ग सेमी

वृत्त की परिधि = 44 सेमी

$\Rightarrow \quad 2 \times \frac{22}{7} \times r = 44$

$r = \frac{7 \times 44}{44} = 7$ सेमी

वृत्त का क्षेत्रफल = $\pi r^2 = \frac{22}{7} \times 7 \times 7$

= 154 वर्ग सेमी

स्पष्टतः वृत्त का क्षेत्रफल वर्ग के क्षेत्रफल से ज्यादा है।

अन्तर = 154 – 121 = 33 वर्ग सेमी।

भाग 'ब' – भाषा

पूर्णांक : 100

1. निम्नलिखित में से किसी एक विषय पर 15 वाक्यों में एक निबंध लिखिए। **(15 अंक)**

(क) मेरे माता-पिता

(ख) मेरा प्रिय खेल

2. निम्नलिखित गद्यांश को ध्यानपूर्वक पढ़कर दिए हुए प्रश्नों के उत्तर दीजिए। **(15 अंक)**

स्वस्थ रहने के लिए हमें हरी सब्जियाँ और ताजे फल खाने चाहिए। गाजर, मटर, बन्दगोभी और पालक आदि का सेवन हमें रोगों से दूर रखता है जबकि सेब, पपीता, संतरा, अनार और आम आवश्यक ऊर्जा प्रदान करते हैं। शाकाहारी भोजन मांसाहारी भोजन से अच्छा माना जाता है। हमें तली हुई वस्तुएं खाने से बचना चाहिए। समोसे, बर्गर, पिज्जा, पकौड़े आदि पाचन शक्ति को कमजोर करते हैं। चाकलेट और टॉफी दांतों के शत्रु हैं। स्वस्थ रहने के लिए खानपान पर ध्यान देना आवश्यक है।

(क) उपरोक्त गद्यांश का उचित शीर्षक लिखिए।

(ख) स्वस्थ रहने के लिए हमें क्या-क्या खाना चाहिए?

(ग) फल खाने से हमें क्या लाभ हैं?

(घ) पाचन शक्ति को कौन-सी चीजें कमजोर करती हैं?

(ङ) कौन-सी वस्तुएं दांतों की शत्रु हैं?

3. रेखांकित शब्दों का प्रयोग करके अलग से नए वाक्य बनाइए। **(10 अंक)**

आप क्या फुटबॉल टीम या हॉकी टीम का समर्थन करते हैं। शायद आप अपनी राष्ट्रीय क्रिकेट टीम की सफलता के बारे में जानकारी रखते हैं। आप जानते हैं कि हर खेल का अपना महत्व और अनुशासन होता है। किसी भी खेल का अच्छा खिलाड़ी बनने के लिये आपको निरन्तर अभ्यास की जरूरत होती है। खेल की मूलभूत कार्यकुशलता को जानना बहुत आवश्यक होता है।

(क) ....

(ख) ....

(ग) ....

(घ) ....

(ङ) ....

4. दिए गए शब्द समूहों को क्रम से लिखकर अर्थपूर्ण वाक्य बनाइए– **(10 अंक)**

(क) स्थान है/महत्वपूर्ण/संगीत का/जीवन में।

(ख) चाहिए/अपने/और/हमें/का/गुरुजन/आदर/माता-पिता/करना।

(ग) चुरा सकता/नहीं/कोई/जिसे/धन है/ऐसा/शिक्षा/एक।

(घ) देश है/कृषि/प्रधान/भारत/एक।

(ङ) नष्ट कर देगा/करेंगे तो/समय नष्ट/समय हमें/यदि हम।

5. अनेक शब्दों के लिए एक शब्द लिखिए– **(10 अंक)**

(क) जो साथ पढ़ता हो

(ख) जिसके पास धन न हो

(ग) जिसका स्वास्थ्य अच्छा न हो

(घ) जो दिखाई न दे

(ङ) जो श्रद्धा करने योग्य हो

6. नीचे लिखे शब्दों के वाक्य बनाकर अन्तर बताओ– **(10 अंक)**

(क) समान, सामान (ख) सती, क्षति

(ग) उधार, उदार (घ) भोला, भूला

(ङ) संध्या, संज्ञा

7. लगभग 10 पंक्तियों में अपने चाचाजी को सूचित करने के लिये पत्र लिखो कि आप अपनी आगे की शिक्षा के लिए सैनिक स्कूल में प्रवेश चाहते हैं। **(10 अंक)**

8. निम्नलिखित मुहावरों को ठीक करके पुनः लिखिए– **(10 अंक)**

(क) नाच न जाने आँगन गीला।

(ख) चोर-चोर चचेरे भाई।

(ग) एक अनार दो बीमार।

(घ) बन्दर क्या जाने लहसुन का स्वाद।

(ङ) घर की भौजी लंका ढाए।

9. निम्नलिखित के विलोम शब्द लिखिए– **(10 अंक)**

(क) एक ....

(ख) दीर्घ ....

(ग) अंधकार ....

(घ) उचित ....

(ङ) चौड़ा ....

व्याख्यात्मक उत्तर

1. (क) मेरे माता-पिता

मैं एक छोटे परिवार का सदस्य हूँ। मेरे पिताजी का नाम अ.ब.स. तथा माताजी का नाम क.ख.ग. है। मेरे माता-पिता दोनों ही अत्यंत धार्मिक स्वभाव के हैं। वे दोनों ही काम पर जाते हैं। मेरे पिताजी एक बैंक अधिकारी हैं तथा माताजी अध्यापिका हैं। वे दोनों ही अपने-अपने कार्यों में बहुत कठिन परिश्रम करते हैं। वे परिवार का निर्वाह करने और हमारी शिक्षा का खर्च उठाने के लिए कार्य करते हैं। जब वे अपने कार्यस्थलों से वापिस आते हैं तो घर के नित्य-कर्मों जैसे-खाना पकाना और धुलाई-सफाई आदि कार्यों को निपटाते हैं। शाम को वे पढ़ाई आदि में हमारी मदद करते हैं। पढ़ाई के बाद वे हमारे साथ बैठकर हल्की-फुल्की बातचीत करते हैं और खेलते हैं। इसके बाद हम सभी टेलिविजन देखते हैं तथा साथ बैठकर रात का खाना खाते हैं। वे हमारे साथ पार्क में घूमने जाते हैं। वे हमारी हर छोटी-से-छोटी आवश्यकता का ध्यान रखते हैं। वे हमारे स्वास्थ्य के विषय में सजग रहते हैं और सदैव हमें स्वस्थ दिनचर्या अपनाने के लिए उत्साहित करते हैं। वे हमें बहुत प्यार करते हैं और हम भी उनसे असीम प्रेम करते हैं।

2. (क) "उत्तम भोजन प्रवृत्ति।"

(ख) स्वस्थ रहने के लिए हमें हरी सब्जियाँ और ताजे फल खाने चाहिए।

(ग) फल खाने से हमें आवश्यक ऊर्जा प्राप्त होती है।

(घ) समोसे, बर्गर, पिज्जा और पकौड़े जैसी तली हुई वस्तुएँ पाचन शक्ति को कमजोर करती हैं।
(ङ) चाकलेट और टॉफी दांतों की शत्रु हैं।

3. (क) हमें सही बात का समर्थन करना चाहिए।
(ख) कठिन परिश्रम से ही सफलता मिलती है।
(ग) हमें अपनी प्रत्येक गतिविधि में अनुशासन का पालन करना चाहिए।
(घ) निरंतर अभ्यास से ही निपुणता प्राप्त की जा सकती है।
(ङ) किसी भी कार्य में समय का पालन करना परम आवश्यक होता है।

4. (क) जीवन में संगीत का महत्वपूर्ण स्थान है।
(ख) हमें अपने गुरुजन और माता-पिता का आदर करना चाहिए।
(ग) शिक्षा एक ऐसा धन है जिसे कोई चुरा नहीं सकता।
(घ) भारत एक कृषि प्रधान देश है।
(ङ) यदि हम समय नष्ट करेंगे तो समय हमें नष्ट कर देगा।

5. (क) सहपाठी, (ख) निर्धन,
(ग) अस्वस्थ, (घ) अदृश्य,
(ङ) श्रद्धेय।

6. (क) दोनों भाई एक समान हैं।
दोनों का सामान अलग-अलग है।
(ख) सावित्री एक महान सती स्त्री थी।
आपको इस क्षति की पूर्ति करनी चाहिए।
(ग) उधार माँगना बुरी बात है।
वह बहुत उदार व्यक्ति है, सबकी मदद करता है।
(घ) वह बड़ा भोला है, सब उसको ठगते हैं।
एक बार जो वह रास्ता भूला तो कहीं का कहीं पहुँच गया।
(ङ) हम संध्या को आराधना करते हैं।
हमारा नाम एक संज्ञा ही तो है।

7. अ.ब.स.
दिल्ली
16 नवंबर, 20...
पूज्य चाचाजी,

आशा है कि आप कुशलपूर्वक होंगे। आपका पत्र मिला जिसमें आपने जानना चाहा है कि मैं आगे की शिक्षा के लिए सैनिक स्कूल में ही क्यों प्रवेश पाना चाहता हूँ। मेरी इस इच्छा के पीछे कई कारण हैं। जैसाकि आप जानते हैं, सैनिक स्कूलों की प्रतिष्ठा महान होती है और उनमें प्रवेश पाना ही अपने आप में बड़े गर्व का विषय है। दूसरे, उनके शिक्षा-मानक तथा शिक्षा प्रदान करने की प्रणाली उच्च कोटि के होते हैं। इसके अतिरिक्त वे अनुशासन तथा विद्यार्थियों के चहुँमुखी विकास पर विशेष बल देते हैं। स्कूली शिक्षा के अतिरिक्त वहाँ अन्य पाठ्येत्तर गतिविधियों, खेलों तथा शारीरिक शिक्षा एवं विकास के पर्याप्त अवसर प्रदान किये जाते हैं। और सबसे बड़ी बात यह है कि मैं भी पापा और आप ही की तरह एक सैन्य अधिकारी बनना चाहता हूँ, और इसके लिए शुरुआत करने का इससे अच्छा मंच और कोई नहीं है। मुझे विश्वास है कि आप भी मुझसे सहमत होंगे।

सादर नमस्कार,

सप्रेम आपका
अ.ब.स.

8. (क) नाच न जाने आँगन टेढ़ा।
(ख) चोर-चोर मौसेरे भाई।
(ग) एक अनार सौ बीमार।
(घ) बन्दर क्या जाने अदरक का स्वाद।
(ङ) घर का भेदी लंका ढाए।

9. (क) अनेक
(ख) लघु
(ग) उजाला
(घ) अनुचित
(ङ) लम्बा

प्रश्न पत्र–II (बुद्धि परीक्षण)

समय : 40 मिनट **पूर्णांक : 100**

निर्देश (प्रश्न सं. 1-10): *नीचे दिए गए प्रत्येक प्रश्न में चार शब्द दिए गए हैं। इन चार शब्दों में से तीन किसी न किसी रूप में समान हैं जबकि एक असमान है। परीक्षार्थी असमान शब्द की पहचान करें।*

1. (*a*) मेंढक (*b*) कछुआ
(*c*) केकड़ा (*d*) मछली

2. (*a*) IVEF (*b*) VEENS
(*c*) EINN (*d*) VEIID

3. (*a*) संख्या (*b*) रूप
(*c*) भार (*d*) आकार

4. (*a*) आयोग (*b*) दल
(*c*) कार्यसूची (*d*) मण्डल

5. (*a*) योग (*b*) व्यवकलन
(*c*) गुणा (*d*) विभाजन

6. (*a*) उकसाना (*b*) अशक्त करना
(*c*) कोंचना (*d*) धकेलना

7. (*a*) बाँसुरी (*b*) वायलिन
(*c*) गिटार (*d*) सितार

8. (*a*) छिपाना (*b*) प्रकट करना
(*c*) ढकना (*d*) गुप्त रखना

9. (*a*) पिस्तौल (*b*) तलवार
(*c*) बंदूक (*d*) राइफल

10. (*a*) वायुयान (*b*) पक्षी
(*c*) टैंकर (*d*) हवाई छतरी

निर्देश (प्रश्न सं. 11-15): *दिए गए विकल्पों में से विषम संख्या युग्म को चुनिए।*

11. (*a*) 81 (*b*) 93
(*c*) 66 (*d*) 72

12. (*a*) 186 - 69 (*b*) 168 - 570
(*c*) 1001 - 100 (*d*) 5270 - 2936

13. (*a*) 6 3 8 5 2 (*b*) 5 2 6 3 8
(*c*) 2 8 7 5 1 (*d*) 8 5 3 6 2

14. (*a*) 162 (*b*) 405
(*c*) 567 (*d*) 644

15. (*a*) 156 (*b*) 201
(*c*) 273 (*d*) 345

निर्देश (प्रश्न सं. 16-20): *नीचे दिए गए प्रत्येक प्रश्न में से सही उत्तर का विकल्प चुनें।*

16. किसी कूट भाषा में "CERTAIN" को "XVIGZRM" लिखा जाता है, "SEQUENCE" को "HVJFVMXV" तो उसी कूट भाषा में "REQUIRED" कैसे लिखा जाएगा?
(*a*) VJIFWTRV (*b*) WVJRIFVI
(*c*) IVJFRIVW (*d*) FJIVWVIR

17. यदि किसी कूट भाषा में HYDROGEN को JCJZYSSD लिखा जाता है, तो उसी कूट भाषा में ANTIMONY को किस प्रकार लिखा जाएगा?
(*a*) CPVKOQPA (*b*) CRZQWABO
(*c*) ERXMQSRC (*d*) GTZOSUTE

18. यदि किसी कूट भाषा में DELHI को 73541 और CALCUTTA को 82589662, लिखा जाता है, तो उसी कूट भाषा में CALICUT को किस प्रकार लिख सकते हैं?
(*a*) 5279431 (*b*) 5978013
(*c*) 8251896 (*d*) 8543691

19. यदि HONESTY को 5132468 के रूप में लिखा जाता है और POVERTY को 192068 के रूप में, तो HORSE को किस रूप में लिखा जाएगा?
(*a*) 50124 (*b*) 51042
(*c*) 51024 (*d*) 52014

20. किसी कूट भाषा (कोड) में SISTER को RHRSDQ रूप में लिखा जाता है तो उस कोड में UNCLE को किस रूप में लिखा जाएगा?
(*a*) TMBKD (*b*) TBMKD
(*c*) TVBOD (*d*) TMKBD

निर्देश (प्रश्न सं. 21-25): *अक्षरों का कौन-सा समूह खाली स्थानों पर क्रमवार रखने से दी गई अक्षर श्रृंखला को पूरा करेगा?*

21. a_ba_c_aad_aa_ea
(*a*) babbd (*b*) babbc
(*c*) bacde (*d*) babbb

22. aa_aa bb_b_aa_aa bb_bb.
(*a*) bbbba (*b*) aabbb
(*c*) babba (*d*) bbbaa

23. _cb_cab_baca_cba_ab
(*a*) cabcb (*b*) abccb
(*c*) bacbc (*d*) bcaba

24. reoc, pgme, nikg, lkii, ?
(*a*) acef (*b*) jmgk
(*c*) efgh (*d*) wxyz

25. (?), PSVYB, EHKNQ, TWZCF, ILORU
(*a*) BEHKN (*b*) ADGJM
(*c*) SVYBE (*d*) ZCFIL

निर्देश (प्रश्न सं. 26-30): *नीचे एक अनुक्रम दिया गया है, जिसमें एक/दो पद लुप्त हैं। दिये गए विकल्पों में से वह सही विकल्प चुनिए जो अनुक्रम को पूरा करे।*

26. 8, 15, 36, 99, 288, ?
(*a*) 368 (*b*) 676
(*c*) 855 (*d*) 908

27. 4, 196, 16, 169, ?, 144, 64
(*a*) 21 (*b*) 81
(*c*) 36 (*d*) 32

28. 0, 4, 18, 48, ?, 180
(*a*) 58 (*b*) 68
(*c*) 84 (*d*) 100

29. 36, 28, 24, 22, ?
(*a*) 18 (*b*) 19
(*c*) 21 (*d*) 22

30. 7, 9, 13, 21, 37, ?
(*a*) 58 (*b*) 63
(*c*) 69 (*d*) 72

निर्देश (प्रश्न सं. 31-35): *नीचे के प्रत्येक प्रश्न में आकृतियों के दो समुच्चय दिए गए हैं जिनमें से एक समुच्चय को* **प्रश्न** *आकृतियों का समुच्चय और दूसरे समुच्चय को* **उत्तर आकृतियों** *का समुच्चय कहा गया है। प्रश्न आकृतियों के समुच्चय से किसी न किसी प्रकार से एक शृंखला बनती है। उत्तर आकृतियों के समुच्चय से उस एक आकृति का चयन करें जिससे प्रश्न आकृतियों के समुच्चय की शृंखला संगत हो जाए।*

31. प्रश्न आकृतियां

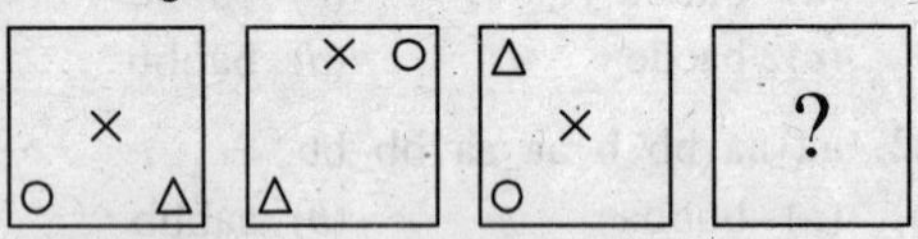

उत्तर आकृतियां

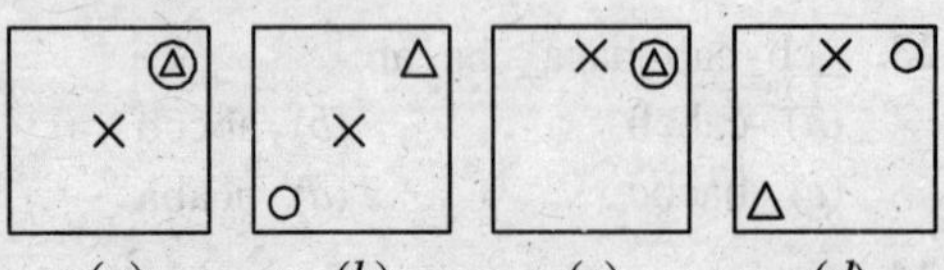

(*a*) (*b*) (*c*) (*d*)

32. प्रश्न आकृतियां

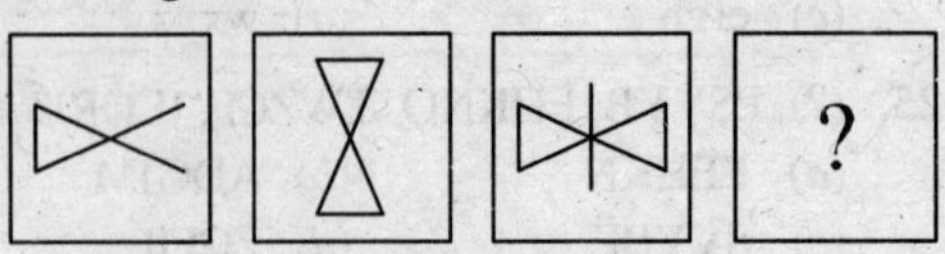

उत्तर आकृतियां

(*a*) (*b*) (*c*) (*d*)

33. प्रश्न आकृतियां

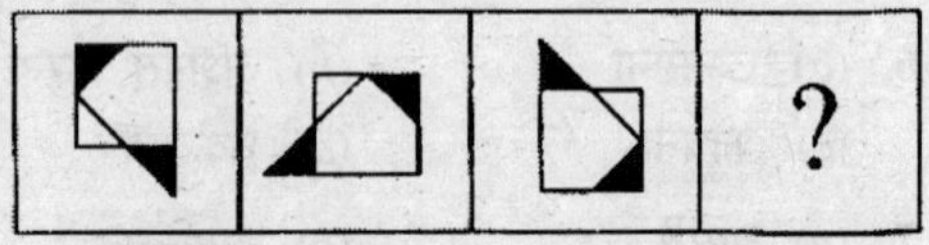

उत्तर आकृतियां

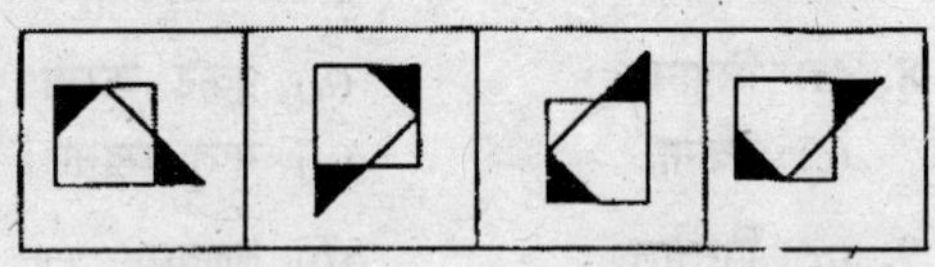

(*a*) (*b*) (*c*) (*d*)

34. प्रश्न आकृतियां

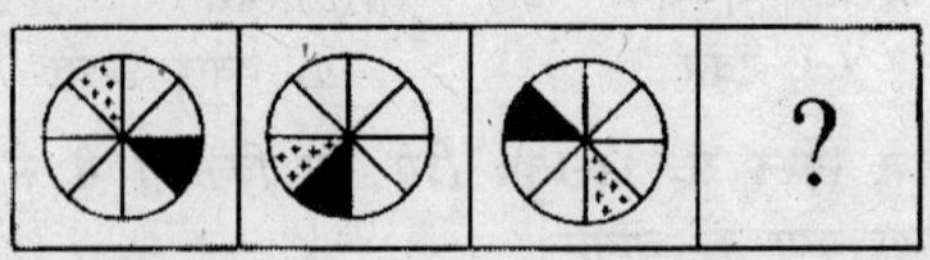

उत्तर आकृतियां

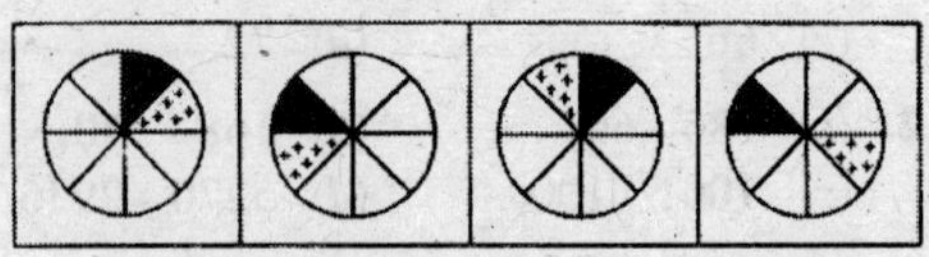

(*a*) (*b*) (*c*) (*d*)

35. प्रश्न आकृतियां

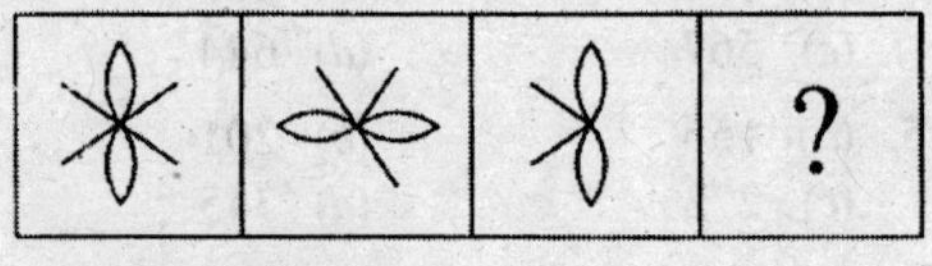

उत्तर आकृतियां

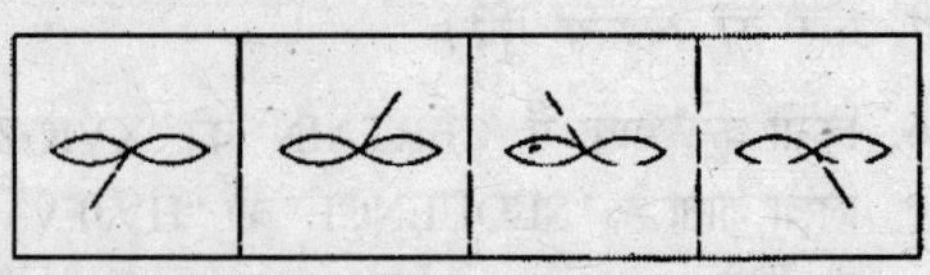

(*a*) (*b*) (*c*) (*d*)

निर्देश (प्रश्न सं. 36-40): *प्रश्न आकृतियों में :: चिह्न के बाएं दी गई दो आकृतियों में से दूसरी आकृति का पहली आकृति के*

साथ एक विशेष संबंध है। :: चिह्न की दाईं ओर की दो आकृतियों के बीच भी ऐसा ही संबंध है। दिए गए विकल्पों से उस आकृति का चयन करें जिसे प्रश्न आकृतियों में प्रश्न चिह्न के स्थान पर रखा जा सकता है।

36. **प्रश्न आकृतियां**

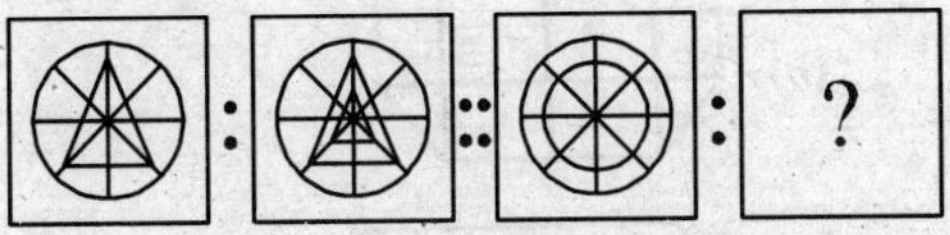

उत्तर आकृतियां

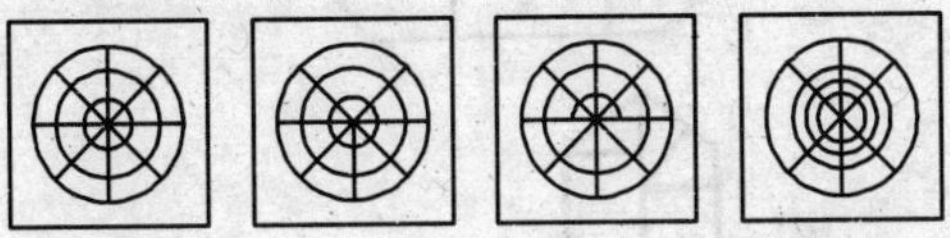

(*a*) (*b*) (*c*) (*d*)

37. **प्रश्न आकृतियां**

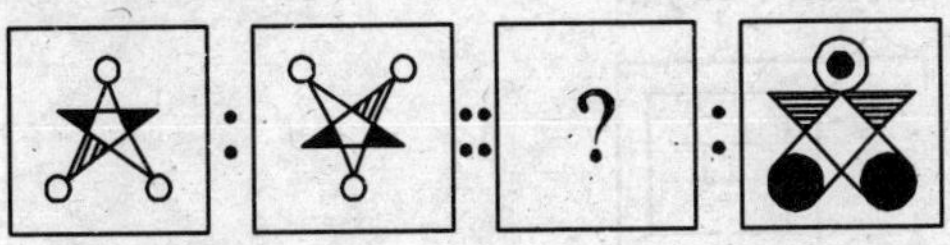

उत्तर आकृतियां

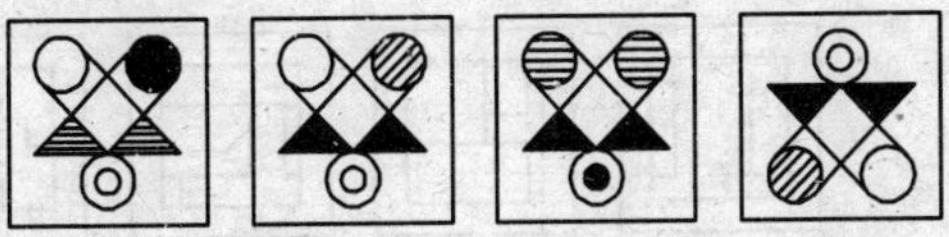

(*a*) (*b*) (*c*) (*d*)

38. **प्रश्न आकृतियां**

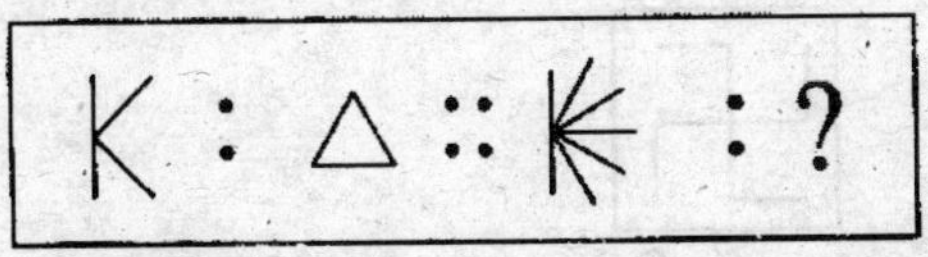

उत्तर आकृतियां

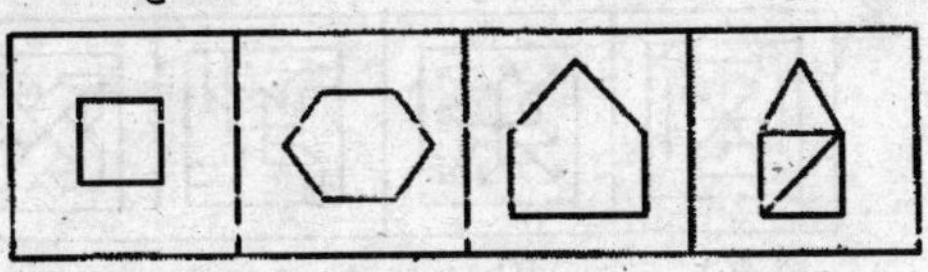

(*a*) (*b*) (*c*) (*d*)

39. **प्रश्न आकृतियां**

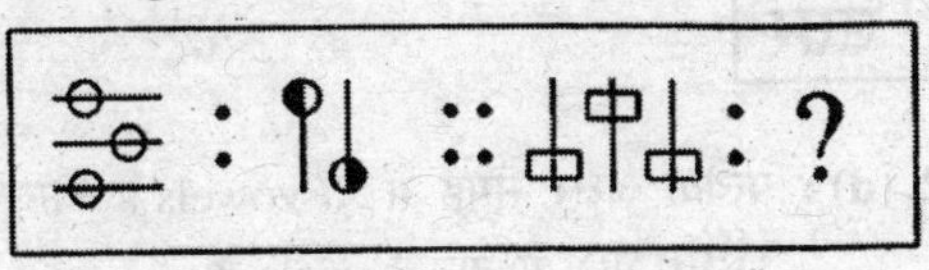

उत्तर आकृतियां

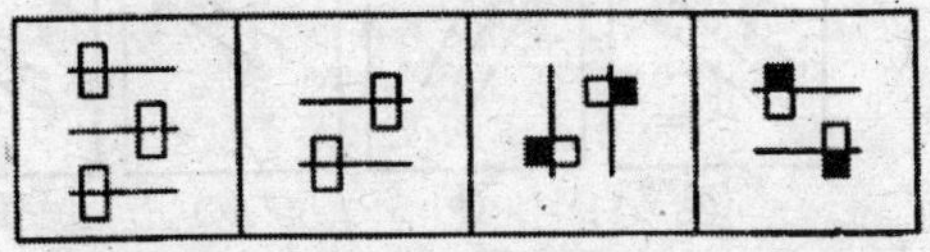

(*a*) (*b*) (*c*) (*d*)

40. **प्रश्न आकृतियां**

उत्तर आकृतियां

(*a*) (*b*) (*c*) (*d*)

निर्देश (प्रश्न सं. 41-45): नीचे के प्रत्येक प्रश्न में एक आकृति को छोड़कर अन्य सभी आकृतियाँ किसी-न-किसी रूप में आपस में संबंधित हैं और इस कारण वे एक समूह बनाती हैं। प्रत्येक प्रश्न में उस एक भिन्न आकृति का चयन करें जो अन्यों से संबंधित नहीं है अर्थात् जो भिन्न अथवा विजातीय है।

41

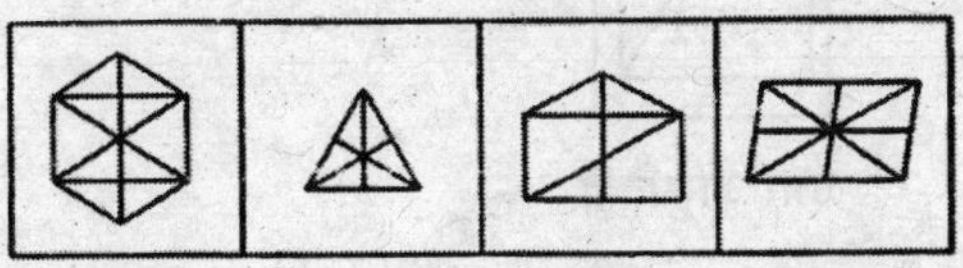

(*a*) (*b*) (*c*) (*d*)

42.

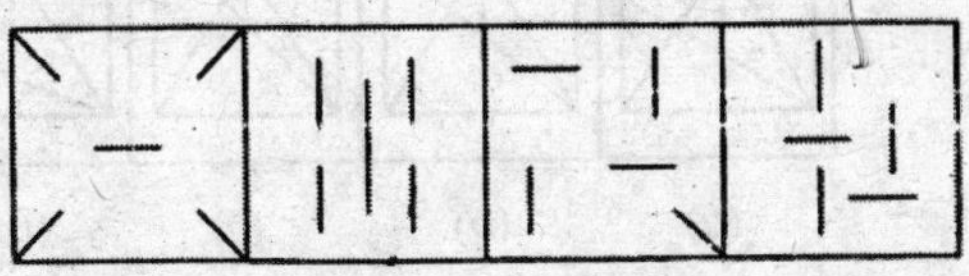

(*a*) (*b*) (*c*) (*d*)

43.

(*a*) (*b*) (*c*) (*d*)

44.

(*a*) (*b*) (*c*) (*d*)

45.

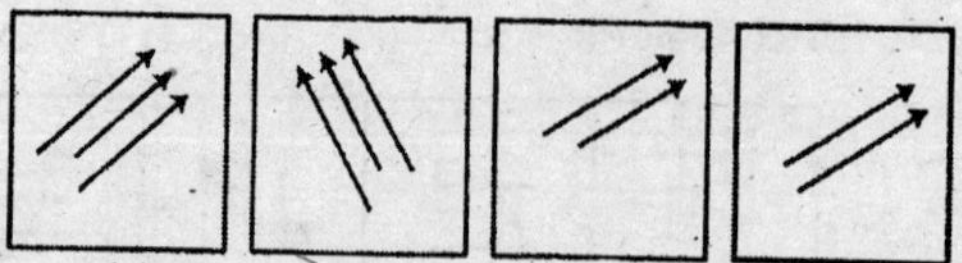

(*a*) (*b*) (*c*) (*d*)

निर्देश (प्रश्न सं. 46-50): *दी गई उत्तर आकृतियों में से उस उत्तर आकृति को चुनिए जिसमें प्रश्न आकृति निहित है?*

46. प्रश्न आकृति :

उत्तर आकृतियाँ :

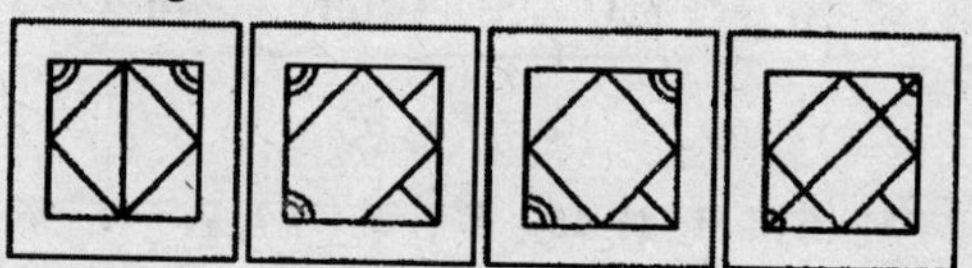

(*a*) (*b*) (*c*) (*d*)

47. प्रश्न आकृति :

उत्तर आकृतियाँ :

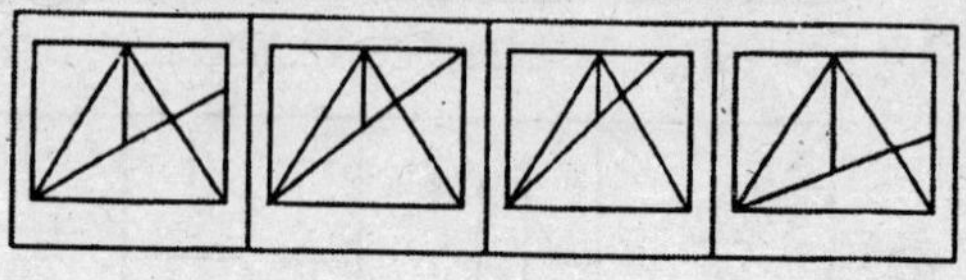

(*a*) (*b*) (*c*) (*d*)

48. प्रश्न आकृति :

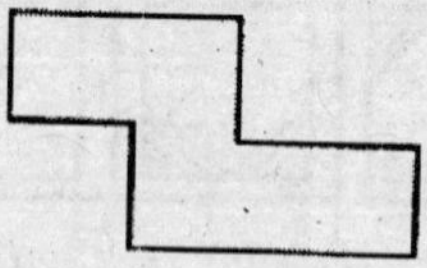

उत्तर आकृति :

(*a*) (*b*) (*c*) (*d*)

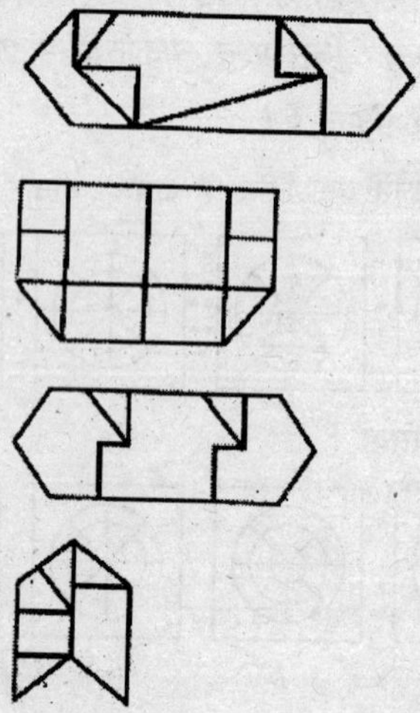

49. प्रश्न आकृति :

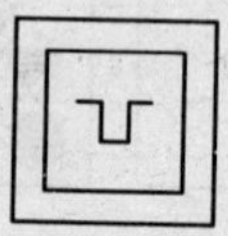

उत्तर आकृतियाँ :

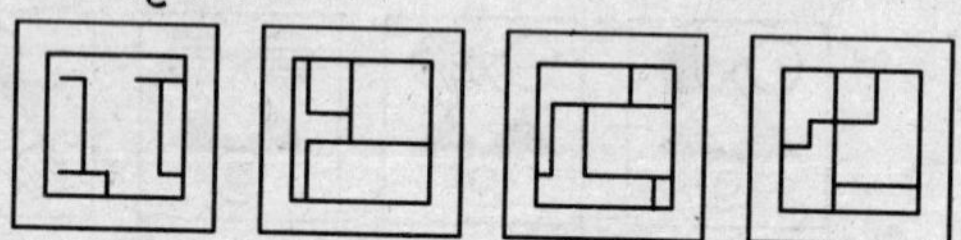

(*a*) (*b*) (*c*) (*d*)

50. प्रश्न आकृति :

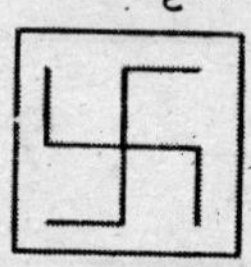

उत्तर आकृतियाँ :

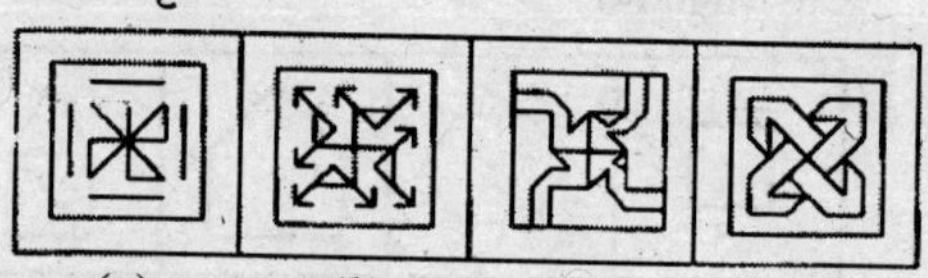

(*a*) (*b*) (*c*) (*d*)

व्याख्यात्मक उत्तर

1. (d) : मछली केवल पानी में तैरती है जबकि अन्य सभी उभयचर प्राणी हैं।

2. (d) : प्रत्येक अक्षर समूह में दो vowels हैं किन्तु अक्षर 'VEIIDD' में तीन vowels हैं।

3. (b) : रूप की गिनती नहीं हो सकती लेकिन बाकी सब की गिनती हो सकती है।

4. (c) : कार्यसूची सामूहिक शब्द नहीं है लेकिन बाकी सब सामूहिक शब्द हैं।

5. (b) : व्यवकलन एक क्रिया है जबकि बाकी सब संज्ञा है।

6. (b) :

7. (a) :

8. (b) :

9. (b) :

10. (c) : विकल्प (c), को छोड़कर शेष सभी आकाश में उड़ने वाले हैं।

11. (a) : केवल 81 एक पूर्ण वर्ग है।

12. (b) : संख्याओं के प्रत्येक जोड़े में पहली संख्या दूसरी से बड़ी है किन्तु विकल्प (b) में दूसरी संख्या पहली से बड़ी है।

13. (c) : केवल 28751 एक विषम संख्या है बाकी सभी सम संख्याएँ हैं।

14. (d) : शेष सभी 3 से विभाज्य हैं।

15. (b) : अंकों का योग 12 है।

16. (c) :

C E [R] T A [I] N
X V [I] G Z [R] M

S [E] [Q] [U] E N C E
H [V] [J] [F] V M X V

स्पष्टत:, R E Q U I R E D = I V J F R I V W.

17. (b) :

18. (c) :

19. (b) :

H	O	N	E	S	T	Y
↓	↓	↓	↓	↓	↓	↓
5	1	3	2	4	6	8

P	O	V	E	R	T	Y
↓	↓	↓	↓	↓	↓	↓
7	1	9	2	0	6	8

अत:,

H	O	R	S	E
↓	↓	↓	↓	↓
5	1	0	4	2

20. (a) : S I S T E R ⟶ R H R S D Q

(S → R: −1, I → H: −1, S → R: −1, T → S: −1, E → D: −1, R → Q: −1)

इसी प्रकार,

U N C L E ⟶ T M B K D

(U → T: −1, N → M: −1, C → B: −1, L → K: −1, E → D: −1)

21. (c) : अक्षरों का सही क्रम निम्नलिखित है—

a [*b*] *ba* [*a*] *c* [*c*] *aad* [*d*] *aa* [*e*] *ea*

22. (c) : अक्षरों का सही क्रम निम्नलिखित है—

aa [*b*] *aabb* [*a*] *b* [*b*] *aa* [*b*] *aabb* [*a*] *bb*

23. (c) :

24. (b) :

25. (b) : P $\xrightarrow{+3}$ S $\xrightarrow{+3}$ V $\xrightarrow{+3}$ Y $\xrightarrow{+3}$ B

E $\xrightarrow{+3}$ H $\xrightarrow{+3}$ K $\xrightarrow{+3}$ N $\xrightarrow{+3}$ Q

T $\xrightarrow{+3}$ W $\xrightarrow{+3}$ Z $\xrightarrow{+3}$ C $\xrightarrow{+3}$ F

I $\xrightarrow{+3}$ L $\xrightarrow{+3}$ O $\xrightarrow{+3}$ R $\xrightarrow{+3}$ U

अब, P $\xrightarrow{+3}$ T • E $\xrightarrow{+4}$ I

अत:, प्रथम का प्रथम अक्षर E $\xrightarrow{-4}$ A होना चाहिए।

A $\xrightarrow{+3}$ D $\xrightarrow{+3}$ G $\xrightarrow{+3}$ J $\xrightarrow{+3}$ M

26. (c) : 8   15   36   99   288   [855]

+7   +21   +63   +189   567

27. (c) :

4	196	16	169	[36]	144	64
↓	↓	↓	↓	↓	↓	↓
2^2	$(14)^2$	4^2	$(13)^2$	6^2	$(12)^2$	8^2

28. (d) 0   4   18   48   [100]   180

+4   +14   +30   +52   +80

+10   +16   +22   +28

+6   +6   +6

29. (c) : 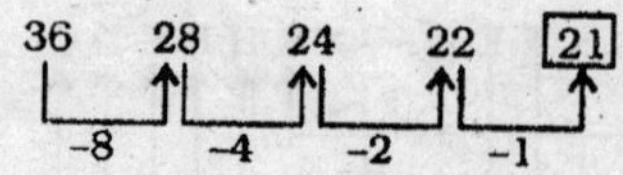

30. (c) : 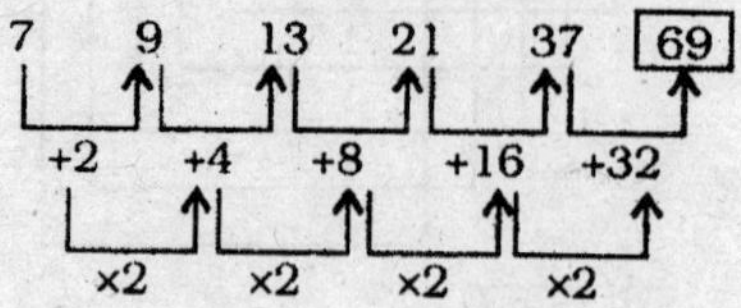

31. (c) :

32. (a) :

33. (d) : प्रत्येक अगली आकृति में मुख्य डिजायन 90° से घड़ी की दिशा के अनुदिश घूम जाती है।

34. (a) :

35. (d) : प्रत्येक अगली आकृति में मुख्य डिजायन 90° से घड़ी की दिशा के विपरीत घूम जाती है। साथ ही उसमें एक रेखाखण्ड की कमी होती जाती है।

36. (a) :

37. (c) :

38. (b) : पहली आकृति तीन रेखाओं से निर्मित है जो दूसरी आकृति में त्रिभुज में बदल जाती है। उसी प्रकार, तीसरी आकृति छह रेखाओं से निर्मित है जो चौथी आकृति में समचतुर्भुज में बदल जाती है।

39. (d) :

40. (c) :

41. (c) : आकृति (c) को छोड़कर शेष सभी आकृतियों में अंदर की रेखाएं त्रिभुज बनाती हैं।

42. (b) :

43. (b) :

44. (a) :

45. (d) : आकृति (d) में दोनों तीरों की लम्बाई समान है। अन्य सभी आकृतियों में तीरों की लम्बाई अलग-अलग है।

46. (b) :

47. (c) :

48. (a) :

49. (b) :

50. (b) :

पिछले प्रश्न-पत्र (हल सहित)

सैनिक स्कूल प्रवेश परीक्षा, 2012

कक्षा-VI

प्रश्न पत्र–I (गणित एवं भाषा)

भाग 'अ' गणित

खण्ड-I

1. 5, 0, 3, 7 तथा 4 की सहायता से पांच अंकों की सबसे छोटी तथा सबसे बड़ी संख्या बनाइये।
2. 7765 और 137 का गुणनफल ज्ञात करो।
3. 2, 4 तथा 5 का न्यूनतम उभयनिष्ठ गुणज (ल.स.व.) ज्ञात कीजिए।
4. $3\frac{5}{7}$ का मूल्य क्या होगा?
5. $1\frac{3}{5}$ और $2\frac{7}{10}$ को जोड़ें।
6. एक लॉन टेनिस मैच प्रातः 9:15 से शुरू होकर शाम 4:10 पर समाप्त होता है। मैच की पूर्ण अवधि ज्ञात कीजिए।
7. 2222 घन्टों को दिन और घन्टों में परिवर्तित करो।
8. निम्नलिखित में कौन से कोण त्रिभुज के हो सकते हैं।
   (क) 90°, 70°, 20° (ख) 105°, 35°, 40°
9. सरल कीजिए : $\frac{11}{12}+\frac{15}{16}-\frac{13}{24}$
10. एक वृत्त की परिधि 79.2 सेमी. है। वृत्त की त्रिज्या ज्ञात कीजिए? यदि $\pi = \frac{22}{7}$

खण्ड-II

11. सत्य अथवा असत्य बताइए।
    (क) एक चतुर्भुज के चारों कोणों का योग 360° होता है। ( )
    (ख) एक रेखाखण्ड में एक अंतिम बिंदु होता है। ( )
    (ग) प्रत्येक प्राकृतिक संख्या, पूर्ण संख्या होती है। ( )
12. सुबह के 7 बजकर 25 मिनट और शाम के 3 बजकर 10 मिनट के बीच समयान्तराल ज्ञात करो।
13. अगर 14, 17, 21, 24, 26 तथा X का औसत 20 है तो X का मूल्य बताइये।
14. जुबैदा ने सिलांई मशीन खरीदने के लिए 4000 रु. 12% वार्षिक ब्याज की दर से उधार लिए। 3 वर्ष बाद उसे कितने रुपये लौटाने होंगे।
15. 3 घंटे 50 मिनट 55 सैकेण्ड को 4 घंटे 55 मिनट तथा 30 सैकेण्ड से जोड़कर अंतिम संख्या बताएं।
16. एक कारपेट की लम्बाई 5 मीटर 50 सेमी. तथा चौड़ाई 3 मीटर 25 सेमी. है। कारपेट के चारों तरफ लेस लगी है। लेस की लम्बाई ज्ञात कीजिए।
17. जॉन अपने रसोई घर के फर्श पर 10 सेमी. भुजावाली वर्गाकार टाइल लगाना चाहता है। यदि रसोई घर की लम्बाई 2.2 मी. व चौड़ाई 1.8 मी. है तो जॉन को कितनी टाइल खरीदनी होगी?
18. एक तालाब की लम्बाई 5 मीटर, चौड़ाई 4 मीटर तथा गहराई 2.5 मीटर है। उस तालाब में कितना पानी है?
19. अगर एक दुकानदार एक वस्तु 490 रुपये की बेचकर 80 रुपये लाभ कमाता है तो उसका क्रय मूल्य बताइए।
20. अगर एक वृत्त की परिधि 22 सेमी. है तो उसकी त्रिज्या क्या होगी?

खण्ड-III

21. अशोक को 600 में से 366 अंक प्राप्त हुए तथा ब्रजमोहन को 500 में से 300 अंक प्राप्त हुए। किसका परिणाम बेहतर है? उनके प्राप्तांकों का प्रतिशत भी ज्ञात करो।

22. हल करो–

(क) 25.43×4.61 (ख) $526.880 \div 3.2$

23. निम्नलिखित को उतरते हुए क्रम में लगाएं।

5/8, 5/6, 2/7, 1/4, 1/2, 1/3

24. निम्न आकृति का क्षेत्रफल एवं परिमाप ज्ञात करो।

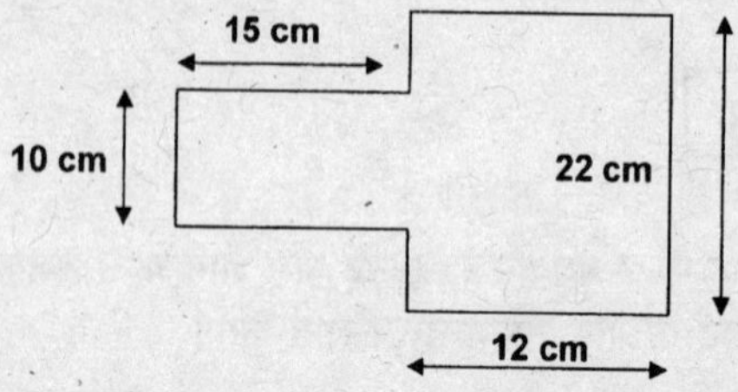

25. क, ख तथा ग के पास कुल 4,600 रुपये हैं। यदि ख तथा ग के धन का अनुपात 3 : 5 हो तथा क का भाग 1,400 रुपये है तो ख तथा ग का भाग ज्ञात कीजिए। किसका भाग सबसे निम्न है?

26. एक कक्षा में 6 विद्यार्थियों की ऊंचाई क्रमशः 162 सेमी, 170 सेमी, 158 सेमी, 160 सेमी, 170 सेमी तथा 165 सेमी है। उनकी औसत ऊंचाई कितनी होगी। कितने विद्यार्थियों की ऊंचाई औसत ऊंचाई से ज्यादा होगी?

27. 9 संख्याओं का औसत 24 है यदि प्रथम 5 संख्याओं का औसत 23 तथा अंतिम पांच संख्याओं का 26 हो तो पांचवीं संख्या ज्ञात करो।

28. दो भिन्न प्रकार के डिब्बों की क्षमता क्रमशः 6.5 लीटर तथा 9.5 लीटर है। प्रथम प्रकार के 6 डिब्बे तथा द्वितीय प्रकार के 8 डिब्बे भरने में कितने तेल की आवश्यकता होगी?

29. एक तरण ताल की लम्बाई 90 मीटर तथा चौड़ाई 50 मीटर है। उसके फर्श पर 30 सेमी लम्बी तथा 20 सेमी चौड़ी टाइल्स बिछाई जाए तो, टाइल्स की संख्या ज्ञात करो। टाइल्स बिछाने में आए खर्च को ज्ञात कीजिए यदि 100 टाइल्स की कीमत 525 रुपये हो।

30. एक 15 मी. लम्बे और 10 मी. चौड़े आंगन में 0.50 वर्ग मी. के कितने पत्थर बिछाये जा सकते हैं। यदि एक पत्थर लगाने का खर्च रु. 2.50 है तो पूरे आंगन में पत्थर बिछाने में कितना खर्च आयेगा?

व्याख्यात्मक उत्तर

1. 5, 0, 3, 7 तथा 4

सबसे छोटी संख्या = 30457

सबसे बड़ी संख्या = 75430

2.

$$\begin{array}{r} 7765 \\ 137 \\ \hline 54355 \\ 23295 \\ 7765 \\ \hline 1063805 \end{array}$$

3. 2, 4 तथा 5 का लघुत्तम समापवर्तक = 20

$$\begin{array}{c|ccc} 2 & 2, & 4, & 5 \\ \hline & 1, & 2, & 5 \end{array}$$

लघुत्तम समापवर्तक = $2 \times 2 \times 5 = 20$

4. $3\frac{5}{7} = \frac{26}{7}$

5. $1\frac{3}{5} + 2\frac{7}{10} = \frac{8}{5} + \frac{27}{10} = \frac{16+27}{10} = \frac{43}{10} = 4\frac{3}{10}$

6. मैच की पूर्ण अवधि = घंटे मिनट

घंटे	मिनट
16	10
–9	15
6	55

अतः अभीष्ट समय = 6 घंटे 55 मिनट

7.

$$\begin{array}{r} 92 \\ 24\overline{)2222} \\ \underline{216} \\ 62 \\ \underline{48} \\ 14 \end{array}$$

अतः 2222 घंटे = 92 दिन और 14 घंटे

8. (क) 90°, 70°, 20° समकोण त्रिभुज

(ख) 105°, 35°, 40° अधिक कोण त्रिभुज

9. $\frac{11}{12} + \frac{15}{16} - \frac{13}{24} = \frac{44+45-26}{48}$

$= \frac{89-26}{48} = \frac{63}{48} = \frac{21}{16} = 1\frac{5}{16}$

10. वृत्त की परिधि = $2\pi r$

$79.2 = 2 \times \frac{22}{7} \times r$

$r = \frac{79.2 \times 7}{2 \times 22} = \frac{7 \times 3.6}{2} = 7 \times 1.8 = 12.6$ सेमी.

अतः अभीष्ट त्रिज्या = 12.6 सेमी.

11. (क) सत्य (ख) असत्य (ग) सत्य

12. अभीष्ट समय = 15.10 – 7.25

= 7.45 = 7 घंटे 45 मिनट

13. औसत = $\frac{14 + 17 + 21 + 24 + 26 + X}{6}$

$20 = \frac{X + 102}{6}$

$X + 102 = 120$

$X = 120 - 102 = 18$

14. साधारण ब्याज = $\frac{\text{मूलधन} \times \text{दर} \times \text{समय}}{100}$

$= \frac{4000 \times 12 \times 3}{100} = 36 \times 40 = 1440$ रुपये

मिश्रधन = 4000 + 1440 = 5440 रुपये

15.

	घंटे	मिनट	सैकेण्ड
	3	50	55
+	4	55	30
	8	46	25

अतः अभीष्ट योगफल = 8 घंटे 46 मिनट और 25 सैकेण्ड

16. कारपेट की लम्बाई = 5 मी. 50 सेमी.

चौड़ाई = 3 मी. 25 सेमी.

कारपेट की परिमिति = 5.50 + 3.25 + 5.50 + 3.25

= 17.50 मीटर

अतः लेस की लम्बाई = 17 मीटर 50 सेमी.

17. रसोईघर की लम्बाई = 2.2 मीटर = 220 सेमी.

चौड़ाई = 1.8 मीटर = 180 सेमी.

क्षेत्रफल = 220×180 वर्ग सेमी.

वर्गाकार एक टाइल का क्षेत्रफल = $10 \times 10 = 100$ वर्ग सेमी.

वर्गाकार टाइलों की संख्या = $\frac{220 \times 180}{100} = 396$

18. तालाब में पानी का आयतन = लम्बाई × चौड़ाई × ऊँचाई

$= 5 \times 4 \times 2.5 = 50$ घन मीटर

19. विक्रय मूल्य = 490 रुपये

लाभ = 80 रुपये

अतः क्रय मूल्य = 490 – 80 = 410 रुपये

20. वृत्त की परिधि = $2\pi r$

$22 = 2 \times \frac{22}{7} r$

$r = \frac{22 \times 7}{2 \times 22} = \frac{7}{2} = 3.5$ सेमी.

अतः त्रिज्या = 3.5 सेमी.

21. अशोक का प्राप्तांक = $\frac{366}{600} = 0.61$

अशोक का प्रतिशत प्राप्तांक = $\frac{366}{600} \times 100 = 61$ प्रतिशत

ब्रजमोहन का प्राप्तांक = $\frac{300}{500} = 0.60$

ब्रजमोहन का प्रतिशत प्राप्तांक = $\frac{300}{500} \times 100 = 60$ प्रतिशत

स्पष्टतः अशोक का परिणाम बेहतर है।

22. (क) $\frac{2543}{100} \times \frac{461}{100} = \frac{1172323}{10000} = 117.2323$

(ख) $\frac{526.880}{3.2} = \frac{526880}{1000} \times \frac{10}{32}$

$= \frac{52688}{10 \times 32} = \frac{3293}{20} = 164.65$

23. $\frac{5}{8}, \frac{5}{6}, \frac{2}{7}, \frac{1}{4}, \frac{1}{2}, \frac{1}{3}$

8, 6, 7, 4, 2, 3 लघुत्तम समापवर्तक = 168

$\frac{105, 140, 48, 42, 84, 56}{168}$

अतः $\frac{5}{6}, \frac{5}{8}, \frac{1}{2}, \frac{1}{3}, \frac{2}{7}, \frac{1}{4}$ उतरते हुए क्रम में हैं।

24. दी गई आकृति का परिमाप

= 12 + 22 + 12 + 6 + 15 + 10 + 15 + 6

= 98 सेमी

25. कुल राशि = 4600 रुपये

क का भाग = 1400 रुपये

अतः ख और ग का भाग = 4600 – 1400 = 3200 रुपये

$$3x + 5x = 3200$$
$$8x = 3200$$
$$x = 400$$

ख का भाग $= 3 \times 400 = 1200$ रुपये

ग का भाग $= 5 \times 400 = 2000$ रुपये

ख का भाग सबसे कम है।

26. औसत ऊँचाई $= \dfrac{162 + 170 + 158 + 160 + 170 + 165}{6}$

$= \dfrac{985}{6} = 164.16$ सेमी.

औसत ऊँचाई से ज्यादा वाले विद्यार्थियों की संख्या = 3

27. प्रश्नानुसार,

$$24 \times 9 = 216$$
$$5 \times 23 = 115$$
$$5 \times 26 = 130$$

अतः पांचवीं संख्या $= (115 + 130) - 216$
$= 245 - 216 = 29$

28. प्रथम प्रकार के 6 डिब्बे में तेल की मात्रा $= 6 \times 6.5$ लीटर
$= 39.0$ लीटर

द्वितीय प्रकार के 8 डिब्बे में तेल की मात्रा $= 8 \times 9.5$ लीटर
$= 76$ लीटर

अभीष्ट तेल की मात्रा $= 39.0 + 76.0$
$= 115$ लीटर

29. तरण ताल का क्षेत्रफल $= 9000 \times 5000$ वर्ग सेमी

एक टाइल का क्षेत्रफल $= 30 \times 20$ वर्ग सेमी

टाइल्स की संख्या $= \dfrac{9000 \times 5000}{30 \times 20} = 75000$

100 टाइल्स की कीमत = 525 रुपये

75000 टाइल्स की कीमत $= \dfrac{525}{100} \times 75000$
$= 393750$ रुपये

30. आँगन का क्षेत्रफल $= 15 \times 10$ वर्ग मीटर

एक पत्थर का क्षेत्रफल $\dfrac{1}{2}$ वर्ग मीटर

पत्थरों की संख्या $= \dfrac{15 \times 10}{\frac{1}{2}} = 15 \times 10 \times 2 = 300$

1 पत्थर की कीमत = 2.50 रुपये

300 पत्थरों की कीमत $= \dfrac{250}{100} \times 300 = 750$ रुपये

भाग 'ब' — भाषा

1. निम्नलिखित में से किसी एक विषय पर 15 वाक्यों में एक निबंध लिखिए।

(क) एक चिड़ियाघर की यात्रा

(ख) मेरा प्रिय खेल

2. निम्नलिखित गद्यांश को ध्यानपूर्वक पढ़कर दिए हुए प्रश्नों के उत्तर दीजिए।

फिजी 'कोला' ठण्डा पेय सिन्थेटिक या रासायनिक पदार्थों व रंगों से तैयार किया जाता है। नींबू या सन्तरा के पेयों में असली नींबू या सन्तरा का रस नहीं होता। अतः चीनी के अलावा उनमें कोई पोषक तत्व नहीं होते हैं। उसी तरह जैसे मैदे से बनी डबल रोटी (पाव रोटी) गेहूँ की रोटी से अच्छी नहीं होती है। गेहूँ और चावल का चोकर (भीतर का छिलका) ही है, जिसमें सार होता है, जब गेहूँ साफ करके मैदा तैयार किया जाता है तो उसका चोकर अलग कर दिया जाता है और उसमें अधिक तत्व नहीं रह जाता है, उसी भांति साफ चीनी की अपेक्षा गुड़ हम लोगों के लिये बहुत अच्छा है।

वास्तव में सभी खाद्य पदार्थों में विटामिन और लवण होते हैं। जिनकी आवश्यकता हमारे शरीर को होती है, परन्तु हम लोग जैसे-जैसे आधुनिक और विकसित होते जाते हैं तो जो साफ और देखने में सुन्दर होता है, पर उसमें तत्व कुछ भी नहीं होता, को अपने भोजन में शामिल करने लगते हैं।

(क) फिजी 'कोला' ठण्डा पेय किन चीजों से बनता है?

(ख) मैदा क्या चीज है?

(ग) रोटी में डबल (पाव रोटी) से अधिक पोषक तत्व क्यों होते हैं?

(घ) हमारे शरीर को किस प्रकार के भोजन की आवश्यकता होती है?

(ङ) हम जब विकसित और आधुनिक हो जाते हैं तो कभी-कभी किस प्रकार का भोजन करने लगते हैं?

3. निम्नलिखित रेखांकित शब्दों का प्रयोग करके अलग से नये वाक्य बनाइये।

उत्तम स्वास्थ्य ही सभी सुखों की कुंजी है। निःसंदेह शारीरिक स्फूर्ति और स्वस्थ मस्तिष्क वाला मानव ही सबसे धनी होता है। सन्तुलित आहार उत्तम स्वास्थ की जननी है। इससे शरीर में शुद्ध रक्त बनता है। शुद्ध रक्त से सबल और उत्तम स्वास्थ्य की रचना होती है।

4. नीचे लिखे शब्द समूहों को इस प्रकार लिखें कि उससे एक अर्थपूर्ण वाक्य बन जाये।

(क) अपने मित्र बन्दर मगरमच्छ का विचार ले जाने का अपने घर था को।

(ख) विभिषण लंका के राजा ने को रावण डराया धमकाया भाई अपने।

(ग) राजा विक्रमादित्य उज्जयिनी के कालिदास रहते थे के दरबार में।

(घ) राजा अश्वपति थी पुत्री सावित्री की देश भद्र के।

(ङ) सुल्तान था बाबा नाम का घोड़े के।

5. नीचे लिखे शब्दों के वाक्य बनाकर अन्तर स्पष्ट करें :–

(क) बेर, बैर (ख) सुर, शूर

(ग) उदर, उदार (घ) सुत, सूत

(ङ) बुझ, बूझ

6. निम्नलिखित मुहावरों को वाक्यों में प्रयोग करें।

(क) अक्ल का दुश्मन

(ख) आँख का तारा

(ग) चिकना घड़ा होना

(घ) दाल में काला होना

(ङ) अपना उल्लू सीधा करना

7. कोष्ठक में से उपयुक्त मुहावरे चुनकर रिक्त स्थान भरिये– (लोहे के चने चबाना, दाँत खट्टे करना, आँखों का तारा, नानी याद आना, चम्पत होना)

(क) परीक्षा में कठिन सवाल देखकर सबको ....।

(ख) पांडवों ने कौरवों की सेना के ....।

(ग) कृष्ण यशोदा की .... थे।

(घ) बिल्ली सारा दूध पीकर ....।

(ङ) शिवाजी ने मुगलों को .... दिये।

8. सन्धि विच्छेद कीजिए।

(क) स्वागत् ....

(ख) रवीन्द्र ....

(ग) दुर्बल ....

(घ) मनोहर ....

(ङ) दयानंद ....

9. निम्न शब्दों के विलोम लिखो।

(क) अनुकूल ....

(ख) उदय ....

(ग) प्रेम ....

(घ) पवित्र ....

(ङ) क्रय ....

व्याख्यात्मक उत्तर

1. एक चिड़ियाघर की यात्रा

चिड़ियाघर वह स्थान होता है जहां हम अनेक प्रकार के जीव-जन्तुओं को जीवित रूप में अपनी आंखों से देख सकते हैं। यहां अनेक प्रकार की दुर्लभ जातियों के जीव-जन्तु, पशु-पक्षी आदि विश्व के कोने-कोने से लाकर रखे जाते हैं।

दिल्ली का चिड़ियाघर नई दिल्ली में पुराने किले के समीप एक बड़े भाग पर फैला हुआ है। इसे पूरी तरह तथा भली-भांति देखने के लिए बहुत अधिक समय की आवश्यकता होती है।

पिछले रविवार मैंने अपने कुछ दोस्तों को साथ चिड़ियाघर को देखने का कार्यक्रम बना ही लिया और हम चल पड़े। वहां पहुंचकर हमने प्रवेश के लिए टिकटें खरीदी तथा मुख्य द्वार से अन्दर दाखिल हुए। कुछ दूरी पर हमने पानी में तैरते हुए बत्तखों, सारसों तथा बगुलों को देखा। फिर हमने अनेक रंगों की चिड़ियां, तोते, कबूतर आदि देखे। पास की एक झील में मगरमच्छ थे वहीं दूसरी तरफ पानी में गैंडा देखा।

थोड़ा आगे बढ़ने पर हमने अनेक प्रकार के बारहसिंगों तथा हिरनों को इधर-दधर कुलाचें भरते हुए देखा। इसके साथ-साथ वानरों व लंगूरों की अनेक जातियां भी देखने को मिलीं जो प्रायः

जालीदार पिंजरों में बंद थी। इनमें सफेद व काले सभी रंगों के बन्दर थे। हमने बंदरों को खाने के लिए चने, मूंगफली तथा केले दिए। हमने वहां बड़े-बड़े कटघरों में भयानक जीव जैसे—शेर, बाघ, चीते, भालू आदि को विचरण करते हुए देखा।

काफी घूमने के बाद हम थक गए और चिड़ियाघर से बाहर आ गए। चिड़ियाघर घूमने से मनोरंजन के साथ-साथ हमारे ज्ञान में भी वृद्धि हुई।

2. (क) फिजी कोला ठण्डा पेय रासायनिक पदार्थों एवं रंगों से बनता है।

(ख) मैदा गेहूँ से बना खाद्य पदार्थ है।

(ग) डबल रोटी मैदे का बना होता है। मैदा तैयार करते समय गेहूँ के चोकर को अलग कर दिया जाता है जिससे उसमें पौष्टिक तत्व कम हो जाते हैं।

(घ) हमारे शरीर को विटामिन एवं लवण युक्त भोजन की आवश्यकता होती है।

(ङ) जब हम विकसित और आधुनिक हो जाते हैं तो पौष्टिक भोजन के स्थान पर साफ एवं देखने में सुंदर चीजों को अपने भोजन में शामिल करने लगते हैं।

3. (क) परिश्रम ही सफलता की कुंजी है।

(ख) शारीरिक स्फूर्ति के लिए पौष्टिक आहार आवश्यक है।

(ग) देश की उन्नति के लिए संतुलित विकास को बढ़ावा देना चाहिए।

(घ) आज बाजार में शुद्ध चीजें उपलब्ध नहीं हैं।

(ङ) नारी सशक्तीकरण से ही राष्ट्र सबल होगा।

4. (क) बन्दर का विचार अपने मित्र मगरमच्छ को अपने घर ले जाने का था।

(ख) लंका के राजा रावण ने अपने भाई विभीषण को डराया धमकाया।

(ग) कालिदास उज्जयिनी के राजा विक्रमादित्य के दरबार में रहते थे।

(घ) सावित्री भद्र देश के राजा अश्वपति की पुत्री थी।

(ङ) सुल्तान के घोड़े का नाम बाबा था।

5. (क) बेर खट्टा है।
उन दोनों के बीच बैर है।

(ख) संगीत में सुर एवं ताल पर विशेष ध्यान दिया जाता है।
भीम महान शूरवीर था।

(ग) उदर पूर्ति के लिए कठिन परिश्रम करना पड़ता है।
अशोक उदार शासक था।

(घ) हनुमान को पवन सुत भी कहा जाता है।
पिछले वर्षों में सूत के उत्पादन में कमी आई है।

(ङ) आग बुझ गई
उसने समझ-बूझ का परिचय दिया।

6. (क) राहुल को समझाना व्यर्थ है क्योंकि वह अक्ल का दुश्मन है।

(ख) सोनिया माता-पिता की इकलौती संतान होने के कारण उनकी आंखों का तारा है।

(ग) करीम पर किसी बात का असर ही नहीं होता, मानो वह चिकना घड़ा हो।

(घ) सीमा और रीमा में दोस्ती संभव ही नहीं, जरूर दाल में कुछ काला है।

(ङ) वह हमेशा ही अपना उल्लू सीधा करने में लगा रहता है।

7. (क) परीक्षा में कठिन सवाल देखकर सबको नानी याद आ गई।

(ख) पांडवों ने कौरवों की सेना के दाँत खट्टे कर दिये।

(ग) कृष्ण यशोदा की आँखों का तारा थे।

(घ) बिल्ली सारा दूध पीकर चम्पत हो गयी।

(ङ) शिवाजी ने मुगलों को लोहे के चने चबवा दिये।

8. (क) सु + आगत् (ख) रवि + इन्द्र
(ग) दुः + बल (घ) मनः + हर
(ङ) दया + आनंद

9. (क) प्रतिकूल (ख) अस्त
(ग) घृणा (घ) अपवित्र
(ङ) विक्रय

प्रश्न पत्र–II (बुद्धि परीक्षण)

निर्देश (प्रश्न सं. 1-10): *नीचे दिए गए प्रत्येक प्रश्न में चार शब्द दिए गए हैं। इन चार शब्दों में से तीन किसी न किसी रूप में समान हैं जबकि एक असमान है। परीक्षार्थी असमान शब्द की पहचान करें।*

1. (a) नीला (b) लाल
(c) पीला (d) अंधेरा

2. (a) लेखक (b) अभिनेता
(c) गायक (d) नर्त्तक

3. (a) नागफनी (b) गुलाब
(c) कमल (d) सूरजमुखी

4. (a) फुटबॉल (b) क्रिकेट
(c) शतरंज (d) हॉकी

5. (a) सूरज (b) चंद्रमा
(c) शुक्र (d) पृथ्वी

6. (a) माइक्रोफोन (b) माइक्रोस्कोप
(c) तमाशा (d) टेलीस्कोप

7. (a) धमनी (b) निलय
(c) ग्रसनी (d) महाधमनी

8. (a) हीरा (b) माणिक
(c) पन्ना (d) फीरोजा

9. (a) गहरा लाल (b) सिंदूरी रंग
(c) सिंदूरी (d) पादरी

10. (a) तैरना (b) दौड़ना
(c) पूर्वानुमानित (d) नृत्य

निर्देश (प्रश्न सं. 11-15): *नीचे दिए गए प्रश्नों में संख्याओं के पांच विकल्प दिए गए हैं। इन पांच संख्याओं में से चार में समान संबंध हैं जबकि एक उस समूह से असंबद्ध है। परीक्षार्थी असंबद्ध संख्या की पहचान करें।*

11. (a) 4 (b) 8
(c) 16 (d) 9
(e) 25

12. (a) 125 (b) 216
(c) 27 (d) 121
(e) 1

13. (a) 43 (b) 53
(c) 63 (d) 73
(e) 83

14. (a) 26 (b) 124
(c) 728 (d) 64
(e) 215

15. (a) 22 : 8 (b) 24 : 20
(c) 32 : 15 (d) 14 : 17
(e) 91 : 82

निर्देश (प्रश्न सं. 16-20): *नीचे दिए गए प्रत्येक प्रश्न में से सही उत्तर का विकल्प चुनें।*

16. यदि किसी दी गई भाषा में DISPEL को IDPSLE कोड में व्यक्त किया जाता है तो EFFECT को उसी प्रकार कोड रूप में कैसे लिखेंगे?
(a) FEEFTC (b) CTFEEF
(c) EFFETC (d) ECTEFF

17. यदि किसी दी गई भाषा में HUNTER को UHNTRE कोड में व्यक्त किया जाता है तो MANAGE को उसी प्रकार कोड रूप में कैसे लिखेंगे?
(a) MAANGE (b) MNAAEG
(c) AMNAEG (d) EGNAAM

18. यदि RAMAYANA को किसी कोड में AMARANAY रूप में लिखा जाता है तो TULSIDAS को कोड रूप में कैसे लिखेंगे?
(a) SLUTSADI (b) UTSLIDSA
(c) SADISLUT (d) SADITULS

19. यदि CANOE को किसी कोड में IFRRG, रूप में लिखा जाता है तो MUSIC को कोड रूप में कैसे लिखेंगे?
(a) NWVNI (b) MWVMH
(c) NTULB (d) SZWLE

20. यदि HOBBY को किसी कोड में IOBY और LOBBY को MOBY के रूप में व्यक्त करते हैं तो BOBBY को कैसे लिखेंगे?
(a) BOBY (b) COBY
(c) DOBY (d) OOBY

निर्देश (प्रश्न सं. 21-25): *शृंखला को पूरा करने के लिए अगले चार अक्षरों को लिखें।*

21. COXTOCOOXTO.... .

22. CCOXCOXC.... .

23. CCCOXCCOXCCOX.... .

24. COXTVCOXTVCO.... .

25. COXTCOXXTT.... .

निर्देश (प्रश्न सं. 26-30): *नीचे दी गई शृंखला को पूरा करें।*

26. 5, 10, 13, 26, 29, 58, 61, ?

27. 2, 3, 5, 7, 11, ?, 17

28. 5, 11, 17, 25, 33, 43, ?

29. 2, 9, 28, 65, 126, ?

30. 3, 7, 15, 31, 63, ?

निर्देश (प्रश्न सं. 31-35): *नीचे के प्रत्येक प्रश्न में आकृतियों के दो समुच्चय दिए गए हैं जिनमें से एक समुच्चय को* **प्रश्न आकृतियों** *का समुच्चय और दूसरे समुच्चय को* **उत्तर आकृतियों** *का समुच्चय कहा गया है। प्रश्न आकृतियों के समुच्चय से किसी न किसी प्रकार से एक शृंखला बनती है। उत्तर आकृतियों के समुच्चय से उस एक आकृति का चयन करें जिससे प्रश्न आकृतियों के समुच्चय की शृंखला संगत हो जाए।*

31. प्रश्न आकृतियां

उत्तर आकृतियां

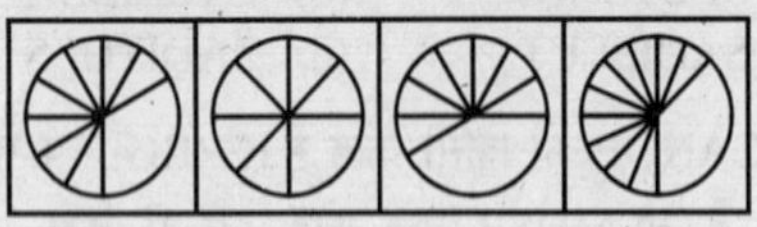

(a) (b) (c) (d)

32. प्रश्न आकृतियां

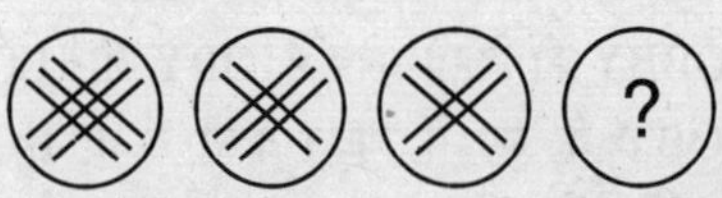

उत्तर आकृतियां

(a) (b) (c) (d)

33. प्रश्न आकृतियां

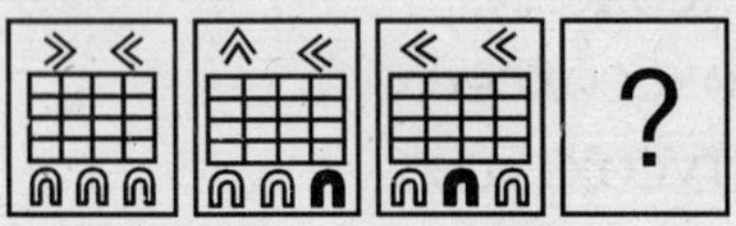

उत्तर आकृतियां

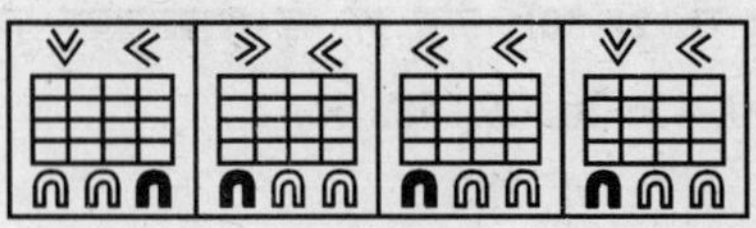

(a) (b) (c) (d)

34. प्रश्न आकृतियां

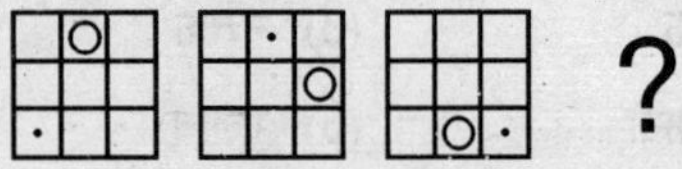

उत्तर आकृतियां

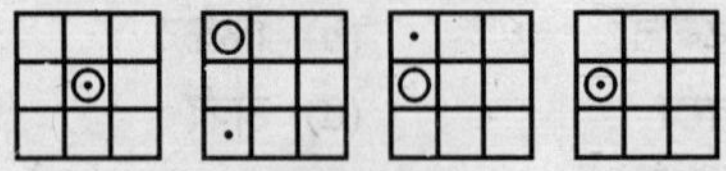

(a) (b) (c) (d)

35. प्रश्न आकृतियां

उत्तर आकृतियां

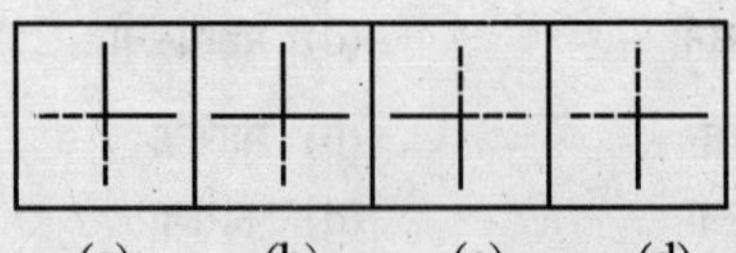

(a) (b) (c) (d)

निर्देश (प्रश्न सं. 36-40): *प्रश्न आकृतियों में :: चिह्न के बाएं दी गई दो आकृतियों में से दूसरी आकृति का पहली आकृति के साथ एक विशेष संबंध है। :: चिह्न की दाईं ओर की दो आकृतियों के बीच भी ऐसा ही संबंध है। दिए गए विकल्पों से उस आकृतिं का चयन करें जिसे प्रश्न आकृतियों में प्रश्न चिह्न के स्थान पर रखा जा सकता है और जिसका :: चिह्न की दाईं ओर की पहली आकृति के साथ ठीक वैसा ही संबंध है जैसा कि :: चिह्न की बाईं ओर की दो आकृतियों के बीच है।*

36. प्रश्न आकृतियां

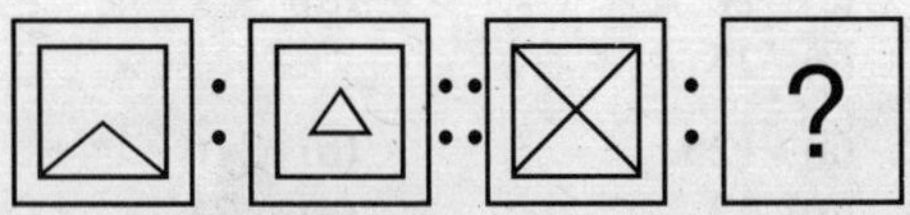

उत्तर आकृतियां

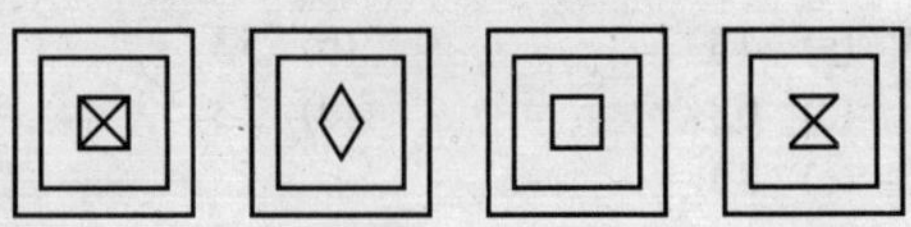

(a) (b) (c) (d)

37. प्रश्न आकृतियां

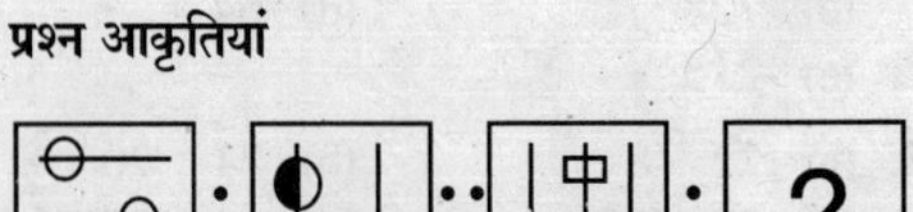

उत्तर आकृतियां

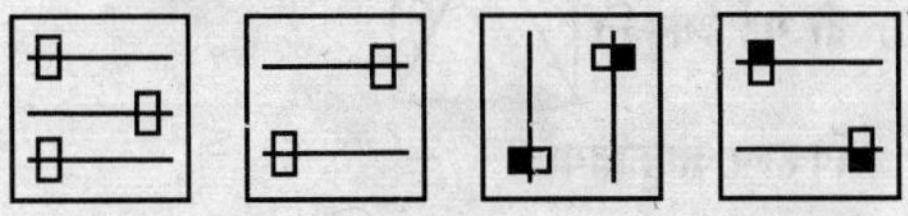

(a) (b) (c) (d)

38. प्रश्न आकृतियां

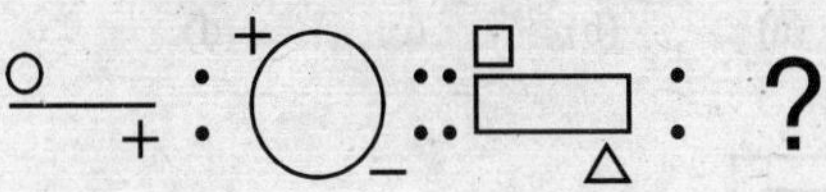

उत्तर आकृतियां

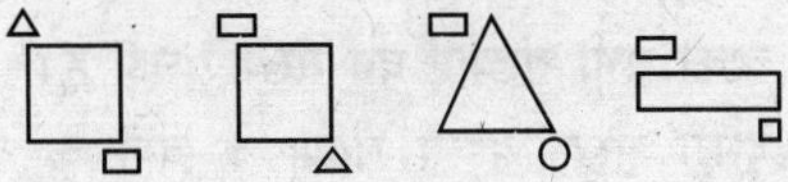

(a) (b) (c) (d)

39. प्रश्न आकृतियां

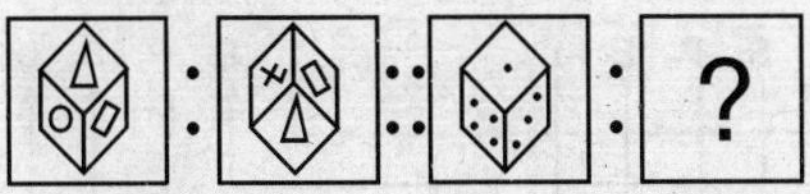

उत्तर आकृतियां

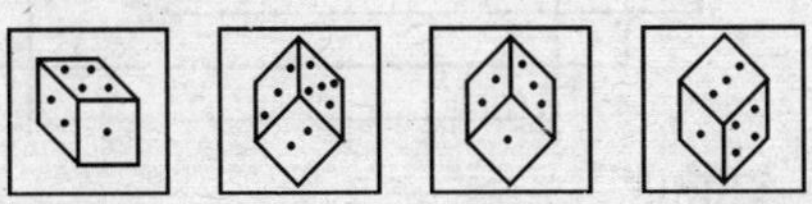

(a) (b) (c) (d)

40. प्रश्न आकृतियां

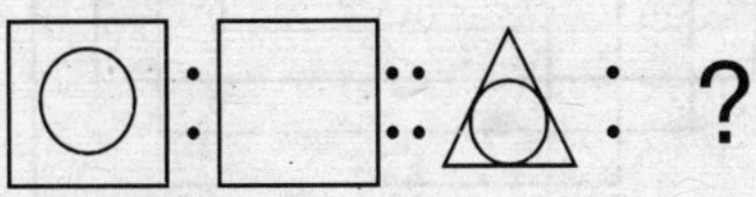

उत्तर आकृतियां

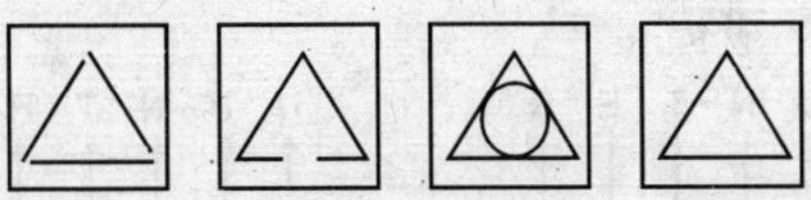

(a) (b) (c) (d)

निर्देश (प्रश्न सं. 41-45): *नीचे के प्रत्येक प्रश्न में एक आकृति को छोड़कर अन्य सभी आकृतियाँ किसी-न-किसी रूप में आपस में संबंधित हैं और इस कारण वे एक समूह बनाती हैं। प्रत्येक प्रश्न में उस एक भिन्न आकृति का चयन करें जो अन्यों से संबंधित नहीं है अर्थात् जो भिन्न अथवा विजातीय है।*

41.

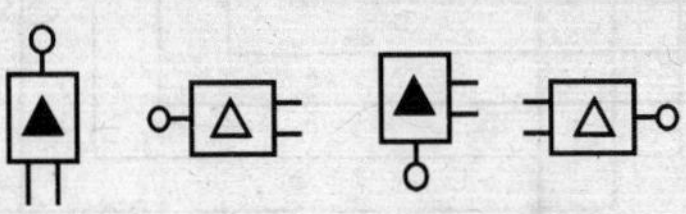

(a) (b) (c) (d)

42.

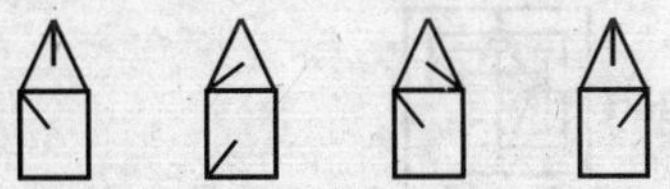

(a) (b) (c) (d)

43.

(a) (b) (c) (d)

44.

(a) (b) (c) (d)

45.

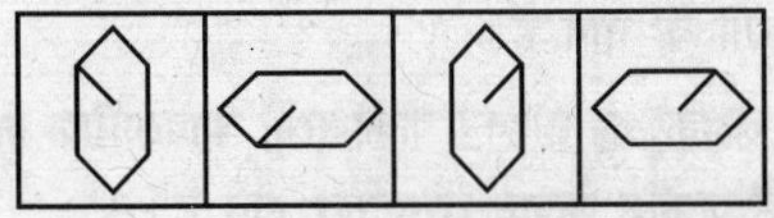

(a) (b) (c) (d)

निर्देश (प्रश्न सं. 46-50): *प्रत्येक प्रश्न में बताएं कि कौन-सी विकल्प आकृति दी गई आकृति प्रतिरूप को पूरा करेगी।*

46. दी गई आकृति

विकल्प आकृतियां

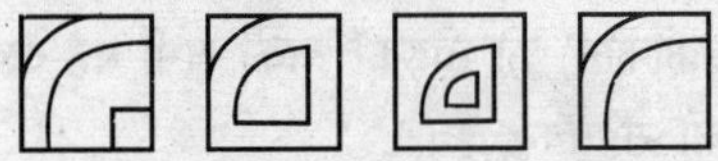

(a) (b) (c) (d)

47. दी गई आकृति

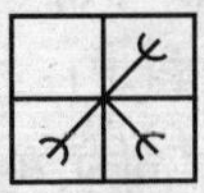

विकल्प आकृतियां

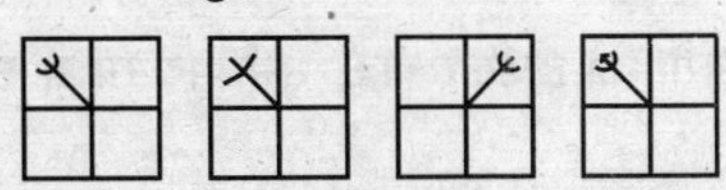

(a) (b) (c) (d)

48. दी गई आकृति

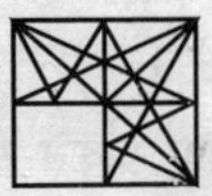

विकल्प आकृतियां

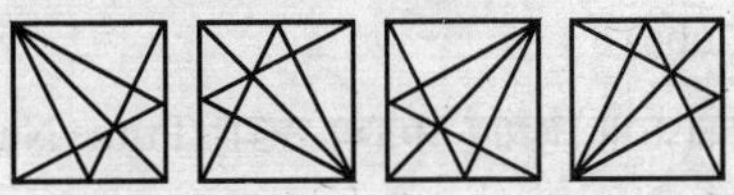

(a) (b) (c) (d)

49. दी गई आकृति 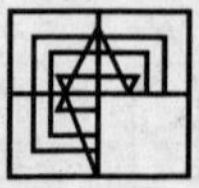

विकल्प आकृतियां

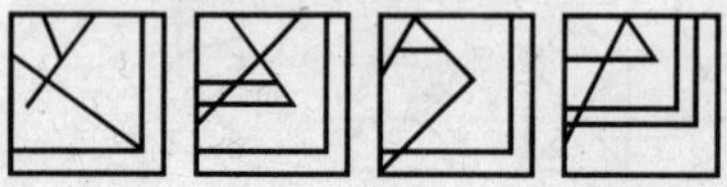

(a) (b) (c) (d)

50. दी गई आकृति 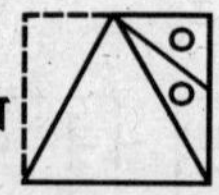

विकल्प आकृतियां

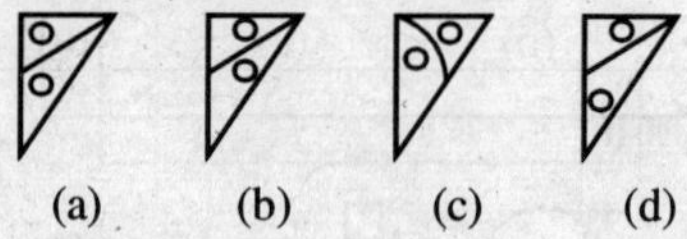

(a) (b) (c) (d)

व्याख्यात्मक उत्तर

1. (d) : 'अंधेरा' को छोड़कर बाकी सभी विभिन्न प्रकार के रंगों के नाम हैं।

2. (a) : 'लेखक' को छोड़कर बाकी सभी व्यावसायिक कार्यकर्ता हैं जबकि लेखक रचनाकार होते हैं।

3. (a) : 'नागफनी' पत्ताविहीन पौधा है जबकि बाकी सभी फूल हैं।

4. (a) : 'फुटबॉल' को छोड़कर बाकी सभी खेल हाथ से खेले जाते हैं जबकि फुटबॉल पैर से खेलाा जाता है।

5. (b) : 'चंद्रमा' को छोड़कर बाकी सभी पद सौरमंडल से संबंधित हैं।

6. (a) : 'माइक्रोफोन' को छोड़कर बाकी सभी पद देखने की क्षमता से संबद्ध हैं।

7. (c) : 'ग्रसनी' को छोड़कर बाकी सभी पद हृदय क्रिया की क्षमता से संबद्ध यंत्र हैं।

8. (a) : 'हीरा' को छोड़कर बाकी सभी रत्न में कुछ रंग के अंश होते हैं।

9. (d) : 'पादरी' को छोड़कर बाकी सभी पद रंग से संबंधित हैं।

10. (c) : 'पूर्वानुमानित' को छोड़कर बाकी सभी पद शारीरिक गति से संबंधित हैं।

11. (b) : बाकी सभी संख्याएं प्राकृत संख्याओं का वर्ग हैं।

12. (d) : बाकी सभी संख्याएं प्राकृतिक संख्याओं का घन (Cube) हैं।

13. (c) : बाकी सभी संख्याएं अभाज्य संख्या (Prime Number) है।

14. (d) : बाकी सभी संख्याएं घन संख्याएं नहीं हैं।

15. (c) : दूसरी संख्या पहली संख्या के वर्गों के योग के बराबर है।

16. (a) : चूंकि

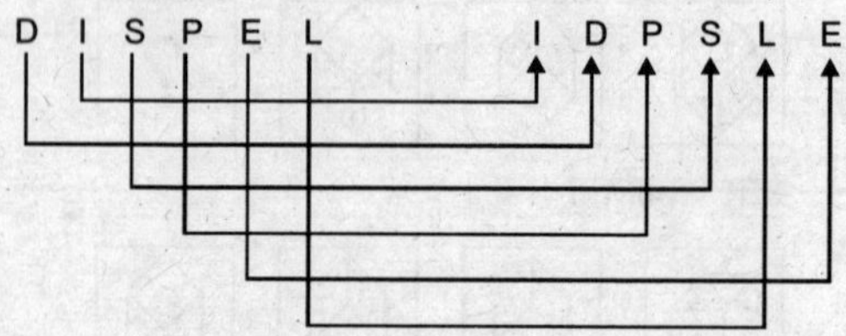

इसलिए

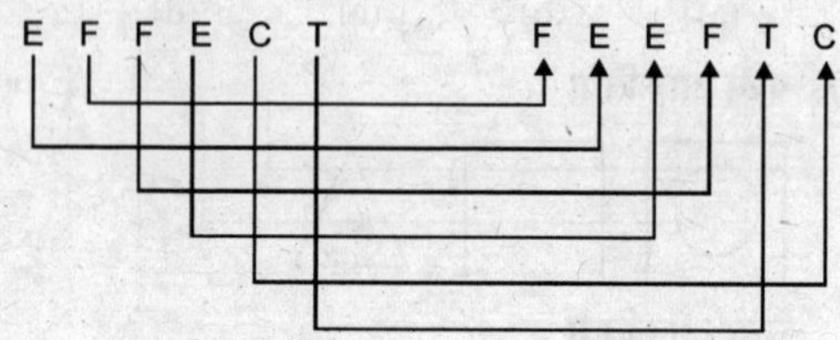

17. (c) : चूंकि

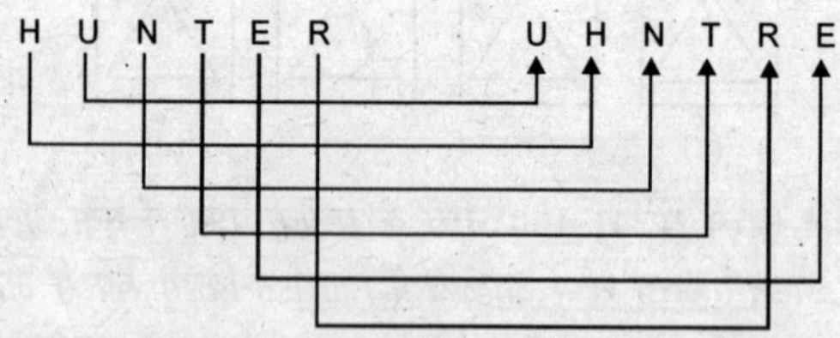

इसलिए

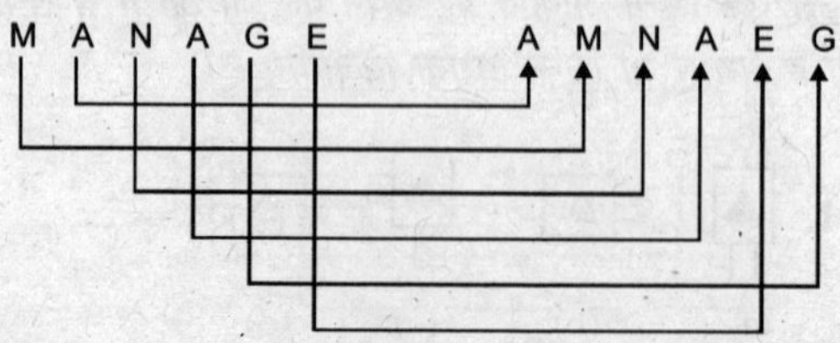

18. (a) : चूंकि

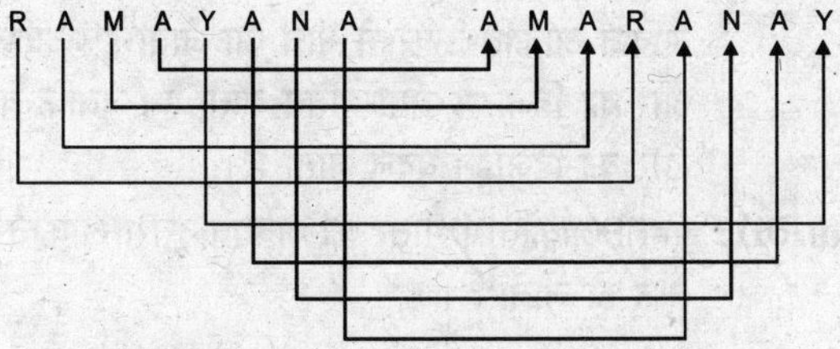

इसलिए

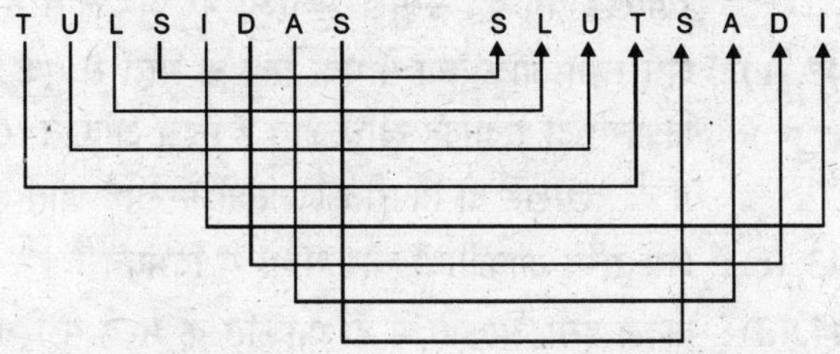

19. (d) : चूंकि

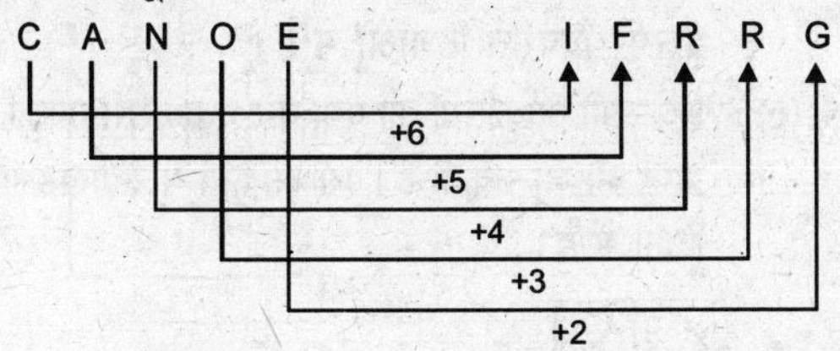

इसलिए

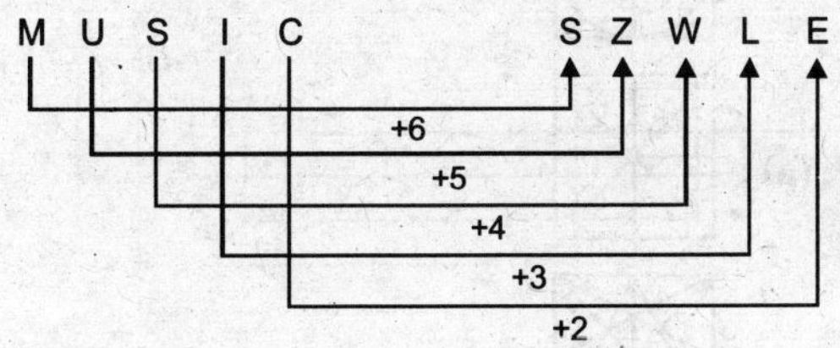

20. (b) : चूंकि

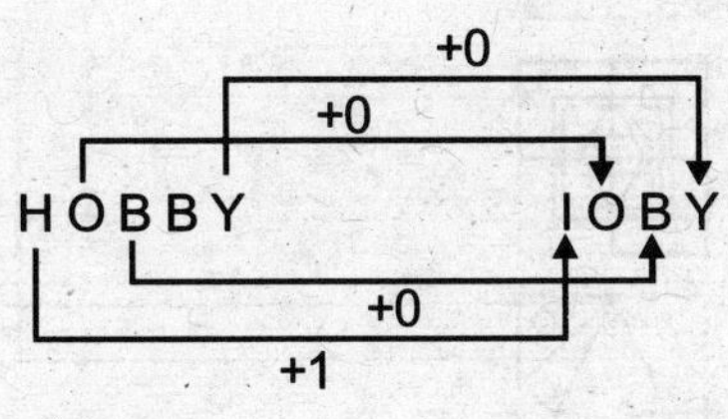

और

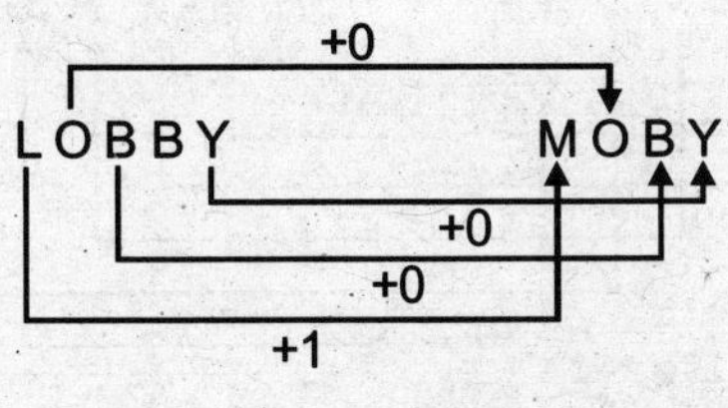

इसलिए

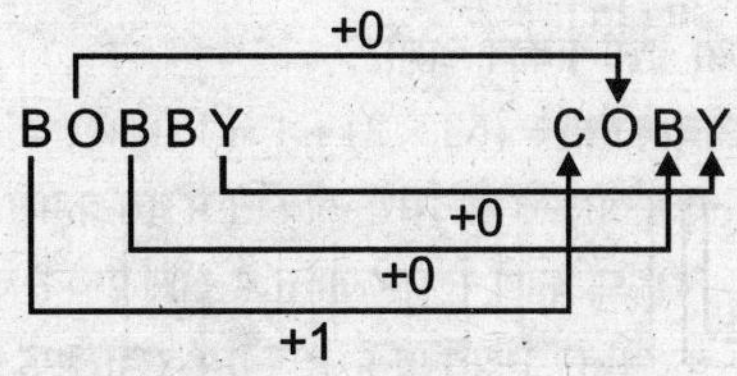

21. (COXT) : खाली स्थान में COXT को लिखने पर COXTOCOXTOCOXT क्रम का निर्माण होता है जिसमें COXTO की अंशतः तीन बार पुनरावृत्ति होती है।

22. (OXCC) : खाली स्थान में OXCC को लिखने पर CCOXCOXCOXCC क्रम का निर्माण होता है।

23. (CCCO) : खाली स्थान में CCCO को लिखने पर CCCOXCCOXCCOXCCCO क्रम का निर्माण होता है जिसमें C में एक का ह्रास होने के बाद स्थिरता आती है तथा पुनः एक की वृद्धि होती है।

24. (XTVC) : खाली स्थान में XTVC को लिखने पर COXTVCOXTVCO-XTVC क्रम का निर्माण होता है जिसमें COXTV की अंशतः चार बार पुनरावृत्ति होती है।

25. (COXX) : खाली स्थान में COXX को लिखने पर COXTCOXXTTCOXX क्रम का निर्माण होता है जिसमें X एवं T में केवल 1 एक बार वृद्धि होती है।

26. संख्याएँ प्रत्यावर्ती रूप में 2 से गुणा हो रही है तथा 3 की वृद्धि हो रही है।

अतः $5 \times 2 = 10$, $10 + 3 = 13$, $13 \times 2 = 26$, $26 + 3 = 29$ तथा इसी प्रकार आगे

$\therefore$ उत्तर है $61 \times 2 = 122$.

27. स्पष्टतया दी गई श्रेणी में 2 से आरंभ होने वाली मूल (अभाज्य) संख्याएं हैं। 11 के बाद आने वाली मूल संख्या 13 है, अतः उत्तर 13 है।

28. श्रेणी $+6, +6, +8, +8, +10, \ldots$ है

अतः उत्तर $43 + 10 = 53$ है।

29. श्रेणी $1^3 + 1, 2^3 + 1, 3^3 + 1, 4^3 + 1, 5^3 + 1$ है

$\therefore$ गायब संख्या $= 6^3 + 1 = 216 + 1 = 217$.

30. श्रेणी में प्रत्येक संख्या, पहली संख्या को 2 से गुणा करके 1 द्वारा वृद्धि करके मिल रही है।

अतः $(3 \times 2) + 1 = 7, (7 \times 2) + 1 = 15, (15 \times 2) + 1 =$ 31 तथा इसी प्रकार आगे

$\therefore$ गायब संख्या $= (63 \times 2) + 1 = 126 + 1 = 127.$

31. (c) : एक आकृति से दूसरी आकृति में वृत्त क्रमशः दक्षिणावर्त $30°$ के कोण से घूम जाता है और प्रत्येक चरण में वृत्त के भीतर स्थित एक त्रिज्यीय रेखाखण्ड लुप्त होता जाता है।

32. (d) : तिरछे या विकर्णी रेखाखण्ड एक-एक करके एक निश्चित क्रम मे लुप्त होते जाते हैं।

33. (d) : पहली आकृति में ऊपर बाएं स्थित >> अवयव क्रमशः अगली आकृति में वामावर्त $90°$ के कोण से घूम जाता है। आकृति में नीचे स्थित तीन अवयवों में से दाहिने ओर का एक अवयव दूसरी आकृति में छायांकित हो जाता है तथा उसके बाद क़ी आकृति में इन तीनों में से दाहिने से बाएं के क्रम में केवल एक अवयव ही छायांकित होता जाता है।

34. (d) : वृत्त (गोल घेरा) और बिंदु अगली आकृति में दक्षिणावर्त क्रमशः दो और तीन खंड आगे खिसक जाते हैं।

35. (a) : प्रत्येक चरण में क्रॉस का चिह्न दक्षिणावर्त $90°$ के कोण से घूम जाता है।

36. (d) : पहली आकृति का त्रिभुज दूसरी आकृति में बीच में आ जाता है। इसी प्रकार शीर्ष पर जुड़े दो त्रिभुज भी उत्तर आकृति में बीच में आ जाते हैं।

37. (d) : पहली आकृति का संपूर्ण डिजाइन दूसरी आकृति में दक्षिणावर्त $90°$ के कोण से घूम जाता है और उसका एक अवयव लुप्त हो जाता है तथा रेखिका से जुड़े अवयव के परस्पर विपरीत दिशा वाले हिस्से छायांकित हो जाते हैं।

38. (a) : पहली आकृति से दूसरी आकृति में दाईं ओर नीचे का अवयव विकर्णतः सम्मुख कोने पर चला जाता है, बाईं ओर ऊपर का अवयव बड़ा हो जाता है और बीच में आ जाता है तथा बीच का अवयव छोटा होकर नीचे दाएँ कोने पर आ जाता है।

39. (c) : पहली आकृति से दूसरी आकृति में पाशे के फलक पर अंकित आकृति ऊपर से नीचे आ जाती है। दाहिनी ओर का डिजाइन अपरिवर्तित रहता है। जबकि बाईं ओर का डिजाइन बदल जाता है।

40. (d) : पहली आकृति में भीतर का अवयव दूसरी आकृति में लुप्त हो जाता है।

41. (c) : अन्य सभी आकृतियों में वृत्त युक्त रेखा और दो रेखाखंड वर्ग की सम्मुख भुजाओं पर अवस्थित हैं।

42. (c) : शेष सभी आकृतियों में एक रेखा के सिरों से एक ही दिशा में दो रेखाखंड खींचे जाते हैं। इस आकृति 'C' में दो रेखाखंड दो विपरीत दिशाओं में खींचे जाते हैं।

43. (c) : शेष सभी आकृतियाँ चार भागों में विभक्त हैं।

44. (d) : केवल इसी आकृति में ही आकृति के मध्य में स्थित अवयव और दो अवयवों के बीच में स्थित अवयव परस्पर विपरीत दिशाओं में हैं।

45. (c) : शेष सभी आकृतियों को घुमा कर एक दूसरी आकृतियाँ प्राप्त की जा सकती हैं। इस आकृति में रेखाखंड गलत दिशा में है।

46. (b) : 

47. (a) : 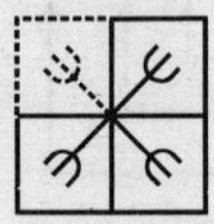

48. (d) : 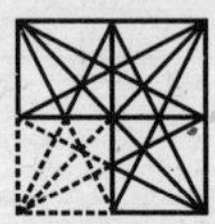

49. (d) : 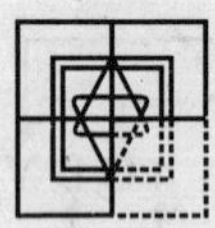

50. (a) : 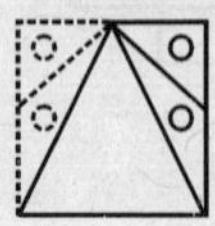

पिछले प्रश्न-पत्र (हल सहित)

सैनिक स्कूल प्रवेश परीक्षा, 2011

कक्षा-VI

प्रश्न पत्र–I (गणित एवं भाषा)

भाग 'अ' गणित

खण्ड-I

1. दो संख्याओं का योग बताओ, यदि पहली संख्या 41628 और दूसरी संख्या पहली संख्या से 1235 अधिक है।

2. 631997, 514245, 51437, 631460 को आरोही क्रम में लिखो।

3. एक वर्ग की भुजा 8 मी है। इस वर्ग को 4 समान वर्गों में बाँटा गया है। प्रत्येक वर्ग का क्षेत्रफल ज्ञात करो।

4. 216 और 90 के अभाज्य गुणनखण्ड लिखो।

5. $11\frac{1}{5} \div 6\frac{1}{10}$ का मान ज्ञात करो।

6. 95 का 10% ज्ञात करो।

7. एक रेलगाड़ी दिल्ली से रात 9 बजकर 15 मिनट पर चलकर अगले दिन सुबह 11 बजकर 30 मिनट पर जम्मूतवी पहुंच जाती है तो रेलगांड़ी ने कुल कितना समय लिया।

8. चीनी के 25 बोरों का भार 625 किलोग्राम है। 35 बोरों का भार ज्ञात करो।

9. 75, 90 और 125 का ल.स.प. ज्ञात करो।

10. एक आयत का परिमाप ज्ञात कीजिए, यदि आयत की लम्बाई 60 सेमी. और चौड़ाई 30 सेमी. है।

खण्ड-II

11. सरल करें– $16-\left[4 \div 2\left\{6-\left(8 \text{ का } \frac{1}{2}\right)\right\}\right]$

12. एक आयताकार मैदान की लम्बाई 40 मीटर और चौड़ाई 30 मीटर है। मैदान के बीच से 2 मीटर चौड़ी दो सड़कें लम्बाई और चौड़ाई के समानान्तर हैं। सड़क का क्षेत्रफल ज्ञात करें।

13. एक 50 मीटर लम्बे, 40 मीटर चौड़े व एक मीटर गहरे गड्डे को खोदने पर निकली मिट्टी का आयतन ज्ञात करो।

14. एक वृत्त का व्यास 14 सेमी. है। वृत्त की परिधि और क्षेत्रफल ज्ञात करो।

15. एक कोण का सम्पूरक कोण उससे दुगना है। कोण और सम्पूरक कोण की माप ज्ञात करो।

16. दो संख्याओं का ल.स.प. 1080 है। यदि एक संख्या 216 है तो दूसरी संख्या ज्ञात करो।

17. आशा किसी कार्य को 15 दिनों में करती है। उसी काम को निर्मला 12 दिनों में समाप्त करती है। दोनों मिलकर उस काम को कितने दिनों में समाप्त कर लेगी।

18. एक बढ़ई ने 90 रुपये प्रति कुर्सी की दर से 6 कुर्सियां खरीदी। उसने प्रत्येक कुर्सी पर रंग लगाने पर 10 रुपये खर्च किया, बाद में उसने सभी कुर्सियों को 795 रुपये में बेच दिया। लाभ या हानि ज्ञात करो।

19. निम्नलिखित तथ्यों के सामने सत्य और असत्य लिखें।

(क) एक बेलनाकार वस्तु में दो ढलाऊ सतह और आधार समतल सतह होती है।

(ख) एक शंकु में दो ढलाऊ सतह और समतल आधार होता है।

(ग) एक गोले में कोई समतल पृष्ठ नहीं होता है।

20. दिये गये पिक्टोग्राफ में छात्रों की संख्या उनके प्रिय खेल के अनुसार दिखाई गयी है। इसके अनुसार निम्नलिखित प्रश्नों के उत्तर दीजिए।

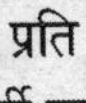

स्केल = 5 छात्र

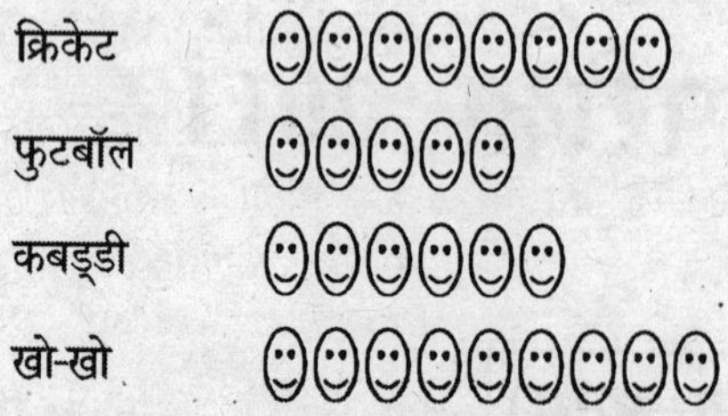

(क) छात्रों का सबसे प्रिय खेल क्या है?

(ख) कितने छात्र क्रिकेट पसन्द करते हैं?

(ग) खो-खो और कबड्डी पसन्द करने वाले छात्रों का अन्तर ज्ञात करो?

खण्ड-III

21. साहिल ने 150 में से 95 अंक प्राप्त किये तथा अंकित ने 250 में से 180 अंक प्राप्त किये। किसके अंक अधिक हैं।

22. जतिन ने 12 पैसे प्रति रुपये प्रति वर्ष की दर से रु. 4500 उधार लिए। 3 साल के बाद उसने रु. 4000 और एक घड़ी लौटाई। घड़ी का मूल्य ज्ञात करो।

23. 3 सेमी. त्रिज्या का एक वृत्त खीचों और निम्न प्रदर्शित करो।

(क) केन्द्र 'क' (ख) व्यास 'अ ब'

(ग) चाप 'स द' (घ) चापकर्ण 'ग घ'

24. अ, ब और स के पास कुल रुपये 1500 है। अ और ब की राशि का अनुपात 4 : 5 है। यदि स के पास रुपये 600 है तो अ तथा ब का हिस्सा ज्ञात करो।

25. 6 अंकों की सबसे बड़ी संख्या बताओ जो 24, 15 और 36 से पूर्ण विभाजित है।

26. एक व्यक्ति एक चादर रु 75 रु. में बेचता है तो उसे 4 प्रतिशत की हानि होती है। 20 प्रतिशत लाभ प्राप्त करने के लिए उसे कितने रुपये में चादर बेचनी होगी।

27. यदि $a = 2, b = 3$ और $c = 4$ हो तो निम्न का मान ज्ञात करो।

(क) $ab + bc$

(ख) $\dfrac{a(b+c)}{b(a+c)}$

28. एक चाक के डब्बे की लम्बाई 7 सेमी., चौड़ाई 5 सेमी. और ऊँचाई 3 सेमी. है। 49 सेमी. लम्बे, 25 सेमी. चौड़े व 15 सेमी. ऊंचे बक्से में कितने चाक के डिब्बे आ जायेंगे।

29. दिये गये 12 संख्याओं का औसत ज्ञात करो। यदि पहली 8 संख्याओं का औसत 21 और आखिरी चार संख्याओं का औसत 18 है।

30. दिये गये चित्र का परिमाप एवं क्षेत्रफल ज्ञात करो।

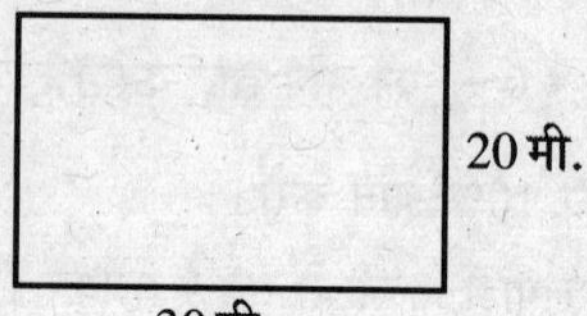

व्याख्यात्मक उत्तर

1. पहली संख्या = 41628

दूसरी संख्या = 41628 + 1235 = 42863

संख्याओं का योगफल = 41628 + 42863 = 84491

2. बढ़ते क्रम में,

51437, 514245, 631460, 631997

3. वर्ग की एक भुजा = 8 मीटर

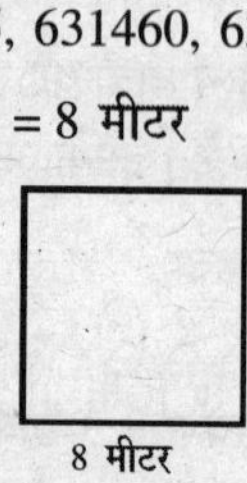

वर्ग का क्षेत्रफल = 8 × 8 = 64 वर्ग मीटर

यह वर्ग चार बराबर वर्ग में विभक्त होता है।

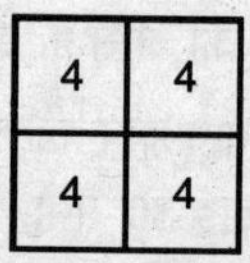

प्रत्येक वर्ग का क्षेत्रफल = 16 वर्ग मीटर

4.

2	216
2	108
2	54
3	27
3	9
3	3
	1

216 का अभाज्य गुणनखण्ड = $2^3 \times 3^3$

2	90
3	45
3	15
5	5
	1

90 का अभाज्य गुणनखण्ड $= 3 \times 3 \times 2 \times 5$

5. $11\frac{1}{5} \div 6\frac{1}{10} = \frac{56}{5} \div \frac{61}{10}$

$$= \frac{56}{5} \times \frac{10}{61} = \frac{112}{61} = 1\frac{51}{61}$$

6. 95 का 10 प्रतिशत $= \frac{10}{100} \times 95 = \frac{19}{2} = 9.5$

7. गाड़ी को सफर तय करने में लगा कुल समय
= 14 घंटे 15 मिनट

8. चीनी के 25 थैले का वजन = 625 किलोग्राम

चीनी के 1 थैले का वजन $= \frac{625}{25}$ किलोग्राम

चीनी के 35 थैले का वजन $= \frac{625}{25} \times 35$

$= 25 \times 35 = 875$ किलोग्राम

9.

5	75, 90, 125
5	15, 18, 25
3	3, 18, 5
	1, 6, 5

लघुत्तम समापवर्त्तक $= 5 \times 5 \times 3 \times 6 \times 5 = 2250$

10. आयत का परिमाप = 2 (लम्बाई + चौड़ाई)
$= 2\,(60 + 30) = 2 \times 90 = 180$ सेमी

11. $\left[16 - 4 \div 2\left\{6 - \left(8 \text{ का } \frac{1}{2}\right)\right\}\right]$

$= [16 - 4 \div 2\ \{6 - 4\}]$
$= [16 - 4 \div 2 \times 2] = 16 - 4 = 12$

12.

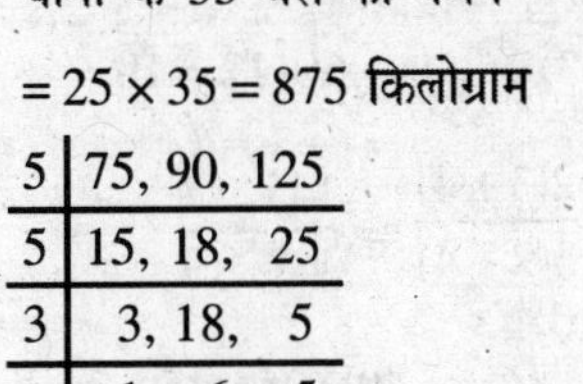

सड़क का क्षेत्रफल $= 40 \times 2 + 30 \times 2$

$= 80 + 60 = 140$ वर्ग मीटर

$= 140 - 4 = 136$ वर्ग मीटर

13. गढ़े से निकाली गयी मिट्टी का आयतन $= 50 \times 40 \times 1$
= 2000 घन मीटर

14. वृत्त का व्यास = 14 सेमी
अतः वृत्त की त्रिज्या = 7 सेमी

वृत्त की परिधि $= 2\pi r = 2 \times \frac{22}{7} \times 7 = 44$ सेमी

वृत्त का क्षेत्रफल $= \pi r^2 = \frac{22}{7} \times 7 \times 7 = 154$ वर्ग सेमी

15.
$$x + 2x = 90°$$
$$3x = 90°$$
$$x = 30°$$
सम्पूरक कोण $= 2 \times 30 = 60°$

16. दूसरी संख्या $= \frac{\text{लघुत्तम} \times \text{महत्तम}}{\text{पहली संख्या}} = \frac{1080 \times 18}{216} = 90$

17. आशा किसी काम को 15 दिनों में करती है

आशा का एक दिन का काम $= \frac{1}{15}$

निर्मला उसी काम को 12 दिनों में करती है

निर्मला का एक दिन का काम $= \frac{1}{12}$

(आशा + निर्मला) का एक दिन का काम $= \frac{1}{15} + \frac{1}{12}$

$$= \frac{4 + 5}{60} = \frac{9}{60}$$

अतः दोनों मिलकर उस काम को $\frac{60}{9}$ दिनों में $= 6\frac{2}{3}$ दिनों में करेंगी।

18. 6 कुर्सियों का क्रय मूल्य $= 100 \times 6 =$ ₹ 600
6 कुर्सियों का विक्रय मूल्य = ₹ 795
लाभ = विक्रय मूल्य − क्रय मूल्य $= 795 - 600 =$ ₹ 195

19. (क) असत्य (ख) सत्य (ग) असत्य

20. क्रिकेट 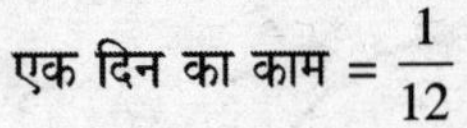

फुटबॉल 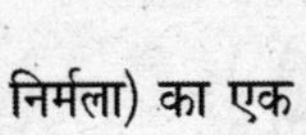

कबड्डी 

खो-खो 

(क) खो-खो

(ख) 40

(ग) 15

21. साहिल का प्रतिशत नम्बर

$$= \frac{95}{150} \times 100 = \frac{190}{3} = 63.33 \text{ प्रतिशत}$$

अंकित का प्रतिशत नम्बर $= \frac{180}{250} \times 100 = 72$ प्रतिशत

अतः अंकित का नम्बर ज्यादा है।

22. साधारण ब्याज $= \frac{\text{मूलधन} \times \text{दर} \times \text{समय}}{100}$

$$= \frac{4500 \times 12 \times 3}{100} = ₹\ 1620$$

मिश्रधन = मूलधन + साधारण ब्याज

$= 4500 + 1620 = ₹\ 6120$

कलाई घड़ी की कीमत $= 6120 - 4000 = ₹\ 2120$

23.

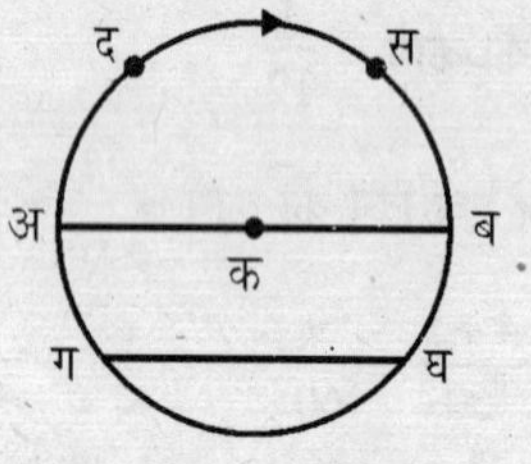

24. $1500 - 600 = ₹\ 900$

माना कि 'अ' के पास ₹ $4x$ तथा 'ब' के पास ₹ $5x$ है

$$4x + 5x = 900$$
$$9x = 900$$
$$x = 100$$

अतः 'अ' के पास $4 \times 100 = ₹\ 400$

'ब' के पास $5 \times 100 = ₹\ 500$

25. 6 अंकों की सबसे बड़ी संख्या = 999999

24, 15 और 36 का लघुत्तम समापवर्त्तक = 360

999999 को 360 से भाग देने पर शेषफल 279 बचता है

अतः अभीष्ट संख्या = 999999 − 279 = 999720

26. विक्रय मूल्य = ₹ 75

घाटा = 4 प्रतिशत

माना कि क्रय मूल्य = ₹ 100

अतः विक्रय मूल्य = 100 − 4 = ₹ 96

जब विक्रय मूल्य ₹ 96 है तो क्रय मूल्य = ₹ 100

जब विक्रय मूल्य ₹ 75 है तो क्रय मूल्य $= ₹\ \frac{100}{96} \times 75$

क्रय मूल्य $= ₹\ \frac{625}{8} = ₹\ 78.125$

पुनः 100 + 20 = 120

जब क्रय मूल्य ₹ 100 तब विक्रय मूल्य = ₹ 120

जब क्रय मूल्य ₹ $\frac{625}{8}$ तब विक्रय मूल्य $= ₹\ \frac{120}{100} \times \frac{625}{8}$

विक्रय मूल्य $= ₹\ \frac{375}{4} = ₹\ 93.75$

27. दिया गया है कि $a = 2, b = 3$ तथा $c = 4$

(क) $ab + bc = 2(3) + 3(4) = 6 + 12 = 18$

(ख) $\frac{a(b+c)}{b(a+c)} = \frac{2(3+4)}{3(2+4)} = \frac{14}{18} = \frac{7}{9}$

28. चाक के डिब्बों की संख्या $= \frac{49 \times 25 \times 15}{7 \times 5 \times 3}$

$$= 7 \times 5 \times 5 = 175$$

29. प्रथम से 8 संख्याओं का कुल नंबर $= 21 \times 8 = 168$

अन्तिम 4 संख्याओं का कुल नंबर $= 18 \times 4 = 72$

12 संख्याओं का औसत $= \frac{168 + 72}{12} = \frac{240}{12} = 20$

30.

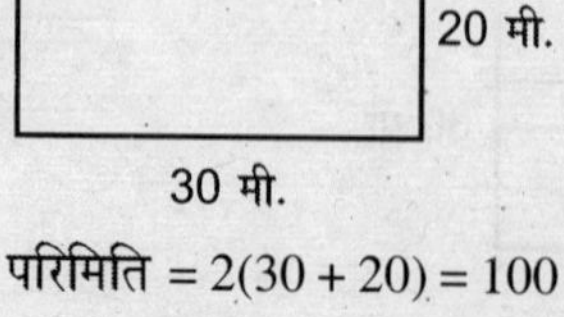

परिमिति = 2(30 + 20) = 100 मीटर

क्षेत्रफल = 30 × 20 = 600 वर्गमीटर

भाग 'ब' — भाषा ज्ञान

1. 'मेरे जीवन का एक महत्त्वपूर्ण दिन' या 'मेरे जीवन का लक्ष्य' विषय पर 15 वाक्य लिखें।

2. निम्नलिखित गद्यांश को ध्यानपूर्वक पढ़कर दिए हुए प्रश्नों के उत्तर दीजिए।

व्यक्ति और समाज में परस्पर घनिष्ट संबंध है। मनुष्य अपनी व्यक्तिगत उन्नति करते हुए भी सामाजिक संबंध के लिए सदा व्याकुल रहता है। समाज एक परिवर्तनशील इकाई है। युग परिवर्तन के साथ समाज अपना स्वरूप बदलता रहता है। आधुनिक युग में समाज गाँव या नगर तक सीमित नहीं है। आज उसका क्षेत्र देश के कोने-कोने और विदेशों तक विस्तीर्ण हो गया है। इसी कारण सुबह होते ही मनुष्य अपने उस विस्तृत समाज की दशा की जानकारी प्राप्त करने के लिए बेचैन रहता है। समाज की विविध जानकारी प्राप्त करने का सरल, सुलभ व सस्ता साधन है — समाचार पत्र।

(क) व्यक्ति और समाज में कैसा संबंध है?
(ख) आधुनिक युग में समाज का कैसा स्वरूप है?
(ग) मनुष्य सुबह क्यों बेचैन रहता है?
(घ) समाचार पत्र क्या है?
(ङ) युग परिवर्तन से समाज में क्या असर होता है?

3. निम्नलिखित रेखांकित शब्दों का प्रयोग करके अलग से नये वाक्य बनाइये।

बाढ़ का दृश्य कितना <u>भयानक</u> होता है। इसकी <u>कल्पना</u> वे ही कर सकते हैं जिन्होंने बाढ़ का <u>प्रत्यक्ष</u> <u>अनुभव</u> किया है, जब बाढ़ में उफनता पानी घरों में घुसता है तो मन आने वाले <u>भय</u> से काँप उठता है।

4. निम्नलिखित वाक्यों को शुद्ध करके लिखिये।
(क) भाग्यहीन व्यक्ति को सब सताता है।
(ख) शनिवार के दिन स्कूल बन्द रहेगा।
(ग) पांच तारीख को उत्सव होगा
(घ) राम, लक्ष्मण और सीता वन को गई।
(ङ) हमारे अध्यापिका बड़ी विद्वान हैं।

5. सैनिक स्कूल में प्रवेश परीक्षा में सम्मलित होने के लिए दो दिन के अवकाश हेतु अपने प्रधानाध्यपक को प्रार्थना पत्र लिखें।

6. नीचे लिखें शब्दों के वाक्य बनाकर अन्तर स्पष्ट करो—
(क) आदि, आदी (ख) द्रव, द्रव्य
(ग) संग, संघ (घ) पका, पक्का
(ङ) आधी, आंधी

7. निम्नलिखित मुहावरों का अर्थ लिखकर अपने शब्दों में प्रयोग करो।
(क) गले का हार
(ख) पेट में चूहे कूदना
(ग) कमर कसना
(घ) मुँह में पानी भर जाना
(ङ) आसमान सिर पर उठाना

8. निम्न शब्दों का पर्यायवाची शब्द लिखो।
(क) पुष्प ....
(ख) पर्वत ....
(ग) असुर ....
(घ) चन्द्रमा ....
(ङ) कमल ....

9. निम्नलिखित वाक्यांश के लिए एक शब्द लिखो।
(क) जो पढ़ा लिखा न हो — ....
(ख) जो ईश्वर को न मानता हो — ....
(ग) जिसका आचार अच्छा नहीं हो — ....
(घ) किये गये उपकार को मानने वाला — ....
(ङ) जो सबको प्यारा हो — ....

व्याख्यात्मक उत्तर

1. मेरे जीवन का एक महत्वपूर्ण दिन

अपने कुछ मित्रों के साथ कश्मीर के डल झील में चांदनी रात का नौका विहार आज भी मैं भूल नहीं पाता। वह मेरे जीवन का एक महत्वपूर्ण दिन था।

नौका विहार करना एक अच्छा शौक, एक स्वस्थ खेल, एक प्रकार का श्रेष्ठ व्यायाम तो है ही साथ ही साथ एक अच्छा मनोरंजन का साधन भी है। शाम को अथवा दिन में लोग नौका-विहार का आनंद उठाते हैं, लेकिन चांदनी रातों में ऐसा करने का संयोग

कभी-कभी ही प्राप्त हो पाता है। चांदनी रात में और वह भी जब पूर्णिमा की रात हो तो उस समय नौका विहार करने का आनंद तो अपने-आप में बेजोड़ होता है। उस रात चांद की किरणें धरती पर अमृत बरसाया करती हैं, ऐसा लोगों का मानना है। ऐसे में चप्पू चलने से कलछल करती झील की शांत धारा पर जब हंसिनी सी नाव धीरे-धीरे आगे बढ़ती जाती है तब झील के किनारे दूर छिटकते हुए दिखाई देते हैं। वे दूर हटते हुए किनारे और उन पर उगे वृक्षों व झाड़ियों की परछाइयां जल की धारा में बड़ा ही सम्मोहक-सा दृश्य प्रस्तुत करने लगती हैं। उस समय चन्द्रमा मदमस्त-सा होकर जब ऊपर की तरफ उठने लगता है तो वह बहुत आकर्षक लगता है। चन्द्र-ज्योत्सना के इस रजत पर्दे पर नौकाओं का अनोखा नृत्य-सा दृश्य यादकर मैं आज भी आत्मविभोर हो उठता हूँ।

2. (क) व्यक्ति और समाज के बीच घनिष्ठ और अन्योन्याश्रित संबंध है।

(ख) पूर्व काल की तुलना में आधुनिक समाज का स्वरूप अधिक व्यापक है। यह गाँव और शहर की सीमा से आगे देश के कोने-कोने एवं विदेशों तक फैला है।

(ग) अपने समाज में घटने वाली विविध घटनाओं के बारे में जानकारी प्राप्त करने के लिए मनुष्य हर सुबह बेचैन हो उठता है।

(घ) यह समाज की विविध घटनाओं को जानने का साधन है।

(ङ) युग परिवर्तन से समाज का स्वरूप बदलता रहता है।

3. (क) कल एक भयानक घटना घटी।

(ख) कवि की कल्पना शक्ति अधिक व्यापक होती है।

(ग) उन्होंने ईश्वर का प्रत्यक्ष अनुभव किया है।

(घ) हत्या और मारपीट के कारण लोगों में भय व्याप्त था।

4. (क) भाग्यहीन (व्यक्ति) को सभी सताते हैं।

(ख) शनिवार को स्कूल बंद रहेगा।

(ग) पांच तारीख को उत्सव मनाया जाएगा।

(घ) राम, लक्ष्मण और सीता वन गए।

(ङ) हमारी अध्यापिका विद्वान हैं।

5. सेवा में,

श्रीमान प्रधानाचार्य
डी.ए.वी. स्कूल
मॉडल टाउन, नई दिल्ली

महोदय,

मैं आपके स्कूल की कक्षा V का अति प्रतिभाशाली छात्र हूँ। मैं अपनी कक्षा में नियमित रूप से उपस्थित रहता हूँ। मैं इस वर्ष सैनिक स्कूल की आयोजित होने वाली परीक्षा में सम्मिलित होना चाहता हूँ। यह परीक्षा 4 एवं 5 अगस्त को आयोजित की जाएगी। अतः मेरा विनम्र निवेदन है कि इस परीक्षा में शामिल होने के लिए मुझे उक्त दो दिनों की छुट्टी मंजूर की जाए। इसके लिए मैं सदैव आपका आभारी रहूँगा।

दिनांक आपका आज्ञाकारी छात्र
प्रशांत शर्मा

6. (क) गेहूँ, चावल, दाल आदि खाद्य पदार्थ बाजार में उपलब्ध हैं।
वह नशे का आदी है।

(ख) द्रव का कोई निश्चित आकार नहीं होता है।
सोना, चांदी, हीरा जैसे द्रव्य अधिक महंगे हो गए हैं।

(ग) सीता का विवाह राम के संग हुआ था।
वे शिक्षक संघ के नेता हैं।

(घ) आम पका हुआ है।
उसका घर पक्के का है।

(ङ) बंटवारे के बाद आधी-आधी राशि दोनों भाइयों में बांट दी गई।
तेज आंधी में घर के बाहर रखे सभी सामान तितर-बितर हो गए।

7. (क) (प्यारा होना) – पुत्र माता-पिता के गले का हार होता है।

(ख) (भूख लगना) – मैंने सुबह में नाश्ता नहीं किया, अब मेरे पेट में चूहे कूद रहे हैं।

(ग) (दृढ़-निश्चय करना) – वह परीक्षा में सफलता के लिए कमर कस चुका है।

(घ) (लालच आना) – मिठाई देखकर मेरे मुँह में पानी भर आया।

(ङ) (हंगामा करना) – भाई की हत्या की खबर सुनते ही उसने आसमान सिर पर उठा लिया।

8. (क) फूल, कुसुम (ख) भूधर, गिरि
(ग) निशाचर, राक्षस (घ) चांद, शशि
(ङ) पंकज, जलज

9. (क) अनपढ़ (ख) नास्तिक
(ग) आचारहीन (घ) कृतज्ञ
(ङ) सर्वप्रिय

प्रश्न पत्र–II (बुद्धिमता परीक्षण)

निर्देश (प्रश्न सं. 1-10): *नीचे दिए गए प्रत्येक प्रश्न में चार शब्द दिए गए हैं। इन चार शब्दों में से तीन किसी न किसी रूप में समान हैं जबकि एक असमान है। परीक्षार्थी असमान शब्द की पहचान करें।*

1. (a) आशुलिपि (b) संदेश भेजने की पद्धति
(c) संकेत स्तंभ (d) अभिलेख

2. (a) हरा (b) बैंगनी
(c) भूरा (d) पीला

3. (a) नगर (b) कस्बा
(c) गाँव (d) घर

4. (a) लेखक (b) प्रिंटर
(c) प्रकाशक (d) पाठक

5. (a) नीचे (b) नजदीक
(c) ऊपर (d) कहाँ

6. (a) सुगन्ध (b) महक
(c) सुगंधित (d) बदबूदार

7. (a) मोटरकार (b) ट्रैक्टर
(c) बस (d) ट्रेन

8. (a) हकलाहट (b) फुसफुसाहट
(c) धीरे-धीरे बोलना (d) कटाक्ष

9. (a) छवि चित्र (b) फोटो खींचना
(c) आरेख (d) चित्रकला

10. (a) सिल्क (b) फर्र
(c) दूध (d) रबर

निर्देश (प्रश्न सं. 11-15): *नीचे दिए गए प्रश्नों में संख्याओं के पांच विकल्प दिए गए हैं। इन पांच संख्याओं में से चार में समान संबंध हैं जबकि एक उस समूह से असंबद्ध है। परीक्षार्थी असंबद्ध संख्या की पहचान करें।*

11. (a) 1 : 4 (b) 10 : 24
(c) 8 : 18 (d) 22 : 46
(e) 50 : 102

12. (a) 22 : 42 (b) 4 : 6
(c) 11 : 20 (d) 5 : 14
(e) 9 : 16

13 (a) 3 : 8 (b) 6 : 35
(c) 7 : 50 (d) 1 : 0
(e) 9 : 80

14. (a) 385 (b) 572
(c) 671 (d) 264
(e) 427

15. (a) 9 : 80 (b) 1 : 0
(c) 6 : 35 (d) 12 : 143
(e) 10 : 91

निर्देश (प्रश्न सं. 16-20): *नीचे दिए गए प्रत्येक प्रश्न में से सही उत्तर का विकल्प चुनें।*

16. यदि FRIEND को किसी कोड में HUMJTK रूप में लिखा जाता है तो CANDLE को कोड रूप में कैसे लिखेंगे?
(a) EDRIRL (b) DCQHQK
(c) FROBOC (d) ESJFME

17. यदि ADVENTURE को किसी कोड में ERUTNEVDA लिखा जाता है तो GREEN को कोड रूप में कैसे लिखेंगे?
(a) NEERG (b) ENEGR
(c) GEREN (d) NEEGR

18. यदि CAB को किसी कोड में WUV रूप में लिखा जाता है तो DEAF को कोड रूप में कैसे लिखेंगे?
(a) XYUZ (b) UWYV
(c) XWUY (d) UYXZ

19. यदि किसी दिए गए कोड में YELLOW को XFKMNX रूप में लिखा जाता है तो COUNTRY को कोड रूप में कैसे लिखेंगे?
(a) DPVOSQX (b) BNTMSQX
(c) BPTMSSX (d) AMSLRPW

20. यदि QUICK को किसी कोड में PSFYE रूप में व्यक्त करते हैं तो NEST को कोड रूप में कैसे लिखेंगे?
(a) MCPP (b) MDQS
(c) OGUV (d) TESN

निर्देश (प्रश्न सं. 21-25): *शृंखला को पूरा करने के लिए अगले चार अक्षरों को लिखें।*

21. COXTCCCOXTC.... .

22. COCXOCXCCXCO..... .

23. COXVTCOOXXVVTT..... .

24. COXTOXTCXTC..... .

25. COXTCOXTCOX..... .

निर्देश (प्रश्न सं. 26-30): *नीचे दिए गए शृंखला को पूरा करें।*

26. 4, 9, 13, 22, 35, ?

27. 18, 36, 54, 72, 90, ?

28. 2, 4, 7, 11, 16, ?

29. 0, 2, 6, ?, 20, 30, 42

30. 1, 8, 27, 64, 125, 216, ?

निर्देश (प्रश्न सं. 31-35): *नीचे के प्रत्येक प्रश्न में आकृतियों के दो समुच्चय दिए गए हैं जिनमें से एक समुच्चय को* **प्रश्न आकृतियों** *का समुच्चय और दूसरे समुच्चय को* **उत्तर आकृतियों** *का समुच्चय कहा गया है। प्रश्न आकृतियों के समुच्चय से किसी न किसी प्रकार से एक शृंखला बनती है। उत्तर आकृतियों के समुच्चय से उस एक आकृति का चयन करें जिससे प्रश्न आकृतियों के समुच्चय की शृंखला संतत हो जाए।*

31. प्रश्न आकृतियां

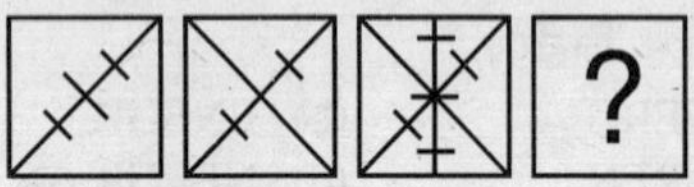

उत्तर आकृतियां

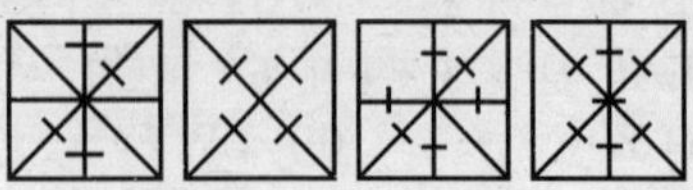

(a) (b) (c) (d)

32. प्रश्न आकृतियां

उत्तर आकृतियां

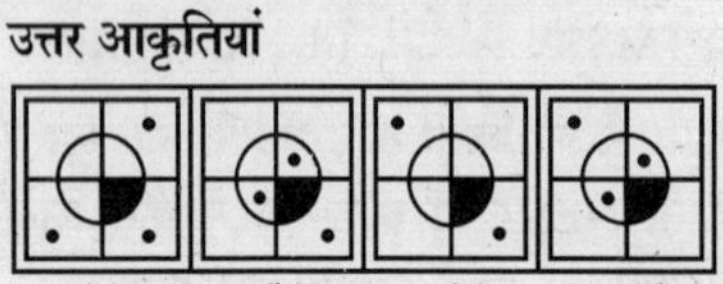

(a) (b) (c) (d)

33. प्रश्न आकृतियां

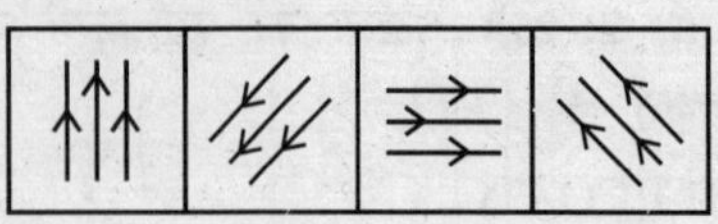

उत्तर आकृतियां

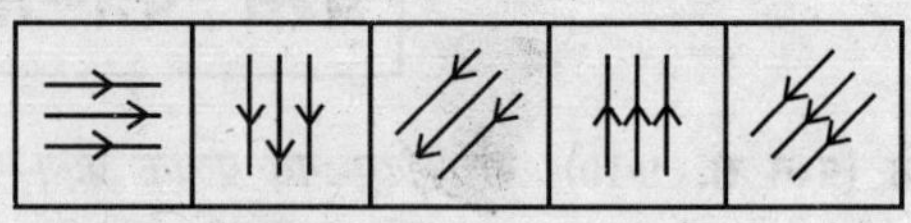

(a) (b) (c) (d) (e)

34. प्रश्न आकृतियां

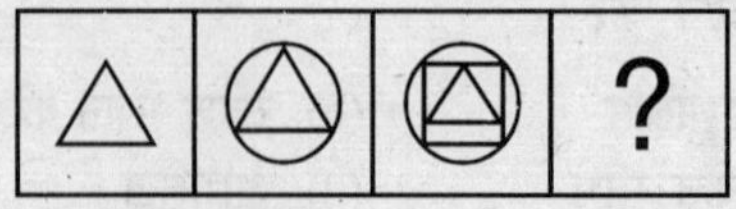

उत्तर आकृतियां

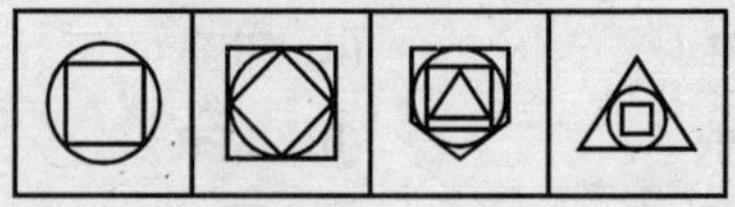

(a) (b) (c) (d)

35. प्रश्न आकृतियां

उत्तर आकृतियां

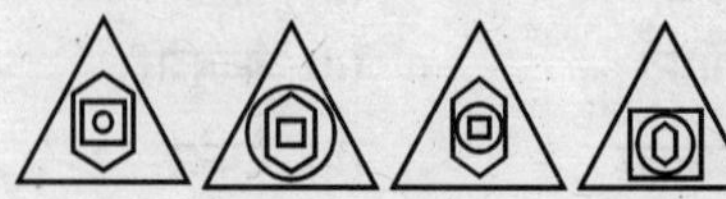

(a) (b) (c) (d)

निर्देश (प्रश्न सं. 36-40): *प्रश्न आकृतियों में :: चिह्न के बाएं दी गई दो आकृतियों में से दूसरी आकृति का पहली आकृति के साथ एक विशेष संबंध है। :: चिह्न की दाईं ओर की दो आकृतियों के बीच भी ऐसा ही संबंध है। दिए गए विकल्पों से उस आकृति का चयन करें जिसे प्रश्न आकृतियों में प्रश्न चिह्न के स्थान पर रखा जा सकता है और जिसका :: चिह्न की दाईं ओर की पहली आकृति के साथ ठीक वैसा ही संबंध है जैसा कि :: चिह्न की बाईं ओर की दो आकृतियों के बीच है।*

36. प्रश्न आकृतियां

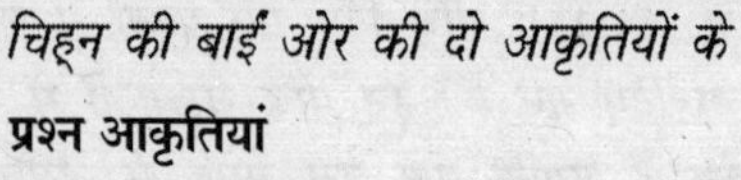

उत्तर आकृतियां

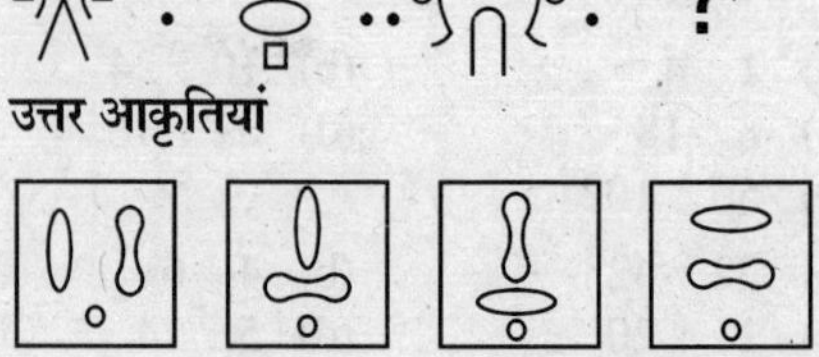

(a) (b) (c) (d)

37. प्रश्न आकृतियां

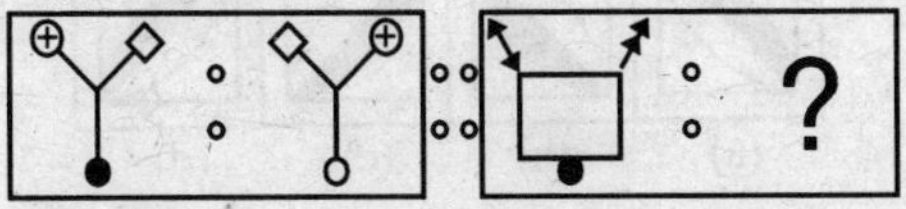

उत्तर आकृतियां

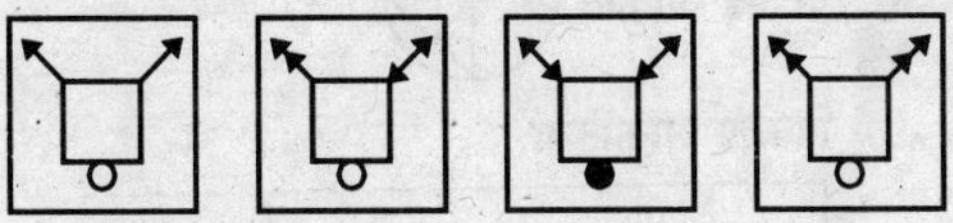

(a) (b) (c) (d)

38. प्रश्न आकृतियां

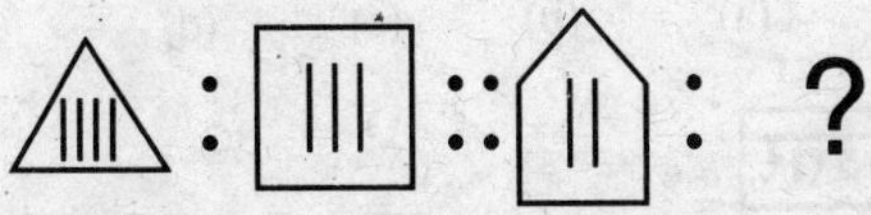

उत्तर आकृतियां

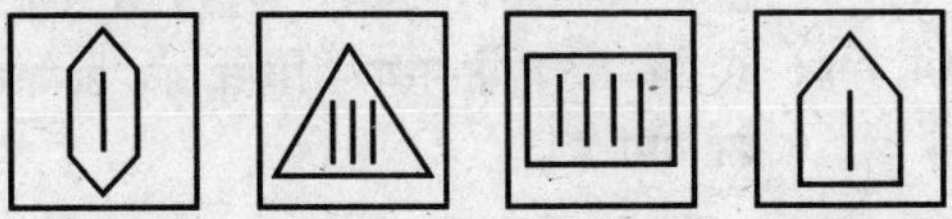

(a) (b) (c) (d)

39. प्रश्न आकृतियां

उत्तर आकृतियां

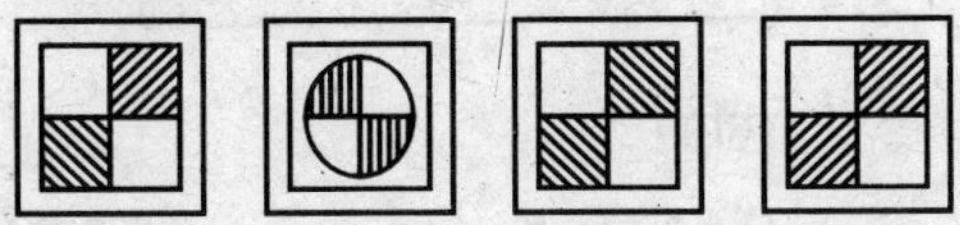

(a) (b) (c) (d)

40. प्रश्न आकृतियां

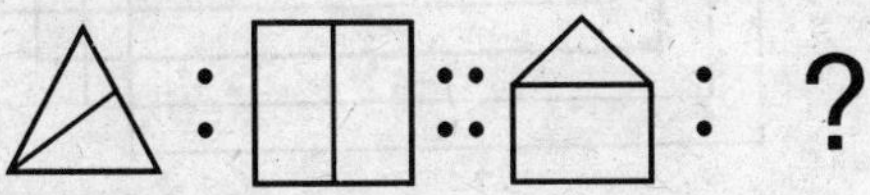

उत्तर आकृतियां

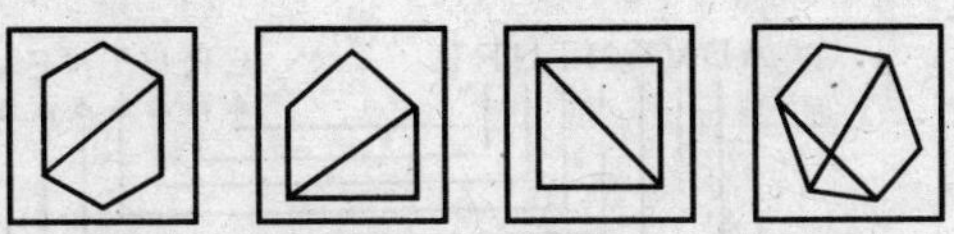

(a) (b) (c) (d)

निर्देश (प्रश्न सं. 41-45): *नीचे के प्रत्येक प्रश्न में एक आकृति को छोड़कर अन्य सभी आकृतियाँ किसी-न-किसी रूप में आपस में संबंधित हैं और इस कारण वे एक समूह बनाती हैं। प्रत्येक प्रश्न में उस एक भिन्न आकृति का चयन करें जो अन्यों से संबंधित नहीं है अर्थात् जो भिन्न अथवा विजातीय है।*

41. 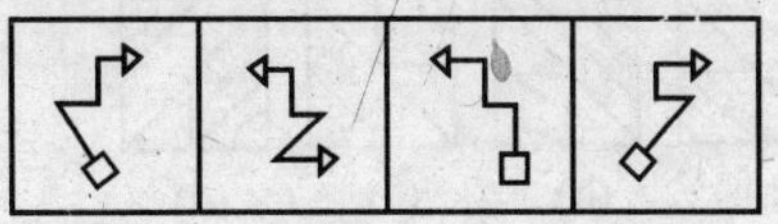

(a) (b) (c) (d)

42. 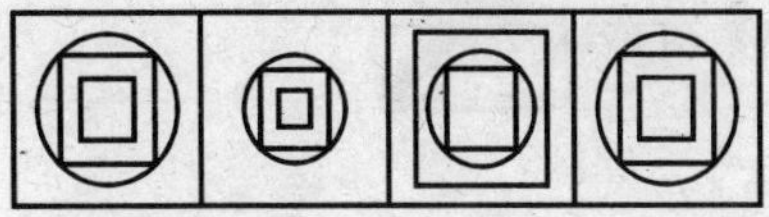

(a) (b) (c) (d)

43. 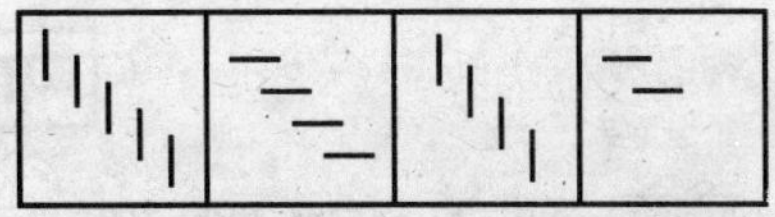

(a) (b) (c) (d)

44. 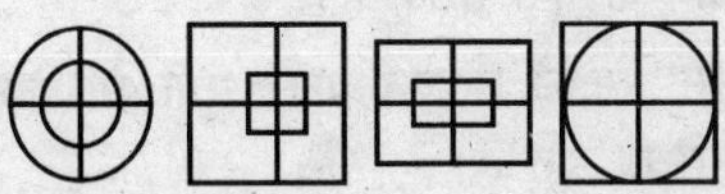

(a) (b) (c) (d)

45. 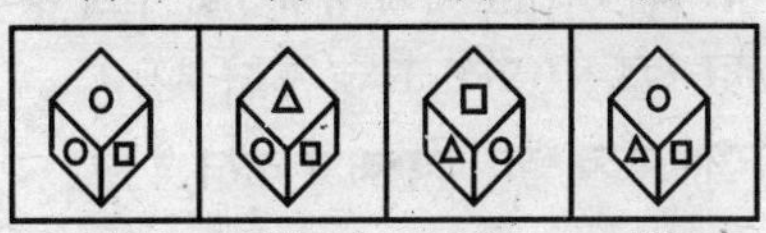

(a) (b) (c) (d)

निर्देश (प्रश्न सं. 46-50): *प्रत्येक प्रश्न में बताएं कि कौन-सी विकल्प आकृति दिए गए आकृति प्रतिरूप को पूरा करेगी।*

46. दी गई आकृति 

विकल्प आकृतियां

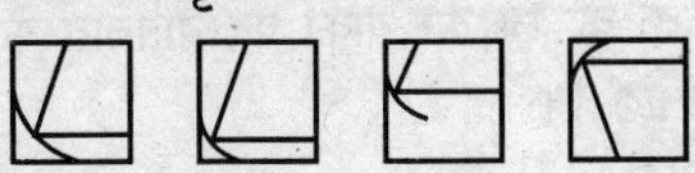

(a) (b) (c) (d)

47. दी गई आकृति 

विकल्प आकृतियां

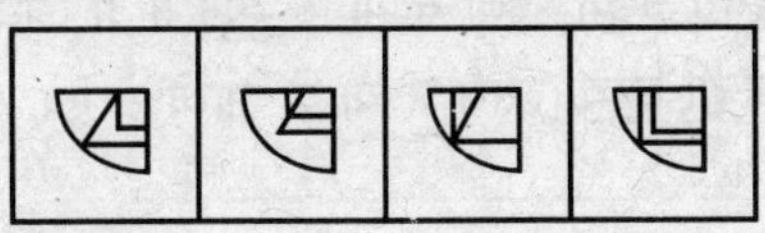

(a) (b) (c) (d)

48. दी गई आकृति 

विकल्प आकृतियां

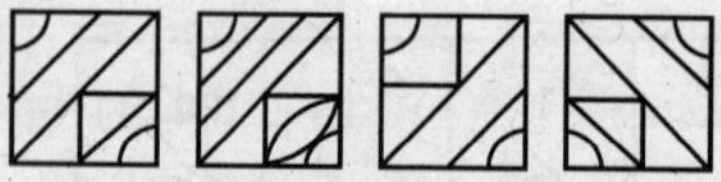

(a) (b) (c) (d)

49. दी गई आकृति 

विकल्प आकृतियां

(a) (b) (c) (d)

50. दी गई आकृति 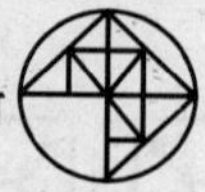

विकल्प आकृतियां

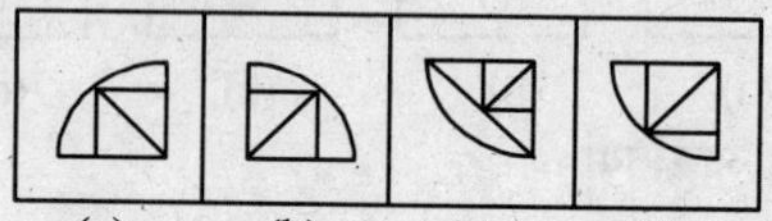

(a) (b) (c) (d)

व्याख्यात्मक उत्तर

1. (d) : 'अभिलेख' शब्द को छोड़कर बाकी सभी शब्द संदेश भेजने के गुप्त तरीके हैं।

2. (c) : 'भूरा' रंग को छोड़कर बाकी सभी रंग इंद्रधनुष में उपस्थित होते हैं।

3. (d) : 'घर' को छोड़कर बाकी सभी शब्द पृथ्वी के विभिन्न क्षेत्र खंड का प्रतिनिधित्व करते हैं।

4. (d) : सभी पाठक के लिए कार्य करते हैं।

5. (d) : 'कहाँ' पद को छोड़कर बाकी सभी विभिन्न स्थान का बोध कराते हैं।

6. (d) : 'बदबूदार' को छोड़कर बाकी सभी पद सामान्यतः आनंद प्रदान करने वाले सुगंध से संबद्ध हैं।

7. (b) : 'ट्रैक्टर' मुख्यतः कृषि कार्य हेतु साधन है जबकि अन्य का सामान और सवारी ढोने में प्रयोग होता है।

8. (d) : 'कटाक्ष' को छोड़कर बाकी पद बातचीत के तरीके से संबद्ध है।

9. (b) : 'फोटो खिंचना' को छोड़कर बाकी पद कलाकार द्वारा कागज पर बनाए गए चित्र से संबद्ध हैं।

10. (d) : 'रबर' वृक्ष से प्राप्त उत्पाद है जबकि अन्य दूसरे साधन से प्राप्त उत्पाद हैं।

11. (b) : दूसरी संख्या पहली संख्या के दुगुने से दो अधिक है।

12. (d) : पहली संख्या दूसरी संख्या के आधी से एक अधिक है।

13. (c) : दूसरी संख्या पहली संख्या के वर्ग से एक कम है।

14. (e) : दी गयी संख्या के मध्य में स्थित अंक अन्य दो आंकें का योग है।

15. (e) : दूसरी संख्या पहली संख्या के वर्ग से एक कम है।

16. (a) : चूंकि

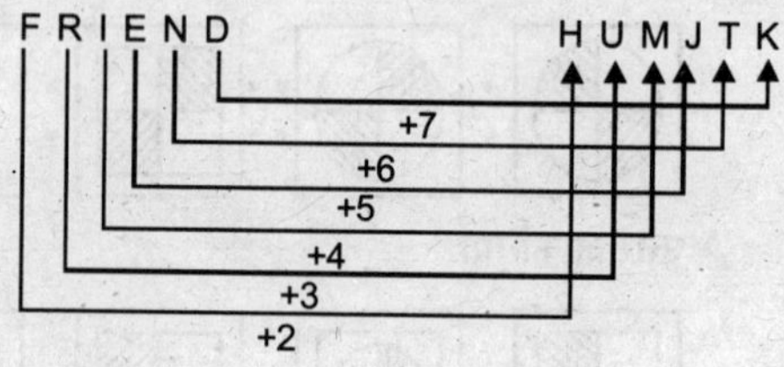

इसलिए

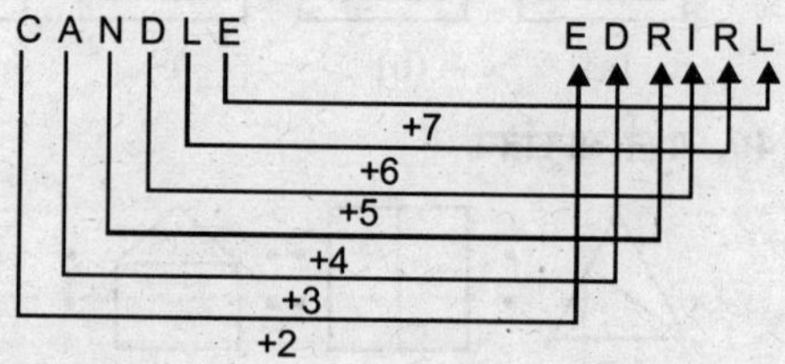

17. (a) : चूंकि

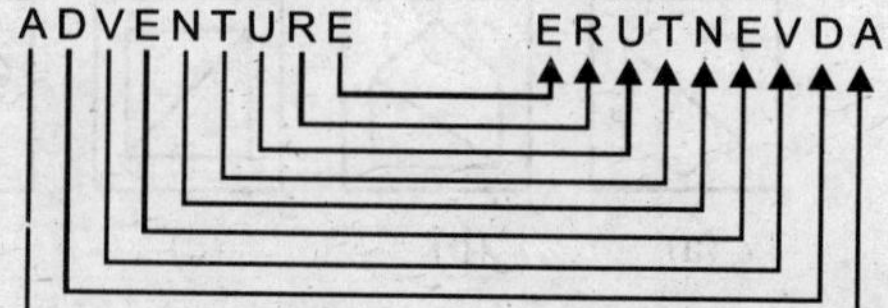

इसलिए

18. (a) : चूंकि

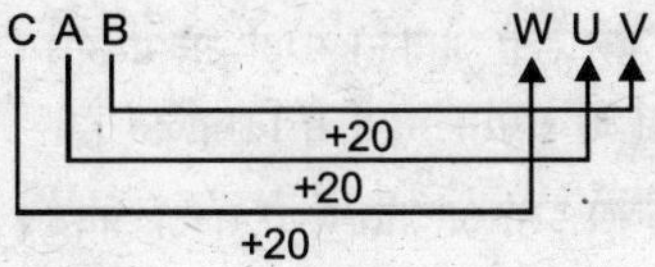

इसलिए

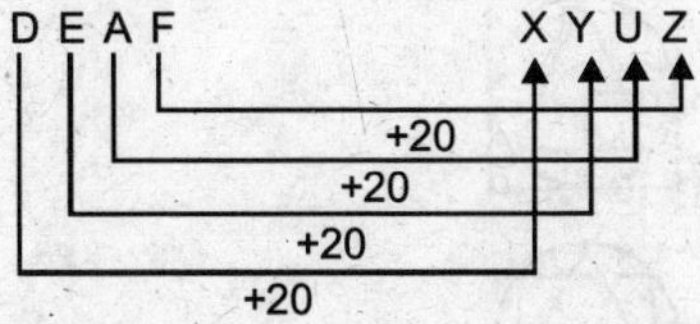

19. (c) : चूंकि

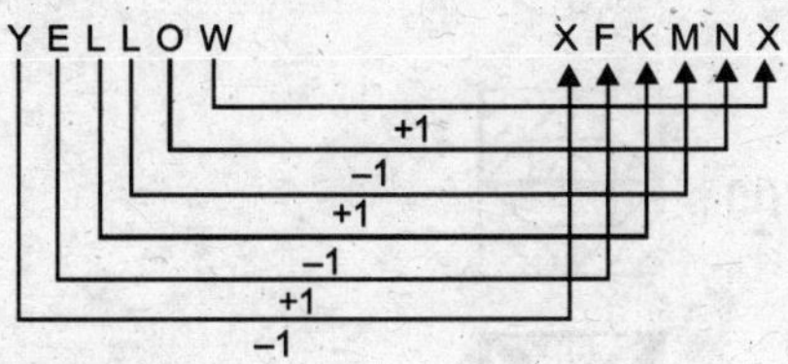

इसलिए

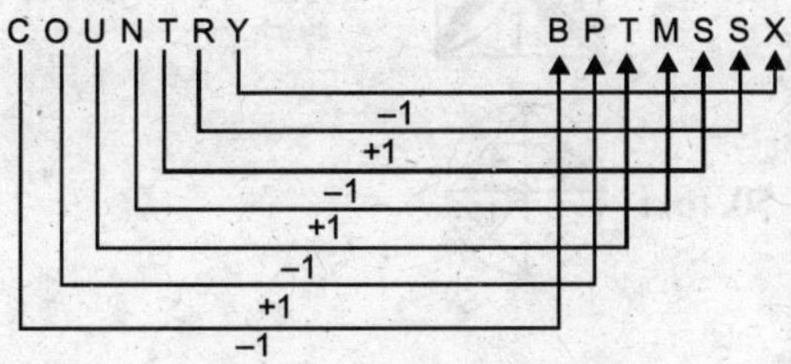

20. (a) : चूंकि

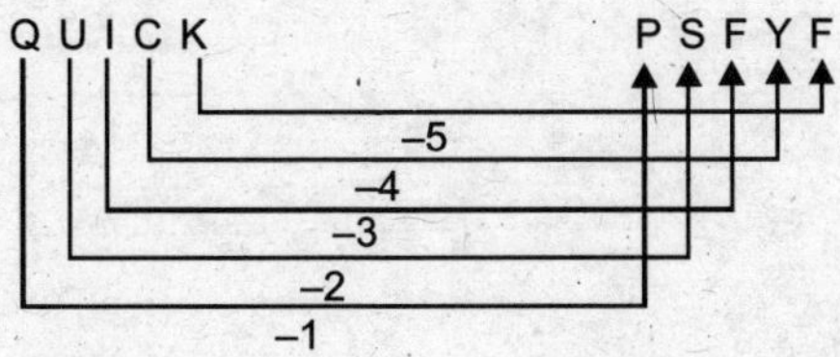

इसलिए

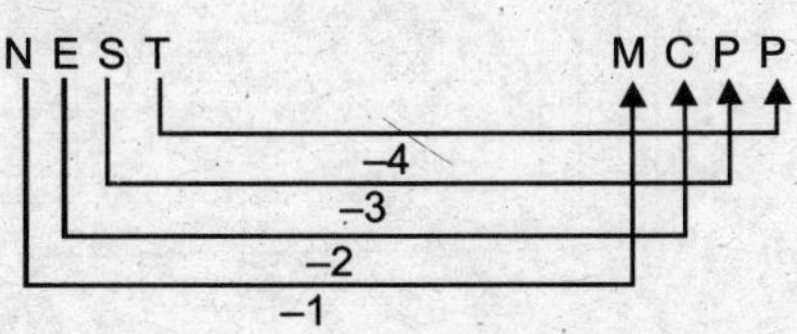

21. (CCOX) : खाली स्थान में CCOX को लिखने पर COXTCCCOXTC-CCOX क्रम का निर्माण होता है जिसमें C में केवल दो बार वृद्धि हुई है।

22. (XCOC) : खाली स्थान में XCOC को लिखने पर COCXOCXCCXCO-XCOC क्रम का निर्माण होता है।

23. (COOO) : खाली स्थान में COOO को लिखने पर COXVTCOOXXVVTT-COOO क्रम का निर्माण होता है जिसमें O, X, V, T में एक की गति में वृद्धि हुई है।

24. (OTCO) : खाली स्थान में OTCO लिखने पर COXTOXTCXTC-OTCO क्रम का निर्माण होता है।

25. (TCOX) : खाली स्थान में TCOX लिखने पर COXTCOXTCOX-TCOX क्रम का निर्माण होता है जिसमें COXT की अंशतः चार बार पुनरावृत्ति होती है।

26. अनुक्रम (श्रेणी) के दो क्रमागत अंकों का योग अगला अंक उत्पन्न करता है।

जैसे, $4 + 9 = 13$, $9 + 13 = 22$, $13 + 22 = 35$ तथा यह स्थिति आगे भी इसी तरह से जारी रहती है।

लुप्त अंक है $= 22 + 35 = 57$

27. दिया गया क्रम $18 \times 1, 18 \times 2, 18 \times 3, 18 \times 4, 18 \times 5, \ldots$

$\therefore$ उत्तर होगा $18 \times 6 = 108$

28. दो क्रमागत अंकों का अंतर 1 से बढ रहा है।

इस प्रकार अनुक्रम है $+ 2, + 3, + 4, + 5, \ldots$

लुप्त संख्या है $= 16 + 6 = 22$

29. दिया गया क्रम $+ 2, + 4, \ldots, \ldots, + 10, + 12$

स्पष्टतः लुप्त संख्या $= 6 + 6 = 12$

30. संख्या है $1^3, 2^3, 3^3, 4^3, 5^3, 6^3$

$\therefore$ उत्तर होगा $7^3 = 343$

31. (a) : पहली आकृति में विकर्ण पर बीच में स्थित रेखाखण्ड दूसरी आकृति में आगे बढ़कर वर्ग के सम्मुख कोनों को स्पर्श करता है। अगली आकृति में तीन रेखाखण्डों से युक्त एक नई रेखा जुड़ जाती है। शृंखला में निरंतरता स्थापित करने के लिए मध्यस्थ रेखाखण्ड को आगे बढ़ाकर वर्ग की भुजाओं से स्पर्श कराया जाना चाहिए।

32. (d) : प्रत्येक चरण पर संपूर्ण आकृति दक्षिणावर्त 90° के कोण से घूम जाती है।

33. (b) : एकांतर आकृतियों में तीर दक्षिणावर्त 90° के कोण से घूम जाते हैं और तीर के चिह्नों (वाणमुखों) की संस्थिति सामने से पीछे और पीछे से सामने होती जाती है।

34. (c) : प्रत्येक चरण पर पूर्ववर्ती आकृति-समुच्चय में एक नई आकृति जुड़ती जाती है।

35. (a) : पहली आकृति में सबसे बाहरी संरचना अगली आकृति में सबसे भीतर चली जाती है।

36. (b) : पहली आकृति के दो आधे अवयव दूसरी आकृति में ऊर्ध्वाधरतः पलट कर आपस में जुड जाते हैं और इस प्रकार निर्मित नया अवयव ऊपर शीर्ष पर पहुँच जाता है। पहली आकृति के दो क्षैतिजतः अवस्थित वक्र परस्पर जुड़कर एक नया अवयव निर्मित करते हैं और दूसरी आकृति में बीच में आ जाते हैं। पहली आकृति में दाएँ और बाएँ छोरों के दो सदृश अवयवों में से एक अवयव दूसरी आकृति में नीचे आ जाता है।

37. (b) : दूसरी आकृति में ऊपर के दो अवयव अपना स्थान बदल कर एक दूसरे के स्थान पर आ जाते हैं और वृत्त के भीतर का छायांकित भाग छायारहित हो जाता है।

38. (a) : पहली आकृति से दूसरी आकृति में एक ऊर्ध्वाधरतः रेखा कम हो जाती है और आकृति को निर्मित करने वाली रेखाओं की संख्या में एक की वृद्धि होती है।

39. (a) : पहली आकृति को वामावर्त 90° के कोण से घुमाने पर दूसरी आकृति प्राप्त होती है।

40. (a) : पहली आकृति से दूसरी आकृति में आकृति को निर्मित करने वाली रेखाओं की संख्या में एक की वृद्धि होती है।

41. (b) : केवल इसी आकृति में मुड़ी हुई रेखाओं के सिरों पर सदृश अवयव हैं।

42. (c) : शेष सभी आकृतियों में बीच का और मध्यस्थ अवयव एक से हैं।

43. (a) : केवल इसी आकृति में रेखाखंडों की संख्या विषम है।

44. (d) : केवल इसी आकृति में दो अलग-अलग आकृतियाँ हैं जो दो समान भागों में विभाजित हैं।

45. (a) : केवल इसी आकृति में दो सदृश अवयव (वृत्त) निहित हैं।

46. (a) : 

47. (b) : 

48. (c) : 

49. (b) : 

50. (c) : 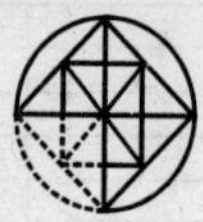

पिछले प्रश्न-पत्र (हल सहित)

सैनिक स्कूल प्रवेश परीक्षा, 2010

कक्षा-VI

प्रश्न पत्र-I (गणित एवं भाषा)

भाग 'अ' गणित

खण्ड-I

1. 8, 0, 3, 2 एवं 6 अंकों का प्रयोग करते हुए पाँच अंकों की सबसे छोटी व सबसे बड़ी संख्या लिखें।

2. दिए गए संख्याओं को अवरोही क्रम में लिखें।
53003, 99530, 53050, 53330

3. नीचे दिए गए रोमन संख्यांकों को हिन्दू-अरबी संख्यांकों में लिखें।
(A) MMCCCXIV
(B) DCCLXXVII

4. चार यातायात संकेतक (traffic signals) 5, 10, 15 एवं 20 मिनट के अन्तराल पर जलते हैं तो वे सभी एक साथ कितने अन्तराल पर जलेंगे।

5. $8\frac{9}{13}+\frac{8}{9}$ का मान निकालें।

6. निम्नलिखित के भागफल निकालें।
(A) $87 \div 4.1$ (B) $1330 \div 0.22$

7. एक तरणताल (Swimming pool) प्रातः 7:45 में खुलता है और 1:30 से 3:30 तक बन्द रहता है। उसके बाद पुनः 5:30 तक खुला रहता है तो तरणताल कुल कितने समय तक खुला रहता है?

8. 103 कुर्सियों का मूल्य 29335 रूपये है तो 1031 कुर्सियों का मूल्य क्या होगा?

9. निम्नलिखित में से कौन चतुर्भुज के कोण हो सकते हैं?
(A) 120°, 60°, 45°, 135°
(B) 105°, 55°, 40°, 45°

10. एक आयताकार खेत की लम्बाई इसकी चौड़ाई की दो गुनी है और इसकी चौड़ाई 105/2 मीटर है तो खेत का क्षेत्रफल ज्ञात करें।

खण्ड-II

11. सरल करें– $\frac{2}{5}$ का $[2+\{3+(12+4+3)\}]$

12. एक ज्यामिति उपकरण पेटिका (Geometry Box) का आयतन ज्ञात करें जिसकी लम्बाई 11.05 सेमी., चौड़ाई 5.05 सेमी. और ऊँचाई 1.03 सेमी. है।

13. 15 मीटर 30 सेमी. लम्बाई और 12 मीटर 20 सेमी. चौड़ाई वाले एक बगीचे को काँटेदार तार से चार फेरों तक घेरा जाना है तो आवश्यक काँटेदार तारों की लम्बाई निकालें।

14. उन वृत्तों की परिधियाँ निकालें जिनके व्यास 16 सेमी. एवं 20 सेमी. हैं।

15. निम्नलिखित माप वाले त्रिभुजों के नाम बताएँ।

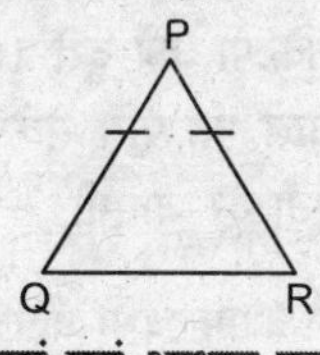

(A) सम्मुख भुजाएं एवं आधार पर के कोण बराबर हैं ....

(B) तीनों कोण $\angle P = 50°$, $\angle Q = 60°$ एवं $\angle R = 70°$ हैं ....

(C) तीनों कोण $\angle P = 110°$, $\angle Q = 35°$ एवं $\angle R = 35°$ हैं..

16. निम्नलिखित में से प्रत्येक को न्यूनकोण, अधिककोण एवं समकोण में विभक्त करें।
(A) 120° (B) 35°
(C) 45° + 45° (D) 85°
(E) 160° (F) 45°

17. श्याम ₹ 6000 जमा करता है और वर्ष के अंत में ₹ 6900 प्राप्त करता है तो उसका ब्याज और ब्याज की दर क्या है?

18. सत्य या असत्य लिखें–

(A) $\frac{4}{6} < \frac{7}{8}$ ☐

(B) $13 \times \left(\frac{15}{9}\right) = \left(\frac{13 \times 15}{13 \times 7}\right)$ ☐

(C) 88 : 8 = 121 : 11 ☐

19. एक विद्यालय ने एक दैनिक-मजदूर (daily-wager) को 59 दिनों के लिए नियुक्त किया। वह 12 फरवरी, 2000 से कार्य करना प्रारम्भ किया तो किस तारीख को उसकी कार्य अवधि पूरी हो जाती?

[∵ 2000 एक लीप वर्ष था]

20. 42 घंटे 35 मिनट 30 सेकेण्ड एवं 14 घंटे 20 मिनट 35 सेकेण्ड को जोड़ें।

खण्ड-III

21. (A) मोहन ने 150 में से 76 अंक प्राप्त किए, रवि ने 500 में से 344 अंक प्राप्त किए तो किसका प्राप्तांक बेहतर है?

(B) एक बस 360 कि.मी. की दूरी 10 घंटे में तय करती है तो उसकी चाल मी. प्रति सेकेण्ड में निकालें। यह 18 घंटे में कितनी दूर जाएगी?

22. (A) निम्नलिखित को दशमलव में बदलें।

(*i*) 11% (*ii*) 33%

(*iii*) $\frac{2}{5}$ (*iv*) 2%

(*v*) $\frac{8}{9}$

(B) निम्नलिखित दशमलवों को भिन्न में बदलें।

(*i*) 3.03 (*ii*) 0.04

(*iii*) 6.7 (*iv*) 0.300

23. निम्नलिखित भिन्नों को अवरोही क्रम में सजाएँ–

$$\frac{3}{4}, \frac{6}{8}, \frac{3}{5}, \frac{4}{6}, \frac{5}{3}, \frac{7}{3}$$

24. 30, 34 एवं 40 चम्मचों का सेट बनाने के लिए कम से कम कितने चम्मचों की जरूरत होगी?

25. श्री मणि 4 दिसम्बर, 2008 को जैन स्टोर्स, 15 लाल चौक, जम्मू-कश्मीर में गए। उन्होंने निम्नलिखित चीजें खरीदी– 9.40 रुपये प्रति किलोग्राम की दर से 8½ किलो ग्राम आटा, 64.70 रुपये प्रति किलोग्राम की दर से 9¼ किलोग्राम तेल, 27.30 रुपये प्रति किलोग्राम की दर से $6\frac{3}{4}$ किलोग्राम चावल। इनके लिए एक प्राप्ति बिल बनाएं। इनका बिल क्रमांक 555 है।

26. परकार (Compass) द्वारा एक वृत्त खीचें जिसके व्यास की लम्बाई 14 से.मी. है। इसके परिधि की भी गणना करें।

27. एक व्यक्ति ने 800 नारंगी 560 रुपये में खरीदी। उनमें से 70 नारंगी कुचले हुए थे। शेष नारंगी को उसने 80 पैसे प्रति नारंगी के दर से बेच दिया। प्रतिशत लाभ या प्रतिशत हानि ज्ञात करें।

28. A, B एवं C के पास कुल 8855 रुपये हैं। A एवं B के धन का अनुपात 9 : 11 है। यदि C के पास 2855 रुपये हों तो A एवं B का हिस्सा ज्ञात करें।

29. खाली स्थानों को भरें–

(A) 5.35 : .... = 0.00535

(B) विक्रय मूल्य = 2175 रुपये, क्रय मूल्य= 1740 रुपये, प्रतिशत लाभ/हानि = ...

(C) चतुर्भुज के कोणों का योग = ...

(D) घन का आयतन = ...

(E) वर्ग की परिमिति जब भुजा $\frac{A}{3}$ है = ...

30. निम्नलिखित का सही मिलान करें–

(A) यदि दो कोणों के एक उभयनिष्ठ शीर्ष हों तो वे हैं	(*i*) 60°
(B) दो समकोणों की माप	(*ii*) कोटिपूरक
(C) समबाहु त्रिभुज के प्रत्येक कोण होते हैं	(*iii*) 130°
(D) यदि दो कोणों का योग 90° है तो वे हैं	(*iv*) आसन्नकोण
(E) 50° का सम्पूरक कोण है	(*v*) 180°

व्याख्यात्मक उत्तर

1. दिए गए अंकों 8, 0, 3, 2 एवं 6 से,
पाँच अंकों की सबसे छोटी संख्या = 20368.
सबसे बड़ी संख्या = 86320

2. दी गई संख्याएँ हैं–
53003, 99530, 53050 एवं 53330
अवरोही क्रम में यह इस प्रकार लिखा जाएगा।
99530, 53330, 53050, 53003.

3. हिन्दू-अरबी संख्यांकों में
M = 1000, D = 500, C = 100, L = 50, X = 10, V = 5, I = 1, II = 2, III = 3 एवं IV = 4.
(A) MMCCCXIV
$= 2 \times 1000 + 3 \times 100 + 10 + 4 = 2314.$
(B) DCCLXXVII
$= 500 + 2 \times 100 + 50 + 2 \times 10 + 7 = 777.$

4. 5, 10, 15 एवं 20 का ल॰स॰ = 60
अतः वे 60 मिनट के अन्तराल पर एक साथ जलेंगी।

5. $$8\frac{9}{13}+\frac{8}{9} = \frac{113}{13}+\frac{8}{9} = \frac{1017+104}{117} = \frac{1121}{117} = 9\frac{68}{117}.$$

6. (A) $$87 \div 4.1 = \frac{87}{4.1} = \frac{870}{41} = 21\frac{9}{41}$$
∴ भागफल = 21

(B) $$1330 \div 0.22 = \frac{1330}{.22} = \frac{133000}{22} = \frac{66500}{11} = 6045\frac{5}{11}$$
∴ भागफल = 6045.

7. प्रातः 7.45 से अपराह्न 1.30 बजे तक की अवधि
= 5.45 घंटे
= 5 घंटे 45 मिनट
पुनः अपराह्न 3.30 से अपराह्न 5.30 बजे तक की अवधि
= 2 घंटे
कुल समय = 5 घंटे 45 मिनट + 2 घंटे
= 7 घंटे 45 मिनट

8. ∵ 103 कुर्सियों का क्रय मूल्य = 29335 रुपये
∴ एक कुर्सी का क्रय मूल्य = $\frac{29335}{103}$
= 284.31
= 285 रुपये (लगभग)
पुनः 1030 कुर्सियों का क्रय मूल्य = 293350
∴ 1031 कुर्सियों का क्रय मूल्य
= 285 रुपये + 293350 रुपये
= 293635 रुपये

9. हम जानते हैं कि चतुर्भुज के चारों कोणों का योग = 360°
(A) कोणों का योग = 120° + 60° + 45° + 135°
= 360°
∴ A चतुर्भुज के कोण हैं।
(B) कोणों का योग = 105° + 55° + 40° + 45°
= 245°
∴ B चतुर्भुज के कोण नहीं हैं।

10. ∵ चौड़ाई = $\frac{105}{2}$ मीटर
∴ लम्बाई = $2\times\frac{105}{2}$ मीटर = 105 मीटर
आयताकार खेत का क्षेत्रफल = लम्बाई × चौड़ाई
= $\frac{105\times105}{2}$
= $\frac{11025}{2}$ वर्ग मीटर
= 5512.50 वर्ग मीटर

11. $\frac{2}{5}\times[2+\{3+(12+4+3)\}]$
$= \frac{2}{5}\times[2+\{3+19\}]$

$= \frac{2}{5} \times [2+22]$

$= \frac{2}{5} \times 24$

$= \frac{48}{5} = 9\frac{3}{5}$.

12. आयतन = ल॰ × चौ॰ × ऊँ॰

आयतन = 11.05 × 5.05 × 1.03

= 57.476 घन सेमी.

= 57.48 घन सेमी. (लगभग)

13. आयताकार बगीचे की परिमिति

= 2 (लम्बाई + चौड़ाई)

= 2 (15 मी. 30 सेमी. + 12 मी. 20 सेमी.)

= 2 × (27 मी. 50 सेमी.)

= 55 मी.

∵ एक फेरे की लम्बाई = 55 मीटर

काँटेदार तार के चार फेरों की लम्बाई = 55 × 4 = 220 मीटर

14. व्यास = 16 सेमी.

परिधि = π × व्यास

= π × 16

= 16π सेमी.

व्यास = 20 सेमी.

परिधि = π × 20

= 20π सेमी.

15. (A) समद्विबाहु त्रिभुज

(B) विषमबाहु त्रिभुज

(C) अधिक कोण समद्विबाहु त्रिभुज

16. (A) अधिक कोण

(B) न्यूनकोण

(C) समकोण

(D) न्यूनकोण

(E) अधिक कोण

(F) न्यूनकोण

17. P = 6000 रुपये

A = 6900 रुपये

साधारण ब्याज = 6900 रु. – 6000 रु.

= 900 रुपये

समय = 1 वर्ष

दर $= \frac{100 \times \text{साधारण ब्याज}}{\text{समय} \times \text{मूलधन}}$

$= \frac{100 \times 900}{1 \times 6000}$

= 15% वार्षिक

18. (A) ∵ $\frac{4}{6} < \frac{7}{8}$

⇒ $4 \times 8 < 7 \times 6$

∴ 32 < 42. **सत्य**

(B) ∵ $13 \times \left(\frac{15}{9}\right) = \frac{13 \times 15}{13 \times 7}$

⇒ $\frac{65}{3} = \frac{15}{7}$

∴ 455 = 45 **असत्य**

(C) ∵ 88 : 8 = 121 : 11

⇒ $\frac{88}{8} = \frac{121}{11}$

∴ 11 = 11. **सत्य**

19. लीप वर्ष में फरवरी 29 दिनों का होता है

फरवरी महीने में कार्य दिवस = 29 – 11

= 18 दिन

मार्च = 31 दिन

अप्रैल = 10 दिन

कुल = 18 + 31 + 10 = 59 दिन

∴ कार्य अवधि का अंतिम दिन = 10 अप्रैल, 2000.

20.

	घंटे	′	″
	42	35′	30″
+	14	20′	35″
	56	56′	5″

= 56 घंटे 56′ 5″.

21. (A) मोहन का प्रतिशत प्राप्तांक $= \frac{76}{150} \times 100 = \frac{152}{3}\%$

= 50.667%

रवि का प्रतिशत प्राप्तांक $= \frac{344}{500} \times 100$

$= \frac{344}{5}\% = 68.8\%$

अतः रवि का प्राप्तांक मोहन से बेहतर है।

(B) बस की चाल $= \frac{360}{10}$ कि.मी./घंटा

$= 36$ कि.मी./घंटा

$= \frac{36\times 5}{18}$ मी./सेकण्ड

$= 10$ मी./सेकण्ड

दूरी $=$ चाल $\times$ समय

$\therefore$ दूरी $= 18 \times 36$ किमी

$= 648$ कि.मी.

22. (A) (*i*) $11\% = \frac{11}{100} = 0.11$

(*ii*) $33\% = \frac{33}{100} = 0.33$

(*iii*) $\frac{2}{5} = 0.4$

(*iv*) $2\% = \frac{2}{100} = 0.02$

(*v*) $\frac{8}{9} = 0.88$

(B) (*i*) $3.03 = \frac{303}{100} = 3\frac{3}{100}$

(*ii*) $0.04 = \frac{4}{100} = \frac{1}{25}$

(*iii*) $6.7 = \frac{67}{10} = 6\frac{7}{10}$

(*iv*) $0.300 = \frac{3}{10}$

23. भिन्नों को निम्नलिखित तरह से भी लिखा जा सकता है

$$\frac{3}{4}, \frac{6}{8}, \frac{3}{5}, \frac{4}{6}, \frac{5}{3}, \frac{7}{3}$$

$$\Rightarrow \frac{3}{4}, \frac{3}{4}, \frac{3}{5}, \frac{2}{3}, \frac{5}{3}, \frac{7}{3}$$

$$\Rightarrow \frac{3}{4}, \frac{3}{5}, \frac{2}{3}, \frac{5}{3}, \frac{7}{3}$$

4, 5, 3 का ल.स. $= 4 \times 5 \times 3 = 60$

दिया गया भिन्न $= \frac{3}{4}, \frac{3}{5}, \frac{2}{3}, \frac{5}{3}, \frac{7}{3}$

$$= \frac{45, 36, 40, 100, 140}{60}$$

$\therefore \frac{7}{3}, \frac{5}{3}, \frac{3}{4}, \frac{2}{3}$ एवं $\frac{3}{5}$ अवरोही क्रम में है।

24. चम्मचों की संख्या = 30, 34, 40 का ल.स. = 2040

25. जैन स्टोर्स

15 लाल चौक, जम्मू-कश्मीर

बिल क्रमांक-555 तिथि.........

0	4	1	2	2	0	0	8

ग्राहक का नाम.......... श्री मणि

क्र. सं.	वस्तु का नाम	वजन	दर (प्रति किग्रा)		राशि	
			रुपये	पै.	रुपये	पै.
1.	आटा	$8\frac{1}{2}$ (किग्रा.)	9	40	79	90
2.	तेल	$9\frac{1}{4}$ (किग्रा.)	64	70	598	48
3.	चावल	$6\frac{3}{4}$ (किग्रा.)	27	30	184	28
			कुल		**862**	**66**

धन्यवाद हस्ताक्षर

....

26.

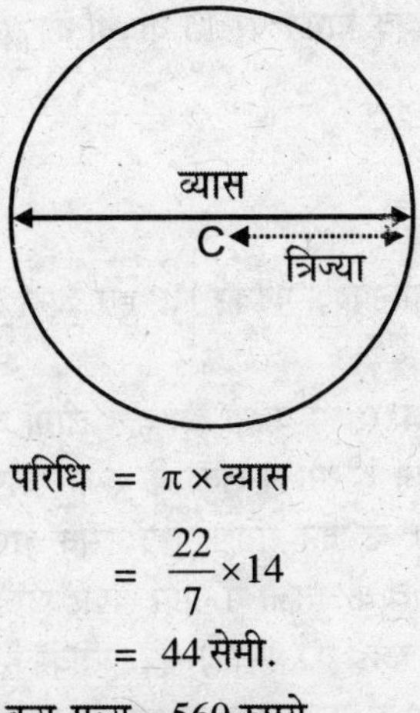

परिधि $= \pi \times$ व्यास

$= \frac{22}{7} \times 14$

$= 44$ सेमी.

27. क्रय मूल्य = 560 रुपये

कुचले हुए नारंगियों की संख्या = 70

अच्छे नारंगियों की संख्या = 800 – 70 = 730

विक्रय मूल्य = 584 रुपये

लाभ = विक्रयमूल्य – क्रयमूल्य

= 584 रु. – 560 रु.

= 24 रुपये

$$\text{प्रतिशत लाभ} = \frac{\text{लाभ}}{\text{क्रयमूल्य}} \times 100$$

$$= \frac{24 \times 100}{560}\%$$

$$= \frac{30}{7}\% = 4\frac{2}{7}\%.$$

28. A, B एवं C के पास कुल राशि = 8855 रुपये

C का हिस्सा = 2855 रुपये

∴ A एवं B के पास कुल राशि = 8855 रु. – 2855 रु.

= 6000 रुपये

प्रश्नानुसार,

A : B = 9 : 11

$$\therefore \quad \text{A की राशि} = \frac{9}{20} \times 6000 = 2700 \text{ रुपये}$$

$$\therefore \quad \text{B की राशि} = \frac{11}{20} \times 6000 = 3300 \text{ रुपये}$$

29. (A) $5.35 \div 1000 = 0.00535$

(B) लाभ = विक्रय मूल्य – क्रय मूल्य

= 2175 – 1740

= 435 रुपये

$$\text{प्रतिशत लाभ} = \frac{\text{लाभ}}{\text{विक्रय मूल्य}} \times 100$$

$$= \frac{435 \times 100}{1740}\% = 25\%$$

(C) चतुर्भुज के कोणों का योग 360° होता है।

(D) घन का आयतन = (भुजा)^3

(E) वर्ग की परिमिति = 4 × भुजा

$$= \frac{4 \times A}{3}$$

$$= \frac{4A}{3}$$

30. (A) (*iv*) आसन्न कोण

(B) (*v*) 180°

(C) (*i*) 60°

(D) (*ii*) कोटिपूरक कोण

(E) (*iii*) 180° – 50° = 130°

भाग 'ब' — भाषा ज्ञान

1. निम्नलिखित में से किसी एक विषय पर 15 वाक्यों का एक निबंध लिखिए–

(*a*) मेरा स्वप्न

(*b*) बाढ़ की चुनौती

2. निम्नलिखित गद्यांश को ध्यानपूर्वक पढ़कर दिए हुए प्रश्नों के उत्तर दीजिए।

विजयादशमी को दशहरा भी कहते हैं। कुछ लोगों के मतानुसार इस दिन भगवान श्रीराम ने लंका के राजा रावण का वध किया था। दशहरे के दिन रावण तथा उसके भाई कुम्भकरण और बेटे मेघनाथ के पुतलों में आग लगाई जाती है। दशहरा बुराई पर अच्छाई की विजय का प्रतीक है। प्राचीन काल से चला आ रहा यह त्यौहार आज भी अपनी गरिमा बनाए हुए है। मानव के मन में विजयी होने की आकांक्षा रहती है। वह हर क्षेत्र में विजयी होना चाहता है। उसे राम के आदर्शों के आधार पर विजय की कामना करनी चाहिए न की रावण की भाँति।

(क) विजयादशमी को अन्य किस नाम से जाना जाता है?

(ख) विजयादशमी का त्यौहार क्यों मनाया जाता है?

(ग) रावण के साथ किनके पुतले जलाए जाते हैं?

(घ) राम-रावण का संघर्ष किसका प्रतीक है?

(ङ) मानव के मन में किसकी आकांक्षा होती है?

3. रिक्त स्थान की पूर्ति के लिए उपयुक्त कारक चिह्न का चयन कीजिए।

(क) इस कथन .... पुष्टि कीजिए।

(a) को (b) से

(c) की (d) ने

(ख) माता बच्चे .... पढ़ाती है।

(a) को (b) के

(c) की (d) से

(ग) सरकार मुझे नौकरी .... मत निकालिए।

(a) से (b) में

(c) पर (d) को

(घ) अच्छे आदमी .... पहचान क्या है?

(a) के (b) का

(c) की (d) के लिए

(ङ) परिश्रम .... सफलता मिलती है।

(a) से (b) के

(c) को (d) के लिए

4. नीचे दिए शब्दों के विलोम शब्द लिखिए–

(क) आदान

(ख) उत्थान

(ग) आविर्भाव

(घ) इहलोक

(ङ) आज्ञा

5. नीचे कुछ वाक्य खण्ड दिए गए हैं, पूरे वाक्य खण्ड के लिए एक शब्द लिखिए–

(क) प्रशंसा के योग्य ....

(ख) जिसका रूप अच्छा न हो ....

(ग) जिस स्त्री को सन्तान न हो ....

(घ) जो कभी न मरे ....

(ङ) जो कम बोलता हो ....

6. निम्नलिखित वर्तनी का शुद्ध रूप लिखिए–

(क) बृटिश (ख) हिन्दु

(ग) आँसु (घ) परीचय

(ङ) बिमारी

7. निम्नलिखित में से उपयुक्त मुहावरे चुनकर रिक्त स्थान भरें। आँख फेर लेना, अँगूठा दिखाना, अपना उल्लू सीधा करना, कांटे बिछाना, खटाई में पड़ना।

(क) तुम्हारी तरक्की का मामला .... है।

(ख) जो दूसरे के मार्ग में .... है, वह स्वयं ही उसमें उलझता है।

(ग) स्वार्थी मित्र संकट के समय .... हैं।

(घ) काम निकल जाने पर उसने मुझे .... दिया।

(ङ) वह .... चलता बना।

8. वचन बदलकर पूरा वाक्य लिखिए–

(क) वह पढ़ता है।

(ख) सीता ने पुस्तक पढ़ी।

(ग) उसे बचपन की कहानी याद आती है।

(घ) तुम खाओ।

(ङ) आप आएं।

9. निम्नलिखित विशेषण शब्दों को उपयुक्त संज्ञा के साथ मिलाएं–

(क) पतली (ख) काला (ग) मोटी (घ) गरीब (ङ) चौरस।

घोड़ा, किताब, कमर, भूमि, ब्राह्मण।

व्याख्यात्मक उत्तर

1. बाढ़ की चुनौती

जल प्रकृति का वह तरल पदार्थ है जो मनुष्य के लिए जीवन स्वरूप है क्योंकि न तो जल के बिना जीवन की रचना ही सम्भव है और न ही जीवन उसके बिना रह सकता है। मनुष्य के अतिरिक्त धरती के अन्य सभी छोटे-बड़े जीव, पेड़-पौधे और वनस्पतियां आदि सभी का जीवन जल है और यदि जल नहीं है या इसका अभाव है तो मृत्यु भी निश्चित है। परन्तु यही जीवन देने वाला जल जब बाढ़ का रूप धारण कर लेता है तो यह प्रकृति का एक क्रूर परिहास बनकर रह जाता है।

बाढ़ अर्थात् जल-प्रलय आने के प्रायः दो ही कारण होते हैं। एक तो वर्षा का आवश्यकता से अधिक होना तथा दूसरा कारण है यदि कभी किसी समय नदी या बांध में दरारें पड़कर टूट जाते हैं और चारों ओर जल-प्रलय का-सा दृश्य उपस्थित हो जाता है। पहला कारण प्राकृतिक है तथा दूसरा कारण अप्राकृतिक है परन्तु दोनों ही स्थितियों में जन-हानि के अतिरिक्त खलिहानों, पशुधन और मकानों आदि के नाश के रूप में धन-हानि हुआ करती है। कई बार तो उस भयावह, करुण एवं दारुण दृश्य का स्मरण करते भी रोंगटे खड़े हो जाते हैं जब जल-प्रलय में डूब रहे मनुष्य, पशु आदि को देखना पड़ता है और वह बच पाने के लिए कितना सोचता तथा हाथ-पैर मारता होगा।

ऐसा ही बाढ़ का एक भयावह दृश्य मुझे देखने को मिला। उस दृश्य को सोचकर शरीर में कंपकंपी-सी हो जाती है। बरसात का

मौसम था। चारों ओर घनघोर वर्षा हो रही थी। कई दिनों से लगातार वर्षा होने के कारण नदी-नालों में पानी लबालब भर गया था। उधर ताजेवाले हैड से यमुना में लगातार पानी छोड़ा जा रहा था। जब पानी की निकासी का कोई रास्ता नहीं रहा तो पानी नालों के द्वारा घरों में भरने लगा। हम लोग यह सोच कर सो गए थे कि वर्षा थमने पर पानी स्वतः ही कम हो जाएगा परन्तु ऐसा नहीं हुआ। आधी रात तक पानी सभी क्वार्टरों में घुटनों तक भर गया। बिजली जलाकर जब हमने देखा तो रात का वह दृश्य बड़ा ही भयावह था। गन्ध मारता पानी तथा जल-जीवों, सांपों आदि के साथ सांय-सांय कर रहा था। हम अपने को बचाने के लिए छत पर चढ़े तो ऐसा लगा पानी भी हमारा पीछा कर रहा है। जीवन की सुरक्षा की सम्भावनाएं घटती जा रही थीं। औरतें बच्चों को गोदी में उठाए राम-राम करती हुई एक दूसरे की तरफ बेवश आंखों से देख रही थीं। कुछ समय बाद नावों में सवार होकर स्वयंसेवक आए और हमें वहां से निकाल कर ले गए। तब कहीं जाकर हमने चैन की सांस ली। वह जल-प्रलय का दृश्य आज तक भी भुलाए नहीं भूलता है।

हमारे देश में प्रतिवर्ष कहीं न कहीं बाढ़ आती रहती है। लगभग प्रत्येक वर्ष बिहार, असम, आंध्रप्रदेश, पश्चिम बंगाल आदि राज्य बाढ़ की विभीषिका को देखते हैं। इससे जान-माल की हानि तो होती ही है साथ ही साथ प्रगतिशील अर्थव्यवस्था भी प्रभावित होती है। लगभग प्रत्येक वर्ष इस जल-प्रलय बाढ़ के चलते हजारों लोग बेघरवार हो जाते हैं। प्रभावित क्षेत्र के लोगों को अनेकानेक मुसीबतों का सामना करना पड़ता है। क्या केंद्रीय सरकार व राज्य सरकारें मिलकर बाढ़ को रोकने के संदर्भ में ऐसी कोई कारगर नीति नहीं बना सकतीं जिससे इस प्राकृतिक आपदा को काफी हद तक नियंत्रित किया जा सके? बाढ़ प्रभावित क्षेत्रों में मंत्रियों का हवाई जहाज से किया गया सर्वेक्षण इस समस्या का समाधान नहीं है।

2. (क) विजयादशमी को दशहरा के नाम से भी जाना जाता है।
(ख) इस दिन राम ने रावण को पराजित कर सीता को उसकी कैद से मुक्त कराया था। राम के रावण पर विजय के उपलक्ष्य में विजयादशमी का त्यौहार मनाया जाता है।
(ग) रावण के साथ उसके भाई कुंभकरण एवं बेटा मेघनाथ के पुतले जाए जाते हैं।
(घ) राम-रावण का संघर्ष असत्य पर सत्य की विजय का प्रतीक है।
(ङ) मानव के मन में विजय की आकांक्षा होती है।

3. (क) (c) (ख) (a)
(ग) (a) (घ) (c)
(ङ) (a)

4. (क) आदान – प्रदान
(ख) उत्थान – पतन
(ग) आविर्भाव – तिरोभाव
(घ) इहलोक – परलोक
(ङ) आज्ञा – अवज्ञा

5. (क) प्रशंसनीय (ख) कुरूप
(ग) बाँझ (घ) अमर
(ङ) अल्पभाषी

6. (क) बृटिश – ब्रिटिश
(ख) हिन्दु – हिन्दू
(ग) आँसु – आँसू
(घ) परीचय – परिचय
(ङ) बिमारी – बीमारी

7. (क) खटाई में पड़ गया
(ख) कांटे बिछाता
(ग) आँख फेर लेते
(घ) अँगूठा दिखा
(ङ) अपना उल्लू सीधा कर

8. (क) वे पढ़ते हैं।
(ख) सीता ने पुस्तकें पढ़ीं।
(ग) उसे बचपन की कहानियाँ याद आती हैं।
(घ) तुमलोग खाओ।
(ङ) आपलोग आएँ।

9. (क) पतली कमर
(ख) काला घोड़ा
(ग) मोटी किताब
(घ) गरीब ब्राह्मण
(ङ) चौरस भूमि

प्रश्न पत्र–II (बुद्धि परीक्षण)

निर्देश (प्रश्न 1 से 10 तक): *निम्नलिखित प्रत्येक प्रश्नों में से असंगत को चुनें।*

1. (A) आम (B) अमरूद (C) पपीता (D) नीम

2. (A) अदरक (B) फूलगोभी (C) आलू (D) अरबी

3. (A) कुत्ता (B) बिल्ली (C) गाय (D) बाघ

4. (A) घड़ी (B) अंगूठी (C) चेन (D) टाई

5. (A) कागज (B) कलम (C) स्याही (D) छात्र

6. (A) लखनऊ (B) पटना (C) जयपुर (D) दिल्ली

7. (A) बाल (B) नाखून (C) दाँत (D) साफ

8. (A) कौआ (B) उल्लू (C) चील (D) कबूतर

9. (A) पेड़ (B) पत्ती (C) फल (D) बगीचा

10. (A) कान (B) आंख (C) हृदय (D) फेफड़ा

निर्देश (प्रश्न 11 से 20 तक): *निम्नलिखित प्रत्येक प्रश्नों की शृंखला पूरी करें।*

11. 1, 7, 14, 22, ...
(A) 30 (B) 29 (C) 31 (D) 32

12. 35, 33, 30, 26, ...
(A) 19 (B) 21 (C) 22 (D) 26

13. 2, 6, 14, 30, ...
(A) 52 (B) 48 (C) 42 (D) 62

14. 5, 9, 18, 34, ...
(A) 59 (B) 49 (C) 45 (D) 54

15. 4, 6, 9, 13.5, ...
(A) 20.25 (B) 17.25 (C) 19.25 (D) 18.25

16. 6, 19, 58, ...
(A) 170 (B) 175 (C) 165 (D) 145

17. A, E, I, O, ...
(A) W (B) U (C) A (D) Y

18. C, E, H, L, ...
(A) P (B) O (C) Q (D) R

19. 5, 15, 55, 235, ...
(A) 855 (B) 665 (C) 725 (D) 1195

20. 1, 8, 27, 64, ...
(A) 128 (B) 216 (C) 256 (D) 125

निर्देश (प्रश्न 21 से 30 तक): *एक निश्चित कूटभाषा में PRODUCER को 56437286 के रूप में एवं KINDER को 190386 के रूप में कूटबद्ध किया जाता है तो निम्नलिखित शब्दों को उस कूटभाषा में कैसे कूटबद्ध किया जाएगा?*

21. RENDER
(A) 680386 (B) 680836 (C) 683086 (D) 670538

22. POURD
(A) 54673 (B) 57636 (C) 54763 (D) 75432

23. DRINK
(A) 90136 (B) 36901 (C) 36109 (D) 36190

24. DONER
(A) 34086 (B) 30486 (C) 35086 (D) 34096

25. REDOP
(A) 68347 (B) 68340 (C) 68343 (D) 68345

26. DROPPED

(A) 3645583 (B) 3645582

(C) 3645853 (D) 3645830

27. REPRODUCE

(A) 685643728 (B) 685643722

(C) 685647328 (D) 685634722

28. DIPPER

(A) 395568 (B) 395486

(C) 395586 (D) 395587

29. UNDER

(A) 70385 (B) 70386

(C) 70383 (D) 70387

30. NIKDORE

(A) 0913478 (B) 0913498

(C) 3913468 (D) 3914398

निर्देश (प्रश्न 31 से 40 तक): *नीचे दिए गए प्रत्येक प्रश्न में चार शब्द दिए गए हैं जिनमें से तीन कुछ मायनों में समान हैं और चौथा असंगत है। उस असंगत शब्द का चयन करें–*

31. (A) पटना (B) लखनऊ

(C) भोपाल (D) दिल्ली

32. (A) तेंदुलकर (B) संगकारा

(C) जडेजा (D) सानिया

33. (A) नदी (B) नाली

(C) नहर (D) तालाब

34. (A) कौआ (B) चील

(C) पतंग (D) कबूतर

35. (A) नाव (B) रेलगाड़ी

(C) ट्रक (D) हवाई जहाज

36. (A) मगरमच्छ (B) व्हेल

(C) कछुआ (D) मेढ़क

37. (A) राजीव गाँधी (B) मोरारजी देसाई

(C) चन्द्रशेखर आजाद (D) अटल बिहारी वाजपेयी

38. (A) लम्बाई (B) चौड़ाई

(C) ऊँचाई (D) आयतन

39. (A) मेज (B) कुर्सी

(C) स्टूल (D) फर्नीचर

40. (A) कार (B) स्कूटर

(C) जीप (D) मेटाडोर

निर्देश (प्रश्न 41 से 45 तक): *नीचे दी गई आकृतियों के प्रत्येक समूह में से उस एक को चुने जो समूह में शेष से भिन्न है–*

41.

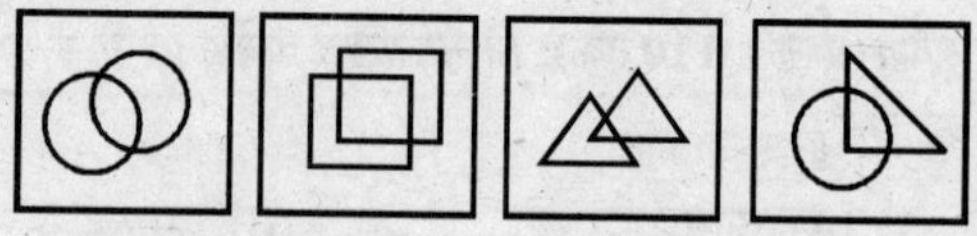

(A) (B) (C) (D)

42.

(A) (B) (C) (D)

43.

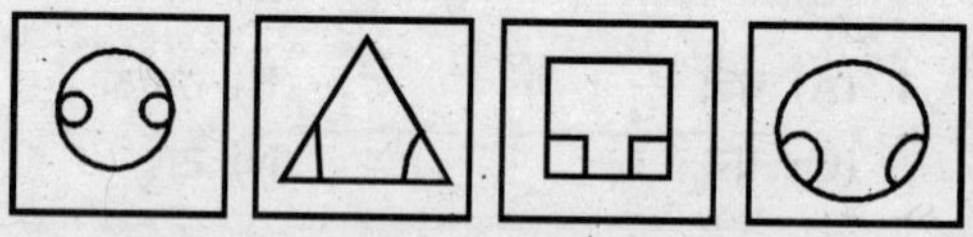

(A) (B) (C) (D)

44.

(A) (B) (C) (D)

45.

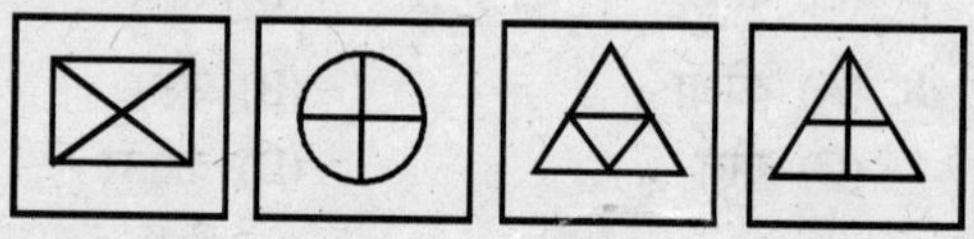

(A) (B) (C) (D)

निर्देश (प्रश्न 46 से 50 तक): *प्रत्येक प्रश्न में ऊपर चार समस्या आकृति दी गई हैं जो किसी प्रकार से एक श्रृंखला बनाती हैं। नीचे चार उत्तर आकृतियां (A), (B), (C) और (D) दी गई है। उत्तर आकृति से वैसे विकल्प को चुने जो समस्या आकृति की श्रृंखला को जारी रखता हो।*

46. समस्या आकृति

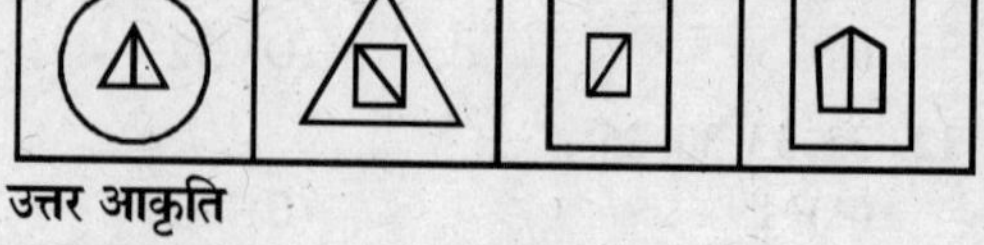

उत्तर आकृति

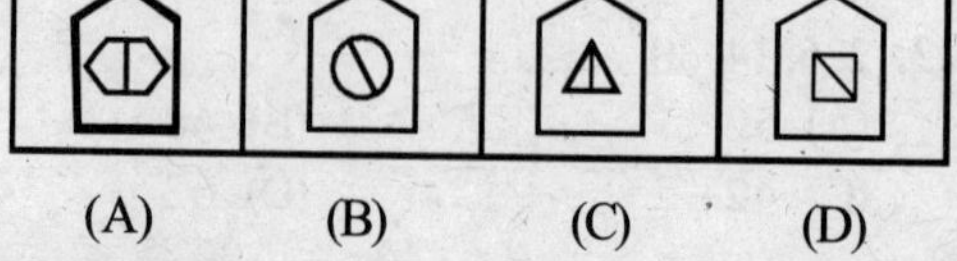

(A) (B) (C) (D)

47. समस्या आकृति

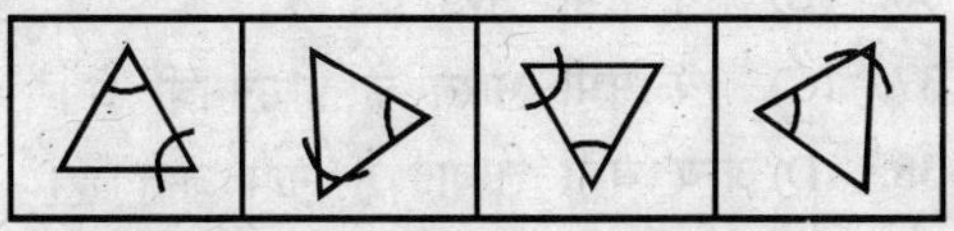

उत्तर आकृति

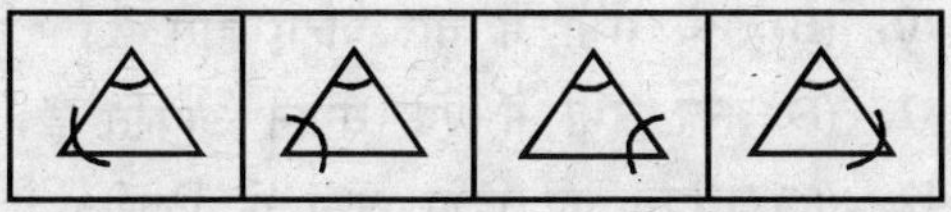

(A) (B) (C) (D)

48. समस्या आकृति

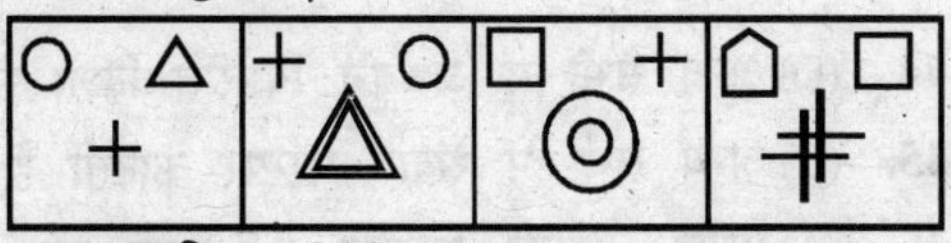

उत्तर आकृति

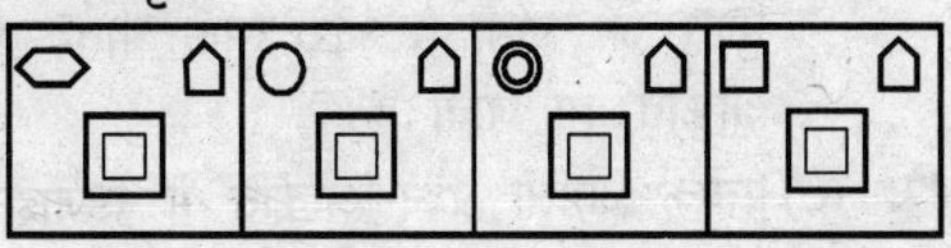

(A) (B) (C) (D)

49. समस्या आकृति

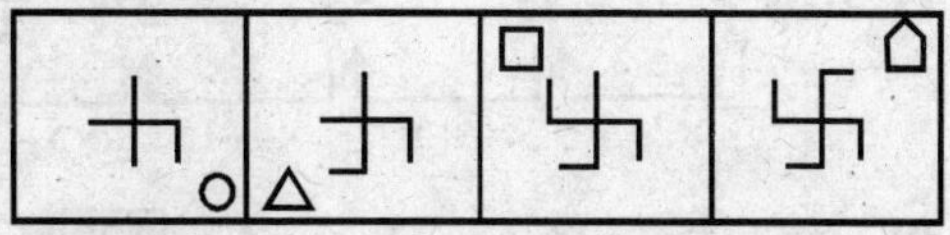

उत्तर आकृति

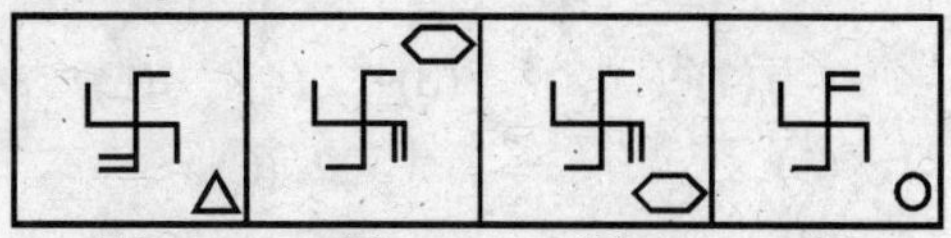

(A) (B) (C) (D)

50. समस्या आकृति

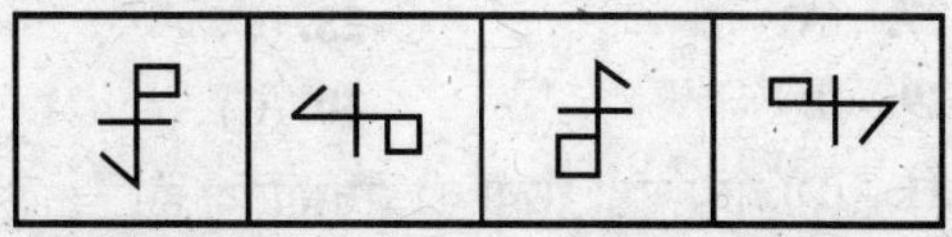

उत्तर आकृति

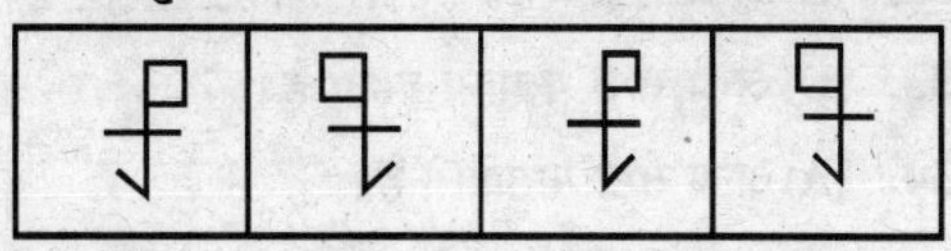

(A) (B) (C) (D)

व्याख्यात्मक उत्तर

1. (D) शेष सभी फलों के वृक्ष हैं।

2. (B) शेष सभी जमीन के अन्दर पाये जाते हैं।

3. (C) शेष सभी मांसाहारी हैं।

4. (D) अन्य सभी धातु निर्मित हैं।

5. (D) अन्य सभी शिक्षण सामग्री हैं।

6. (D) अन्य सभी राज्यों की राजधानियाँ हैं।

7. (D) अन्य सभी शरीर के अंग हैं।

8. (D) अन्य सभी मांसाहारी पक्षी हैं।

9. (D) अन्य सभी पेड़ के अंग हैं।

10. (C) अन्य सभी जोड़े में होते हैं।

11. (C) 1 → 7 → 14 → 22 → [31]

+6, +7, +8, +9

12. (B) 35 → 33 → 30 → 26 → [21]

−2, −3, −4, −5

13. (D) 2 → 6 → 14 → 30 → [62]

×2+2, ×2+2, ×2+2, ×2+2

14. (A) 5 → 9 → 18 → 34 → [59]

$+(2)^2$, $+(3)^2$, $+(4)^2$, $+(5)^2$

15. (A) 4 → 6 → 9 → 13.5 → [20.25]

×3/2, ×3/2, ×3/2, ×3/2

16. (B) 6 → 19 → 58 → [175]

×3+1, ×3+1, ×3+1

17. (B) A, E, I, O, [U]

अंग्रेजी वर्णमाला के स्वर (vowels) जारी हैं।

18. (C) C → E → H → L → [Q]

+2, +3, +4, +5

19. (D) 5 15 55 235 **[1195]**

$5 \xrightarrow{\times 2+5} 15 \xrightarrow{\times 3+10} 55 \xrightarrow{\times 4+15} 235 \xrightarrow{\times 5+20} 1195$

20. (D) 1 8 27 64 **[125]**

1	8	27	64	125
↓	↓	↓	↓	↓
$(1)^3$	$(2)^3$	$(3)^3$	$(4)^3$	$(5)^3$

21. (A) **22.** (C)

23. (B) **24.** (A)

25. (D) **26.** (A)

27. (A) **28.** (C)

29. (B) **30.** (C)

31. (D) अन्य सभी राज्यों की राजधानियाँ हैं।

32. (D) अन्य सभी पुरुष हैं और क्रिकेट से जुड़े हैं।

33. (D) अन्य सभी में पानी बहता है।

34. (A) अन्य सभी मांसाहारी हैं।

35. (A) अन्य सभी में पहिए लगे होते हैं।

36. (B) अन्य सभी अण्डे देते हैं।

37. (C) अन्य सभी भारत के प्रधानमंत्री थे।

38. (D) अन्य सभी लम्बाई में मापे जाते हैं।

39. (D) अन्य सभी फर्नीचर से संबंधित हैं।

40. (B) अन्य सभी में चार पहिए होते हैं।

41. (D) अन्य सभी में एक समान आकृति हैं।

42. (C) अर्धवृत्त की दिशा अन्य के विपरीत है।

43. (D) अन्य सभी में बाहरी व भीतरी डिजाइन एक जैसी है।

44. (D) अन्य सभी में अर्धवृत्त विपरीत दिशा में है।

45. (C) अन्य सभी में रेखाएँ परस्पर काटती हैं।

46. (A) प्रत्येक अगली आकृति में अन्दर की आकृति बाहर आ जाती है और इसके भीतर एक नई आकृति आ जाती है।

47. (C) प्रत्येक अगली प्रश्न आकृति में डिजाइन 90° दक्षिणावर्त्त घूम जाती है और कोने पर की वक्र रेखा प्रत्येक बार उलट जाती है।

पिछले प्रश्न-पत्र (हल सहित)

सैनिक स्कूल प्रवेश परीक्षा, 2009

कक्षा-VI

प्रश्न पत्र–I (गणित एवं भाषा ज्ञान)

भाग 'अ' गणित

खण्ड-I

1. $2\frac{1}{3}$ किलोग्राम का $\frac{5}{7}$ कितना होगा?

2. 21.707 में कितना जोड़ें कि योगफल 29.053 हो?

3. 0.0625 का वर्गमूल ज्ञात करो?

4. 1.36 को 0.4 से विभक्त करो।

5. 103 कुर्सियों की कीमत 29335 रुपये है, ऐसी 1031 कुर्सियों की कीमत ज्ञात करो।

6. $3\frac{1}{2} \div 2\frac{1}{14} \times \frac{1}{2} + \frac{4}{5}$ का मान निकालो।

7. निम्नलिखित को बढ़ते हुए क्रम में लिखो।

7.275, 7.305, 7.265, 7.432, 7.135

8. 6 से.मी. भुजा वाले घन का सम्पूर्ण क्षेत्रफल ज्ञात करो।

9. मधुबाला ने 15 किताबें 180 रुपये में खरीदीं। यदि वह 20 और किताबें खरीदे तो उसे कुल मिला कर कितने रुपये देने पड़ेंगे?

10. $5\frac{2}{3}$ का $\frac{4}{9}$ कितना होगा?

खण्ड-II

11. सरलीकरण करो–

$$\left\{\left(2-\frac{1}{3}\right)+\left(\frac{2}{3}\times 1\frac{1}{4}\right)\right\}\div\frac{3}{7} \text{ का } 2\frac{5}{8}$$

12. 975.60 रुपये का नौ महीने के लिए 10% की वार्षिक दर से साधारण ब्याज ज्ञात करो।

13. निम्नलिखित का घन ज्ञात करो।

$$\frac{3}{5}+\frac{1}{5}+\frac{2}{5}\div\frac{1}{5}-\frac{1}{5}$$

14. एक पार्क जिसकी लम्बाई 15 मीटर 30 से.मी., एवं चौड़ाई 12 मीटर 20 से.मी. है, के चारों ओर 4 परत कंटीली तार लगाई गई है। कंटीली तार की लम्बाई ज्ञात करो।

15. एक अंक को $\frac{7}{5}$ से गुणा किया गया है। प्राप्त अंक में कितने प्रतिशत की वृद्धि होगी?

16. 345.45 रुपये को $1\frac{1}{2}:1\frac{1}{3}:1\frac{1}{4}$ के अनुपात में विभाजित करो।

17. एक लीटर पेट्रोल की कीमत 46.75 रुपये है और एक लीटर डीजल की कीमत 34.16 रुपये है। 600 लीटर डीजल और 100 लीटर पेट्रोल की कुल कीमत क्या होगी?

18. एक कार पहले घण्टे में 58 किलोमीटर, दूसरे घण्टे में 62 किलोमीटर और तीसरे घण्टे में 75 किलोमीटर चलती है। कार की औसत गति क्या है?

19. 8.362 और 7.942 के अंतर को 5.675 और 1.327 के जोड़ से घटाएं।

20. एक व्यक्ति प्रतिदिन 8 घण्टे काम करके एक काम को 12 दिन में समाप्त करता है। यदि वह प्रतिदिन 6 घण्टे काम करे तो उस काम को कितने दिन में समाप्त करेगा?

खण्ड-III

21. एक कक्षा में 25 विद्यार्थियों की औसत आयु 13 वर्ष है। उनमें से 15 विद्यार्थियों की औसत आयु 18 वर्ष है। बाकी बचे हुए विद्यार्थियों की औसत आयु ज्ञात करो।

22. एक आदमी रेलगाड़ी द्वारा यात्रा करते हुए एक सुरंग को 5½ मिनट में पार करता है यदि रेलगाड़ी की चाल 40 कि.मी. प्रति घण्टा हो तो सुरंग की लम्बाई ज्ञात करो।

23. एक कच्ची धातु में 16% जिंक है। 36 किलो जिंक प्राप्त करने के लिए कितने किलो कच्ची धातु की आवश्यकता होगी?

24. सरलीकरण करो–

$$1 \div \frac{3}{7} \text{ का } \left(5+8\times\overline{3-2}\right) + \left[\left(\frac{1}{5}\div\frac{7}{25}\right)-\left\{\frac{3}{7}+\frac{8}{14}\right\}\right]$$

25. वह छोटी से छोटी संख्या ज्ञात करो जिसे 30, 36, 56 तथा 63 से भाग करने पर शेषफल 8 आए।

26. x का मूल्य बतायें–

(क) $\frac{1}{9} : x :: \frac{1}{3} : \frac{1}{4}$

(ख) $x : 1.6 : : 2.1 : 8.4$

27. 480 रुपये को दो व्यक्तियों A और B के बीच 3 : 5 में बाँटा गया है। A और B का हिस्सा ज्ञात करो।

28. एक व्यक्ति खरीददारी करने बाजार गया। उसने 2.300 कि.ग्रा. मसाले, 3.580 कि.ग्रा. मछली, 800 ग्राम इमली, 950 ग्राम गाजर और 0.250 ग्राम हरी मिर्च खरीदी। खरीदी गई सभी वस्तुओं का कुल भार ज्ञात करो। अपना उत्तर केवल ग्राम में दीजिए।

29. एक व्यक्ति अपनी मासिक आमदनी में से 10% घर के किराये पर और 30% खाने पर खर्च करता है। यदि उसकी महीने की आमदनी 10000 रुपये हो तो अन्य खर्चों के लिए उसके पास कितने रुपये शेष बचेंगे?

30. कम्पास की सहायता से 4 से.मी. त्रिज्या का एक वृत्त बनाएँ। निम्नलिखित को भी दर्शाएँ:

(क) इसका व्यास AB।

(ख) वृत्त का एक छोटा खण्ड या लघु खण्ड।

(ग) इसके केन्द्र पर 30° का कोण बनाए।

(घ) एक जीवा CD।

व्याख्यात्मक उत्तर

1. $2\frac{1}{3}$ किग्रा का $\frac{5}{7} = \frac{7}{3}\times\frac{5}{7}$ किग्रा. $= \frac{5}{3}$ किग्रा.

$= 1\frac{2}{3}$ किग्रा

2. योगफल = 29.053

अभीष्ट संख्या = योगफल – पहली संख्या

= 29.053 – 21.707

= 7.346

3.

```
   | 0.25
---+--------
 2 | 0.0625
   |   04
---+--------
45 |   225
   |   225
---+--------
   |    ×
```

$\sqrt{0.0625} = 0.25$

4. $1.36 \div 0.4 = \frac{136\times10}{4\times100} = \frac{34}{10} = 3.4$

5. ∵ 103 कुर्सियों की कीमत = 29335 रु.

∴ 1 कुर्सी की कीमत $= \frac{29335}{103}$ रु.

∴ 1031 कुर्सियों की कीमत $= \frac{29335\times1031}{103}$ रु.

$= 29335\times\frac{1031}{103} = 29335\times(10.01)$ लगभग

$= 29335\,(10+0.01) = 293350 + 293.35$

$= 293643.35 = 293643$ रु. (लगभग)

6. व्यंजक $= 3\frac{1}{2}\div2\frac{1}{14}\times\frac{1}{2}+\frac{4}{5} = \frac{7}{2}\div\frac{29}{14}\times\frac{1}{2}+\frac{4}{5}$

$= \frac{7}{2}\times\frac{14}{29}\times\frac{1}{2}+\frac{4}{5}$

$= \frac{49}{29\times2}+\frac{4}{5}$

$= \frac{49}{58}+\frac{4}{5} = \frac{245+232}{290}$

$= \frac{477}{290} = 1\frac{187}{290}$

7. दशमलव भिन्नों 7.275, 7.305, 7.265, 7.432 और 7.135 का बढ़ता हुआ क्रम = 7.135, 7.265, 7.275, 7.305 और 7.432 है।

8. घन की एक भुजा = 6 सेमी

घन के सम्पूर्ण पृष्ठ का क्षेत्रफल = 6 (भुजा)^2

$= 6 \times (6)^2$

$= 6 \times 36 = 216$ वर्ग सेमी

9. मधुबाला ने 15 किताबें 180 रु. में खरीदीं।

$\therefore$ 1 किताब का मूल्य $= 180 \div 15$

$= 12$ रु.

$\therefore$ 20 किताबों का मूल्य $= 12 \times 20$

$= 240$ रु.

अतः कुल धन $= 180 + 240$

$= 420$ रु.

10. व्यंजक = $5\frac{2}{3}$ का $\frac{4}{9}$

$= \frac{17}{3} \times \frac{4}{9} = \frac{68}{27}$

$= 2\frac{14}{27}$

11. $\left\{\left(2-\frac{1}{3}\right)+\left(\frac{2}{3}\times 1\frac{1}{4}\right)\right\}+\frac{3}{7}$ का $2\frac{5}{8}$

$= \left\{\left(\frac{6-1}{3}\right)+\left(\frac{2}{3}\times\frac{5}{4}\right)\right\}+\frac{3}{7}$ का $\frac{21}{8}$

$= \left\{\frac{5}{3}+\frac{5}{6}\right\}+\frac{3}{7}\times\frac{21}{8}$

$= \left\{\frac{10+5}{6}\right\}+\frac{9}{8} = \frac{15}{6}+\frac{9}{8}$

$= \frac{5}{2}+\frac{9}{8} = \frac{20+9}{8} = \frac{29}{8} = 3\frac{5}{8}$

12. मूलधन = 975.60

दर = 10%

समय = 9 महीने

$= \frac{9}{12}$ वर्ष $= \frac{3}{4}$ वर्ष

साधारण ब्याज $= \frac{\text{मू.} \times \text{दर} \times \text{समय}}{100}$

$= \frac{975.60 \times 10 \times 3}{4 \times 100} = \frac{97560 \times 10 \times 3}{4 \times 100 \times 100}$

$= \frac{9756 \times 3}{4 \times 100} = \frac{2439 \times 3}{100}$

$= \frac{7317}{100} = 73.17$ रु.

13. $\frac{3}{5}+\frac{1}{5}+\frac{2}{5}\div\frac{1}{5}-\frac{1}{5}$

$= \frac{3}{5}+\frac{1}{5}+\frac{2}{5}\times\frac{5}{1}-\frac{1}{5}$

$= \frac{3}{5}+\frac{1}{5}+\frac{2}{1}-\frac{1}{5} = \frac{3+1+10}{5}-\frac{1}{5}$

$= \frac{14}{5}-\frac{1}{5} = \frac{13}{5}$

अभीष्ट घन $= \left(\frac{13}{5}\right)^3 = \frac{2197}{125}$

14. पार्क की लम्बाई = 15.30 मीटर

पार्क की चौड़ाई = 12.20 मीटर

अतः कंटीली तार से घेरे गए पार्क का परिमाप

= 2(ल.+ च.)

= 2(15.30 + 12.20)

= 2 × 27.50

= 55.00

परिमाप = एक परत की लंबाई = 55 मीटर

4 परत कंटीले तार लगाने के लिए तार की लम्बाई

= 4 ×55

= 220 मीटर

15. माना कि संख्या 100 है

$\because \quad 100 \times \frac{7}{5} = 20 \times 7 = 140$

$\therefore$ प्रतिशत वृद्धि = 140 – 100 = 40%

16. $1\frac{1}{2}:1\frac{1}{3}:1\frac{1}{4} = \frac{3}{2}:\frac{4}{3}:\frac{5}{4}$

2, 3, 4 का ल.स. = 12

$= \frac{3\times 6}{2\times 6}:\frac{4\times 4}{3\times 4}:\frac{5\times 3}{4\times 3} = \frac{18}{12}:\frac{16}{12}:\frac{15}{12} = 18:16:15$

आनुपातिक योग = 18 + 16 + 15 = 49

$\because$ कुल धन = 345.45 रु.

पहला भाग = $\frac{18}{49} \times 349.45 = 18 \times 7.05$

= 126.90 रु.

दूसरा भाग = $\frac{16}{49} \times 345.45 = 16 \times 7.05$

= 112.80 रु.

तीसरा भाग = $\frac{15}{49} \times 345.45 = 15 \times 7.05$

= 105.75 रु.

17. $\because$ एक लीटर पेट्रोल की कीमत = 46.75 रु.

$\therefore$ 100 लीटर पेट्रोल की कीमत = 46.75 × 100

= 4675 रु.

$\because$ एक लीटर डीजल की कीमत = 34.16 रु.

$\therefore$ 600 लीटर डीजल की कीमत = 34.16 × 600

= 20496 रु.

कुल कीमत = 4675 + 20496 = 25171 रु.

18. औसत गति = $\frac{\text{कुल दूरी}}{\text{कुल लगा समय}}$

$= \frac{58+62+45}{1+1+1} = \frac{195}{3} = 65$

= 65 किमी प्रति घण्टा

19. 8.362 – 7.942 = 0.420

5.675 + 1.327 = 7.002

अभीष्ट अन्तर = 7.002 – 0.402

= 6.582

20. व्यक्ति 8 घंटे प्रतिदिन काम करके काम को 12 दिनों में समाप्त करता है।

व्यक्ति 1 घंटा प्रतिदिन काम करे तो काम 12 × 8 दिनों में समाप्त होगा।

व्यक्ति 6 घंटा प्रतिदिन काम करे तो काम $\frac{12 \times 8}{6}$ दिनों में समाप्त होगा।

= 16 दिनों में समाप्त होगा।

21. 25 विद्यार्थियों की औसत आयु = 13 वर्ष

$\therefore$ 25 विद्यार्थियों की कुल आयु = 13 × 25

= 325 वर्ष

15 विद्यार्थियों की औसत आयु = 18 वर्ष

$\therefore$ 15 विद्यार्थियों की आयु का योग = 15 × 18

= 270 वर्ष

$\because$ 25 – 15 = 10

$\Rightarrow$ बचे हुए 10 विद्यार्थियों की कुल आयु = 325 – 270

= 55 वर्ष

$\Rightarrow$ बचे हुए 10 विद्यार्थियों की औसत आयु = $\frac{55}{10}$

= 5.5 वर्ष

22. समय = $5\frac{1}{2}$ मिनट

= $\frac{11}{2}$ मिनट

= $\frac{11}{2 \times 60}$ घण्टा [1 मिनट = $\frac{1}{60}$ घंटा]

= $\frac{11}{120}$ घण्टा

रेलगाड़ी की चाल = 40 किमी प्रति घण्टा

$\because$ तय दूरी = गति × समय

= $40 \times \frac{11}{120} = \frac{11}{3}$ किमी

अतः सुरंग की लम्बाई = $3\frac{2}{3}$ किमी

23. कच्ची धातु में जिंक = 16%

$\because$ 16 किग्रा जिंक प्राप्त करने के लिए 100 किग्रा धातु की आवश्यकता है।

$\Rightarrow$ 1 किग्रा जिंक प्राप्त करने के लिए $\frac{100}{16}$ किग्रा धातु की आवश्यकता होगी।

$\therefore$ 36 किग्रा जिंक प्राप्त करने के लिए = $\frac{100}{16} \times 36$ किग्रा धातु की आवश्यकता होगी।

= $\frac{100 \times 36}{16}$ = 25 × 9 = 225 किग्रा कच्ची धातु की आवश्यकता होगी।

24. व्यंजक $= 1 + \frac{3}{7}$ का $\left\{6 + 8 \times \overline{3-2}\right\}$

$$+\left[\left(\frac{1}{5} \div \frac{7}{25}\right) - \left(\frac{3}{7} + \frac{8}{14}\right)\right]$$

$= 1 + \frac{3}{7}$ का $\{6 + 8 \times 1\}$

$$+\left[\left(\frac{1}{5} \times \frac{25}{7}\right) - \left(\frac{6+8}{14}\right)\right]$$

$$= 1 + \frac{3}{7} \times 14 + \left[\left(\frac{5}{7} - 1\right)\right]$$

$$= 1 + 6 + \frac{5}{7} - 1$$

$$= 6 + \frac{5}{7} = 6\frac{5}{7}$$

25. ल.स. ज्ञात करने पर

2	30, 36, 56, 63
2	15, 18, 28, 63
3	15, 9, 14, 63
3	5, 3, 14, 21
7	5, 1, 14, 7
	5, 1, 2, 1

$\because$ ल.स. $= 2 \times 2 \times 3 \times 3 \times 7 \times 5 \times 2$
$= 4 \times 9 \times 35 \times 2$
$= 36 \times 70$
$= 2520$

$\therefore$ अभीष्ट संख्या $= 2520 + 8 = 2528$

26. (क) $\because \frac{1}{9} : x :: \frac{1}{3} : \frac{1}{4}$

$$\therefore \quad x \times \frac{1}{3} = \frac{1}{9} \times \frac{1}{4}$$

$$\therefore \quad x = \frac{1}{9} \times \frac{1}{4} \div \frac{1}{3} = \frac{1}{9} \times \frac{1}{4} \times \frac{3}{1}$$

$$\therefore \quad x = \frac{1}{12}$$

(ख) $x : 1.6 :: 2.1 : 8.4$

$\because \quad x : 1.6 = 2.1 : 8.4$

$\Rightarrow \quad 8.4x = 1.6 \times 2.1$

$$\therefore \quad x = \frac{1.6 \times 2.1}{8.4} = \frac{1.6}{4} = 0.4$$

27. $\because$ आनुपातिक योग $= 3 + 5 = 8$

$\therefore$ A का हिस्सा $= \frac{3}{8} \times 480$
$= 3 \times 60 = 180$ रु.

$\therefore$ B का हिस्सा $= 480 - 180$
$= 300$ रु.

28. खरीदी गई सभी वस्तुओं का कुल भार
= 2.300 किग्रा. + 3.580 किग्रा. + 0.800 किग्रा + 0.950 किग्रा. + 0.250 किग्रा.
= 7.880 किग्रा
= 7880 ग्राम

29. किराये पर खर्च = 10%
खाने पर खर्च = 30%
शेष बचे $= 100\% - (10 + 30)\%$
$= (100 - 40)\% = 60\%$

$\because$ कुल मासिक आय = 10000

$\therefore$ अन्य खर्चों के लिए $= \frac{60}{100} \times 10000$ रु. बचे
$= 6000$ रु. बचे

30.

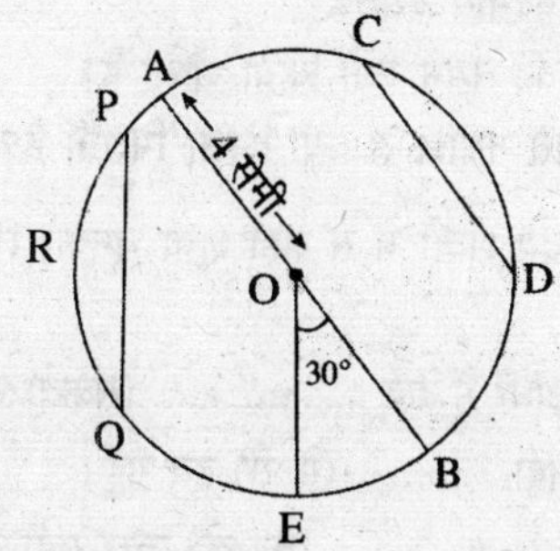

वृत्त की त्रिज्या = 4 सेमी, वृत्त का केन्द्र 'O' है।

(क) AB व्यास है।

(ख) PQR वृत्त का छोटा खण्ड है।

(ग) $\angle BOE = 30°$ केन्द्र पर बना कोण है।

(घ) CD जीवा है।

भाग 'ब' — भाषा ज्ञान

1. निम्नलिखित में से किसी एक विषय पर पन्द्रह वाक्यों का एक निबंध लिखिए–

(a) गणतंत्र दिवस

(b) हमारा राष्ट्रीय झण्डा

2. निम्नलिखित गद्यांश को ध्यानपूर्वक पढ़कर दिए हुए प्रश्नों के उत्तर दीजिए।

मधुमक्खियों ने अपने वर्ग में अधिक श्रेय पाया है क्योंकि उनमें मिल-जुलकर काम करने की प्रवृत्ति पाई जाती है। तितलियों में यह प्रवृत्ति न होने के कारण वे अपनी जिंदगी जीती हैं और अपनी मौत मरती हैं। झुंड बनाकर रहने वाले हाथी अपने समुदाय को सुरक्षित रखते हैं और निश्चिंत होकर अपने क्षेत्र में विचरते हैं। कुत्ते इसलिए बदनाम हैं कि अपनी बिरादरी का कोई अन्य कुत्ता उनके मुहल्ले में आ पहुँचे तो जमीन-आसमान सिर पर उठा लेते हैं। बंदरों को इसलिए नमन किया जाता है कि वे साथ चलते, साथ रहते और विपत्ति के समय आक्रमणकारी पर साथ-साथ धावा बोल देते हैं।

(क) मधुमक्खियों को अपने वर्ग में श्रेय क्यों मिला है?

(ख) तितलियों एवं मधुमक्खियों की प्रवृत्ति में क्या अंतर है?

(ग) कुत्ते बदनाम क्यों हैं?

(घ) बंदरों को नमन क्यों किया जाता है?

(ङ) उपर्युक्त गद्यांश से क्या शिक्षा मिलती है?

3. कोष्ठक में दिये शब्दों में से सही शब्द चुनकर रिक्त स्थान भरो–

(क) उल्लू अंधेरे में देख .... (सकता/सकती) है।

(ख) नाव नदी .... (में/से) डूब गई।

(ग) मोहन .... (का/के) उत्तर सही नहीं था।

(घ) वह अपने .... (आप/साथ) पढ़ लेगी।

(ङ) चिड़िया आकाश में उड़ .... (रही/रहीं) है।

4. वचन बदलकर पूरा वाक्य लिखिये–

(क) लड़की ने टहलना शुरू किया।

(ख) गुलाब खिल रहा है।

(ग) लड़की ने अच्छा खेला।

(घ) नानी ने कहानी सुनाई।

(ङ) ममता ने गाना गाया।

5. अनेक शब्दों के लिए एक शब्द लिखें–

(क) जो क्रम से हो। ....

(ख) जो कवितायें लिखता हो। ....

(ग) दीपों का त्यौहार ....

(घ) जो पेड़-पौधों को सींचता हो। ....

(ङ) देश को प्रेम करने वाला। ....

6. निम्नलिखित में से उपर्युक्त मुहावरे चुनकर रिक्त स्थान भरें। किताबी कीड़ा, तारे गिनना, आग-बबूला होना, बाएँ हाथ का खेल, छक्के छुड़ाना, खाक छानना।

(क) रमन के परीक्षा में अनुत्तीर्ण होने पर उसके पिता ....।

(ख) महिमा तो .... है, रात-दिन पढ़ती रहती है।

(ग) सारे घर की .... पर भी मेरी घड़ी नहीं मिली।

(घ) कारगिल युद्ध में भारतीय सैनिकों ने पाकिस्तानी सेना के .... दिए।

(ङ) मैं तो तुम्हारे इंतजार में रात भर .... रहा।

7. निम्नलिखित वाक्यों को शुद्ध करके लिखिए।

(क) मैं रोज बजार जाता हूँ।

(ख) कल मैंने खेत में बहुत सारी चिड़ियाँ देखीं।

(ग) वह पागल हाथी हो गया है।

(घ) तुम तुम्हारी पुस्तक खोल लो।

(ङ) तुम्हें अभी बहुत बातें सीखना है।

8. निम्नलिखित वाक्यों के लिंग बदलो–

(क) मेरा लड़का खेलता है। ....

(ख) कल मैंने बंदर का तमाशा देखा। ....

(ग) बैल खेत में चर रहा है। ....

(घ) लेखक ने नई पुस्तक लिखी। ....

(ङ) बेटे ने अपनी माँ की सेवा की। ....

9. विलोम शब्द लिखो–

(क) आदान (ख) आकाश (ग) गुरु (घ) जन्म (ङ) देव।

व्याख्यात्मक उत्तर

1. गणतंत्र दिवस

26 जनवरी 1950 को हमारा देश एक गणतंत्र बना। तभी से 26 जनवरी को गणतंत्र दिवस के रूप में मनाया जाता है। यह एक राष्ट्रीय त्यौहार है। इसे स्कूल-कॉलेज तथा सभी सरकारी एवं निजी संस्थाओं द्वारा बड़े हर्षोल्लास के साथ मनाया जाता है। इस दिन हम सभी राष्ट्रीय ध्वज फहराते एवं राष्ट्र के प्रति सम्मान एवं समर्पण, व्यक्त करते हैं। इस दिन हम सभी देश की आजादी के लिए कुर्बानी देने वाले राष्ट्रभक्त स्वतंत्रता सेनानियों को याद करते हैं तथा अपनी आजादी की रक्षा का संकल्प लेते हैं। इस दिन छात्र-छात्राओं के लिए कई प्रतियोगिताएं आयोजित की जाती हैं।

इस दिन सबसे भव्य समारोह देश की राजधानी दिल्ली में आयोजित होता है। यह मुख्य समारोह इंडिया गेट पर संपन्न होता है। राष्ट्रपति भवन से लेकर इंडिया गेट तक मार्ग को दुल्हन की तरह सजाया जाता है। किसी विदेशी राष्ट्राध्यक्ष (मेहमान) की उपस्थिति में मुख्य समारोह सम्पन्न होता है। देश की तीनों सेनाओं की टुकड़ियाँ राष्ट्रपति को सलामी देते हुए मंच से गुजरती हैं। सशस्त्र बलों के पीछे भारतीय सुरक्षा सेनाओं के आधुनिक हथियार, टैंक, तोप, मिसाइल, रेडार आदि का प्रस्तुतीकरण किया जाता है। विभिन्न राज्यों की झांकियां भी प्रस्तुत की जाती हैं। आसमान से भारतीय वायु सेना के विमान पुष्प वर्षा करते हुए दर्शकों को भाव-विभोर कर देते हैं। बड़ी संख्या में दर्शक विजय चौक से लाल किला तक खड़े हुए मंत्रमुग्ध से देखते रहते हैं। रात्रि के समय सभी सरकारी भवनों पर रोशनी की जाती है। टेलीविजन में इस समारोह का सुन्दर ढंग से प्रसारण किया जाता है। देश के प्रति प्रेम पैदा करने में गणतंत्र दिवस की अहम् भूमिका है।

2. (क) आपस में मिल-जुलकर रहने के कारण मधुमक्खियों को अपने वर्ग में श्रेय मिला है।
(ख) तितलियों में अकेला रहने की प्रवृत्ति है, जबकि मधुमक्खियों में आपस में मिल-जुलकर रहने की प्रवृत्ति है।
(ग) कुत्ते इसलिए बदनाम हैं कि वे अपनी ही बिरादरी के अन्य मुहल्ले से आए हुए कुत्तों को देखकर जमीन आसमान सिर पर उठा लेते हैं।
(घ) बंदरों को इसलिए नमन किया जाता है कि वे साथ-साथ रहते हैं और विपत्ति के समय आक्रमणकारी पर एक-साथ मिलकर धावा बोल देते हैं।
(ङ) इस गद्यांश से हमे शिक्षा मिलती है कि एकता में बल है।

3. (क) सकता (ख) में
(ग) का (घ) आप
(ङ) रही

4. (क) लड़कियों ने टहलना शुरू किया।
(ख) गुलाब खिल रहे हैं।
(ग) लड़कियों ने अच्छा खेला।
(घ) नानी ने कहानियाँ सुनाई।
(ङ) ममता ने गाने गाए।

5. (क) क्रमबद्ध
(ख) कवि
(ग) दीपावली
(घ) माली
(ङ) देशभक्त

6. (क) रमन के परीक्षा में अनुत्तीर्ण होने पर उसके पिता आग बबूला हो गए।
(ख) महिमा तो किताबी कीड़ा है, रात-दिन पढ़ती रहती है।
(ग) सारे घर की खाक छानी पर मेरी घड़ी नहीं मिली।
(घ) कारगिल युद्ध में भारतीय सैनिकों ने पाकिस्तानी सेना के छक्के छुड़ा दिए।
(ङ) मैं तो तुम्हारे इंतजार में रातभर तारे गिनता रहा।

7. (क) मैं रोज बाजार जाता हूँ।
(ख) कल मैंने खेत में बहुत सारी चिड़ियाँ देखीं।
(ग) वह हाथी पागल हो गया है।
(घ) तुम अपनी पुस्तक खोल लो।
(ङ) तुम्हें अभी बहुत सीखना है।

8. (क) मेरी लड़की खेलती है।
(ख) कल मैंने बंदरिया का तमाशा देखा।
(ग) गाय खेत में चर रही है।
(घ) लेखिका ने नई पुस्तक लिखी।
(ङ) बेटी ने अपने बाप की सेवा की।

9. (क) प्रदान (ख) पाताल
(ग) शिष्य (घ) मृत्यु
(ङ) दानव।

प्रश्न पत्र–II (बुद्धि परीक्षण)

A. उस शब्द को चुनें, जो शब्दकोश की व्यवस्था के अनुसार तीसरे स्थान में आएगा और सही उत्तर चुनकर इंगित कीजिए।

A. Dream B. Direct
C. Discover D. Devotion
E. Drama

Ans. शब्दकोश की व्यवस्था अनुसार Discover शब्द तीसरे स्थान में आएगा इसलिए (C) सही उत्तर है।

B. पुनः व्यवस्थित शब्द का दूसरा अक्षर लिखिए–
TAEHR शरीर का एक महत्वपूर्ण अंग है।

Ans. शब्द में वर्ण विन्यास ठीक नहीं है। यदि आप इन वर्णों को अपने मस्तिष्क में पुनः व्यवस्थित करेंगे, तो सही शब्द HEART पाएंगे। शब्द का दूसरा अक्षर 'E' है और अक्षर E सही उत्तर है।

C. पुनः व्यवस्थित वाक्य का दूसरा शब्द काटें।

(A)	(B)	(C)	(D)	(E)	(F)
the	is	walking	garden	Sohan	in

Ans. यदि आप अपने मस्तिष्क में वाक्य को पुनः व्यवस्थित करेंगे तब आप सही वाक्य Sohan is walking in the garden पाएंगे। पुनः व्यवस्थित वाक्य में दूसरा शब्द 'is' है। इसलिए (B) सही उत्तर है।

D. यदि 4 + 1 = 4, 2 + 3 = 6, 2 + 7 = 14, तब 2 + 6 = ? .... सही उत्तर को लिखें।

A. 11 B. 12
C. 13 D. 15
E. 16

Ans. यदि 4 + 1 = 4 इसका अर्थ हुआ जमा का चिह्न गुणा के चिह्न का कार्य कर रहा है। समान तर्क को लागू करते हुए 2 + 6 = 12 होगा। इसलिए विकल्प अक्षरांक (B) सही उत्तर है।

E. उस शब्द को लिखें जो अन्य शब्दों के वर्ग से भिन्न है।

A. माथा B. दिल
C. जिगर D. गुर्दे
E. फेफड़े

Ans. दिल, जिगर, गुर्दे और फेफड़े शरीर के अन्दर के भाग हैं। जिन्हें हम बाहर से नहीं देख सकते एवं स्वयं में एक वर्ग बना लेते हैं, परन्तु माथा शरीर का बाहर का भाग है इस वर्ग से मेल नहीं खाता है, इसलिए विकल्प (A) सही उत्तर है।

F. अक्षर समूह के उस विकल्प अक्षरांक को काटें (×) जो अन्य अक्षर समूह के वर्ग से मेल नहीं खाता।

A. ABCD B. GHIJ
C. MNOP D. WXYZ
E. STVU

Ans. अब ABCD, GHIJ, MNOP एवं WXYZ में वर्ण विन्यास क्रम में व्यवस्थित हैं एवं स्वयं में एक वर्ग बना लेते हैं, परन्तु STVU अक्षर समूह में वर्णविन्यास क्रम में नहीं है इसलिए विकल्प (E) सही उत्तर है।

G नीचे दिए गए विकल्पों में से कौन-सा विकल्प शृंखला को पूरा करेगा?

O Q S U W .... ?

A. Z B. Y
C. X D. V

Ans. दी गई शृंखला में एक अक्षर को छोड़कर अगला अक्षर आया है। यहाँ उत्तर Y होगा इसलिए विकल्प अक्षरांक (B) सही उत्तर है।

H. बढ़ई का, जो सम्बन्ध लकड़ी से है वह सम्बन्ध दर्जी का .... से है।

A. कमीज B. कोट
C. कपड़ा D. पहनना

Ans. बढ़ई का जो सम्बन्ध लकड़ी के साथ है, ठीक इसी प्रकार दर्जी का सम्बन्ध कपड़े से है। इसलिए विकल्प अक्षरांक (C) सही उत्तर है।

I. वर्ग से सम्बन्धित नहीं है जैसाकि अन्य हैं–

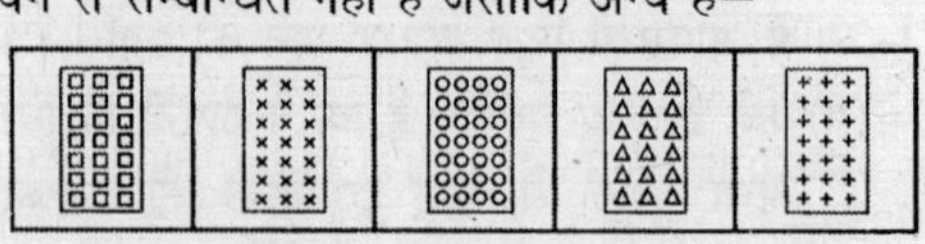

A. B. C. D. E.

Ans. दी गई आकृतियों (A), (B), (C), (D) तथा (E) में, आकृति 'C' के अतिरिक्त सभी एक ही आकार की है, परन्तु 'C' देखने में चौड़ी तथा डिजाइन की एक रेखा अतिरिक्त है और पहले वर्ग से मेल नहीं खाती। अतः सही उत्तर (C) है।

J. कौन-सी आकृति शृंखला में सबसे बाद में आएगी?

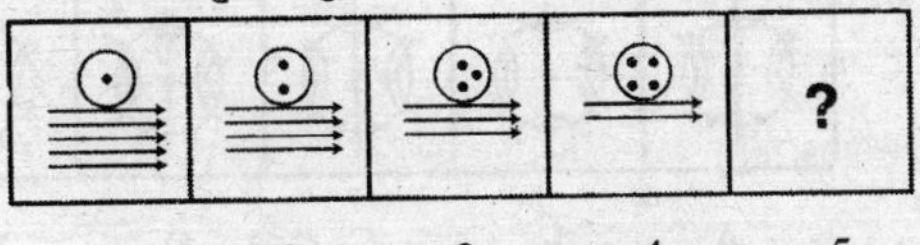

1 2 3 4 5

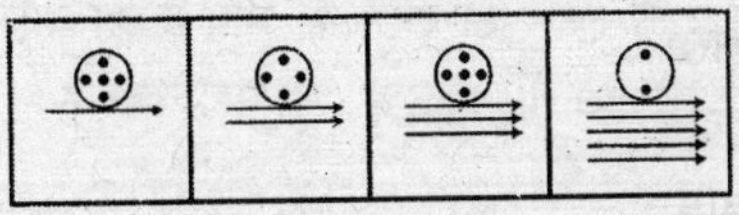

A. B. C. D.

Ans. यहाँ उदाहरण के रूप में दी गई शृंखला आकृतियों का अवलोकन करने से पता लगता है शृंखला आकृति में क्रमिक रूप से वृत्त के अन्दर एक बिन्दु की उत्तरोत्तर वृद्धि हो रही है, जबकि वृत्त के नीचे दिए गए तीरों में भी क्रमिक रूप में एक तीर की कमी हो रही है। नियम के अनुसार हमें उस आकृति की आवश्यकता है जिसके वृत्त में पाँच बिन्दु तथा वृत्त के नीचे एक तीर हो। ऐसी आकृति विकल्प (A) में दी गई। अतः विकल्प (A) सही उत्तर है।

K. इस उदाहरण में आकृति (X) का कुछ सम्बन्ध आकृति (Y) से है। यही समान सम्बन्ध आकृति (Z) का दी गई चार आकृतियों (A), (B), (C), (D) में से किसी एक-से है। सही उत्तर का चयन करें।

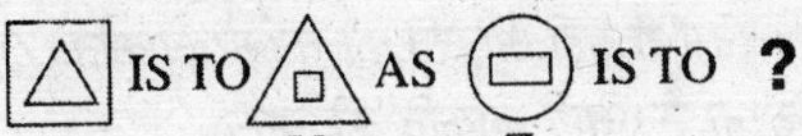

X Y Z

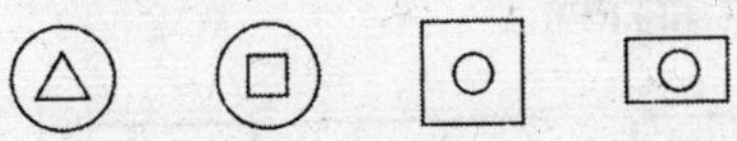

A. B. C. D.

Ans. उपर्युक्त उदाहरण में आप देखेंगे कि आकृति में त्रिकोण, समकोण चतुर्भुज के अन्दर है, जबकि आकृति (Y) में समकोण चतुर्भुज, त्रिकोण के अन्दर है, यह विपरीत स्थिति है। समान नियम को लागू करते हुए हम देखेंगे कि आकृति (Z) का विकल्प (D) से वही सम्बन्ध है, जो आकृति (X) का (Y) से है। इसलिए, विकल्प अक्षरांक (D) सही उत्तर है।

L. आपके सम्मुख (X) आकृति दी गई है। यदि इस आकृति को दर्पण (Mirror) में देखा जाए, तो उसका प्रतिबिम्ब किस प्रकार का बनेगा। यह आपको ज्ञात करना है। उत्तर के लिए चार विकल्प (A), (B), (C) एवं (D) दिए हैं। इन विकल्पों में से सही विकल्प का चुनाव कर उसे इंगित कीजिए।

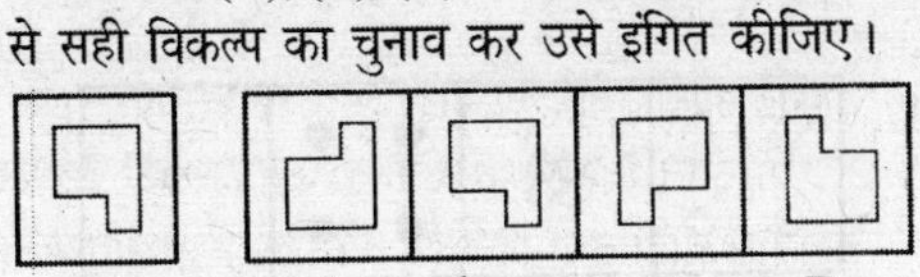

X A. B. C. D.

Ans. यहाँ जो आकृति (X) दी गई है यदि इसको दर्पण से देखा जाए, तो जैसा कि हम जानते हैं कि उल्टा प्रतिबिम्ब बनेगा, जोकि दिए गए विकल्प (C) के समान होगा। अतः इसका विकल्प (C) सही उत्तर है।

M. यहाँ जो आकृति (X) दी गई है और दाईं ओर (A), (B), (C) तथा (D) विकल्प दिए गए हैं। उनमें से किसी एक विकल्प के डिजाइन में यह आकृति (X) छिपी हुई है। आप इन चार विकल्पों में से आकृति (X) को ढूँढ़कर लिखिए।

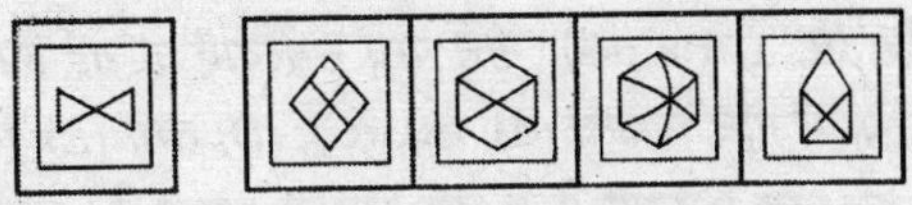

X A. B. C. D.

Ans. यहाँ दिए गए उदाहरण में बाईं ओर जो आकृति (X) दी गई है, उसके लिए दिए गए विकल्पों के डिजाइन में उस आकृति को ढूँढ़ने पर हम पाते हैं कि यह आकृति (X) यहाँ दिए गए विकल्प (B) के डिजाइन में छिपी हुई दिखाई देती है। अतः विकल्प (B) सही उत्तर है।

N. यहाँ नीचे चार सरल आकृतियां (A), (B), (C) तथा (D) दी गई हैं। इन आकृतियों के नीचे एक डिजाइन (X) बना हुआ है। इस डिजाइन (X) के अन्दर, दी गई चार आकृतियों (A), (B), (C) तथा (D) में से कोई एक आकृति छिपी है। आपका उस छिपी हुई आकृति को ढूँढ़कर उसका उत्तर इंगित कीजिए।

A. B. C. D.

Ans. यहाँ दिए गए उदाहरण में (A), (B), (C) में से कोई आकृति नहीं मिलती है, जबकि आकृति (D) दिए गए डिजाइन में बाईं ओर नीचे की ओर मिलती है। अतः आकृति (D) इसका सही उत्तर है।

O. नीचे जो आकृति दी गई है, उसमें दाईं ओर के नीचे की तरफ वाला भाग गायब है। इस आकृति के दाईं ओर चार विकल्प (A), (B), (C) तथा (D) दिए गए हैं। इन चार विकल्पों में किसी एक विकल्प को उस खाली स्थान पर रखने पर हमारा अभिकल्प (डिजाइन) पूरा हो जाएगा। आपको सही विकल्प का चुनाव करके उसका सही उत्तर दीजिए।

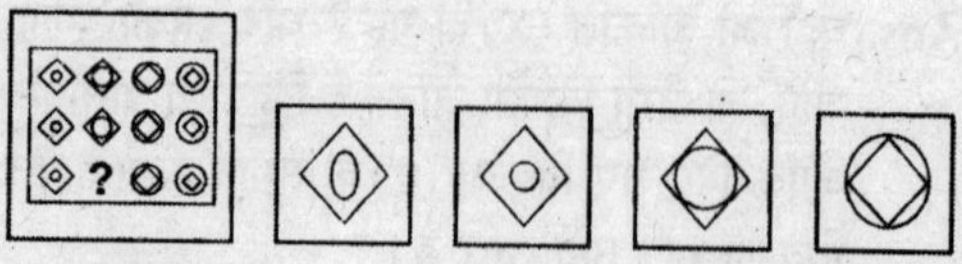

A. B. C. D.

Ans. यहाँ दिए गए उदारहण में हम देखते हैं कि हमारी आकृति का जो भाग रिक्त अथवा छूटा हुआ है उसके स्थान पर विकल्प (C) को रखने से हमारा डिजाइन पूरा हो जाता है। अतः विकल्प (C) सही उत्तर है।

निर्देश (प्र. 1 से 8 तक): *नीचे पाँच समस्याएँ दी गई हैं। प्रत्येक समस्या में पाँच विकल्प (A), (B), (C), (D) तथा (E) दिए गए हैं। इन पाँच विकल्पों में से चार विकल्प समान हैं। जबकि एक विकल्प उससे भिन्न है, जोकि चार अन्य विकल्पों के समान नहीं है। उस भिन्न विकल्प को चुनिए तथा अपने सही उत्तर को इंगित कीजिए।*

1. A. सूर्य : ग्रीष्म B. खुश : उदास
C. अच्छा : बुरा D. गर्म : ठण्डा
E. हँसना : रोना

2.

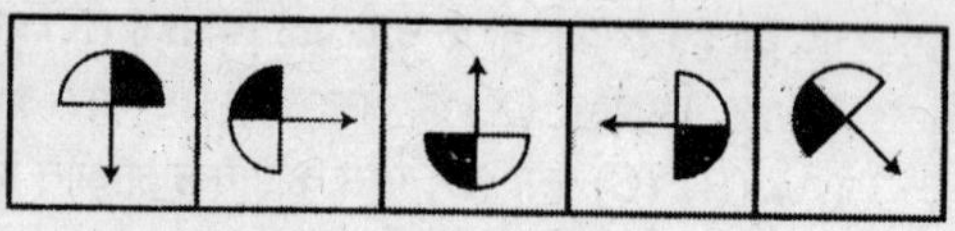

A. B. C. D. E.

3. A. शिलांग
B. बंगलौर
C. हरिद्वार
D. लखनऊ
E. भोपाल

4.

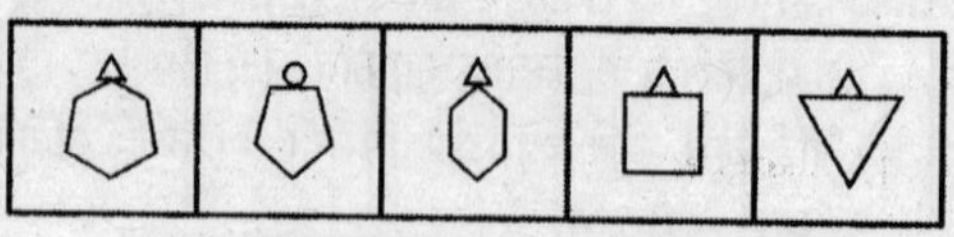

A. B. C. D. E.

5. A. विद्यालय : विद्यार्थी
B. पेन : स्याही
C. पुत्र : पुत्री
D. कप : चाय
E. पुस्तकालय : किताबें

6.

A. B. C. D. E.

7. A. शाखा
B. तना
C. आम
D. पौधा
E. पेड़

8.

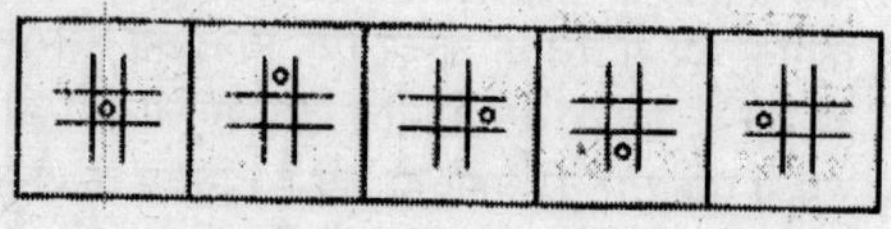

A. B. C. D. E.

निर्देश (प्र. 9 से 12 तक): *प्रत्येक प्रश्न की आकृतियों को दो पदों में दिया गया है। आकृति (X), (Y), (Z) समस्या आकृति हैं तथा आकृति (A), (B), (C), (D) उत्तर आकृति हैं। यहाँ आकृति (X) तथा (Y) के बीच एक निश्चित सम्बन्ध है। ठीक इसी प्रकार का सम्बन्ध (Z) का उत्तर आकृतियों (A), (B), (C), (D) में किसी एक से है। इनमें से सही आकृति को चुनकर आकृति (Z) के साथ स्थापित करना है। सही आकृति को चुने।*

9. समस्या आकृतियाँ

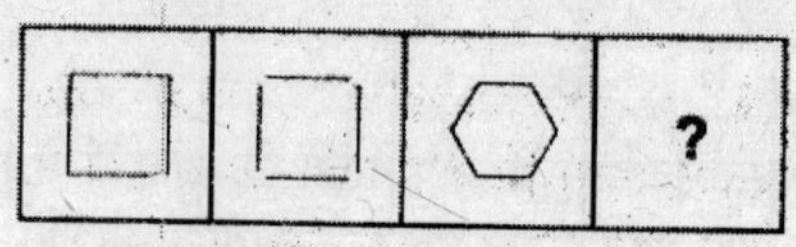

X IS TO Y As Z IS TO

उत्तर आकृतियाँ

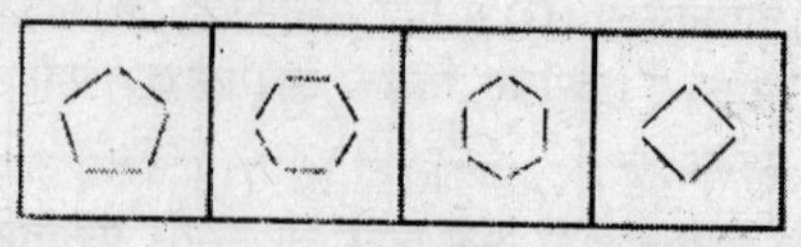

A. B. C. D.

10. समस्या आकृतियाँ

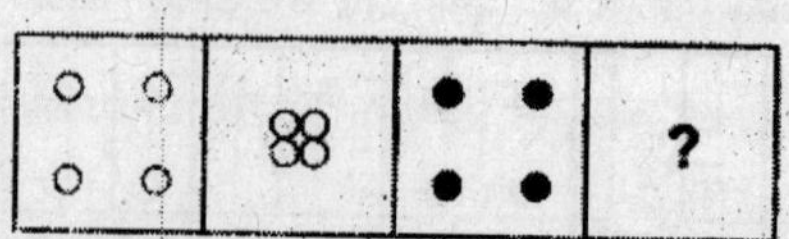

X IS TO Y As Z IS TO

उत्तर आकृतियाँ

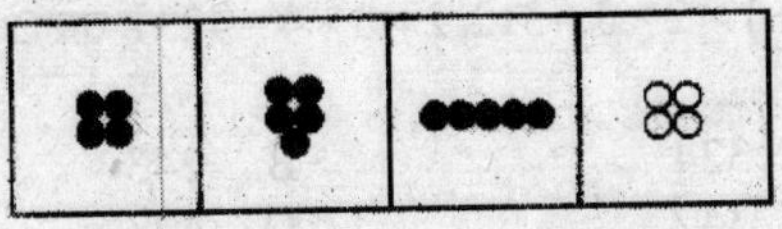

A. B. C. D.

11. समस्या आकृतियाँ

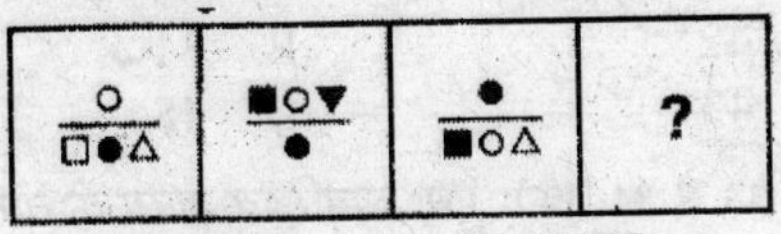

X IS TO Y As Z IS TO

उत्तर आकृतियाँ

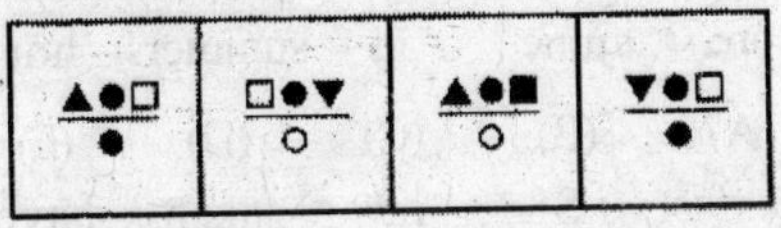

A. B. C. D.

12. समस्या आकृतियाँ

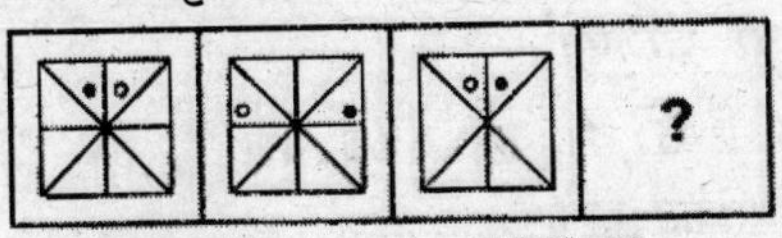

X IS TO Y As Z IS TO

उत्तर आकृतियाँ

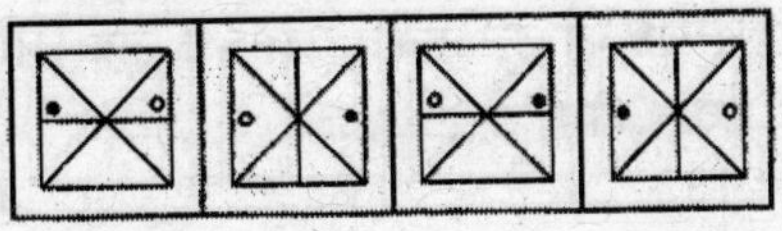

A. B. C. D.

निर्देश (प्र. 13 से 16 तक): *सही उत्तर को चुनकर उत्तर लिखिए।*

13. दिन का जो सम्बन्ध सप्ताह से है वही सप्ताह का सम्बन्ध ...... से है।

A. साल B. ऋतु
C. महीना D. घण्टे

14. उंगुली का जो सम्बन्ध बाजू से है वही पैर की उंगुली का सम्बन्ध .... से है।

A. घुटना B. टाँग
C. पैर D. सिर

15. साँप का जो सम्बन्ध रेंगने वाले से है वही मनुष्य का सम्बन्ध .... से है।

A. स्तनधारी B. जानवर
C. घर D. आदमी

16. बचाने का जो सम्बन्ध बचाव से है वही सम्बन्ध कभी-कभार का .... से है।

A. प्रायः B. बारबार
C. बहुत कम D. हमेशा

निर्देश (प्र. 17 से 24 तक): *नीचे संख्या/वर्णमाला/आकृति दी गई है। जिनमें दूसरी संख्या/वर्णमाला/आकृति अपने से पहली वाली संख्या/वर्णमाला या आकृति का अनुसरण करती है। यहाँ आपको दिए गए खाली स्थान का उत्तर विकल्पों* (A), (B), (C), (D) *में से चुनना होगा।*

17. 7, 8, 6, 9, 5, ...

A. 8 B. 10
C. 4 D. 3

18.

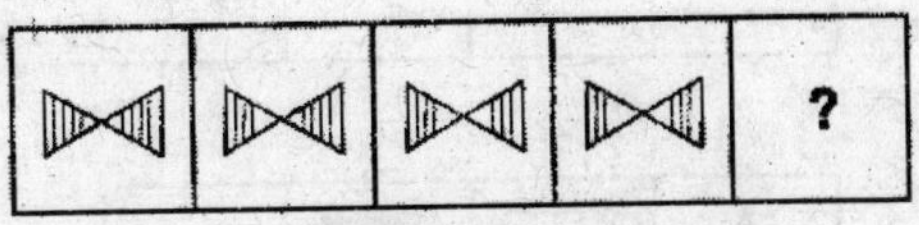

1 2 3 4

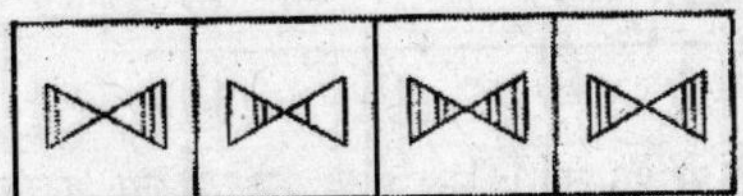

A. B. C. D.

19. $\frac{P}{M}, \frac{R}{O}, \frac{T}{Q}, \frac{V}{S},$ —

A. $\frac{X}{U}$ B. $\frac{V}{S}$
C. $\frac{W}{U}$ D. $\frac{P}{N}$

20.

1 2 3 4

A. B. C. D.

21. A, Z, D, Y, G, ...

A. W B. D
C. E D. X

22.

1 2 3 4

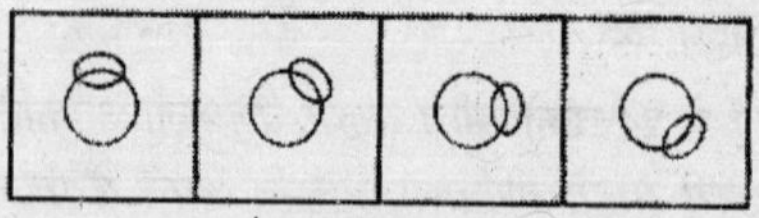

A. B. C. D.

23. 54, 52, 49, 45, 40 ....

A. 30 B. 29

C. 35 D. 34

24.

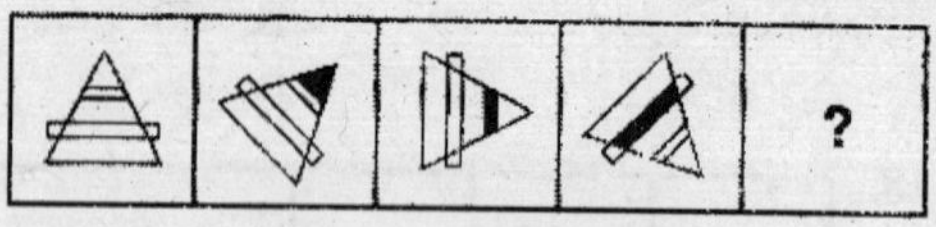

1 2 3 4

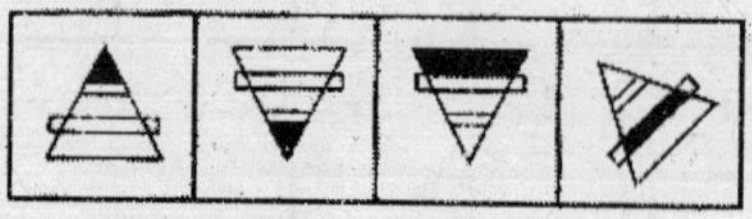

A. B. C. D.

निर्देश (प्र. 25 से 26 तक): *उस शब्द को चुनें जो शब्दकोश की व्यवस्था के अनुसार तीसरे नम्बर में आएगा तथा अपने सही उत्तर को इंगित कीजिए।*

25. A. Inform B. Infinity

C. Influential D. Imbalance

E. Important

26. A. Century B. Central

C. Cereal D. Certain

E. Container

निर्देश (प्र. 27 से 30 तक): *बड़े अक्षरों में लिखे गए शब्दों को पुनः व्यवस्थित करें पुनः व्यवस्थित शब्द का चौथा अक्षर चुनिए तथा अपने सही उत्तर को इंगित कीजिए—*

27. DNALGNE (Country)

28. GORATE (Name of the Poet)

29. TEKCAJ (Dress)

30. YHCOEK (A Game)

निर्देश (प्र. 31 से 32 तक): *सही विकल्प को चुनकर उसे उत्तर वाले खाने में लिखें।*

31. यदि $1 \times 2 \times 3 = 312, 2 \times 3 \times 4 = 423$ है तब $2 \times 4 \times 3$ = ...

A. 324 B. 243

C. 342 D. 423

32. यदि $6 \times 2 = 31, 8 \times 4 = 42, 2 \times 2 = 11$ है तब $8 \times 6 =$ ....

A. 42 B. 31

C. 43 D. 48

निर्देश (प्र. 33 से 34 तक): *पुनः व्यवस्थित वाक्य के तीसरे शब्द को चुनकर उत्तर लिखें।*

33.

(A)	(B)	(C)	(D)	(E)
are	june	in	summers	hot

34.

(A)	(B)	(C)	(D)	(E)
breakfast	$	my	taken	have

निर्देश (प्र.सं. 35 से 38): *निम्नलिखित शब्दों को कोड नम्बर दिए गए हैं, इनको समझिए तथा प्रश्न का सही विकल्प चुनकर उत्तर दीजिए।*

35. यदि BAD का कूट संकेत 896 है, तब EGG का कूट संकेत होगा ....

A. 534 B. 533

C. 431 D. 422

36. यदि HIDE का कूट संकेत 2165 है, तब HIGH का कूट संकेत होगा ....

A. 2132 B. 1232

C. 2131 D. 2562

37. यदि ANX का कूट संकेत BOY है तब RAM का कूट संकेत होगा ....

A. RAT B. DOG

C. PEN D. SON

38. यदि RSNO का कूट संकेत STOP है, तब CNMD का कूट संकेत होगा ....

A. DARE B. DONE

C. DUTY D. DONT

निर्देश (प्र.सं. 39 से 42 तक): *आपके सम्मुख (X) आकृति दी गई है। यदि इस आकृति को दर्पण में देखा जाए, तो उसका किस प्रकार का प्रतिबिम्ब बनेगा, यह आपको ज्ञात करना है। उत्तर के लिए चार विकल्प (A), (B), (C), (D)*

दिए गए हैं। इन विकल्पों में से सही विकल्प का चुनाव कर उत्तर लिखिए।

39.

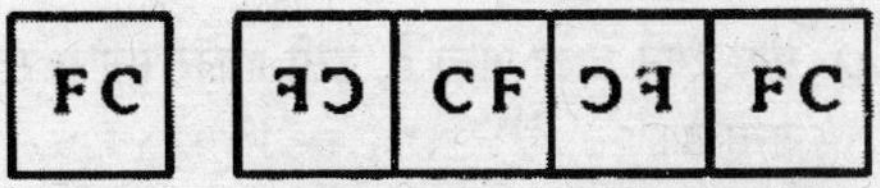

X (A) (B) (C) (D)

40.

X (A) (B) (C) (D)

41.

X (A) (B) (C) (D)

42.

X (A) (B) (C) (D)

निर्देश (प्र.सं. 43 से 46 तक) : नीचे दिए गए विकल्पों में से उस सही आकृति को चुनकर लिखिए जिसको प्रश्नवाचक चिह्न (?) स्थान पर रखने से डिजाइन पूरा होगा तथा अपने सही उत्तर को इंगित कीजिए।

43.

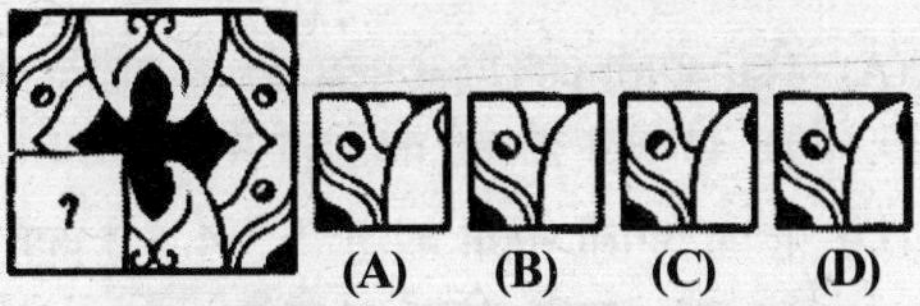

(A) (B) (C) (D)

44.

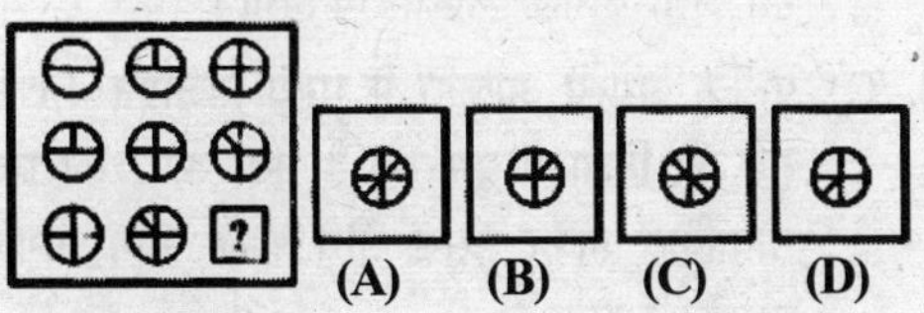

(A) (B) (C) (D)

45.

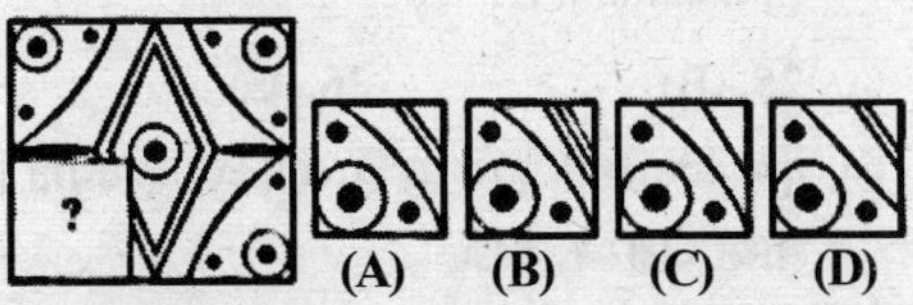

(A) (B) (C) (D)

46.

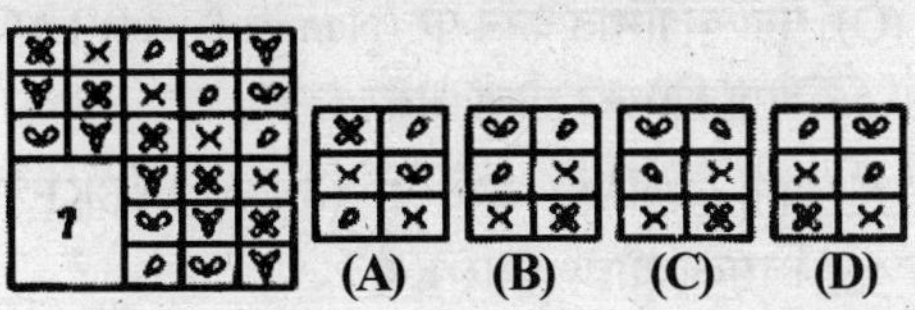

(A) (B) (C) (D)

निर्देश (प्र.सं. 47 एवं 48): चार आकृतियों (A), (B), (C) और (D) में से कौन-सी एक आकृति नीचे दिए गए डिजाइन (X) में छिपी है। उस आकृति को चुनिए तथा अपने सही उत्तर को इंगित कीजिए।

47.

X

(A) (B) (C) (D)

48.

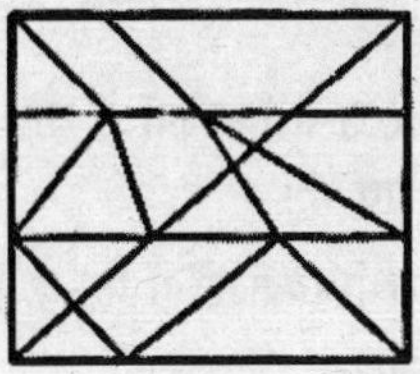

X

(A) (B) (C) (D)

निर्देश (प्र.सं. 49 से 50 तक) : बाईं ओर की आकृति (X) किसी एक आकृति (A), (B), (C), (D) में छिपी है जो दाईं ओर दी गई है उस आकृति को चुनिए तथा अपने सही उत्तर को इंगित कीजिए–

49.

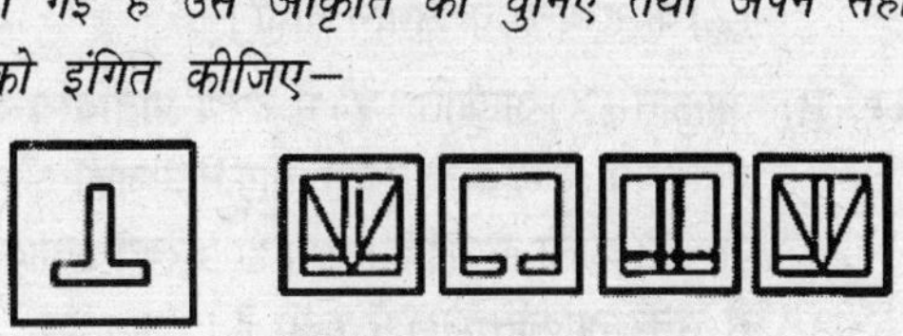

X (A) (B) (C) (D)

50.

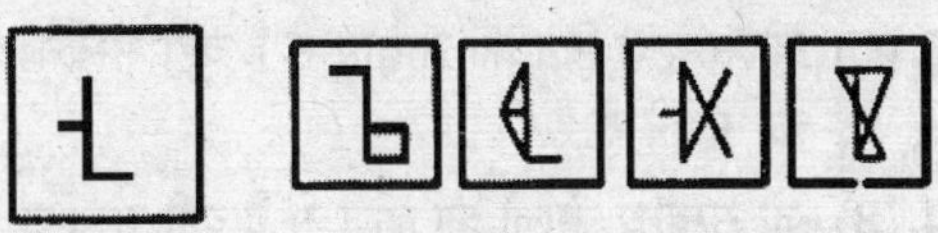

X (A) (B) (C) (D)

व्याख्यात्मक उत्तर

1. (A) विकल्प (A) को छोड़कर शेष सभी विकल्प शब्द और उसके विपरीत शब्दों के जोड़े हैं।

2. (E) आकृति (E) को छोड़कर सभी आकृतियाँ सीधी हैं जबकि आकृति (E) एक दिशा में झुकी हुई है।

3. (C) विकल्प (C) को छोड़कर सभी विकल्प प्रदेशों की राजधानियाँ हैं जबकि विकल्प (C) मात्र एक शहर है।

4. (B) सभी आकृतियों में डिजाइन के ऊपर त्रिभुज बना हुआ है, जबकि आकृति (B) में डिजाइन के ऊपर वृत्त बना है।

5. (C) शेष सभी में पहले शब्द में दूसरे शब्द की वस्तु रखी/पाई जाती है। जैसे–विद्यालय में विद्यार्थी, कप में चाय तथा पुस्तकालय में किताबें। किन्तु पुत्र में पुत्री नहीं रखी/पाई जाती।

6. (D) विकल्प (D) को छोड़कर सभी विकल्पों में चाप वृत्त के बाहर बने हुए दिखाए गए हैं।

7. (C) आम को छोड़कर शेष सभी विकल्पों में पेड़ के विभिन्न अंगों के नाम हैं।

8. (A) आकृति (A) को छोड़कर सभी आकृतियों में वृत्त वर्ग से बाहर है, जबकि (A) में वृत्त वर्ग के अन्दर है।

9. (B) आकृति X की डिजाइन के सभी कोनों को काटने पर आकृति Y प्राप्त होगी। अतः आकृति Z की डिजाइन के सभी कोनों को काटने पर आकृति (B) प्राप्त होगी।

10. (A) आकृति (X) के चारों वृत्तों को आपस में सटाने पर आकृति (Y) प्राप्त होती है। अतः आकृति (A) आकृति (Z) के सम्बन्ध के समान होगी।

11. (B) आकृति (X) आकृति (Y) में दर्पण प्रतिबिम्ब की तरह बदल गयी है साथ ही काली आकृति उजली और उजली आकृति काली हो गई है। ऐसा ही परिवर्तन आकृति (Z) से उत्तर आकृति (B) में हुआ है।

12. (D)

13. (C) जो सम्बन्ध दिन का सप्ताह से है वही सम्बन्ध सप्ताह का महीने से है।

14. (B) जो सम्बन्ध उंगली का बाजू से है वही सम्बन्ध पैर की उंगली का टाँग से है।

15. (A) साँप रेंगने वाला जन्तु है, उसी प्रकार मनुष्य स्तनधारी जन्तु है।

16. (C) जिस प्रकार बचाना और बचाव दोनों समानार्थी शब्द हैं, उसी प्रकार कभी-कभार का समानार्थी 'बहुत कम' होगा।

17. (B) विषम स्थानों पर संख्याओं का मान संख्या 1 से कम हो रहा है। सम स्थानों पर संख्याओं का मान संख्या 1 से बढ़ रहा है। इस प्रकार रिक्त स्थान पर 10 आएगा।

18. (D) प्रत्येक अगली आकृति में मुख्य डिजाइन के बाएँ व दाएँ की क्रमशः एक-एक रेखा कम हो रही है।

19. (A) अंश और हर दोनों क्रम में (एक अक्षर छोड़कर) भिन्नात्मक रूप में आ रहे हैं।

20. (B) प्रत्येक अगली आकृति की मुख्य डिजाइन की एक छायांकित रेखा घड़ी की सूई की दिशा में आगे बढ़ रही है।

21. (D)

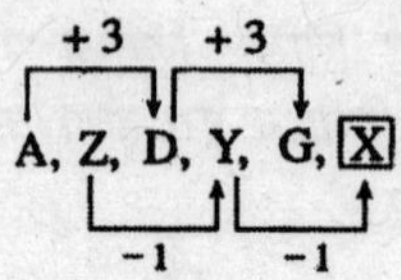

22. (A) हरेक अगली आकृति में मुख्य वृत्त की परिधि पर दूसरा वृत्त 45° घड़ी की सूई की दिशा में सरक रहा है।

23. (D) प्रत्येक अगली संख्या क्रमशः 2, 3, 4, 5 से कम हो रही है। अतः अगली संख्या 34 होगी।

24. (C) प्रत्येक अगली आकृति में मुख्य डिजाइन 45° घड़ी के सूई की दिशा में घूम रही है तथा ऊपर का एक भाग छायांकित होकर इससे नीचे वाला भाग अगली बार छायांकित होता है।

25. (B) **26.** (C)

27. (L) पुनः व्यवस्थित करने पर ENGLAND बनेगा जिसका चौथा अक्षर L है।

28. (O) पुनः व्यवस्थित क़रने पर (Name of poet) TAGORE होगा जिसका चौथा अक्षर O है।

29. (K) पुनः व्यवस्थित करने पर (dress) JACKET बनेगा जिसका चौथा अक्षर K है।

30. (K) पुनः व्यवस्थित करने पर (game) HOCKEY बनेगा जिसका चौथा अक्षर K है।

31. (A) $1 \times 2 \times 3 = 312$

और $2 \times 3 \times 4 = 423$

ऊपर के उदाहरणों से स्पष्ट है कि उत्तर में पहले अन्तिम अंक आता है फिर पहले और दूसरे स्थानों के अंक आते हैं। अतः $2 \times 4 \times 3 = 324$

32. (C) $6 \times 2 = 31$

और $8 \times 4 = 42$

ऊपर के उदाहरणों से स्पष्ट है कि उत्तर दोनों अंकों से बनी संख्या का आधा है। इसमें गुणा के चिह्न को उपेक्षित किया गया है।

अतः $8 \times 6 = 86$

संख्या = 43

33. (E) शब्दों को पुन व्यवस्थित करने पर Summers are hot in June अतः तीसरा शब्द hot होगा।

34. (D) शब्दों को पुनः व्यवस्थित करने पर I have taken my breakfast अतः तीसरा शब्द taken होगा।

35. (B) BAD का कूट संकेत 896 है, तो

A = 9
B = 8
C = 7
D = 6
E = 5
F = 4 तथा
G = 3 होगा।

इस प्रकार EGG का कूट संकेत होगा 533।

36. (A) HIDE का कूट संकेत 2165 है, तो

D = 6
E = 5
F = 4
G = 3
H = 2 तथा
I = 1 होगा।

इस प्रकार HIGH का कूट संकेत होगा 2132.

37. (D) ANX का कूट संकेत BOY है।

A N X
+1↓ +1↓ +1↓
B O Y

इसी प्रकार

R N M
+1↓ +1↓ +1↓
S O N

38. (A) RSNO का कूट संकेत STOP है।

R S N O
+1↓ +1↓ +1↓ +1↓
S T O P

इसी प्रकार

C N M D
+1↓ +1↓ +1↓ +1↓
D O N E

39. (C) **40.** (A) **41.** (C) **42.** (A) **43.** (D) **44.** (C)
45. (A) **46.** (D) **47.** (A) **48.** (C) **49.** (A) **50.** (B)

पिछले प्रश्न-पत्र (हल सहित)

सैनिक स्कूल प्रवेश परीक्षा, 2008

कक्षा-VI

प्रश्न पत्र–I (गणित एवं भाषा ज्ञान)

भाग 'अ' गणित

1. $0.01 + 2 \times 1.02 \div 0.2 - 0.5$ को सरल कीजिए।

2. एक कमीज के लिए 1.8 मी. कपड़े की आवश्यकता होती है। 27 मी. लम्बाई के कपड़े में ऐसी कितनी कमीजें बनेंगी?

3. यदि एक ट्रक में 60 बोरे सीमेन्ट के लादे जा सकते हों, तो ऐसे 4200 सीमेन्ट के बोरों को कितने ट्रकों में लादा जा सकेगा?

4. यदि एक पुस्तक की 15 प्रतियों का मूल्य 1485 रु. हो, तो इस पुस्तक की 13 प्रतियों का मूल्य क्या होगा?

5. निम्न में से कौन-सा कथन सत्य है और कौन-सा असत्य है?
(क) एक त्रिभुज के तीनों कोणों का योग 180° होता है।
(ख) 80° का कोण एक अधिक कोण है।
(ग) एक समकोण त्रिभुज में दो कोण न्यूनकोण होते हैं।

6. रहीम के पास $\frac{1}{2}$ किग्रा. टॉफियाँ हैं। वह टॉफियों का $\frac{1}{5}$ भाग राजू को दे देता है। वह राजू को कितने भार की टॉफियाँ देता है?

7. एक आदमी एक दुकान से $\frac{3}{4}$ किग्रा. चीनी और एक दूसरी दुकान से $\frac{1}{2}$ किग्रा. चीनी खरीदता है। वह इसमें से $\frac{2}{3}$ किग्रा. चीनी प्रयोग कर लेता है। उसके पास कितनी चीनी शेष बचती है?

8. एक विद्यालय के कक्षा 1 से 8 तक के विद्यार्थियों का आधा भाग लड़कियाँ हैं। इनका $\frac{2}{5}$ भाग कक्षा 1 से 5 तक में है। कक्षा 1 से 5 तक लड़कियों का कितना भाग पढ़ता है?

9. $20 + 5 + \frac{4}{10} + \frac{8}{100} + \frac{8}{1000}$ का योगफल ज्ञात कीजिए।

10. क्रम से आगे की संख्या लिखकर रिक्त स्थान भरिए–
(क) 1, 9, 25, 49, ...
(ख) 4, 16, 36, 64, ...

11. दी गई संख्याओं को अवरोही क्रम में लिखें–
42059, 40259, 40529, 40592, 42952

12. प्रत्येक को न्यून कोण, समकोण तथा अधिक कोण की श्रेणी में वर्गीकृत करें–

(*i*) 138°	(*ii*) 76°
(*iii*) 90°	(*iv*) 32°
(*v*) 92°	(*vi*) 89°

13. एक दुकानदार एक सिलाई मशीन पर 75 रु. का लाभ कमाता है। यदि सिलाई मशीन का क्रय मूल्य 2018.50 रु. है तो उसका विक्रय मूल्य क्या होगा?

14. सत्य या असत्य लिखें–

(*i*) $\frac{3}{4} < \frac{5}{6}$ ☐

(*ii*) $12 \times \left(\frac{14}{7}\right) = (12 \times 14)/12 \times 7$ ☐

(*iii*) $66 : 6 = 55 : 11$ ☐

15. सरल करें–

$$5\frac{7}{8} \div 3\frac{1}{4} \times 7\frac{5}{16} + 16 \text{ का } \frac{7}{8}$$

16. एक समद्विबाहु त्रिभुज बनाइए, जो समबाहु न हो।

17. निम्नांकित आकृति का क्षेत्रफल ज्ञात कीजिए।

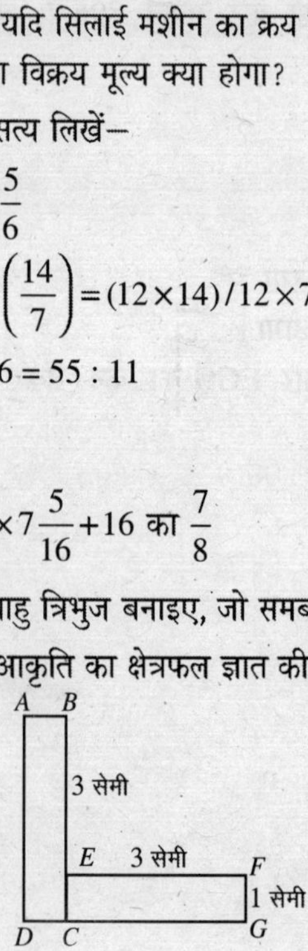

18. एक त्रिभुज के कोण ज्ञात कीजिए, जिनमें 1 : 2 : 1 का अनुपात हो।

19. एक रेलगाड़ी 20 मी./से. की गति से चलती है। इसकी गति किमी. प्रति घण्टा में ज्ञात कीजिए।

20. एक दौड़ में रेनू ने 300 मी. की दूरी 40 सेकण्ड में तय की। उसकी चाल किमी. प्रति घण्टा में ज्ञात कीजिए।

21. 45 का 20% ज्ञात कीजिए।

22. यदि क्रय मूल्य 250 रु., विक्रय मूल्य 200 रु. हो, तो हानि या लाभ प्रतिशत ज्ञात कीजिए।

23. रिक्त स्थान भरिए–

(क) $\frac{1}{12} \times ...... = 1$ (ख) $\frac{3}{8} \times ..... = 1$

(ग) $....... \times 6\frac{1}{2} = 1$

24. एक घनाभ 6 सेमी. लम्बा, 3 सेमी. चौड़ा और 3 सेमी. ऊँचा है और एक घन के कोर की लम्बाई 6 सेमी. है। दोनों में से किसका आयतन अधिक है?

25. एक घनाभ का आयतन ज्ञात कीजिए, जिसकी लम्बाई 1 मीटर, चौड़ाई 50 सेमी. और ऊँचाई 25 सेमी. हो।

26. एक आयताकार मैदान की लंबाई तथा चौड़ाई क्रमशः 45 मी. तथा 35 मी. है, तो उस मैदान का क्षेत्रफल ज्ञात करें।

27. 2 घंटे 40 मिनट 40 सेकेण्ड तथा 4 घंटे 30 मिनट 50 सेकेण्ड का योगफल ज्ञात करें।

28. समीर 125 अंकों में 60 अंक प्राप्त करता है जबकि सौरभ 280 अंकों में 140 अंक प्राप्त करता है। दोनों में से किसका प्राप्तांक प्रतिशत अधिक है?

29. एक बैंक दैनिक मजदूरी पर एक कर्मचारी को सिर्फ 89 दिनों के लिए नियुक्त करता है। वह 10 फरवरी, 2004 को अपना योगदान देना प्रारंभ करता है, तो उसकी कार्यावधि कब समाप्त हो जाएगी?

30. A, B तथा C को मिलाकर कुल 1771 रु. हैं। A तथा B के बीच उनके धन का अनुपात 5 : 7 है। अगर C का हिस्सा 571 रु. है तो A तथा B का हिस्सा ज्ञात करें?

व्याख्यात्मक उत्तर

1. $0.01 + 2 \times 1.02 \div 0.2 - 0.5$
$= 0.01 + 2 \times 5.1 - 0.5$
$= 0.01 + 10.2 - 0.5$
$= 10.21 - 0.5 = 9.71$

2. कमीजों की संख्या $= \frac{\text{कुल कपड़ा}}{\text{1 कमीज के लिए आवश्यक कपड़ा}}$

$= \frac{27}{1.8} = \frac{270}{18}$

= 15 कमीजें

3. ट्रकों की संख्या $= \frac{4200}{60} = 70$ ट्रक

4. पुस्तक की 15 प्रतियों का मूल्य = 1485 रु.

∴ पुस्तक की 1 प्रति का मूल्य $= \frac{1485}{15}$ रु. = 99 रु.

∴ पुस्तक की 13 प्रतियों का मूल्य = 99 × 13 = 1287 रु.

5. (क) सत्य

(ख) असत्य, क्योंकि 90° से बड़े कोण को अधिककोण कहते हैं।

(ग) सत्य

6. रहीम के पास टॉफियाँ $= \frac{1}{2}$ किग्रा.

राजू को दी गयी टॉफियाँ $= \frac{1}{2}$ किग्रा. का $\frac{1}{5}$ भाग

$= \frac{1}{2} \times \frac{1}{5} = \frac{1}{10}$ किग्रा.

$= \frac{1}{10} \times 1000$ ग्राम

= 100 ग्राम

7. कुल चीनी $= \left(\frac{3}{4} + \frac{1}{2}\right)$ किग्रा. $= \left(\frac{3+2}{4}\right)$ किग्रा.

$= \frac{5}{4}$ किग्रा.

शेष चीनी $= \frac{5}{4} - \frac{2}{3} = \frac{15-8}{12} = \frac{7}{12}$ किग्रा.

8. कक्षा 1 से 5 तक लड़कियों का भाग $= \frac{1}{2}$ का $\frac{2}{5}$

$= \frac{1}{2} \times \frac{2}{5} = \frac{1}{5}$ भाग

9. $20+5+\frac{4}{10}+\frac{8}{100}+\frac{8}{1000}$
$=25+0.4+0.08+0.008=25.488$

10. (क) यहाँ, $1=(1)^2, 9=(3)^3, 25=(5)^2$ तथा $49=(7)^2$
इस प्रकार, आगे की संख्या $=(9)^2=81$
(ख) $4=(2)^2, 16=(4)^2, 36=(6)^2$ तथा $64=(8)^2$
इस प्रकार, आगे की संख्या $=(10)^2=100$

11. अवरोही क्रम में संख्याओं को सजाने पर–
42952; 42059; 40592; 40529; 40259.

12. (*i*) 138° — अधिक कोण
(*ii*) 76° — न्यून कोण
(*iii*) 90° — समकोण
(*iv*) 32° — न्यून कोण
(*v*) 92° — अधिक कोण
(*vi*) 89° — न्यून कोण

13. विक्रय मूल्य = क्रय मूल्य + लाभ = 2018.50 + 75
= 2093.50 रु.

14. (*i*) $\frac{3}{4}<\frac{5}{6} \Rightarrow 0.75<0.83$ (सत्य)

(*ii*) $12\times\frac{14}{7} = \frac{12\times14}{12}\times7$ (असत्य)

(*iii*) $66:6=55:11 \Rightarrow 11:1=5:1$ (असत्य)

15. $5\frac{7}{8}\div3\frac{1}{4}\times7\frac{5}{16}+16$ का $\frac{7}{8}$

$=\frac{47}{8}\div\frac{13}{4}\times\frac{117}{16}+16\times\frac{7}{8}$

$=\frac{47}{8}\div\frac{13}{4}\times\frac{117}{16}+14$

$=\frac{47}{8}\times\frac{4}{13}\times\frac{117}{16}+14=\frac{423}{32}+\frac{14}{1}$

$=\frac{423+448}{32}=\frac{871}{32}$

$=27\frac{7}{32}.$

16. ΔABC, समद्विबाहु त्रिभुज है, जहाँ $AB=AC$, तथा भुजा BC इनके बराबर नहीं है।

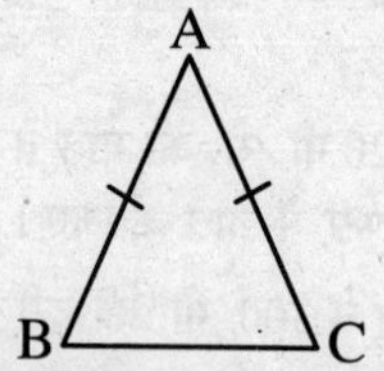

17. ज्ञात आकृति का क्षेत्रफल
= ABCD का क्षेत्रफल + ECGF का क्षेत्रफल
$=4\times1+3\times1=4+3=7$ वर्ग सेमी.
($\because$ BC = BE + EC = 3 + 1 = 4 सेमी.)

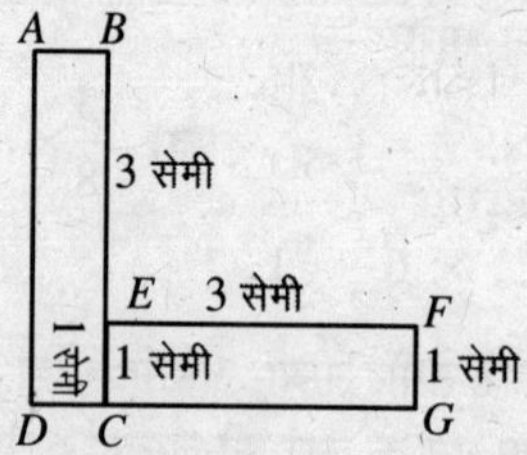

18. माना कि तीनों कोण क्रमशः $x, 2x$ तथा x हैं,
तो, $x+2x+x=180°$

$\Rightarrow 4x=180° \quad \Rightarrow x=\frac{180°}{4} \quad \therefore\ x=45°$

तथा $2x=2\times45°=90°$
इस प्रकार, कोण 45°, 90° तथा 45° हैं।

19. रेलगाड़ी की चाल = 20 मी/से

$=\frac{20}{1000}\Big/\frac{1}{60\times60}=\frac{20\times60\times60}{1000}=72$ किमी/घंटा

20. रेनू की चाल $=\frac{\text{दूरी}}{\text{समय}}=\frac{300}{40}$ मी/से

$=\frac{15}{2}$ मी/से $=\frac{15}{1000}\Big/\frac{2}{60\times60}=\frac{15\times60\times60}{2\times1000}$
= 27 किमी/घंटा

21. 45 का 20% $=45\times\frac{20}{100}=9$

22. यहाँ, हानि = क्रय मूल्य – विक्रय मूल्य
$=250-200=50$ रु.

$\therefore$ हानि प्रतिशत $=\frac{\text{हानि}}{\text{क्रय मूल्य}}\times100$

$=\frac{50}{250}\times100=20\%$

23. (क) $\frac{1}{12} \times x = 1 \quad \therefore x = 12$

(ख) $\frac{3}{8} \times x = 1 \quad \therefore x = \frac{8}{3}$

(ग) $x \times 6\frac{1}{2} = 1 \quad \therefore x = \frac{2}{13}$

24. घनाभ का आयतन = $6 \times 3 \times 3 = 54$ घन सेमी.
घन का आयतन = $(6)^3 = 216$ घन सेमी.
इस प्रकार, घन का आयतन अधिक है।

25. घनाभ की लम्बाई = 1 मी.

चौड़ाई = 50 सेमी = $\frac{50}{100} = \frac{1}{2}$ मी.

तथा ऊँचाई = 25 सेमी. = $\frac{25}{100} = \frac{1}{4}$ मी.

अतः घनाभ का आयतन = $1 \times \frac{1}{2} \times \frac{1}{4} = \frac{1}{8}$ घन मी.

26. आयताकार मैदान का क्षेत्रफल = $45 \times 35 = 1575$ वर्ग.मी.

27.

	घंटा	मिनट	सेकेण्ड
	2	40	40
+	4	30	50
	7	11	30

अतः, अभीष्ट योगफल 7 घंटे 11 मिनट 30 सेकेण्ड होगा।

28. समीर के अंकों का प्रतिशत $= \frac{60}{125} \times 100 = 48\%$

सौरभ के अंकों का प्रतिशत $= \frac{140}{280} \times 100 = 50\%$

अतः, सौरभ के अंकों का प्रतिशत अधिक है।

29.

महीना		कार्य दिवस
फरवरी	—	20
मार्च	—	31
अप्रैल	—	30
मई	—	8
		89

अतः, 8 मई, 2004 को उसकी कार्यावधि समाप्त हो जाएगी।

30. A तथा B को मिलाकर कुल हिस्सा $= 1771 - 571$
$= 1200$ रु.

A तथा B का अनुपात $= 5 : 7$

इस प्रकार, A का हिस्सा $= \frac{5}{5+7} \times 1200 = \frac{5}{12} \times 1200$
$= 500$ रु.

तथा, B का हिस्सा $= \frac{7}{5+7} \times 1200 = \frac{5}{12} \times 1200$
$= 700$ रु.

भाग 'ब' — भाषा ज्ञान

1. निम्नलिखित गद्यांश (सन्दर्भ) को ध्यान से पढ़िए एवं दिए गए प्रश्नों के उत्तर यथासम्भव अपनी भाषा में दीजिए—

मनुष्य की अभिलाषाएँ और आकांक्षाएँ अनन्त हैं। उसकी प्यास कभी नहीं बुझती। एक अभिलाषित वस्तु की प्राप्ति के बाद भी वह दूसरी वस्तु की प्राप्ति के लिए प्रयत्नशील दीख पड़ता है और दूसरी के बाद तीसरी वस्तु के लिए। इसी तरह यह क्रम चलता ही रहता है। उस वस्तु को प्राप्त करने के लिए उसके समक्ष कुछ कठिनाइयाँ आ खड़ी होती हैं। वह उन कठिनाइयों को दूर भगाकर अपनी आवश्यकता की पूर्ति करता है। कहा भी गया है कि आवश्यकता आविष्कार की जननी है। मनुष्य के मन में जब किसी वस्तु की कामना होती है तब वह उसकी प्राप्ति के लिए उपाय भी निकाल लेता है। मनुष्य कभी असफल नहीं होता। जो असफल होने का ढोंग करते हैं, वे कायर हैं। किसी ने कहा भी है कि असफलता शब्द कायरों के कोश में होता है।

(क) मनुष्य की प्यास क्यों नहीं बुझती?
(ख) आवश्यकता आविष्कार की जननी है, कैसे?
(ग) मनुष्य के मन में कामना उत्पन्न होने पर वह क्या करता है?

2. निम्नलिखित सन्दर्भ को ध्यानपूर्वक पढ़िए एवं दिए गए प्रश्नों के उत्तर लिखिए।

भारत की संस्कृति अति प्राचीन है। ऋषि-मुनि एवं देवी-देवताओं ने अपने आदर्श से देश को महान् बनाया है। भारतीयों ने सदा प्रगति का मार्ग अपनाया है। आत्मा और परमात्मा का घनिष्ठ सम्बन्ध है। सम्पन्न व्यक्तियों ने गरीबों की सहायता ही की है। यहाँ का दृश्य नयनाभिराम है। दुखी

जन सदा स्वार्थ की ही बातें करते हैं। यह संसार क्षणिक है। प्राणी सभी दुर्लभ मार्ग में विपत्ति झेलते हैं। यह निर्जन मार्ग नर-नारी को प्रलोभन देते हैं। हमें अहिंसा का मार्ग ग्रहण करना चाहिए।

(क) निम्नलिखित शब्दों के वचन बदलकर लिखिए।
भारतीयों, व्यक्तियों, दुखी, प्राणी, गरीबों

(ख) निम्नलिखित शब्दों के विलोम शब्द लिखिए।
प्राचीन, आत्मा, सम्पन्न, स्वार्थ, क्षणिक

(ग) निम्नलिखित शब्दों की सन्धि-विच्छेद कीजिए।
परमात्मा, नयनाभिराम, स्वार्थ, संसार, निर्जन

3. नीचे लिखे विषयों में से किसी एक पर 15 वाक्य लिखिए।
(क) तिरंगा झण्डा (राष्ट्रीय झण्डा)
(ख) सदाचार-सच्चरित्रता

4. दीन छात्र-कोष से पुस्तकों की सहायता हेतु प्रधानाध्यापक जी को आवेदन-पत्र लिखिए।

5. निम्नलिखित वाक्यों को निर्देशानुसार बदलिए—
(क) वह यहाँ नहीं आया। *(भविष्यत् काल में लिखिए)*
(ख) स्वाभिमानी अपमान नहीं सहते हैं। *(भूतकाल में)*
(ग) देशभक्त देश पर न्योछावर होते हैं। *(भविष्यत् काल में)*
(घ) वह कभी सत्य नहीं बोलता होगा। *(वर्तमान काल में)*
(ङ) राजा अपने ही राज्य में सम्मान पाता है।
(इसे भूतकाल में लिखिए)

6. (क) निम्नलिखित शब्दों का शुद्ध रूप लिखिए—
प्रकाष्ठा, विपत्ती, असपष्ट, विशीष्ट, करूना

(ख) निम्नलिखित शब्दों के दो-दो पर्यायवाची लिखिए—
आँख, फूल, आकाश, जल, स्वर्ग

(ग) निम्नलिखित लघु वाक्यों के लिए एक शब्द लिखिए—
(i) जिसकी गर्दन सुन्दर है।
(ii) जो बहुत बोलता है।
(iii) जो आसानी से नहीं प्राप्त हो।
(iv) जिसके सन्तान नहीं।
(v) जिस स्त्री का पति परदेश में हो।

7. (क) निम्नलिखित शब्दों का वाक्यों में प्रयोग कीजिए—
अधिकार, मुक्त, दासत्व, अभिशप्त, कृतज्ञ

(ख) निम्नलिखित शब्दों से तीन-तीन शब्द बनाइए—
जैसे— जीव—निर्जीव, जीवात्मा, जीवन
देश, तन्त्र, अपमान, हित, शुभ

व्याख्यात्मक उत्तर

1. (क) मनुष्य की अभिलाषाएं अनन्त हैं। एक अभिलाषित वस्तु की प्राप्ति के पश्चात् वह दूसरी वस्तु और उसके पश्चात् अन्य वस्तु की प्राप्ति करने के लिए प्रयत्नशील हो जाता है, इस प्रकार मनुष्य की कामना रूपी प्यास कभी नहीं बुझती।

(ख) मनुष्य अपनी अभिलाषित वस्तु की प्राप्ति के लिए प्रयत्नशील होकर कठोर परिश्रम करता है, जिस क्रम में कई नवीन जानकारियां भी उसे प्राप्त होती हैं। अतः आवश्यकता ही आविष्कार की जननी है।

(ग) मनुष्य के मन में कामना उत्पन्न होने पर उस वस्तु की प्राप्ति करने हेतु कठोर परिश्रम कर उसे प्राप्त करके छोड़ता है।

2. (क) भारतीय, व्यक्ति, दुखियों, प्राणियों, गरीब
(ख) नवीन, परमात्मा, विपन्न, परमार्थ, स्थायी
(ग) परम + आत्मा, नयन + अभिराम, स्व + अर्थ, सम + सार, निः + जन।

3. सदाचार-सच्चरित्रता

सच्चरित्रता व्यक्ति का वह व्यवहार होता है जो किसी को हानि नहीं पहुंचाता बल्कि जो सभी के लिए हर प्रकार से शुभ एवं हितकारी होता है तथा जिसके लिए कुछ भी छिपाने व मिथ्या भाषण की आवश्यकता नहीं पड़ती। सच्चरित्र व्यक्ति अपने अच्छे व्यवहार से जीवन तथा समाज में सभी को शीघ्र एवं सहज ही प्रभावित कर लिया करता है। इस कारण सभी लोग उसका सम्मान भी करते हैं तथा उसकी हर बात का विश्वास भी करते हैं।

कोई भी समाज व्यक्तियों के समूह से बना करता है। जिस समाज के सभी व्यक्ति चारित्रिक और नैतिक दृष्टि से अच्छे होते हैं वह समाज संसार में दूसरे के सम्मुख आदर्श स्थापित कर सकता है। सच्चरित्रता मानव के व्यक्तित्व का दर्पण है। हृदय की विशालता, त्याग, सेवाभाव, क्षमाशीलता, विनय, ईमानदारी, सत्य भाषण, धैर्य, कर्त्तव्यपरायणता, कष्ट, सहिष्णुता, प्रतिज्ञा-पालन, आत्मसंयम तथा उदारता आदि गुणों का सामाजिक रूप ही चरित्र

है। ऐसा गुणवान अथवा सच्चरित्र व्यक्ति ही विश्व को समृद्धि की राह दिखाता है।

सच्चरित्रता के निर्माण का एकमात्र साधन सत्संगति है। चरित्र-निर्माण के लिए सबसे उपयुक्त समय शैशवकाल व शिक्षण काल होता है। अतः माता-पिता को अपने बच्चों का इस समय विशेष ध्यान रखना चाहिए। उन्हें सत्साहित्य पढ़ने के लिए देने चाहिए। मनोरंजन के लिए शिक्षाप्रद चलचित्र दिखलाना चाहिए, कुसंगति से दूर रखना चाहिए, महापुरुषों के प्रवचन सुनाने चाहिए तभी हम किसी व्यक्ति अथवा बालक को सच्चरित्र बना सकते हैं।

चरित्र बल जीवन की सबसे बड़ी शक्ति है। जिस व्यक्ति का चरित्र नष्ट हो जाता है उसके पास कुछ नहीं बचता। तभी विद्वानों ने ठीक ही कहा है - 'धन गया कुछ नहीं गया, स्वास्थ्य गया कुछ गया परन्तु चरित्र गया तो सब कुछ गया'।

4. सेवा में,

श्रीमान् प्रधानाचार्य
रामकृष्ण इंस्टीट्यूट
वसुंधरा (गाजियाबाद)

अति विनम्रतः कहना है कि मेरे पिताजी एक साधारण लिपिक हैं। उनके वेतन से किसी तरह पारिवारिक सामान्य खर्च ही निकल पाता है। उन पर परिवार के पाँच व्यक्तियों का दायित्व है। इस कारण मेरे पिताजी मेरी पुस्तकों का भार उठाने में असमर्थ हैं। आप से विनम्र निवेदन है कि विद्यालय दीन छात्र-कोष से मुझे आर्थिक सहायता दी जाए, जिससे मैं अपनी पढ़ाई जारी रख सकूं। मैं सदैव आपका आभारी रहूँगा।

दिनाँक — आपका आज्ञाकारी छात्र
नाहर सिंह

5. (क) वह यहाँ नहीं आएगा।
(ख) स्वाभिमानी ने अपमान नहीं सहा।
(ग) देशभक्त देश पर न्योछावर होंगे।
(घ) वह कभी सत्य नहीं बोलता है।
(ङ) राजा अपने राज्य में ही सम्मान पाया।

6. (क) पराकाष्ठा, विपत्ति, अस्पष्ट, विशिष्ट, करुणा
(ख) आँख–चक्षु, नयन
फूल–पुष्प, सुमन
आकाश–आसमान, गगन
जल–पानी, नीर
स्वर्ग–सुरलोक, गोलोक
(ग) *(i)* सुग्रीव, *(ii)* वाचाल, *(iii)* दुर्लभ, *(iv)* निःसन्तान, *(v)* प्रोषितयात्तिका

7. (क) वाक्यों में प्रयोग–
(अ) चीन ने भारत के कुछ भू भागों पर अपना **अधिकार** जमा लिया है।
(ब) भारतीयों को ऋण **मुक्त** होना कठिन जान पड़ता है।
(स) स्वतंत्र भारत में **दासत्व** की परंपरा नहीं है।
(द) भारतीय किसान अभावों में जीवन जीने को **अभिशप्त** हैं।
(य) **कृतज्ञ** राष्ट्र ने जनरल मानिक शॉ को श्रद्धांजलि दी।
(ख) देशज, देशी, विदेशी
लोकतंत्र, राजतंत्र, परतंत्र
अपमानित, अपमानजनक, अपमानपूर्ण
हितैषी, हितकारी, हितकर
शुभेक्षु, शुभम्, शुभाशीष

प्रश्न पत्र–II (बुद्धि परीक्षण)

निर्देश (प्रश्न 1-20)–प्रत्येक प्रश्न में समूह से भिन्न पद ज्ञात कीजिए–

1. (A) रामायण (B) महाभारत
(C) गोदान (D) गीता

2. (A) तारा (B) पृथ्वी
(C) सूर्य (D) चन्द्रमा

3. (A) वजन (B) ऊँचाई
(C) दूरी (D) किलोमीटर

4. (A) गर्म (B) ठण्डा
(C) आग (D) दर्द

5. (A) टेबिल टेनिस (B) वॉलीबॉल
(C) बैडमिंटन (D) लॉन टेनिस

6. (A) नीला (B) लाल
(C) पीला (D) गहरा

7. (A) गाय (B) भैंस
(C) बकरी (D) मुर्गी

8. (A) वृत्त (B) आयत
(C) वर्ग (D) त्रिभुज

9. (A) फुटबॉल (B) क्रिकेट
(C) शतरंज (D) हॉकी

10. (A) लेखक (B) अभिनेता
(C) गायक (D) नर्त्तक

11. (A) चीता (B) घोड़ा
(C) लकड़बग्घा (D) हिरन

12. (A) कूदना (B) लिखना
(C) घूमना (D) दौड़ना

13. (A) प्याज (B) आलू
(C) अदरख (D) केला

14. (A) पनीर (B) मक्खन
(C) अण्डा (D) दही

15. (A) पेट्रोल (B) एल्कोहॉल
(C) डीजल (D) कैरोसिन-तेल

16. (A) बहिन (B) भाई
(C) पिता (D) लड़का

17. (A) साइकिल (B) मोटर-साइकिल
(C) बस (D) कार

18. (A) केरल (B) बेंगलुरू
(C) हैदराबाद (D) कोलकाता

19. (A) ग्राम (B) दर्जन
(C) किलोग्राम (D) मिलीग्राम

20. (A) सुनना (B) घूमना
(C) तैरना (D) चढ़ना

निर्देश (प्रश्न 21-30)–*क्रम पूरा करने के लिए आगे के चार अक्षर लिखिए–*

21. RSTUVRSTUV .....

22. SSSTTTTSSS .....

23. RSTUVSTUVRTUVRSU .....

24. RSSTTTUUUUV .....

25. TTSSTTTSSSTTTT .....

26. RSRSTUVURSRS .....

27. RSUVSRVURSUV .....

28. RSTUSRTURSTU .....

29. TURSUTSRTURS .....

30. SSTURRTUSSTU .....

निर्देश (प्रश्न 31 से 40 तक)–*किसी निश्चित कूट भाषा में CHARCOAL को 45164913 तथा MORALE को 296137 लिखा जाता है। उसी कूट भाषा में निम्नांकित शब्दों को किस प्रकार लिखा जाएगा?*

31. ARCHER
(A) 164576 (B) 185476
(C) 197457 (D) 184576

32. MECHRALE
(A) 26756137 (B) 27456137
(C) 47956137 (D) 29456137

33. ROCHEL
(A) 695478 (B) 691387
(C) 994537 (D) 694573

34. LARCH
(A) 36145 (B) 31645
(C) 31546 (D) 31456

35. MARCH
(A) 24615 (B) 25416
(C) 21645 (D) 23456

36. HEARL
(A) 57361 (B) 57163
(C) 75613 (D) 57931

37. ALLOCHRE
(A) 17693935 (B) 15933653
(C) 13394567 (D) 13368957

38. COACH
(A) 38137 (B) 49145
(C) 49451 (D) 85145

39. REAL
(A) 8519 (B) 6713
(C) 6513 (D) 6719

40. COLLER
(A) 397758 (B) 497782
(C) 483359 (D) 493376

निर्देश (प्रश्न 41 से 45 तक)–*दिये गये प्रश्नों में आकृतिया के प्रत्येक समूह में से एक ऐसे आकृति चुनें जो समूह के अन्य आकृतियों से भिन्न है।*

41. 

(A) (B) (C) (D)

42. 

(A) (B) (C) (D)

43. 

(A) (B) (C) (D)

44. 

(A) (B) (C) (D)

45. 

(A) (B) (C) (D)

निर्देश (प्रश्न 46 से 50 तक)–*दिये गये प्रश्नों में समस्या आकृतियों के साथ उत्तर आकृतियां भी दी गई हैं जिस पर क्रमशः (A), (B), (C) तथा (D) अक्षरांकित हैं। उत्तर आकृतियों में से एक ऐसे आकृति को चुनें जो समस्या आकृति की श्रेणी को पूरा करता हो।*

46. समस्या आकृति

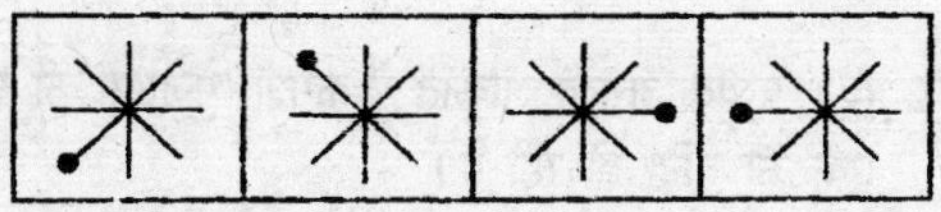

उत्तर आकृति

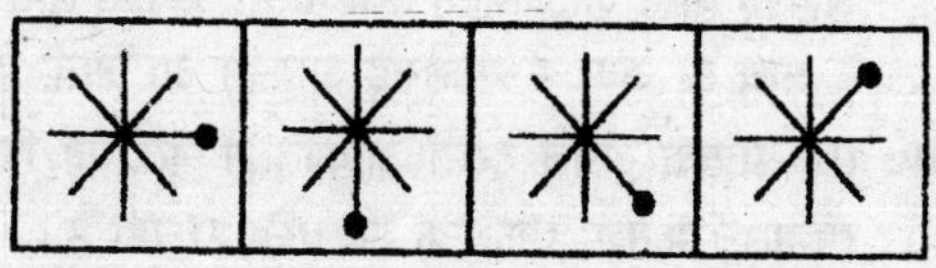

(A) (B) (C) (D)

47. समस्या आकृति

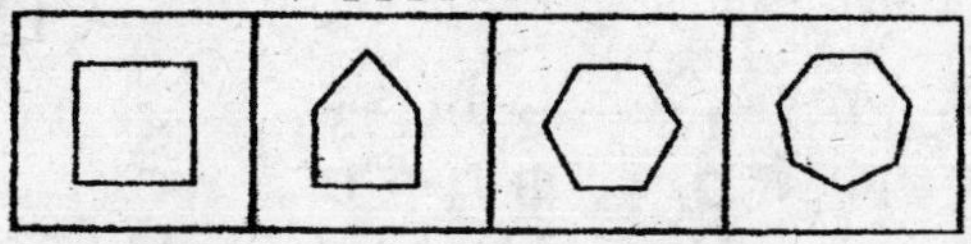

उत्तर आकृति

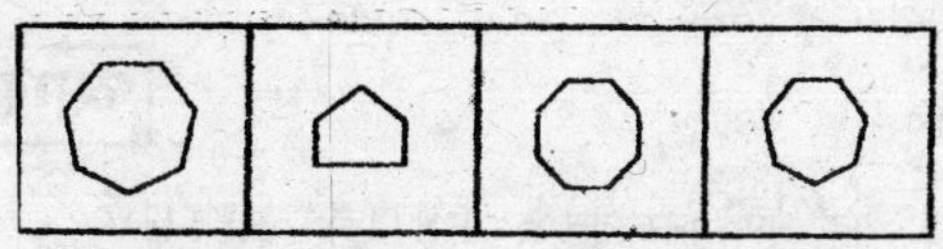

(A) (B) (C) (D)

48. समस्या आकृति

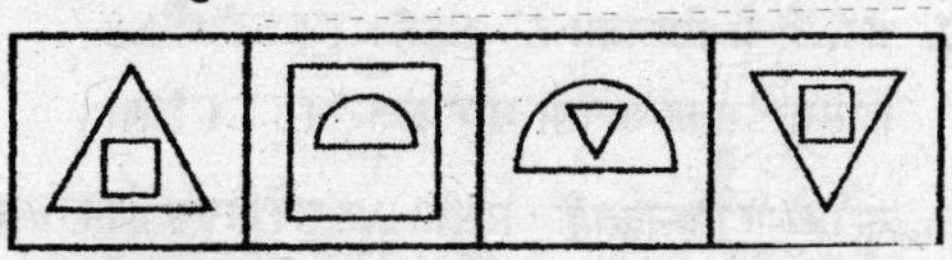

उत्तर आकृति

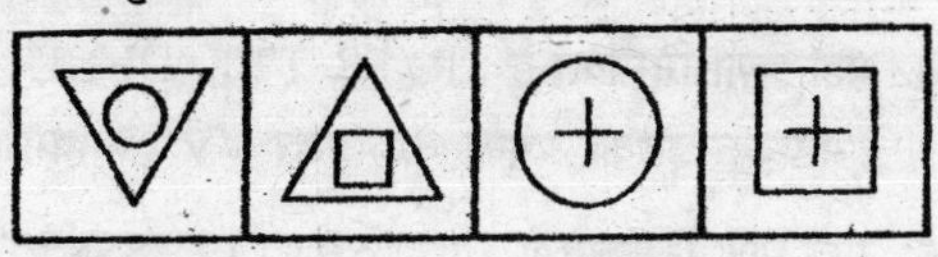

(A) (B) (C) (D)

49. समस्या आकृति

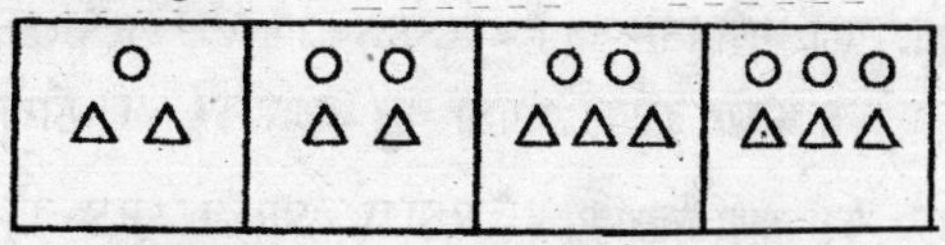

उत्तर आकृति

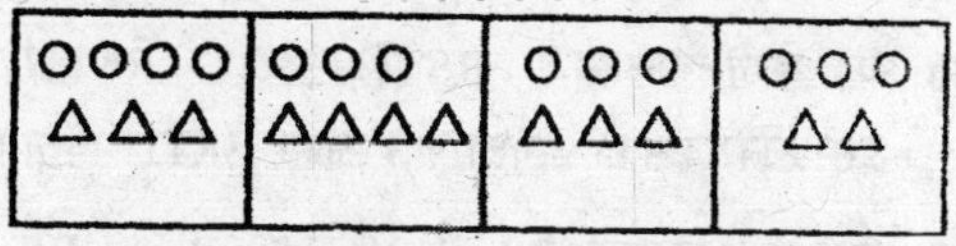

(A) (B) (C) (D)

50. समस्या आकृति

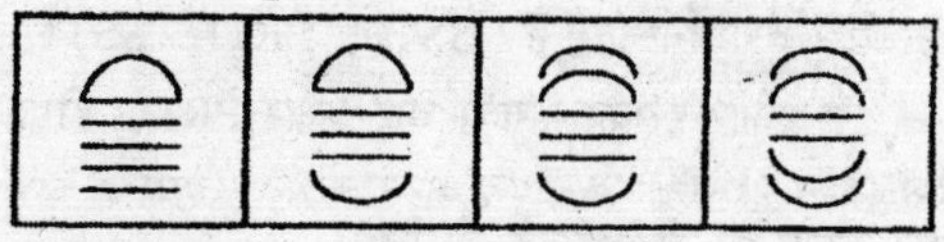

उत्तर आकृति

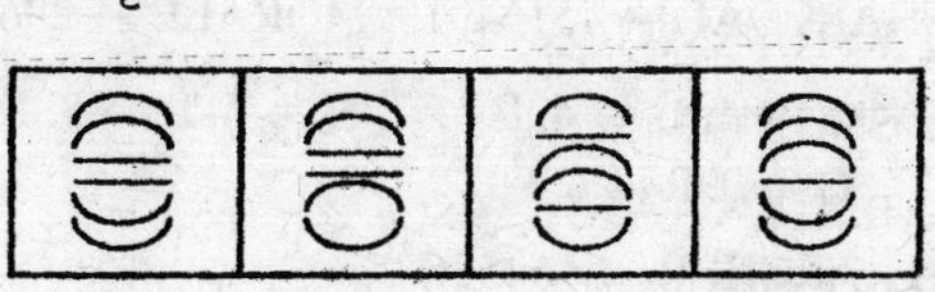

(A) (B) (C) (D)

उत्तरमाला

1	2	3	4	5	6	7	8	9	10
C	B	D	C	B	D	D	A	C	A
11	**12**	**13**	**14**	**15**	**16**	**17**	**18**	**19**	**20**
B	B	D	C	B	A	A	A	B	A

व्याख्यात्मक उत्तर

21. यहाँ श्रेणी निम्नवत् है : RSTUV / RSTUV
जिससे इसका अगला चार अक्षर RSTU होगा।

22. यहाँ श्रेणी निम्नवत् है : SSS / TTTT / SSS /
जिससे इसका अगला चार अक्षर TTTT होगा।

23. यहाँ श्रेणी निम्नवत् है : RSTUV / STUVR / TUVRS / U
इस प्रकार इसका अगला चार अक्षर VRST होगा।

24. यहाँ श्रेणी निम्नवत् है : R / SS/ TTT / UUUU / V
इस प्रकार इसका अगला चार अक्षर VVVV होगा।

25. यहाँ श्रेणी निम्नवत् है : TT / SS / TTT / SSS / TTTT /
इस प्रकार इसका अगला चार अक्षर SSSS होगा।

26. यहाँ श्रेणी निम्नवत् है : RSRS / TUVU / RSRS /
इस प्रकार इसका अगला चार अक्षर TUVU होगा।

27. यहाँ श्रेणी निम्नवत् है : RSUV / SRVU / RSVU /
इस प्रकार इसका अगला चार अक्षर SRVU होगा।

28. यहाँ श्रेणी निम्नवत् है : RSTU / SRTU / RSTU /
इस प्रकार इसका अगला चार अक्षर SRTU होगा।

29. यहाँ श्रेणी निम्नवत् है : TURS / UTSR / TURS /
इस प्रकार इसका अगला चार अक्षर UTSR होगा।

30. यहाँ श्रेणी निम्नवत् है : SSTU / PRTU / SSTU /
इस प्रकार इसका अगला चार अक्षर PRTU होगा।

प्रश्न संख्या 31 से 40 तक के लिए:

CHARCOAL → 45164913; MORALE → 296137

अतः, A → 1, C → 4, E → 7, H → 5, L → 3, M → 2, O → 9, R → 6

31. ARCHER → 164576

32. MECHRALE → 27456137

33. ROCHEL → 694573

34. LARCH → 31645

35. MARCH → 21645

36. HEARL → 57163

37. ALLOCHRE → 13357163164576

38. COACH → 49145

39. REAL → 6713

40. COLLER → 493376

41. (C) को छोड़कर, शेष सभी में अंदर एवं बाहर एक जैसी आकृतियां हैं।

42. (C) को छोड़कर, शेष सभी वृत्त के अंदर एवं बाहर एक जैसी आकृति है।

43. (A) को छोड़कर, शेष सभी वृत्त में अंदर एवं बाहर एक जैसी आकृतियां हैं।

44. (A) को छोड़कर, शेष सभी में बाहरी एवं मध्य आकृति एक जैसी है।

45. (D) को छोड़कर, शेष सभी में मुख्य आकृति के अंदर समांतर भुजाओं का युग्म है।

46. (C) प्रत्येक अगली आकृति में काला बिंदु क्रमशः एक, दो, तीन, चार तथा पांच कदम आगे घड़ी की दिशा में घूम रहा है।

47. (C) प्रत्येक अगली आकृति में क्रमशः भुजाओं की संख्या में एक की वृद्धि हो रही है।

48. (D) प्रत्येक अगली आकृति में पूर्ववर्ती आकृति के अंदर की आकृति बाहर आ जाती है तथा बाहरी आकृति लुप्त हो जाती है साथ ही अंदर में एक नई आकृति आ जाती है।

49. (B) प्रत्येक अगले दूसरी आकृति में वृत एवं त्रिभुज की संख्या में क्रमशः एक-एक की वृद्धि हो रही है।

50. (D) प्रत्येक दूसरी आकृति में एक रेखा ऊपर तथा नीचे वक्र के रूप में परिवर्तित हो जाती है।

पिछले प्रश्न-पत्र (हल सहित)

सैनिक स्कूल प्रवेश परीक्षा, 2007

कक्षा-VI

प्रश्न पत्र–I (गणित एवं भाषा ज्ञान)

भाग 'अ' गणित

1. 75 का कितना प्रतिशत 15 होगा?

2. 21.049 से कितना घटाया जाये ताकि यह 9.2603 हो जाये?

3. सुनीता 10 दिन में 1500 रुपये कमाती है तो वह 30 दिन में कितना कमा लेगी?

4. नीचे दी गई संख्या शृंखला में अगले दो रिक्त स्थानों पर कौन-सी संख्या होगी ताकि शृंखला बनी रहे?

(*i*) 3, 5, 8, 12, ... , ...

(*ii*) 1, 2, 4, 8, ... , ...

5. सोनिया तीन महीने के लिए 7500 रु. किराया देती है। यदि किराये की दर अपरिवर्तित रहे तो एक साल के लिए उसे कितना भुगतान करना पड़ेगा?

6. $1\frac{2}{3}$ का $\frac{3}{8}$ का मान क्या होगा?

7. नीचे दी गई संख्याओं को अवरोही क्रम में लिखें: 4.012, 40.12, .4012, 4.210

8. $4\frac{1}{2} \div 2\frac{1}{2} + \frac{1}{2}$ का मान क्या होगा?

9. 75 सेमी भुजा वाले एक घन का आयतन घन मीटर में ज्ञात करें।

10. त्रिभुज ABC में, AB = AC और $\angle B = 40°$ है, तो अन्य दो कोणों का मान निकालें।

11. 345.45 रुपये को $1\frac{1}{2} : 1\frac{1}{3} : 1\frac{1}{4}$ के अनुपात में विभाजित करें।

12. $22\frac{1}{2}$ मी/ सेकण्ड की चाल को किमी/ घंटा में रूपान्तरित करें।

13. किसी क्षेत्र का क्षेत्रफल 6000 वर्गमीटर है। यदि इसकी लम्बाई और चौड़ाई का अनुपात 12 : 5 है, तो इसका विकर्ण ज्ञात करें।

14. किसी समकोण त्रिभुज के दो न्यून कोणों का अनुपात 4 : 5 है, तो दोनों न्यून कोणों का मान ज्ञात करें।

15. किसी संख्या को $\frac{3}{2}$ से गुणा किया गया। प्राप्त संख्या में वृद्धि प्रतिशत ज्ञात करें।

16. $1\frac{1}{14} - 2\frac{1}{7} + 3\frac{1}{2} - 1\frac{6}{7}$ का वर्ग ज्ञात करें।

17. चावल के 25 थैले का वजन 876.5 किग्रा है, तो चावल के एक थैले का वजन ज्ञात करें।

18. किसी परीक्षा में विमला ने 70% अंक अर्जित किया। यदि उसी परीक्षा में उसने 280 अंक प्राप्त किया, तो उस परीक्षा का अधिकतम पूर्णांक ज्ञात करें।

19. रिक्त स्थानों को भरें–

(*i*) $0 \div 10 =$ . . . .

(*ii*) यदि $\frac{1}{25} = 0.04$, तो $\frac{17}{25} =$ . . . .

20. 320, 48, 1500 का म.स. ज्ञात करें।

21. 84 आदमी के खाने के लिए 65 दिन का राशन है। 78 दिन तक राशन को चलाने के लिए कितने आदमी को बाहर निकालना आवश्यक है?

22. किसी कक्षा के 30 छात्रों की औसत आयु 13 वर्ष है। इनमें से 18 छात्रों की औसत आयु 15 वर्ष है। शेष छात्रों की औसत आयु ज्ञात करें।

23. वह छोटी-से-छोटी संख्या ज्ञात करें जिसे 3, 5, 12 और 15 से भाग देने पर प्रत्येक स्थिति में शेष 2 बचता है।

24. सही या गलत लिखें :

(*i*) समबाहु त्रिभुज की दो भुजाएँ समान होती हैं।

(*ii*) 50.06 से 21.07 छोटी है।

(*iii*) 1 लीटर दूध का आयतन 100 घन सेमी के बराबर होता है।

(*iv*) संकेन्द्रीय वृत्त की त्रिज्याएँ समान होती हैं।

(*v*) षट्-कोणीय समबहुभुज की सभी भुजाएँ समान होती हैं।

25. शांत जल में, रोशनी एक नाव को 3 किमी/ घंटा की दर से चला सकती है। यदि पानी के बहाव की चाल 2 किमी/ घंटा हो, तो पानी के बहाव के विपरीत दिशा में 5 किलोमीटर की दूरी को तय करने में उसे कितना समय लगेगा।

26. 4% वार्षिक ब्याज की दर से $3\frac{1}{2}$ वर्ष का 462.50 रुपये का साधारण ब्याज क्या होगा? इसका मिश्रधन भी ज्ञात करें।

27. परकार की सहायता से 8 सेमी व्यास का एक वृत्त खींचें और दिखायें कि

(*i*) OP वृत्त की त्रिज्या है, जबकि O वृत्त का केन्द्र और P परिधि पर का कोई बिन्दु है।

(*ii*) इसके केन्द्र पर 60° का कोण बनावें।

(*iii*) वृत्त का लघु-खण्ड बनावें।

28. अलका किसी वस्तु को 75 रुपये में बेचती है तो उसे $6\frac{1}{4}\%$ की हानि होती है। वस्तु का क्रय-मूल्य ज्ञात करें।

29. गाड़ी से यात्रा करते हुए किसी व्यक्ति को एक सुरंग को पार करने में $4\frac{1}{2}$ मिनट का समय लगता है। यदि गाड़ी की चाल 36 किमी प्रति घंटा हो तो सुरंग की लम्बाई ज्ञात करें।

30. एक आयताकार खेत की लम्बाई 38 मी. 5 डेसीमी. और चौड़ाई 21 मी. 5 डेसीमी. है। खेत को चारों तरफ से घेरने की कीमत क्या होगी, यदि घेरने की दर 15.50 रु. प्रति मीटर हो?

व्याख्यात्मक उत्तर

1. माना कि प्रतिशत $= x$

$\therefore$ 75 का $x\% = 15$

$\Rightarrow \quad \frac{x}{100} \times 75 = 15$

$\Rightarrow \quad x = 15 \times \frac{100}{75}$

$= 20$

अतः अभीष्ट प्रतिशत = 20.

2. माना कि संख्या $= x$

$\therefore \; 21.049 - x = 9.2603$

$\Rightarrow \quad x = 21.049 - 9.2603$

$= 11.7887$

3. सुनीता की एक दिन की कमाई $= \frac{1500}{10}$

$= 150$ रु.

$\therefore$ सुनीता की 30 दिन की कमाई $= 150 \times 30$

$= 4500$ रु.

4. (*i*) $3 + 2 = 5$

$5 + 3 = 8$

$8 + 4 = 12$

$12 + 5 = \boxed{17}$

$17 + 6 = \boxed{23}$

(*ii*) $1 \times 2 = 2$

$2 \times 2 = 4$

$4 \times 2 = 8$

$8 \times 2 = \boxed{16}$

$16 \times 2 = \boxed{32}$

5. किराया की दर $= \frac{7500}{3}$

$= 2500$ रु.

अतः, पूरे एक साल में भुगतान किया गया किराया
= 12 × 2500
= 30,000 रु.

6. $1\frac{2}{3}$ का $\frac{3}{8} = \frac{5}{3}\times\frac{3}{8}$

$= \frac{5}{8}$

7. सभी संख्याओं (4.012, 40.12, .4012, 4.210) को घटते हुए क्रम में रखने पर,
प्राप्त संख्या = 40.12, 4.210, 4.012, .4012

8. $4\frac{1}{2}\div2\frac{1}{2}+\frac{1}{2}$ का मान $= \frac{9}{2}\div\frac{5}{2}+\frac{1}{2}$

$= \frac{9}{2}\times\frac{2}{5}+\frac{1}{2}$

$= \frac{9}{5}+\frac{1}{2}$

$= \frac{18+5}{10}$

$= \frac{23}{10}$

$= 2\frac{3}{10}$

9. भुजा = 75 सेमी.
∴ घन का आयतन = $(\text{भुजा})^3$
$= (75)^3$
= 75 × 75 × 75
= 421875 घन सेमी.
= .421875 घन मीटर

10. Δ ABC में
AB = AC
∴ ∠ABC = ∠ACB = 40°
(समान भुजा के सामने का कोण समान होता है)
∵ ∠A + ∠ABC + ∠ACB = 180°
(त्रिभुज के तीनों कोणों का योग 180° होता है)
⇒ ∠A + 40° + 40° = 180°
⇒ ∠A + 80° = 180°
∴ ∠A = 180° – 80° = 100°

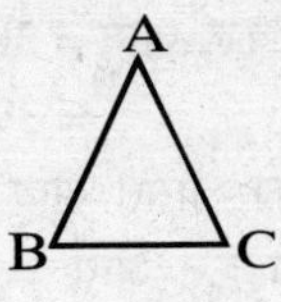

11. $1\frac{1}{2}:1\frac{1}{3}:1\frac{1}{4} = \frac{3}{2}:\frac{4}{3}:\frac{5}{4}$

$= \frac{18}{12}:\frac{16}{12}:\frac{15}{12}$

माना, $\frac{18x}{12}+\frac{16x}{12}+\frac{15x}{12} = 345.45$

$\Rightarrow \frac{18x+16x+15x}{12} = 345.45$

$\Rightarrow \frac{49x}{12} = 345.45$

$\therefore x = \frac{345.45\times12}{49} = 84.60$

पहला भाग $= \frac{18}{12}\times84.60 = 18\times7.05$
= 126.90 रु.

दूसरा भाग $= \frac{16}{12}\times84.60 = 112.80$ रु.

तीसरा भाग $= \frac{15}{12}\times84.60 = 105.75$ रु.

12. चाल $= 22\frac{1}{2}$ मीटर/ सेकण्ड

$= \frac{45}{2}$ मीटर/ सेकण्ड

$= \dfrac{\frac{45}{2\times1000}\text{ किमी}}{\frac{1}{60}\times\frac{1}{60}\text{ घंटा}}$

$= \frac{45}{2\times1000}\times60\times60$
= 81 किमी/ घंटा

13. माना कि लम्बाई, $l = 12x$
और चौडाई, $b = 5x$
$\because 12x\times5x = 6000$
$\Rightarrow 60x^2 = 6000$
$\Rightarrow x^2 = \frac{6000}{60} = 100$
$\therefore x = 10$
अतः, $l = 12\times10 = 120$ मी.
और $b = 5\times10 = 50$ मी.

$\therefore$ विकर्ण $= \sqrt{(120)^2 + (50)^2}$

$= \sqrt{14400 + 2500}$

$= \sqrt{16900}$

$= 130$ मी.

14. माना कि कोण $4x$ और $5x$ है।

$\because 4x + 5x + 90° = 180°$

$\Rightarrow \quad 4x + 5x = 90°°$

$\Rightarrow \quad 9x = 90°$

$\therefore \quad x = 10°$

अतः, पहला न्यूनकोण $= 4 \times 10 = 40°$

और दूसरा न्यूनकोण $= 5 \times 10 = 50°$

15. माना कि मूल संख्या $= x$

$\therefore$ नई संख्या $= \frac{3}{2}x$

वृद्धि $= \frac{3}{2}x - x$

$= \frac{3x - 2x}{2}$

$= \frac{1}{2}x$

अतः, प्रतिशत वृद्धि $= \frac{\frac{1}{2}x}{x} \times 100$

$= \frac{1}{2} \times 100$

$= 50\%$

16. $1\frac{1}{14} - 2\frac{1}{7} + 3\frac{1}{2} - 1\frac{6}{7} = \frac{15}{14} - \frac{15}{7} + \frac{7}{2} - \frac{13}{7}$

$= \frac{15 - 30 + 49 - 26}{14}$

$= \frac{64 - 56}{14}$

$= \frac{8}{14}$

$= \frac{4}{7}$

अतः, $\frac{4}{7}$ का वर्ग $= \left(\frac{4}{7}\right)^2$

$= \frac{16}{49}$

17. $\because$ चावल के 25 थैले का वजन = 876.5 किग्रा

$\therefore$ चावल के 1 थैला का वजन $= \frac{876.5}{25}$

$= 35.06$ किग्रा

18. माना कि अधिकतम अंक $= x$

अतः, x का $70\% = 280$

$\Rightarrow \quad \frac{70}{100} \times x = 280$

$\therefore \quad x = 280 \times \frac{100}{70} = 400$

19. (*i*) $0 \div 10 = 0$

(*ii*) $\frac{1}{25} = 0.04$

$\therefore \frac{17}{25} = \frac{17 \times 4}{25 \times 4} = \frac{68}{100} = .68$

20.

2	320
2	160
2	80
2	40
2	20
2	10
	5

2	48
2	24
2	12
2	6
	3

2	1500
2	750
3	375
5	125
5	25
	5

$\therefore 320 = 2 \times 2 \times 2 \times 2 \times 2 \times 2 \times 5$

$48 = 2 \times 2 \times 2 \times 2 \times 3$

$1500 = 2 \times 2 \times 3 \times 5 \times 5 \times 5$

अतः महत्तम समापवर्त्य $= 2 \times 2 = 4$

21. $\because$ 65 दिनों का राशन 84 आदमी के लिए उपलब्ध है

$\therefore$ 1 दिन में उस राशन को खत्म करने के लिए 65×84 आदमी चाहिए

$\therefore$ 78 दिन का राशन उपलब्ध होगा $= \frac{65 \times 84}{78}$

$= 70$ आदमियों के लिए

अतः, बाहर जाने वाले अभीष्ट आदमियों की संख्या

$= 84 - 70 = 14$ आदमी

22. 30 छात्रों की औसत आयु = 13 वर्ष

$\therefore$ 30 छात्रों की कुल आयु $= 30 \times 13$

$= 390$ वर्ष

पुनः, 18 छात्रों की औसत आयु = 15 वर्ष

$\therefore$ 18 छात्रों की कुल आयु $= 18 \times 15 = 270$ वर्ष

अतः, 12 छात्रों की कुल आयु = 390 – 270
= 120 वर्ष

इस प्रकार, शेष छात्रों की औसत आयु $= \frac{120}{12} = 10$ वर्ष

23. 3, 5, 12 और 15 का ल. स. $= 3 \times 5 \times 4$
= 60

3	3, 5, 12, 15
5	1, 5, 4, 5
	1, 1, 4, 1

अतः, अभीष्ट छोटी संख्या = 60 + 2
= 62

24. (*i*) गलत (समबाहु त्रिभुज की सभी भुजाएँ समान होती हैं।)

(*ii*) सही

(*iii*) गलत

(*iv*) गलत

(*v*) सही

25. शांत जल में नाव की चाल = 3 किमी/ घंटा

धारा की चाल = 2 किमी/ घंटा

धारा के विपरीत नाव की चाल = 3 – 2
= 1 किमी/ घंटा

धारा के विपरीत नाव द्वारा लिया गया समय

$= \frac{5 \text{ किमी}}{1 \text{ किमी}} \times$ घंटा = 5 घंटा

26. मूलधन = 462.50 रु.

समय $= 3\frac{1}{2} = \frac{7}{2}$ वर्ष

दर = 4%

मिश्रधन = ?

साधारण ब्याज $= \frac{\text{मूलधन} \times \text{दर} \times \text{समय}}{100}$

$= \frac{462.50 \times 7 \times 4}{100 \times 2}$

= 64.7500 = 64.75 रु.

∴ मिश्रधन = 462.50 रु. + 64.75 रु.
= 527.25 रु.

27. (*i*) खीचें PR = 8 सेमी

PR का लंब समद्विभाजक खींचो जो PR से O बिन्दु पर मिलती हो।

अतः $OP = \frac{1}{2} \times 8 = 4$ सेमी

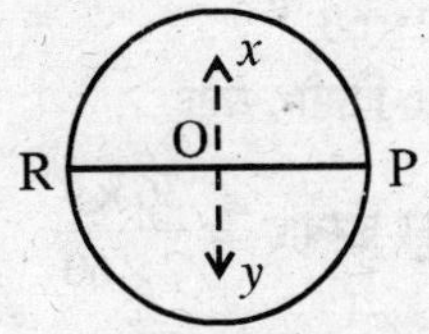

(*ii*) $\angle POR = 60°$

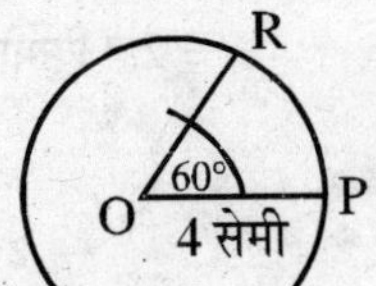

(*iii*)

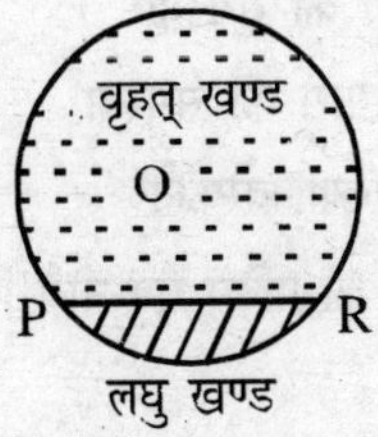

28. माना क्रय मूल्य = x

अतः, x का $6\frac{1}{4}\% = 75$

$\Rightarrow x - \frac{25x}{4 \times 100} = 75$

$\Rightarrow x - \frac{x}{16} = 75$

$\Rightarrow \frac{16x - x}{16} = 75$

$\Rightarrow \frac{15x}{16} = 75$

$\therefore \quad x = \frac{75 \times 16}{15} = 80$ रु.

अतः, वस्तु का क्रय मूल्य = 80 रु.

29. समय $= 4\frac{1}{2}$ मिनट

$= \frac{9}{2}$ मिनट

$= \frac{9}{2 \times 60}$ घंटे

चाल $= 36$ किमी/ घंटा

$\therefore$ सुरंग की लम्बाई $= \frac{36 \times 9}{2 \times 60}$

$= \frac{27}{10}$ किमी

$= 2.7$ किमी

30. लम्बाई $= 38$ मी 5 डेसीमी

$= 38.5$ मी

चौडाई $= 21$ मी 5 डेसीमी

$= 21.5$ मी

$\because$ आयताकार मैदान का परिमाप $= 2(l + b)$

$= 2(38.5 + 21.5)$

$= 2 \times 60.0$

$= 120$ मी.

अतः, घेरने का मूल्य $= 120 \times 15.50$

$= 1860$

$= 1860$ रु.

भाग 'ब' भाषा ज्ञान

1. निम्नलिखित विषयों में से किसी एक पर निबन्ध लिखें–

(क) भारत में पोषण की समस्या

(ख) भारत में बेरोजगारी की समस्या

(ग) भारत में जनसंख्या विस्फोट

2. निम्नलिखित गद्यांश को पढ़िए एवं नीचे दिए गए प्रश्नों के उत्तर दीजिए –

न्यूटन का जन्म सन् 1642 में इंग्लैंड के वुल्सथोर्पे में हुआ था। उसके पिता एक किसान थे, जिनका निधन न्यूटन के जन्म के पूर्व ही हो गया था। न्यूटन की माँ एक बुद्धिमान महिला थी। न्यूटन अपनी माता से बहुत स्नेह रखता था तथा उसका बहुत सम्मान करता था। बचपन से ही वह वैज्ञानिक प्रयोगों में बेहद रुचि रखता था। उसे यान्त्रिक खिलौनों से खेलना, पतंगें बनाना तथा उड़ाना बहुत पसन्द था। उसने अपने बचपन में ही एक छोटी पवनचक्की का आविष्कार कर दिया। वह अक्सर तारों को देखता रहता था और उसने कई धूप-घड़ियों का निर्माण कर दिया। कॉलेज में प्रवेश लेने के तत्काल बाद न्यूटन ने उन समस्याओं पर कार्य करना शुरू कर दिया जिसने उसे इतना प्रसिद्ध बना दिया। उन्होंने अनेक खोजें एवं आविष्कार किए। वह एक महान विद्वान और प्रतिभाशाली व्यक्ति थे। बहुत से वैज्ञानिकों ने उनसे प्रेरणा प्राप्त की।

(क) न्यूटन ने अपने बचपन में ही किस चीज का आविष्कार कर दिया?

(ख) न्यूटन अपने बचपन में किस प्रकार के कार्यों में रुचि रखता था?

(ग) धूप-घड़ियाँ क्या हैं?

(घ) न्यूटन ने दूसरे वैज्ञानिकों को कैसे प्रभावित किया?

3. सही शब्द का चयन करके रिक्त स्थानों की पूर्ति कीजिए

(क) हमें अपने देश पर ..... है। (अभिमान, अहंकार)

(ख) रस्सी को देखकर उसे साँप समझना ..... है। (भ्रम, संशय)

(ग) किसी की मृत्यु पर रोना ..... कहलाता है। (प्रलाप, विलाप)

(घ) महात्मा गांधी अहिंसा के ..... थे। (उपासक, उपास्य)

(ङ) हमें अपने से कमजोर लोगों की ..... नहीं करनी चाहिए। (अपेक्षा, उपेक्षा)

(च) रहिमन रहिला ही भली जो परसे ..... लाय। (लय, मन)

(छ) अच्छा कार्य करने पर ..... मिलता है। (पुरस्कार, तिरस्कार)

(ज) राम ने श्याम का बहुत इंतजार ..... । (करा, किया)

(झ) रमेश ने अण्डा .....। (खाया, खाई)

4. नीचे लिखे वाक्यों में से गहरे काले छपे शब्दों का प्रयोग करते हुए अपने वाक्य बनाएँ –

महात्मा गांधी एक **महापुरुष** थे। उन्होंने अपना जीवन छुआछूत दूर करने में लगा दिया। उन्होंने गरीब लोगों की सदैव **सहायता** की।

5. नीचे लिखे शब्दों को अर्थपूर्ण वाक्यों में बदलें –

(क) दो घंटे/ के लिए/ ..... उनकी बात/ हम/ रहे थे/ सुन/राम

(ख) दस मील/ नजदीकी सिनेमा देखने/ जाना पड़ेगा/ सिनेमा/ देखने वालों/ को

(ग) जब/ चलाता हूँ/ मैं/ तो/ पसंद करता हूँ/ घंटों/ गाड़ी/ संगीत सुनना

(घ) आपके लिए/ तीन/ से/ लिख रहा/ हूँ/ घंटे/ मैं/

(ङ) मृदुला/ गयी/ पत्र छोड़ने/ डाकघर/ बाहर/ में

6. नीचे लिखे वाक्यों को सही करें –

(क) छात्र कक्षा पर पढ़ते हैं।

(ख) राधा सोहन का बहन है।

(ग) बस आ रहा है।

(घ) सुरेश हवाई जहाज से आ रही है।

(ङ) पाठ्यक्रम में बदलाव होनी चाहिए।

7. निम्नलिखित शब्दों के लिए एक शब्द लिखिए –

(क) समान उम्र का

(ख) प्रशंसा करने योग्य

(ग) छोटी अवधि तक रहने वाले

(घ) अच्छे कुल में पैदा होने वाला

(ङ) परोपकार करने वाला

8. नीचे लिखे वाक्यों में संज्ञा के लिंग बदलकर नए वाक्य बनाइए।

(क) वह स्कूल जाता है।

(ख) वह चाय बना रहा है।

(ग) वह अपने दाँत साफ नहीं करता।

(घ) वह अपने वचन को पूरा नहीं करेगा।

(ङ) वह दूसरों में दोष ढूँढता है।

9. निम्नलिखित विशेषण शब्दों को उपयुक्त संज्ञा के साथ मिलाएँ –

(क) आदर्श (ख) सफेद

(ग) पीले (घ) प्यारे

(ङ) स्वच्छ

वायु, बच्चे, फूल, हंस, शिक्षक

व्याख्यात्मक उत्तर

1. भारत में बेरोजगारी की समस्या

समस्याओं के देश भारतवर्ष में जो एक बहुत बड़ी समस्या सभी को **पीड़ित** व **आतंकित** किए हुए है, वह है बेकारी की समस्या। भारत में यह समस्या द्वितीय महायुद्ध के समाप्त होते-होते बढ़ने लगी थी और आज यह अपनी चरम सीमा पर विद्यमान है। तथा यह धीरे-धीरे **विकराल** रूप धारण करती जा रही है। आज देश में शिक्षित बेरोजगारों की संख्या लगभग साढ़े तीन करोड़ है जिससे लाखों युवक पथ-भ्रष्टता एवं अराजकता के शिकार बन गये हैं। आज जो देश में हिंसा, तोड़-फोड़, मारधाड़, धोखाधड़ी आदि कई तरह के अपराध पनप रहे हैं उनका कारण है बेकार युवा वर्ग की मानसिकता। कहावत भी है कि खाली मन-मस्तिष्क शैतान का घर।

हमारे देश में बेकारी अंग्रेजों की देन है। अँग्रेजों ने देश के उन छोटे-छोटे उद्योगों को समाप्त कर दिया जिन्हें प्राचीन काल से भारतीय अपने घरों में चलाकर रोजीरोटी कमा लेते थे। कोई कपड़ा बुनता, कोई चरखा कातता, कोई गुड़ बनाता तो कोई टोकरी व खिलौने। यह सब उन्होंने अपने देश के व्यापार को बढ़ाने के लिए किया।

बेकारी की समस्या का दूसरा मूल कारण है भारत की बढ़ती जनसंख्या। देश के साधन तथा उत्पादन तो आगे बढ़ते नहीं वरन् उपभोक्ताओं की जनसंख्या निरन्तर बढ़ती गई। अतः प्रत्येक घर में **दरिद्रता** बढ़ती चली गई। अर्थात परिवार में कमाने वालों की संख्या सीमित होती चली गई।

इसका तीसरा कारण है वर्तमान शिक्षा पद्धति जो देश में केवल क्लर्कों की संख्या को बढ़ाने में सहायक रही।

चोथा कारण है सामाजिक व धार्मिक परम्पराओं का होना। साधु-संन्यासियों को भिक्षा देने व दान देने की प्रवृत्ति ने भी लोगों को आलसी बना दिया है। हृष्ट-पुष्ट शरीर वाले लोग भी **भिक्षावृत्ति** पर उतर आते हैं। वर्णव्यवस्था के कारण भी बेरोजगारी को बढ़ावा मिला है। किसी एक वर्ग का व्यक्ति दूसरे के कार्य को नहीं अपनाना चाहता, भले ही उसे बेकार ही क्यों न रहना पड़े।

बेरोजगारी के कारण युवकों में फैले आक्रोश तथा असन्तोष ने समाज में अव्यवस्था व अराजकता की स्थिति पैदा कर दी है। यदि उसका शीघ्र ही कोई हल नहीं ढूँढा गया तो उसके भयंकर परिणाम होने की सम्भावना है। आज इस बढ़ते हुए बेकारी के रोग को समूल उखाड़ फेंकने के लिए हमें अनेक उपाय करने होंगे। सर्वप्रथम, तो जनसंख्या की वृद्धि को रोकना होगा। दूसरा, हमें अपनी शिक्षा पद्धति में परिवर्तन करना होगा। वह तकनीकी व व्यावहारिक होनी चाहिए। तीसरा, घरेलू व लधु उद्योगों को बढ़ावा देना होगा। चौथा, हमें अपनी धार्मिक मान्यताओं में परिवर्तन लाना होगा।

भारत सरकार ने इस समस्या के हल के लिए काफी ठोस कदम उठाए हैं। जैसे (अ) **स्नातक** बेरोजगारों को सस्ते दर पर रुपया उधार देना (ब) 20-सूत्री कार्यक्रम की स्थापना करना तथा (स) बड़े-बड़े उद्योगों की स्थापना करना आदि।

2. (क) न्यूटन ने अपने बचपन में ही एक छोटी पवन चक्की का आविष्कार कर दिया।
(ख) न्यूटन अपने बचपन में वैज्ञानिक प्रयोगों में रुचि रखता था।
(ग) धूप-घड़ियाँ सूर्य की छाया के माध्यम से समय का ज्ञान कराती हैं।
(घ) न्यूटन ने अपने कार्यों से बहुत से वैज्ञानिकों को प्रेरणा प्रदान की।

3. (क) अभिमान (ख) भ्रम
(ग) विलाप (घ) उपासक
(ङ) उपेक्षा (च) मन
(छ) पुरस्कार (ज) किया
(झ) खाया

4. **महापुरुष** – महापुरुषों का जीवन अनुकरणीय होता है।
छुआछूत – छुआछूत एक सामाजिक बुराई है।
गरीब – हमें गरीब लोगों को नहीं सताना चाहिए
सहायता – जरूरतमंद लोगों की सहायता करना अच्छा काम है।

5. (क) हम राम के लिए दो घंटे से उनकी बात सुन रहे थे।
(ख) सिनेमा देखने वालों को नजदीकी सिनेमा देखने दस मील जाना पड़ेगा।
(ग) जब मैं गाड़ी चलाता हूँ तो घंटों संगीत सुनना पसंद करता हूँ।
(घ) मैं आपके लिए तीन घंटे से लिख रहा हूँ।
(ङ) मृदुला डाकघर में पत्र छोड़ने बाहर गयी।

6. (क) छात्र कक्षा में पढ़ते हैं।
(ख) राधा सोहन की बहन है।
(ग) बस आ रही है।
(घ) सुरेश हवाई जहाज से आ रहा है।
(ङ) पाठ्यक्रम में बदलाव होना चाहिए।

7. (क) समवयस्क (ख) प्रशंसनीय
(ग) अल्पकालीन (घ) कुलीन
(ङ) परोपकारी

8. (क) वह स्कूल जाती है।
(ख) वह चाय बना रही है।
(ग) वह अपने दाँत साफ नहीं करती।
(घ) वह अपने वचन को पूरा नहीं करेगी।
(ङ) वह दूसरों में दोष ढूँढती है।

9. निम्नलिखित विशेषण शब्दों को उपयुक्त संज्ञा के साथ मिलाएँ –
(क) आदर्श शिक्षक (ख) सफेद हंस
(ग) पीले फूल (घ) प्यारे बच्चे
(ङ) स्वच्छ वायु

प्रश्न प्रत्र–II (बुद्धि परीक्षण)

निर्देशः (प्रश्न संख्या 1 से 8 तक): *नीचे दिए गए प्रश्नों में पाँच विकल्प (A), (B), (C), (D) तथा (E) दिए गए हैं। जिनमें चार विकल्प किसी न किसी तरह से समान हैं तथा एक शेष सभी से अलग है। इस अलग विकल्प को ज्ञात करें।*

1. (A) R5A1T6 (B) B2A1D4
(C) C3E5A1 (D) H8B2D4
(E) E5G7G7

2.

(A) (B) (C) (D) (E)

3. (A) 7 (B) 21
(C) 29 (D) 490
(E) 105

4.

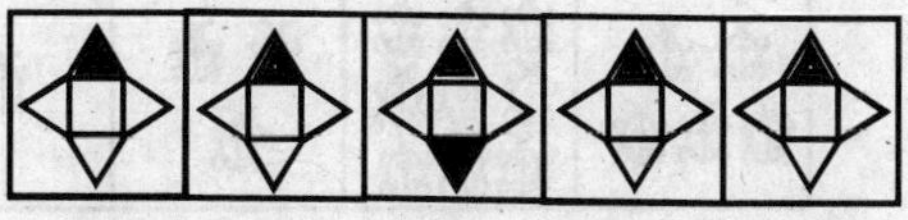

(A) (B) (C) (D) (E)

5. (A) खोलना एवं बंद करना (B) घृणा एवं नापसन्द
(C) उठना एवं सोना (D) जाना एवं आना
(E) दोस्त एवं दुश्मन

6.

(A) (B) (C) (D) (E)

7. (A) 1 (B) 8
(C) 26 (D) 64
(E) 125

8.

(A) (B) (C) (D) (E)

निर्देशः (प्रश्न संख्या 9 से 12 तक): *नीचे दिए गए प्रश्नों में समस्या आकृति दो इकाईयों में दी गई है, (X), (Y) तथा (Z) जबकि उत्तर आकृति (A), (B), (C) तथा (D) दी गई है। यहाँ (X) तथा (Y) के बीच कोई निश्चित संबंध है, उसी प्रकार का संबंध (Z) तथा उत्तर आकृति के किसी एक विकल्प के बीच में है। सही उत्तर बतावें।*

9. समस्या–आकृतियाँ

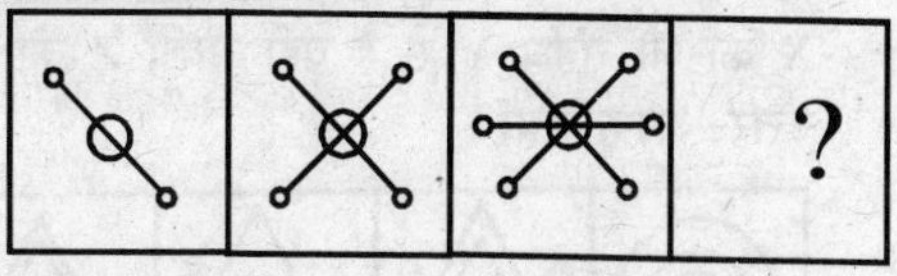

X का जो संबंध Y से है वही संबंध Z का है-

उत्तर–आकृतियाँ

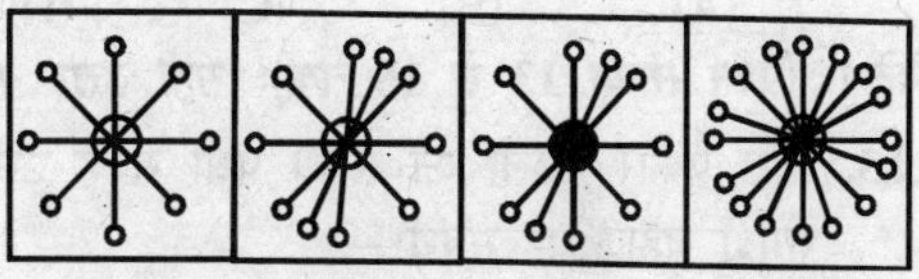

(A) (B) (C) (D)

10. समस्या–आकृतियाँ

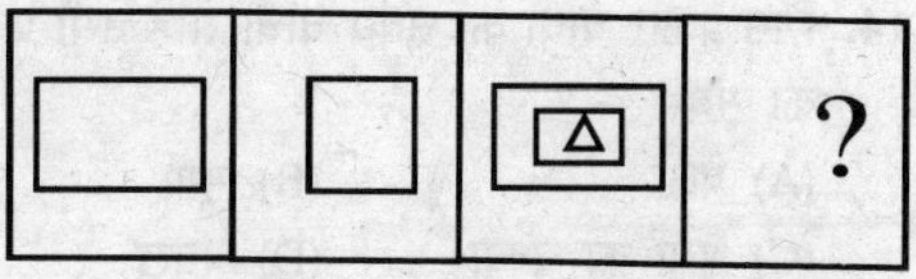

X का जो संबंध Y से है वही संबंध Z का है-

उत्तर–आकृतियाँ

(A) (B) (C) (D)

11. समस्या–आकृतियाँ

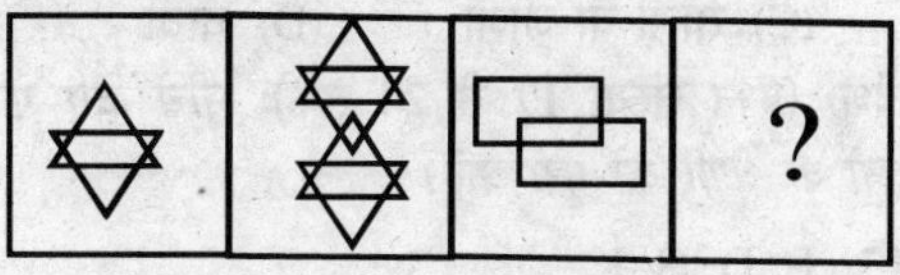

X का जो संबंध Y से है वही संबंध Z का है-

उत्तर–आकृतियाँ

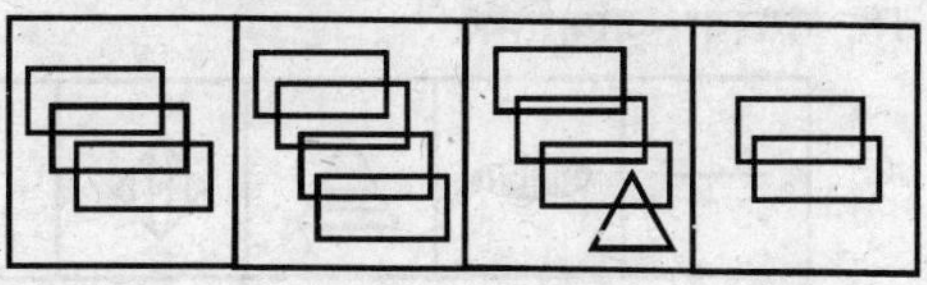

(A) (B) (C) (D)

12. **समस्या–आकृतियाँ**

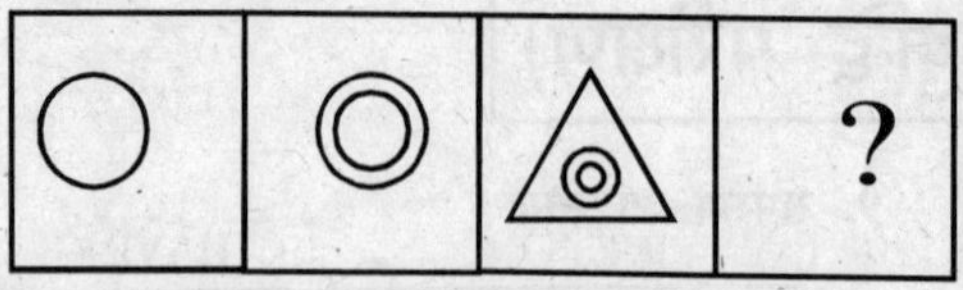

X का जो संबंध Y से है वही संबंध Z का है-

उत्तर–आकृतियाँ

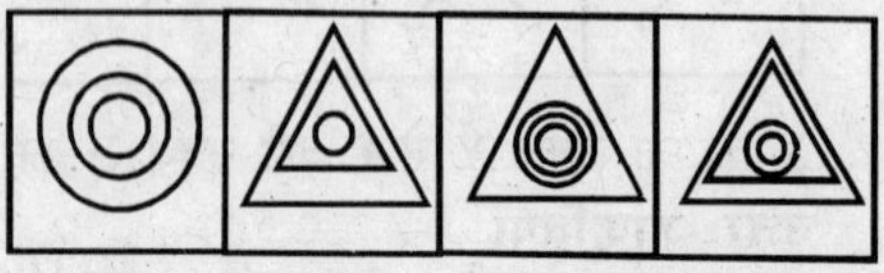

(A) (B) (C) (D)

निर्देशः (प्रश्न संख्या 13 से 16 तक): *सही उत्तर बतावें।*

13. जिस प्रकार मछलीं का संबंध पक्षी से है उसी प्रकार समुद्री जहाज का संबंध –

(A) जहाज (B) रेलगाड़ी

(C) हवाई जहाज (D) मोटर गाड़ी

14. जिस प्रकार चाचा का संबंध चाची से है उसी प्रकार मुर्गा का संबंध –

(A) पक्षी (B) मुर्गी

(C) मुर्गी का बच्चा (D) बत्तख

15. जिस प्रकार लकड़ी का संबंध मेज से है उसी प्रकार . .... का संबंध कोट से है।

(A) कमीज (B) पहनना

(*c*) पतलून (D) कपड़ा

16. जिस प्रकार लड़का का संबंध लड़की से हे उसी प्रकार भतीजा का संबंध –

(A) चाचा (B) भतीजी

(C) साला या जीजा (D) चाची

निर्देशः (प्रश्न संख्या 17 से 24 तक): *नीचे दिए गए प्रत्येक प्रश्नों के श्रेणी को पूरा करें।*

17. B, D, G, K, ...

(A) P (B) A

(C) O (D) N

18. **समस्या–आकृतियाँ**

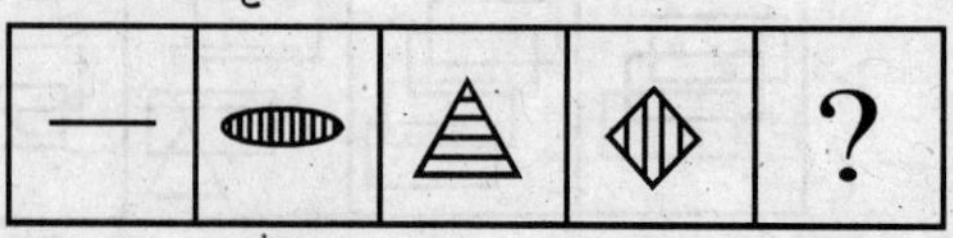

(1) (2) (3) (4) (5)

उत्तर–आकृतियाँ

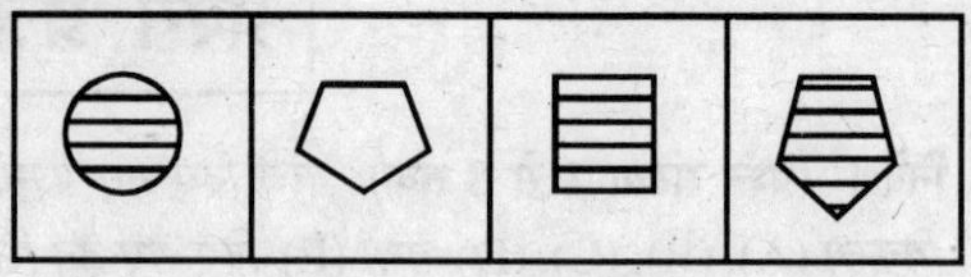

(A) (B) (C) (D)

19. 1243, 2354, 3465 . . . .

(A) 4576 (B) 4675

(C) 4796 (D) 4367

20. **समस्या–आकृतियाँ**

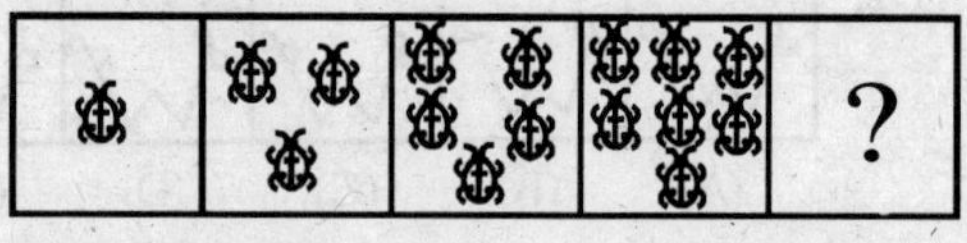

(1) (2) (3) (4) (5)

उत्तर–आकृतियाँ

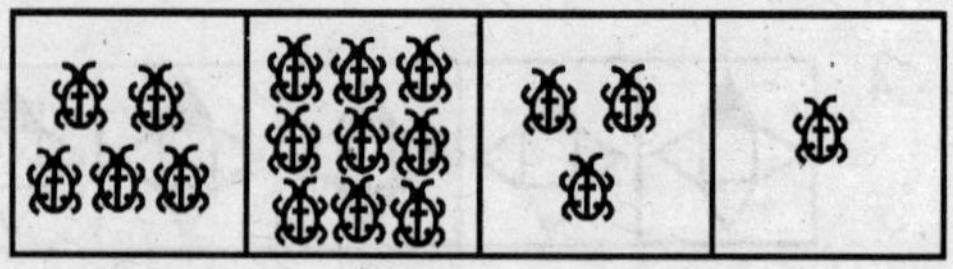

(A) (B) (C) (D)

21. 246, 357, 468, 579, ...

(A) 579 (B) 680

(C) 678 (D) 459

22. **समस्या–आकृतियाँ**

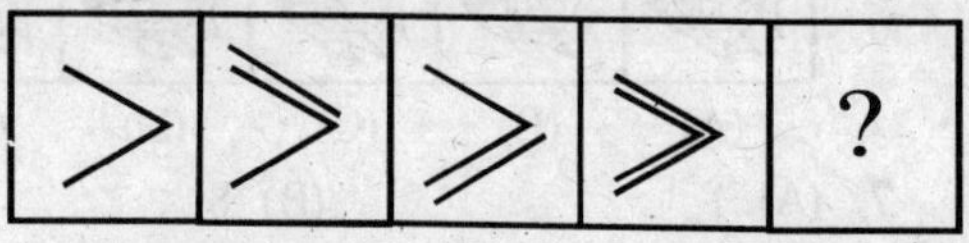

(1) (2) (3) (4) (5)

उत्तर–आकृतियाँ

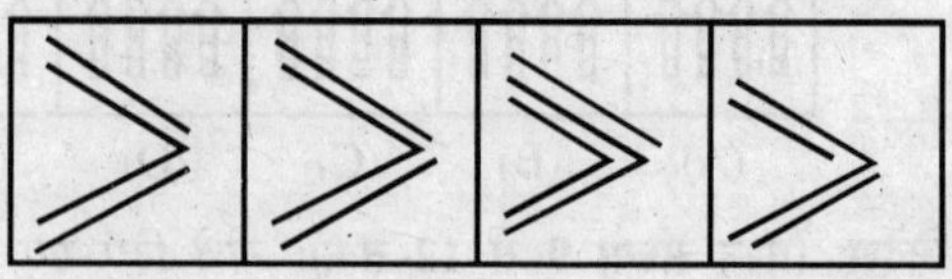

(A) (B) (C) (D)

23. A/2, 4/C, E/6 . . . .

(A) 8/G (B) 8/K

(C) 7/G (D) G/8

24. **समस्या–आकृतियाँ**

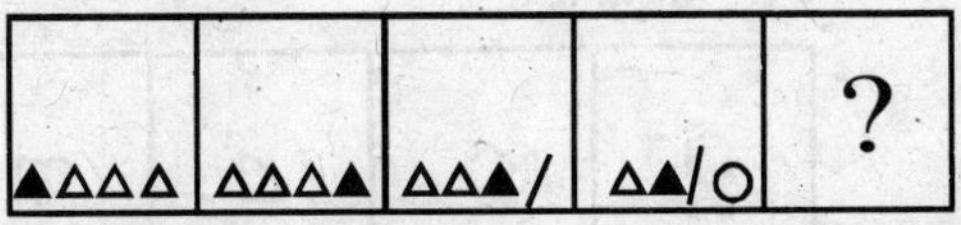

(1) (2) (3) (4) (5)

उत्तर–आकृतियाँ

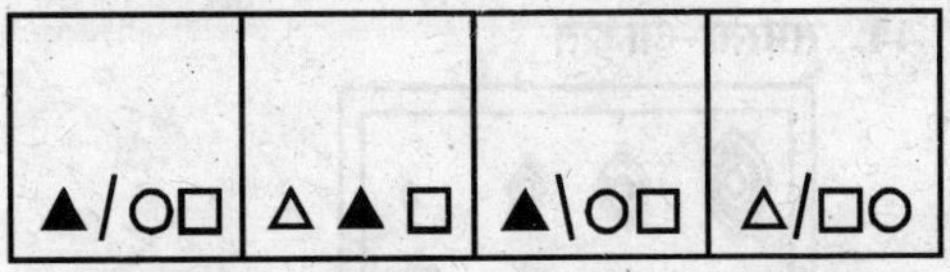

(A) (B) (C) (D)

निर्देश (प्रश्न संख्या 25 से 26 तक): *नीचे दिये गए प्रश्नों के विकल्पों के शब्दों को शब्द कोश (Dictionary) के अनुसार क्रमबद्ध किया जाए तो तीसरे स्थान पर कौन-सा होगा?*

25. (A) Battalian (B) Barrister
(C) Banana (D) Balance
(E) Bachelor

26. (A) Dear (B) Decide
(C) Diagram (D) Departure
(E) Dawn

निर्देश (प्रश्न संख्या 27 से 30 तक): *नीचे दिए गए प्रश्नों में शब्दों के अक्षरों को व्यवस्थित करें तथा चौथे अक्षर का नाम बतावें।*

27. HEPES (एक पशु) ....

28. NEGOAR (एक फल) ....

29. ENKAL (एक शरीर का अंग) ....

30. HCDNGRHAIA (एक केन्द्र शासित राज्य) ....

31. अगर A + E = 6 तो A × E = ?
(A) 3 (B) 6
(C) 8 (D) 5

32. यदि 2 × 8 = 4 तथा 4 × 9 = 6 तो 5 × 5 = ?
(A) 10 (B) 6
(C) 5 (D) 25

निर्देश (प्रश्न संख्या 33 से 34 तक): *नीचे दिए गए प्रत्येक प्रश्नों के शब्दों को क्रमबद्ध कर सार्थक वाक्य बनावें तथा उसका दूसरा शब्द बतावें।*

33. (A) the (B) in
(C) is (D) room
(E) he

34. (A) mango (B) this
(C) a (D) is
(E) sweet

35. अगर ANKLE का कूट CRANKLE है तो OWN का कूट क्या होगा?
(A) PERSONAL (B) HAVING
(C) OWNER (D) CROWN

36. अगर ARE का कूट STARE है तो ARCH का कूट क्या होगा?
(A) SYMBOL (B) PAINT
(C) MART (D) STARCH

37. अगर QBSJI का कूट PARIS है तो MPOEPO का कूट क्या होगा?
(A) KANPUR
(B) LONDON
(C) MYSOREYORK
(D) MOSCOW

38. अगर STAND का कूट TSBME है तो SLEEP का कूट क्या होगा?
(A) MKOOS (B) TKFDQ
(C) FKKQS (D) RGMMB

निर्देश (प्रश्न संख्या 39 से 42 तक): *नीचे दिए गए प्रत्येक प्रश्नों में कौन-सा विकल्प (X) आकृति का दर्पण बिम्ब होगा?*

39. **समस्या–आकृति**

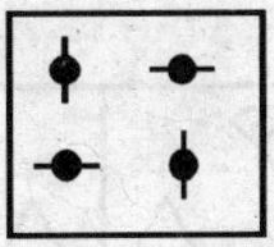

(X)

उत्तर–आकृतियाँ

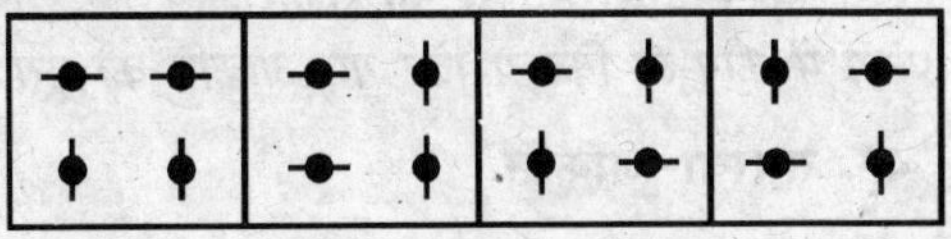

(A) (B) (C) (D)

40. **समस्या–आकृति**

(X)

उत्तर–आकृतियाँ

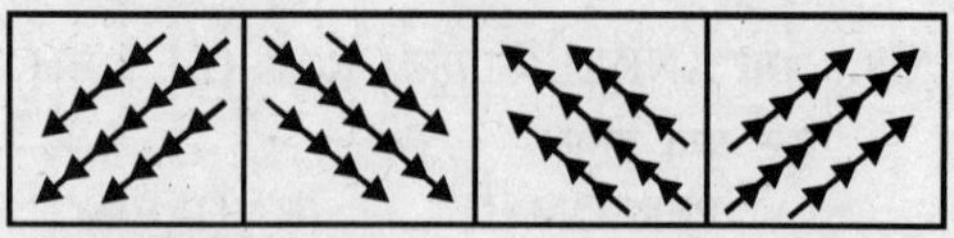

(A) (B) (C) (D)

41. समस्या–आकृति

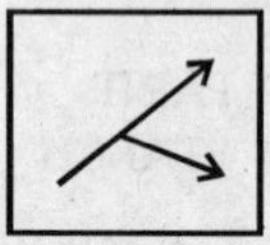

(X)

उत्तर–आकृतियाँ

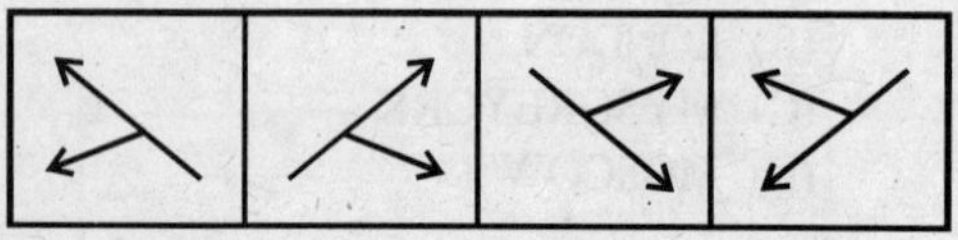

(A) (B) (C) (D)

42. समस्या–आकृति

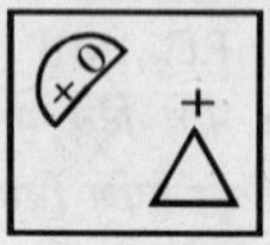

(X)

उत्तर–आकृतियाँ

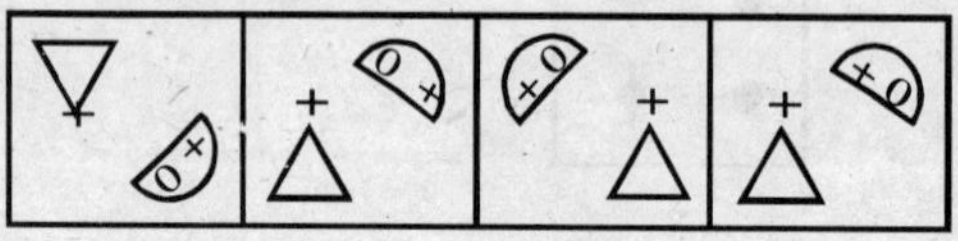

(A) (B) (C) (D)

निर्देश (प्रश्न संख्या 43 से 46 तक): *नीचे दिए गए प्रत्येक प्रश्नों में कौन-सा विकल्प दिए गए आकृति को पूरा करेगा?*

43. समस्या–आकृति

उत्तर–आकृतियाँ

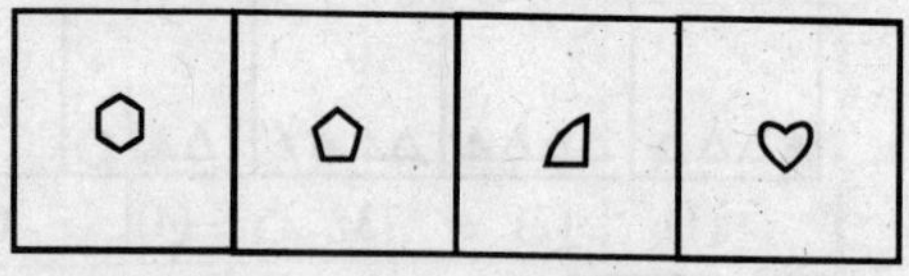

(A) (B) (C) (D)

44. समस्या–आकृति

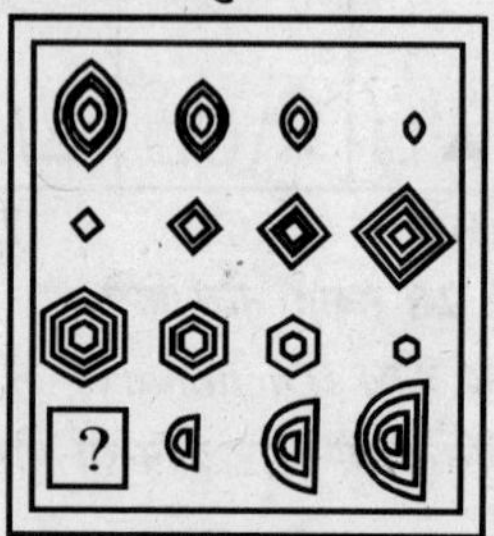

उत्तर–आकृतियाँ

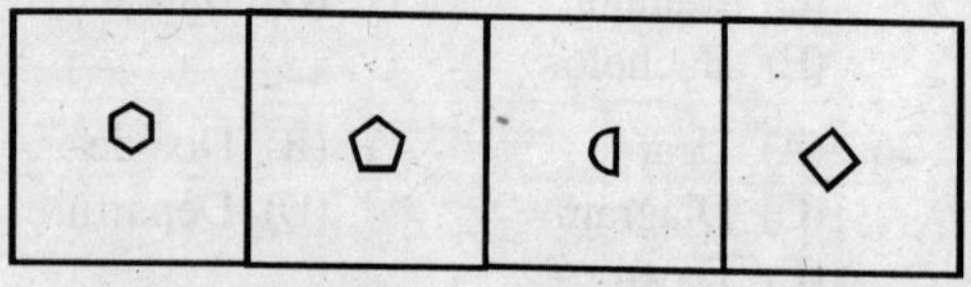

(A) (B) (C) (D)

45. समस्या–आकृति

(X)

उत्तर–आकृतियाँ

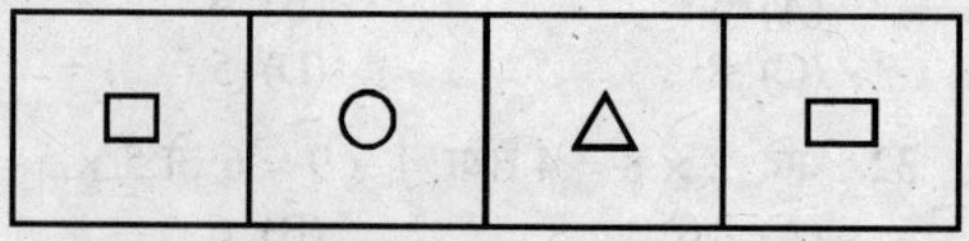

(A) (B) (C) (D)

46. समस्या–आकृति

उत्तर–आकृतियाँ

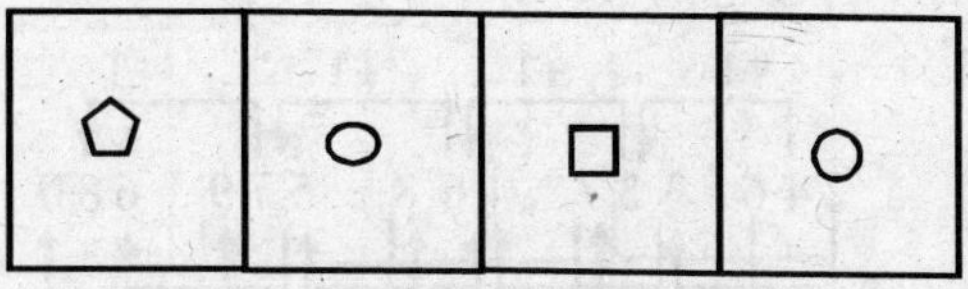

(A) (B) (C) (D)

निर्देश (प्रश्न संख्या 47 से 48 तक): *नीचे दिए गए प्रत्येक प्रश्नों में कौन-सा विकल्प आकृति (X) में छिपा हुआ है?*

47. समस्या–आकृति

(X)

उत्तर–आकृतियाँ

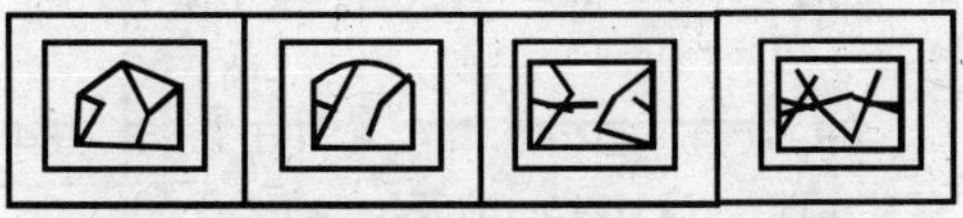

(A) (B) (C) (D)

48. समस्या–आकृति

(X)

उत्तर–आकृतियाँ

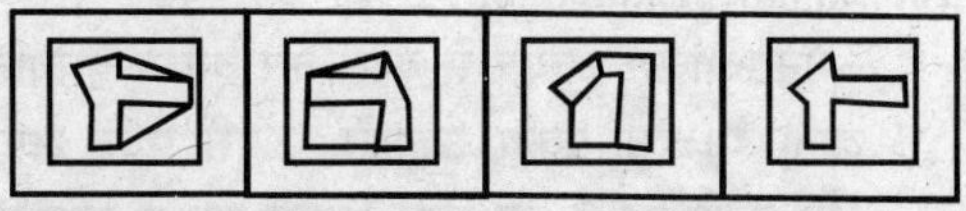

(A) (B) (C) (D)

निर्देश (प्रश्न संख्या 49 से 50 तक): *नीचे दिए गए प्रश्नों में उत्तर-आकृति का कौन-सा विकल्प समस्या-आकृति (X) में छिपा हुआ है?*

49. समस्या–आकृति

(X)

उत्तर–आकृतियाँ

(A) (B) (C) (D) (E)

50. समस्या–आकृति

(X)

उत्तर–आकृतियाँ

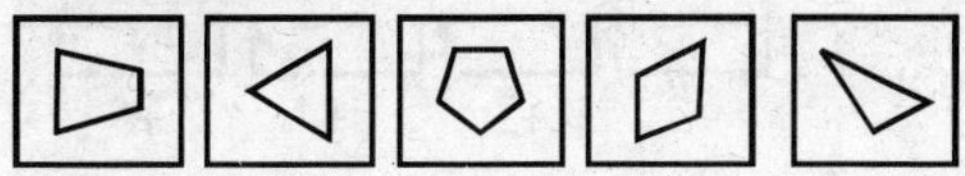

(A) (B) (C) (D) (E)

व्याख्यात्मक उत्तर

1. सभी विकल्पों में अंग्रेजी के तीन अक्षर और उसका क्रमांक दर्शाया गया है, सिर्फ विकल्प (A) में भिन्न है।

2. सभी विकल्पों के दोनों हिस्सों पर दो छोटे-छोटे वृत्त बने हैं, सिर्फ विकल्प (C) एक ऐसा विकल्प है जिसके एक भाग पर दो Δ बना हुआ है।

3. विकल्प (C) को छोड़कर सभी विकल्पों में विद्यमान संख्या 7 से विभाज्य है।

4. विकल्प (C) में दो काले त्रिभुज वर्गाकार भाग से जुड़े हैं किन्तु अन्य विकल्पों में ऐसा नहीं है।

5. विकल्प (B) के दोनों ही शब्दों का अर्थ समान है जबकि अन्य विकल्पों में प्रयुक्त शब्दों का भिन्न अर्थ है।

6. विकल्प (C) को छोड़कर अन्य सभी में नीचे की ओर दो पंख लगे हैं।

7. विकल्प (C) को छोड़कर बाँकी सभी पूर्ण घन संख्या है।

8. विकल्प (C) को छोड़कर अन्य सभी संकेतक पूर्ण हैं।

9. Y में X के वनिस्पत एक आकृति अधिक है। इसी नियम के तहत् रिक्त-स्थान में Z में विद्यमान आकृति से एक अधिक आकृति (A) प्राप्त होगी।

10. आकृति X से आकृति Y की ओर बढ़ने पर आकृति अपना आकार आयत से बदल कर वर्ग में परिवर्तित हो जाती है। इसी प्रकार आकृति 'Z' से रिक्त स्थान की ओर बढ़ने पर Z का सभी आयत वर्ग में परिवर्तित हो जायगा जो उत्तर (A) के रूप में उपलब्ध है।

11. (B) आकृति X से Y की ओर बढ़ने पर आकृति दो गुनी हो जाती है। इसी प्रकार आकृति Z से रिक्त-स्थान की ओर बढ़ने पर (B) के सदृश आकृति प्राप्त होगी।

12. (C) आकृति X से Y की ओर बढ़ने पर वृत्तों की संख्या में एक की वृद्धि होती है। इसी प्रकार, आकृति Z में एक वृत्त की वृद्धि से विकल्प (C) प्राप्त होगा।

13. (D) जिस प्रकार 'टेबुल' 'लकड़ी' से बना है उसी प्रकार 'कोट' 'कपड़ा' से बना होता है।

14. (B) 'लड़का' का स्त्रीलिंग रूप 'लड़की' है तो 'भतीजा' का 'भतीजी'।

15. (C) जिस प्रकार मछली पानी में तैरती है और पक्षी हवा में उड़ता है उसी प्रकार पनडुब्बी पानी के अन्दर तैरती है और हवाई जहाज हवा में उड़ता है।

16. (B) जिस प्रकार "चाचा" का "चाची" होता है, उसी प्रकार 'मुर्गा' का 'मुर्गी' होता है।

17. (A)
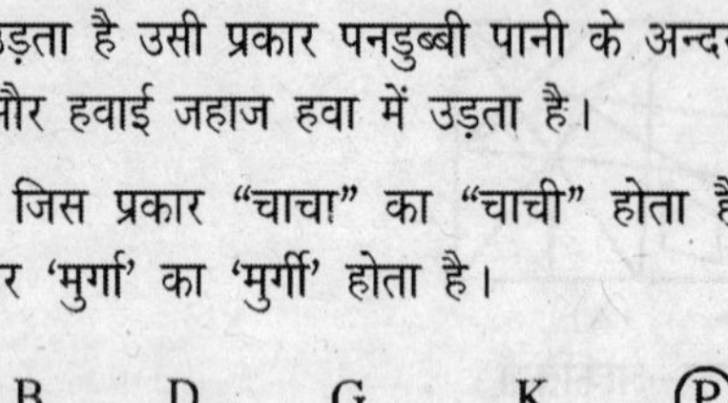

18. (D) प्रत्येक आने वाली आकृति में, एक लाइन की बढ़ोत्तरी हो रही है। इसके बावजूद, अन्दर का पैटर्न क्षैतिज, लम्बवत् और क्षैतिज क्रम से परिवर्तित हो रहा है।

19. (A)
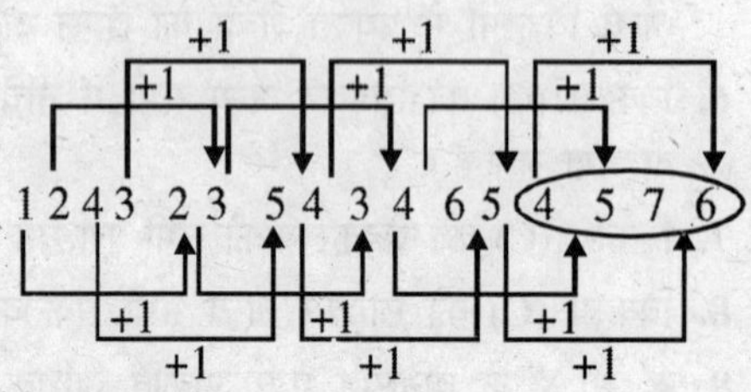

20. (B) प्रत्येक उत्तरवर्ती समस्या आकृति में, दो डिजाइन की वृद्धि हो जाती है।

21. (B) हम पाते हैं कि
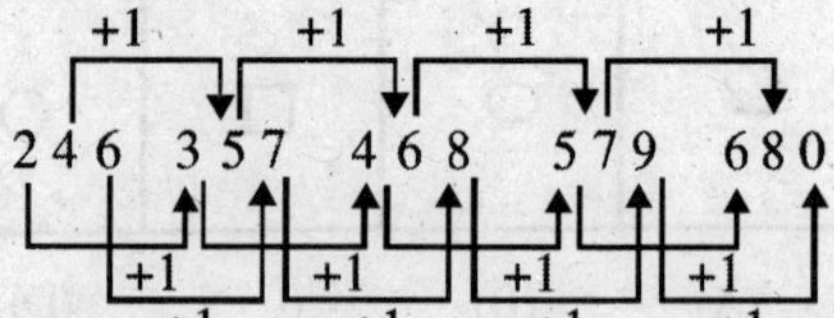

22. (C) प्रत्येक उत्तरवर्ती आकृति में ऊपर की ओर एक लाइन जुड़ती है फिर नीचे की ओर से दूसरी लाइन आती है। तीसरे चरण में दोनों का एक सिरा मिल जाता है। इस प्रकार अगले चरण में ऊपर से एक लाइन आनी है।

23. (A) $A \xrightarrow{+2} C \xrightarrow{+2} E \xrightarrow{+2} (G)$

और $2 \xrightarrow{+2} 4 \xrightarrow{+2} 6 \xrightarrow{+2} (8)$

हम प्रत्येक उत्तरवर्ती भाग में पाते हैं कि संख्या और अक्षर अपने स्थान परिवर्तित कर लेते हैं।

24. (A) समस्या आकृति में काले त्रिभुज का स्थान नयी आकृति ले रही है।

25. (B) शब्द कोश के आधार पर शब्दों का क्रम निम्न है– Dawn, Dear, **Decide**, Departure, Diagram.

26. (C) शब्दों को सजाने का शब्दों का क्रम शब्दकोश के आधार पर इस प्रकार है– Bachelor, Balance, **Banana**, Barrister, Battalian.

27. ENKAL → ANKLE → L का स्थान चौथा है

28. HCDNGRHAIA → CHANDIGARH → N का स्थान चौथा है

29. HEPES → SHEEP → E का स्थान चौथा है

30. NEGOAR → ORANGE → N का स्थान चौथा है

31. (D) $A + E \rightarrow 1 + 5 = 6$

$\therefore A \times E \rightarrow 1 \times 5 = 5$

32. $\because 2 \times 8 = 16 = (4)^2$ और

$4 \times 9 = 36 = (6)^2$

इसी प्रकार,

$5 \times 5 = 25 = (5)^2$

33. He is in the room → दूसरा शब्द → 'is'

34. This is a sweet mango → दूसरा शब्द → 'is'

35. ANKLE का कोड → CRANKLE
चूँकि CR को शुरू में जोड़ा गया है इसी प्रकार,
OWN → CROWN.

36. (D) ARE का कोड → STARE
अर्थात् ST को शुरू में जोड़ा गया है इसी प्रकार,
ARCH का कोड STARCH होगा।

37. (B) $Q \xrightarrow{-1} P$ इसी प्रकार, $M \xrightarrow{-1} L$

$B \xrightarrow{-1} A$ $P \xrightarrow{-1} O$

$S \xrightarrow{-1} R$ $O \xrightarrow{-1} N$

$J \xrightarrow{-1} I$ $E \xrightarrow{-1} D$

$T \xrightarrow{-1} S$ $P \xrightarrow{-1} O$

$O \xrightarrow{-1} N$

38. (B) $S \xrightarrow{+1} T$ इसी प्रकार, $S \xrightarrow{+1} T$

$T \xrightarrow{-1} S$ $L \xrightarrow{-1} K$

$A \xrightarrow{+1} B$ $E \xrightarrow{+1} F$

$N \xrightarrow{-1} M$ $E \xrightarrow{-1} D$

$D \xrightarrow{+1} E$ $P \xrightarrow{+1} Q$

39. (C) **40.** (D) **41.** (A) **42.** (B)

43. (C) **44.** (C) **45.** (B) **46.** (A)

47. (C) **48.** (D) **49.** (A) **50.** (D)

पिछले प्रश्न-पत्र (हल सहित)

सैनिक स्कूल प्रवेश परीक्षा, 2006

प्रश्न पत्र–I (गणित एवं भाषा ज्ञान)

भाग 'अ' गणित

1. किसी निश्चित राशि का 12 प्रतिशत 43.50 रु. के बराबर है, तो राशि ज्ञात कीजिए।

2. नीचे दिए गए श्रेणी में रिक्त स्थान पर कौन-सी संख्या आएगी?

(A) 3, 8, 15, 24, ... (B) 4, 10, 18, 28, ...

3. 1530 रुपए को तीन हिस्सों में संख्या 2, 3, 4 के अनुपात में विभाजित करें।

4. संख्या 999999 का अभाज्य गुणनखण्ड ज्ञात करें।

5. किसी आयत की भुजा 12 मीटर तथा 5 मीटर है, तो आयत का विकर्ण ज्ञात करें।

6. $21\frac{5}{8}$ में से $13\frac{3}{5}$ को घटायें।

7. $\frac{37}{11}$ को समिश्र संख्या के रूप में लिखें।

8. कितना प्रतिशत $\frac{3}{8}$ के समतुल्य है?

9. सरल करें–

$$\frac{\frac{1}{2}+\frac{2}{3}}{\frac{3}{4}-\frac{2}{9}}$$

10. एक त्रिभुज की भुजाएं क्रमशः 50 मीटर, 78 मीटर तथा 112 मीटर हैं, तो त्रिभुज का क्षेत्रफल ज्ञात करें।

11. 18 किलोमीटर प्रति घंटा की गति को मीटर प्रति सेकण्ड में व्यक्त करें।

12. 8500 रुपए कितने समय में $4\frac{1}{2}\%$ वार्षिक ब्याज की दर से 15767.50 रुपए हो जाएंगे?

13. 'A' एक काम को 5 दिनों में कर सकता है तथा 'B' इसे 6 दिनों में कर सकता है, यदि दोनों एक साथ काम करेंगे तो काम कितने दिनों में पूरा हो जाएगा?

14. $-\frac{2}{5}$ तथा $\frac{3}{8}$ का योग ज्ञात करें।

15. (A) आयत का क्षेत्रफल = ?

(B) वर्ग का क्षेत्रफल = ?

16. किसी वृत्त की त्रिज्या 42 मीटर है, तो वृत्त की परिधि ज्ञात करें।

17. एक आदमी एक पेन को 25 रुपए में क्रय करता है तथा इसे 23 रुपए में विक्रय करता है, तो इसका हानि प्रतिशत ज्ञात करें।

18. एक संख्या का $\frac{1}{4}$ को संख्या का $\frac{1}{3}$ में से घटाने पर संख्या 12 प्राप्त होती है, तो संख्या ज्ञात करें।

19. निम्नलिखित में से कौन-सा कथन सत्य या असत्य है, लिखिए?

(A) समांतर चतुर्भुज की चार भुजाएं होती हैं जिसकी विपरीत भुजाएं समांतर होती हैं।

(B) समचतुर्भुज एक समांतर चतुर्भुज होता है जिसकी प्रत्येक भुजा बराबर होती है।

20. चार शहरों की जनसंख्या 35560, 30000, 27500 तथा 25600 क्रमशः है, तो प्रत्येक शहर की औसत जनसंख्या कितनी है?

21. $-\frac{125}{216}$ का व्युत्क्रम ज्ञात करें।

22. $\frac{17}{5}$ को दशमलव में लिखें।

23. सरल करें– $\left(-\frac{1}{5}\right)^3 \times \left(-\frac{1}{5}\right)^2$.

24. अपने वातावरण में उपस्थित चार घनाभ आकृति की वस्तु को लिखें।

25. एक साइकिल को 1536 रुपए में बेचने पर पियूष को 20% की हानि होती है, तो साइकिल का क्रय मूल्य ज्ञात करें।

26. 12% प्रतिवर्ष की ब्याज-दर से 5000 रुपए पर 3 वर्षों में कितना साधारण ब्याज प्राप्त होगा?

27. किसी संख्या का 23%, 46 है, तो संख्या ज्ञात करें।

28. निम्नलिखित कथन के लिए सत्य अथवा असत्य लिखें–

(A) प्रत्येक परिमेय संख्या को एक संख्या लाइन पर व्यक्त किया जा सकता है।

(B) चाल $= \frac{\text{दूरी}}{\text{समय}}$

29. 7 दर्जन नारंगियों का मूल्य 91 रुपए है, तो 10 दर्जन नारंगियों का मूल्य ज्ञात करें।

30. त्रिभुज ABC में, $\angle A = 50°, \angle B = 50°$ तथा $\angle C = 80°$ है। दिए गए त्रिभुज में कौन-सी दो भुजाएं बराबर हैं।

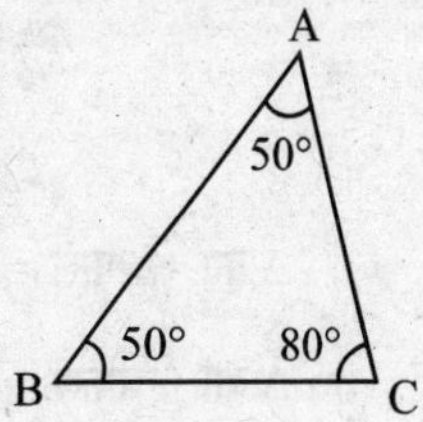

व्याख्यात्मक उत्तर

1. यहाँ, राशि का $\frac{12}{100} = 43.50$ रु.

$\therefore$ राशि $= \frac{100}{12} \times 43.50 = 362.50$ रुपए

2. (A) घटाने पर–

$$\begin{array}{ccccc} 3, & 8, & 15, & 24, & 35 \\ - & 3, & 8, & 15, & 24 \\ \hline 3, & 5, & 7, & 9, & 11 \end{array}$$

अतः अभीष्ट संख्या $= 24 + 11 = 35$.

(B) 4 → 10 → 18 → 28 → [40]

+6 +8 +10 +12

3. माना कि प्रथम हिस्सा = 2K

दूसरा हिस्सा = 3K

तथा तीसरा हिस्सा = 4K

$\because$ $2K + 3K + 4K = 1530$

$\Rightarrow$ $9K = 1530$

$\Rightarrow$ $K = \frac{1530}{9} = 170$

प्रथम हिस्सा $= 2 \times 170 = 340$ रु.

द्वितीय हिस्सा $= 3 \times 170 = 510$ रु.

तृतीय हिस्सा $= 4 \times 170 = 680$ रु.

4. दी हुई संख्या का संभव गुणनखण्ड इस प्रकार है :

$\therefore$ $999999 = 999 \times 1001$

$= 27 \times 37 \times 7 \times 11 \times 13$

$= 3^3 \times 37 \times 7 \times 11 \times 13$

5. आयत का विकर्ण $= \sqrt{(\text{लम्बाई})^2 + (\text{चौड़ाई})^2}$

विकर्ण की लम्बाई $= \sqrt{(12)^2 + (5)^2}$ मीटर

$= \sqrt{169}$ मीटर = 13 मीटर

6. $\because$ $21\frac{5}{8} - 13\frac{3}{5} = (21 - 13) + \left(\frac{5}{8} - \frac{3}{5}\right)$

$= 8 + \left(\frac{25 - 24}{40}\right) = 8 + \frac{1}{40}$

$= 8\frac{1}{40}$

7. $\frac{37}{11} = \frac{33 + 4}{11} = \frac{33}{11} + \frac{4}{11} = 3 + \frac{4}{11} = 3\frac{4}{11}$

8. $\frac{3}{8} = \frac{\frac{3}{8} \times 100}{100} = \frac{37\frac{1}{2}}{100} = 37\frac{1}{2}\%$

9. दिया हुआ व्यंजक $= \frac{\frac{1}{2} + \frac{2}{3}}{\frac{3}{4} - \frac{2}{9}} = \frac{\frac{3}{6} + \frac{4}{6}}{\frac{27}{36} - \frac{8}{36}} = \frac{\frac{7}{6}}{\frac{19}{36}}$

$= \frac{7}{6} \times \frac{36}{19} = \frac{42}{19} = 2\frac{4}{19}$

10. यहाँ $a = 50$ मीटर

$b = 78$ मीटर

$c = 112$ मीटर

अर्द्ध परिमाप $(s) = \frac{a + b + c}{2}$

$\therefore$ $s = \frac{1}{2}(50 + 78 + 112)$ मीटर

$$= \frac{1}{2} \times 240 \text{ मीटर} = 120 \text{ मीटर}$$

$$\Delta \text{ का क्षेत्रफल} = \sqrt{s(s-a)(s-b)(s-c)}$$

$$\Rightarrow \Delta \text{ का क्षेत्रफल} = \sqrt{120 \times 70 \times 42 \times 8} \text{ वर्ग मीटर}$$

$$= 1680 \text{ वर्ग मीटर}$$

11. 18 किलोमीटर प्रति घंटा $= \frac{18 \times 1000}{3600}$ मीटर प्रति सेकण्ड

= 5 मीटर प्रति सेकण्ड

12. मूलधन = 8500 रु.

दर $= 4\frac{1}{2}\% = \frac{9}{2}\%$

मिश्रधन = 15767.50 रु.

समय = ?

ब्याज = (15767.50 – 8500) रुपए = 7267.50 रुपए

$$\text{समय} = \frac{\text{ब्याज} \times 100}{\text{मू.} \times \text{दर}}$$

$$\therefore \quad \text{समय} = \frac{7267.50 \times 100}{8500 \times 4.5} = 19 \text{ वर्ष}$$

13. ∵ 'A' और 'B' दोनों मिलकर 1 दिन में $= \left(\frac{1}{5} + \frac{1}{6}\right) = \frac{11}{30}$ काम करते हैं

∴ 'A' और 'B' दोनों मिलकर पूरा काम $= \frac{30}{11} = 2\frac{8}{11}$ दिनों में करेंगे।

14. $-\frac{2}{5} + \frac{3}{8} = -\frac{16}{40} + \frac{15}{40} = \frac{-16+15}{40} = -\frac{1}{40}$

15. (A) आयत का क्षेत्रफल = लम्बाई × चौड़ाई

(B) वर्ग का क्षेत्रफल = $(\text{वर्ग की भुजा})^2$

16. वृत्त की परिधि $= 2\pi r = 2 \times \frac{22}{7} \times 42$ मीटर

= 264 मीटर

17. ∵ क्रय मूल्य = 25 रु.

∴ विक्रय मूल्य = 23 रु.

∴ हानि = विक्रय मूल्य – क्रय मूल्य

= 25 – 23 = 2

∴ 100 रुपए पर हानि $= \frac{2}{25} \times 100$ रु. = 8 रु.

∴ हानि = 8 प्रतिशत

18. माना कि संख्या = x

प्रश्नानुसार

$$\because \quad \left(\frac{1}{3} \times x - \frac{1}{4} \times x\right) = 12$$

$$\Rightarrow \quad \frac{4x - 3x}{12} = 12$$

$$\Rightarrow \quad \frac{x}{12} = 12$$

$$\therefore \quad x = 144$$

19. (A) सत्य

(B) सत्य।

20. चार शहरों की जनसंख्या का कुल योग

= 35560 + 30000 + 27500 + 25600

= 118660

∴ अभीष्ट औसत $= \frac{118660}{4} = 29665$

21. $-\frac{125}{216}$ का व्युत्क्रम $= \frac{1}{\frac{-125}{216}} = -\frac{216}{125}$

22.

```
5) 17 (3.4
   15
   ---
    20
    20
   ---
    00
   ---
```

अतः $\frac{17}{5} = 3.4$

23. $\left(-\frac{1}{5}\right)^3 \times \left(-\frac{1}{5}\right)^2 = \frac{(-1)^3}{(5)^3} \times \frac{(-1)^2}{(5)^2}$

$$= -\frac{1}{125} \times \frac{1}{25} = -\frac{1}{3125}$$

24. घनाभ : बटर बॉक्स, लंच बॉक्स, चॉक बॉक्स एवं एयर कन्डिशनर।

25. यहाँ साइकिल का विक्रयमूल्य = 1536 रु.

हानि = 20%

माना क्रयमूल्य = 100 रु.

हानि = 100 का 20% = 20 रु.

विक्रयमूल्य = (100 – 20) रु. = 80 रु.

अब यदि विक्रयमूल्य 80 रु. है तो क्रयमूल्य 100 रु.

∴ यदि विक्रयमूल्य 1536 रु. है तो

$$\text{क्रयमूल्य} = \frac{100 \times 1536}{80} \text{ रु.} = 1920 \text{ रु.}$$

अतः साइकिल का क्रयमूल्य = 1920 रु.

26. यहाँ दिया है कि मूलधन = 5000 रु.

दर = 12%

समय = 3 वर्ष

ब्याज = ?

$$\text{साधारण ब्याज} = \frac{\text{मूलधन} \times \text{दर} \times \text{समय}}{100}$$

$$= \frac{5000 \times 12 \times 3}{100} = 1800 \text{ रु.}$$

27. माना कि संख्या x है

∴ x का 23% = 46

$$\Rightarrow \quad x = \frac{46 \times 100}{23}$$

$$\therefore \quad x = 200$$

अतः संख्या = 200

28. (A) सत्य, (B) सत्य।

29. ∴ 7 दर्जन नारंगियों का मूल्य 91 रु. है

$$\text{1 दर्जन नारंगी का मूल्य} = \frac{91}{7} \text{ रु.}$$

$$\text{10 दर्जन नारंगियों का मूल्य} = \frac{91}{7} \times 10 \text{ रु.}$$

$$= 13 \times 10 = 130 \text{ रु.}$$

30. दिया हुआ है कि, $\angle A = 50° = \angle B$

बराबर कोणों के सामने की भुजाएँ बराबर होती हैं।

∴ ΔABC में $AC = BC$

भाग 'ब' — भाषा ज्ञान

1. निम्नलिखित विषयों में से किसी एक पर निबन्ध लिखें—

(क) भारत में कम्प्यूटर क्रांति

(ख) 21वीं सदी का भारत

(ग) आतंकवाद।

2. निम्नलिखित गद्यांश को पढ़िए एवं नीचे दिए गए प्रश्नों के उत्तर दीजिए—

ताजमहल आगरा शहर से 6 किमी की दूरी पर यमुना नदी के किनारे स्थित है। यह विश्व की प्रसिद्ध इमारतों में से एक है। इसकी सुन्दरता हजारों विदेशी पर्यटकों को अपने देश की ओर आकर्षित करती है। सारी दुनिया के लोग ताज को देखने के लिए प्रत्येक वर्ष आते हैं। लोग आगरा आने की योजना तब बनाते हैं जब चाँद पूरी तरह से नजर आता है। साफ आसमान तथा पूरी चाँदनी रोशनी में ताज की सुन्दरता न भूलने योग्य होती है। ताज के पास रुका हुआ नदी का पानी इसकी सुन्दरता को बिखेरता है। अकबर के पौत्र शाहजहाँ ने ताजमहल का निर्माण मुमताज महल की मधुर याद में करवाया था। यह इमारत एक बड़े चतुष्कोण पर खड़ी है। यमुना नदी इसके एक तरफ से बहती है, जबकि इसके तीन भागों में लाल रंग के पत्थर वाली बड़ी दीवार है। दो बिल्कुल समान मस्जिद एक-दूसरे के तरफ मुँह करके खड़ी हैं। यह चतुष्कोण 960 फीट लम्बा तथा 329 फीट चौड़ा है। प्रत्येक चतुष्कोण के किनारे पर एक बड़ी मीनार खड़ी हैं। इसके इर्द-गिर्द कई प्रकार के फूल एवं छाया देने वाले वृक्ष स्थित हैं। ताज के समीप कई दुकानें हैं। कोई भी व्यक्ति ताज के पत्थरों की कई मॉडल एवं हस्तशिल्प से बनी सुन्दर वस्तुओं को इन दुकानों में देख सकता है।

(क) ताजमहल के किनारे कौन-सी नदी बहती है?

(ख) शाहजहाँ ने ताजमहल का निर्माण क्यों किया?

(ग) पर्यटक लोग आगरा आने को क्यों उत्सुक रहते हैं?

(घ) किस दिन अधिकतर लोग ताज को देखने की इच्छा रखते हैं?

(ङ) ताजमहल के समीप की दुकानों में साधारणतः कौन-सी वस्तुएँ बेची जाती हैं?

3. सही शब्द का चयन करके रिक्त स्थानों की पूर्ति कीजिए—

(क) अपने घर की .... कौन चाहता है? (नाम, बदनामी)

(ख) ज्ञान का मार्ग .... लिए एक-सा ही है। (प्रत्येक, सबके)

(ग) राष्ट्र की .... के लिए शहीदों ने अपना बलिदान दिया। (आन, बान)

(घ) .... बुरी बला है। (लड़ाई, लालच)

(ङ) अगर अभाव न हो तो .... कौन पूछे? (बात, भाव)

(च) वर्षा होगी तो फसल .... होगी। (सूखी, अच्छी)

(छ) मधुर वचन है औषधि .... वचन है तीर। (कटुक, कछुक)

(ज) अदालतों में न्याय पाना बड़ा .... हो गया है। (महत्वपूर्ण, कठिन)

(झ) संस्कृत एक .... भाषा के रूप में मानी जाती है। (आधुनिक, प्राचीन)

4. नीचे लिखे वाक्यों में से गहरे काले छपे शब्दों का प्रयोग करते हुए अपने वाक्य बनाएँ–

मेरे एक **परिचित सज्जन** थे। किसी **दफ्तर** में बाबू थे। अच्छी तनख्वाह मिलती थी। **परिवार** का **दायित्व** सीमित था।

5. नीचे लिखे शब्दों को अर्थपूर्ण वाक्यों में बदलें–

(क) प्रयोग, किया, है, जा, भाषा, का, दो, रूपों, में, सकता

(ख) शांति, आवश्यक, विश्व, है, में, क्यों?

(ग) एक, दूध, है, द्रव

(घ) प्रसिद्ध, ताजमहल, का, आगरा, बहुत, है

(ङ) है, तैनात, पर, सीमा, सेना

6. नीचे लिखे वाक्यों को सही करें–

(क) लड़के और लड़कियाँ पढ़ रही हैं।

(ख) उसके आँख से आँसू निकल पड़ी।

(ग) दस सिपाही एक साथ आ रहा है।

(घ) परीक्षा प्रणाली बदलने चाहिए।

(ङ) अध्यापक कक्षा पर पढ़ाते हैं।

7. नीचे लिखे शब्दों के वाक्य बनाकर अन्तर बताइए–

(क) इन्द्र, इन्द्रधनुष (ख) आशय, आश्रय

(ग) समर्थ, समर्थन (घ) एकता, एकान्त

(ङ) उदात्त, उद्धत

8. निम्नलिखित शब्दों के पर्यायवाची शब्द लिखिए–

(क) अग्नि (ख) इंदिरा

(ग) आश्चर्य (घ) ईश्वर

(ङ) कमल

9. निम्नलिखित विशेषण शब्दों को उपयुक्त संज्ञा के साथ मिलाएँ–

(क) चौरस (ख) चौकोर

(ग) काला (घ) गरीब

(ङ) पुराना

जमीन, आसन, घोड़ा, मित्र, नौकर।

व्याख्यात्मक उत्तर

1. आतंकवाद

आतंकवाद आज सम्पूर्ण विश्व के लिए एक विकराल चुनौती बन गया है। वर्तमान समय में आतंकवाद का सबसे खतरनाक पक्ष उसका ग्लोबल (वैश्विक) होना है। आज आतंकवादी हमला चाहे मुंबई में हो रहा हो या लंदन में, बाली में हो रहा हो या मिस्र में, सबके तार कहीं न कहीं एक स्थान से जुड़े हुए हैं। ये हमले एक ही आतंकवादी मानसिकता की उपज हैं और कमोबेश सबका उद्देश्य भी एक है। भारत की वाणिज्यिक राजधानी मुंबई में 11 जुलाई, 2006 को एक के बाद एक हुए आठ धमाकों ने पूरे शहर को हिला कर रख दिया। विस्फोटों में 150 से अधिक निर्दोष लोग मारे गए और 450 से भी अधिक घायल हुए। आतंकवादियों की हैवानियत का अंदाजा इसी बात से लगाया जा सकता है कि उन्होंने इसके लिए मुंबई की लाइफलाइन कही जाने वाली लोकल ट्रेनों को चुना। वर्ष 1993 के शृंखलाबद्ध विस्फोटों की याद ताजा करते हुए आतंकवादियों ने पुनः मुंबईवासियों के दिलों में दहशत पैदा कर दी है। मुंबई सहित देश के अन्य भागों में होने वाली आतंकवादी घटनाएँ कहीं न कहीं हमारे सुरक्षा तंत्र की विफलता की तरफ भी इशारा करती हैं। जहाँ संसद भवन पर किया गया हमला हमारी संप्रभुता पर किया जाने वाला प्रहार था, वहीं मुंबई पर किया गया हमला हमारी आस्था और राष्ट्रीय अस्मिता पर की गई चोट थी।

मुंबई पर 11 जुलाई, 2006 के हमलों के बाद एक बार फिर आतंकवादियों ने जो दुस्साहस लंदन में दिखाने की कोशिश की वह कहीं न कहीं आतंकी संगठनों के बढ़ते मनोबल को दर्शाता है। अगस्त, 2006 में आतंकवादियों की एक साथ 10 हवाई जहाजों को उड़ाने की कोशिश यदि नाकाम नहीं होती तो लंदन एक बार फिर जुलाई, 2005 के बम विस्फोटों की भयावहता को देखता। आतंकवादियों का मनोबल इस कदर बढ़ना निश्चय ही अंतर्राष्ट्रीय समुदाय के लिए चिंता का विषय है। इन दोनों ही विस्फोटों के लिए अलकायदा और उससे जुड़े संगठनों को जिम्मेदार माना जा रहा है। ये हमले कोई नए नहीं हैं। पहले भी पश्चिमी देशों में आतंकवादी संगठनों ने कई बार हमले किए हैं। अमेरिका में 11 सितंबर, 2001 के हमलों के बाद ब्रिटेन आतंकवादियों विशेषकर अलकायदा जैसे आतंकवादी संगठन के निशाने पर था। 11 सितंबर, 2001 को अमेरिकी वर्ल्ड ट्रेड सेंटर एवं पेंटागन पर हमले से लगभग 4500 लोग मारे गए थे। इसी तरह स्पेन की राजधानी मेड्रिड में एक ट्रेन विस्फोट में 191 लोग आतंकवादी संगठनों की कार्रवाई का शिकार हुए थे। रूस में

भी चेचेन्या में आतंकवादी संगठनों ने 300 बच्चों एवं अध्यापकों को अपहरण के बाद मार दिया था। अब मुंबई एवं लंदन की घटनाओं से इन देशों में दहशत एवं खतरे के बादल पुनः देखे जाने लगे हैं। आज विश्व समुदाय को एकजुट होकर इस ग्लोबल हो चुके आंतकवाद के खिलाफ खड़ा होना होगा। केवल अमेरिका या ब्रिटेन पर आतंकवाद को समाप्त करने की जिम्मेदारी डालकर विश्व अपनी जिम्मेदारियों से मुक्त नहीं हो सकता है।

2. (क) ताजमहल के किनारे यमुना नदी बहती है।
(ख) शाहजहाँ ने ताजमहल का निर्माण अपनी बेगम मुमताज महल की मधुर याद में करवाया।
(ग) ताजमहल विश्व की प्रसिद्ध इमारतों में से एक है जो आगरा में स्थित है। इसकी सुन्दरता विश्व के हजारों पर्यटकों को अपनी ओर आकर्षित करती है। इसलिए पर्यटक आगरा आने को उत्सुक रहते हैं।
(घ) साफ आसमान तथा पूर्णमासी के दिन ताज की सुन्दरता मनमोहक होती है। नदी का ठहरा पानी और चाँद की चाँदनी ताजमहल की सुन्दरता को चार चाँद लगाती हैं। इसी दिन अधिकतर लोग ताज को देखने की इच्छा रखते हैं।
(ङ) ताजमहल के समीप की दुकानों में साधारणतः ताजमहल के पत्थरों से बनी मॉडल एवं हस्तशिल्प से बनी सुंदर वस्तुओं को बेचते हैं।

3. (क) बदनामी (ख) सबके (ग) आन
(घ) लालच (ङ) भाव (च) अच्छी
(छ) कटुक (ज) कठिन (झ) प्राचीन।

4. **परिचित**—अपने परिचितों से बैर मोल लेना अच्छी बात नहीं होती।
सज्जन—आज के दौर में सज्जन व्यक्ति बिरले ही मिलते हैं।
दफ्तर—क्या आप किसी दफ्तर में कार्यरत हैं?
परिवार—मैं अपने परिवार का मुखिया नहीं हूँ।
दायित्व—आपको अपने दायित्व का निर्वाह करना चाहिए।

5. (क) भाषा का प्रयोग दो रूपों में किया जा सकता है।
(ख) विश्व में शान्ति क्यों आवश्यक है?
(ग) दूध एक द्रव है।
(घ) आगरा का ताजमहल बहुत प्रसिद्ध है।
(ङ) सीमा पर सेना तैनात है।

6. (क) लड़के और लड़कियाँ पढ़ रहे हैं।
(ख) उसके आँख से आँसू निकल पड़े।
(ग) दस सिपाही एक साथ आ रहे हैं।
(घ) परीक्षा प्रणाली बदल देनी चाहिए।
(ङ) अध्यापक कक्षा में पढ़ाते हैं।

7. (क) इन्द्र—देवराज
देवताओं के राजा इन्द्र हैं।
इन्द्रधनुष—इन्द्रधनुष की रंगीन पट्टियाँ मन को मोह लेती हैं।
(ख) आशय—तात्पर्य/अर्थ
पहले आप मेरी बात का आशय समझ लें, तब बोलें।
आश्रय—ठिकाना
बुरे दिनों में कहीं आश्रय नहीं मिलता।
(ग) समर्थ—सक्षम
मैं अपने कार्य को करने में सक्षम हूँ।
समर्थन—अनुमोदन
सांसदों के समर्थन पर ही सरकार टिकी है।
(घ) एकता—एकत्व
एकता में बल है।
एकान्त—निर्जन
एकान्त वास का मजा ही कुछ और है।
(ङ) उदात्त—उदार
उदात्त विचारों वाला व्यक्ति शक्तिमान होता है।
उद्धत—तत्पर
हमारी सेनायें देश पर मर मिटने को उद्धत हैं।

8. (क) पावक (ख) लक्ष्मी
(ग) ताज्जुब (घ) भगवान
(ङ) पंकज।

9. (क) चौरस भूमि (ख) चौकोर घेरा
(ग) काला कौआ (घ) गरीब ब्राह्मण
(ङ) पुराना रोग

प्रश्न पत्र–II (बुद्धि परीक्षण)

निर्देश—दिए गए विकल्पों में से कौन-सा अपने वर्ग में भिन्न है?

1. (A) ईसा मसीह (B) बुद्ध
(C) गांधी (D) मोहम्मद

2. (A) बरसाती (B) छाता
(C) छोटा जहाज (D) साड़ी

3. (A) लोमड़ी (B) भेड़िया
(C) हिरण (D) तेन्दुआ

4. (A) नाई (B) बढ़ई
(C) लोहार (D) दर्जी

5. (A) गंगटोक (B) सिंहभूम

(C) हैदराबाद (D) चेन्नई

6. (A) गाजर (B) आलू
(C) पालक (D) शलजम

7. (A) कोट (B) मोजा
(C) शर्ट (D) जैकेट

8. (A) जनवरी (B) मार्च
(C) जुलाई (D) सितम्बर

9. (A) बल्ब (B) पंखा
(C) मोमबत्ती (D) सूर्य

10. (A) फेफड़ा (B) यकृत
(C) हृदय (D) आँख

निर्देश–दिए गए विकल्पों में से कौन शृंखला को पूरा करता है?

11. U, O, I, E, ...
(A) B (B) C
(C) A (D) Z

12. A, C, F, H, ...
(A) I (B) J
(C) K (D) L

13. 3, 6, 18, 72, ...
(A) 144 (B) 288
(C) 350 (D) 360

14. 1, 2, 6, 24, ...
(A) 72 (B) 120
(C) 48 (D) 96

15. 5, 16, 49, 104, ...
(A) 133 (B) 144
(C) 180 (D) 181

16. 1, 4, 9, 14, 25, ...
(A) 35 (B) 36
(C) 49 (D) 64

17. 20, 19, 17, ...
(A) 12 (B) 13
(C) 14 (D) 15

18. 2, 3, 5, 7, 11, ...
(A) 12 (B) 13
(C) 14 (D) 15

19. 3, 9, 27, 81, ...
(A) 243 (B) 343
(C) 210 (D) 324

20. A, B, D, G, ...
(A) M (B) L
(C) K (D) H

निर्देश–किसी निश्चित सांकेतिक भाषा में CHARCOAL का संकेत कोड 45164913 तथा MORALE का संकेत कोड 296137 है, तो निम्नलिखित 'शब्दों' को किस प्रकार उसी सांकेतिक भाषा में कोड किया जाएगा?

21. ARCHER
(A) 164576 (B) 185476
(C) 197457 (D) 184576

22. MECHRALE
(A) 26756137 (B) 27456137
(C) 47956137 (D) 29456137

23. ROCHEL
(A) 695478 (B) 691387
(C) 994537 (D) 694573

24. LARCH
(A) 36145 (B) 31645
(C) 31546 (D) 31456

25. MARCH
(A) 24615 (B) 25416
(C) 21645 (D) 23456

26. COLLER
(A) 397758 (B) 497782
(C) 483359 (D) 493376

27. REAL
(A) 8519 (B) 6713
(C) 6513 (D) 6719

28. COACH
(A) 38137 (B) 49145
(C) 49451 (D) 85145

29. ALLOCHRE
(A) 1763935 (B) 15933653
(C) 13394567 (D) 13368957

30. HEARL
(A) 57361 (B) 57163
(C) 75613 (D) 5793

निर्देश–निम्नलिखित प्रत्येक प्रश्न में चार शब्द दिए गए हैं जिनमें से तीन किसी न किसी प्रकार समान हैं, जबकि चौथा शब्द इन सभी से भिन्न है। उस भिन्न शब्द को ज्ञात कीजिए–

31. (A) चमेली (B) धनिया
(C) कमल (D) गुलाब

32. (A) डुबकी (B) चालन
(C) तैरना (D) जलयात्रा

33. (A) कोचीन (B) विशाखापत्तनम
(C) मैसूर (D) मुम्बई

34. (A) चरण सिंह (B) एस. राधाकृष्णन
(C) मोरारजी देसाई (D) चन्द्रशेखर

35. (A) आलू (B) अदरक
(C) गाजर (D) बंदगोभी

36. (A) बीरबल (B) फैज अहमद
(C) अबुल फजल (D) तानसेन

37. (A) लक्षद्वीप (B) सिक्किम
(C) महाराष्ट्र (D) मणिपुर

38. (A) पिता (B) बहन
(C) माता (D) मित्र

39. (A) पतला (B) लम्बा
(C) तेज (D) छोटा

40. (A) आदमी (B) शेर
(C) हाथी (D) हिरण

निर्देश–निम्नलिखित आकृति में से कौन-सी एक आकृति अन्य तीन से भिन्न है?

41. 
(A) (B) (C) (D)

42. 
(A) (B) (C) (D)

43. 
(A) (B) (C) (D)

44. 
(A) (B) (C) (D)

45. 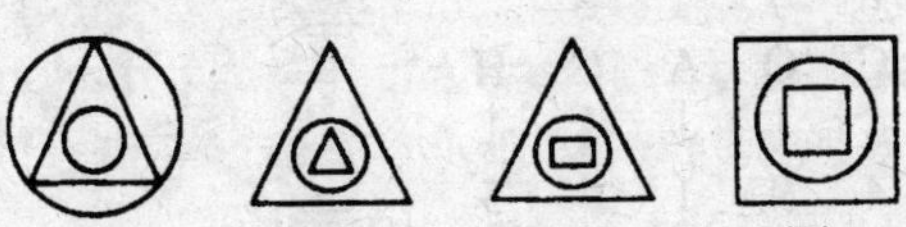
(A) (B) (C) (D)

निर्देश–निम्नलिखित प्रश्नों में एक तरफ प्रश्नाकृति दी गई है तथा दूसरी तरफ उत्तराकृति (A), (B), (C) तथा (D) दी गई हैं। उत्तराकृति में से एक आकृति को चुनिए जो प्रश्नाकृति के तत्काल बाद की श्रृंखला स्थापित करती है।

46. **प्रश्नाकृतियाँ**

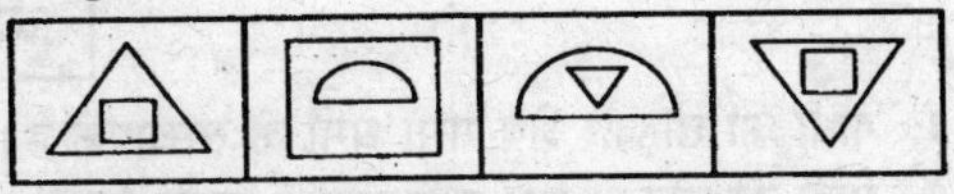

उत्तराकृतियाँ

(A) (B) (C) (D)

47. **प्रश्नाकृतियाँ**

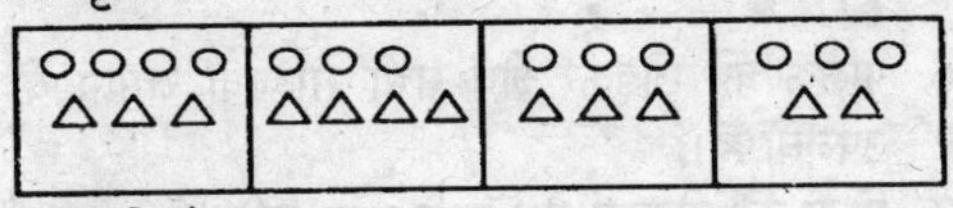

उत्तराकृतियाँ

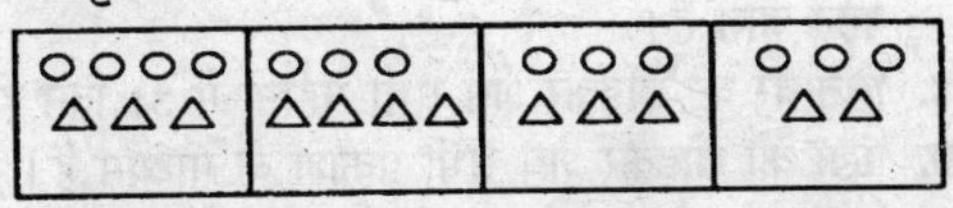
(A) (B) (C) (D)

48. **प्रश्नाकृतियाँ**

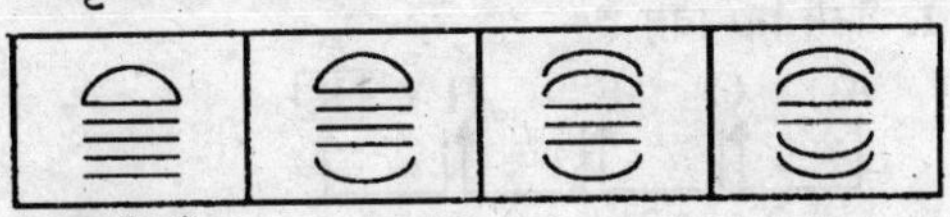

उत्तराकृतियाँ

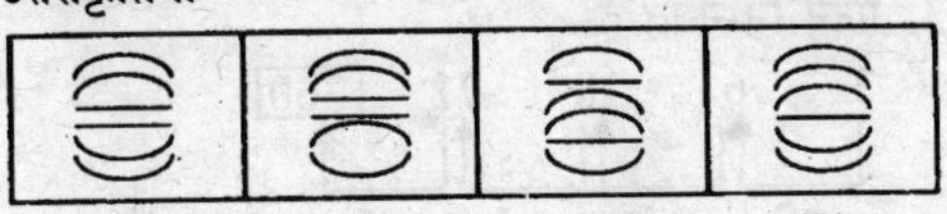
(A) (B) (C) (D)

49. **प्रश्नाकृतियाँ**

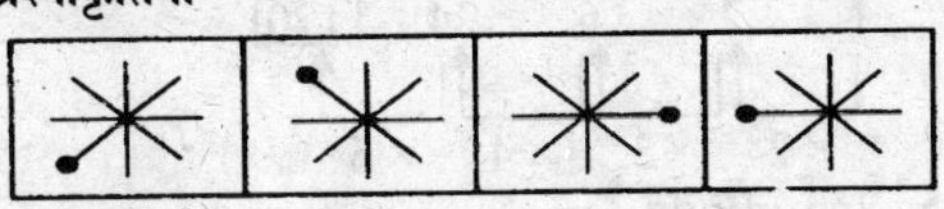

उत्तराकृतियाँ

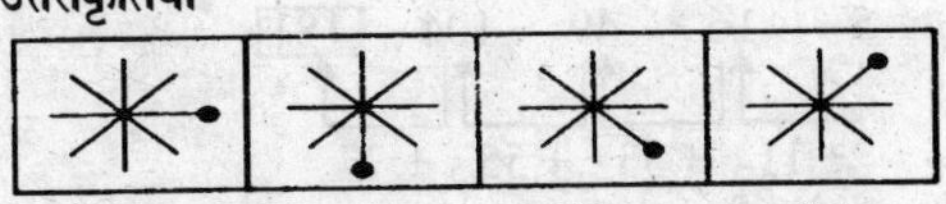
(A) (B) (C) (D)

50. **प्रश्नाकृतियाँ**

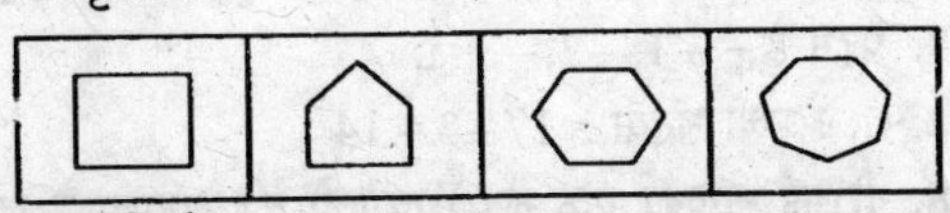

उत्तराकृतियाँ

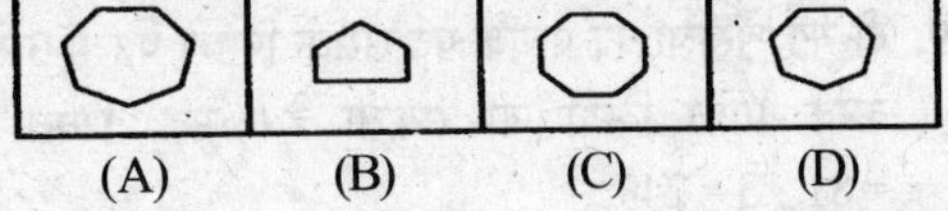
(A) (B) (C) (D)

व्याख्यात्मक उत्तर

1. गांधी को छोड़कर शेष सभी धर्मों के संस्थापक हैं।

2. साड़ी को छोड़कर शेष सभी वर्षा से बचाव हेतु प्रयोग किए जाते हैं।

3. हिरण को छोड़कर शेष सभी मांसाहारी पशु हैं।

4. नाई को छोड़कर दूसरे सभी को कार्य करने के लिए कच्चे माल की आवश्यकता पड़ती है।

5. सिंहभूम को छोड़कर शेष सभी भारत के राज्यों की राजधानी हैं।

6. पालक को छोड़कर शेष सभी सब्जियाँ जमीन के अन्दर उपजती हैं।

7. मोजा को छोड़कर शेष सभी वस्त्र शरीर के ऊपरी हिस्से में पहने जाते हैं।

8. सितम्बर को छोड़कर शेष सभी महीनों में 31 दिन होते हैं।

9. पंखा को छोड़कर शेष सभी प्रकाश के माध्यम हैं।

10. यकृत को छोड़कर शेष सभी अंग हैं।

11. शृंखला में स्वर घटते क्रम में हैं, अतः अंतिम स्वर A है।

12. पैटर्न निम्नवत् है–

A → C → F → H → [K]

+2 +3 +2 +3

13. पैटर्न निम्नवत् है–

3 → 6 → 18 → 72 → [360]

×2 ×3 ×4 ×5

14. पैटर्न निम्नवत् है–

1 → 2 → 6 → 24 → [120]

×2 ×3 ×4 ×5

15. पैटर्न निम्नवत् है–

5 → 16 → 49 → 104 → [181]

+11 +33 +55 +77

16. संख्याएँ हैं–$1^2, 2^2, 3^2, 4^2, 5^2$

$\therefore$ रिक्त स्थान $= 6^2 = 36$

17. पैटर्न है– $-1, -2, -3, ...$

$\therefore$ अगली संख्या $= 17 - 3 = 14$

18. दी गई शृंखला एक रूढ़ संख्याओं की शृंखला है जो 2 से प्रारम्भ होती है। अतः 11 के बाद रूढ़ संख्या 13 आएगी।

19. दी गई शृंखला का प्रत्येक पद उसके पिछले पद में 3 से गुणा करके प्राप्त किया जा सकता है। अतः रिक्त संख्या $= 81 \times 3 = 243$

20. पैटर्न निम्नवत् है–

A → B → D → G → [K]

+1 +2 +3 +4

21. ∵ C H A R C O A L और

↓ ↓ ↓ ↓ ↓ ↓ ↓ ↓

4 5 1 6 4 9 1 3

M O R A L E

↓ ↓ ↓ ↓ ↓ ↓

2 9 6 1 3 7

अतः A R C H E R

↓ ↓ ↓ ↓ ↓ ↓

1 6 4 5 7 6

22. M E C H R A L E

↓ ↓ ↓ ↓ ↓ ↓ ↓ ↓

2 7 4 5 6 1 3 7

23. R O C H E L

↓ ↓ ↓ ↓ ↓ ↓

6 9 4 5 7 3

24. L A R C H

↓ ↓ ↓ ↓ ↓

3 1 6 4 5

25. M A R C H

↓ ↓ ↓ ↓ ↓

2 1 6 4 5

26. C O L L E R

↓ ↓ ↓ ↓ ↓ ↓

4 9 3 3 7 6

27. R E A L

↓ ↓ ↓ ↓

6 7 1 3

28. C O A C H

↓ ↓ ↓ ↓ ↓

4 9 1 4 5

29. A L L O C H R E

↓ ↓ ↓ ↓ ↓ ↓ ↓ ↓

1 3 3 9 4 5 6 7

30. H E A R L

↓ ↓ ↓ ↓ ↓

5 7 1 6 3

31. धनिया को छोड़कर शेष सभी फूल हैं जबकि धनिया मसाले हैं।

32. चालन को छोड़कर शेष सभी क्रियाएँ जल में की जाती हैं।

33. मैसूर को छोड़कर शेष सभी स्थानों पर बन्दरगाह हैं।

34. एस. राधाकृष्णन को छोड़कर शेष सभी भारत के प्रधानमंत्री रह चुके हैं।

35. सभी सब्जियाँ जमीन के अन्दर उपजती हैं जबकि बंदगोभी जमीन के ऊपर।

36. फैज अहमद को छोड़कर शेष सभी अकबर के दरबारी थे।

37. लक्षद्वीप को छोड़कर शेष सभी भारत के राज्य हैं।

38. मित्र को छोड़कर शेष सभी के साथ खून का रिश्ता दर्शाते हैं।

39. 'तेज' को छोड़कर शेष सभी मात्रक से सम्बन्धित हैं।

40. आदमी को छोड़कर शेष सभी पशु हैं।

41. (A) को छोड़कर दूसरे सभी में अन्दर एवं बाहर की आकृति एक समान है।

42. (A) को छोड़कर शेष सभी में बाहर की प्रथम दो आकृति एक जैसी हैं।

43. (D) को छोड़कर शेष सभी में समानांतर रेखाएँ हैं।

44. (C) को छोड़कर शेष सभी में अन्दर एवं बाहर की आकृति एक जैसी है।

45. (C) को छोड़कर शेष सभी में अन्दर एवं बाहर की आकृति एक समान है।

46. प्रत्येक अगली आकृति में बाहर की आकृति पहली आकृति की अन्दर का रूप ले लेती है। बाहर की आकृति लुप्त हो जाती है तथा अन्दर की आकृति में अन्य आकृति चली आती है। अतः उत्तराकृति (D) प्राप्त होती है।

47. प्रत्येक आकृति को छोड़कर अगली आकृति में त्रिभुजों की संख्या तथा वृत्तों की संख्या में बढ़ोत्तरी हो रही है। अतः उत्तराकृति (B) प्राप्त होती है।

48. (D) प्रत्येक दूसरी आकृति में रेखा-खण्ड पहली आकृति की तुलना में वक्र-रूप क्रमशः पहले ऊपर से फिर दूसरे में नीचे ले रही है। अतः उत्तराकृति (D) इसका अगला चरण है।

49. (D) प्रश्नाकृति में बिन्दु '●' दक्षिणावर्त दिशा में दो पद, तीन पद, चार पद, पाँच पद क्रमशः बढ़ रही है।

50. (C) प्रत्येक प्रश्नाकृति में भुजाओं की संख्या एक पद से बढ़ रही है। अतः अगली आकृति आठ भुजाओं वाली प्राप्त होगी जो (C) में है।

पिछले प्रश्न-पत्र (हल सहित)

सैनिक स्कूल प्रवेश परीक्षा, 2005

प्रश्न पत्र–I (गणित एवं भाषा ज्ञान)

भाग 'अ' गणित

1. एक आयत का क्षेत्रफल 12 वर्ग सेमी है तथा लम्बाई 4 सेमी है। आयत की चौड़ाई ज्ञात कीजिए।

2. 48 का अभाज्य गुणनखण्ड लिखिए।

3. दो संख्याओं का अन्तर 190825308 है। यदि बड़ी संख्या 212122202 है, छोटी संख्या ज्ञात कीजिए।

4. रिक्त स्थानों पर आने वाले अंक को लिखिए जिससे कि क्रम बना रहेः

(A) 1, 9, 25, 49, ... (B) 2, 5, 10, 17, ...

5. एक वृत का अर्द्धव्यास 4.9 सेमी है। उसकी परिधि ज्ञात कीजिए।

6. न्यूनतम भिन्न में बदलो : 0.75 =

7. 0.02 का वर्ग मालूम कीजिए।

8. इसे हल करके उत्तर दशमलव में लिखिएः

$$\frac{11}{50}+\frac{7}{25}=$$

9. सरल कीजिए : $\frac{2}{3}+\frac{4}{5}+\frac{5}{7}$ का $2\frac{13}{25}$

10. $\frac{11}{200}$ को प्रतिशत में बदलिए।

11. एक कार सुबह 5.30 A.M. शहर 'A' से चली तथा 360 किमी दूर शहर 'B' में 11.30 A.M. बजे पहुँची। कार की औसत गति प्रति घण्टा कितनी है?

12. ABCD एक समानान्तर चतुर्भुज है। यदि कोण 'A' = 120°, तो कोण 'D' ज्ञात कीजिए।

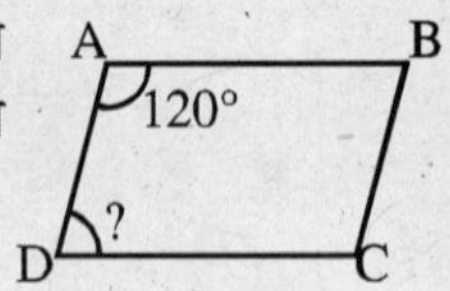

13. सरल कीजिएः

$0.077 \div 7 - 0.005 \div 5$

14. 6% प्रति वर्ष की दर से 1250 पर 4 वर्षों में कितना साधारण ब्याज मिलेगा?

15. एक टैंक 5 मीटर लम्बा, 4 मीटर चौड़ा और 3 मीटर ऊँचा है। इसमें कितना पानी आ सकता है?

16. एक वृत का अर्द्धव्यास 7 सेमी है उसके अर्द्धवृत्त की लम्बाई लगभग—

(A) 14 सेमी (B) 22 सेमी

(C) 20 सेमी (D) 36 सेमी

17. अरुण एक वस्तु 500 रु॰ में खरीदता है और उसे रवि को 10% लाभ पर बेचता है। रवि ने कितना मूल्य दिया?

18. कौनसा बड़ा है 342 का $66\frac{2}{3}$ % या 300 का 60%

19. निम्नलिखित कथनों में कौन सत्य या असत्य है, लिखिए—

(A) एक लाइन की निश्चित लम्बाई नहीं होती।

(B) एक लाइन के अंतिम बिन्दु नहीं होते।

(C) एक लाइन को पेपर पर नहीं खींचा जा सकता है, परन्तु चित्र द्वारा दर्शाया जा सकता है।

20. एक थैले में $86\frac{2}{3}$ किलो चीनी है। इसी प्रकार के 10 थैलों में कितनी चीनी आएगी?

21. एक ठोस को पानी से भरे बर्तन में जिसमें 20 सेमी की ऊँचाई तक पानी भरा है, जब पानी में डाला जाता है तो पानी का स्तर $\frac{1}{5}$ चढ़ जाता है। पानी की सतह की वर्तमान ऊँचाई क्या है? ऊँचाई में कितने प्रतिशत वृद्धि होगी?

22. रमेश अपने वेतन का 15% घर के किराए पर तथा 20% खाने पर खर्च करता है। यदि उसका मासिक वेतन 7,000 रु॰ हो तो वह किराए तथा खाने पर कुल कितना खर्च करता है?

23. सरल कीजिए : $5\frac{1}{2}-\left\{\frac{2}{5} \text{ का } \frac{5}{6}+\left(7\div 1\frac{3}{4}\right)\right\}$

24. मोहन ने 250 अंकों में से 120 अंक प्राप्त किए और नीता ने 280 अंकों में से 140 अंक प्राप्त किए। किसने ज्यादा अंक प्राप्त किए?

25. दिए गए आकार का क्षेत्रफल बताइए :

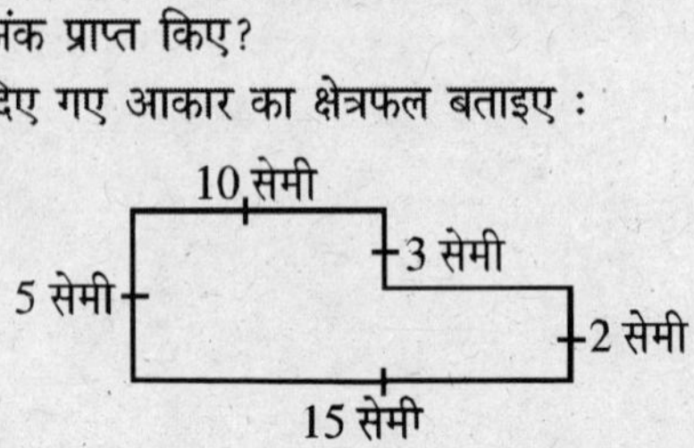

26. दो प्रकार के बर्तनों की क्षमता $17\frac{1}{2}$ लिटर तथा $15\frac{1}{2}$ लिटर है। पहले प्रकार के 12 बर्तनों तथा दूसरे प्रकार के 15 बर्तनों को भरने के लिए कितने लिटर पानी की आवश्यकता है?

27. यात्रा के दौरान एक ट्रेन 493 किमी 5 घण्टे 48 मिनट में तय करती है। उसकी औसत गति लिखिए।

28. एक आयताकार घनाभ की लम्बाई 4 सेमी, चौड़ाई 3 सेमी तथा ऊँचाई 2 सेमी है। एक घन क्षेत्र का पार्श्व 3 सेमी है। किसका आयतन ज्यादा है?

29. निम्नलिखित कथनों में कौन सत्य या असत्य है, लिखिए :

(A) एक चतुर्भुज ABCD ट्रेपिजीयम् होता है यदि AB|| CD

(B) क्रय मूल्य = विक्रय मूल्य – क्षति

(C) तीन अंकों का औसत हमेशा तीनों में से एक अंक होता है

(D) एक कोण जिसका नाप 90° से बड़ा है वह अधिक कोण है

(E) एक त्रिभुज में दो समकोण हो सकते हैं

30. एक घड़ी साज ने एक पुरानी घड़ी 80 रु. में खरीदी। उसने 10 रु. उसकी मरम्मत पर लगाए तथा 117 रु. की घड़ी बेची, लाभ या क्षति प्रतिशत निकालिए।

व्याख्यात्मक उत्तर

1. यहाँ आयत की चौड़ाई $= \frac{12 \text{ सेमी}^2}{4 \text{ सेमी}} = 3$ सेमी

2. 48 का अभाज्य गुणनखण्ड $= 2 \times 2 \times 2 \times 2 \times 3$
$= 2^4 \times 3$

3. बड़ी संख्या = 212122202
अन्तर = 190825308
$\therefore$ छोटी संख्या = 212122202 – 190825308
= 21296894

4. (A) श्रेणी को व्याख्यात्मक सम्बन्ध के अनुरूप सजाने पर,

1	9	25	49	**81**
↑	↑	↑	↑	↑
1^2	3^2	5^2	7^2	9^2

(B) प्रश्न से

2 → 5 → 10 → 17 → **26**
(+3, +5, +7, +9)

5. वृत्त की परिधि $= 2\pi r = 2 \times \frac{22}{7} \times 4.9$
$= 44 \times 0.7$
$= 30.8$ सेमी

6. $0.75 = \frac{75}{100} = \frac{3}{4}$

7. $(0.02)^2 = 0.02 \times 0.02 = 0.0004$

8. व्यंजक $= \frac{11}{50} + \frac{7}{25}$
$= \frac{25}{50} = \frac{1}{2} = 0.5$

9. व्यंजक $= \frac{2}{3} + \frac{4}{5} + \frac{5}{7}$ का $2\frac{13}{25}$
$= \frac{2}{3} + \frac{4}{5} + \frac{5}{7} \times \frac{63}{25} = \frac{2}{3} + \frac{4}{5} + \frac{9}{5}$
$= \frac{10+12+27}{15} = \frac{49}{15} = 3\frac{4}{15}$

10. $\frac{11}{200} = \frac{11}{200} \times 100\% = \frac{11}{2}\%$
$= 5.5\%$

11. औसत गति $= \frac{\text{कुल दूरी}}{\text{लगा समय}}$ (लगा समय = 11.30 AM – 5.30 AM = 6 घंटे)
$= \frac{360 \text{ किमी}}{6 \text{ घण्टे}} = 60$ किमी/घण्टा

12. दिए गये समानान्तर चतुर्भुज में,
$\angle D = 180° - 120° = 60°$

13. $0.077 \div 7 - 0.005 \div 5$
$= 0.011 - 0.001 = 0.01$

14. साधारण ब्याज की राशि $= \frac{\text{मू.} \times \text{स.} \times \text{दर}}{100}$
$= \frac{1250 \times 6 \times 4}{100}$
$= 25 \times 3 \times 4 = 300$ रु.

15. टैंक का आयतन = लं. × चौ. × ऊँ. $= 5 \times 4 \times 3$
= 60 घन मीटर

16. (D) अर्धवृत्त की लम्बाई $= d + \pi r$

$= 14 + \frac{22}{7} \times 7 = 14 + 22 = 36$ सेमी

17. $100 + 10 = 110$

जब क्रय मूल्य ₹ 100 है तो विक्रय मूल्य = 110

जब क्रय मूल्य ₹ 500 है तो विक्रय मूल्य $= \frac{110}{100} \times 500$

= ₹ 550

अतः रवि ने ₹ 550 दिया।

18. 342 का $66\frac{2}{3}\% = 342 \times \frac{200}{3 \times 100} = 228$

तथा 300 का $60\% = 300 \times \frac{60}{100} = 180$

अर्थात 342 का $66\frac{2}{3}\%$ बड़ा है।

19. (A) सत्य (B) सत्य
(C) सत्य

20. 10 थैले में चीनी की मात्रा $= 10 \times \frac{260}{3} = \frac{2600}{3}$

$= 866\frac{2}{3}$ किग्रा

21. यहाँ पानी का बढ़ा स्तर $= 20 \times \frac{1}{5} = 4$ सेमी

∴ पानी का वर्तमान ऊँचाई = (20 + 4) सेमी
= 24 सेमी

∴ ऊँचाई में % वृद्धि $= \frac{4}{20} \times 100\%$

$= 4 \times 5 = 20\%$

22. किराये तथा खाने पर कुल खर्च $= 15 + 20 = 35\%$
अभीष्ट खर्च = 7000 रु. का 35%

$= 7000 \times \frac{35}{100} = 2450$ रु.

23. $5\frac{1}{2} - \left\{\frac{2}{5} \text{ का } \frac{5}{6} + \left(7 \div 1\frac{3}{4}\right)\right\}$

$= \frac{11}{2} - \left\{\frac{2}{5} \times \frac{5}{6} + \left(7 \times \frac{4}{7}\right)\right\} = \frac{11}{2} - \left\{\frac{1}{3} + 4\right\}$

$= \frac{11}{2} - \left(\frac{1+12}{3}\right) = \frac{11}{2} - \frac{13}{3} = \frac{33-26}{6}$

$= \frac{7}{6} = 1\frac{1}{6}$

24. मोहन के प्राप्तांक का % $= \frac{120}{250} \times 100\% = 48\%$

नीता के प्राप्तांक का % $= \frac{140}{280} \times 100\% = 50\%$

अर्थात नीता ने ज्यादा अंक प्राप्त किए।

25. दिए गए आकार का क्षेत्रफल
$= 10 \times 3 + 15 \times 2 = 30 + 30 = 60$ वर्ग सेमी

26. अभीष्ट पानी की मात्रा $= \left(\frac{35}{2} \times 12 + \frac{31}{2} \times 15\right)$ लिटर

$= \left(210 + \frac{465}{2}\right) = \frac{420 + 465}{2} = \frac{885}{2}$

$= 442\frac{1}{2}$ लिटर

27. 5 घण्टे 48 मिनट $= \left(5 + \frac{48}{60}\right)$ घण्टे

$= \left(5 + \frac{4}{5}\right)$ घण्टे $= \frac{29}{5}$ घण्टे

ट्रेन की औसत गति $= \frac{493 \text{ किमी}}{\frac{29}{5} \text{ घण्टे}} = \frac{493 \times 5}{29}$

$= 17 \times 5 = 85$ किमी/घण्टा

28. आयताकार घनाभ का आयतन = लं. × चौ. × ऊँ.
$= 4 \times 3 \times 2 = 24$ घन सेमी
घन क्षेत्र का आयतन = (भुजा)$^3 = 3 \times 3 \times 3$
= 27 घन सेमी
अर्थात घन क्षेत्र का आयतन अधिक है।

29. (A) सत्य (B) असत्य
(C) असत्य (D) सत्य
(E) असत्य

30. लाभ = वि॰मू॰ – क्र॰मू॰
= 117 – 90 = 27 रु॰

$$\text{लाभ\%} = \frac{\text{लाभ} \times 100}{\text{क्र॰मू॰}} = \frac{27 \times 100}{90}\% = 30\%$$

भाग 'ब' भाषा ज्ञान

1. निम्नलिखित विषयों में से किसी एक पर निबन्ध लिखें–
(क) बड़ा होकर मैं क्या बनना चाहता हूँ?
(ख) वर्षा का एक दिन

2. निम्नलिखित गद्यांश को पढ़ो और नीचे दिये गये प्रश्नों के उत्तर दो–

रॉबर्ट ब्रुस स्कॉटलैण्ड का राजा था। उसने अपने देश को आजाद कराने के अनेक प्रयत्न किये किन्तु सब विफल रहे। एक दिन वह एक गुफा में निराशा भरी मुद्रा में बैठा था। वह अपने देश को आजाद करने के प्रयत्नों को छोड़ने को सोच रहा था अचानक उसकी निगाहें एक मकड़ी पर पड़ी, जोकि छत तक पहुँचने की कोशिश में लगी हुई थी। उसने कई कोशिशें की पर हर बार विफल रही, परन्तु मकड़ी ने हिम्मत नहीं हारी। उसने फिर कोशिश की और इस बार वह अपनी कोशिश में सफल रही। मकड़ी की कोशिशों की रॉबर्ट ब्रुस ने भरपूर प्रशंसा की। वह प्रेरित हुए और सोचने लगे कि मकड़ी की तरह वह भी सफल हो सकते हैं। उन्होंने भी साहस के साथ एक और प्रयत्न किया। इस बार वह अपने देश को आजाद करवाने में सफल रहे।

(क) स्कॉटलैण्ड के राजा की क्या समस्या थी?
(ख) राजा ब्रुस निराशा भरी मुद्रा में क्यों बैठे थे?
(ग) मकड़ी ने रॉबर्ट ब्रुस को कैसे प्रोत्साहित किया?
(घ) रॉबर्ट ब्रुस के अन्तिम प्रयास का क्या परिणाम रहा?
(ङ) इस कहानी से आपने क्या सीखा?

3. सही शब्द का चयन करके रिक्त स्थान भरिये–
(क) वह अपने अस्वस्थ पिता .... कई घण्टे बैठा। (के पास, पास)
(ख) चिड़ियाँ वृक्ष .... टहनी पर बैठी थीं। (की, का)
(ग) उसका भाई अगली मास की पहली तिथि से मेरे .... रहेगा। (पास, साथ)
(घ) हरि तथा मोहन के .... का झगड़ा पुलिस ने सुलझाया। (आपस, बीच)
(ङ) नदी .... जल अस्वच्छ है। (के, का)
(च) उसने 100 रुपये .... पेन खरीदा। (का, में)
(छ) मैं तुम्हारे सुझाव .... सहमत नहीं हूँ। (से, में)
(ज) वह बहुत तेजी .... दौड़ रहा है। (से, में)
(झ) सुबह से भारी वर्षा हो .... थी। (रहे, रही)
(ञ) वह उनको पहले पढ़ा .... थी। (चुके, चुकी)

4. नीचे लिखे वाक्यों में से गहरे काले छपे शब्दों का प्रयोग करते हुए अपने वाक्य बनाएँ–
इसी **चिन्ता** में किसान बहुत **बीमार** पड़ गया।
उसने अपने चारों **बेटों** को अपने पास बुलाया।
उसने उन्हें **परिश्रम** का **महत्व** बताया।

5. नीचे लिखे शब्दों को अर्थपूर्ण वाक्यों में बदलें–
(क) वह, बाहर, खाना, गया, खाने, है।
(ख) हैं, पिता, गांधीजी राष्ट्र हमारे।
(ग) सींग नहीं घोड़े के, होते हैं।
(घ) नहीं बनाना का बतंगड़ बात चाहिए।
(ङ) है पिता पुत्र अपने से बड़ा

6. नीचे लिखे शब्दों के वाक्य बनाकर अन्तर बताओ–
(क) अकुल, आकुल
(ख) अभिराम, अविराम
(ग) कुल, कूल
(घ) गृह, ग्रह
(ङ) प्रवेश, परिवेश

7. निर्देशानुसार करो–
(क) उसने कहा–"मेरे माता-पिता घर पर ही हैं।" (संदेह में परिवर्तित करें)
(ख) उसने गर्व से कहा कि वह कक्षा में प्रथम आया है। (विस्मय में परिवर्तित करें)
(ग) वह एक लम्बा लड़का है। (विलोम में परिवर्तित करें)
(घ) वह एक सभ्य लड़की है। (प्रश्नवाचक में परिवर्तित करें)
(ङ) इस शैतानी के लिए कौन जिम्मेवार है? (संकेत में परिवर्तित करें)

8. नीचे लिखे लिंग परिवर्तन तथा अन्य परिवर्तन कर वाक्य को सही करें–

(क) वह अपना कक्षा में बैठी है।
(ख) माँ अपनी पुत्री के साथ खेल रही है।
(ग) लड़के कक्षा से बाहर निकल रहे हैं।
(घ) राजा राजकुमार से प्रसन्न था।
(ङ) शेर ने गाय पर हमला किया।

9. निम्नलिखित विशेषण शब्दों को उपयुक्त संज्ञा के साथ मिलाएँ–

(क) सुखी (ख) अच्छे
(ग) ताजे (घ) काले
(ङ) घने

अंक, बाल, परिवार, फल, जंगल।

व्याख्यात्मक उत्तर

1. (ख) **बड़ा होकर मैं क्या बनना चाहता हूँ?:** मानव-जीवन का परम लक्ष्य है दूसरों को आनन्द प्रदान करना, विश्व का कल्याण करना तथा अपने हृदय सागर के अनमोल से अनमोल रत्न को दूसरों के हित के लिए लुटा देना। इसी बात को ध्यान में रखते हुए मैंने अपने जीवन का लक्ष्य निर्धारित किया है कि मैं बड़ा होकर एक आदर्श अध्यापक बनूँ तथा समाज व देश का हित करूँ।

शिक्षक होना सचमुच बहुत बड़ी बात हुआ करती है। वह अपनी सुसाधित सद्शिक्षा के प्रकाश से अज्ञान के अन्धेरे को दूर कर आदमी को ज्ञान का प्रकाश प्रदान किया करता है। अध्यापक (शिक्षक) का पद वह गौरवपूर्ण पद है जिसको प्राप्त करना बड़ा कठिन है। इसको पाने के लिए मुझे कठिन परिश्रम करना होगा। इसके लिए मुझे सर्वप्रथम एक आदर्श विद्यार्थी बनना होगा। बड़ी लगन तथा परिश्रम के साथ विद्याध्ययन करना होगा। मुझे किसी विषय में पारंगत होना होगा, उसके बिना मैं अपने कार्य के साथ न्याय नहीं कर सकता। मुझे एक आदर्श अध यापक बनने के लिए तपस्वी के समान साधक, सैनिक के समान अनुशासन-प्रिय एवं पृथ्वी के समान धैर्यवान व सहनशील बनना होगा। ऐसा बनना ही मेरे जीवन की अभिलाषा भी है और लक्ष्य भी। इसके लिए मैं निरंतर प्रयत्नशील हूँ।

अध्यापन-कार्य एक पवित्र कार्य है। अध्यापक राष्ट्र-निर्माता होता है। वह अपनी सुकुमार मति से छात्रों का शिक्षा के द्वारा नवनिर्माण करता है, उन्हें एक नए सांचे में ढालता है। यद्यपि अध्यापक की दशा बहुत दयनीय है फिर भी वह इसकी परवाह किए बिना ही देश और समाज की सच्ची सेवा करता है। वह देश की निरक्षरता को दूर करता है। वह राष्ट्र के बच्चों को सुयोग्य नागरिक बनाता है। वह विद्यार्थियों के चरित्र का निर्माण करता है। इन गुणों को ध्यान में रखकर मैंने विचार किया है कि मैं एक अध्यापक बनूँ तथा अपने देश व समाज की सेवा करूँ।

अध्यापक बन कर लोगों को हर प्रकार से योग्य, समझदार तथा कार्य-निपुण बनाने का प्रयत्न करूँगा। उनको जीवन में जीने की नई दृष्टि और उत्साह दूँगा। मेरा विश्वास है कि विद्याधन ही सर्वोत्तम धन है और विद्यादान ही सबसे बड़ा दान है। मेरा उद्देश्य (ध्येय) तभी सफल होगा जब मैं अपने कार्य में सफल होऊँगा। मुझे अति प्रसन्नता तो तब होगी जब मेरे पढ़ाए हुए विद्यार्थी कुशल डॉक्टर, सफल इंजीनियर, उच्चाधिकारी और देश के आदर्श नेता बन पाएँगे।

2. (क) स्कॉटलैण्ड के राजा की समस्या यह थी कि वह अपने देश को आजाद कराना चाहता था लेकिन वह अपने प्रयास में निरन्तर असफल हो रहा था।

(ख) राजा ब्रुस निराशा भरी मुद्रा में इसलिए बैठा था क्योंकि उसे अपने प्रयत्नों में सफलता नहीं मिल रही थी इसलिए वह अपने देश को आजाद करने के प्रयत्नों को छोड़ने की सोच रहा था।

(ग) मकड़ी छत तक पहुँचने के लिए बार-बार प्रयास कर रही थी लेकिन वह हर बार असफल हो रही थी, परन्तु मकड़ी ने हिम्मत नहीं हारी और अन्त में वह छत तक पहुँचने में सफल रही। रॉबर्ट को मकड़ी के प्रयत्न और सफलता ने एक और प्रयत्न करने के लिए प्रेरित किया।

(घ) राबर्ट ब्रुस ने भी मेहनत के साथ एक और प्रयास किया और वह अपने देश को आजाद कराने में सफल रहा।

(ङ) इस कहानी से हमने यह सीखा कि हमे असफलता से हार नहीं माननी चाहिए और बराबर प्रयत्न करते रहना चाहिए। प्रयत्न करते रहने से अन्त में हमें सफलता अवश्य मिलती है।

3. (क) के पास (ख) की
(ग) साथ (घ) बीच
(ङ) का (च) में
(छ) से (ज) से
(झ) रही (ञ) चुकी

4. चिन्ता–चिन्ता स्वास्थ्य के लिए बहुत घातक होती है।
बीमार–वह अपने बीमार बच्चे को लेकर बहुत परेशान है।
बेटों–उसने अपनी संपत्ति अपने बेटों में बांट दी।
परिश्रम–परीक्षा में पास होने के लिए परिश्रम करना आवश्यक है।
महत्व–परिवार में सबका अपना-अपना महत्व होता है।

5. (क) वह बाहर खाना खाने गया है।
(ख) गांधीजी हमारे राष्ट्रपिता हैं।
(ग) घोड़े के सींग नहीं होते हैं।
(घ) बात का बतंगड़ नहीं बनाना चाहिए।
(ङ) पिता अपने पुत्र से बड़ा है।

6. (क) अकुल = कुलरहित
नरेश अकुल परिवार से आता है।
आकुल = उद्विग्न, परेशान
बच्चे के स्कूल से वापस नहीं आने के कारण माँ आकुल थी।
(ख) अभिराम = सुन्दर
अभिराम दृश्य सबके मन को मोह लेते हैं।
अविराम = लगातार
परिश्रमी लोग अविराम काम में लगे रहते हैं।
(ग) कुल = वंश
गौतम बुद्ध उच्च कुल में पैदा हुए थे।
कूल = तट
वृक्ष नदी के कूल पर खड़ा है।
(घ) गृह = घर
अपना गृह सबको प्यारा होता है।
ग्रह = नक्षत्र
आजकल मोहन के ग्रह ठीक नहीं है।
(ङ) प्रवेश = अन्दर आना
सेना मुख्यालय में सबका प्रवेश वर्जित है।
परिवेश = घेरा
गांव के परिवेश से निकलना बहुत जटिल होता है।

7. (क) उसने कहा कि संभवतः उसके माता-पिता घर पर ही होंगे।
(ख) उसने गर्व से कहा कि अहा, मैं कक्षा में प्रथम आया हूँ।
(ग) वह एक नाटा लड़का है।
(घ) क्या वह एक सभ्य लड़की है?
(ङ) इस शैतानी के लिए वह जिम्मेवार है।

8. (क) वह अपनी कक्षा में बैठी है।
(ख) माँ अपने पुत्र के साथ खेल रही है।
(ग) लड़कियाँ अपनी कक्षा से बाहर निकल रही हैं।
(घ) रानी राजकुमार से प्रसन्न थी।
(ङ) शेर ने बैल पर हमला किया।

9. (क) सुखी परिवार (ख) अच्छे अंक
(ग) ताजे फल (घ) काले बाल
(ङ) घने जंगल

प्रश्न पत्र–II (बुद्धि परीक्षण)

निर्देश(प्रश्न 1 से 10)–*दिए गए विकल्पों में से कौन-सा शृंखला को पूरा करता है–*

1. D, F, I, M, R, ...
(A) Y (B) V
(C) W (D) X
(E) N

2. A, C, B, D, F, E, G, I, ...
(A) J (B) H
(C) F (D) E
(E) R

3. A, C, F, J, O, ...
(A) R (B) S
(C) T (D) U
(E) V

4. Z, A, D, E, H, I, N, O, ...
(A) S (B) W

(C) G (D) T
(E) V

5. 24, 35, 48, 63, ...
(A) 87 (B) 83
(C) 80 (D) 79
(E) 74

6. 3, 8, 18, 33, ...
(A) 61 (B) 57
(C) 53 (D) 47
(E) 38

7. 4, 5, 9, 18, 34, ...
(A) 59 (B) 58
(C) 50 (D) 43
(E) 39

8. $3, \frac{1}{3}, 14, \frac{1}{14}, 25, \frac{1}{25},$ ....
(A) $\frac{1}{36}$ (B) $\frac{1}{34}$
(C) 34 (D) 36
(E) 42

9. 9, 19, 30, 42, 55, 69, ...
(A) 89 (B) 85
(C) 84 (D) 79
(E) 76

10. 1, 3, 7, 13, 21, ...
(A) 33 (B) 31
(C) 29 (D) 27
(E) 25

11. यदि MOTHER का कोड OQVJGT है, तो SISTER का कोड होगा–
(A) CJUVGT (B) TJTUFS
(C) TJTUES (D) UKUVGT

12. यदि TELEPHONE का कोड ENOHPELET है, तो ALIGATOR का कोड होगा–
(A) ROTAGILE (B) ROTAGILA
(C) ROTEGILA (D) ROTAGIAL

13. यदि TEACHER का कोड VGCEJGT है, तो CHILDREN का कोड होगा–
(A) EJKNFGTO (B) EJKNEGTP
(C) EJKNFHTP (D) EJKNFTGP

निर्देश(प्रश्न 14 से 15)–*दिए गए विकल्पों में से सही उत्तर खाली स्थान में भरें–*

14. धनुष का जो सम्बन्ध तीर से वही सम्बन्ध बन्दूक का .... से है।
(A) SOLDIER (B) BARREL
(C) TRIGGER (D) BULLET
(E) SHOT

15. मछली का जो सम्बन्ध मीन पंख से है वही सम्बन्ध चिड़ियाँ का .... से है।
(A) NEST (B) FLY
(C) SKY (D) CHPP
(E) FEATHER

निर्देश(प्रश्न 16 से 25)–*दिए गए विकल्पों में से कौन-सा अपने वर्ग में भिन्न है–*

16. (A) ब्रह्मपुत्र (B) कावेरी
(C) गंगा (D) कैलाश
(E) सतलज

17. (A) कौआ (B) बत्तख
(C) गौरेया (D) तोता
(E) मैना

18. (A) पृथ्वी (B) चन्द्रमा
(C) बुध (D) शनि
(E) शुक्र

19. (A) मराठी (B) तेलगू
(C) कन्नड़ (D) गुजराती
(E) संस्कृत

20. (A) लीटर (B) गज
(C) किलोग्राम (D) वजन
(E) ईंच

21. (A) बाघ (B) हिरण
(C) शेर (D) भेड़िया
(E) चीता

22. (A) अनुशिक्षक (B) प्रशिक्षु
(C) अध्यापक (D) निर्देशक
(E) लेक्चरर

23. (A) हिनहिनाना (B) आवाज
(C) रेंकना (D) भौंकना
(E) म्याऊँ

24. (A) स्वाद (B) गंध
(C) अंगूठा (D) सुनना
(E) दृश्य

25. (A) अँगुली (B) कलाई
(C) हथेली (D) अँगूठा
(E) जाँघ

निर्देश(प्रश्न 26 से 35)–*दिए गए विकल्पों में से कौनसी संख्या या अंकों का समूह अपने वर्ग में भिन्न है–*

26. (A) AabD (B) cCDf
(C) dDeG (D) PpQS
(E) pQrT

27. (A) ADG (B) BEH
(C) ZWT (D) CFI
(E) DGJ

28. (A) XYZ (B) UVW
(C) RST (D) NOR
(E) KLM

29. (A) BCE (B) FGI
(C) JKM (D) NOQ
(E) RST

30. (A) 1.5 (B) 3
(C) 4.5 (D) 6
(E) 7.25

31. (A) NOPM (B) STUR
(C) VWXU (D) KJLM
(E) CDEB

32. (A) 7 (B) 11
(C) 13 (D) 17
(E) 21

33. (A) 81 (B) 64
(C) 50 (D) 36
(E) 25

34. (A) 123 (B) 231
(C) 312 (D) 132
(E) 342

35. (A) 343 (B) 216
(C) 120 (D) 64
(E) 27

निर्देश(प्रश्न 36 से 50)–*पाँच आकृतियों की एक शृंखला दी गई है। जिसमें पाँचवी के स्थान पर प्रश्न सूचक चिह्न है। दिए गए विकल्पों में से एक ऐसी आकृति ढूँढिए जो प्रश्न सूचक चिह्न वाले स्थान पर ठीक बैठ सके*

प्रश्न आकृति

36. 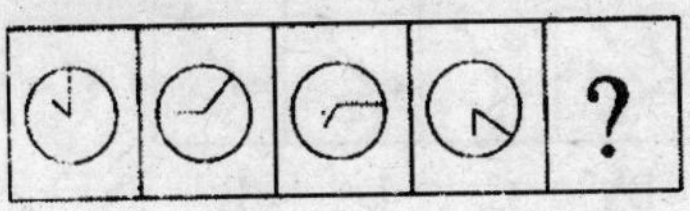

उत्तर आकृति

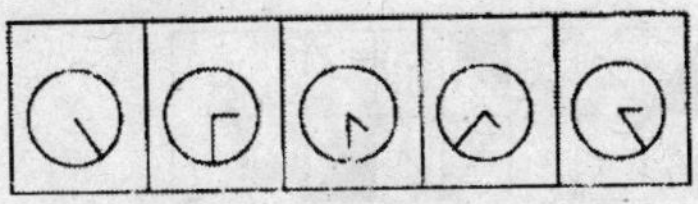

A B C D E

37. **प्रश्न आकृति**

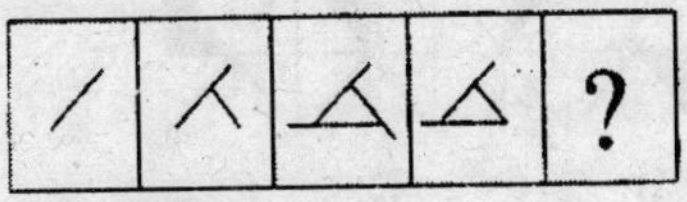

उत्तर आकृति

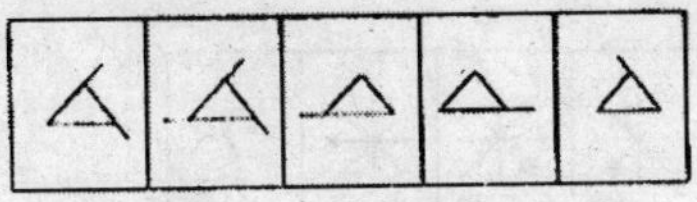

A B C D E

38. **प्रश्न आकृति**

उत्तर आकृति

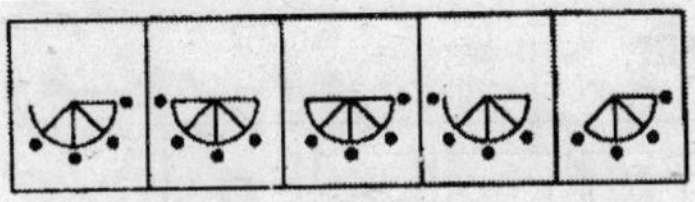

A B C D E

39. **प्रश्न आकृति**

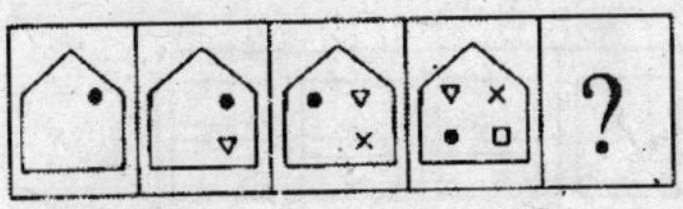

उत्तर आकृति

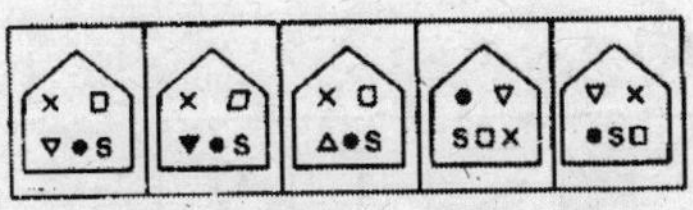

A B C D E

40. **प्रश्न आकृति**

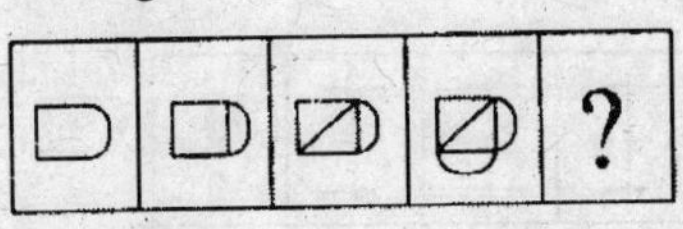

उत्तर आकृति

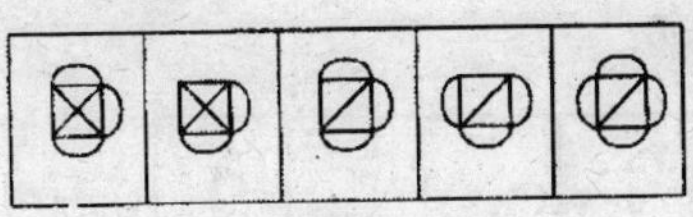

A B C D E

41. प्रश्न आकृति

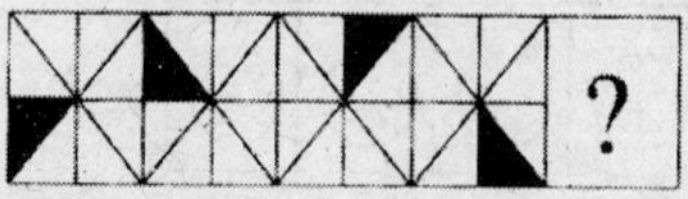

उत्तर आकृति

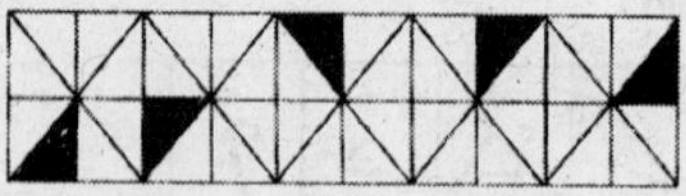

A B C D E

42. प्रश्न आकृति

उत्तर आकृति

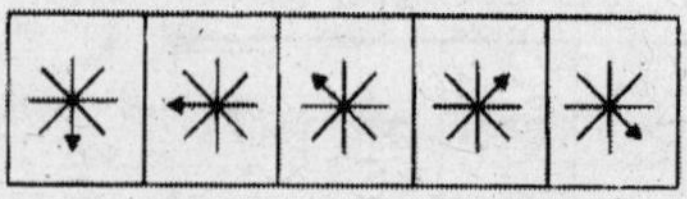

A B C D E

43. प्रश्न आकृति

उत्तर आकृति

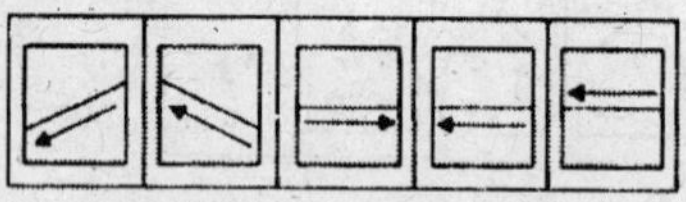

A B C D E

44. प्रश्न आकृति

उत्तर आकृति

A B C D E

45. प्रश्न आकृति

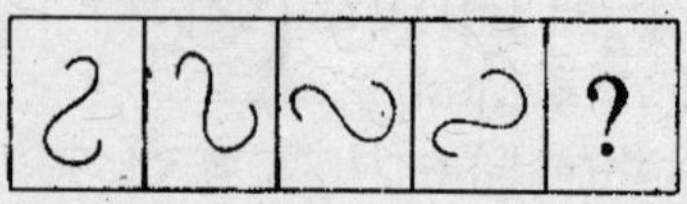

उत्तर आकृति

A B C D E

46. प्रश्न आकृति

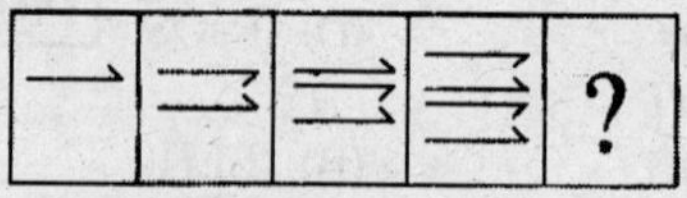

उत्तर आकृति

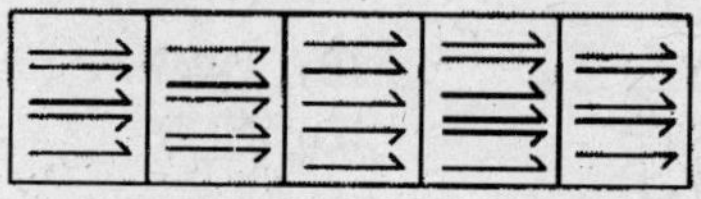

A B C D E

47. प्रश्न आकृति

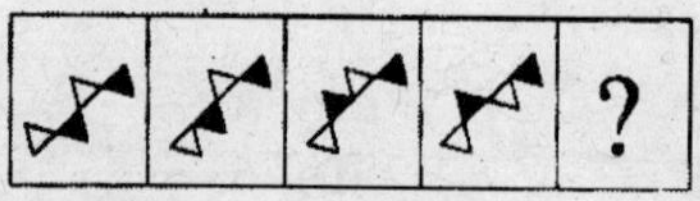

उत्तर आकृति

A B C D E

48. प्रश्न आकृति

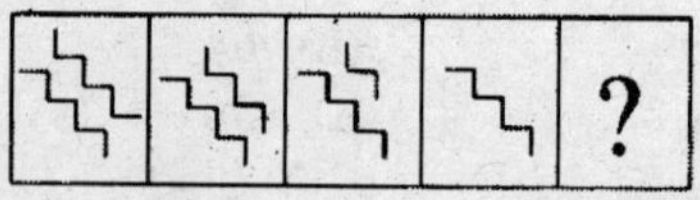

उत्तर आकृति

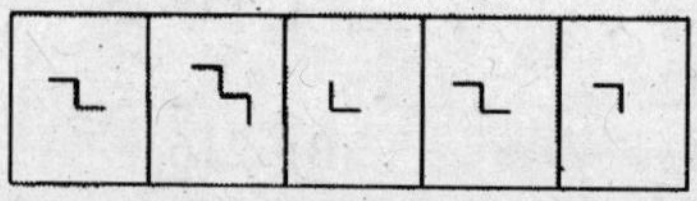

A B C D E

49. प्रश्न आकृति

उत्तर आकृति

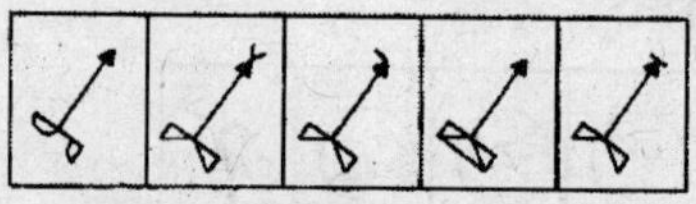

A B C D E

50. प्रश्न आकृति

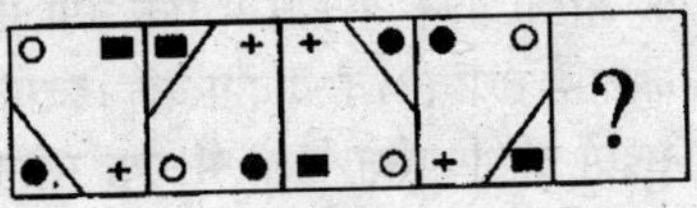

उत्तर आकृति

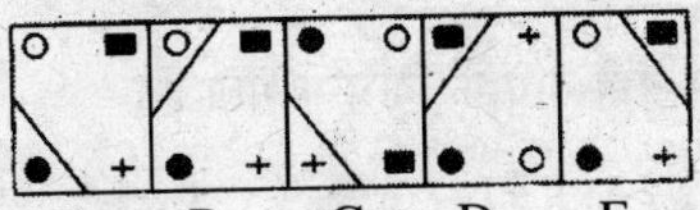

A B C D E

व्याख्यात्मक उत्तर

1. (D): D F I M R (X)

+2 +3 +4 +5 +6

2. (B): A C B D F E G I (H)

+1 +1 +1 (ऊपर)

+1 +1 +1 (नीचे)

3. (D): A C F J O (U)

+2 +3 +4 +5 +6

4. (D): Z A D E H I N O (T) U

स्वर स्वर स्वर स्वर स्वर

+1 +1 +1 +1 +1

5. (C): 24 35 48 63 (80)

+11 +13 +15 +17

6. (C): 3 8 18 33 (53)

+5 +10 +15 +20

7. (A): 4 5 9 18 34 (59)

$+(1)^2$ $+(2)^2$ $+(3)^2$ $+(4)^2$ $+(5)^2$

8. (D): 3 $\frac{1}{3}$ 14 $\frac{1}{14}$ 25 $\frac{1}{25}$ (36)

+11 +11 +11

9. (C): 9 19 30 42 55 69 (84)

+10 +11 +12 +13 +14 +15

10. (B): 1 3 7 13 21 (31)

+2 +4 +6 +8 +10

11. (D): जैसे

$M \xrightarrow{+2} O$

$O \xrightarrow{+2} Q$

$T \xrightarrow{+2} V$

$H \xrightarrow{+2} J$

$E \xrightarrow{+2} G$

$R \xrightarrow{+2} T$

उसी तरह

$S \xrightarrow{+2} U$

$I \xrightarrow{+2} K$

$S \xrightarrow{+2} U$

$T \xrightarrow{+2} V$

$E \xrightarrow{+2} G$

$R \xrightarrow{+2} T$

12. (B): दिए गए शब्द के अक्षरों को विपरीत क्रम में लिखने पर कूट शब्द प्राप्त होता है।

13. (D): जिस तरह

$T \xrightarrow{+2} V$

$E \xrightarrow{+2} G$

$A \xrightarrow{+2} C$

$C \xrightarrow{+2} E$

$H \xrightarrow{+2} J$

$E \xrightarrow{+2} G$

$R \xrightarrow{+2} T$

उसी तरह

$C \xrightarrow{+2} E$

$H \xrightarrow{+2} J$

$I \xrightarrow{+2} K$

$L \xrightarrow{+2} N$

$D \xrightarrow{+2} F$

$R \xrightarrow{+2} T$

$E \xrightarrow{+2} G$

$N \xrightarrow{+2} P$

14. (D): जिस तरह धनुष से तीर छोड़ा जाता है, उसी तरह बन्दूक से BULLET.

15. (E): जिस तरह मछली के पंख, मीन पंख होते हैं उसी तरह चिड़ियों के पंख FEATHER होते हैं।

16. (D): शेष सभी नदियाँ हैं।

17. (B): केवल बत्तख ही पानी में तैर सकती है।

18. (B): शेष सभी सौरमण्डल के ग्रह हैं।

19. (E): शेष सभी प्रान्तीय भाषाएँ हैं।

20. (D): शेष सभी नापतौल की इकाइयाँ हैं।

21. (B): शेष सभी हिंसक/मांसाहारी जन्तु हैं।

22. (B): शेष सभी शिक्षण देने वाले हैं।

23. (B): शेष सभी विभिन्न पशुओं की बोलियाँ हैं।

24. (C): शेष सभी ज्ञानेन्द्रियों से प्राप्त विभिन्न प्रकार के ज्ञान हैं।

25. (E): शेष सभी हाथ के विभिन्न भाग हैं।

26. (E): A a b D (+0 +1 +2) c C D f (+0 +1 +2) d D e G (+0 +1 +2) P p Q S (+0 +1 +2) P Q r T (+1 +1 +2)

27. (C): A D G (+3, −3) B E H (+3, −3) Z W T (−3, +3) C F I (+3, −3) D G J (+3, −3)

28. (D): X Y Z (+1, −1) U V W (+1, −1) R S T (+1, −1) N O R (+1, −3) K L M (+1, −1)

29. (E): B C E (+1, −2) F G I (+1, −2) J K M (+1, −2) N O Q (+1, −2) R S T (+1, −1)

30. (E):

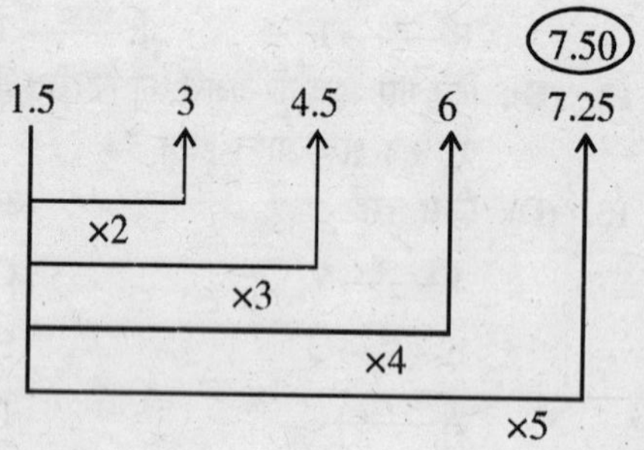

31. (D): N O P M (+1 +1, +1) S T U R (+1 +1, +1) V W X U (+1 +1, +1) K J L M (−1 +2, −2) C D E B (+1 +1, +1)

32. (E): शेष सभी अभाज्य संख्याएँ हैं।

33. (C): शेष सभी पूर्ण वर्ग संख्याएँ हैं।

34. (E): शेष सभी संख्याएँ केवल अंक 1, 2 व 3 से बनी हैं।

35. (C): शेष सभी पूर्ण घन संख्याएँ हैं।

36. (C):

37. (C): प्रश्न आकृति (2) तक प्रत्येक अगली आकृति एक रेखा बढ़ रही है। परन्तु प्रश्न आकृति (4) से एक-एक रेखा कम होती जा रही है।

38. (A): प्रत्येक अगली प्रश्न आकृति में एक त्रिज्या एवं $\frac{1}{8}$ परिधि कम होती है जबकि एक डॉट की वृद्धि होती जाती है।

39. (A): प्रत्येक अगली प्रश्न आकृति में एक नया डिजाइन बढ़ जाता है तथा (2) के बाद प्रत्येक डिजाइन घड़ी की सुइयों की विपरीत दिशा में एक स्थान आगे सरक जाता है।

40. (B): प्रत्येक अगली प्रश्न आकृति में एक रेखा या अर्द्धवृत्त बढ़ जाता है और डिजाइन समाप्त होता है तथा एक नया डिजाइन बनता है।

41. (C): प्रत्येक अगली प्रश्न आकृति में काला भाग क्रमशः 1, 2, 3 व 4 खाने घड़ी की सुइयों की दिशा में आगे बढ़ता है।

42. (B): प्रश्न आकृति (1) से (3) में तथा (3) से (5) में तीर घड़ी की सुइयों की दिशा में अगली रेखा पर पहुँचता है, जबकि (2) से (4) में तीर विपरीत दिशा में अगली रेखा पर बढ़ रहा है।

43. (D): प्रत्येक अगली प्रश्न आकृति में बीच की लकीर सुई की दिशा में घूम रही है तथा तीर, रेखा के नीचे से ऊपर और ऊपर से नीचे घूम रहा है। इसके अतिरिक्त तीर उलट जाता है।

44. (B) प्रश्न आकृति (1), (3) और (5) एकसमान होंगे।

45. (C): प्रत्येक अगली प्रश्न आकृति में ड़िजाइन घड़ी की सुइयों के विपरीत दिशा में 45° सरक जाती है।

46. (A): प्रत्येक अगली प्रश्न आकृति में पहला डिजाइन नीचे तथा उसके स्थान पर उल्टा डिजाइन आ जाता है।

47. (E): प्रत्येक अगली प्रश्न आकृति में नीचे से क्रमशः पहला, दूसरा, तीसरा व चौथा डिजाइन उलट जाता है।

48. (E): प्रत्येक अगली प्रश्न आकृति में रेखा क्रमशः एक, दो, तीन व चार घटती जाती हैं।

49. (B):

50. (A): प्रत्येक अगली प्रश्न आकृति में कोनों पर बने प्रत्येक डिजाइन घड़ी की सुइयों के विपरीत दिशा में अगले कोनों पर चली जाती है परन्तु रेखा विपरीत दिशा में अगले कोने पर पहुँच जाती है।

पिछले प्रश्न-पत्र (हल सहित)

सैनिक स्कूल प्रवेश परीक्षा, 2004

प्रश्न पत्र-I (गणित एवं भाषा ज्ञान)

भाग 'अ' – गणित

1. सरल करोः $5\frac{7}{8} \div 3\frac{1}{4} \times 7\frac{5}{16} + 16$ का $\frac{7}{8}$.

2. रिक्त स्थानों को भरो–

(i) चतुर्भुज में ...... भुजाएँ होती हैं।

(ii) व्यास वृत्त की ...... जीवा होती है।

3. छः अंकों की सबसे बड़ी संख्या एवं सबसे छोटी संख्या के 'अन्तर' एवं 'योग' को जोड़ो।

4. 12.25 किलोग्राम में से 250 ग्राम नमक के कितने पैकेट बनेंगे?

5. सही या गलत लिखें–

(i) जब किसी वस्तु का विक्रय-मूल्य, क्रय-मूल्य से कम होता है, तो घाटा होता है।

(ii) 86 85 94 327 में अंक 6 एवं 4 के स्थानों के मूल्य का अन्तर बताएँ।

6. निम्नलिखित का लघुत्तम समापवर्तक निकालो–
39, 52, 65

7. एक तेल के टिन में 6.5 किग्रा तेल आता है। 175 किग्रा तेल भरने के लिए कितने टिन चाहिए?

8. राखी ने 9 रु. प्रति मीटर की दर से $8\frac{1}{3}$ मीटर कपड़ा खरीदा। राखी को कुल कितने रुपए देने होंगे?

9. निम्नलिखित में से कौन-से तीन कोण त्रिभुज नहीं बनाते?

(A) $m\angle A = 90°, m\angle B = 90°, m\angle C = 20°$

(B) $m\angle A = 68°, m\angle B = 12°, m\angle C = 100°$

(C) $m\angle A = 45°, m\angle B = 110°, m\angle C = 25°$

10. प्रत्येक * को एक ही अंक से हटाएँ–

	3	*	5	2
+	1	0	7	*
+	5	4	*	2
+	*	7	3	*
1	*	9	2	*

11. एक आयताकार घन का आयतन निकालो जिसकी लम्बाई 1 मीटर, चौड़ाई 25 सेमी एवं ऊँचाई 75 सेमी. है।

12. संख्या 1.549 एवं 2.381 के योग को संख्या 3.152 एवं 9.342 के अन्तर से घटाओ।

13. रीता ने एक घड़ी 150 रुपए में खरीदकर 135 रुपए में बेच दी। उसे कितने प्रतिशत का घाटा हुआ?

14. श्याम ने 2 किग्रा 400 ग्राम दाल, 1 किग्रा 500 ग्राम नमक, 3 किग्रा 50 ग्राम टमाटर तथा 2 किग्रा 250 ग्राम आलू खरीदे। बताओ वह कुल कितना वजन उठाए रहा?

15. एक बस पहले घण्टे में 38 किमी, दूसरे घण्टे में 35 किमी, तीसरे घण्टे में 52 किमी और आखिरी घण्टे में 35 किमी का सफर तय करती है। बस की औसत गति प्रति घण्टा कितनी है?

16. कौन-सा फुटबाल का मैदान बड़ा है?
'अ' जिसकी लम्बाई 125 मीटर व चौड़ाई 48 मीटर है या 'ब' जिसकी लम्बाई 108 मीटर व चौड़ाई 72 मीटर है।

17. हवाई जहाज का दिल्ली से मुम्बई का किराया 7800 रुपए है जिस पर 8% सर्विस टैक्स लगता है। दिल्ली से मुम्बई का कुल किराया कितना होगा?

18. चार अंकों की बड़ी-से-बड़ी वह संख्या ज्ञात करो जिसमें 66 से भाग देने पर कोई शेषफल न बचे।

19. उस वृत्त की परिधि ज्ञात करो जिसका व्यास 7 सेमी है।

20. राम 200 मीटर प्रति मिनट की दर से साइकिल चलाकर रमन के घर पहुँचता है। उसे रमन के घर पहुँचने में कितना समय लगेगा अगर उसका घर 1.2 किमी की दूरी पर है?

21. एक लड़के को प्रत्येक दो सही निशाने लगाने पर 3 रुपए मिलते हैं। प्रत्येक बार निशाना छूटने पर 0.50 रुपए खोने पड़ते हैं। एक खेल में 9 बार निशाना लगाने पर 3 बार निशाना छूट गया। उसे कुल कितने रुपए मिलेंगे?

22. (i) एक लिफ्ट में 28 बच्चे या 14 आदमी जा सकते हैं। इसमें 10 आदमियों के साथ कितने बच्चे जा सकते हैं?
(ii) एक हवाई जहाज 8 घण्टे में 2848 किमी की दूरी तय करता है। वह 1683 किमी की दूरी तय करने में कितना समय लेगा?

23. अशोक ने 1650 रुपए रमेश से 8% वार्षिक ब्याज की दर से उधार लिए। उसने 1 वर्ष 6 महीने में कुल कितने रुपए वापस किए?

24. उस वर्गाकार मैदान की एक भुजा की लम्बाई ज्ञात करो जिसका क्षेत्रफल एक आयत के बराबर है जिसकी लम्बाई 48 मीटर एवं चौड़ाई 12 मीटर है।

25. एक दुकानदार ने 1250 रुपए में एक साइकिल खरीदी और उस पर 20% खर्चा कर ठीक करवाया। उसने वही साइकिल 1650 रुपए में बेच दी। उसे कितने प्रतिशत का लाभ या घाटा हुआ?

26. एक आयताकार मैदान की चौड़ाई 20 मीटर है। इसकी लम्बाई चौड़ाई की दोगुनी है। मैदान की परिमिति एवं क्षेत्रफल निकालो।

27. नौ प्रतिशत प्रति वर्ष की दर से 1400 रुपए पर $5\frac{1}{2}$ वर्ष में कितना ब्याज मिलेगा? यह भी निकालो कि कुल कितने रुपए मिलेंगे?

28. दो बक्से 140 रुपए की दर से खरीदे गए। एक बक्सा 10% के घाटे पर और दूसरा 8% लाभ पर बेचा गया। कुल घाटा या लाभ कितने रुपए का हुआ?

29. एक व्यक्ति वृत्ताकार रास्ते पर 44 मीटर की दूरी तय करके उसी बिन्दु पर आ जाता है। अगर वह व्यक्ति केन्द्र बिन्दु से दूसरी ओर जाता है, तो उसे कितनी दूरी तय करनी पड़ेगी?

30. राम के पास 40 रुपए थे। उसने 16 रुपए ललित को एवं 24 रुपए हरीश को दिए। उसने किस अनुपात में रुपए बाँटे?

व्याख्यात्मक उत्तर

1. $5\frac{7}{8} \div 3\frac{1}{4} \times 7\frac{5}{16} + 16$ का $\frac{7}{8}$

$= \frac{47}{8} \div \frac{13}{4} \times \frac{117}{16} + \frac{7}{8} \times 16$

$= \frac{47}{8} \div \frac{13}{4} \times \frac{117}{16} + 14$

$= \frac{47}{8} \times \frac{4}{13} \times \frac{117}{16} + 14$

$= \frac{423}{32} + 14 = \frac{423+448}{32} = \frac{871}{32} = 27\frac{7}{32}$

2. (i) चार (ii) सबसे बड़ी

3. छः अंकों की सबसे बड़ी संख्या एवं सबसे छोटी संख्या का अंतर =

$$\begin{array}{r} 999999 \\ -\ 100000 \\ \hline 899999 \end{array}$$

छः अंकों की सबसे बड़ी संख्या एवं सबसे छोटी संख्या का योग =

$$\begin{array}{r} 999999 \\ +\ 100000 \\ \hline 1099999 \end{array}$$

अभीष्ट योगफल =

$$\begin{array}{r} 899999 \\ +\ 1099999 \\ \hline 1999998 \end{array}$$

4. 12.25 कि.ग्रा. = 12.25 × 1000 = 12250 ग्राम

पैकेटों की संख्या = $\frac{12250}{250} = 49$

5. (i) सही
(ii) 86 85 94 327 में अंक 6 एवं 4 के स्थानों के मूल्य का अंतर =

$$\begin{array}{r} 60000000 \\ -\ 4000 \\ \hline 59996000 \end{array}$$

6. $13\,\underline{|\,39,\ 52,\ 65}$
$\quad\ \ 3,\ 4,\ 5$

$= 13 \times 3 \times 4 \times 5$

$= 780$

इस प्रकार, 39, 52 तथा 65 का ल.स. 780 होगा।

7. टीनों की संख्या = $\frac{175}{6.5} = \frac{1750}{65} = 26\frac{12}{13}$

अर्थात, 27 टीन चाहिए।

8. राखी के द्वारा दी गई कुल रुपए = 9 रु. $\times \frac{25}{3}$ = 75 रु.

9. A   10. 6

11. लंबाई = 1 मीटर = 100 सेमी.

आयताकार घन का आयतन = लं. × चौ. × ऊँ.

= 100 × 25 × 75 = 187500 घन सेमी.

12.
$$\begin{array}{r} 1.549 \\ +\ 2.381 \\ \hline 3.930 \end{array} \qquad \begin{array}{r} 9.342 \\ -\ 3.152 \\ \hline 6.190 \end{array}$$

$$\begin{array}{r} 6.190 \\ -\ 3.930 \\ \hline 2.260 \end{array}$$

अभीष्ट अंतर = 2.260

13. घाटा = 150 − 135 = 15 रु.

घाटा का प्रतिशत = $\frac{15 \times 100}{150}$ = 10%

14.
2 किग्रा 400 ग्राम
+ 1 किग्रा 500 ग्राम
+ 3 किग्रा 50 ग्राम
+ 2 किग्रा 250 ग्राम
―――――――――
9 किग्रा 200 ग्राम

अर्थात् वह 9 किग्रा 200 ग्राम का वजन उठा रहा है।

15. औसत गति = $\frac{38+35+52+35}{4} = \frac{160}{4}$

= 40 किमी प्रति घंटा

16. मैदान 'अ' का क्षेत्रफल = 125 × 48 = 6000 मी.^{2}

मैदान 'ब' का क्षेत्रफल = 108 × 72 = 7776 मी.^{2}

अर्थात, मैदान 'ब' बड़ा है।

17. दिल्ली से मुम्बई का कुल किराया (सर्विस टैक्स सहित)

= 7800 रु. + $\frac{8}{100} \times 7800$ रु.

= 7800 + 624 = 8424 रु.

18.
```
66) 9999 (151
    66
    ---
    339
    330
    ---
    ×× 99
       66
       --
       33
```

अभीष्ट संख्या = 9999 − 33 = 9966

19. व्यास = 7 सेमी.

वृत्त की परिधि = π × व्यास

$= \frac{22}{7} \times 7$

= 22 सेमी.

20. 1.2 किमी. = 1.2 × 1000 = 1200 मी.

अभीष्ट समय = $\frac{1200}{200}$ = 6 मिनट

21. सही निशानों की संख्या = 9 − 3 = 6

6 बार सही निशाना लगाने पर दी गई राशि = $6 \times \frac{3}{2}$

= 9 रु.

3 बार निशाना छुटने पर काटी गई राशि = 3 × 0.50

= 1.50 रु.

अर्थात, उसे कुल 9 − 1.50 = 7.50 रु. मिलेंगे।

22. (i) 8 बच्चे

(ii) हवाई जहाज की औसत गति

= $\frac{2848}{8}$ = 356 किमी/घंटा

अभीष्ट समय = $\frac{1683}{356} = 4\frac{259}{356}$ घंटे

23. समय = 1 वर्ष 6 महीने = $1\frac{6}{12}$ वर्ष = $1\frac{1}{2}$ वर्ष = $\frac{3}{2}$ वर्ष

ब्याज = $\frac{\text{मूलधन} \times \text{समय} \times \text{दर}}{100}$

= $\frac{1650 \times 3 \times 8}{100 \times 2}$ = 198 रु.

उसे कुल 1650 + 198 = 1848 रु. वापस करने होंगे।

24. आयत का क्षेत्रफल = लम्बाई × चौड़ाई = 48 × 12

= 576 वर्ग मीटर

अर्थात, वर्ग का क्षेत्रफल = 576 वर्गमीटर होगी।

वर्ग की एक भुजा की लंबाई = $\sqrt{\text{क्षेत्रफल}}$

= $\sqrt{576}$

= $\sqrt{2^2 \times 2^2 \times 2^2 \times 3^2}$

= 2 × 2 × 2 × 3

= 24 मीटर

25. साइकिल की खरीद मूल्य = 1250 रु.

उसकी मरम्मत पर किया गया खर्च = $\frac{20}{100} \times 1250$ रु.

= 250 रु.

साइकिल पर कुल खर्च (क्रय मूल्य) = 1250 + 250

= 1500 रु.

विक्रय मूल्य = 1650 रु.

लाभ = 1650 – 1500 = 150 रु.

$$\text{लाभ\%} = \frac{\text{लाभ} \times 100}{\text{क्रय मूल्य}} = \frac{150 \times 100}{1500} = 10\%$$

26. मैदान की चौड़ाई = 20 मीटर

तो प्रश्नानुसार, लंबाई = 2 × 20 = 40 मीटर होगी।

आयताकार मैदान की परिधि = 2 (लं + चौ.)

= 2 (40 + 20)

= 2 × 60 = 120 मीटर

आयताकार मैदान का क्षेत्रफल = लं × चौ. = 40 × 20

= 800 वर्ग मीटर

27. $$\text{ब्याज} = \frac{\text{मूलधन} \times \text{समय} \times \text{दर}}{100}$$

$$= \frac{1400 \times 11 \times 9}{100 \times 2} = 693 \text{ रु.}$$

कुल रुपए = 1400 + 693 = 2093 रु. देने पड़ेंगे।

28. दोनों बक्से का कुल क्रयमूल्य = 140 + 140 = 280 रु.

पहले बक्से का विक्रयमूल्य = $\frac{90}{100} \times 140$ = 126 रु.

दूसरे बक्से का विक्रयमूल्य = $\frac{108}{100} \times 140 = \frac{1512}{10}$

= 151.20 रु.

दोनो बक्सों का कुल विक्रयमूल्य = 126 + 151.20

= 277.20 रु.

कुल घाटा = 280 – 277.20 = 2.80 रु.

29. यहाँ, वृत्ताकार रास्ते की परिधि = $2\pi r$ = 44 मी.

या, $r = \frac{44}{2\pi} = \frac{44 \times 7}{2 \times 22} = 7$ मी.

इस प्रकार, तय दूरी, व्यास की लं. के बराबर अर्थात 2 × 7 = 14 मी. होगी।

30. अभीष्ट अनुपात = $\frac{16}{24} = \frac{2}{3}$ = 2 : 3

भाग 'ब' – भाषा ज्ञान

1. नीचे लिखे विषयों में से किसी एक पर 15 वाक्य लिखें–

(क) बाल-दिवस (ख) मेरा स्कूल

2. नीचे लिखे गद्यांश को ध्यानपूर्वक पढ़ो और उस पर आधारित प्रश्नों के उत्तर लिखिए–

जुम्मन शेख और अलगू चौधरी में गहरी मित्रता थी। दोनों एक-दूसरे पर पूरा भरोसा करते थे। जुम्मन की एक वृद्धा मौसी थी। वह जुम्मन के साथ ही रहती थी। जब तक उसने अपने खेत और घर की सम्पत्ति जुम्मन के नाम नहीं लिखी थी, तब तक उसकी पूरी सेवा होती रही, लेकिन सम्पत्ति लिखते ही उसकी खातिरदारी में कमी आ गई। जुम्मन व उसकी पत्नी का व्यवहार काफी रूखा हो गया। जब जुम्मन की मौसी ने खाना या रुपए माँगे, तो जुम्मन ने कहा, खाना मुफ्त में नहीं मिलता और रुपए पेड़ पर नहीं लगते। मौसी ने इस पर पंचायत को बुलाया और अपनी कहानी सुनाई। अलगू चौधरी सरपंच था। मौसी ने पंचों में अपना विश्वास जताया व न्याय की माँग की। पंचों ने फैसला मौसी के हक में सुनाया और कहा कि मौसी को जुम्मन द्वारा खेत की कमाई से महीने का खर्चा दिया जाए।

(क) जुम्मन ने मौसी की देखभाल करनी क्यों बन्द कर दी?

(ख) मौसी ने पंचायत बुलाने को क्यों कहा?

(ग) पंचायत का सरपंच कौन था?

(घ) पंचों ने क्या फैसला दिया?

(ङ) मौसी को पंचों से क्यों न्याय की आशा थी?

3. नीचे लिखे वाक्यों में संज्ञा के लिंग बदलकर पुनः नए वाक्य बनाइए–

(क) रानी बहुत सुन्दर दिखती है।

(ख) भगवान के सभी उपासक होते हैं।

(ग) वधू का स्वभाव मनमोहक है।

(घ) नेत्री का नेतृत्व ठीक है।

(ङ) मोर नाचता है।

4. नीचे लिखे शब्दों को अर्थपूर्ण वाक्यों में बदलो–

(क) कभी, किसी, मैंने, से, शिक्षक, झूठ, बोला, नहीं।

(ख) करने, शरीर, होता, कसरत, से, मजबूत, है।

(ग) आदर, गुरुजनों, करना, का, भक्ति, है, सच्ची।

देखकर, बचपन, याद, तुम्हें, मेरा, मुझे, याद, जाता, है, आ

देश, है, देश।

5. नीचे लिखे शब्दों से वाक्य बनाकर अन्तर बताओ–
(क) परिणाम, परिमाण
(ख) गृह, ग्रह
(ग) प्रवाह, परवाह
(घ) सामान, समान
(ङ) कर्म, क्रम

6. नीचे लिखे शब्दों का विशेषण रूप लिखिए–
(क) सुन्दर (ख) वीर
(ग) मूर्ख (घ) आज्ञा
(ङ) मित्र (च) कृतज्ञ
(छ) निर्धन (ज) चरित्र
(झ) भाव (ञ) बल

7. नीचे लिखे वाक्यों के स्थान पर एक उचित वाक्य लिखें–
(क) जो प्रशंसा के योग्य हो ...
(ख) जिसका कोई शत्रु न हो ...
(ग) जिसमें दया हो ...
(घ) जो सभी को प्रिय लगे ...
(ङ) नगर में रहने वाला ...

8. निम्नलिखित वाक्यों को कोष्ठक में दिए गए काल में बदलकर लिखिए–
(क) मैं कल आगरा जाऊँगा। (भूतकाल)
(ख) मुझे कल अध्यापक ने बुलाया। (भविष्यत् काल)
(ग) हम अपने बगीचे की सफाई करवाएंगे। (वर्तमान काल)
(घ) हमारा देश सोने की चिड़िया कहलाता था। (भविष्यत् काल)
(ङ) मैं उत्तरकाशी पहुँचकर पत्र लिखूँगी। (भूतकाल)

9. नीचे लिखे वाक्यों में रिक्त-स्थानों को कोष्ठक में दिए गए शब्दों के विलोम रूपों द्वारा भरो–
(क) क्या वे अपना कार्य .... कर चुके थे? (आरम्भ)
(ख) अच्छा दोस्त बड़े .... से मिलता है। (दुर्भाग्य)
(ग) वह परीक्षा में .... रहा। (उत्तीर्ण)
(घ) अनुशासन ही समय के .... की प्रेरणा देता है। (दुरुपयोग)
(ङ) विज्ञान ने मनुष्य को .... बना दिया है। (आस्तिक)

व्याख्यात्मक उत्तर

1. **(क) बाल-दिवसः** हमारे देश में बाल-दिवस प्रत्येक वर्ष 14 नवम्बर को मनाया जाता है। यह दिन हमारे प्रथम प्रधानमंत्री स्वर्गीय पण्डित जवाहर लाल नेहरू का जन्म दिन है। पंडित नेहरू को बच्चों से असीम प्रेम था। बच्चे भी उन्हें चाचा नेहरू कहकर सम्बोधित किया करते थे। इसीलिए उन्होंने अपना जन्म-दिन बच्चों को समर्पित कर दिया था। अपने जन्म-दिन पर वे बच्चों के साथ खेल-कूदकर, हँस-गाकर मनोरंजन किया करते थे। इस प्रकार वे अपना जन्म-दिन प्यारे बच्चों के साथ ही मनाया करते थे। इसी से इस दिन को 'बाल दिवस' के रूप में जाना जाता है।

प्रत्येक वर्ष पूरे देश में बाल-दिवस सरकारी संस्थानों, सार्वजनिक संस्थानों एवं विद्यालयों में मनाया जाता है। विद्यालयों में तो इसकी तैयारियाँ पहले से ही शुरू हो जाती हैं। बच्चे इसमें काफी बढ़-चढ़कर भाग लेते हैं। इस दिन चाचा नेहरू के जीवन पर आधारित नाटक, खेल-कूद तथा अन्य सांस्कृतिक कार्यक्रम का आयोजन होता है। कार्यक्रमों में तरह-तरह की प्रतियोगिताओं का भी आयोजन होता है। इस प्रकार विद्यालयों में बाल-दिवस काफी धूमधाम से मनाया जाता है। समारोह का समापन प्राचार्य महोदय के द्वारा चाचा नेहरू की जीवनी से संबन्धित जानकारी एवं धन्यवाद ज्ञापन के द्वारा होता है।

2. (क) जुम्मन की मौसी ने अपनी सारी जमीन-जायदाद जुम्मन के नाम कर दी। जुम्मन ने देखा कि अब मौसी के पास देने के लिए कुछ नहीं बचा है तो उसने अपनी मौसी की देखभाल करनी बन्द कर दी।
(ख) जुम्मन ने मौसी को खाना तथा रूपए देने बन्द कर दिए तो मौसी ने पंचायत बुलाई।
(ग) पंचायत का सरपंच अलगू चौधरी था।
(घ) पंचों ने फैसला दिया कि मौसी को जुम्मन द्वारा खेत की कमाई से महीने का खर्चा दिया जाए।
(ङ) मौसी को पंचों पर दृढ़ विश्वास था कि वे लोग उचित न्याय करेंगे।

3. (क) राजा बहुत सुन्दर दिखाई देता है।
(ख) भगवान की सभी उपासिका होती हैं।
(ग) वर का स्वभाव मनमोहक है।
(घ) नेता का नेतृत्व ठीक है।
(ङ) मोरनी नाचती है।

4. (क) मैंने कभी किसी शिक्षक से झूठ नहीं बोला।
(ख) कसरत करने से शरीर मजबूत होता है।
(ग) गुरुजनों का आदर करना सच्ची भक्ति है।

(घ) तुम्हें देखकर मुझे मेरा बचपन याद आ जाता है।

(ङ) भारत देश महापुरुषों का देश है।

5. (क) परिणाम : कड़ी मेहनत के फलस्वरुप राम को अच्छा परिणाम मिला।
परिमाण : अदिश राशियां सिर्फ परिमाण के द्वारा निरूपित होती हैं।

(ख) गृह : यह राम का गृह है।
ग्रह : बृहस्पति सबसे बड़ा ग्रह है।

(ग) प्रवाह : धारा के प्रवाह की दिशा में तैरना आसान होता है।
परवाह : राम को धन की परवाह नहीं है।

(घ) सामान : रेलगाड़ी में यात्रा करते समय अपने सामान पर समुचित निगरानी रखनी पड़ती है।
समान : राम और श्याम का कद लगभग समान ही है।

(ङ) कर्म : अच्छे कर्मों का फल अच्छा होता है।
क्रम : सफल उम्मीदवारों के क्रम में राम का सातवाँ स्थान है।

6. (क) सुन्दर – सुन्दरता (ख) वीर – वीरता
(ग) मूर्ख – मूर्खता (घ) आज्ञा – आज्ञाकारी
(ङ) मित्र – मित्रता (च) कृतज्ञ – कृतज्ञता
(छ) निर्धन – निर्धनता (ज) चरित्र – चारित्रिक
(झ) भाव – भावनात्मक (ञ) बल – बलवान

7. (क) प्रशंसनीय (ख) अजातशत्रु
(ग) दयावान (घ) लोकप्रिय
(ङ) नागरिक

8. (क) मैं कल आगरा गया था।
(ख) मुझे कल अध्यापक बुलाएंगे।
(ग) हम अपने बगीचे की सफाई करवाते हैं।
(घ) हमारा देश सोने की चिड़िया कहलाएगा।
(ङ) मैंने उत्तरकाशी पहुँचकर पत्र लिखा था।

9. (क) समाप्त (ख) सौभाग्य
(ग) अनुत्तीर्ण (घ) सदुपयोग
(ङ) नास्तिक

प्रश्न पत्र–II (बुद्धि परीक्षण)

निर्देश (प्र. 1-9): *नीचे दिए गए विकल्पों में से कौन-सी संख्या शृंखला को पूरा करेगी?*

1. O P I O P M O P R O P ?
(A) V (B) Q
(C) W (D) X

2. M M O P M M R S M M V ?
(A) W (B) X
(C) M (D) V

3. P Q O M N L J K I G ?
(A) E (B) D
(C) H (D) F

4. V U T E F G S R Q H I J P O ?
(A) N (B) L
(C) M (D) K

5. 90, 75, 60, 45, ?
(A) 30 (B) 35
(C) 20 (D) 25

6. 16, 27, 49, 93, ?
(A) 175 (B) 171
(C) 181 (D) 185

7. 4, 11, 32, 95, ?
(A) 284 (B) 184
(C) 174 (D) 274

8. 53, 44, 35, 26, ?
(A) 17 (B) 15
(C) 19 (D) 14

9. B C A Y Z X E F D ?
(A) V (B) W
(C) U (D) R

निर्देश (प्र. 10-14): *नीचे दिए गए विकल्पों में से सही उत्तर खाली खानों में लिखें–*

10. यदि सेना का सम्बन्ध सैनिक से है, तो आकाशगंगा का–
(A) ग्रह (B) उपग्रह
(C) तारे (D) उल्काएं

11. यदि नवजात का सम्बन्ध बच्चे से है, तो लड़की का–
(A) माँ (B) चाची
(C) बहन (D) स्त्री

12. यदि हाइड्रोजन गैस है, तो .... द्रव है–
(A) हीरा (B) नाइट्रोजन
(C) पारा (D) इनमें से कोई नहीं

13. आयत यदि वर्ग है, तो दीर्घवृत्त–
(A) समचतुर्भुज (B) घेरा (वृत्त)
(C) त्रिभुज (D) हेक्सागोन

14. श्रीलंका में कोलंबो, तो भारत में–
(A) एशिया (B) पड़ोसी
(C) दिल्ली (D) राजधानी

निर्देश (प्र. 15-23): *दिए गए प्रश्नों में कौन-सा अपने वर्ग से भिन्न है?*

15. (A) गंगटोक (B) सिंहभूम
(C) हैदराबाद (D) चेन्नई
(E) भुवनेश्वर

16. (A) सूर्य (B) चन्द्रमा
(C) तारा (D) बुध
(E) ब्रह्माण्ड

17. (A) ईंट (B) पान
(C) ब्रिज (ताश का खेल) (D) हुकुम
(E) चिड़ी

18. (A) मीटर (B) फर्लांग
(C) यार्ड (D) मील
(E) एकड़

19. (A) वक्र रेखा (B) विकर्ण
(C) स्पर्श रेखा (D) त्रिज्या
(E) अर्द्धव्यास

20. (A) दही (B) मक्खन
(C) तेल (D) पनीर
(E) मलाई

21. (A) पिस्तौल (B) तलवार
(C) बन्दूक (D) रायफल
(E) तोप

22. (A) ज्यामिती (B) बीजगणित
(C) त्रिकोणमिति (D) गणित
(E) अंकगणित

23. (A) पोलैण्ड (B) ग्रीस
(C) स्पेन (D) इटली
(E) कोरिया

निर्देश (प्र. 24-30): *नीचे दिए गए प्रश्नों में से सही कोड जाँच कर उसका विकल्प खाली खाने में लिखें–*

24. यदि ATLAS का कोड ZGOZH है, तब NEW का कोड होगा–
(A) MDV (B) MVD
(C) NDV (D) DVM

25. यदि NEARER का कोड AENRER तथा SYSTEM का कोड SYSMET है, तब MOTHER का कोड होगा–
(A) REHTOM (B) OMHTRE
(C) TOMREH (D) HTOMRE
(E) इनमें से कोई नहीं

26. प्रथम पंक्ति में अंक तथा दूसरी पंक्ति में अक्षर दिए गए हैं। अंक का कोड उसका अक्षर है। अक्षर का कोड उसका अंक है–

संख्या	4	5	6	7	8	9
अक्षर	K	L	M	P	Q	R

तब इस विधि के आधार पर KM57RQ का कोड होगा–
(A) 46LP98 (B) 64LP8
(C) 46PL98 (D) 64PL98
(E) इनमें से कोई नहीं

27. यदि 1234 का कोड AbCd है, तब 5678 का कोड होगा–
(A) EFGH (B) EFgH
(C) EfGh (D) eEgH
(E) इनमें से कोई नहीं

28. यदि COME का कोड DPNF है, तब HELLO का कोड होगा–
(A) IFKKN (B) IFMMP
(C) IDKKN (D) IFMMN
(E) इनमें से कोई नहीं

29. यदि TEAM का कोड VGCO है, तब LIFE का कोड होगा–
(A) NJGE (B) NKHH
(C) NKHG (D) NLIH
(E) इनमें से कोई नहीं

30. यदि 1234 का कोड BADC है, तब 5678 का कोड होगा–
(A) EFGH (B) DGFI
(C) FEHG (D) FGHI

निर्देश (प्र. 31-36): *नीचे दी गई आकृति P का आकृति Q से कुछ सम्बन्ध है। वही सम्बन्ध आकृति R का आकृति (प्रत्युत्तर) (A), (B), (C), (D) में से किसी एक के साथ है। सही आकृति का चुनाव करना है।*

31.
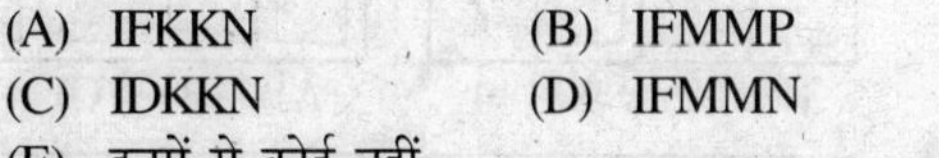
P Q As R S (A) (B) (C) (D)

32.
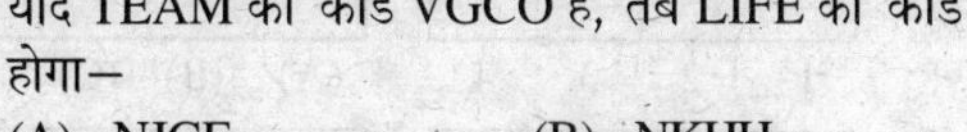
P Q As R S (A) (B) (C) (D)

33.
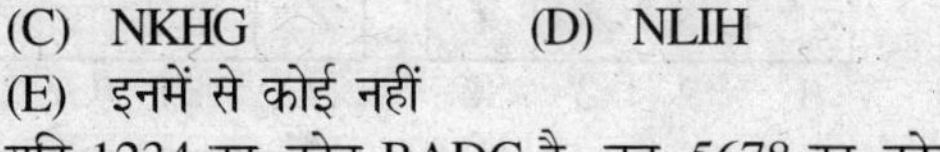
P Q As R .S (A) (B) (C) (D)

34. 

P Q As R S (A) (B) (C) (D)

35. 

P Q As R S (A) (B) (C) (D)

36. 

P Q As R S (A) (B) (C) (D)

निर्देश (प्र. 37-44): *नीचे दी गई आकृतियों के साथ दिए गए उस अक्षर प्रत्युत्तर को लिखिए जो आकृति शृंखला में आगे आएगी।*

37. 

1 2 3 4 (A) (B) (C) (D)

38. 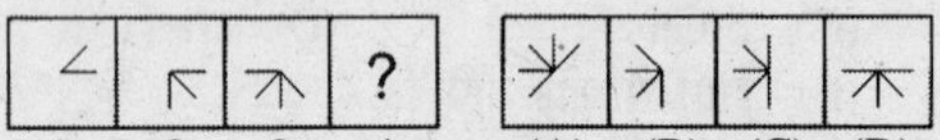

1 2 3 4 (A) (B) (C) (D)

39. 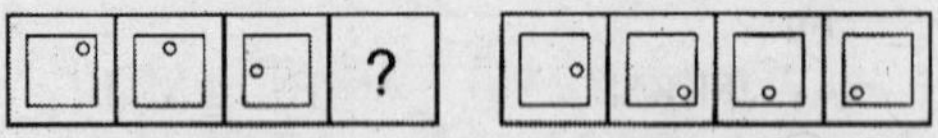

1 2 3 4 (A) (B) (C) (D)

40. 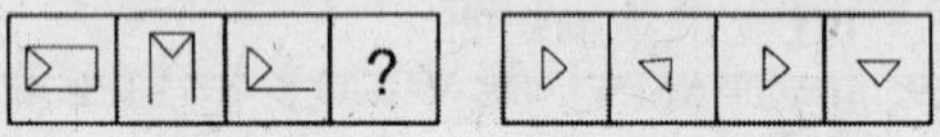

1 2 3 4 (A) (B) (C) (D)

41. 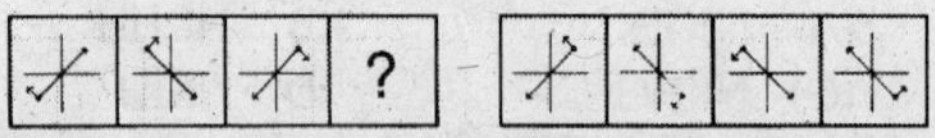

1 2 3 4 (A) (B) (C) (D)

42. 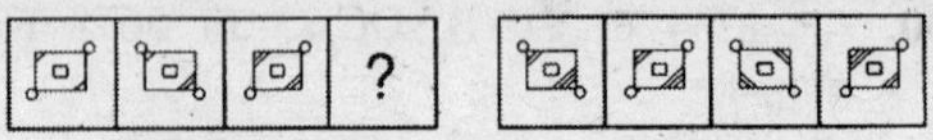

1 2 3 4 (A) (B) (C) (D)

43. 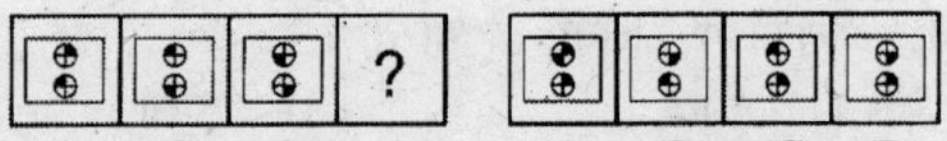

1 2 3 4 (A) (B) (C) (D)

44. 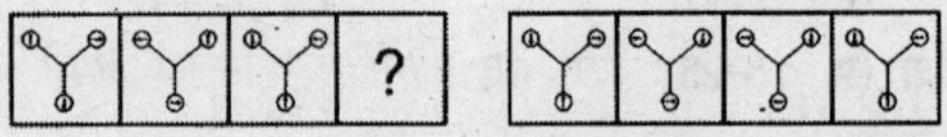

1 2 3 4 (A) (B) (C) (D)

निर्देश (प्र. 45-50): *नीचे दी गई आकृतियों में कौन-सी आकृति अपने वर्ग से सम्बन्धित नहीं है, जैसाकि अन्य?*

45. 

(A) (B) (C) (D) (E)

46. 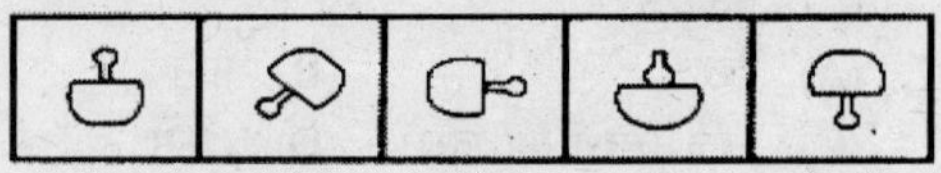

(A) (B) (C) (D) (E)

47. 

(A) (B) (C) (D) (E)

48. 

(A) (B) (C) (D) (E)

49. 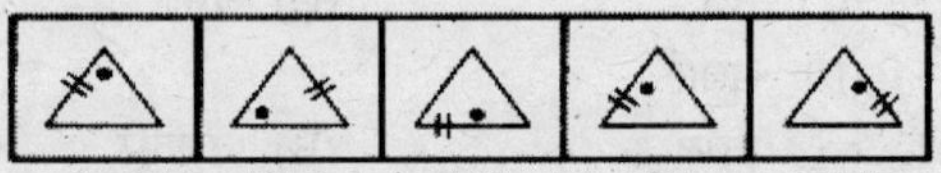

(A) (B) (C) (D) (E)

50. 

(A) (B) (C) (D) (E)

व्याख्यात्मक उत्तर

1. (D) **2. (D)**

3. (C): यहाँ 16 17 15 13 14 12 10 11 9 7 8 6
P Q O M N L J K I G H F
इस प्रकार अगला अक्षर H होगा।

4. (A)

5. (A): 90 (−15) 75 (−15) 60 (−15) 45 (−15) **[30]**

6. (C): 16 (+11) 27 (+22) 49 (+44) 93 (+88) **[181]**

7. (A): 4 (+7) 11 (+21) 32 (+63) 95 (+189) **[284]**

8. (A): 53 (−9) 44 (−9) 35 (−9) 26 (−9) **[17]**

9. (A): जिस प्रकार, 2 3 1 25 26 24
B C A → Y Z X
इसी प्रकार, 5 6 4 22 23 21
E F D → V W U
इस प्रकार, अगला अक्षर V होगा।

10. (C)
11. (C)
12. (C)
13. (B)
14. (C)
15. (B): सिंहभूम के अलावा अन्य सभी, राज्यों की राजधानियाँ हैं।
16. (E)
17. (C)
18. (E): एकड़ के अलावा सभी लम्बाई नापने के मात्रक हैं।
19. (A)
20. (C): तेल के अलावा सभी वस्तुएँ दूध से बनती हैं।
21. (B): तलवार के अलावा सभी हथियारों में बारूद का उपयोग होता है।
22. (D): गणित एक विषय है तथा अन्य सभी इसकी शाखाएँ हैं।
23. (E): कोरिया के अलावा अन्य सभी देश यूरोप महादेश में अवस्थित हैं।
24. (B)
25. (C)
26. (A)
27. (C): जिस प्रकार, 1 2 3 4 → A b C d
उसी प्रकार, 5 6 7 8 → E f G h
28. (B)
29. (C): जिस प्रकार,

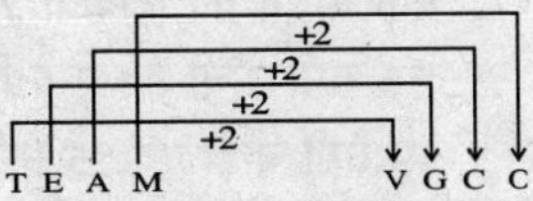

उसी प्रकार,

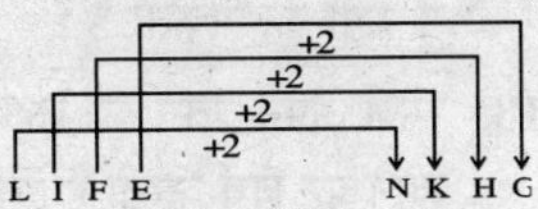

30. (C)
31. (C)
32. (D)
33. (A): जिस प्रकार P के सभी डिजाइन Q में उपलब्ध हैं उसी प्रकार R की सभी डिजाइन उत्तर आकृति A में उपलब्ध हैं।
34. (D): P से Q आकृति में सभी आकृतियाँ 180° से घूम जाती हैं तथा बिन्दु में एक वृद्धि हो जाती है, इस प्रकार उत्तर D होगा।
35. (C)
36. (D)
37. (A)
38. (C): प्रत्येक अगली आकृति में पूरी डिजाइन 45° से घूम जाती है तथा एक नई रेखा जुड़ जाती है, इस प्रकार उत्तर C होगा।
39. (B)
40. (D)
41. (B): इसमें प्रत्येक अगली आकृति की सभी डिजाइन दक्षिणावर्त्त दिशा में 90° से घूम जाती हैं, इस प्रकार उत्तर B होगा।
42. (A): प्रत्येक अगली आकृति में लघु वृत्त 90° से घूमकर अपना स्थान बदल लेती है साथ ही तिरछी रेखाओं में क्रमशः एक की वृद्धि हो जाती है, इस प्रकार उत्तर A होगा।
43. (D)
44. (C)
45. (B): सिर्फ आकृति B में तीर का निशान ऊपर की ओर दिखाया गया है।
46. (D): आकृति D में छोटी आकृति अलग ढंग से बनी हुई है।
47. (C)
48. (B): आकृति B के अलावा रेखा से लगे अर्द्धवृत्त नीचे की तरफ हैं।
49. (B): अन्य सभी आकृतियों में दो समानान्तर काली रेखाओं के सामने एक छोटा काला गोला है।
50. (B): सिर्फ आकृति B में समकोण नीचे की तरफ है।

पिछले प्रश्न-पत्र (हल सहित)

सैनिक स्कूल प्रवेश परीक्षा, 2003

प्रश्न पत्र-I (गणित एवं भाषा ज्ञान)

भाग 'अ' — गणित

1. कौन-सा बड़ा है? 144 का 25% या 200 का 19%

2. उस वस्तु का लाभ या हानि ज्ञात कीजिए जिसका क्रय मूल्य 140 रुपए और विक्रय मूल्य 160 रुपए है।

3. ब्याज निकालिये–

(A) 5000 रुपए पर 8% वार्षिक की दर से 1 वर्ष का

(B) 900 रुपए पर 7% वार्षिक की दर से 5 वर्ष का

4. सरल कीजिए : $2\frac{1}{2}+3\frac{5}{7}\times\frac{7}{13}-\frac{1}{3}\times 3$

5. 0.192 को 12 से भाग दीजिए।

6. (A) क्या एक त्रिभुज में दो समकोण हो सकते हैं?

(B) क्या एक त्रिभुज में दो अधिककोण हो सकते हैं?

(C) क्या एक त्रिभुज में एक अधिककोण और एक समकोण हो सकते हैं?

7. निम्नलिखित प्रश्नों में कौन-सा कथन सत्य है और कौन-सा असत्य? लिखिए–

(A) एक लाइन की निश्चित लम्बाई नहीं होती है।

(B) एक लाइन के अन्तिम बिन्दु नहीं होते हैं।

(C) एक लाइन को पेपर पर नहीं खींचा जा सकता है, परन्तु चित्र द्वारा दर्शाया जा सकता है।

8. 28910 में क्या जोड़ें कि योगफल 47909 हो जाये?

9. 0.09 का वर्गमूल ज्ञात कीजिए।

10. एक वृत्त का क्षेत्रफल 154 वर्ग सेमी. है। उसके अर्धव्यास तथा परिधि की लम्बाई ज्ञात कीजिए।

11. $\frac{11}{200}$ को प्रतिशत में बदलिए।

12. खाली स्थानों को भरिए–

(A) $\frac{11}{5}$ का व्युत्क्रम = ...   (B) $\frac{2}{3}\div\frac{1}{2}$ = ...

13. यदि कमला 400 रुपए 3 साल के लिए 8% वार्षिक ब्याज की दर से उधार लेती है, तो उसको कुल कितना ब्याज देना पड़ेगा?

14. एक घन का आयतन 512 घन सेमी है। उसके एक कोर की लम्बाई ज्ञात कीजिए।

15. एक आयत का क्षेत्रफल 12 वर्ग सेमी है तथा लम्बाई 4 सेमी है। आयत की चौड़ाई ज्ञात कीजिए।

16. विमला के पास 7.5 मीटर लम्बा रिबन है। वह उसको कमला के साथ बराबर हिस्सों में बाँटना चाहती है। प्रत्येक के पास कितना रिबन होगा?

17. एक साबुन की टिकिया 7 सेमी लम्बी, 5 सेमी चौड़ी एवं 2.5 सेमी ऊँची है। ऐसी कितनी टिकियाँ 56 सेमी लम्बी, 49 सेमी चौड़ी एवं 25 सेमी ऊँची कार्ड बोर्ड के एक डिब्बे में रखी जा सकती हैं।

18. रमेश अपने वेतन का 15% घर के किराये पर तथा 20% खाने पर खर्च करता है। यदि उसका मासिक वेतन 7000 रुपए हो, तो वह घर के किराये तथा खाने पर कुल कितने रुपए खर्च करता है?

19. रहीम कार से 15 मीटर/सेकण्ड की रफ्तार से 108 किमी की दूरी तय करता है। उसको यह दूरी तय करने में कितने घण्टे लगेंगे?

निर्देश (प्रश्न 20 से 22): *रिक्त स्थान भरें।*

20. (A) वृत्त के आधे को .... कहते हैं।

(B) .... वृत्त की सबसे लम्बी जीवा होती है।

21. (A) कोण, जिसका मान 90° से कम होता है, ... कहलाता है।

(B) कोण, जिसका मान 90° होता है, ... कहलाता है।

(C) कोण, जिसका मान 90° से अधिक होता है, ... कहलाता है।

22. (A) एक ठोस द्वारा घेरा गया स्थान, उसका .... कहलाता है।

(B) समान आकार के ठोस तथा खाली पाइपों के आयतन .... होते हैं।

23. एक कालीन की लम्बाई 5 मीटर और चौड़ाई 3 मीटर है, तो 10 रुपए प्रति वर्ग मीटर की दर से कालीन का कुल मूल्य क्या होगा?

24. एक रेलगाड़ी नई दिल्ली से गोविन्दपुरी के बीच की 440 किलोमीटर की दूरी 5 घण्टे 30 मिनट में तय करती है। उसकी गति ज्ञात कीजिए।

25. एक मिश्रधातु में 15% जस्ता, 25% पीतल तथा शेष ताँबा है। मिश्रधातु के 75 किलोग्राम में कुल कितना ताँबा होगा?

26. कुमार ने निम्नलिखित वस्तुओं को रामा प्रोविजन स्टोर, नई दिल्ली से 5.1.2000 को खरीदा–

(A) 14 रुपए प्रति किलोग्राम की दर से 5 किलोग्राम चावल।

(B) 29 रुपए प्रति किलोग्राम की दर से 1 किलोग्राम मूँग की दाल।

(C) 58 रुपए प्रति किलोग्राम की दर से 3 किलोग्राम सरसों का तेल।

ऊपर दर्शाई गई सभी सामग्रियों के लिए बिल तैयार कीजिए। कुमार को कुल कितना भुगतान करना पड़ेगा?

27. निम्नलिखित सेल्सियस पैमाने पर दिये गये तापमानों को फॉरेनहाइट पैमाने पर दर्शाइए–

(A) 30°C

(B) 20°C

(C) 40°C

(D) 100°C

28. एक स्कूल में एक से पाँच तक की कक्षाओं में छात्रों की संख्या क्रमशः 29, 43, 38, 26 तथा 34 है। स्कूल में प्रत्येक छात्र 10 रुपए स्कूल उत्सव के लिए देता है। उत्सव के लिए कुल कितना धन एकत्रित होगा?

29. चार बाल्टियों में क्रमशः 8 लिटर, 9 लिटर, 11 लिटर एवं 12 लिटर दूध है। एक दूधिया इनको बिना नापने वाले बर्तन का प्रयोग करते हुए एक होटल में बराबर-बराबर दो भागों में बाँटना चाहता है। वह दूध को कैसे बाँटेगा?

30. एक साबुन की टिकिया की लम्बाई, चौड़ाई तथा ऊँचाई क्रमश 7 सेमी, 5 सेमी एवं 2.5 सेमी है। एक कार्ड बोर्ड के डिब्बे में, जिसकी लम्बाई, चौड़ाई और ऊँचाई क्रमशः 56 सेमी, 40 सेमी और 25 सेमी है, ऐसी कितनी टिकिया रखी जा सकती हैं?

व्याख्यात्मक उत्तर

1. 144 का $25\% = 144 \times \frac{25}{100} = 36$

200 का $19\% = 200 \times \frac{19}{100} = 38$

$\because 38 > 36$

$\therefore$ 200 का 19% बड़ा है।

2. दिया गया है

क्रय मूल्य = 140 रुपए

विक्रय मूल्य = 160 रुपए

$\therefore$ लाभ = वि. मू. – क्र. मू.

= 160 रुपए – 140 रुपए

= 20 रुपए

3. (A) ब्याज $= \frac{\text{मू.ध.} \times \text{स.} \times \text{द.}}{100} = \frac{5000 \times 1 \times 8}{100}$

= 400 रुपए

(B) ब्याज $= \frac{\text{मू.ध.} \times \text{स.} \times \text{द.}}{100} = \frac{900 \times 5 \times 7}{100}$

= 315 रुपए

4. $2\frac{1}{2} + 3\frac{5}{7} \times \frac{7}{13} - \frac{1}{3} \times 3$

$= \frac{5}{2} + \frac{26}{7} \times \frac{7}{13} - \frac{1}{3} \times 3 = \frac{5}{2} + 2 - 1$

$= \frac{5+4-2}{2} = \frac{9-2}{2} = \frac{7}{2} = 3\frac{1}{2}$

5. 12) 0.192 (0.016

$$\begin{array}{r} 12 \\ \hline 72 \\ 72 \\ \hline \times \end{array} \qquad \therefore 0.192 \div 12 = 0.016$$

6. (A) नहीं, (B) नहीं, (C) नहीं

7. (A) सत्य, (B) सत्य (C) सत्य

8. अभीष्ट संख्या = 47909 − 28910 = 18999

9. $\sqrt{0.09} = \sqrt{0.3 \times 0.3} = \sqrt{(0.3)^2} = 0.3$

10. $\because$ वृत्त का अर्धव्यास (त्रिज्या) = $\sqrt{\frac{\text{क्षेत्रफल}}{\pi}}$

$$= \sqrt{\frac{154}{\frac{22}{7}}} = \sqrt{154 \times \frac{7}{22}}$$

$$= \sqrt{7 \times 7} = 7 \text{ सेमी.}$$

$\therefore$ वृत्त की परिधि $= 2 \times \pi \times$ त्रिज्या $= 2 \times \frac{22}{7} \times 7$

$$= 44 \text{ सेमी.}$$

11. $\frac{11}{200} = \frac{11}{200} \times 100\% = \frac{11}{2}\% = 5\frac{1}{2}\%$

12. (A) $\frac{5}{11}$ (B) $\frac{4}{3}$

13. प्रश्नानुसार, मूलधन = 400 रुपए, समय = 3 वर्ष, दर = 8%.

$\therefore$ ब्याज $= \frac{\text{मू. ध.} \times \text{स.} \times \text{द.}}{100}$

$$= \frac{400 \times 3 \times 8}{100} = 96 \text{ रु.}$$

14. $\because$ घन का आयतन = (कोर)^3

$\therefore$ प्रश्नानुसार, 512 = (कोर)^3

$\Rightarrow$ $(2 \times 2 \times 2)^3$ = (कोर)^3

$\therefore$ कोर = $2 \times 2 \times 2 = 8$ सेमी

15. आयत की चौड़ाई = $\frac{\text{क्षेत्रफल}}{\text{लम्बाई}} = \frac{12}{4} = 3$ सेमी.

16. प्रत्येक हिस्से के रिबन की लम्बाई = $7.5 \div 2 = 3.75$ मी.

17. साबुन की टिकियों की संख्या

$$= \frac{\text{कार्ड बोर्ड के डिब्बे का आयतन}}{\text{एक साबुन की टिकिया का आयतन}}$$

$$= \frac{56 \times 49 \times 25}{7 \times 5 \times 2.5} = 784$$

18. घर के किराये पर खर्च की राशि

$= 7000$ रुपए का $15\% = 7000 \times \frac{15}{100}$

$= 1050$ रुपए

खाने पर खर्च की राशि

$= 7000$ रुपए का 20%

$$= 7000 \times \frac{20}{100} = \frac{20 \times 7000}{100}$$

$= 1400$ रुपए

$\therefore$ कुल खर्च की गई राशि $= 1050 + 1400$

$= 2450$ रुपए

19. 15 मीटर/सेकण्ड $= 15 \times \frac{18}{5}$ किमी/घण्टा

$= 54$ किमी/घण्टा

$\therefore$ समय $= \frac{\text{दूरी}}{\text{चाल}} = \frac{108 \text{ किमी}}{54 \text{ किमी/घण्टा}}$

$= 2$ घण्टा

20. (A) अर्धवृत्त, (B) व्यास

21. (A) न्यूनकोण, (B) समकोण,
(C) अधिककोण

22. (A) आयतन (B) असमान

23. कालीन का क्षेत्रफल = लम्बाई × चौड़ाई

= 5 मी × 3 मी = 15 वर्ग मी

$\therefore$ कालीन का कुल मूल्य = 10 रुपए × 15 = 150 रुपए

24. प्रश्नानुसार,

दूरी = 440 किमी,

समय = 5 घण्टा 30 मिनट

$= 5\frac{30}{60} = \frac{11}{2}$ घण्टा

$\therefore$ गति $= \frac{\text{दूरी}}{\text{समय}} = \frac{440}{\frac{11}{2}} = \frac{440}{1} \times \frac{2}{11}$

= 80 किमी/घंटा

25. मिश्रधातु में ताँबे की प्रतिशत मात्रा

$= [100 - (15 + 25)]\%$

$= (100 - 40) = 60\%$

$\therefore$ 75 किलोग्राम मिश्रधातु में ताँबे की कुल मात्रा

= 75 किलोग्राम का 60%

$= 75 \times \frac{60}{100}$ किग्रा

= 45 किग्रा

26. रामा प्रोवीजन स्टोर नई दिल्ली

दिनांक 5.1.2000

क्र. सं.	सामग्री का नाम	दर प्रति किलो	तादात	कुल मूल्य
(A)	चावल	14 रुपए	5 किग्रा	70.00 रु.
(B)	मूँग की दाल	29 रुपए	1 किग्रा	29.00 रु.
(C)	सरसों का तेल	58 रुपए	3 किग्रा	174.00 रु.
			कुल	**273.00 रु.**

$\therefore$ कुमार द्वारा भुगतान की गई कुल राशि = 273.00 रु.

27. सूत्र, $\frac{C}{5} = \frac{F-32}{9} \Rightarrow F = \frac{9C}{5} + 32$

(A) $\therefore$ 30°C

$= \frac{9}{5} \times 30 + 32 = 54 + 32 = 86°F$

(B) $\therefore$ 20°C

$= \frac{9}{5} \times 20 + 32 = 36 + 32 = 68°F$

(C) $\therefore$ 40°C

$= \frac{9}{5} \times 40 + 32 = 72 + 32 = 104°F$

(D) $\therefore$ 100°C

$= \frac{9}{5} \times 100 + 32 = 180 + 32 = 212°F$

28. छात्रों की कुल संख्या

$= 29 + 43 + 38 + 26 + 34 = 170$

$\therefore$ कुल एकत्रित धन

$= 170 \times 10$ रुपए

= 1700 रुपए

29. कुल दूध

$= 8 + 9 + 11 + 12 = 40$ लीटर

$\therefore$ कुल दूध का आधा $= \frac{40}{2}$

= 20 लीटर

अतः वह दूधिया 8 लीटर एवं 12 लीटर की बाल्टियों का दूध एक जगह एवं 11 लीटर एवं 9 लीटर की बाल्टियों के दूध को दूसरी जगह रखकर कुल दूध को बराबर-बराबर बाँट पायेगा।

क्योंकि $8 + 12 = 11 + 9 = 20$ लीटर

30. अभीष्ट संख्या

$= \frac{\text{कार्ड बोर्ड के डिब्बे का आयतन}}{\text{एक साबुन की टिकिया का आयतन}}$

$= \frac{56 \times 40 \times 25}{7 \times 5 \times 2.5}$

= 640

भाग 'ब' — भाषा विज्ञान

1. निम्नलिखित में से किसी एक पर **निबन्ध** लिखिए–
   (क) गाय (ख) पर्यटन स्थल
2. निम्नलिखित **अवतरण** को ध्यानपूर्वक पढ़ें एवं उस पर दिए प्रश्नों के उत्तर लिखें–

   सूर्य के परिवार को सौर मण्डल कहते हैं। इनमें सूर्य एक तारा है, जो प्रकाश और ताप प्रदान करता है। सूर्य से ही निकले हुए नौ ग्रह जो अपना प्रकाश नहीं रखते। इन ग्रहों से टूटे हुए पिण्डों को उपग्रह कहते हैं। ये अपने-अपने ग्रहों के चारों और चक्कर लगाते हैं। चन्द्रमा पृथ्वी का एकमात्र प्राकृतिक उपग्रह है। चन्द्रमा का अपना प्रकाश नहीं है। चन्द्रमा पृथ्वी के चारों ओर घूमता है। सूर्य द्वारा आभासित पृथ्वी की छाया से चन्द्रमा प्रकाशित होता है। चन्द्रमा से पृथ्वी की अधिकतम दूरी है 4,06,000 और न्यूनतम दूरी 3,64,000 किलोमीटर है। पृथ्वी का व्यास 13,92,000 किलोमीटर है। चन्द्रमा का व्यास 3,476 किलोमीटर है। जो पृथ्वी के व्यास के अनुपात में 0.27250 है। चन्द्रमा पृथ्वी के चारों ओर घूमता है। इसे घूमने में 7 घंटे 43 मिनट 11.47 सेकण्ड लगते हैं। चन्द्रमा की घूर्णन अवधि अपने अक्ष पर 27 दिन 7 घंटे 41 मिनट 11.47 सेकण्ड है। जब पृथ्वी अपने अण्डाकार पथ से घूमकर सूर्य के चारों ओर एक चक्कर या परिक्रमा लगा लेती है, तो इसे वार्षिक गति कहते हैं, क्योंकि एक चक्कर एक वर्ष या 365 दिन 5 घंटे 48 सेकण्ड और 45.51 सेकण्ड में लग जाता है, वार्षिक गति के कारण रात-दिन छोटे-बड़े होते हैं। तथा ऋतु परिवर्तन होता है। इसलिए दिन कभी बड़े और कभी छोटे हो जाते हैं तथा कभी समान रहते हैं, इस परिभ्रमण के कारण पृथ्वी पर चार ऋतुएं बन जाती हैं।

   (क) पृथ्वी का उपग्रह कौन है?
   (ख) पृथ्वी का व्यास कितना है?
   (ग) चन्द्रमा का व्यास कितना है?
   (घ) चन्द्रमा से पृथ्वी की अधिकतम दूरी क्या है?
   (ङ) चन्द्रमा पृथ्वी के चारों ओर कितने समय में चक्कर लगाता है?
3. नीचे दिए गए **समूहों को वाक्यों** में बदलिए–
   चतुर्दिक विकास, मनोकामना, आशातीत सफलता, अथक प्रयास, इच्छित वस्तु।
4. नीचे लिखे वाक्यों में काले **शब्दों का प्रयोग वाक्यों** में कीजिए–
   (क) छात्रों को **निरन्तर** प्रगति के पथ पर चलना चाहिए।
   (ख) गुरुजन सदा **शिष्टाचार** का उपदेश देते हैं।
   (ग) **अनुशासित** छात्र सदा प्रगति के पथ पर चलते हैं।
   (घ) आज की बालिका कल की **प्रणेता** है।
   (ङ) **वीरांगनाएं** सदा अमर हो जाती हैं।
5. नीचे लिखे वाक्यों में **संज्ञा के लिंग बदलकर** पुनः नए वाक्य बनाइए–
   (क) एक बालक खिलौने की कामना करता है।
   (ख) एक छात्रा ने अपने कारनामों से हमे चकित कर दिया।
   (ग) अभिनेता ने हमें हँसाया।
   (घ) साध्वी ने अपने मंत्र से हमें रोग मुक्त कर दिया।
   (ङ) पुरुषों की तुलना में नारी ज्यादा चतुर होती है।
6. कोष्ठक में दिए गए **विलोम रूपों द्वारा रिक्त स्थानों** को पूरा करें–
   (क) न्यायकर्ता से सदा .... की अपेक्षा की जाती है। (अन्याय)
   (ख) हमें सदा नेक कार्य के लिए .... मिलनी चाहिए। (निंदा)
   (ग) नारी का .... रूप कभी भी हमें मोहित करता है। (कुरूप)
   (घ) उसका .... स्वभाव हमें अच्छा लगता है। (उग्र)
   (ङ) तुम्हारी बात पर हमें .... नहीं करना चाहिए। (अविश्वास)
7. निम्नलिखित रिक्त स्थानों में कोष्ठक में दी गई **क्रिया का सही रूप** लिखिए–
   (क) छोटे बालक को .... देखना अच्छा लगता है। (दौड़ते/दौड़ती)
   (ख) सीता हमेशा मिठाइयाँ .... रहती है। (खाता/खाती)
   (ग) मीरा हमेशा .... रहती है। (गाते/गाती)
   (घ) हरीश वृक्ष की डालियाँ .... रहता है। (तोड़ती/तोड़ता)
   (ङ) ये महिलाएं गीत .... जाएंगी। (गाते/गाती)

8. नीचे दिए गए वाक्यों को **कोष्ठक में दिए गए काल में** बदलें–

(क) वे कुछ दिनों में यहाँ आया। (भविष्यत् काल)

(ख) तुम परीक्षा में प्रथम स्थान पाने का प्रयास करते हो। (भूतकाल)

(ग) हम लोगों को नित्य टहलना अच्छा लगता था। (वर्तमान काल)

(घ) उसको हमेशा छींक आती है। (भूतकाल)

(ङ) वे लड़के अक्सर दौड़ते रहते थे। (वर्तमान काल)

9. प्रत्येक संज्ञा के साथ **उचित विशेषण का उचित जोड़** बनाइए–

संज्ञा– वृक्ष, तितली, ग्राम, बन्दर, गुलाब

विशेषण– काली, सुन्दर, हरा, नटखट, लाल

व्याख्यात्मक उत्तर

1. (क) **गायः** गाय एक पालतू जानवर है। गाय का हमारे देश में बहुत धार्मिक महत्त्व है। हिन्दू लोग गाय को गौ माता कहते हैं। गाय एक चार पैरों वाला अर्थात् चौपाया जानवर है। यह एक बहुत ही सीधा जानवर होता है। यह विभिन्न रंगों में पाई जाती है। गाय का दूध बहुत पौष्टिक होता है। इसके दूध से दही, खोया, मक्खन, पनीर, घी, मट्ठा आदि अनेक पौष्टिक पदार्थ तैयार किए जाते हैं। गाय का दूध आरोग्यवर्धक, स्फूर्तिदायक तथा शीघ्र पचने वाला होता है। रोगियों के लिए यह अत्यन्त लाभकारी होता है। गाय का गोबर कच्चे घरों को लीपने, उपले बनाने व खाद बनाने के काम आता है। गाय का मूत्र अनेक रोगों में उपयोगी है। गाय घास, खली, चने व भूसा खाती है जिससे यह हमें अधिक दूध देती है। गाय के बछड़े बड़े होकर बैल बनते हैं। बैल हल चलाने व बैलगाड़ी चलाने में काम आते हैं। गाय का महत्त्व हमारे देश में प्राचीन काल से ही है। भगवान कृष्ण ने गो-संस्कृति को नया जीवन दिया था। गोपाल और गोपाल कृष्ण के रूप में उनका पूजन किया जाता है। भगवान राम के पूर्वज रघुवंशी राजा दिलीप ने अपनी गाय नन्दिनी की रक्षा के लिए अपने प्राणों की बाजी तक लगा दी थी। देवासुर द्वारा किए गए समुद्र मंथन में 14 रत्नों में से कामधेनू भी एक रत्न था। इस प्रकार स्पष्ट है कि गाय का हमारे जीवन में महत्त्वपूर्ण स्थान है। हमें गाय की रक्षा करनी चाहिए। हमारी सरकार भी गोरक्षा के लिए अनेक उपाय कर रही है।

2. (क) पृथ्वी का प्राकृतिक उपग्रह चन्द्रमा है।

(ख) पृथ्वी का व्यास 13,92,000 किमी है।

(ग) चन्द्रमा का व्यास 3,476 किमी है।

(घ) चन्द्रमा से पृथ्वी की अधिकतम दूरी 4,06,000 किमी है।

(ङ) चन्द्रमा पृथ्वी के चारों ओर 7 घण्टे, 43 मिनट, 11. 47 सेकण्ड में चक्कर लगाता है।

3. (क) प्रथम पंचवर्षीय योजना में भारत के चतुर्दिक विकास के लिए कई महत्त्वपूर्ण योजनाएं बनाईं गईं थीं।

(ख) मनोकामना पूर्ति के लिए अनेक लोग भगवान की पूजा करते हैं।

(ग) विश्व कप क्रिकेट-2003 की प्रतियोगिता में भारतीय टीम को आशातीत सफलता प्राप्त हुई और वह उपविजेता रही।

(घ) राम ने परीक्षा के लिए अथक प्रयास किया और उसका चयन प्रशासनिक सेवाओं में हो गया।

(ङ) इच्छित वस्तु की प्राप्ति हो जाने पर व्यक्ति को अपार खुशी होती है।

4. (क) सफलता प्राप्ति के लिए **निरन्तर** कार्यरत रहना आवश्यक है।

(ख) **शिष्टाचार** व्यक्ति का सबसे महत्त्वपूर्ण गुण होता है।

(ग) **अनुशासित** व्यक्ति जीवन में सदैव सफल होता है।

(घ) महात्मा गांधी देश प्रेम के **प्रणेता** थे।

(ङ) हमारे देश में चाँदबीबी, अहिल्याबाई, रानी लक्ष्मीबाई, रानी दुर्गावती आदि अनेक **वीरांगनाएं** हुई हैं।

5. (क) एक बालिका खिलौने की कामना करती है।

(ख) एक छात्र ने अपने कारनामों से हमें चकित कर दिया।

(ग) अभिनेत्री ने हमें हँसाया।

(घ) साधु ने अपने मंत्र से हमें रोग मुक्त कर दिया।

(ङ) महिलाओं की तुलना में पुरुष ज्यादा चतुर होता है।

6. (क) न्यायकर्त्ता से सदा न्याय की अपेक्षा की जाती है।
(ख) हमें सदा नेक कार्य के लिए प्रशंसा मिलनी चाहिए।
(ग) नारी का सुंदर रूप कभी भी हमें मोहित करता है।
(घ) उसका विनम्र स्वभाव हमें अच्छा लगता है।
(ङ) तुम्हारी बात पर हमें विश्वास नहीं करना चाहिए।

7. (क) छोटे बालक को **दौड़ते** देखना अच्छा लगता है।
(ख) सीता हमेशा मिठाइयाँ **खाती** रहती है।
(ग) मीरा हमेशा **गाती** रहती है।
(घ) हरीश वृक्ष की डालियाँ **तोड़ता** रहता है।
(ङ) ये महिलाएँ गीत **गाती** जाएंगी।

8. (क) वे कुछ दिनों में यहाँ आएंगे।
(ख) तुम परीक्षा में प्रथम स्थान प्राप्त करने का प्रय करते थे।
(ग) हम लोगों को नित्य टहलना अच्छा लगता है।
(घ) उसे हमेशा छींक आती थी।
(ङ) वे लड़के अक्सर दौड़ते रहते हैं।

9. **उचित संज्ञा के साथ उचित विशेषण का जोड़–**
हरा वृक्ष, काली तितली, सुन्दर ग्राम, नटखट बन्दर, ला गुलाब

प्रश्न पत्र–II (बुद्धि परीक्षा)

निर्देश (प्र. 1-15): *कौन-सा विकल्प अपने वर्ग में भिन्न है?*

1. (A) पानी (B) नींबू-शर्बत (C) जेली (D) कॉफी (E) दूध
2. (A) चाय (B) कॉफी (C) दूध (D) पीजा (E) कोक
3. (A) बत्तख (B) कबूतर (C) तोता (D) कौआ (E) उल्लू
4. (A) शुक्र (B) प्लूटो (C) चन्द्रमा (D) मंगल (E) पृथ्वी
5. (A) नाक (B) आँख (C) त्वचा (D) जीभ (E) दाँत
6. (A) नीलगिरी-पहाड़ी (B) अरावली पहाड़ी (C) सतपुड़ा-पहाड़ी (D) राई-पहाड़ी (E) शिवालिक-पहाड़ी
7. (A) घुटना (B) हथेली (C) कन्धा (D) कोहनी (E) दाढ़
8. (A) उपन्यास (B) पत्रिका (C) कामिक्स (D) शब्द-कोष (E) शोध-पत्र
9. (A) तैरना (B) दौड़ना (C) बैठना (D) फिसलना (E) उड़ना
10. (A) मित्र (B) माता (C) भाई (D) पिता (E) बहिन
11. (A) अदरक (B) गाजर (C) पालक (D) चुकन्दर (E) आलू
12. (A) जड़ (B) वृक्ष (C) पुष्प (D) फल (E) शाखा
13. (A) पोलो (B) लूडो (C) शतरंज (D) ताश (E) कैरम
14. (A) स्कूटर (B) कार (C) परिवहन (D) रेल (E) ट्रक
15. (A) जयपुर (B) लखनऊ (C) मुम्बई (D) पटना (E) त्रिपुरा

निर्देश (प्र. 16-25): *प्रत्येक शृंखला में प्रदर्शित रिक्त स्थान की पूर्ति कीजिए–*

16. Z, X, V, T, R ....
(A) O, K (B) N, M (C) K, S (D) M, N (E) P, N

17. C3, E5, G7, 19.....
(A) X24, M21 (B) K14, M18
(C) K11, M13 (D) M18, K14
(E) K10, N13

18. AAZ, BBY, CC....
(A) Y (B) D
(C) Z (D) X
(E) C

19. B, E, I, N, ...
(A) S (B) P
(C) T (D) X
(E) Z

20. 6F, 7G, 9I, 12L, ...
(A) 13M (B) 16P
(C) 17Q (D) 14N
(E) 15O

21. 1, 6, 12, 19, 27, ...
(A) 38 (B) 36
(C) 35 (D) 54
(E) 34

22. 8, 48, 16, 96, 32, ...
(A) 192 (B) 150
(C) 64 (D) 288
(E) 129

23. K....M K....LM KL....KK....MK
(A) L, K, L, M (B) L, K, M, K
(C) L, K, M, M (D) L, K, M, L
(E) L, K, K, M

24. XW, DC, CB, ...
(A) NM (B) BC
(C) PQ (D) KL
(E) ST

25. A, E, I, M, Q.....
(A) T (B) U
(C) V (D) W
(E) X

निर्देश (प्र. 26-30): *कूट संकेत-कूट अर्थ (कोडिंग-डिकोडिंग)–*

26. यदि BOMBAY का कोड CNNABX है तो DELHI का कोड होगा–
(A) EDMGJ (B) EGMGJ
(C) FDMGH (D) EDMIJ

27. यदि CHAIR का कोड FKDLU है, तब TABLE का कोड होगा–
(A) WDEOH (B) WEDOH
(C) VDEOH (D) WDOEH

28. यदि BAD का कोड 7, 'HIS' का कोड 36 है, तब LOW का कोड होगा–
(A) 50 (B) 8
(C) 23 (D) 5

29. यदि OUT का कोड 152120 है, तो IN का कोड होगा–
(A) 1015 (B) 819
(C) 1813 (D) 5

30. यदि JUNE का कोड NXPF है, तो STAY का कोड होगा–
(A) WWCZ (B) WVCZ
(C) WWDB (D) WWZC

निर्देश (प्र. 31-50): *निम्नलिखित में कौन-सी आकृति अपने वर्ग में सम्मिलित नहीं है, जैसाकि अन्य है।*

31. 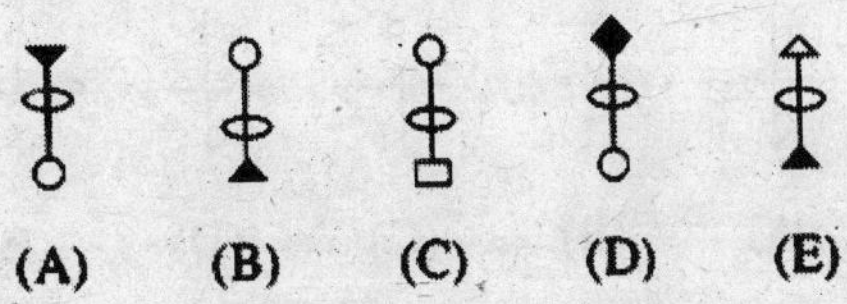

32. 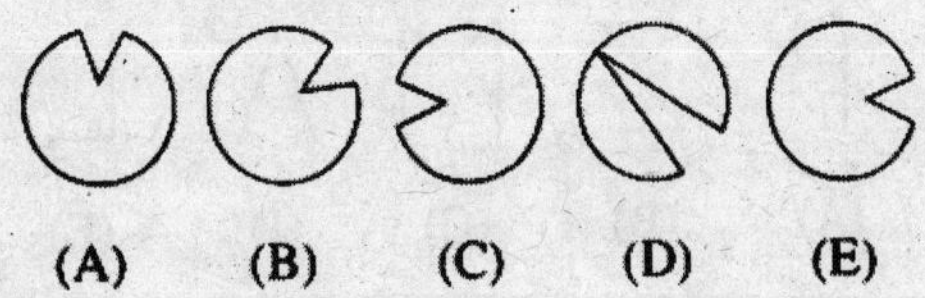

33. 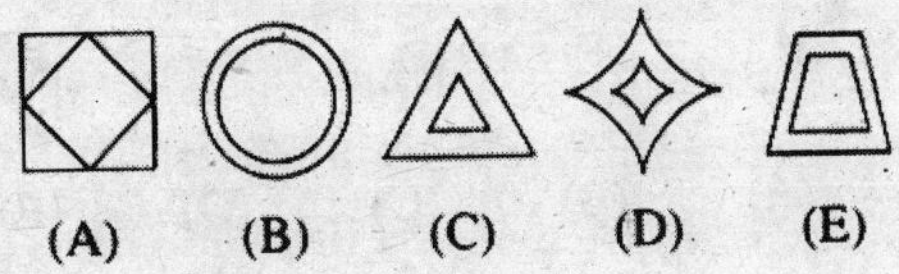

34. 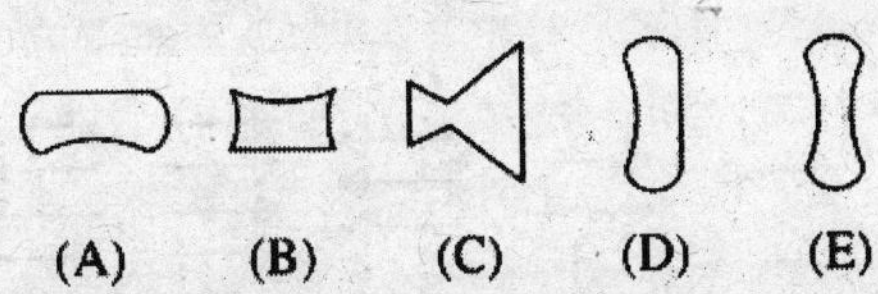

35. 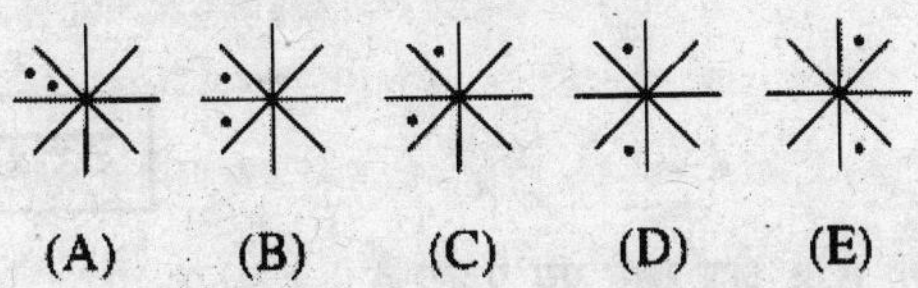

36. 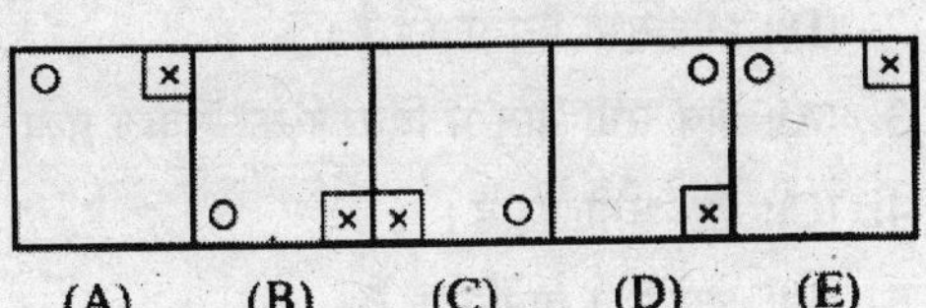

37. 

(A) (B) (C) (D) (E)

38. 

(A) (B) (C) (D) (E)

39. 

(A) (B) (C) (D) (E)

40. 

(A) (B) (C) (D) (E)

41. 

(A) (B) (C) (D) (E)

42. 

(A) (B) (C) (D) (E)

43. 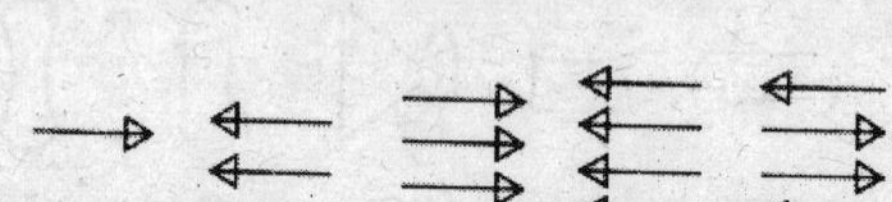

(A) (B) (C) (D) (E)

44. 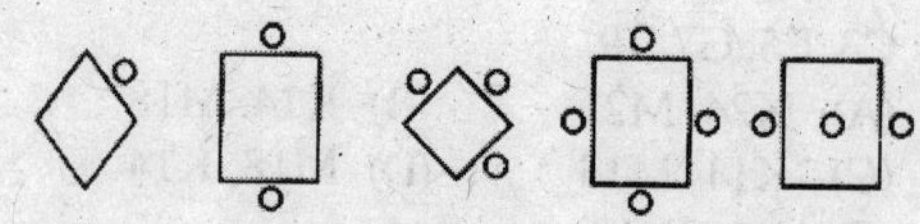

(A) (B) (C) (D) (E)

45. 

(A) (B) (C) (D) (E)

46. 

(A) (B) (C) (D) (E)

47. 

(A) (B) (C) (D) (E)

48. 

(A) (B) (C) (D) (E)

49. 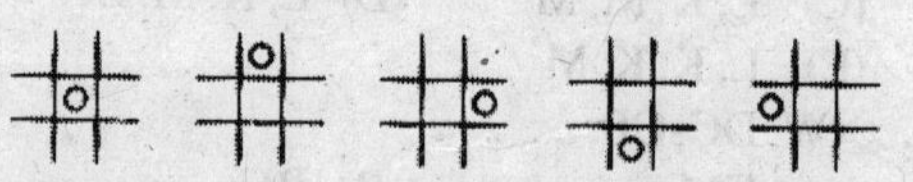

(A) (B) (C) (D) (E)

50. 

(A) (B) (C) (D) (E)

उत्तर व्याख्या सहित

1. **(C):** शेष सभी पेय पदार्थ हैं।
2. **(D):** शेष सभी पेय पदार्थ हैं।
3. **(A):** शेष सभी वायु में विचरण करने वाले पक्षी हैं।
4. **(C):** शेष सभी ग्रह हैं।
5. **(E):** शेष सभी ज्ञानेन्द्रियाँ हैं।
6. **(D):** शेष सभी पहाड़ी हैं।
7. **(E):** शेष शरीर के बाहरी भाग हैं।
8. **(E):** शेष सभी पुस्तकों के विभिन्न प्रकार हैं।
9. **(C):** शेष सभी क्रियाओं में स्थान परिवर्तन भी होता है।
10. **(A):** शेष सभी एक परिवार से सीधे सम्बन्धित हैं।

11. (C): शेष सभी जमीन के अन्दर उगते हैं।

12. (B): शेष सभी वृक्ष के विभिन्न भाग (parts) हैं।

13. (A): शेष सभी इनडोर गेम हैं।

14. (C): शेष सभी परिवहन के साधन हैं।

15. (E): शेष सभी विभिन्न राज्यों की राजधानियाँ है।

16. (E): श्रृंखला का प्रत्येक अक्षर अंग्रेजी वर्णमाला के अन्त से प्रारम्भ होकर, अन्त से एक-एक अक्षर छोड़ कर है। अतः रिक्त स्थानों पर क्रमशः P एवं N आएगा।

17. (C): श्रृंखला के प्रत्येक अगले पद में स्थित संख्या में क्रमशः दो की वृद्धि हो रही है एवं उसके साथ स्थित अंग्रेजी वर्णमाला का अक्षर, वर्णमाला के उसी स्थान पर स्थित अक्षर है। अतः रिक्त स्थान पर K11 एवं K13 आएगा।

18. (D): श्रृंखला के प्रत्येक पद में, अंग्रेजी वर्णमाला के शुरू का क्रमशः पहला, दूसरा एवं तीसरा अक्षर दो बार एवं अन्त से क्रमशः पहला, दूसरा एवं तीसरा अक्षर एक बार आ रहा है। अतः रिक्त स्थान पर X आएगा।

19. (C): श्रृंखला का दूसरा अक्षर पहले अक्षर के बाद दो स्थान छोड़कर तीसरे स्थान पर है। उसी प्रकार तीसरा अक्षर, दूसरे अक्षर के बाद तीन स्थान छोड़कर है, और चौथा अक्षर, तीसरे अक्षर के बाद चार स्थान छोड़कर है। अतः श्रृंखला का पाँचवाँ अक्षर चौथे के बाद पाँच स्थान छोड़कर छठवें स्थान का अक्षर T होगा।

20. (B): श्रृंखला के प्रत्येक पद में एक संख्या और एक अक्षर है। संख्याओं में क्रमशः 1, 2, 3, 4 की वृद्धि हो रही है अतः रिक्त स्थान पर संख्या 16 आएगी। पुनः प्रत्येक पद में स्थित अक्षर, अंग्रेजी वर्णमाला के उसी स्थान पर स्थित है जितनी संख्या उसके साथ लिखी गई है। अतः रिक्त स्थान पर अंग्रेजी वर्णमाला का 16वाँ अक्षर P आएगा। अतः रिक्त स्थान पर 16 P लिखा जाएगा।

21. (B): श्रृंखला के दूसरे, तीसरे, चौथे और पाँचवे पद में क्रमशः 5, 6, 7 और 8 की वृद्धि होती है। अतः छठवें पद में 9 की वृद्धि होगी।

22. (A): 8 → 48 → 16 → 96 → 32 → (192)

×6 ÷3 ×6 ÷3 ×6

23. (D): K L M K K L M को दोहराया गया है।

24. (A): शेष सभी में दोनों अक्षर लगातार क्रम के अनुसार हैं।

25. (B): श्रेणी का प्रत्येक अगला अक्षर तीन अक्षरों को छोड़कर है।

26. (A): चूँकि BOMBAY का कोड CNNABX है जहाँ C, B के बाद वाला, N, O के पहले वाला, पुनः N, M के बाद वाला, A, B के पहले वाला, पुनः B, A के बाद वाला, एवं X, Y के पहले वाला अक्षर है। इस प्रकार DELHI का कोड EDMGJ होगा।

27. (A): चूँकि CHAIR का कोड FKDLU है जहाँ कोड का प्रत्येक अक्षर मूल अक्षर के बाद तीसरा अक्षर है। इस प्रकार TABLE का कोड WDEOH होगा।

28. (A): चूँकि BAD का कोड 7 है जहाँ, B दूसरा अक्षर, A पहला अक्षर एवं D चौथा अक्षर है तथा 2+1+4=7 इसी प्रकार HIS का कोड 36 है जहाँ, H आठवाँ अक्षर, I नौवाँ अक्षर एवं S उन्नीसवाँ अक्षर है तथा 8 + 9 + 19 = 36 इस प्रकार, LOW का कोड 50 होगा, क्योंकि L बारहवाँ अक्षर, O पन्द्रहवाँ अक्षर एवं W तेइसवाँ अक्षर है तथा 12 + 15 + 23 = 50

29. (D): चूँकि OUT का कूट संकेत 152120 दिया गया। जिसमें O अंग्रेजी वर्णमाला का पन्द्रहवाँ अक्षर, U इक्कीसवाँ एवं T बीसवाँ अक्षर है। इसी प्रकार IN का कूट संकेत 914 होगा, क्योंकि I नौवाँ एवं N चौदहवाँ अक्षर हैं।

30. (A): जिस प्रकार J के बाद चौथा अक्षर N, U के बाद तीसरा अक्षर X, N के बाद दूसरा अक्षर P एवं E के बाद पहला अक्षर F है। इन्हीं नियमों का पालन करने पर STAY का कूट संकेत WWCZ होगा।

31. (C): शेष सभी चित्रों से एक सिरे रंगे हुए हैं।

32. (D): शेष सभी चित्रों से भिन्न हैं।

33. (A): शेष सभी चित्रों में दो समान डिजाइनें एक दूसरे से मिलती नहीं है।

34. (C): शेष सभी चित्रों में बनी आकृतियों से चित्र विकल्प (C) में बनी आकृति भिन्न है, क्योंकि यह केवल सीधी लकीरों से बनी है।

35. (A): शेष सभी चित्रों में दोनों डॉट (·) भिन्न-भिन्न खानों में हैं जबकि चित्र विकल्प (A) में एक ही खाने में हैं।

36. (B): शेष सभी चित्रों की डिजाइनों O एवं X में डिजाइन ' X ' दक्षिणावर्त दिशा में डिजाइन 'O' से एक भुजा आगे है।

37. (D): शेष सभी चित्रों के एक सिरे पर एक ही तरह की आकृति है।

38. (C): शेष सभी चित्रों के चार खानों में विभिन्न तरह की चार आकृतियाँ +, U, X, एवं O है। जबकि चित्र (C) में केवल तीन तरह की आकृतियाँ +, U और O हैं।

39. (D): शेष सभी चित्र एक ही तरह के हैं।

40. (B): शेष सभी चित्र एक ही तरह के हैं।

41. (A): शेष सभी अंग्रेजी के अक्षर केवल सीधी लकीरों से बने हैं।

42. (B): शेष सभी चित्रों में आमने-सामने की आकृतियाँ एक ही तरह की हैं। जबकि चित्र (B) में ऐसा नही है।

43. (E): शेष सभी चित्रों में सभी तीरों के सिरे एक ही ओर हैं। जबकि चित्र (E) में ऐसा नही है।

44. (E) शेष सभी चित्रों में दी गई आकृति के बाहर ही छोटे वृत्त बने हुए हैं जबकि चित्र (E) में दी गई आकृति के अन्दर भी छोटा वृत्त बना हुआ है।

45. (A): शेष सभी चित्रों में दी गई आकृति का केवल आधा भाग ही रंगा हुआ है।

46. (C): शेष सभी चित्रों से भिन्न है, क्योंकि इसमें दी गई आकृति के बीच का भाग बिलकुल खाली है।

47. (D): शेष सभी चित्रों से भिन्न है, क्योंकि इसमें केवल दो छोटे वृत्त हैं।

48. (B): शेष सभी चित्रों से भिन्न है।

49. (A): शेष सभी चित्रों में 'O' आकृति से बाहर की ओर स्थित है जबकि चित्र (A) में भीतर स्थित है।

50. (B): शेष सभी चित्रों से भिन्न है।